Fachwörterbuch Controlling

Englisch – Deutsch
Deutsch – Englisch

von

Prof. Dr. Manfred Hessenberger

Verlag Franz Vahlen München

ISBN 3 8006 2750 7

© 2002 Verlag Franz Vahlen GmbH, Wilhelmstr. 9, 80801 München
Satz: Hoffmann's Text Office, Tumblingerstr. 42, 80337 München
Umschlag: Bruno Schachtner, Dachau
Druck und Bindung: Druckhaus „Thomas Müntzer" GmbH
Neustädter Str. 1–4, 99947 Bad Langensalza
Gedruckt auf säurefreiem, alterungsbeständigem Papier
(hergestellt aus chlorfrei gebleichtem Zellstoff)

Hessenberger
Fachwörterbuch Controlling

Englisch – Deutsch
Deutsch – Englisch

Vorwort

Dieses Fachwörterbuch Controlling umfasst jeweils etwa 25 000 Stichwörter aus den Bereichen Accounting, Controlling, Financing und Banking. Enthalten sind dabei sowohl englische als auch amerikanische Begriffe der Geschäftssprache, wobei eindeutig festzustellen ist, dass sich die amerikanisch geprägten Begriffe immer stärker und schneller durchsetzen.

Ich gehe davon aus, dass der Benutzer über solide Grundkenntnisse des Standard American English (SAE) verfügt; grammatikalische Erklärungen sind daher in diesem Wörterbuch nicht enthalten. Die englische Orthographie richtet sich nach dem SAE von *Webster's Unabridged Dictionary* (Beispiel SAE: **employe** Mitarbeiter, Arbeitnehmer). Die orthographischen Varianten des Standard British English (SBE) wurden aufgrund der signifikanten Hinwendung zum amerikanischen Sprachgebrauch nicht aufgenommen (Beispiel SBE: **employee** Mitarbeiter, Arbeitnehmer), wohl aber eine Reihe von Stichwörtern, die speziell im SBE gebräuchlich sind.

Da sich heute selbst die deutsche Umgangssprache in diesem Fachbereich immer stärker englischer oder amerikanischer Termini bedient und weiter bedienen wird, sind eindeutige Definitionen unabdingbar, um Missverständnisse oder rechtliche Auseinandersetzungen zu vermeiden. Neben diesem „Sprachen-Mix" finden sich in allen Texten zahlreiche Abkürzungen. Daher habe ich dem Wörterbuch ein Abkürzungsverzeichnis vorangestellt, das besonders dann nützlich sein mag, wenn Abkürzungen verschiedene Interpretationen zulassen.

Grünwald, im Juni 2002   *Manfred Hessenberger*

Abkürzungsverzeichnis

ABS Automated Bond System
0/a on account of
A' share Stammaktie
a. & r. air and rail
a. k. a. also known as
A. R. form advice of receipt from
a/c account
a/c bks account books
a/d after date
a/m above mentioned
a/o Account of = Rechnung über...
a/or and/or
A/P account purchases = Abrechnung des Einkaufskommissionärs
a/r (A/R) all risks
a/s account sales
a/s after sight
AAA American Accounting Association
AAA/Aaa Rating Agency Standard and Poors and Moody's
aar against all risks
ABA American Bancers Association
ABF asset-backed financing
ABS asset-backed securities
ACA Associate Chartered Accountant
ACCA Chartered Association of Certified Accountants
Accrd. Int. accrued interest
acct account
acct accountant
ACH automated clearing house
ACN air consignment note
ACP Asean Commercial Paper
ACRS Accelerated Cost Recovery System
ACT advance corporation tax
Act Accompanying the Budget Haushaltsbegleitgesetz
Act Combating Tax Abuses and Adjusting Taxes Missbrauchsbekämpfungs- und Steuerbereinigungsgesetz
ACU Asean Currency Unit
ACV actual cash value
ADP automatic data procession
ADR American Depository Receipt
ADST Approved deferred share trust
AECS Australia-Europe Container Service
af advance freight
AFBD Association of Futures Brokers and Dealers
AFFM Australian Financial Futures Market
AGM annual general meeting
agw actual gross weight

AIBD Association of Internatianal Bond Dealers
AICPA American Institute of Certified Public Accountants
AIDA attention, interest, desire, action
AIDCA attention interest, desire, confidence, action
AIM Alternative Investment Market
AMB Agricultural Marketing Board
AMEX American Stock Exchange
AMT advanced manufacturing technology
amt amount
Anna Association of National Numbering Agencies
AON all-or-none offering/order
APB Accounting Principles Board
APCS Association for Payment Clearing Services
app appendix
APR annualised percentage rate
APT arbitrage pricing theory
APT Automated Pit Trading System
arb arbitrager
ARMs adjustable rate mortgages
ARR accounting rate of return
ASAP as soon as possible
ASE American Stock Exchange
ASEAN Association of South-East Asian Nations
ASECC American Stock Exchange Clearing Corporation
ASSC Accounting Standards Steering Committee
ATA Annual Tax Act = Jahressteuergesetz
ATL actual total loss
ATM automated teller machine
ATM system Geldautomatensystem
ATS automatic transfer service
ATS automatic transfer of savings
Audit Committee of the Bundestag Rechnungsprüfungsausschuss des Bundestages
AWB air waybill
B/D banker's draft
b/e (B/E) bill of exchange
B/L Bill of Lading
B/P bills payable
B/R bills reveivable
B/S bill of sale
BA bank acceptance
BA banker's acceptance
BACS Banker's Automated Clearing Services
Baltic and International Maritime Conference Schifffahrtskonferenz der Trampschifffahrt
Baltic Exchange Londoner Schifffahrtsbörse
BAN bond anticipation note
Basle Committee Basler Ausschuss

Basle Concordat Basler Konkordat
BBA British Bankers Association
BIC bank investment contract
BIF Bank Insurance Fund
BIFEX The Baltic Internatinal Freight Futures Exchange
Big Board The New York Stock Exchange
Big Four, The Barcleys, Lloyds, Midland, National Westminster
Big Two Citibank and Bank of America
BIS Bank for international Settlements
B-ISDN broadband integrated services
biz business
bkrpt bankrupt
BLEU Belgium-Luxemburg Economic Union
BNS Buyer No Seller
bo buyer's option
Board of Governors oberstes Gremium des Zentralbanksystems
Board of Trade Chamber of Commerce
BOT bought
BOT Board of Trustees
British Treasury bills britische Schatzwechsel
Budget Principle Act Haushaltsgrundsätze-Gesetz
Bundesbank Act Gesetz über die Deutsche Bundesbank
Bundesbank advances Buchkredite der Bundesbank
Bundesbank profit Bundesbankgewinn
BW bid wanted
bxs Boxes
C & I Loans commercial and industrial loans
c.a.d. cash against documents
c.b.d. cash before delivery
C.F.S. container freight station
C.I. consular invoice
c.i.f. & i. cost, insurance, freight, interest
c.i.f. & c. cost, insurance, freight, commission
c.i.f.c.i. cost, insurance, freight, commission, interest
c.l. car load
c.o.d. cash on delivery
c.o.d. cash/collection on delivery
c.o.d. expenses Nachnahmekosten
c.o.d. letter Nachnahmebrief
c.o.s. cash on shipment
c.p.d. charterer pays duties
C.R. Company's Risk
c.t. conference terms
c.w.o. cash with order
C.Y. Container Yard
C/C clean credit
c/n credit note
c/n consignment note
C/O cash order
C/O cash order
c/o care of
C/P carriage paid
C/P carriage paid
c/w commercial weight
CA callable
CA Companies Act
caaot credit amount avaiable at any one time
CACM Central American Common Market
CAD capital adequacy directive
CAMIFA Campaign for Independent Financial Advice
Capitalization Issues Committee Kapitalmarktausschuss
CAPM capital asset pricing model
CAPM capital asset pricing model
car compounded annual rate
CAR compounded annual return
CARICOM Caribbean Community and Common Market
CBA cost-benefit analysis
CBD cash before delivery
CBO Congressional Budget Office
CBO collateralised bond obligation
CBOE Chicago Board Options Exchange
CBOT Chicago Board of Trade
CBU completely built up
CCA current cost accounting
CCA Consumer Credit Act
CD Certificate of Deposit
cd. cum dividend
CDV current domestic value
CE Council of Europe
CEA Commodity Exchange
CEC Commission of the European Communities
Central Bank Governors' Committee Ausschuss der Zentralbankpräsidenten
CF carriage forward
CF compensation fee
cfi cost, freight, insurance
CFR cost and freight
CFTC commodity Futures Trading Commission
CGBR Central Government Borrowing Requirement
CGCB Committee of Governors of Central Banks
CGO Central Gilts Office
CGT capital gains tax
ch.fwd. charges forward
CHAPS Clearing House Automated Payments System
Chartered Surveyors Immobilienfachleute
CHIPS Clearing House Interbank Payments System
CI certificate of indebtedness
CIE customer-initiated entries
CIF cost, insurance, freight
CIF & CI landed Verkaufswert frei Bestimmungshafen

CIF contract cif-Geschäft
CIF Transaction CIF-Kontrakt
cifw cost, insurance, freight, plus war risk
CIP carriage and insurance paid to circular
CIS Commonwealth of Independent Staates
CIT computer-integrated transport
CKD completely knocked down
CL construction loan
CLC commercial letter of credit
cld cleared customs
CLF Central Liquidity Facility
CME Chicago Mercantile Exchange
CMO collateralised mortgage obligation
CMO Central Moneymarkets Office
CMV current market value
CNS continuous net settlement
COD cash on delivery
COFI cost of funds index
COMEX Commodity Exchange
Community financial instruments EG-Wertpapiere
Compliance and Audit Department Revisionsabteilung an Terminkontraktbörsen
COR cash on receipt
Corn Exchange Getreidebörse
CP commercial paper
CPI costs per inquiry
CPI-W Consumer Price Index
CPO costs per order
CPS cents per share
CPT costs per thousands
CRA Credit Reference Agency
CSCE Coffee, Sugar and Cocoa Exchange
CSE Common Stock Equivalent
CSR customer service representative
CSTE Commodity Classification for Transport Statistics in Europe
Cstms Customs
CTB bond cheapest-to-deliver bond
CTBL combined transport bill of lading
CTP Continuous Tender Panel
CTT capital transfer tax
CTX corporate trade exchange
Currency Snake Währungsschlange
curt liabs current liabilities
CUSIP Committee on Uniform Security Identification Procedures
CUSIP-number Committee on Uniform Securities Identification Procedures
CV/cvt convertible
cvd cash versus documents
cwo cash with order
cy currency
D. & J. semiannual payments of interest and dividend in december and june
D.A.D. Documents Against Discretion of collecting Bank

d.d. dead freight = Fehlfracht
d.l.o. dispatch loading only
D/a days after acceptance
d/a(D/A) Documents Against Acceptance
D/C deviation clause
d/d day's date = Tage nach Dato
D/D documentary draft
D/N Debit Note
D/O Delivery Order
D/P documents against payment
D/R deposit receipt
D/S days after sight
das delivered alongside ship
Datex Data Exchange Service
dbk drawback
DCF, dcf discounted cash flow
DCF-Analysis discounted cash flow analysis
DCS Digital Communication Standard
dd dated
dd delivered
DD & Shpg dock dues and shipping
DDD deadline delivery date
dely delivery
Department of Agriculture Landwirtschaftsministerium
Department of Commerce Wirtschaftsministerium
Department of Education Ministerium für Erziehung
Department of Energy Energieministerium
Department of Justice Justizministerium
Department of State Außenministerium
Department of the Interior Innenministerium
Department of the Treasury Finanzministerium
Department of Trade and Industry Wirtschaftsministerium
Depository Trust Company US-Wertpapiersammelbank
DEQ delivered ex quay (duty paid)
DES Debt Equity Swap
DES delivered ex ship
dft draft
DIP dividend reinvestment plan
dis. discount
DIT double income-tax
Div/Share dividend per share
divvy dividend
DJIA Dow Jones Industrial Average
DK don't know
DMU decision making unit
DNI do not increase
DNR do not reduce
Dow Jones Averages Dow Jones Aktienindizes
DPR direct product rentability
DPS dividend per share in pence
DR Depositary Receipt
DRP dividend reinvestment plan

dstn destination
dtba date to be advised
DTC Depositary Trust Company
DTC depositary transfer check
DVP delivery versus payment
e & e each and every
E & OE Errors and Omisssions excepted
E.O.M. end of month following
EAN European Article Number
eaon except as otherwise noted
EASD European Association of Securities Dealers
EBIT earnings before interest and taxes
EBRAD European Bank for Reconstruction and Development
EBRD European Bank for Reconstruction and Development
ECA Economic Commission for Africa
ECAC European Civil Aviation Conference
ECAFE Economic Commission for Asia and the Far East
ECE Economic Commission for Europe
ECJ European Court of Justice
ECLA Economic Commission for Latin America
ECOSOC Economic and Social Council
ECOWAS Economic Community of West African States
ECSB European Community System of Central Banks
ECU European Currency Unit
ED ex dividend
ED Exposure Draft
EDF European Development Fund
EDI electronic data interchange
EDIFACT Electronic Data Interchange for Administration, Commerce and Transport
EDSP exchange delivery settlement price
EE errors excepted
EFT electronic funds transfer
EFTA European Free Trade Association
EFTPOS electronic funds transfer at point of sale
EGR earned growth rate
EIB European Investment Bank
EIF European Investment Fund
EMA European Monetary Agreement
EMCF European Monetary Cooperation Fund
EME European Mercantile Exchange
EMI European Monetary Institute
EMS European Monetary System
EMTN Euromedium-term note
EMU European Monetary Union
EOE European Options Exchange
EPA Environmental Protection Agency
EPP executive pension plan
EPS Earnings per Share
ERM Exchange Rate Mechanism
ESA European System of Integrated Economic Accounts

ESCB European System of Central Banks
ESCB Council Europäischer Zentralbankrat
ESOP employe stock ownership plan
eta estimated time of arrival
etd estimated time of departure
EUA European Unit of Account
Eurofed supranationales Zentralbanksystem der EU
ex all, x.a. without all rights and privileges
ex b ex bonus
ex cap ex capitalization
ex coupon, x cp. ex Koupon
ex dist ex distribution
ex div ex dividend
ex int, x.in. ex interest
ex. n. ex new ex claim, ex rights
Exchange Council Börsenrat
ex-d ex dividend
exp. expenses
exq ex quai
exs ex ship
exs expenses
exw ex works
f.a.c. fast as can
f.a.c.a.c. fast as can as customary
f.a.s. free alongside ship
F.C.L. full container load
f.c.s.r.& c.c. free of capture, seizure, riots and civil commotion
f.d. free discharge
f.d. delivery
f.i. free in
f.i.b. free into bankers
f.i.o. free in and out
f.i.o.s. free in and out stowed
f.i.w. free in waggon
f.m. fair merchantable
f.o.a. (foa) fob airport
f.o.c. free of charge
f.o.d. free of damage
f.p. fully paid
F.X., FX foreign Exchange
F/X foreign exchange
FAA Federal Aviation Administration
FASB Financial Accounting Standards
FBT fringe benefit tax
FCA free carrier
FCIA Foreign Credit Insurance Association
FCM futures commission merchant
fco franco
fco franco
FCR Forwarding Certificate of Receipt
FCU Federal Credit Union
FDIC Federal Deposit Insurance Corporation
FDPO first demand payment obligation
Fed Federal Reserve System
FEX First European Exchanges

ffa (f.a.a.) free from alongside
FFB Federal Financing Bank
fg fully good
FHFB Federal Housing Finance Board
FHLMC Federal Home Loan Mortgage Corporation
FHWA Federal Highway Administration
FIBOR Frankfurt Interbank Offered Rate
FIMBRA (The) Financial Intermediaries', Managers' and Brokers' Regulatory Association
FINEX Financial Instrument Exchange
FIRREA Financial Institutions Reform, Recovery and Enforcement Act
fit free of income tax
FLA Finance and Leasing Association
FMV fair market value
FNCI Financial News Composite Index
FNMA Federal National Mortgage Association
fob free on board
fob/fob free on board/free off board
fod free of damage
FOMC Federal Open Market Committee
for free on rail
for/fot free on rail/free on truck
FOTRA free of tax to residents abroad
fp fully paid
FRA Future Rate Agreement
FRA forward rate agreement
FRB Federal Reserve Board
frc free carrier
FRN Floating Rate Note
FRS Federal Reserve System
frt freight
frt.fwd. freight forward
frt.ppd. freight prepaid
FSC Foreign Sales Corporation
FSLIC Federal Savings and Loan Insurance
ft. full terms
FTASI Financial Times-Actuaries All Share Index
FT-SE Financial Times Stock Exchange
FY fiscal year
g.b.o. goods in bad order
g.o.b. good ordinary brand
GAB General Arrangements to Borrow
GATT General Agreement on Tariffs and Trade
GCP gross capital productivity
GCR general collateral repo
GD good this day
GDP gross domestic product
GDR Global Depositary Receipt
GEM growing equity mortgage
GIC guarantee investment contract
GMC guarnteed mortgage certificate
GNMA Government National Mortgage Association
GNP gross national product
GO General Obligation Bond
GOFFEX German Options and Financial Futures Exchange
GPM graduated payment mortgage
GTC good till canceled order
GTM order good this month
HICPs Harmonised Indices of Consumer Prices
HKCE Hong Kong Commodity Exchange
HKFE Hong Kong Futures Exchange
HLTs highly leveraged transactions
HNC Higher National Certificate
HNWI high-net-worth individual
I.F. insufficient funds
I/O input/output
IASC International Accounting Standards Committee
IBEC International Bank for Economic Cooperation
IBF International Banking Facility
IBI invoice book inwards
IBO invoice book outwards
IBRD International Bank for Reconstruction and Development
ICC International Chamber of Commerce
ICC Intermarket Clearing Organisation
ICCH International Commodities Clearing House
ICMA Institute of Cost and Management Accountants
IDB Inter-American Development Bank
IFCS International Financial Services Center
ILO International Labor Office
IMF International Monetary Fund
IMM International Money Market
IMRO Investment Management Regulatory Organisation
Incoterms International Commercial Terms
insur insurance
int interest
INTEX International Future Exchange
inv invoice
IO securities interest-only securities
IOC immediate-or-cancel
IOM Index and Option Market
IOSC International Organization of Securities Commissions
IOU I owe you
IPE International Petroleum Exchange
IPMA International Primary Markets Association
IPO initial public offering
IRB Industrial Revenue Bond
IRG Interest Rate Guarantee
IRR Internal Rate of Return
ISBN International Standard Book Number
ISD Investment Securities Directive
ISDA International Swaps and Derivates Association
ISE International Stock Exchange

ISIN International Securities Identification Number
ISMA International Securities Markets Association
ISO International Standards Association
ISO International Standards Organization
IT income tax
ITC investment tax credit
ITM in-the-money
iv invoice value
JA joint account
JIT just in time
JTROS joint tenants with rights of survivorship
JV Joint Venture
k.d. knocked down
KAM capital account monetary model
L/C Letter of Credit
LAUTRO (The) Life Assurance and Unit Trust Regulatory Organisation
LBO leveraged buy-out
LCC life cycle costing
LCE London Commodity Exchange
LDE London Derivatives Exchange
LDMA London Discount Market Association
LIBID London Interbank Bid Rate
Libor London Interbank offered Rate
LIFFE London International Financial Futures Exchange
LIFO last in, first out
LIMEAN London Interbank Mean Rate
LM liquidity-money
LME London Metal Exchange
LOC Letter of Credit
LOCH London Options Clearing House
LOS Letter of Support
LPO loan production office
ls lump sum
LTV loan-to-value ratio
LYON Liquid Yield Option Note
M & A mergers and acquisitions
M.O. Money Order
m/d month(s) after date
m/p month(s) after payment
m/s months after sight
M/T Mail Transfer
MBO management buyout
MBS mortgage backed securities
MBSCC Mortgage backed Securitiy Clearing Corporation
MC Mortgage Company
MCA monetary compensatory amount
MCA multiple classification analysis
MCC Money Market Certificate
MCF Multiple Component Facilities
MD memorandum of deposit
MDL's Managers' discretionary limits
mem memorandum

MGIC Mortgage Guaranty Insurance Corporation
MIP monthly investment plan
MIRAS Mortgage Interest Relief at Source
MIS management information system
MIT market-if-touched order
MIT Municipal Investment Trust
MITI Ministry of International Trade and Industry (Japan)
MLR minimum lending rate
MMC Monopolies and Mergers Commission
MMC Money Market Certificate
MMDA money market deposit accounts
MMF Money Market Fund
MO mail order
MO Money Order
MOFF multiple options funding facility
MSB mortgage-backed securities
MSB mutual savings bank
MSE Midwest Stock Exchange
MSRB Municipal Securities Rulemaking Board
MTN medium-term note
N/A new account
N/A no account
N/A non-acceptance
N/C no charge
N/F no funds
NASD National Association of Securities Dealers
NASDAQ National Association of Securities Dealers Automated Quotations System
NAV net asset value
NBFIs non-bank financial intermediaries
NBSS National Bank Surveillance System
NBV net book value
NCB no-claim bonus
NCC National Clearing Corporation
NCR no contract rating
NCUSIF National Credit Union Share Insurance Fund
NFD no fixed date
NIF Note Issuance Facility
NIM net interest margin
NL no liability
NLF National Loans Fund
NMS Normal Market Size
NMS stock National Market System Stock
NNP net national product
NOW negotiable Order of withdrawal
NQB National Quotation Bureau
NR no risk
NSB National Savings Bank
NSF not sufficient funds
NSIF National Share Insurance Fund
nt net terms
nt wt net weight
NTA net tangible assets
NYCE New York Cotton Exchange

NYFE New York Futures Exchange
NYMEX New York Mercantile Exchange
NYSE New York Stock Exchange
O/N overnight
o/t on truck
OCC Office of the Comptroller of the Currency
OCC Options Clearing Corporation
OCO one cancels other order
OCT Order Confirmation Transaction System
OECD Organization for Economic Cooperation and Development
OEEC Organization for European Economic Co-operation
OEICS open-ended investment companies
OID original issue discount
OKTP OK to pay
OMC Open Market Committee
ONC Ordinary National Certificate
oo on order
OREA other real estate owned
OTC over the counter market
OTC margin stock over-the-counter margin stock
OTC market over-the-counter market
OTC option over-the-counter option
OTM out-of-the money
OTN order to negotiate
OTS Office of Thrift Supervisions
P & L a/c profit and loss account
P.D. port dues
p.l. partial loss
P.O. box post office box
P.O.D. pay on delivery
p.p. post paid
p.p. per pro
P/C price current
p/e price-earnings ratio
p/e ratio price-earnings ratio
P/N (p/n) promissory note
pa per annum
PC participation certificate
PC packing credit
PCB petty cash book
PCD problem country debt
pd paid
PEFCO Private Export Funding Corporation
PEP personal equity plan
PER price-earnings ratio
PES primary earnings per share
PHA bonds Public Housing Authority bonds
PHLX Philadelphia Stock Exchange
PI principal and interest
PIA Personal Investment Authority
PIC personal identification code
PIN personal identity number
PITI Principal, Interest, Taxes and Insurance
pkg. package

PLAM price level adjusted mortgage
plc public limited company
pm premium
PMI private mortgage insurance
PN promissory note
PO security/strip principal only securitiy/strip
POD payment on delivery
POD proof of deposit
POP point of purchase
POS point of sale
POS preliminary official statement
POS banking point-of-sale banking
ppd. prepaid
PSE Pacific Stock Exchange
pt part time
PT purchase tax
pu paid up
PUF prime underwriting facility
PV present value
PX private exchange
QC quality control
QT questionable trade
quot quotation
qy query
R & D research and development
R.C.C.& S. Riots, civil commotion and strike
r.d. refer to drawer
R.D.C. running down clause
R/A refer to acceptor
r/d (R/D) refer to drawer
RAN revenue anticipation note
RAP regulatory accounting principles
RBO receive balance order
RC revolving credit
RCPC regional check processing center
rd running days
RDFI receiving depository financial institution
recd received
REIT real estate investment trust
REIT share Immobilienfondsanteil
REMIC real estate mortgage investment conduit
RFQ request for quotation
RIA registered investment advisor
ROA return on assets
ROCE return on capital employment
ROE return on equity
rog receipt of goods
ROI, RoI Return on Investment
RoI analysis Return on Investment Analysis
ROW run of week
ROY run of Year
RP repurchase agreement
RRP recommended retail price
RTBA rate to be agreed
RTC Resolution Trust Company
RTGS real-time gross settlement system
RUF Revolving Underwriting Facility

XIII

run run on a bank
RVP receive versus payment
Ry Railway
S & L savings and loan association
S. & F.A. shipping and forwarding agent
s. & h.e. sundays & holidays excepted
S.D. sight draft
S.D.B.L. sight draft, bill of lading attached
S.p.d. steamer pays dues
S.R.C.C. strike, riots & civil commotion
S/n shipping note
SAIF Savings Association Insurance Fund
SBU strategic business unit
SCFA Swiss Commodities and Futures Association
SCO straight cancel order
SCP Sterling Commercial Paper
SDF same-day funds
SDR special drawing rights
SDS same-day settlement
SDT Shippers Declaration for the Transport of Dangerous Goods
SE Stock Exchange Automated Quotations
SEA Securities Act
SEAQ Stock Exchange Automated Quotations
SEC Securities and Exchange Commission
SEC Stock Exchange Committee
SFA Securities and Futures Authority
SFAS Statement of Financial Accounting Standard
SFO Serious Fraud Office
ShF shareholders' funds
SIB Securities and Investment Board
SIBOR Singapore Interbank Offered Rate
SIC Standard Industrial Classification
SICS Standard Industrial Classification System
SIPC Securities Investor Protection Corporation
SITC standard international trade classification
SKD Semi Knocked Down
SLC standby letter of credit
SME small and medium enterprises
SML security market line
SMV short market value
SNIF short-term note issuance facility
so seller's option
SOE state-owned enterprise
SOES Small Order Execution System
SOFFEX Swiss Options and Financial Futures Exchange
SOR self-regulating organisation
specs specification sheet
SRO self-regulatory organisation
SSAP Statement of Standard Accounting Practice
Stability and Growth Pact Stabilitäts- und Wachstumspakt
Standard Conditions of Sale Allgemeine Verkaufsbedingungen
Standard Terms and Conditions Allgemeine Geschäftsbedingungen
STD subscriber trunk dialling
Stock Exchange Daily Official List amtliches Kursblatt
substitute inheritance tax Erbschaftsteuer
SWIFT Society for Worldwide Interbank Financial Telecommunication
T/D time deposit
T/L total loss
TAN transaction number
TAN tax anticipation note
TAURUS Transfer and automated Registration of Uncertified Stock
TBA to be announced
T-bills Treasury bills
TEU twenty-foot equivalent unit
TIN taxpayer's identification number
TOFC trailer on flatcar
TP Tender Panel
TP third party
TPI tax and price index
TQ total quality
TQM total quality management
TRLF transferable loan facility
trs transfer
TRUF transferable revolving underwriting facility
TSB trustee savings bank
TSE Tokyo Stock Exchange
TT telegraphic transfer
TT & L account Treasury tax and loan account
TYT take-your-time
u.c. usual conditions
u.t. usual terms
UA Unit of Account
UCC Uniform Commercial Code
UCITS Undertaking for Collective Investment in Transferable Securities
UCP Uniform Customs and Practice for Documentary Credits
UIT unit investment trust
URC Uniform Rules for Collections
USM Unlisted Securities Market
USP unique selling proposition
VA value analysis
VAT Value Added Tax
VB visible balance
VFM value for money
VPP value payable post
VRM variable rate mortgage
vs versus
VSFT very short term financing facility
W.B. waybill
w.g. weight guaranteed
w.w.d. weather working days
W/M weight or measurement

W/R warehouse receipt
W/W warehouse warrant
W/W with warrants
WAC weighted average coupon
WAM weighted average maturity
Wasp White Anglo-Saxon Protestant
wc without charge
WIP work in progress
woc without compensation
WOM word of mouth
WP without prejudice
wrt with reference to
wt. weight
wtd warranted
x cp. ex coupon
x. a. ex all
x. cp. ex capitalisation issue

x. in. ex interest
x. r. ex rights
x. w. ex-warrant bond
xb ex bonus
X-C ex coupon
X-D ex dividend
x-ex excluding
xi ex interest
X-I ex interest
xs excess
xw ex warrants
X-Warr. ex warrants
YER yearly effective rate
YTM yield to maturity
ZBA zero balance account
ZCO zero coupon bond
ZIP zip code

Englisch – Deutsch

A

ABA American Bankers Association
ABA transit number Bankleitzahl der American Bankers Association
abacus Rechenbrett
abandon aussetzen, verlassen, aufgeben, verzichten, aufgeben, nicht annehmen
abandon a tax Steuererlass
abandonment Abtretung, Optionsaufgabe, Preisgabe, Verzicht
abandonment of an option Nichtausübung einer Option, Optionsverzicht
abate nachlassen, schwächer werden, abflauen, herabsetzen, verringern, ermäßigen, vermindern, annullieren, aufheben, für null und nichtig erklären
abatement Annullierung, Erstattung, Herabsetzung, Kürzung, Streichung, Aufhebung
abatement of tax Steuererlass
abbreviate abkürzen, kürzen, verkürzen
abbreviated adress Kurzanschrift
abbreviated version verkürzte Fassung
abbreviation Abkürzung
ABC evaluation analysis ABC-Analyse
aberrant price differences anomale Kursunterschiede
aberration Abweichung, Kursanomalien nutzen
abetting Beihilfe
abeyance in der Schwebe, ruhender Rechtsanspruch
abeyant in der Schwebe, unentschieden
abide andauern
abide by einhalten, sich halten an, festhalten an
ability Fähigkeit, Talent, Klugheit, Können
ability to get things done Durchsetzungsvermögen
ability to pay Solvenz, Zahlungsfähigkeit
ability to pay a dividend Dividendenfähigkeit
ability to raise funds Kreditfähigkeit
ability to service debt Schuldendienstfähigkeit
ability to work Arbeitsfähigkeit
abnormal discount ungewöhnlich hoher Nachlass, ungewöhnlich hoher Preisnachlass
abolish abbauen, abschaffen, aufheben, außer Kraft setzen
abolishment Aufhebung, Abschaffung, Streichung, Wegfall
abolition Abschaffung, Aufhebung
abolition of tariffs Zollabschaffung
aboriginal costs Anschaffungskosten
abortive rescue misslungene Sanierung
abortive stock market flotation verunglückte Börseneinführung
abortive takeover bid erfolgloses Übernahmeangebot
abounding liquidity Liquidität im Überfluss
about circa
about-turn Kehrtwendung, Umschwung
above par über Nennwert, über pari, über dem Nennwert
above-average growth überdurchschnittliches Wachstum
above-average price performance überdurchschnittliche Kursentwicklung
above-market price über dem aktuellen Marktwert liegender Kurs
above-mentioned oben erwähnt
abreast sich auf dem laufenden halten
abridge kürzen
abridged version Kurzfassung
abridgement Kürzung, Verkürzung
abroad Ausland
abrogate aufheben, außer Kraft setzen, annullieren
abrogate a law Gesetz außer Kraft setzen
abrogation Aufhebung, Außerkraftsetzung, Widerruf
abrupt plötzlich, unerwartet, abrupt
absconding debtor flüchtiger Schuldner
absence Abwesenheit, Mangel
absence of a written agreement mangels einer schriftlichen Vereinbarung
absence of postage nicht freigemacht
absence of quorum Beschlussunfähigkeit
absence of real security fehlen dinglicher Sicherheiten
absence of recourse fehlender Rückgriff
absence of valid subject matter Fehlen der Geschäftsgrundlage
absence rate Fehlzeitenquote, Abwesenheitsrate
absence time Abwesenheitszeit
absent oneself from fernbleiben
absentee ballot Briefwahl
absentee shareholders nicht anwesende Aktionäre
absentee voter Briefwähler
absentee voting Briefwahl
absolute coding Grundcodierung
absolute deviation absolute Abweichung
absolute endorsement unbedingtes Indossament
absolute error absoluter Fehler
absolute frequency absolute Häufigkeit
absolute gift bedingungslose Schenkung
absolute guaranty selbstschuldnerische Bürgschaft
absolute insolvency Überschuldung

absolute interest uneingeschränktes Eigentum
absolute liability Gefährdungshaftung
absolute liquidity ratio Liquidität ersten Grades
absolute rate Festzins ohne Aufschlag
absolute redemption call Kündigung der gesamten Anleihe
absolute right uneingeschränktes Recht
absolute suretyship selbstschuldnerische Bürgschaft
absolutely liable unbeschränkt haftbar
absolve freistellen
absolve from any liability von jedweder Haftung freistellen
absorb abschöpfen, auffangen, aufsaugen, in Anspruch nehmen
absorbed basis Vollkostenbasis
absorbed overhead verrechnete Gemeinkosten
absorbing capacity Aufnahmefähigkeit
absorbing company übernehmende Gesellschaft
absorption Abschöpfung, Aufnahme, Übernahme
absorption account Sammelkonto, Wertberichtigungskonto
absorption costing Vollkostenrechnung
absorption of excess liquidity Liquiditätsabschöpfung
absorption of funds Finanzmittelbindung
absorption of liquidity Liquiditätsabschöpfung
absorption of the cost Kostenübernahme
absorption point Sättigungspunkt
abstain sich enthalten
abstain from voting Abstimmung fernbleiben, Stimme nicht abgeben
abstention Enthaltung
abstentions Stimmenthaltungen
abstract Auszug, Kurzfassung, Zusammenfassung, Auszug anfertigen
abstract contractual performance abstraktes Schuldversprechen
abstract of account Kontoauszug
abstract of title Eigentumsnachweis
abstract transaction abstraktes Rechtsgeschäft
abundance Überfluss
abundant reich, reichlich versehen
abuse missbrauchen, falsch anwenden
abuse a law Rechtsmissbrauch
abuse of discretion Ermessensmissbrauch
abuse of loan approval powers Missbrauch der Kreditkompetenz
abuse of market power Marktmachtmissbrauch
abuse of process Prozessmissbrauch
abuse of right Rechtsmissbrauch
abusive missbräuchlich
academic wissenschaftlich
accede zustimmen, einwilligen
accede to beitreten, stattgeben
acceding country Beitrittsland
accelerated beschleunigt

accelerated cost recovery system beschleunigte Abschreibung
accelerated deductions vorgezogener Aufwand
accelerated depreciation Sonderabschreibung
accelerated growth beschleunigtes Wachstum
accelerated incentive progressiver Leistungslohn
accelerated maturity vorzeitige Fälligkeit
accelerated method of depreciation Methode der degressiven Abschreibung
accelerated paper überfälliges Wertpapier
accelerated premium pay progressive Leistungsprämie
accelerated tax depreciation erhöhte Abschreibungen
acceleration clause Verfallsklausel, Vorfälligkeitsklausel
acceleration note Schuldschein
acceleration of maturity Vorverlegen der Fälligkeit
acceleration right Recht auf vorzeitige Fälligstellung
accelerator Terminjäger
accept abnehmen, akzeptieren, hinnehmen, in Empfang nehmen, nicht verwerfen
accept a bid Auftrag vergeben, Zuschlag erteilen
accept a bill mit Akzept versehen, querschreiben, Wechsel annehmen
accept an order Auftrag annehmen, Auftrag hereinnehmen, Bestellung annehmen, Bestellung hereinnehmen
accept credit Akzeptkredit, Rembourskredit, Wechselkredit
accept deposits Einlagen hereinnehmen
accept in blank blanko akzeptieren
acceptability Eignung
acceptability of risks Tragbarkeit von Risiken
acceptable beleihbar, lombardfähig, annehmbar
acceptable banking security bankmäßige Sicherheit
acceptable collateral bankmäßige Sicherheit
acceptable criterion brauchbares Kriterium
acceptable price annehmbarer Preis
acceptable quality annehmbare Qualität
acceptable terms annehmbare Bedingungen
acceptance Akzept, Annahme, Zuschlag erteilen, Annahme, Entgegennahme, Zustimmung, Einwilligung, Zusage
acceptance account Wechselkonto
acceptance against documents Akzept gegen Dokumente
acceptance bank Akzeptbank
acceptance bill Dokumententratte, Dokumentenwechsel, zum Akzept vorgelegter Wechsel
acceptance certificate Abnahmebescheinigung, Abnahmeprotokoll, Abnahmezeugnis
acceptance charge Akzeptgebühr
acceptance commission Akzeptprovision

acceptance commitment Akzeptzusage, Akzeptierungsverpflichtung
acceptance commitments Wechselverbindlichkeiten
acceptance corporation Akzeptbank, Teilzahlungs-Kreditinstitut
acceptance credit Akzeptkredit, Rembourskredit
acceptance credit line Rembourslinie, Wechselkreditlinie
acceptance criteria Abnahmenormen
acceptance duty Annahmepflicht
acceptance eligible for purchase ankaufsfähiges Akzept
acceptance finance Finanzierung durch einen Akzeptkredit
acceptance for collection Inkassoakzept
acceptance for honor Ehrenakzept, Ehrenannahme
acceptance house Akzeptbank
acceptance in blank Blankoakzept
acceptance in case of need Notakzept
acceptance ledger Akzeptbuch, Beleggrundbuch
acceptance letter Annahmeschreiben, Bezugsrechtangebot
acceptance letter of credit Akzept-Akkreditiv
acceptance level Akzeptanzdichte
acceptance liability Haftung aus Akzept, Wechselobligo
acceptance line Akzeptlinie
acceptance market Akzeptmarkt
acceptance maturity tickler Akzept-Fälligkeitsliste
acceptance of a bill Wechselannahme
acceptance of a security Annahme einer Sicherheit
acceptance of bid Auftragsvergabe, Zuschlag erteilen
acceptance of contractual offer Vertragsannahme
acceptance of deposits Hereinnahme von Einlagen
acceptance of guaranty Garantieübertragung
acceptance of lump sum settlement Annahme einer Abfindung
acceptance of order Auftragsbestätigung, Bestellungsannahme
acceptance of proposal Antragsannahme
acceptance outstanding Akzepte im Umlauf
acceptance procurement Akzepteinholung
acceptance register chronologisches Akzeptverzeichnis
acceptance swap Akzepttausch
accepted bill Akzept
accepted finance bill Finanzakzept
accepted value Anrechnungswert
accepting bank akzeptgebende Bank
accepting house Akzeptbank
acceptor Akzeptant

access Zugang, Zugriff
access authority Zugriffsberechtigung
access barriers Zugangshindernisse
access code Zugriffscode
access right Benutzerberechtigung
access to the capital market Zugang zum Kapitalmarkt
access to the collateral in the event of a default Zugriff auf die Sicherheit bei Zahlungsverzug
access to the files Akteneinsicht
accessibility Erreichbarkeit, Zugänglichkeit
accessible erreichbar, zugänglich
accession Wertzuwachs, Zugang
accession clause Beitrittsklausel
accession talk Beitrittsverhandlung
accessions tax kumulative Erbschaftsteuer, Schenkungsteuer
accessory agreement Nebenabrede, Zusatzvertrag
accessory charge Nebenabgabe
accessory duty Nebenabgabe
accessory obligation zusätzliche Verpflichtung
accessory surety Nachbürge
accident benefit Unfallrente
accidental zufällig, unbeabsichtigt
accidental perishing zufälliger Untergang
accidental sampling Stichprobenuntersuchung
accommodate entgegenkommen
accommodate demand Nachfrage befriedigen
accommodating entgegenkommend, kulant
accommodating credit Überbrückungskredit
accommodating transaction Ausgleichstransaktion
accommodation Entgegenkommen, kurzfristiges Darlehen, Überbrückungskredit, Unterbringung
accommodation acceptance Gefälligkeitsakzept
accommodation acceptor Gefälligkeits-Akzeptant
accommodation address Briefkastenadresse
accommodation bill (accommodation draft, accommodation note) Gefälligkeitswechsel
accommodation bill of lading Gefälligkeitskonnossement
accommodation contract Gefälligkeitsgarantie
accommodation endorsement Gefälligkeitsindossament
accommodation endorser Gefälligkeits-Indossant
accommodation line Gefälligkeitsgeschäft
accommodation of conflicting interests Interessenausgleich
accommodation paper Gefälligkeitspapier, Gefälligkeitsschuldschein
accommodation purchase Vorzugskauf
accommodation warranties Kulanz-Gewährleistung
accompanying documents Begleitpapiere

accompanying letter Begleitschreiben
accompanying measures flankierende Maßnahmen
accomplish Zweck erreichen, vollenden, vollbringen, zu Stande bringen, leisten, verwirklichen, ausführen, verrichten
accomplishment Durchführung, Realisierung, Fähigkeiten, Fertigkeiten
accomplishment of goals Zielrealisierung
accord übereinstimmen
accord vergleichsweise Erfüllung, Abkommen, Vergleich, Übereinkunft, Vereinbarung
accord and satisfaction an Erfüllungsstatt, Annahme an Erfüllungsstatt
accord with übereinstimmen mit
accordance Übereinstimmung, Gewährung
according to gemäß, laut, nach
according to contract vertragsgemäß
according to schedule nach Plan, planmäßig
account Abrechnung, Debitorenauszug, Konto, Rechenschaft, Rechnung, Ursache
account activity Kontobewegung
account activity statement Kontoauszug
account allocation Kontierung von Belegen
account analysis Kontoanalyse
account and risk clause Risikoausschlussklausel
account assignment Kontierung
account balance Kontenstand
account balancing Kontoausgleich
account balancing statement Kontoabschlussrechnung
account beneficiary Kontobegünstigter
account book Geschäftsbuch
account card Kontokarte
account carried forward Vortrag auf neue Rechnung
account carrying charges Kontospesen
account category Kontengruppe
account class Kontenklasse
account classification Kontengliederung, Kontenrahmen
account closed Konto geschlossen
account closing Kontolöschung, Kontoauflösung, Kontoabschluss
account code Kontoschlüssel
account column Kontenspalte
account credit Kontogutschrift
account current Kontokorrent
account day Abrechnungstag, Liquidationstermin, Zahltag
account debit Kontobelastung
account debtor Abnehmer
account density Kundendichte
account development Kundenakquisition
account distribution Kontierung
account distribution of vouchers Belegkontierung, Kontierung von Belegen

account distribution work Kontierungsarbeiten
account drawings Kontoverfügungen
account executive Kundenbetreuer
account fee Kontoführungsgebühr
account file Kontendatei
account files Kontounterlagen
account for erklären, nachweisen, Rechenschaft ablegen
account form Kontenform, Kontenblatt, Kontoform
account group Kontengruppe
account group title Kontengruppenbezeichnung
account header Kontoüberschrift
account heading Kontobezeichnung
account hold Kontosperre
account holder Kontoinhaber
account in balance ausgeglichenes Konto
account in trust Treuhandkonto
account inquiry Auskunftsersuchen
account kept with Kontoverbindung bei
account key Kontenschlüssel
account level Kontenebene
account limit Verfügungsrahmen
account liquidation Kontoauflösung, Kontolöschung, Kontoschließung
account maintaining office kontoführende Stelle
account maintenance Kontobetreuung, Kundenpflege
account maintenance agreement Kontovertrag
account maintenance charge Kontoführungsgebühr
account maintenance on a non-borrowing basis Kontoführung auf Guthabenbasis
account management Kontoführung, Kundenbetreuung
account management charge Kontoführungsgebühr
account management fee Buchungsgebühr
account manager Kundenbetreuer
account master Kontenstamm
account movements Kontobewegungen
account name Kontenbezeichnung
account netting Kontenkompensation, Verrechnung auf Kontensalden
account number Kontonummer
account of Rechnung über, Rechnung von
account of charges Gebührenaufstellung
account of proceedings Rechenschaftsbericht
account of sales Verkaufsabrechnung
account on a noncharge basis gebührenfreies Konto
account opening Kontoeröffnung
account opening application Kontoeröffnungsantrag
account overdraft Kontoüberziehung
account party Akkreditiv-Auftraggeber
account payee Konto des Begünstigten

account payee only nur zur Verrechnung
account period Abrechnungsperiode
account profile Kundenprofil
account purchases Abrechnung des Einkaufskommissionärs
account receivable ausstehende Forderung
account reconcilement Kontenabstimmung, Kontenvergleich
account reconciliation Kontenabstimmung
account records Kontounterlagen
account related claims Ansprüche aus einem Kontokorrentverhältnis
account relationship Kontoverbindung bei, Geschäftsbeziehung
account rendering Rechnungslegung, Vorlage des Rechenschaftsberichts
account representative Kundenberater, Kundenbetreuer
account return Konto-Rentabilität
account sales Verkaufsabrechnung
account settlement Kontoausgleich, Kontoregulierung, Kontoverrechnung
account statement Kontoauszug
account statement printer Kontoauszugsdrucker
account status Kontenstand
account table Kontentabelle
account title Kontenbezeichnung
account total Kontosumme
account transactions Kontobewegungen, Kontoumsätze
account transfer Kontoübertrag
account trustee Kontotreuhänder
account turnover Kontoumsatz
account turnover fee Umsatzprovision
account type Kontoart, Kontotyp
account verification Kontoabstimmung, Kontoüberprüfung
account-keeping fees Kontoführungsgebühren
account-type presentation kontenmäßige Darstellung
accountability Rechenschaftspflicht, Verantwortlichkeit, Haftung
accountable rechenschaftspflichtig, verantwortlich, buchungspflichtig
accountable event Buchungsvorfall
accountable personally persönlich haftbar
accountancy Buchhaltung, Rechnungswesen
accountancy firm Buchprüfungsgesellschaft
accountancy theory Theorie des Rechnungswesens
accountant Bilanzprüfer, Buchhalter
accountant in charge verantwortlicher Außenprüfer
accountants certificate Prüfungsbescheinigung
accountants report Prüfungsbericht, Revisionsbericht, Revisionsvermerk
accountants return rechnerische Rendite
accounting Abrechnung, Rechnungswesen, Buchführung
accounting adjustment Wertberichtigung
accounting advice Buchungsaufgabe
accounting by functions entscheidungsorientierte Kostenrechnung
accounting center zentrale Abrechnungsstelle, Abrechnungsstelle
accounting close Buchungsschnitt
accounting concept Bilanzierungsgrundsatz
accounting continuity Bilanzkontinuität
accounting control Rechnungsprüfung, Revision
accounting control budget Kontrollbudget
accounting conventions Buchhaltungsrichtlinien
accounting currency Abrechnungswährung
accounting cycle Buchungsdurchlauf, Umschlagszyklus
accounting data Buchungsdaten
accounting date Abrechnungstag, Abschlusstag, Bilanzstichtag
accounting deadline Buchungsschnitt
accounting department rules Buchhaltungsrichtlinien
accounting depreciation bilanzielle Abschreibung
accounting directive Bilanzrichtlinie, Rechnungslegungsverordnung
accounting directives law Bilanzrichtliniengesetz
accounting driven capital increase buchtechnische Kapitalerhöhung
accounting equation Bilanzgleichung
accounting error Buchungsfehler
accounting event Buchungsvorfall
accounting evidence Nachweis ordnungsmäßiger Buchführung
accounting exchange on the assets side Aktivtausch
accounting exchange on the liabilities side Passivtausch
accounting for job order costs Auftragsabrechnung
accounting for spoiled goods Ausschusskostenrechnung
accounting format Bilanzierungsformat
accounting gimmick buchungstechnischer Trick, Manipulation
accounting guidelines Bilanzierungsrichtlinien
accounting income Periodengewinn, handelsrechtlicher Gewinn
accounting issue buchmäßige Entnahme
accounting law Bilanzierungsrecht
accounting legislation Bilanzierungsgesetzgebung
accounting loss Buchverlust
accounting manual Bilanzierungshandbuch

accounting method Rechnungslegungsmethode, Rentabilitätsvergleichsmethode, Bilanzierungsmethode
accounting on a cash basis Einnahmen-Ausgaben-Rechnung
accounting on an accrual basis periodengerechte Rechnungslegung
accounting ordinance Rechnungslegungsverordnung
accounting par value of shares rechnerischer Aktienwert
accounting period Rechnungsperiode, Abrechnungszeitraum, Geschäftsjahr
accounting policy Bilanzpolitik
accounting practice Tätigkeit des öffentlich bestellten Buchprüfers, Bilanzierungspraxis
accounting price Schattenpreis
accounting principle Bilanzierungsgrundsatz
accounting principle of prudence Bilanzierungsgrundsatz der kaufmännischen Vorsicht
accounting profit Buchgewinn
accounting provision for depreciation bilanzielle Abschreibung
accounting rate of return rechnerische Rendite
accounting ratio finanzwirtschaftliche Kennzahl
accounting record Buchungsbeleg
accounting records Rechnungsunterlagen
accounting reference date Bilanzstichtag
accounting reference period Bilanzierungszeitraum
accounting regulations bilanzrechtliche Vorschriften
accounting routine Abrechnungsroutine
accounting rules Rechnungslegungsvorschriften
accounting scheme Bilanzschema
accounting standards Rechnungslegungsvorschriften
accounting statement buchhalterische Übersicht
accounting surplus Rechnungsüberschuss
accounting system Bilanzierungssystem, Kontenrahmen, Kontowesen
accounting treatment Bilanzierung, Verbuchung, buchmäßige Behandlung
accounting unit Abrechnungseinheit
accounting voucher Buchungsaufgabe
accounting year Geschäftsjahr, Bilanzjahr, Rechnungsjahr
accounts Abschluss, Forderungen
accounts department Buchhaltung
accounts insurance Warenkreditversicherung, Delkredere-Versicherung, Forderungsausfall-Versicherung
accounts loan Zessionskredit, Kredit gegen Abtretung von Forderungen
accounts payable Verbindlichkeiten, Kreditoren
accounts payable account Kreditorenkonto
accounts payable ledger Lieferantenbuch
accounts payable report Kreditorenbericht
accounts presentation Bilanzierung, Vorlage des Abschlusses
accounts receivable Forderungen
accounts receivable account Debitorenkonto
accounts receivable accounting Debitorenbuchhaltung
accounts receivable and payable ledger Kontokorrentbuch
accounts receivable entry Debitorenbuchung
accounts receivable file Debitorendatei
accounts receivable financing Factoring, Finanzierung durch Forderungsabtretung
accounts receivable loan Debitorenkredit
accounts receivable risk Debitorenwagnis
accounts receivable statement Debitorenkontoauszug
accounts receivable-trade Forderungen aus Lieferungen und Leistungen
accredit zuschreiben, zulassen, anerkennen
accreditation Akkreditierung, Zulassung
accredited dealer zugelassener Händler
accredited investor zugelassener Anleger
accredited representative bevollmächtigter Vertreter
accreditee Akkreditierter, Akkreditivbegünstigter
accrete Disagio-Zuwachs ausweisen, zuwachsen
accretion Wertsteigerung, Wertzuwachs
accretion of discount Disagio-Zuwachs
accretion of interest Zinszuwachs
accrual Abgrenzungsposten, antizipative Abgrenzung, aufgelaufener Betrag, Zuwachs
accrual accounting Periodenrechnung
accrual and deferral Rechnungsabgrenzung
accrual basis accounting Betriebsvermögensvergleich
accrual basis (accrual concept) Prinzip der Periodenabgrenzung
accrual basis of accounting periodengerechte Rechnungslegung
accrual basis principle of accounting Prinzip der Periodenabgrenzung
accrual bond Anleihetranche
accrual concept Prinzip der Periodenabgrenzung
accrual date Fälligkeitstermin
accrual days Stückzinstage
accrual for pensions Rückstellung für Pensionen
accrual method Aufwands- und Ertragsrechnung, periodengerechte Abgrenzung
accrual of a right Zuwachs eines Rechtes
accrual of costs Kostenanfall
accrual of interest Zinsanfall, Auflaufen von Zinserträgen
accruals Abgrenzungsposten, Rückstellungen
accruals and deferrals Abgrenzungen
accruals concept Grundsatz der Periodenabgrenzung

accruals for deferred taxes Rückstellungen für latente Steuern
accruals for pensions and similar obligations Rückstellungen für Pensionen und ähnliche Verpflichtungen
accruals - non taxable steuerfreie Rücklagen
accrue Anfallen, auflaufen, abgrenzen
accrued aufgelaufen
accrued assets Ertragsabgrenzung
accrued charges antizipative Passiva, Aufwandsabgrenzung
accrued compound interest aufgelaufene Zinseszinsen
accrued dividend aufgelaufene Dividende
accrued expenditure basis Grundlage der Kapitalflussrechnung
accrued expense antizipative Passiva
accrued for Rückstellung für
accrued gain Zugewinn
accrued income antizipative Aktiva
accrued income taxes Rückstellung für Ertragsteuern
accrued interest angesammelte Zinsen, Stückzinsen
accrued interest payable aufgelaufene Zinsverbindlichkeiten
accrued interest receivable aufgelaufene Zinsforderungen
accrued items Rechnungsabgrenzungsposten
accrued liabilities aufgelaufene Verpflichtungen, Rückstellungen
accrued provisions Provisionsforderungen
accrued revenue Ertragsabgrenzung
accrued taxes Steuerschulden
accrued-interest paper Aufzinsungspapier
accruing auflaufend
accruing interest income anfallende Zinserträge
accumulate ansammeln, anwachsen, auflaufen, aufzinsen
accumulated amortization aufgelaufene Abschreibung
accumulated amount of annuity Rentenendwert
accumulated benefit Anwartschaft
accumulated book profit aufgelaufener Buchgewinn
accumulated coverage kumulierte Reichweite
accumulated deficit aufgelaufener Verlust
accumulated demand Nachfragestau
accumulated depletion eingetretene Substanzverringerung
accumulated depreciation akkumulierte Abschreibung, Wertberichtigung auf das Sachanlagevermögen
accumulated dividend aufgelaufene Dividende, nicht ausgeschüttete Dividende
accumulated earnings tax Körperschaftsteuer auf einbehaltene Gewinne

accumulated error additiver Fehler
accumulated income Bilanzgewinn
accumulated losses brought forward Verlustvortrag
accumulated profits Gewinnvortrag
accumulation Ansammlung, Aufzinsung, Haussegeschäft, Spanne, Zuwachs
accumulation area Kumulierungsbereich
accumulation factor Aufzinsungsfaktor
accumulation of annuity Rentenendwert
accumulation of capital Kapitalbildung
accumulation of debt by private households Verschuldung der privaten Haushalte
accumulation of holdings Bestandsaufbau
accumulation of insolvencies Häufung von Insolvenzen
accumulation of interest Zinsansammlung, Zinsanfall
accumulation of property Vermögensbildung
accumulation period Zinseszinsperiode
accumulation plan Tabelle zur Verteilung des Disagios auf die Laufzeit, Sparplan eines Investmentfonds
accumulation unit Fondsanteil mit Wiederanlage der Zinsen
accuracy Genauigkeit
accuracy of a forecast Prognosegüte
accurate zutreffend
achieve zu Stande bringen, erreichen, verwirklichen
achievement Leistung
achievement principle Leistungsprinzip
achievement-oriented society Leistungsgesellschaft
acid test Liquidität ersten Grades, auf die Probe stellen
acid test ratio Liquidität ersten Grades
acknowledge bestätigen, quittieren
acknowledge receipt Empfang bestätigen
acknowledgement Bestätigung, Anerkenntnis
acknowledgement of debt Schuldanerkenntnis
acknowledgement of indebtness Schuldanerkenntnis
acknowledgement of order Auftragsbestätigung
acknowledgement of receipt Eingangsanzeige, Empfangsbestätigung
acquaintance Bekanntschaft, Kenntnis
acquiesce einwilligen
acquiescence Duldung, stillschweigende Einwilligung, Einwilligung
acquire anschaffen, erlangen, erwerben
acquire an equity investment Beteiligung erwerben
acquire an interest Beteiligung erwerben, sich beteiligen an
acquire an option Option erwerben, Optionsrecht erwerben

acquire in good faith gutgläubig erwerben
acquire property Besitz erwerben, Eigentum erwerben
acquired company übernommene Gesellschaft
acquired good will derivativer Firmenwert
acquired rights Besitzstand, wohlerworbene Rechte
acquired share erworbene Aktie
acquired surplus Mehrertrag
acquirer Erwerber
acquiring company erwerbende Gesellschaft, übernehmende Gesellschaft
acquisition Akquisition, Anschaffung, Übernahme, Erwerb
acquisition agreement Übernahmevertrag, Unternehmenskaufvertrag
acquisition charge Gebühr für vorzeitige Kreditrückzahlung
acquisition costs Anschaffungskosten, Akquisitionskosten, Beschaffungskosten
acquisition criteria Übernahmekriterien
acquisition excess Überschuss des Kaufpreises
acquisition free from encumbrances lastenfreier Erwerb
acquisition in good faith gutgläubiger Erwerb
acquisition of an unused asset Neuanschaffung
acquisition of assets Kauf von Wirtschaftsgütern, Übernahme eines Unternehmens
acquisition of expert knowledge Expertenbefragung
acquisition of financial assets Geldvermögensbildung
acquisition of funds Beschaffung von Geldern
acquisition of participating interests Beteiligungserwerb
acquisition of property Eigentumserwerb
acquisition of shareholdings Beteiligungskäufe
acquisition of stock Beteiligungserwerb
acquisition of title Rechtserwerb
acquisition policy Übernahmepolitik
acquisition price Anschaffungspreis
acquisition profile Übernahmeprofil
acquisition rumors Übernahmegerüchte
acquisition strategy Übernahmestrategie
acquisition value Beschaffungswert
acquisitiveness Erwerbstrieb, Gewinnsucht
acquit Schulden bezahlen
acquittal Freispruch, Schuldenerlass
acquittance Begleichung, Schuldbefreiungsurkunde, Schulderfüllung, Tilgung
across the board allgemein, linear, pauschal
across the counter regulär
across-the-board cut Globalkürzung
across-the-board increase allgemeine Erhöhung
across-the-board price increase allgemeine Preiserhöhung

act against public policy gegen die guten Sitten verstoßen
act as a chairman Vorsitz führen
Act concerning co-determination of employes Mitbestimmungsgesetz
act disloyally sich treuwidrig verhalten
act for handeln für, vertreten
act for whom it may concern handeln für wen es angeht
act in concert zusammenarbeiten
act in good faith in gutem Glauben handeln
act in place of handeln für, vertreten
act jointly zusammenarbeiten
act of bankruptcy Konkursdelikt
Act of God höhere Gewalt
act of honor Ehreneintritt
act of protest Wechselprotest
act of state Hoheitsakt
act on behalf of für jemand tätig sein
acting Geschäftsführend, stellvertretend
acting as general coordinator federführend
acting on honorary basis ehrenamtlich tätig sein
acting partner geschäftsführender Gesellschafter, tätiger Teilhaber
action Aktion, Handlung, Tätigkeit
action alternative Handlungsalternative
action for annulment Nichtigkeitsklage
action for damages Schadenersatzklage
action for liability Haftungsklage
action for partition Teilungsklage
action for recourse Regressklage
action for recovery of property Eigentumsklage
action for restitution Klage auf Herausgabe
action for warranty Gewährleistungsklage
action in rem dringliche Klage
action lag Durchführungsverzögerung
action model Vorgehensmodell
action of dishonored bill Wechselklage
action parameter Aktionsparameter
action plan Aktionsplan
action planning Maßnahmenplanung
action research Aktionsforschung
action scope Handlungsspielraum
actionability Klagbarkeit
actionable klagbar, verfolgbar
activate aktivieren, in Betrieb setzen
active lebhaft, produktiv, zinsbringend
active account Konto mit lebhaften Umsätzen
active backlog of orders unerledigte Aufträge
active balance of payments aktive Zahlungsbilanz
active bond crowd Makler für Festverzinsliche
active bonds verzinsliche Schuldverschreibungen
active capital arbeitendes Kapital
active circulation aktiver Umlauf
active circulation of notes Banknotenumlauf
active competition lebhafte Konkurrenz

active demand lebhafte Nachfrage
active money lebhafter Geldmarkt
active paper zinstragendes Papier
active partner tätiger Teilhaber
active securities lebhaft gehandelte Wertpapiere
active stock Aktien mit ständig hohen Umsätzen
active stocks lebhaft gehandelte Aktien
active trading lebhafter Handel
actively traded lebhaft gehandelt
activity Tätigkeit
activity charge Kontoumsatzgebühr
activity costs Kontoführungskosten
activity in the equity market Umsätze am Aktienmarkt
activity level Beschäftigungsgrad
activity ratio Beschäftigungsgrad
activity statement Kontoauszug
activity variance Beschäftigungsabweichung
actual accounting Nachkalkulation
actual amount Ist-Betrag
actual attainment Ist-Leistung
actual balance Ist-Bestand
actual balance sheet Ist-Bilanz
actual capacity Ist-Kapazität
actual cash value Versicherungswert, effektiver Barwert
actual cost Ist-Kosten
actual cost basis method Bilanzierung nach Nominalwertprinzip
actual cost system Istkostenrechnung
actual expenditure Ist-Ausgabe
actual holdings Effektivbestand
actual interest return Effektivverzinsung
actual investment Ist-Investitionen
actual life tatsächliche Nutzungsdauer
actual man hour Ist-Stunde
actual market Kassamarkt
actual market value tatsächlicher Marktwert
actual net worth Aktivvermögen
actual number of personnel Personal-Iststand
actual outlay Ist-Ausgaben
actual output Ist-Leistung
actual portfolio Istportfolio
actual proceeds Ist-Einnahmen
actual rate of interest effektiver Zinssatz
actual receipts Ist-Einnahmen
actual security effektives Stück
actual stock Ist-Bestand
actual time Ist-Zeit
actual value effektiver Wert
actual value method Kapitalkonsolidierung
actual versus target comparison Soll-Ist-Vergleich
actual wages Reallohn
actual yield effektive Rendite
actuals sofort verfügbar
actuarial versicherungsstatistisch

actuarial loan Versicherungsdarlehen
actuarial projections Sterblichkeitsberechnungen
actuarial return interner Zinsfuß
actuarial theory Versicherungsmathematik
acumen Geschäftssinn
acute liquidity shortage akuter Liquiditätsmangel
ad budget Werbe-Etat
ad hoc committee Ad-hoc-Ausschuss
ad hoc consortium Gelegenheitsgesellschaft
ad rate Anzeigenpreis
ad spending Werbeaufwand
ad valorem wertentsprechend
ad valorem equivalent wertentsprechende Menge
ad valorem tariff wertentsprechende Gebühr, Wertzolltarif
ad valorem tax Wertzollsteuer
adapt Angleichen, anpassen
adapt oneself to sich anpassen an
adaptable anpassungsfähig, anwendbar
Adaptation (adaption) Angleichung, Anpassung
adaptive expectations angepasste Erwartungen
add Addieren, aufsummieren
add back Hinzurechnung
add on hinzufügen, hinzurechnen, aufzinsen
add one's name to unterschreiben
add to one's nest egg auf die hohe Kante legen, zusätzlich sparen
add to reserves Rücklagen dotieren
add unaccrued interest aufzinsen
add up addieren
add-on Zusatzbetrag, Zusatz
add-on installment loan Teilzahlungskredit
add-on interest Aufzinsungsbetrag
add-on loan Teilzahlungskredit plus Zinsen
add-on product Ergänzungsprodukt
add-on sale Anschlussauftrag
add-on tax Zusatzsteuer
add-to installment loan Teilzahlungskredit
added value Wertschöpfung
addendum Nachtrag, Zusatz
addition Zugabe, Beifügung, Zusatz, Zuwachs, Hinzufügung
addition slip Additionsstreifen
addition to capital investments Finanzanlagenzugänge
addition to fixed assets Zugang zum Anlagevermögen
additional ergänzend, zusätzlich
additional allowance Zuschuss
additional appropriation Zusatzbewilligung von Geldern
additional benefit Zusatzleistung
additional call Nachforderung
additional capital Zusatzkapital

additional cargo Beiladung
additional carriage Frachtzuschlag
additional charge Nachgebühr, Nachbelastung
additional claim Nachforderung
additional clause Zusatzklausel
additional contribution Zusatzleistung
additional cost Zusatzkosten
additional cover Nachschusszahlung
additional fiscal burden Haushaltsmehrbelastung
additional freight Frachtzuschlag
additional interest cost Zinsmehraufwand
additional interest income Zinsmehrertrag
additional margin zusätzlicher Einschuss
additional markon zusätzlicher Aufschlag
additional pay Lohnzulage
additional payment Zuzahlungsbetrag
additional premium Prämienzuschlag
additional profit Mehrgewinn
additional respite Nachfrist
additional security zusätzliche Sicherheit
additional services Nebenleistungen
additional tax assessment Steuernachforderung
additional wage Lohnzulage
additions Zugänge
additions and improvements Wertveränderungen
additions during the year Zugänge im Geschäftsjahr
additions to assets Mehrungen auf der Aktivseite
additions to equity Eigenkapitalzufuhr
additions to fixed assets Anlagenzugänge
additions to reserves Erhöhung von Rücklagen
additions to shareholders' funds Eigenkapitalzufuhr
address in case of need Notadresse
address label Adressen-Aufkleber
address oneself to aufgreifen, behandeln, sich zuwenden
addressee Adressat, Empfänger
adequacy Angemessenheit
adequate angemessen, hinreichend
adequate and orderly accounting ordnungsgemäße Buchführung
adequate care hinreichende Sorgfalt
adequate increase rate angemessene Wachstumsrate
adequate target rate Kalkulationszinsfuß
adequately funded ausreichend finanziert
adhere anhängen, festhalten
adhere to festhalten an
adhesive label Aufklebezettel
adhesive strip Klebestreifen
adjacent angrenzend, anliegend
adjoining property Nachbargrundstück
adjourn vertagen
adjourn indefinitely auf unbestimmte Zeit vertagen

adjournment Vertagung
adjudge gerichtlich entscheiden
adjudicate entscheiden, urteilen, gerichtlich entscheiden
adjudication in bankruptcy Konkurseröffnung
adjudication order Eröffnung des Konkursverfahrens, Konkurseröffnungsbeschluss
adjust ableiten, ändern, anpassen, bereinigen, berichtigen
adjust an account Konto ausgleichen
adjust oneself to sich umstellen auf
adjustable regulierbar
adjustable preferred stock Vorzugsaktie
adjustable rate mortgage variabel verzinsliche Hypothek
adjustable rate mortgage loan zinsvariables Hypothekendarlehen
adjustable rate preferred stock Vorzugsaktie mit variabler Dividende
adjusted normiert
adjusted capital ratio berichtigte Eigenkapitalquote
adjusted demand growth angepasstes/bereinigtes Nachfragewachstum
adjusted for currency movements bereinigt um Währungsverschiebungen
adjusted for inflation inflationsbereinigt
adjusted for working day variations kalenderbereinigt
adjusted gross income berichtigter Bruttoumsatz
adjusted gross sales berichtigter Bruttoauftragseingang
adjusted index bereinigter Index
adjuster Schadenssachverständiger
adjusting entry Ausgleichs-/Berichtigungsbuchung
adjustment Änderung, Anpassung, Bereinigung, Berichtigung
adjustment account Berichtigungskonto
adjustment amount Berichtigungsbetrag
adjustment bond Gewinnschuldverschreibung
adjustment credit Überbrückungskredit
adjustment entry Berichtigungsbuchung, Ausgleichsbuchung, Korrekturbuchung
adjustment for depreciation Abschreibungskorrektur
adjustment for price risk Abwertung wegen Preisrisiko
adjustment inflation Anpassungsinflation
adjustment item Ausgleichsposten
adjustment levy Abschöpfung
adjustment loan Anpassungsdarlehen
adjustment loop Anpassungspfad
adjustment of account Saldenberichtigung
adjustment of claims Anspruchsregulierung
adjustment of terms Konditionenanpassung

adjustment of the book value Berichtigung des Buchwertes
adjustment of the loan terms Anpassung der Kreditkonditionen
adjustment path Anpassungspfad
adjustment payment Ausgleichszahlung
adjustment policy Strukturpolitik
adjustment process Anpassungsprozess
adjustment rate of wages Gleichgewichtslohnsatz
adjustment securities Wertpapiere aus einer Sanierung, Wertpapiere mit Anpassung
adjustments Anpassungen, Berichtigungen, Berichtigungen von Kontoauszügen
administer bewirtschaften, verwalten
administer accounts Konten führen
administered competition regulierter Wettbewerb
administered price regulierter Preis
administered price inflation regulierte Preisinflation
administered rate of interest regulierter Zinssatz
administration Behörde, Führung, Leitung, Verwaltung
administration by a receiver Zwangsverwaltung
administration cost Verwaltungskosten
administration expenses Verwaltungskosten
administration fee Verwaltungsgebühr
administration organ of corporation Leitungsorgan
administrative accounting Finanzbuchhaltung
administrative barriers to trade administrative Handelshemmnisse
administrative budget konventionelles Budget, kurzfristige Finanzplanung, Verwaltungshaushalt
administrative building Verwaltungsgebäude
administrative fee Verwaltungsgebühr
administrative lag Durchführungsverzögerung
administrative law Verwaltungsrecht
administrative order Verordnung
administrative procedural practice Verwaltungsverfahren
administrative regulation Verordnung, Verwaltungsrichtlinie
administrative remedy Rechtsmittel
administrative task Verwaltungsaufgabe
administrative work Verwaltungsarbeit
admissible basic solution zulässige Basislösung
admissible in evidence zulässig als Beweismittel
admission Einlass, Eintritt, Zulassung, Zutritt
admission by investment Aufnahme durch Geldeinlage
admission fee Eintrittsgebühr, Eintrittsgeld
admission office Zulassungsstelle
admission requirements Zulassungsbedingungen

admission to official listing Zulassung zur Börseneinführung
admission to the stock exchange Börsenzulassung
admit aufnehmen, eingestehen
admit of zulassen
admit to zugeben
admittance Eintritt, Zulassung, Aufnahme
admittance function Übertragungsfunktion
admittance process Zulassungsverfahren
admitted to dealings zum Handel zugelassen
adopt annehmen, übernehmen
adopt a resolution beschließen
adopt the annual financial statements Jahresabschluss feststellen
adoption Einführung, Beschluss
adoption of financial statements Feststellung des Jahresabschlusses
adoption of the balance sheet Genehmigung der Bilanz
adulteration Verfälschung
advance anheben, erhöhen, heraufsetzen, vorauszahlen
advance Preisanstieg, Vorschuss, Vorsprung
advance account offener Buchkredit
advance against a documentary credit Akkreditivbevorschussung
advance against security Lombardkredit
advance appropriation Vorausbewilligung
advance assessment Vorausveranlagung
advance booking Vorbestellung
advance commitment Vorausverpflichtung
advance contribution Vorleistung
advance debit Vorausbelastung
advance deduction Vorabzug
advance deposit Vorausdepot, Vorauszahlung
advance development Vorausentwicklung
advance fee Kreditbeschaffungsprovision
advance feedback Vorausinformation
advance financing Vorfinanzierung
advance freight Frachtvorauszahlung, Frachtvorschuss
advance guaranty Anzahlungsgarantie
advance invoice Vorausrechnung
advance loan Vorschaltdarlehen
advance notice Voranzeige
advance on collateral Beleihungskredit
advance on costs Kostenvorschuss
advance on current account Kontokorrentkredit, Überziehungskredit
advance on goods Warenlombard
advance on receivables Zessionskredit
advance on salary Gehaltsvorschuss
advance on securities Effektenlombard, Wertpapierkredit
advance on wage Lohnvorschuss
advance order Vorausbestellung

advance pay Gehaltsvorschuss
advance payment Anzahlung, Vorauszahlung
advance payment bond Anzahlungsgarantie
advance payments guarantee Anzahlungsgarantie
advance payments received erhaltene Anzahlungen
advance performance Vorausleistung
advance purchase Vorwegkauf
advance redemption (advance repayment) vorzeitige Rückzahlung
advance selling Vorausplatzierung
advance strongly kräftig anziehen
advance talks Vorgespräche
advance termination vorzeitige Abwicklung
advanced fortgeschritten, vorgerückt
advanced country Industriestaat
advanced manufacturing technology (AMT) moderne Fertigungstechnologie
advanced payments received erhaltene Anzahlungen
advanced ratio sekundäre Kennziffer
advanced technology Spitzentechnologie
advancement Aufstieg, Beförderung, Verbreitung, Wachstum
advancer steigender Wert
advances paid geleistete Anzahlungen
advances ratio Kredit-Einlagen-Verhältnis
advances received Kundenanzahlungen
advances to personnel Personalvorschüsse
advantage Überlegenheit, Vorteil
advantageous günstig, vorteilhaft
adventure spekulatives Warengeschäft, Wertpapieremission
adverse Nachteilig, ungünstig
adverse audit opinion negativer Prüfungsvermerk
adverse balance Passivsaldo, Sollsaldo, Unterbilanz
adverse balance of payments passive Zahlungsbilanz
adverse balance of trade passive Handelsbilanz
adverse tax consequences nachteilige Besteuerungsfolgen
adverse trade balance passive Handelsbilanz
advertize öffentlich bekannt machen
advertize for bids ausschreiben
advertized bidding öffentliche Ausschreibung
advertizement öffentliche Bekanntgabe
advertizing budget Werbeetat
advertizing charge Anzeigenpreis
advertizing cost Werbekosten
advertizing effectiveness Werbeerfolg, Werbewirksamkeit
advertizing efforts Werbemaßnahmen
advertizing expense Werbeaufwand
advertizing rate Anzeigentarif

advertizing speciality Werbegeschenk
advertizing tax Werbesteuer
advertizing vehicle Werbeträger
advice Avis, Gutschriftsanzeige
advice of collection Inkassoanzeige
advice of credit Eröffnungsschreiben, Gutschriftsanzeige
advice of deal Ausführungsanzeige
advice of debit Lastschriftanzeige
advice of dispatch Versandanzeige
advice of payment Zahlungsanzeige
advices Lagebericht
advisable ratsam, wünschenswert
advise benachrichtigen, beraten, empfehlen, mitteilen
advise a collection Inkassoanzeige
advise a letter of credit Akkreditiv anzeigen
advise on beraten über
advised line Kreditzusage
adviser Berater
adviser to customers Kundenberater
advisory account Beraterkonto
advisory activity Beratungstätigkeit
advisory body beratendes Gremium
advisory contract Beratervertrag
advisory council Beirat
advisory function beratende Funktion
advisory opinion Gutachten
advocacy Empfehlung
advocacy group Interessengruppe
advocate befürworten, empfehlen
advocate Rechtsanwalt
affect beeinflussen, einwirken
affected person Betroffener
affecting costs kostenwirksam
affecting income ergebniswirksam
affidavit eidesstattliche Erklärung
affidavit of service Zustellungsurkunde
affiliate anschließen, aufnehmen
affiliate Angliederung
affiliate to angliedern an
affiliated angeschlossen
affiliated company Tochtergesellschaft
affiliated group Firmenzusammenschluss
affiliated to angegliedert, angeschlossen, verbunden mit
affiliation Angliederung, Aufnahme
affirm bestätigen
affirmative response positive Antwort, Zusage
affirmative vote Zustimmung
affluence Reichtum
afloat schuldenfrei, schwimmend
afoot bevorstehen
after allowance for nach Abzug von
after-date bill of exchange Datowechsel
after-hours market Nachbörse
after-hours prices nachbörsliche Kurse

after-hours rally Erholung im nachbörslichen Verkehr
after-sales service Kundendienst
after-tax nach Abzug der Steuern
after-tax profit Gewinn nach Steuern
after-tax real rate of return reale Nettorendite nach Steuern
after-tax yield Rendite nach Steuern
aftermarket performance Kursentwicklung nach Emission
against all risks gegen alle Risiken
against good morals gegen die guten Sitten
against the box Leerverkauf
age allowance Altersfreibetrag
age distribution Altersaufbau
age group Altersgruppe
age pattern Altersstruktur
age profile Altersprofil
age pyramid Alterspyramide
agency Agentur
agency agreement Agenturvertrag
agency bank Zweigniederlassung
agency commission Agenturprovision, Courtage
agency costs Abwicklungskosten
agency debt staatliche Schuldtitel
agency expenses Vertreterkosten
agency fee Abwicklungsgebühr, Vertreterprovision
agency fund verwaltetes Vermögen
agency trade Agenturhandel
agenda Tagesordnung
agenda paper Tagesordnung
agent Vertreter, Handelsvertreter
agent abroad Auslandsvertreter
agent's commission Vertreterprovision
aggravate verschärfen, erschweren
aggravating circumstances erschwerende Umstände
aggravation erschwerender Umstand
aggregate amount Gesamtsumme, Gesamtbetrag
aggregate balance Gesamtsaldo
aggregate borrowing base Gesamtkreditrahmen
aggregate cap generelle Obergrenze
aggregate concentration gesamtwirtschaftliche Konzentration
aggregate consumer expenditure Gesamtkonsum
aggregate consumer income Gesamthaushaltseinkommen
aggregate cost Gesamtkosten
aggregate credit line Gesamtkreditlinie
aggregate credit risk Gesamtkreditrisiko
aggregate debt Gesamtverschuldung
aggregate demand gesamtwirtschaftliche Nachfrage
aggregate demand price Gesamtnachfragepreis

aggregate development gesamtwirtschaftliche Entwicklung
aggregate duration Gesamtlaufzeit
aggregate expenditure Gesamtaufwand
aggregate income Volkseinkommen, Gesamterträge
aggregate lendings Kreditvolumen
aggregate liability Gesamtversicherungssumme
aggregate limit Schadensersatzlimit
aggregate loan facility Gesamtkredit
aggregate loan portfolio Gesamtausleihungen
aggregate net open position Gesamtrisikoposition
aggregate output Sozialprodukt
aggregate principal Gesamtkapitalbetrag
aggregate real wage gesamter Reallohn
aggregate risk Gesamtrisiko
aggregate savings ratio volkswirtschaftliche Sparquote
aggregate stock of debt Gesamtverschuldung
aggregate supply gesamtwirtschaftliches Angebot
aggregate supply price gesamter Angebotspreis
aggregate tax rate Gesamtsteuersatz
aggregate value added volkswirtschaftliche Wertschöpfung
aggregate wages and salaries Lohnsumme
aggregated bad debt charge Wertberichtigungsvolumen
aggregated capital commitments Investitionsvolumen
aggregation Ansammlung, Gesamtsumme
aggregative demand management globale Nachfragesteuerung
aggressive dynamisch, forsch
aggressive investing policy aggressive Anlagenpolitik
aggressive investment hochspekulative Anlage
aggressive portion hochspekulativer Teil
agile beweglich
aging date Fälligkeitstermin
aging schedule Fälligkeitstabelle
agree on (agree upon) sich einigen über
agree to Akzeptieren, zustimmen
agree to a demand Anspruch nachkommen, Forderung erfüllen
agree with einer Meinung sein, zustimmen
agreed overdraft genehmigter Überziehungskredit
agreed period of notice vereinbarte Kündigungsfrist
agreement Abkommen, Absprache, Übereinstimmung, Vereinbarung
agreement by mutual in gegenseitigem Einverständnis
agreement in principle grundsätzliche Einigung
aid loan Entwicklungshilfekredit

aiding and abetting Beihilfe
ailing company notleidendes Unternehmen
ailing industry notleidende Branche
aim at anstreben, erstreben
aim depreciation berücksichtigt die wirtschaftliche Abschreibung
air express Luftexpressfracht
air fair Flugpreis
air fares Flugpreise
air freight charge Luftfrachtkosten
air freight forwarding Luftfrachtgeschäft
air pocket plötzliche Kursschwäche
air pollution Luftverschmutzung
airmail rate Luftposttarif
aladin bond Neuemission
alcoholic beverage tax Alkoholsteuer
aleatory zufällig
aleatory contract Eventualvertrag
aleatory variable Zufallsvariable
algebraical algebraisch, rechnerisch
algorithm Algorithmus
alien corporation ausländische Kapitalgesellschaft
alienate abwerben, abziehen, übertragen, veräußern
alienation Abwerbung, Entfremdung, Veräußerung
alienation of capital Kapitalabwanderung, Kapitalabzug
align in eine Linie bringen, ausrichten
alignment Gruppierung, Ausrichtung, Orientierung
alimony Unterhaltsaufwendungen
all about überall
all capitals earnings rate Verhältnis Reingewinn und Zinsaufwand
all cash tender offer Bar-Übernahmeangebot
all in einschließlich aller (Rechte)
all-around price Gesamtpreis
all-commodity freight Einheitsfrachttarif
all-in cost Gesamtkosten
all-in cost of financing Gesamtfinanzierungskosten
all-in cost of funding Gesamtkosten der Finanzierung
all-in insurance Gesamtversicherungssumme
all-in rate Gesamtzinssatz, Pauschalsatz, Pauschaltarif
all-inclusive insurance Gesamtversicherungssumme
all-inclusive premium Pauschalprämie
all-inclusive price Gesamtpreis, Pauschalpreis
all-paper tender offer Übernahmeangebot mit Aktienumtausch
all-round price Gesamtpreis, Pauschalpreis
all-time high Höchstkurs, Rekordhöhe
all-time low Tiefstkurs, Tiefststand

allegation Aussage, Behauptung
allege behaupten
allege an objection Einrede geltend machen
alleviating circumstances mildernde Umstände
alliance Bündnis, Verbindung, Zusammenschluss
allied company Konzernunternehmen
allocate umlegen, verteilen, zurechnen, zuteilen, zuweisen
allocate accounts kontieren
allocated cost verrechnete Kosten
allocated custody Einzelverwahrung
allocated loss zugewiesener Verlust
allocated quota Einfuhrkontingent
allocation Bereitstellung, Bewilligung, Umlage, Verteilung
allocation base Verteilungsschlüssel
allocation by tender Vergabe im Submissionswege
allocation formula Verteilungsschlüssel, Umlageschlüssel
allocation from profits Zuwendung aus Reingewinn
allocation key Umlageschlüssel
allocation of cost types Kostenartenverteilung
allocation of earnings Erfolgszurechnung
allocation of money Zuweisung von Geldmitteln
allocation of overhead Gemeinkostenumlage
allocation of responsibilities Aufgabenverteilung
allocation of social cost Internalisierung sozialer Kosten
allocation problem Zuordnungsproblem, Zurechnungsproblem
allocation to an account Kontierung
allocation to reserves Rücklagenzuweisung
allonge Allonge, Verlängerung
allot bewilligen, zuweisen
allotment Kontingentzuteilung
allotment formula Zuteilungsschlüssel
allotment letter Zuteilungsanzeige
allotment money Zuteilungsbetrag
allotment of shares Aktienzuteilung
allotment price Zuteilungskurs
allotted share zugeteilte Aktie
allottee Bezugsberechtigter
allow bewilligen, erlauben, ermöglichen, gewähren, vergüten
allow a credit Kredit bewilligen
allow a discount Rabatt gewähren
allow an option to lapse Option verfallen lassen
allow for berücksichtigen
allow of gestatten, zulassen
allow time for payment Zahlungsziel einräumen
allowable against tax steuerlich absetzbar
allowable as deduction abzugsfähig, anrechenbar
allowable credit anrechenbare Steuer
allowable deduction Freibetrag, abzugsfähiger Betrag

allowance Ermäßigung, Freibetrag, Rückstellung, Erlaubnis
allowance for Wertberichtigung auf
allowance for doubtful accounts Wertberichtigung auf zweifelhafte Forderungen
allowance for loss in value Wertberichtigung
allowance for uncollectible accounts Wertberichtigung auf Forderungen, Wertberichtigung auf uneinbringliche Forderungen
allowance method Sammelwertberichtigung
allowed time Vorgabezeit
ally sich zusammenschließen
already bereits
alter ändern, umändern
alteration Änderung, Veränderung
alteration of balance sheet Bilanzänderung
alternate account Konto mit unabhängigen Verfügungsberechtigten
alternate depositors Inhaber eines Gemeinschaftskontos
alternate financing Alternativfinanzierung
alternative cost Differenzkosten, Opportunitätskosten
amalgamate fusionieren, sich zusammenschließen
amalgamation Unternehmensfusion, Zusammenschluss
amalgamation of balance sheets Zusammenlegung von Bilanzen
amass ansammeln
amend verbessern, abändern
amendment Verbesserung, Richtigstellung, Änderung
amendment of tax assessment Berichtigung der Steuerfestsetzung
american auction amerikanisches Zuteilungsverfahren
American Depository Receipt (ADR) Zertifikat über die Hinterlegung ausländischer Aktien
american option terminoffene Anleihe
amicable settlement gütliche Einigung
amicably gütlich
amortizable abschreibungsfähig, amortisierbar, tilgbar, zurückzahlbar
amortization Abschreibung, Amortisation, Tilgung
amortization component Tilgungsanteil
amortization fund Tilgungsfonds
amortization installment Tilgungsrate
amortization method Abschreibungsverfahren
amortization of deferred charges Auflösung von Kostenabgrenzungen
amortization of goodwill Abschreibung auf Geschäftswert
amortization of loan Darlehenstilgung
amortization of principal Kapitalrückzahlung
amortization requirements Tilgungserfordernisse
amortization reserve Tilgungsrücklage
amortization schedule Amortisationsplan
amortization terms Tilgungsbedingungen
amortization value Tilgungswert
amortize abschreiben, abzahlen, tilgen
amortized cost Kosten nach Abschreibung, Restbuchwert
amortized mortgage loan Hypothekendarlehen mit regelmäßiger Tilgung
amount Betrag, Höhe, Menge, Summe
amount at interest verzinslich angelegter Betrag
amount carried forward Übertrag
amount column Betragsspalte
amount covered Deckungssumme
amount due fälliger Betrag
amount due for payment fälliger Betrag
amount in cash Barbetrag
amount of annuity Rentenendwert
amount of capital Kapitalbetrag, Kapitalhöhe
amount of capital employed Kapitalanlagevermögen
amount of costs Kostenhöhe
amount of coverage Deckungsbeitrag
amount of depreciation Abschreibungsbetrag
amount of extraordinary expenditure außergewöhnliche Belastungen
amount of holding Beteiligungsquote
amount of withholding tax Steuerabzugsbetrag
amount outstanding ausstehender Betrag
amount overdue überfälliger Betrag
amount owing ausstehender, offener Betrag
amount paid out ausgezahlter Betrag
amount repayable Rückzahlungsbetrag
amount stated Wertansatz, ausgewiesener Betrag
amount subscribed Zeichnungsbetrag
amount to betragen, sich belaufen auf
amount to be invested Investitionssumme
amount to be recaptured nachzuversteuernder Betrag
amounts written off financial assets Abschreibungen auf Finanzanlagen
amplification Erweiterung, Ausdehnung, Verstärkung
amplified risk erhöhtes Risiko
amplify erweitern, vergrößern, ausführlicher erläutern
amusement tax Vergnügungsteuer
analysis of causes Ursachenanalyse
analysis of expenses Kostenanalyse
analysis of workflow Arbeitsablaufanalyse
analytic expertize Sachverstand
analytical study of balance sheet Bilanzanalyse
ancillary untergeordnet, zusätzlich, ergänzend
ancillary credit business Hilfs- und Nebengeschäfte
ancillary function Hilfsfunktion
ancillary industry Zulieferbetrieb

ancillary information Zusatzinformation
and interest plus Stückzinsen
and-branch Und-Verzweigung
and-merge Und-Verknüpfung
annex anfügen
annex Anhang, Anlage, Nebengebäude, Nachtrag
annotation Anmerkung
announcement Ankündigung
announcement effect Ankündigungseffekt
announcement of rights issue Bezugsrechtsankündigung
annual jährlich
annual account Jahresrechnung
annual allocation jährliche Bereitstellung
annual allowance Jahresfreibetrag
annual audit Jahresabschlussprüfung
annual average growth rate durchschnittliche Jahreszuwachsrate
annual balance sheet Jahresbilanz
annual cash flow Jahresgewinn, jährlicher Einnahmenüberschuss
annual compounded earnings growth durchschnittliches jährliches Gewinnwachstum
annual debt service jährlicher Schuldendienst
annual deficit Jahresfehlbetrag
annual depreciation jährliche Abschreibung
annual economic report Jahreswirtschaftsbericht
annual fee Jahresgebühr, Jahreshonorar, jährliche Gebühr
annual financial statement Jahresabschlussprüfung
annual general meeting Jahreshauptversammlung
annual income Jahreseinkommen
annual increment jährliche Gehaltssteigerung
annual installment Jahresrate
annual inventory Jahresinventur
annual leave Jahresurlaub
annual loss Jahresverlust
annual net cash inflow Jahresgewinn
annual payment Jahreszahlung
annual percentage rate Effektivzins, jährliche Gesamtbelastung
annual price increase jährlicher Preisanstieg
annual rate Jahresrate
annual rate of change jährliche Veränderungsrate
annual rate of interest Jahreszinssatz
annual rent of annuity Rentenrate pro Jahr
annual report Geschäftsbericht, Jahresbericht
annual result jährliches Abschlussergebnis
annual return Jahresrendite, jährliche Rendite
annual salary Jahresgehalt
annual salary review jährliche Gehaltsanpassung
annual sales (annual turnover) Jahresumsatz
annual shareholders' meeting Jahreshauptversammlung

annual shortfall Jahresfehlbetrag
annual turnover Jahresumsatz
annual yield Jahresrendite
annualize auf Jahresbasis umrechnen
annualized auf Jahresbasis umgerechnet
annualized percentage rate (APR) Effektivzins
annualized rate of change jährliche Änderungsrate
annualized total return Gesamtgewinn auf Jahresbasis
annuitant Empfänger einer Jahresrente
annuity Annuität, Jahresrente, Zeitrente
annuity agreement Rentenvertrag
annuity bond Annuitätenanleihe, Rentenanleihe
annuity bonds Annuitäten-Bonds
annuity certain Zeitrente
annuity cost Rentenaufwand
annuity due vorschüssige Rente
annuity for life Leibrente
annuity fund Rentenfonds
annuity immediate nachschüssige Rente
annuity loan Annuitätendarlehen
annuity payment Rentenrate pro Jahr
annuity rental Tilgungsrate
annuity series Rentenfolge, Rentenreihe
annul annullieren, widerrufen
annullable annullierbar
annulment Aufhebung
annulment of tax assessment notice Aufhebung eines Steuerbescheides
anomaly switching Umschichtung des Portefeuilles bei Kursschwankungen
anonymous saving anonymes Sparen
answer a claim Anspruch erfüllen
ante Preis
ante up aufbringen, zahlen
antecedent debt vorrangige Verbindlichkeiten
antecedents vergangene Entwicklung
antedate nachdatieren
anti-takeover proposal Gegen-Übernahmeangebot
antibusiness wirtschaftsfeindlich
anticipate erwarten, voraussehen, vorwegnehmen
anticipated acceptance vor Fälligkeit eingelöstes Akzept
anticipated development voraussichtliche Entwicklung
anticipated economic upswing erwarteter Aufschwung
anticipated inflation erwartete Inflation
anticipated redemption vorzeitige Tilgung
anticipated requirements voraussichtlicher Bedarf
anticipation Erwartung, Hoffnung, Voraussicht, Vorwegnahme
anticipation rate zusätzlicher Skontoabzug
anticipation rebate Vorauszahlungsrabatt

anticipation term Erwartungswert
anticipation warrant kurzfristiger Schatzwechsel
anticipatory credit Akkreditivbevorschussung, Versandbereitstellungskredit
anticipatory hedge antizipatives Sicherungsgeschäft
anticipatory redemption Ablösung einer Anleihe
anticompetitive behavior wettbewerbsfeindliches Verhalten
anticyclical budgetary policy antizyklische Haushaltspolitik, antizyklische Wirtschaftspolitik
antidilutive security Wertpapier bei Umwandlung in Stammaktie
antiplanning bias Planungswiderstand
antitrust law Kartellrecht
apiece je Stück
apparel industry Bekleidungsindustrie
apparent defects offenkundige Mängel
appeal Anziehungskraft, Berufung, Rechtsmittel
appeal on law Revision
appealing ansprechend, reizvoll
appearance Anschein, Erscheinen, Vorkommen
appendix Anhang, Anlage
appliance industry Haushaltsgeräteindustrie
applicability Anwendbarkeit
applicable anwendbar geeignet
applicable law geltendes Recht
applicable tax rate anzuwendender Steuersatz
applicant Antragsteller, Bewerber
applicant for shares Aktienzeichner
application Anwendung, Bewerbung
application assessment Antragsveranlagung
application charges Zeichnungsgebühren
application documents Anmeldeunterlagen
application, field of Kapitalkosten eingeschlossen
application for a credit Kreditantrag
application for admission Aufnahmeantrag
application for entry Beitrittsantrag
application for listing Antrag auf Börsenzulassung
application for payment Mahnung, Zahlungserinnerung
application for shares Aktienzeichnung
application form Anmeldeformular, Antragsformular, Bewerbung
application of funds Mittelverwendung
application of funds statement Kapitalflussrechnung
application of profits Gewinnverwendung
application planning Einsatzplanung
application procedure Anmeldeverfahren
application screen Anwendungsmaske
application software Anwendungssoftware
application-for-loan-form Kreditantrag-Formular
applied cost verrechnete Kosten

apply anwenden, gebrauchen
apply for Antrag stellen, beantragen, bewerben
apply for a job um eine Stelle bewerben
apply for admission Aufnahmeantrag stellen
apply for official quotation Börsenzulassung beantragen
apply for permission Genehmigung einholen
apply overhead to apportionment Aufteilung von Gemeinkosten
appoint berufen, ernennen
appointed day Termin, vereinbarter Termin
appointed paying agent Zahlstelle
appointment Berufung, Ernennung
apportion aufteilen, umlegen
apportioned costs Kostenabgrenzungen
apportionment Verteilung, Zuteilung
apportionment key Umlagemaßstab
apportionment of funds Mittelzuweisung
apportionment of indirect cost Gemeinkostenumlage
apportionment rule Aufteilungsmaßstab
appraisal Auswertung, Bewertung, Schätzung
appraisal factor Beurteilungskriterium
appraisal fee Bewertungsgebühr
appraisal of farm land Bodenbonitierung, Bodenschätzung
appraisal of results Leistungsbewertung
appraisal report Gutachten des Schätzers
appraise auswerten, bewerten, schätzen, taxieren
appraised value Schätzwert, Taxwert
appraisement Schätzung, Taxierung
appraiser Sachverständiger, Schätzer, Taxator
appreciable Beträchtlich, bewertbar, nennenswert
appreciate anerkennen, würdigen
appreciation Anerkennung, Aufwertung, Werterhöhung
appreciation in value Wertsteigerung, Zuschreibung
approach Annäherung, Ansatz, Erklärungsversuch, Forschungsansatz, Methode, Stellungnahme
approaching bevorstehend
appropriate genehmigen
appropriate angemessen, bewilligen, geeignet
appropriate action geeignete Schritte
appropriate in amount der Höhe nach angemessen
appropriated earned surplus Gewinnrücklage
appropriated funds zweckgebundene Mittel
appropriated reserve gebundene Rücklage
appropriated reserves zweckgebundene Rücklagen
appropriated retained earnings Rücklage
appropriation Bereitstellung, Bewilligung, Investitionsantrag, Investitionsgenehmigung, Zuteilung

appropriation account Bereitstellungskonto
appropriation of earnings Gewinnverwendung
appropriation of funds Bereitstellung von Mitteln, Bildung von Geldmitteln, Zuweisung von Mitteln
appropriation of net income Verwendung des Reingewinns
appropriation of operating funds Betriebsmittelzuweisung
appropriation of profits Gewinnverwendung
appropriation request Investitionsantrag
appropriation to reserves Rücklagenzuführung
approval Bewilligung, Einwilligung, Genehmigung, Zustimmung
approval procedure Zulassungsverfahren
approval sale Kauf auf Probe
approve anerkennen, genehmigen
approve a loan Darlehen genehmigen, Kredit genehmigen
approve an application Antrag genehmigen
approve the annual financial statements Jahresabschluss feststellen
approved balance sheet genehmigte Bilanz
approved bill of exchange erstklassiger Wechsel
approved capital genehmigtes Kapital
approved delivery facility anerkannte Lieferstelle
approved list genehmigte Liste, Liste hochklassiger Wertpapiere
approved primary dealer Wertpapierhändler
approximate price Annäherungskurs, Zirkakurs
approximate value Näherungswert
approximation Annäherung, Näherungswert
approximation error Näherungsfehler
aptitude Begabung, Eignung, Talent
arbitrage schlichten
arbitrage Arbitrage, Ausnutzung von Kursunterschieden, Schiedsgericht
arbitrage calculation Arbitrage-Rechnung
arbitrage clause Arbitrageklausel
arbitrage in securities Effektenarbitrage, Wertpapierarbitrage
arbitrage margin internationales Zinsgefälle
arbitrament Schiedsspruch
arbitrate schiedsrichterlich entscheiden
arbitration Schiedsspruch, Schlichtung
arbitration award Schiedsspruch
arbitration clause Schiedsklausel
arbitration committee Schiedsausschuss
arbitration of exchange Devisenarbitrage
arbitration proceedings Schiedsverfahren
arbitration value Schiedswert
arbitrative board Schiedsstelle
arbitrator Schiedsrichter
arc forward Vorwärtspfeil
arc reverse Rückwärtspfeil
arduous energisch, mühsam, schwierig

area Bereich, Gebiet
area of discretion Kompetenzbereich, Zuständigkeitsbereich
area of quotation Notierungsbereich
area of responsibility Aufgabengebiet, Verantwortungsbereich
area of supply Einzugsgebiet
area under investigation Untersuchungsgebiet
argue argumentieren, diskutieren, streiten, überreden, überzeugen
argument Argument, Behauptung
arise entstehen, hervorgehen
arithmetic mean Mittelwert
arithmetical and procedural check of accounting records formelle Buchprüfung
arrange a loan Darlehen aushandeln
arrangement Abmachung, Absprache, Disposition
arrangement fee Provision für Swap-Geschäft
arrangement of terms Konditionengestaltung
arrears Rückstand, Schulden
arrears of dividend Dividendenrückstände
arrival draft bei Ankunft der Ware einzulösende Tratte
arrival point Zielpunkt
artificial loss-making company Abschreibungsgesellschaft
as a loan leihweise
as amended in der geltenden Fassung
as is wie besichtigt
as per order auftragsgemäß
as to in Bezug auf
as to the amount der Höhe nach
ascent Anstieg, Steigerung
ascertainment Erhebung, Ermittlung
ascertainment error Erhebungsfehler
ask fordern, fragen, verlangen
ask Briefkurs
ask for payment extension um Zahlungsaufschub bitten
asked and bid Brief und Geld
asked price Briefkurs, Preisforderung
asking price ursprüngliche Preisforderung
aspect Aspekt, Blickpunkt
aspiration Bestrebung
aspiration level Anspruchsniveau
aspire to anstreben
assemble montieren, zusammenbauen, zusammensetzen
assembler Monteur
assembly Baugruppe, Gesellschaft, Montage, Versammlung
assembly account Sammelkonto
assembly costs Fertigungskosten, Fertigungsstraße, Fließband, Montageband
assembly line work Fließbandarbeit
assembly plant Montagewerk

assert behaupten, geltend machen
asserted value angeblicher Wert
assertion Behauptung, Erklärung
assertion training Verhaltenstraining
assertory oath eidesstattliche Versicherung
assess bemessen, besteuern, einschätzen, veranlassen, veranlagen
assess separately getrennt veranlagen
assessable nachschusspflichtig
assessable real property value steuerlicher Grundstückswert
assessable stock nachschusspflichtige Aktien
assessed charges umgelegte Gebühren
assessed income tax veranlagte Einkommensteuer
assessed value Einheitswert
assessment Beurteilung, Einschätzen, Umlage, Bewertung
assessment center Beurteilungszentrum
assessment date Veranlagungszeitpunkt
assessment notice Steuerbescheid
assessment of current position Bestandsaufnahme
assessment of duty Zollfestsetzung
assessment of tax Steuerfestsetzung
assessment period Bemessungszeitraum
assessment principle Bewertungsrichtlinie
assessment procedure Festsetzungsverfahren
assessment year Veranlagungsjahr
asset Aktivposten, Nachlass, Vermögensgegenstand, Vermögenswert
asset account Bestandskonto, Kapitalkonto, Lagerkonto
asset allocation Portefeuille-Strukturierung
asset base Vermögensbestand
asset ceiling Höchstgrenze, Plafond
asset consultant Vermögensberater
asset cost Anschaffungskosten, Geldbeschaffungskosten
asset cover Deckung durch Vermögenswerte
asset covering Anlagendeckung
asset deal Kauf von Wirtschaftsgütern
asset disposal Abgang
asset diversification Anlagenstreuung
asset dividend Sachdividende
asset erosion Substanzverzehr
asset exposure Ausleihungen
asset item Aktivposten, Vermögensgegenstand, Vermögenswert
asset items Vermögenspositionen
asset management Liquiditätssteuerung, Vermögensverwaltung
asset market Finanzanlagenmarkt
asset mix Vermögenswertzusammensetzung
asset portfolio Kreditvolumen, Portefeuille
asset redeployment Anlagenumschichtung
asset side Aktivseite
asset stripping Ausschlachten
asset transfer Vermögensübertragung
asset turnover Kapitalumschlag
asset valuation Anlagenbewertung
asset value Aktivwert
asset-backed vermögensgestützt
asset-backed investment durch Vermögenswerte gesicherte Anlage
asset-backed loan besichertes Darlehen
asset-based business lending besicherte Kreditvergabe
asset-based loan besichertes Darlehen
asset-creating expenditure vermögenswirksame Ausgaben
assets Substanz, Vermögen
assets account Anlagenkonto
assets and drawbacks Vor- und Nachteile
assets and liabilities Aktiva und Passiva
assets and liabilities structure Vermögensstruktur
assets eligible for the money market geldmarktfähige Aktiva
assets held in trust Treuhandvermögen
assets in the course of construction Anlagen im Bau
assets of low value geringwertige Wirtschaftsgüter
assets under construction Anlagen im Bau
assets under liquidation Liquidationsmasse
assign anweisen, übertragen, zuteilen
assign a claim Forderung abtreten
assign accounts kontieren
assignability Übertragbarkeit
assignable übertragbar
assignable instrument übertragbares Wertpapier
assignation Übertragung, Zession, Zuweisung
assignation of a claim Forderungsabtretung
assigned account verpfändete Forderung
assigned book accounts abgetretene Forderungen
assigned person Beauftragter
assigned value Wertansatz
assignee Rechtsnachfolger, Zessionar
assignment Abtretung, Anweisung, Aufgabe
assignment acceptor Auftragnehmer
assignment and delivery Abtretung und Übergabe
assignment credit Zessionskredit
assignment for security Sicherungsabtretung
assignment in blanc Blankoabtretung
assignment of a claim Forderungsabtretung
assignment of accounts receivable Abtretung von Forderungen
assignment of business Geschäftsverteilung
assignment of functions Aufgabenzuweisung
assignment of receivables for collection Inkassoabtretung

assignment of salary Gehaltsabtretung
assignment of shares Abtretung von Gesellschaftsanteilen
assignment of tasks Arbeitszuordnung
assignment of wages Lohnabtretung
assignment problem Anordnungsproblem
assignor Abtretender, Zedent
assimilate anpassen, sich aneignen
assimilation Aneignung, Anpassung
assistance money Hilfslohn
assistant Hilfskraft, Mitarbeiter
assistant director Direktionsassistent
assistant head of section Hilfsreferent
assistantship Assistentenstelle
assisted area Fördergebiet
associate Gesellschafter, Mitarbeiter
associated company verbundenes Unternehmen
associated company abroad Auslandsbeteiligung
associated undertaking verbundenes Unternehmen
assorted sortiert, zusammengestellt
assortment Auswahl, Sortiment
assume annehmen, unterstellen, voraussetzen
assume a risk Risiko übernehmen
assume del credere liability Delkredere übernehmen
assume liability Haftung übernehmen
assume obligation Verpflichtung eingehen, Verpflichtung übernehmen
assumed angenommen, vorausgesetzt
assumed bonds übernommene Schuldverschreibungen
assumption Annahme, Prämisse, Voraussetzung
assumption of a liability Schuldübernahme
assumption of a mortgage Hypothekenübernahme
assumption of credit risk Übernahme des Ausfallrisikos
assumption of indebtedness Schuldübernahme
assurance Versicherung, Zusicherung
assurance of interim credit Vorfinanzierungszusage
assure versichern, zusichern
assurer Versicherer
at a discount unter Nennwert, unter pari
at a loss mit Verlust
at a premium über pari
at an annual rate auf Jahresbasis umgerechnet
at best bestens, billigst
at best order Bestensauftrag
at buyer's option nach Wahl des Käufers
at buyer's risk auf Gefahr des Käufers
at call sofort verfügbar, auf Abruf
at constant prices zu festen Preisen
at cost zu Anschaffungs- oder Herstellkosten
at current prices zu jeweiligen Preisen

at discretion nach Belieben
at due date fristgemäß, fristgerecht
at identical rates zinsgleich
at maturity bei Fälligkeit
at no charge gebührenfrei, kostenlos
at one's own charge auf eigene Kosten
at one's own peril auf eigene Gefahr
at one's own risk auf eigenes Risiko
at or better zum angegebenen Kurs oder besser
at our expense auf unsere Kosten
at par zu pari, zum Nennwert
at random zufällig
at receiver's risk auf Gefahr des Empfängers
at request auf Verlangen, auf Wunsch
at seller's option nach Wahl des Verkäufers
at short notice kurzfristig
at sight bei Sicht, bei Vorlage
at the close bei Börsenschluss
at the earliest convenience möglichst bald
at the expense of auf Kosten von, zum Schaden von
at the instance of auf Veranlassung von
at the market bestens
at the market call Kündigung zum marktgängigen Zins
at the opening bei Eröffnung
at the request of auf Anforderung von
at work bei der Arbeit
at-the-money-option Option mit Basis-Kurspreis-Parität
atomistic competition polypolistische Konkurrenz
attach anheften, beifügen
attach conditions Bedingungen anfügen
attachability Pfändbarkeit
attachable asset beschlagnahmefähiger Wert
attachment Anlage, Beiwerk, Pfändung, Verbindung
attachment for tax debts Steuerarrest
attachment of a debt Forderungspfändung
attachment set Zubehörsatz
attain erreichen
attainable standard cost Sollkosten, Vorgabekosten
attainments Errungenschaften, Fertigkeiten, Kenntnisse
attend bedienen, sich befassen, teilnehmen
attend to interests Interessen wahrnehmen
attendance Anwesenheit, Teilnahme
attendance bonus Anwesenheitsprämie
attendance fee Betreuungsgebühr
attendance record Anwesenheitsnachweis
attendance register Teilnehmerverzeichnis
attendance sheet Anwesenheitsliste
attendant zugehörig
attendant circumstances Begleitumstände
attendant expenses Nebenkosten

attractive offer günstige Angebot
attractive terms attraktive Bedingung
attributable anfallend, zurechenbar
attributable income zuzurechnendes Einkommen
attribute beimessen, zuschreiben
attribute Eigenschaft, Merkmal
attribute profits Gewinne zurechnen
attrition bar ausgezahlter Teil
auction Auktion, Versteigerung
auction market Auktionsmarkt
auction off versteigern
auctioneer Auktionator, Versteigerer
audience Empfang, Zielgruppe
audience rating Einschaltquote
audit auditieren, prüfen
audit Buchprüfung, Rechnungsprüfung
audit certificate Prüfungsbericht
audit engagement Prüfungsauftrag
audit fee Prüfungsgebühren, Revisionsgebühren
audit of annual accounts Jahresabschlussprüfung
audit of bank balance sheet Bankprüfung
audit of clerical accuracy formelle Buchprüfung
audit of security deposit holdings Depotprüfung
audit result Prüfungsergebnis
audit scope Prüfungsumfang
audit standards Prüfungsgrundsätze
audit target Prüfungspfad, Prüfungsziel
audited accounts testierter Abschluss
audited balance sheet geprüfte Bilanz
auditing costs Prüfungskosten
auditing department Revisionsabteilung
auditor Bilanzprüfer, Rechnungsprüfer, Wirtschaftsprüfer
austerity measure Notmaßnahme, Sanierungsmaßnahme
authenticate beglaubigen
authoritative principle Maßgeblichkeitsgrundsatz
authority Autorität, Befugnis, Behörde, Instanz, Vollmacht
authority to buy Ankaufermächtigung
authority to decide Entscheidungsbefugnis
authority to draw Ziehungsermächtigung
authority to negotiate Verhandlungsmandat
authority to sign Zeichnungsvollmacht
authorization Ermächtigung, Genehmigung
authorization quota Bewilligungskontingent
authorize Beauftragen, bevollmächtigen
authorized befugt, ermächtigt, rechtsverbindlich, zulässig
authorized beneficiary Empfangsberechtigter
authorized bonds genehmigte Schuldverschreibungen
authorized but unissued capital bedingtes Kapital

authorized capital bewilligtes Kapital, genehmigtes Kapital
authorized depository zugelassene Depotstelle
authorized representative bevollmächtigter Vertreter
authorized stock Grundkapital
authorized translation autorisierte Übersetzung
authorized unit trust konzessionierter Investmentfonds
automated bond system elektronischer Bond-Handel
automated clearing house (ACH) Gironetz
automated teller machine automatischer Bankschalter
automated transfer service automatisierter Überweisungsverkehr
automatic banking Bankautomatisierung
automatic bill paying Zahlung durch Dauerauftrag
automatic debit transfer Einzugsverfahren
automatic deduction plan Dauersparauftrag
automatic quotation system automatisches Quotierungssystem
automatic transfer service (ATS) automatischer Überweisungsverkehr
automatic wage indexation automatische Lohnbindung
automatic withdrawal plan automatischer Abhebungsplan
automation Automatisierung
autonomous eigenständig
autonomous demand autonome Nachfrage
autonomous planned spending geplante autonome Ausgaben
autonomous tariff autonomer Zoll, Grundtarif
autonomous work group autonome Arbeitsgruppe
autonomy Autonomie, Selbständigkeit
auxiliary Hilfskonto, Zusatzkonto
auxiliary mitwirkend
auxiliary account Unterkonto
auxiliary activity Hilfstätigkeit
auxiliary condition Nebenbedingung
auxiliary function Hilfsfunktion
auxiliary labour Hilfslöhne
auxiliary material Hilfsstoffe
auxiliary personnel Hilfskräfte
avail Auszahlung
availability Brauchbarkeit, Gültigkeit, Verfügbarkeit
availability clause Verfügbarkeitsklausel
availability effect Liquiditätseffekt
available erhältlich, verfügbar, vorrätig
available at short notice kurzfristig lieferbar
available balance Nettomittelzuweisung, verfügbarer Saldo
available cash Barliquidität, verfügbare Mittel
available for distribution ausschüttungsfähig

available funds verfügbare Mittel
available on current basis aktuell verfügbar
available operating funds Finanzdecke
average Durchschnitt, Mittelwert
average balance Durchschnittsguthaben
average capital output ratio mittlerer Kapitalkoeffizient
average cost Durchschnittskosten
average cost method Bewertung zu Durchschnittspreisen
average date mittlerer Fälligkeitstermin
average days in receivables Debitorenumschlagsdauer
average debt ratio durchschnittliche Schuldenquote
average due date mittlerer Fälligkeitstermin
average earnings Durchschnittsverdienst
average income Durchschnittseinkommen
average interest rate Durchschnittsverzinsung
average investment productivity durchschnittliche Kapitalproduktivität
average market price Durchschnittskurs
average maturity durchschnittliche Laufzeit
average out Durchschnitt ermitteln
average pay Durchschnittsentgelt
average per day Tagesdurchschnitt
average performance Durchschnittsleistung
average price Durchschnittspreis
average propensity to export durchschnittliche Exportquote
average propensity to import durchschnittliche Importquote
average propensity to invest durchschnittliche Investitionsquote
average propensity to save durchschnittliche Sparquote
average quality protection Gewährleistung der Durchschnittsqualität

average rate Durchschnittssatz
average return (average revenue) Durchschnittsertrag
average return method Rentabilitätsvergleichsrechnung
average sample Durchschnittsstichprobe
average total cost durchschnittliche Gesamtkosten
average turnover Durchschnittsumsatz
average unit cost durchschnittliche Einstandskosten, Durchschnitts-Stückkosten
average utilization durchschnittliche Laufzeit
average value Durchschnittswert
average value method Mittelwertmethode
average variable costs variable Durchschnittskosten
average volume Durchschnittsmenge
average yield Durchschnittsertrag, Durchschnittsrendite
aversion Abneigung, Vermeidung
avert abwenden
avoid ausweichen, umgehen, vermeiden
avoidable anfechtbar, annullierbar
avoidance Anfechtung, Aufhebung, Nichtigkeitserklärung
await erwarten
award Angebotsannahme, Auszeichnung, Schiedsspruch, Urteil, Zuschlag
award a contract Auftrag erteilen, Auftrag vergeben, Zuschlag erteilen
award of contract Auftragsvergabe, Submissionsvergabe
awareness Steuer aufheben
awash überflutet, überfüllt
awash with red ink tief in den roten Zahlen
axiom Grundsatz
axis of abscisses Abszisse
axis of ordinates Ordinate

B

back finanziell unterstützen
back bond Eurobond
back charges Rückspesen
back contract Terminkontrakt mit längster Restlaufzeit
back down nachgeben, zurücknehmen
back freight Rückfracht
back installment rückständige Rate
back issue alte Nummer
back letter Garantie
back office Abrechnungsstelle
back order unerledigter Auftrag
back out of (back out from) zurücktreten von, aussteigen
back payment Nachzahlung
back rent rückständige Miete
back scheduling Rückwärtsterminierung
back tax Nachsteuer
back taxation Nachversteuerung
back taxes rückständige Steuern
back up unterstützen, sich stauen, finanzieren, sich erholen, auf Papiere mit kürzerer Laufzeit umsteigen
back values Nachvaluten
back-of-the-envelope calculation überschlägige Rechnung
back-to-back credit Gegenakkreditiv, wechselseitiger Kredit
back-to-back financing Durchlauffinanzierung
back-to-back hedge Gegensicherungsgeschäft
back-to-back loan Durchlaufdarlehen
back-to-back transaction Gegengeschäft
back-up material Begleitmaterial
backdate rückdatieren
backdoor financing Finanzierung unter Umgehung der gesetzgebenden Körperschaften
backdoor lending Kredite an discount houses
backdoor operation Stützung des Geldmarktes
backed bill of exchange avalierter Wechsel
backer Sponsor
background Vorbildung, Ausbildung
backhauling Transport von Rückfracht
backing Deckung, Stützungskäufe, Unterstützung, finanzielle Unterstützung
backing syndicate Auffangkonsortium, Sanierungskonsortium
backload Rückladung
backlog Rückstand, Stau, Arbeitsrückstand, Auftragsrückstand
backlog demand Nachholbedarf
backlog depreciation nachgeholte Abschreibung

backlog of final orders Bestand an festen Aufträgen
backlog of money Geldüberhang
backlog of orders Auftragsrückstand, Auftragsbestand
backlog of payments Zahlungsrückstände
backlog of purchasing power Kaufkraftüberhang
backlog of work Arbeitsrückstand
backlog order books Auftragsbestand
backlogged orders unerledigte Aufträge, Auftragsbestand
backoffice Abwicklungsabteilung
backstop facility Übernahmeverpflichtung
backtrack sich zurückziehen
backup copy Sicherungskopie
backup credit line Auffang-Kreditlinie
backup facility Stützungsfazilität, Deckungslinie
backup line Absicherungslinie, Stützungslinie
backup support Anschlussaufträge
backvaluation Rückvalutierung
backward scheduling Rückwärtsterminierung
backwardation business Deportgeschäft
backwardation rate Deportsatz
bad bargain schlechter Kauf
bad check ungedeckter Scheck
bad debt provision Rückstellung für notleidende Kredite
bad debt write-off Ausbuchen einer uneinbringlichen Forderung
bad debtor zahlungsunfähiger Schuldner
bad debts uneinbringbare Forderungen/Außenstände
bad debts account Dubiosenkonto
bad delivery fehlerhafte Übergabe
bad investment Fehlinvestition
bad loan notleidender Kredit, uneinbringliches Darlehen
bad loan provision Rückstellung für notleidende Kredite
bad paper fauler Wechsel
bad speculation Fehlspekulation
bad will negativer Firmenwert
badly in debt hoch verschuldet
badly off in schlechten Verhältnissen
bail Bürge, Bürgschaft, Kaution
bail out aussteigen, helfen
bail-out Auffangaktion, Sanierung, Sanierungsaktion
bail-out company Auffanggesellschaft
bailment Hinterlegung, Verwahrung
bailment for repair Werkvertrag

bailment lease Verkauf unter Eigentumsvorbehalt
balance ausgleichen
balance Saldo, Rest, Guthaben, Kontostand, Bilanz, Differenz
balance against (balance with) abwägen gegen
balance an account Konto abschließen, Konto ausgleichen
balance brought (carried forward) Saldovortrag, Übertrag
balance brought forward to new account Vortrag auf neue Rechnung
balance carried forward Saldovortrag
balance carried forward to new account Vortrag auf neue Rechnung
balance column Saldenspalte
balance due Restschuld, offener Saldo, Sollsaldo
balance effect Kassenhaltungseffekt
balance in bank Bankguthaben
balance in our favor Saldo zu unseren Gunsten
balance item Bilanzposten
balance ledger Bilanzbuch
balance of account Kontostand, Durchschnittssaldo
balance of cash on hand Kassenstand
balance of financing Finanzierungsgleichgewicht
balance of interest Zinssaldo
balance of invoice Rechnungssaldo
balance of payments Zahlungsbilanz
balance of services Dienstleistungsbilanz
balance of stock Lagerbestandsbilanz
balance of trade Handelsbilanz
balance of unclassifiable transactions Restposten der Zahlungsbilanz
balance on current account Kontokorrentsaldo
balance one's books Bücher abschließen
balance out sich ausgleichen, saldieren
balance outstanding (balance owing) Debetsaldo
balance reconciliation Saldenabstimmung
balance set-off Saldenverrechnung
balance sheet Bilanz, Bilanzaufstellung
balance sheet account Bilanzkonto
balance sheet accounting Betriebsvermögensvergleich
balance sheet analysis Bilanzanalyse
balance sheet as of the effective date of conversion Umwandlungsbilanz
balance sheet audit Bilanzprüfung
balance sheet auditor Abschlussprüfer
balance sheet basis Bilanzwert
balance sheet classification Bilanzgliederung, Bilanzschema
balance sheet comparison Bilanzvergleich
balance sheet contraction Bilanzverkürzung
balance sheet date Abschlussstichtag, Bilanzstichtag
balance sheet day Bilanzstichtag

balance sheet department Bilanzbuchhaltung
balance sheet extension Bilanzverlängerung
balance sheet for income tax purposes Ertragsteuerbilanz
balance sheet for settlement purposes Auseinandersetzungsbilanz
balance sheet for tax purposes Steuerbilanz
balance sheet format Gliederung der Bilanz
balance sheet gap Bilanzlücke
balance sheet in condensed form zusammengefasste Bilanz
balance sheet item Bilanzposten
balance sheet lay-out Bilanzgliederung
balance sheet note Bilanzvermerk
balance sheet of business Unternehmensbilanz
balance sheet oriented bilanzorientiert
balance sheet prepared by the tax auditor according to his findings Betriebsprüferbilanz
balance sheet ratio Bilanzkennzahl
balance sheet statistics Bilanzstatistik
balance sheet supplement Bilanzanlage
balance sheet title Bilanzposten
balance sheet total Bilanzsumme
balance sheet valuation bilanzielle Bewertung
balance sheet value Bilanzwert
balance-of-account statement Saldenaufstellung
balance-of-payment crisis Zahlungsbilanzkrise/-problem
balance-only statement monatlicher Kontoauszug
balanced ausgeglichen
balanced account ausgeglichenes Konto
balanced budget ausgeglichenes Budget
balanced economy volkswirtschaftliches Gleichgewicht
balances abroad Auslandsguthaben
balancing Bilanz ziehen, saldieren
balancing account Ausgleichsposten
balancing charge Abschlussgebühr
balancing entry Ausgleichsbuchung
balancing item Ausgleichsposten
balancing payment Ausgleichszahlung
balloon hinauftreiben, rasch steigen
balloon hohe Kreditrestschuld
balloon loan tilgungsfreies Darlehen
ballooning Kurstreiberei
ballpark figure grobe Schätzung
ballpark price ungefährer Preis
ban Verbot
ban on interest payments Verzinsungsverbot
ban on loss deduction Verlustabzugsverbot
ban on loss offsetting Verlustverrechnungsverbot
band of fluctuations Schwankungsbreite
band together zusammenarbeiten, zusammenschließen
band width Bandbreite
baneful effect nachteilige Wirkung

bank Bank, Kreditinstitut
bank account Bankkonto
bank account money Buchgeld
bank accounting Bankbuchhaltung
bank advance Bankdarlehen
bank's archives Bankarchiv
bank assets Vermögenswerte der Bank
bank assets and liabilities Bankforderungen und -verbindlichkeiten
bank assistant Bankangestellter
bank audit Bankprüfung
bank balance Bankguthaben
bank bill Bankakzept
bank bonds Bankobligationen/-schuldverschreibungen
bank book Sparbuch
bank branch Bankfiliale
bank card Bankkarte
bank certificate Bankbestätigung
bank charges Bankspesen, Bankgebühren
bank closure Bankschließung
bank code Bankleitzahl
bank collapse Bankzusammenbruch
bank confirmation Bankbestätigung
bank consolidation Bankfusion
bank counter Bankschalter
bank cover Bankendeckung, Bankgarantie
bank credit Bankkredit
bank credit lines Kreditzusage von Banken, gewährter Kreditrahmen, Kreditlinie
bank credit transfer Banküberweisung
bank crisis Bankkrise
bank customer Bankkunde
bank debit Kontobelastung
bank debts Bankverbindlichkeiten
bank demand deposits Sichteinlagen
bank deposit Bankeinlage
bank deposit creation Giralgeldschöpfung
bank deposit insurance Einlagenversicherung
bank deposit money Giralgeldschöpfung
bank depositor Einleger, Einzahler
bank deposits Bankeinlagen
bank discount Wechseldiskont, Damnum
bank draft Bankwechsel, Bankscheck
bank earnings Bankeinkünfte, Bankgewinne
bank employe Bankangestellter
bank endorsed bankgiriert
bank examiner Prüfer der Bankenaufsichtsbehörde
bank facilities Bankfazilitäten
bank failure Bankzusammenbruch
bank fees Bankgebühren
bank financed bankenfinanziert
bank for cooperatives Genossenschaftsbank
bank for international settlements BIS, BIZ, Bank für internationalen Zahlungsausgleich
Bank Giro Bankgiro

bank giro credit Überweisungsauftrag
bank giro credit system bargeldloser Zahlungsverkehr, Giroverkehr
bank group Bankenkonsortium
bank guaranty Bankgarantie, Bankbürgschaft, Bankaval
bank holiday Bankfeiertag
bank indebtedness Bankverschuldung
bank interest Bankzinsen
bank lending Bankkredite
bank lending policy Kreditpolitik
bank lending rate Kreditzins
bank lendings Bankausleihen
bank lendings abroad ausländische Bankkredite
bank line Kreditlinie
bank liquidity Bankenliquidität
bank loan Bankkredite, Bankdarlehen
bank loan for financing stock Börsenkredit
bank loan rate Zinsen für Bankkredite
bank management science Bankbetriebslehre
bank merger Bankfusion
bank money Sichteinlagen
bank moneys Bankgelder
bank name Bankadresse
bank of commerce Handelsbank
bank of discount diskontierende Bank
bank of issue Notenbank
bank order Bankauftrag
bank order check Banken-Orderscheck
bank overdraft Überziehungskredit
bank rate Bankdiskont, Diskontsatz
bank rate policy Diskontpolitik
bank receipt Bankbeleg
bank reference Bankauskunft
bank regulatory agency Bankenaufsichtsbehörde
bank remittance Banküberweisung
bank routing number Bankleitzahl (BLZ)
bank's clientele Bankkundschaft
bank's debtor Bankschuldner
bank's earnings Bankerträge
bank's holdings Bankbestände
bank safe Banksafe, Bankfach
bank secrecy Bankgeheimnis
bank securities Bankwertpapiere
bank service charge Bearbeitungsgebühr
bank share Bankaktien
bank shares Bankwerte
bank stamp Bankindossament
bank statement Kontoauszug, Bankbilanz
bank stock Bankaktien, Aktienkapital, Bankwerte
bank supervision Bankenaufsicht
bank supervisory commission Bankenaufsichtsbehörde
bank teller Bankkassierer
bank term credit mittelfristiger Bankkredit

bank transfer Banküberweisung
bank transfer payments Überweisungsverkehr, Giroverkehr
bank turnovers Bankumsätze
bank usages Bankusancen
bank vault Banktresor
bank wire Clearingnetz
bank with Konto unterhalten bei
bank withdrawal Bankabhebung
bank's acceptance Bankakzept
bank's acceptance outstanding Eigenakzept
bank's cash reserve Barreserve
bank-guaranteed debt bankgarantierter Schuldtitel
bank-to-bank lending Bank-an-Bank Kredite
banker Bankier
banker's acceptance Bankwechsel
banker's bill Bankwechsel
banker's bond Bankgarantie
banker's card Scheckkarte
banker's deposit rate Zinssatz für kurzfristige Einlagen
banker's deposits Zentralbankguthaben
banker's interest gewöhnlicher Zins
banker's reference Kreditauskunft
banker's special deposits verzinsliche Mindestreserven
banker's trade acceptance bankgirierter Warenwechsel
banker's draft Bankscheck
bankers acceptances Bankakzepte
bankers call rate Tagesgeldsatz
banking Bankwesen, Bankgewerbe, Bankgeschäft
banking activity Banktätigkeit
banking amalgamation Bankenfusion
banking association Bankenverband, -vereinigung
banking audit Bankprüfung, Bankrevision
banking business Bankgeschäft
banking center Bankplatz
banking charges Bankspesen
banking commission Bankprovision
banking community Bankkreise
banking connection Bankverbindung
banking consortium Bankenkonsortium
banking customs Bankusancen
banking establishment Bankhaus, Bankinstitut
banking fees Bankspesen
banking firm Bankhaus
banking group Bankengruppe, Bankkonzern
banking hours Schalterstunden
banking house Bank
banking industry Bankgewerbe, Kreditgewerbe, Kreditwirtschaft
banking interest Bankbeteiligung
banking law Bankrecht

banking legislation Bankengesetzgebung
banking operations Bankgeschäfte
banking power Umfang zugelassener Bankgeschäfte
banking practice Bankenpraxis
banking professional Bankfachmann
banking secrecy Bankgeheimnis
banking service Bankdienstleistung
banking specialist Bankfachmann
banking stocks Bankaktien
banking subsidiary Tochterinstitut der Bank
banking syndicate Bankenkonsortium
banking system Bankensystem
banking theory Kaufkrafttheorie des Geldes, Banktheorie
banking transactions Bankgeschäfte
banknote Banknote
bankroll finanzieren
bankrupt bankrott, zahlungsunfähig, ruiniert
bankrupt law Konkursrecht
bankrupt's certificate Konkursvergleich
bankruptcy Bankrott, Konkurs
bankruptcy action Konkursverfahren
bankruptcy assets Konkursmasse
bankruptcy commissioner Konkursverwalter
bankruptcy court Konkursgericht
bankruptcy notice Konkursanmeldung
bankruptcy offense Konkursstraftat
bankruptcy petition Konkursantrag
bankruptcy proceedings Konkursverfahren
bankruptcy proceedings following failure of composition proceedings Anschlusskonkurs
banks Bankaktien, Bankwerte
banner year erfolgreichstes Jahr
bar chart (bar diagram) Balkendiagramm
bar code Balkencode, Strichcode
bar code scanner Strichcodeleser
bar council Rechtsanwaltskammer
bar from ausschließen von
bare majority knappe Mehrheit
bare necessities Grundbedürfnisse
barefoot pilgrim leichtgläubiger Käufer
barely kaum
barely steady knapp behauptet
bargain feilschen
bargain Abkommen, Abschluss, Gelegenheitskauf, Geschäft, günstiges Kaufobjekt, Börsengeschäft
bargain about (bargain over) hartnäckig verhandeln, feilschen
bargain book Börsenbuch
bargain collectively Tarifverhandlungen führen
bargain counter Aktienwerte
bargain down herunterhandeln
bargain for account Termingeschäft
bargain for cash Kassageschäft
bargain goods Niedrigpreiswaren

bargain price sehr niedriger Preis
bargain purchase Gelegenheitskauf
bargaining Tarifabschluss
bargaining chip Verhandlungspfand
bargaining demand Tarifforderungen
bargaining offer Verhandlungsangebot
bargaining position Verhandlungsposition
bargaining power Verhandlungsstärke
bargaining room Verhandlungsspielraum
bargaining structure Verhandlungsstruktur
bargains Börsengeschäfte, Börsenabschlüsse
barred ausgeschlossen
barred by limitations verjährt
barred debt verjährte Schuld
barren money totes Kapital
barrier Hemmnis, Schranke
barrier function Barrierefunktion, Sperrfunktion
barriers to competition Wettbewerbsbeschränkungen
barriers to entry Zutrittsschranken
barriers to exit Austrittsschranken
barriers to growth Wachstumsschranken
barriers to investment Investitionshemmnisse
barriers to trade Handelshemmnisse, Handelsschranken
barter Tausch
barter economy Tauschwirtschaft
barter terms of trade reales Austauschverhältnis
barter trade Tauschhandel
barter transaction Tauschgeschäft, Kompensationsgeschäft
base Basis, Boden, Bezugswert
base bidder Hauptbieter
base coin unterwertige Münze
base cost Basiseinstandspreis
base costing Bezugsgrößenkalkulation
base currency Basiswährung
base data Basisdaten, Ausgangsdaten, Grunddaten, Primärdaten, Urdaten
base employment exportabhängige Beschäftigung
base fee Grundgebühr
base interest rate Basiszins
base lending rate Eckzins
base pay Grundgehalt
base period Bezugsperiode, Zeitbasis
base period prices konstante Preise
base price Grundpreis
base salary Grundgehalt
base stock eiserner Bestand
base value Vergleichswert
base-line comparison Vergleichsbasis
basic einfach, grundlegend
basic abatement Steuerfreibetrag
basic amount Grundbetrag
basic commodities Grundstoffe, Rohstoffe
basic concept Grundbegriff

basic cost Grundkosten
basic definition Grunddefinition
basic equipment Grundausstattung
basic hourly rate Ecklohn
basic income garantiertes Einkommen
basic income tax schedule Einkommensteuer-Grundtabelle
basic industry Grundstoffindustrie
basic list price Listengrundpreis
basic materials Grundstoffe
basic minimum floor of income Grundsicherung
basic needs Grundbedürfnisse
basic plan Basisplan
basic policy grundsätzliche Richtlinie
basic price Grundpreis
basic principles of the economy Grundsätze der Wirtschaftsordnung
basic rating Risiko-Klassifikation
basic requisition Grundvoraussetzungen
basic research Grundlagenforschung
basic rule Grundregel
basic salary Grundgehalt, Fixum
basic social risks soziale Grundrisiken
basic solution Basislösung
basic supplementary cost primäre ergänzende Kosten
basic tax table Steuertabelle
basic tax-free amount Grundfreibetrag
basic time limit Ecktermin
basic transaction Grundgeschäft
basic unit Grundeinheit
basic value Ausgangswert
basic wage Grundlohn
basic yield Grundrendite, risikofreier Ertrag
basics Grundinformationen, Grundlagen, Grundsachverhalt, Grundwissen
basis Basis, Bemessungsgrundlage, Buchwert
basis adjustment Buchwertberichtigung
basis carryover Buchwertübernahme
basis cost schedule Basiskostenplan
basis for taxation Besteuerungsgrundlage
basis of agreement Vertragsgrundlage
basis of allocation Verteilungsschlüssel
basis of assessment Veranlagungsgrundlage, Bemessungsgrundlage
basis of calculation Berechnungsgrundlage
basis of exchange Umrechnungssatz
basis of existence Existenzgrundlage
basis of prices Grundlage der Preisberechnung
basis of proration Bemessungsgrundlage
basis of quotation Preisbasis
basis of valuation Bemessungsgrundlage, Bewertungsgrundlage
basis rollover Buchwertfortführung
basis-point-value minimale Renditeveränderung
basket buy Sammeleinkauf
basket of commodities Warenkorb

basket of currencies Währungskorb
basket of goods Warenkorb
batch Menge, Liefermenge, Stapel, Stoß
batch of commodities Warenkorb
batch processing Stapelverarbeitung
batch size Losgröße
bazaar securities Fantasiewerte
be about (be around) vorhanden sein
be abreast of auf dem laufenden sein
be after sich bemühen um, haben wollen
be assessed for income taxes zur Einkommensteuer veranlagt werden
be awarded a contract Zuschlag erhalten
be bound verpflichtet sein
be down on verlangen
be due fällig sein
be in arrears im Rückstand sein
be in charge of zuständig sein für
be in default in Verzug sein
be in the chair Vorsitz führen
be indebted schulden
be jointly and severally liable gesamtschuldnerisch haften
be liable for haften für
be liable to the extend of one's property mit dem ganzen Vermögen haften
be obliged verpflichtet sein
be of restricted legal capacity beschränkt geschäftsfähig sein
be out of order außer Betrieb sein
be responsible for damages für Schaden haften
be subject to set-off aufrechenbar
be subject to taxation der Besteuerung unterliegen, der Steuer unterliegen
be through to verbunden sein mit
be up gestiegen sein
be up for sale zum Verkauf stehen
bear auf Baisse spekulieren
bear a loss Verlust vortragen
bear account Baisseposition
bear costs Kosten tragen, Kosten übernehmen
bear covering Deckungskauf
bear date of datiert sein vom
bear hug Übernahmeangebot ohne Vorverhandlung
bear interest Zinsen bringen
bear market Baissemarkt
bear point Baissemoment
bear raid Baissemanöver
bear raiding Leerverkäufe
bear risks Risiken tragen
bear sale Leerverkauf, Baisseverkauf
bear seller Baissespekulant
bear speculation Baissespekulation
bear stocks Kurse drücken
bear the market leer verkaufen
bear transaction Baissegeschäft

beard of assessment Steuerbehörde
beard of referees Schiedsgerichtshof
bearer Vollmachtsinhaber, Überbringer
bearer bond Inhaberobligation
bearer check Inhaberscheck
bearer clause Überbringerklausel
bearer document Inhaberpapier
bearer instrument Inhaberpapier
bearer of a bill Wechselinhaber
bearer of a security Inhaber eines Wertpapiers
bearer participation certificate stimmrechtslose Vorzugsaktie
bearer police Inhaberpolice
bearer securities Inhaberpapiere
bearer share Inhaberaktie
bearing asset Inhaberaktie, Vermögensanlage
bearish market Baissemarkt
bearish movement Baissebewegung
bearish tendency Baissetendenz
bearish tone (bearish bearishness) Baissestimmung
beat down herunterhandeln
become due fällig werden
become effective in Kraft treten, wirksam werden
become in arrears in Verzug geraten
become indebted sich verschulden
become payable fällig werden zur Auszahlung, Rückzahlung
become prescribed verjähren
become statute-barred verjähren
become valid rechtskräftig werden, gültig werden
becoming due fällig werden
becoming void außer Kraft treten
bedrock Grundlage
before due date vor Fälligkeit
beforehour dealings Vorbörse
beginning inventory Anfangsbestand
beginning of a term Fristbeginn
behavior, behavior Verhalten, Benehmen, Verlauf
behavior observation Verhaltensforschung
behavior of wages Lohnentwicklung
behavior pattern Verhaltensmuster
belittle verharmlosen
belittling Mindestbewertung
bell-shaped curve Glockenkurve
bellwether bond Leitemission
bellwether industry Schlüsselindustrie
bellwether stock führende Werte
belly flop Bauchlandung
belly up pleite, bankrott
below average unterdurchschnittlich
below par unter pari, unter Nennwert
below the line unter dem Strich
below-the-line items periodenfremde Aufwände und Erträge
belt-tightening measures Sparmaßnahmen

belt-tightening policies Sparpolitik
benchmark Orientieung, Richtwert, Bezugsmarke
benchmark figure Eckwert, Ausgangszahl, Vergleichszahl, Bezugsbasis
benchmark figures Eckdaten, Vergleichszahlen
benchmark rate Eckzins
beneficial enjoyment Nutznießungsrecht, Nießbrauch
beneficial owner Nutzungsberechtigter
beneficial ownership wirtschaftliches Eigentum
beneficiary Begünstigter, Genussberechtigter, Nutznießer
beneficiary of insurance Versicherungsberechtigter
benefit Nutzen, Vergünstigung, Vorteil
benefit analysis Nutzwertanalyse
benefit clause Begünstigungsklausel
benefit in kind Sachleistung
benefit payments Unterstützungszahlungen
benefit society Bausparkasse
benefit-cost analysis Nutzen-Kosten-Analyse
benefits Beihilfe, Krankengeld, Versicherungsleistung
benevolent corporation gemeinnützige Gesellschaft
benign günstig, wohlwollend
bequest Erbschaft, Vermächtnis
berthage Kaigebühren
best bid Höchstgebot
best bidder Meistbietender
best endeavors nach bestem Bemühen
best price Bestpreis
bestowal Schenkung, Verleihung
better than average überdurchschnittlich
betterment Verbesserung, Wertzuwachs
betterment tax Wertzuwachssteuer
Bezeichnung Ableitung
bias systematischer Fehler, Verzerrung
biased tendenziös, verzerrt
bid bieten
bid Geldkurs, Gebot, Offerte, Kostenanschlag, Kostenvoranschlag
bid and asked quotations Geld und Briefkurse
bid arena Übernahmegeschäft
bid award Zuschlag erhalten
bid battle Übernahmeschlacht
bid bond Bietungsgarantie
bid closing Einreichungsschluss
bid closing date Einreichungsschluss
bid competition Ausschreibungswettbewerb
bid costs Bietungskosten
bid for bartering Verhandlungsobjekt
bid form Angebotsformular
bid is received Angebot geht ein
bid off Zuschlag erhalten
bid on anbieten

bid opening Angebotseröffnung
bid price Geldkurs, Gebot, Offerte, Kaufpreis
bid rigging Preisabsprache, Anbieterabsprache
bid up hochbieten
bid value Rücknahmewert
bid-asked spread Geld-Briefkurs-Differenz
bid-offer spread Spanne zwischen Ausgabe- und Rücknahmekurs
bidder Bieter, Anbieter
bidding Gebot
bidding away Abwerbung
bidding of orders Auftragsbeschaffung
bidding period Ausschreibungsfrist
bidding price Erstangebot
bidding procedure Vergabeverfahren
bidding process Ausschreibungsverfahren
bidding requirements Ausschreibungsbedingungen
bidding up künstliches Hochbieten
bidding war Übernahmeschlacht
bids and offers Geld- und Briefkurs
big block trading Pakethandel
big income earner Großverdiener
big industrial user Großabnehmer
big investor Großanleger
big loan Großkredit
big volume stock Großhandelswerte
big-ticket deposit taking Großanlagengeschäft
big-ticket item Großauftrag
big-ticket project Großprojekt
big-ticket transaction Großabschluss
bill berechnen, fakturieren, Rechnung ausstellen
bill Rechnung, Wechsel, Frachtbrief, Konnossement
bill after date Datowechsel
bill after sight nach Sichtwechsel
bill at sight Sichtwechsel
bill broker Wechselmakler
bill brokerage Wechselhandel, Wechselprovision
bill business Wechselgeschäft
bill charges Wechselspesen
bill collecting eintreiben von Außenständen
bill collection Wechselinkasso
bill collection charges Wechseleinzugsspesen
bill commission Wechselcourtage
bill commitments Wechseloblige
bill cover Wechseldeckung
bill discount Wechseldiskont
bill discount rate Wechseldiskontsatz
bill drawn by a bank on a debtor Debitorenziehung
bill drawn on goods sold Handelswechsel
bill eligible for rediscount rediskontfähiger Wechsel
bill for acceptance Wechsel zur Annahme
bill for collection Inkassowechsel, Einzugswechsel

31

bill for payment Wechsel zur Zahlung
bill guaranty Wechselbürgschaft
bill holdings Wechselbestand
bill in distress notleidender Wechsel
bill jobbing Wechselreiterei
bill of carriage Frachtbrief
bill of charges Gebührenrechnung
bill of consignment Frachtbrief
bill of clearance Zollabfertigungsschein
bill of conveyance Speditionsrechnung
bill of credit ungesicherter Schuldschein
bill of entry Einfuhrdeklaration, Zolleinfuhrschein
bill of exchange Tratte, Wechsel
bill of exchange tax Wechselsteuer
bill of fees Honorarrechnung
bill of lading Konossement, Seefrachtbrief
bill of lading clauses Konossementklauseln
bill of materials Materialliste
bill of quantity Kostenvoranschlag, Leistungsverzeichnis
bill of receipts and expenditures Einnahmen- und Ausgabenrechnung
bill of sale Kaufvertrag, Übereignungsvertrag, Lieferschein
bill of taxes Steuerbescheid
bill on demand Sichtwechsel
bill protested Protestwechsel
bill to bearer Inhaberwechsel
bill trader Händler in Schatzwechseln
billable time berechenbare Zeit
billback Rückbelastung
billboard Anschlagtafel
billhead Rechnungsformular, Rechnungsvordruck
billing Rechnungsschreiben, Abrechnung
billing date Rechnungsdatum
billing department Fakturierabteilung, Rechnungsabteilung
billing file Rechnungsdatei
billing rate Gebührensatz
billings Umsatz
billion Milliarde
bills accepted Wechselobligo, Wechselverbindlichkeiten
bills discounted Wechselobligo
bills drawn by a bank eigene Ziehungen
bills payable Wechselschulden, Wechselverpflichtungen
bills rediscountable at the Bundesbank bundesbankfähige Wechsel
bin card Lagerzettel
binary binär
binding verbindlich, verpflichtend
binding agreement unwiderrufliches Abkommen
binding effect Rechtsverbindlichkeit
binding force Rechtsverbindlichkeit

binding law zwingendes Recht
binding offer verbindliches Angebot, bindendes Angebot
binding promise bindende Zusage
binding receipt Deckungszusage
bipartite doppelte Ausfertigung
bipartite clearing zweiseitiges Zahlungsabkommen
bit string Zeichenfolge
biweekly vierzehntägig
black book schwarze Liste
black bourse Schwarzhandel
black figures schwarze Zahlen
black list Insolventenliste
blanc acceptance Blankoakzept
blank Formblatt, Formular, Vordruck
blank acceptance Blankoakzept
blank bill Blankowechsel
blank check Blankoscheck
blank credit Blankokredit
blank endorsement Blankoindossament, Blankowechselübertragung
blank form Formblatt
blank policy Generalpolice
blank power of attorney Blankovollmacht
blank receipt Blankoquittung
blank signature Blankounterschrift
blanket pauschale Kostenangabe, Abruf
blanket amount Pauschbetrag
blanket amount for traveling expenses Reisekosten-Pauschbetrag
blanket amount per kilometer Kilometerpauschale
blanket assessment Pauschfestsetzung
blanket ban allgemeines Verbot
blanket clause Generalklausel
blanket coverage Pauschaldeckung
blanket deduction Pauschbetrag
blanket insurance Kollektivversicherung
blanket mortgage Gesamthypothek
blanket order Blankoauftrag, Dauerauftrag, Abrufauftrag
blanket price Einheitspreis
blanket purchase order Abrufbestellung, Rahmenbestellung
blast zerstören, vereiteln
blast off starten, abheben
blast-off Start
blended credit Mischkredit
block blockieren, durchkreuzen, hemmen
block Wertpapierpaket
block a credit balance Guthaben sperren
block an account Guthaben sperren
block discounting Sammelgeschäft
block distribution Verkauf von Aktienpaketen
block of shares Aktienpaket
blockage discount Paketabschlag

blockbuster product Marktrenner
blocked account Sperrkonto
blocked assets eingefrorenes Guthaben
blocked claim eingefrorene Forderung
blocked currency nichtkonvertible Währung
blocked deposit Sperrguthaben
blocked exchange bewirtschaftete Währung
blocked foreign exchange eingefrorene Devisen
blocking arrangement Stillhalteabkommen
blocking minority Sperrminorität
blocking of an account Sperrung eines Kontos
blocking of authorizations Bewilligungssperre
blocking of property Vermögenssperre
blocking period Sperrfrist
blue chip Standardwert, erstklassige Aktie, Großunternehmen
blue-blooded bank erstklassige Bank
blue-chip credit rating erstklassige Bonität
blue-chip customers erste Adressen
blue-chip industrials erstklassige Industriewerte
blue-collar worker Arbeiter
blue-sky securities wertlose Wertpapiere
blueprint Blaupause
board Ausschuss, Behörde, Vorstand
board chairman Vorstandsvorsitzender
board meeting Vorstandssitzung
board member Vorstandsmitglied
board of arbitration Schlichtungsausschuss
board of conciliation Schiedsamt
board of control Aufsichtsbehörde
board of directors Aufsichtsrat, Verwaltungsrat
board of exchequer Finanzministerium
board of inland revenue oberste Steuerbehörde
board of inquiry Untersuchungsausschuss
board of trade Handelsministerium, Wirtschaftsministerium
body corporate juristische Person
body corporate under public law Körperschaft des öffentlichen Rechts
body of a company Gesellschaftsorgan
body of creditors Gläubigergemeinschaft
bog down in eine Sackgasse geraten, stecken bleiben
bogus company Schwindelfirma
bogus merchandise Fälschungen
bogus signature Gefälligkeitsunterschrift
bolster up unterstützen
bona fide clause Bona-Fide-Klausel
bona fide holder gutgläubiger Inhaber
bona fide price angemessener Preis
bona fide purchaser gutgläubiger Erwerber
bona fide transaction gutgläubiger Erwerb
bond Anleihe, Wertpapier, Schuldverschreibung
bond capital Anleihekapital
bond creditor Anleihegläubiger
bond cum warrants Optionsanleihe, Anleihe mit Optionsscheinen

bond dealings Rentenhandel
bond debt Anleiheschuld, Anleiheverbindlichkeiten, Anleiheverschuldung
bond debtor Anleiheschuldner
bond debts Obligationenschulden
bond denomination Anleihestückelung
bond design Anleihenform
bond drawing Auslosung
bond features Anleiheausstattung
bond financing Anleihefinanzierung
bond for costs Sicherheitsleistung
bond fund Rentenfonds
bond futures contract Terminkontrakt
bond holdings Rentenbestand
bond issue Emission von Obligationen
bond issued cost Anleihekosten
bond loan Obligationsanleihe
bond market Bondmarkt, Rentenmarkt
bond note Zollbegleitschein
bond of fidelity insurance Haftpflichtversicherung
bond of indebtedness Schuldschein
bond placement Anleiheplatzierung
bond premium Anleiheagio, Anleihe Emissionsagio
bond price Anleihekurs
bond prices Rentennotierungen
bond pricing Festsetzung von Anleihekonditionen
bond proceeds Anleiheerlös
bond rate Nominalverzinsung, Wertpapierzinsen, Nominalverzinsung von Schuldverschreibungen
bond ratings Anleihebewertung
bond redemption Anleihetilgung
bond redemption schedule Anleihetilgungsplan
bond rescheduling Anleiheumschuldung
bond sales Absatz fest verzinslicher Wertpapiere
bond stripping Trennung einer Anleihe in Mantel und Coupon
bond table Anleihezinstabelle
bond terms Anleihemodalitäten, Anleiheausstattung
bond trading Rentenhandel
bond valuation Wertberichtigung einer Obligation, Anleihebewertung, Kursrechnung
bond warehouse Freilager, Zollspeicher
bond with warrants attached Optionsanleihe
bond yield Anleiheerlös, Anleiherendite
bonded goods Waren unter Zollverschluss
bonded to destination Verzollung am Bestimmungsort
bonded value unverzollter Wert
bonding requirement Verzollungsvorschrift
bonds Rentenwerte, Festverzinsliche, Bonds, Anleihen, Anleiheverbindlichkeiten, Treasury bonds
bonds and debentures Rentenpapiere

bonds and other interests Beteiligungen und Wertpapiere
bonds outstanding Anleiheumlauf
bonds with warrants attached Wandelschuldverschreibungen
bone of contention Streitpunkt
bonus Bonus, Gratifikation, Prämie, Zugabe, Sonderdividende
bonus based scheme Prämienregelung
bonus distribution Gewinnverteilung
bonus for special risk Risikoprämie
bonus increment Akkordzuschlag
bonus issue Ausgabe von Gratisaktien
bonus plan Prämiensystem
bonus share Genussaktie, Gratisaktie, Berichtigungsaktie
bonus stock Gratisaktie
boodle Falschgeld, Schmiergeld, Bestechungsgeld
book buchen, eintragen, verbuchen
book account Kontokorrentkonto
book an order Auftrag notieren
book basis Bilanzwert
book claim Buchforderung
book credit Buchkredit
book debt Buchforderung
book depreciation bilanzielle Abschreibung, buchmäßige Abschreibung, handelsrechtliche Abschreibung
book figure Buchwert
book income handelsrechtlicher Gewinn
book inventory Buchinventur
book loss buchmäßiger Verlust
book money Buchgeld, Giralgeld
book of cargo Frachtbuch
book of commission Auftragsbuch
book of original entry Grundbuch
book of record Register
book profit Buchgewinn, rechnerischer Gewinn
book rate of return rechnerische Rendite
book receivables Buchforderungen
book valuation handelsrechtliche Bewertung
book value Buchwert, Bilanzkurs
book value method Buchwertmethode
book value of investment Beteiligungswert
booking Buchung
booking item Buchungsposten
booking manager Leiter der Buchhaltung
bookkeeper Buchhalter
bookkeeping Buchhaltung, Buchführung
bookkeeping by double entry doppelte Buchführung
bookkeeping error Buchungsfehler
bookkeeping operation Buchungsvorgang
bookkeeping requirements Buchführungspflichten
bookkeeping voucher Buchungsbeleg

bookless accounting Belegbuchhaltung
booklet kleines Handbuch
bookmarking of assigned accounts Kennzeichnung abgetretener Forderungen
books of account Geschäftsbücher
books of corporation Geschäftsunterlagen
boom Hochkonjunktur
boom in capital investment Investitionsaufschwung
boom years wirtschaftliche Blütezeiten
booming demand Nachfragekonjunktur
boomlet Propaganda
boost Förderung, Reklame, Auftrieb
boost to exports Exportförderung
booster Preistreiber
bootleg schmuggeln
bootleg Raubkopie
bootleg wages außertarifliche Löhne
bootstrap finance interne Finanzierungsmaßnahmen
border Grenze, Rand
border land Grenzgebiet
border traffic Grenzverkehr
borrow verschulden, leihen
borrow money Kredit aufnehmen
borrowed capital Fremdkapital
borrowed funds Fremdmittel
borrowed resources Fremdmittel
borrower Entleiher, Kreditnehmer, Schuldner
borrower of lesser standing weniger gute Adresse
borrower's bank Hausbank
borrower's file Kreditakte
borrower's risk Schuldnerrisiko
borrowing Kreditaufnahme, Mittelbeschaffung
borrowing agreement Kreditvertrag
borrowing allocation Verschuldungsgrenze
borrowing arrangements Kreditvereinbarungen
borrowing binge ungezügelte Kreditaufnahme
borrowing cost Kreditkosten
borrowing external funds Aufnahme von Fremdmitteln
borrowing in the capital market Mittelaufnahme am Kapitalmarkt
borrowing in the money market Mittelaufnahme am Geldmarkt
borrowing limit Kreditlinie
borrowing power Kreditfähigkeit
borrowing rate Soll-Zinssatz, Ausleihungssatz
borrowing requirements Kreditbedarf, Finanzierungsbedarf
borrowing reserve Kreditreserve
bottleneck Engpass
bottleneck in supplies Versorgungsengpass
bottleneck inflation Nachfrageinflation
bottom Konjunkturtief, Tiefstand
bottom lines Grundgeschäft, Grundsortiment, Kerngeschäft, Massengeschäft

bottom of business cycle Tiefpunkt des Konjunkturzyklus
bottom out Tiefstand überschreiten
bottom out tiefster Stand
bottom price Tiefstkurs, Tiefstpreis, niedrigster Preis
bottom wage group Niedriglohngruppe
bottom-fishing Suche nach preisgünstigen Aktien
bottom-line profit margin Mindestgewinnspanne
bottom-up planning progresssive Planung
bought ledger Kreditorenbuch
bought note Schlussschein, Schlussnote, Kaufabrechnung
bounce platzen, retournieren
bounce Sonderzahlung
bouncer geplatzter Scheck
boundary choice Randentscheidung
boundary condition Randbedingung
boundary distribution Randverteilung
bounty Prämie, Subvention
bounty of exportation Ausfuhrprämie
bourse Börse
bracket Einkommensstufe, Steuerklasse
bracket creep schleichende/heimliche Steuererhöhung
brain trust hoch qualifizierte Expertengruppe
brainstorming Gedankenaustausch, Ideenfindungsprozess
brainwork Kopfarbeit
branch Filiale, Zweigstelle
branch banking Filialbankwesen, Filialbanksystem
branch establishment Zweigniederlassung
branch manager Geschäftsstellenleiter, Filialleiter, Zweigstellenleiter
branch network Geschäftsstellennetz
branch of business Branche
branch of industry Gewerbe-/Industrie-/Wirtschaftszweig
branch office accounting Filialkalkulation
branch procuration Filialprokura
branch shop Filiale, Geschäftsstelle
brand-new völlig neu
breach of contract Vertragsbruch
breach of order Verstoß gegen die Geschäftsordnung
breach of warranty Gewährleistungsbruch
bread-and-butter business ertragreiches Grund-/Stammgeschäft
bread-and-butter lines Grundgeschäft
break Arbeitspause, Bruch, Einschnitt
break a contract Vertragsbruch begehen
break a strike Streik brechen
break down aufschlüsseln, ausfallen, scheitern, aufgliedern, zerlegen
break down expenses Kosten aufschlüsseln

break down of negotiations kostendeckend arbeiten
break down of negotiations Scheitern der Verhandlungen
break even Gewinnzone/-schwelle erreichen, Kosten decken, ohne Verlust arbeiten
break from work Arbeitsunterbrechung
break in prices Preiseinbruch
break in the market Preiseinbruch
break off abbrechen
break off Abbruch
break off negotiations Verhandlungen abbrechen
break-even price Differenz zwischen Aktienkurs und Preis der Kaufoption
break-up bid Angebot auf Erwerb von Konzernunternehmen
break-up point Liquidationswert
breakdown Analyse, Aufschlüsselung, Betriebsstörung, Aufgliederung, detaillierte Aufstellung
breakdown of expenses Kostenspezifizierung, Spesenaufgliederung
breakeven analysis Gewinnschwellenanalyse
breakeven point Kostendeckungspunkt, Gewinnschwelle
breakeven repo rate arbitrageloser Wertpapierpensionssatz
breakeven sales Deckungsumsatz
breaking down Aufschlüsselung, Aufgliederung, Zerlegung
breaking-in difficulties Anfangs-/Anlaufschwierigkeiten
breaking-in period Einarbeitungszeit
breakout Aufgliederung, Gesamtbetrag
breakup Abbruch, Aufhebung, Beendigung, Aufteilung
breakup price Abbruchpreis
breakup value Abbruchwert
breakup value Liquidationswert
bribe bestechen
bribe Bestechung
bribe money Schmiergeld
bribery Bestechung
bribery affair Bestechungsaffäre
bribery scandal Bestechungsskandal
bridge loan Überbrückungskredit
bridging finance Zwischenfinanzierung
bridging loan Überbrückungsdarlehen, Überbrückungskredit
bridgings Zwischenerzeugnisse
brief Anweisungen geben
brief Kurzbericht
briefing Anweisung, Einsatzbesprechung
briefing session Einsatzbesprechung
bring assets to Kapital einbringen
bring capital to Kapital einbringen
bring down senken
bring down a balance Bilanz abschließen

35

bring in einbringen
bring in interest Zinsen abwerfen
bring into line in Einklang bringen
bring out herausbringen
bring to bear against anwenden gegen
bring to the notice kündigen
bring up zur Sprache bringen
bring up to date aktualisieren, auf den neuesten Stand bringen
bring up to snuff in Schwung bringen
bringing down expenditure ratios Rückführung der Ausgabenquote
broad equity advance Steigen der Aktienkurse im allgemeinen
broad market lebhafter Handel, lebhafte Umsätze, aufnahmefähiger Markt
broad overview of allgemeiner Überblick
broaden the line of products Produktionsprogramm ausweiten
broadly based breit angelegt
broadly diversified breit gestreut
broadly-based experience umfassende Erfahrung
broke pleite, bankrott
broken account ruhendes Konto
broken date Zwischentermin
broken money Kleingeld
broker Makler
broker fee Courtage
broker's bought note Schlussschein, Schlussnote
broker's broker Wertpapiermakler
broker's charges Maklergebühr
broker's commission Maklerprovision
broker's loan Maklerkredit
broker's statement Maklerabrechnung
brokerage Provision, Courtage, Maklergeschäft
brokerage contract Maklervertrag
brokerage cost Maklergebühr
brokerage firm Maklerfirma
brokerage house Maklerfirma, Brokerfirma
brokerage statement Courtagerechnung
brokered deposits von Maklern vermittelte Einlagen
brokered trade Maklerabschluss
brought forward in capital eingebrachtes Kapital
brought forward to new account Übertrag auf neue Rechnung
brown-chip borrower Kreditnehmer mit eingeschränkter Kreditwürdigkeit
budget Budget, Finanzplan, Haushaltsplan, Staatshaushalt
budget account Kundenkreditkonto
budget accounting Plankostenrechnung, Sollkostenrechnung
budget analysis Verbrauchsanalyse

budget balance Budgetausgleich
budget charge account Kredit in laufender Rechnung
budget consolidation Budgetkonsolidierung
budget constraint Budgetbeschränkung
budget control Plankontrolle
budget cost estimate sheet Plankostenrechnungsbogen
budget costs Plankosten, Sollkosten
budget deficit Budgetdefizit
budget deviation Budgetabweichung
budget freeze Haushaltssperre
budget funds Haushaltsmittel
budget of sales volume Absatzmengenplan
budget outcomes Haushaltsergebnisse
budget payment Teilzahlungskauf
budget period Haushaltsperiode
budget proposal Haushaltsbericht
budget provision Budgetsoll
budget shortfall Haushaltsdefizit
budget slash Etatkürzung
budget surplus Budgetüberschuss
budget variance Budgetabweichung
budgetary accounting Finanzplanung
budgetary benchmark figures haushaltspolitische Eckwerte
budgetary cash position haushaltsmäßiger Baransatz
budgetary control Budgetkontrolle
budgetary deficit Haushaltsdefizit
budgetary definition haushaltsmäßige Abgrenzung
budgetary emergency Haushaltsnotlage
budgetary expenditure pattern Budgetausgabenstruktur
budgetary loan Haushaltskredit
budgetary means Budgetmittel
budgetary period Finanzperiode
budgetary planning Finanzplanung
budgetary receipts (budgetary revenue) Finanzaufkommen
budgetary risk Haushaltsrisiko
budgeted cost Budgetkosten
budgeted manpower Personal-Sollbestand
budgeted production Produktionsplanung
budgeting Budgetierung
buffer Puffer
build cost Herstellungskosten
build up aufbauen
build up from scratch von vorn beginnen
build up reserves Reserven ansammeln
building and loan association Bausparkasse
building costs Baukosten
building depreciation Gebäudeabschreibung
building loan Baudarlehen
building loan contract Bausparvertrag
building society Bausparkasse

buildings less depreciation Gebäude nach Abschreibung
buildings on leasehold land Bauten auf fremden Grundstücken
built-in check Selbstprüfung
built-in gains stille Reserven
bulge rascher Kursanstieg
bulk credit transfers Massenüberweisungen
bulk discount Mengenrabatt
bulk line costs Grundkosten
bulk order price Pauschalbezugspreis
bulk price Mengenpreis
bulk segregation Sammelverwahrung, Sammeldepot
bull Haussier, Haussespekulant
bull buying Haussekauf
bull dog bonds Auslandsanleihe
bull market Hausse
bull movement Haussebewegung
bull purchase Haussekauf
bull speculation Haussespekulation
bull-and-bear bond Aktienindexanleihe
bull-bear position Hausse-Baisse-Position
bulldog clip Büroklammer
bullet issue Anleiheemission ohne laufende Tilgung, Anleihe mit Endfälligkeit
bullet loan Anleihe mit Endfälligkeit
bullion at the bank Barvorrat der Bank
bullion reserve Goldreserve
bullish market Haussemarkt
bullish proclivities steigende Tendenz
bullish tone Hausse-Stimmung
bum check ungedeckter Scheck
bumper profits satte Gewinne
bunched cost pauschalierte Kosten
bundle sale Koppelungsverkauf
burden belasten
burden absorption rate Gemeinkostenverrechnung
burden adjustment Gemeinkostenaufteilung
burden center Kostenstelle
burden of costs Kostenbelastung
burden of debt Schuldenlast
burden of financing Finanzierungslast
burden of proof Beweislast
burden of reversed proof umgekehrte Beweislast
burden of taxation Steuerlast
burden-sharing Lastenteilung
burn rate Gemeinkostendeckung, Eigenkapitalanteil
business Firma, Geschäft, Unternehmung
business accounting Rechnungswesen der Unternehmung
business acquaintance Geschäftsfreund
business acumen Geschäftssinn, Geschäftstüchtigkeit
business administration Betriebswirtschaft
business appointment geschäftliche Verabredung
business assets Firmenwert, Geschäftsvermögen
business backlog Auftragsbestand
business borrowing geschäftliche Kreditaufnahme
business branch Geschäftszweig
business capital Betriebsvermögen
business card Visitenkarte
business confidence Konjunkturoptimismus
business connection Geschäftsverbindung
business controlled pricing Preisfestsetzung
business credit demands gewerblicher Kreditbedarf
business cycle Konjunkturverlauf
business cycle contraction Abschwungphase
business cycle expansion Aufschwungphase
business dealings Geschäftsabschlüsse
business debt Betriebsschulden
business development Geschäftsentwicklung
business entertainment Geschäftsfreundebewirtung
business entity Wirtschaftseinheit
business ethics Geschäftsethik
business expenses Betriebsausgaben
business failures Firmenpleiten, Insolvenzen
business finance Unternehmensfinanzierung, betriebliche Finanzwirtschaft, Finanzwirtschaft der Unternehmen
business fixed investment Anlageinvestition
business forecast Geschäftsprognose
business fragmentation Geschäftssegmentierung
business gaming Planspieldurchführung
business goods Wirtschaftsgüter
business hours Geschäftszeiten
business information system betriebliches Informationssystem
business investor gewerblicher Investor
business leader Wirtschaftsführer
business licence Gewerbeerlaubnis
business loan gewerblicher Kreditbedarf
business matters Geschäftsangelegenheiten
business news Wirtschaftsnachrichten
business on the installment system Abzahlungsgeschäft
business outlook Geschäftslage
business planning Unternehmensplanung
business policy Geschäftspolitik
business premises Geschäftsräume
business profit Unternehmensgewinn, gewerblicher Gewinn
business profit tax Gewerbesteuer
business property Betriebsvermögen, Geschäftsgrundstücke
business real property Betriebsgrundstücke
business receipts Betriebseinnahmen
business reputation geschäftliches Ansehen

business research Konjunkturforschung
business risk Geschäftsrisiko
business secret Geschäftsgeheimnis
business solvency Liquidität, Solvenz
business spending Investitionsausgaben, Investitionen
business start-up Existenzgründung, Unternehmensgründung
business struggle Konkurrenzkampf
business taxation Unternehmensbesteuerung
business tie-up wirtschaftliche Zusammenarbeit
business transaction Geschäftsabschluss
business trip Dienstreise
business unit Geschäftseinheit
business use Betriebszweck
business venture Geschäftsrisiko
business year Geschäftsjahr
business-related expenses Betriebsausgaben
businessman Unternehmer
businessman's investment risikoreiche Anlage
bust Pleite gehen
bust Bankrott
buy ahead sich eindecken, im voraus disponieren
buy firm fest kaufen
buy forward per Termin kaufen
buy into Beteiligung erwerben
buy off aufkaufen
buy on credit auf Ziel kaufen
buy on hire-purchase auf Abzahlung kaufen
buy out aufkaufen
buy recommendation Kaufempfehlung
buy spot per Kasse kaufen
buy up Aufkauf
buy-back Rückkauf
buy-hold-strategy Kaufen und Halten-Strategie
buyer category Käufergruppe
buyer's call Verkauf auf Abruf
buyer's credit Bestellerkredit
buyer's market Käufermarkt
buyer's option Kaufoption
buyer's resistance Käuferwiderstand
buyer's strike Käuferstreik

buying ahead Eindeckung
buying allowance Kaufnachlass
buying association Einkaufsgenossenschaft
buying behavior Einkaufsverhalten
buying binge Kaufrausch
buying commission Einkaufsprovision
buying forward Terminkauf
buying habits Kaufgewohnheiten
buying in Unterbietung bei Ausschreibungen
buying incentive Kaufanreiz
buying influences Kaufeinflüsse
buying intention Kaufabsicht
buying letter of credit Einkaufsakkreditiv
buying motive Kaufmotiv
buying on close Kauf zum Schlusskurs
buying on opening Kauf zum Eröffnungskurs
buying on time Kauf auf Raten
buying order Kaufauftrag
buying out Aufkauf
buying plan Einkaufsplan
buying power Kaufkraft
buying probability Kaufwahrscheinlichkeit
buying rate Geldkurs
buying resistance Kaufwiderstand
buying stages Kaufphasen
buying-in price Ankaufspreis
buyout Aufkauf
by freight per Luftfracht
by mortgage hypothekarisch
by parcel post mit Paketpost
by proxy durch einen Bevollmächtigten
by rail per Bahn
by return postwendend, umgehend
by value wertmäßig
by volume mengenmäßig
by way of introduction zur Einführung
by wire telegrafisch
by-election Nebenwahl, Nachwahl
by-law Verordnung, Satzung, Gesetz
by-product Nebenprodukt
by-time Freizeit
by-work Nebenbeschäftigung

C

c.o.d. letter Nachnahmebrief
cable telegrafieren, kabeln, telegrafisch überweisen
cable Devisenkassakurs
cable address Telegrammanschrift, Drahtanschrift
cable rate Kabelkurs
cable transfer telegrafische Auszahlung
cadre of personnel Stammpersonal
calamity Notlage, Unglück
calamity coverage Katastrophendeckung
calculate berechnen, kalkulieren, errechnen
calculate closely knapp kalkulieren
calculated central rate errechneter Leitkurs
calculated residual value kalkulatorischer Restwert
calculated risk kalkuliertes Risiko
calculated yield rechnerische Rendite
calculation Berechnung, Kalkulation, Voranschlag
calculation basis Berechnungsgrundlage
calculation item Kalkulationsfaktor
calculation of accrued interest Stückzinsenberechnung
calculation of cost Selbstkostenrechnung
calculation of earning power Ertragsschätzung, Rentabilitätsberechnung
calculation of probabilities Wahrscheinlichkeitsrechnung
calculation of profitability Wirtschaftlichkeitsberechnung
calculation projection Hochrechnung
calculation table Berechnungstabelle
calculatory kalkulatorisch
calibrate eichen, abstimmen, kalibrieren
calibration Eichung
call anrufen, einberufen, abrufen, kündigen
call Berufung, Ernennung, Kaufoption
call a loan Darlehen kündigen
call a meeting Sitzung/Versammlung einberufen
call a strike Streik ausrufen
call back widerrufen, zurückrufen
call buyer Käufer
call charge unit Gebühreneinheit
call charges Gesprächsgebühr
call contract Kaufoptionskontrakt
call credit Gutschrift
call date Stichtag
call deposit Sichtguthaben
call for additional cover Nachschusspflicht
call for bids öffentliche Ausschreibung
call for redemption Tilgungsaufforderung
call for tender Aufforderung zur Angebotsabgabe
call for the bill Rechnung verlangen
call in rückrufen, kündigen, aufrufen, einfordern
call in a credit Kredit kündigen
call in an expert Sachverständigen hinzuziehen
call in money Geld kündigen
call letter Einzahlungsaufforderung
call loan jederzeit kündbares Darlehen, täglich kündbares Darlehen
call money tägliches Geld, Tagesgeld
call money market Geldmarkt für täglich kündbares Geld, Tagesgeldmarkt
call money rate Tagesgeldsatz
call off abrufen, abbrechen
call off a strike Streik abbrechen
call off as required Abruf nach Bedarf
call on a client Kunden besuchen
call on (call upon) besuchen
call on shares Aufforderung zur Einzahlung auf Aktien
call option Kaufoption, Schuldnerkündigungsrecht, Rückkaufoption
call order Abrufauftrag
call premium Rückkauf-Prämie
call price Rückkaufkurs
call privilege Kündigungsrecht
call protection Kündigungsschutz
call provision Rückkaufklausel, Kündigungsklausel
call rate Tagesgeldsatz
call right Tilgungsrecht
call schedule Tilgungsplan
call slip Vertreterbericht
call the stock Aktien abrufen
call to order Eröffnung der Hauptversammlung, Ordnungsruf
call-back Rückrufaktion
call-forward notice Abruf
call-in date Kündigungstermin
call-in of a loan Anleihekündigung
call-in provision Kündigungsklausel
call-off purchase agreement Abrufauftrag, Abrufvertrag
callable abrufbar, kündbar
callable bond Optionsanleihe, Tilgungsanleihe
callable loan täglich kündbares Darlehen
callable preferred stock rückzahlbare Vorzugsaktie
callback Rückruf
called bond gekündigte Anleihe
called for redemption zur Tilgung aufgerufen
called preferred stock kündbare Vorzugsaktien

called up, not yet paid eingefordert, noch nicht eingezahlt
called-up capital eingefordertes Kapital
calling in Einforderung
calls Teilzahlungen
calls in arrears Einzahlungsrückstand
calm trading ruhiger Verlauf
camouflaged inflation verdeckte Inflation
cancel annullieren, stornieren, widerrufen, durchstreichen
cancel a measure Maßnahme rückgängig machen
cancel a power of attorney Vollmacht widerrufen
cancel a reservation abbestellen
cancel an order Auftrag annullieren
canceled ungültig, aufgehoben, abgesagt
cancellation Abbestellung, Stornierung, Entwertung
cancellation clause Rücktrittsklausel
cancellation of a contract Vertragsrücktritt
cancellation of a debt Schuldenerlass
cancellation of order Auftragsstornierung
cancellation of premium Prämienstorno
cancellation privilege Kündigungsrecht
cancellation right Rücktrittsrecht
cannibalize ausschlachten
cantering inflation galoppierende Inflation
canvass genau erörtern
cap Aufsatz, festgeschriebener Zinsdeckel, Obergrenze, Obergrenze von Zinssätzen
cap loan langfristiges Darlehen mit Höchstzinssatz, Anleihe mit Zinshöchstsatz
cap rate Höchstzinssatz
capability to contract Vertragsfähigkeit
capacity Fähigkeit, Kapazität
capacity adjustment Kapazitätsausgleich
capacity analysis Potenzialanalyse
capacity bottleneck Kapazitätsengpass
capacity constraint Kapazitätsbeschränkung
capacity for acts-in-law Geschäftsfähigkeit
capacity increasing effect Kapazitätserweiterungseffekt
capacity of production Produktionsfähigkeit, Produktionskapazität
capacity planning Kapazitätsplanung
capacity requirement Kapazitätsbedarf
capacity to act Geschäftsfähigkeit
capacity to compete Wettbewerbsfähigkeit
capacity to invest Investitionskraft
capacity to pay Zahlungsfähigkeit, Solvenz, Solvenz
capacity utilization Kapazitätsauslastung
capacity utilization rate Beschäftigungsgrad
capacity variance Leistungsabweichung
capital Kapital, Reinvermögen
capital account Kapitalbilanz, Kapitalkonto
capital accretion Kapitalzuwachs
capital accumulation Kapitalbildung

capital adequacy erforderliche Kapitaldecke, ausreichende Kapitalausstattung
capital adjustment Kapitalberichtigung, Kapitalanpassung
capital aid Eigenkapitalhilfe
capital allotment Kapitalzuweisung
capital and retained earnings Kapital und Rücklagen
capital appreciation Vermögenszuwachs
capital asset account Kapitalanlagekonto
capital assets Anlagevermögen, Sachanlage
capital assured versichertes Kapital
capital budget Kapitalbudget, Finanzbudget, Investitionsplanung, Investitionsrechnung, Wirtschaftlichkeitsrechnung, Rentabilitätsrechnung
capital budgeting Wirtschaftlichkeitsrechnung, Investitionsrechnung
capital charges Kapitalkosten
capital commitment Kapitalbindung, Kapitalbereitstellung
capital consolidation Kapitalkonsolidierung
capital constraints Kapitalrestriktionen
capital consumption allowances Kapitalverzehr, Abschreibung
capital contribution Kapitaleinlage, Eigenkapital
capital controls Kapitalverkehrskontrolle
capital cost Kapitalkosten, Finanzierungskosten, Investitionskosten
capital cost compound Kapitalkosten je Einheit
capital cover Kapitaldeckung
capital deepening Verbesserungsinvestition
capital demand Kapitalbedarf
capital dilution Kapitalverwässerung
capital dividend Kapitaldividende
capital drain Kapitalabfluss
capital duty Gesellschaftsteuer
capital employed Kapitalbindung, eingesetztes Kapital, Nettogesamtvermögen, investiertes Kapital
capital endowment Kapitalausstattung
capital equipment Anlagegüter, Sachkapital, Kapitalausstattung
capital expenditure Investitionsausgaben, Anschaffungskosten
capital expenditure account method Investitionsrechnungsverfahren
capital expenditure accounting Investitionsrechnung, Investitionen
capital expenditure planning Investitionsplanung
capital expenditure program Investitionsprogramm
capital expenses Kosten der Aktienemission
capital export Kapitalausfuhr
capital flight Kapitalflucht
capital flow Kapitalfluss

capital formation Vermögensbildung
capital from outside sources Fremdkapital
capital fund Kapitalfonds
capital fund planning Kapitalfondsplanung
capital funds Eigenmittel
capital gain Kapitalertrag, Kapitalgewinn
capital gain distribution Ausschüttung realisierter Kursgewinne
capital gains after tax Kapitalgewinn nach Steuern
capital gains distribution Gewinnausschüttung
capital gains tax Kapitalertragsteuer, Kapitalgewinnsteuer, Steuer auf Veräußerungsgewinne
capital gap Kapitallücke
capital gearing Kapitalstruktur, Leverage-Effekt
capital gearing ratio Nettofremdkapitalquote
capital goods Investitionsgüter, Kapitalgüter, Anlagegüter
capital goods industry Investitionsgüterindustrie
capital goods manufacturer Investitionsgüter-Hersteller
capital goods market Investitionsgütermarkt
capital in excess of par value Überpariemission
capital income taxation Besteuerung von Kapitaleinkommen
capital increase Kapitalzufluss, Kapitalerhöhung
capital injection Kapitalspritze
capital interest Kapitalbeteiligung
capital investment Kapitalanlage, Investitionskapital, Geldanlage
capital investment company Kapitalanlagegesellschaft
capital investment financing Investitionsfinanzierung
capital investment planning Investitionsplanung
capital investments langfristige Investitionen
capital items deducted from total Abzugskapital
capital lease agreement Finanzierungs-Leasingvertrag
capital lending Kapitalüberlassung
capital levy Vermögensabgabe
capital links Kapitalverflechtung
capital linkup Kapitalverflechtung
capital loan Kapitaldarlehen
capital lock-up Kapitalbindung
capital loss Kapitalverlust, Veräußerungsverlust
capital maintenance Kapitalerhaltung
capital market Kapitalmarkt
capital market control Kapitalmarktsteuerung
capital market interest rate Kapitalmarktzins
capital market paper Kapitalmarktpapiere
capital market parameters Rahmenbedingungen am Kapitalmarkt
capital mobility Kapitalbeweglichkeit
capital movements Kapitalverkehr, Kapitalbewegungen
capital note Schuldschein

capital of partnership Gesellschaftskapital
capital outflow Kapitalabfluss
capital outflows Kapitalabfluss
capital outlay Kapitalaufwand
capital outlay costs Investitionskosten
capital paid in excess of par value Kapitalrücklage
capital paid in property Sacheinlage
capital position Kapitaldecke
capital procurement Kapitalbeschaffung
capital procurement costs Kapitalbeschaffungskosten
capital program Investitionsprogramm
capital programme Investitionsprogramm
capital project Investitionsprojekt
capital project evaluation Bewertung eines Investitionsprojekts, Investitionsbewertung, Projektbewertung
capital raising Kapitalbeschaffung, Kapitalaufnahme
capital rating Eigenkapitalbewertung
capital ratio Kapitalverhältnis, Eigenkapitalquote
capital rationing Kapitalzuteilung
capital recovery Kapitalrückfluss, Kapitalrückgewinnung
capital recovery factor Kapitalwiedergewinnungsfaktor
capital redemption Kapitalrückzahlung
capital redemption reserve fund Tilgungsfonds
capital reduction Kapitalherabsetzung
capital reorganization Kapitalneuordnung
capital repayment Rückzahlung des Anleihekapitals
capital reserves Kapitalrücklage
capital resources Eigenmittel, Kapitalausstattung
capital shortage Kapitalknappheit
capital spending Investitionsaufwendungen, Investitionsausgaben
capital spending on replacement Ersatzinvestition
capital spending plan Investitionsplan
capital spending program Investitionsprogramm
capital spending project Investitionsprojekt
capital spending requirements Investitionsbedarf
capital spending requisition Investitionsantrag
capital standard Mindesteigenkapitalnorm
capital stock Aktienkapital, Kapitalbestand, Grundkapital
capital stock in treasury eigene Aktien
capital stock issued ausgegebenes Kapital
capital stock tax Kapitalsteuer, Vermögensteuer
capital structure Kapitalstruktur
capital subscribed in kind Sacheinlagen
capital sufficiency ausreichendes Kapital
capital sum Anfangskapital, Kapitalbetrag, Kreditbetrag

capital surplus Kapitalrücklage
capital tax Vermögensteuer
capital tie-up kapitalmäßige Verflechtung
capital transfer Kapitalübertragung
capital turnover Kapitalumschlag, Kapitalumsatz
capital used Kapitalnutzung
capital user cost Kapitalnutzungskosten
capital utilization Kapitalnutzung
capital value Kapitalwert
capital widening Erweiterungsinvestition
capital writedown Kapitalverminderung
capital yield Kapitalertrag
capital yields tax Kapitalertragsteuer
capital-based taxation Substanzbesteuerung
capital-deposit ratio Kapitaleinlagen-Verhältnis
capital-growth Substanzerhöhung
capital-intensive kapitalintensiv
capital-to-asset ratio Eigenkapitalquote
capitalistic economy kapitalistisches Wirtschaftssystem
capitalizable kapitalisierbar, aktivierbar
capitalization Aktivierung, Kapitalisierung
capitalization factor Kapitalisierungsfaktor
capitalization issue Ausgabe von Gratisaktien
capitalization issues committee Kapitalmarktausschuss
capitalization of reserves Kapitalisierung von Rücklagen
capitalization rate Kapitalisierungsfaktor
capitalization ratio Anlagenintensität
capitalization rule Ansatzvorschrift
capitalization shares Berichtigungsaktien, Gratisaktien
capitalize aktivieren, kapitalisieren
capitalize on nutzen, sich zunutze machen
capitalized at zu Buche stehen mit
capitalized cost aktivierte Kosten
capitalized earnings value Ertragswert
capitalized expenditures aktivierte Kosten
capitalized interest kapitalisierte Zinsen
capitalized overhead aktivierte Gemeinkosten
capitalized value Kapitalwert
capitalized value of earning power Ertragswert
captive contractor abhängiger Lieferant
captive items Erzeugnisse für den Eigenbedarf
carbon-copy bookkeeping Durchschreibebuchführung
card Kreditkarte
card index Kartei
card issuer Kreditkartenorganisation, Kreditkartengesellschaft
card sales Kreditkartenverkäufe
card-controlled payment system kartengesteuertes Zahlungssystem
cardinal grundsätzlich, hauptsächlich
cardinal utility kardinaler Nutzen

care of a prudent businessman kaufmännische Sorgfalt
careless sorgfaltswidrig
Carey Street Konkurs
cargo Fracht, Frachtgut, Ladegut, Seefracht, Schiffsladung, Kargo
cargo insurance Güterversicherung
cargo manifest Ladeliste
cargo sent abroad Auslandsfracht
cargo ton Frachttonne
carriage Transport, Transportkosten, Rollgeld, Beförderung
carriage and duty prepaid franko Fracht und Zoll
carriage charge Frachtgebühr
carriage expense Frachtkosten, Transportkosten
carriage forward Frachtkostennachnahme, unfrei
carriage paid (C/P) Transportkosten bezahlt
carrier liability Spediteurhaftung
carry einbringen, transportieren, führen, Kredit gewähren, befördern
carry Zinskosten für Finanzierung, Wertpapiere
carry an account with a bank Bankkonto haben
carry as an asset aktivieren
carry as liabilities passivieren
carry forward vortragen
carry forward Übertrag
carry out ausführen, durchführen
carry out within a given time fristgemäß erledigen
carry over prolongieren, übertragen
carry over a balance Saldo vortragen
carry over effect Überlagerungseffekt
carry to a new account auf neue Rechnung vortragen
carrying amount Bilanzansatz, Buchwert
carrying charge hedging Arbitrage-Hedging
carrying charges Speditionskosten, Nebenkosten für Teilzahlungskredit, Zinsen
carrying cost Durchhaltekosten, Transportkosten, Zinsbelastung
carrying rate of asset Abnutzungswert
carrying value Wert einer Sicherheit, Bilanzansatz, Buchwert
carrying-over business Prolongationsgeschäft
carrying-over day Prolongationstag
carrying-over rate Kurszuschlag
carryover Prolongationstag, Übertrag
cartage Abrollkosten, Rollgeld
cartage contractor Spediteur
cartage note Spediteurrechnung
case history Bonitätsgeschichte, Kreditgeschichte
case law Präzedenzrecht
cash einlösen
cash Zahlungsmittel, Bargeld, Barzahlung, Kasse, Kassenbestand, per Kasse

cash a check Scheck annehmen, Scheck einlösen
cash account Kassenkonto, Kassakonto, Geldkonto
cash advance Barvorschuss, Barkredit
cash advance ceiling Kassenkreditplafond
cash advance facility Kassenkreditzusage
cash against bill of lading Konnossement gegen Kasse
cash against documents (c.a.d.) Zahlung gegen Dokumente
cash amount Barbetrag
cash and carry-arbitrage Preisspanne im Terminhandel
cash and cash items liquide Mittel
cash and debt position Liquiditätsstatus
cash assets Barvermögen, Barguthaben, Kassenbestand, Umlaufmittel, liquide Mittel
cash at bank Bankguthaben
cash at call Kontokorrentguthaben
cash audit Kassenprüfung
cash balance Kassenbestand
cash balance effect Kassenhaltungseffekt
cash bargain Kassageschäft
cash basis accounting Einnahmen-Ausgabenrechnung
cash basis delivery Lieferung gegen Nachnahme
cash basis of accounting Überschussrechnung
cash before delivery Barzahlung vor Lieferung
cash benefit Barleistung
cash bid Bar-Übernahmeangebot
cash bind Liquiditätsklemme
cash bonus Bardividende, Barvergütung, einmalige Sonderzahlung
cash bonus at christmas Weihnachtsgeld
cash book Kassenbuch
cash box Geldkassette, Kassette, Ladenkasse
cash budget Einnahmen-Ausgaben-Plan
cash budgeting Einnahmen-Ausgaben-Planung, kurzfristige Liquiditätsplanung
cash buyer Barzahlungskäufer
cash buying Bareinkauf
cash buyout Übernahme durch Barabfindung
cash call Aufforderung zur Kapitalerhöhung, Bareinforderung
cash card Geldautomatenkarte
cash certificate Bargeldzertifikat
cash check Barscheck, Kassensturz
cash contribution Bareinlage
cash credit Barkredit
cash customer Barzahlungskunde
cash dealings Kassageschäfte
cash deficit Kassendefizit
cash delivery Lieferung und Zahlung am Abschlusstag
cash deposit Bareinzahlung, Bareinlage, Anzahlung, Barsicherheit

cash deposit acknowledgement Bestätigung der Barhinterlegung
cash desk Kassenschalter
cash diary Kassenkladde
cash disbursement journal Kassenausgangsbuch
cash disbursements Kassenausgänge
cash discount Skonto, Barzahlungsrabatt, Barzahlungsnachlass
cash discount paid Skontoaufwendungen
cash discount percentage Skontoprozentsatz
cash discount received Skontoerträge
cash dispenser Geldausgabegerät, Geldautomat
cash dispenser system Geldautomatensystem
cash distribution Barausschüttung
cash dividend Bardividende
cash down gegen bar, in bar
cash drain Geldabfluss
cash drawings Barabhebungen
cash earnings Reingewinn
cash expenses Baraufwendungen
cash flow liquiditätswirksamer Ertrag, Cash Flow, Geldfluss
cash flow financing Überschussfinanzierung
cash flow notes Festzinsanleihen
cash flow statement Geldflussrechnung, Bruttoertragsanalyse, Kapitalflussrechnung
cash forecast Prognose der Einnahmen
cash funds Barmittel, kurzfristige Finanzanlage
cash generation Geldschöpfung
cash grants Barzuschüsse
cash holding Kassenhaltung, Kassenbestand
cash in gegen bar verkaufen
cash in Kasseneingang
cash in advance Vorkasse
cash in bank Bankguthaben
cash in hand Barbestand, Kassenbestand, Barmittel
cash in on profits Gewinne mitnehmen
cash inflow Barzufluss
cash inflows Einzahlungsreihe
cash inflows and outflows kassenmäßiger Zu- und Abfluss
cash injection Finanzspritze, Liquiditätsspritze, Kapitalaufstockung
cash journal Kassenbuch
cash letter of credit Barakkreditiv
cash limit Barmittelbegrenzung, Ausgabenbeschränkung
cash loan Kassendarlehen
cash loss Kassaschaden
cash machine Geldautomat
cash management Kassenmanagement, kurzfristige Liquiditätssteuerung
cash management method Kassenhaltungsmethode
cash management system Finanz-Dispositionssystem

43

cash margin Bareinschuss
cash margin requirement Bareinschusspflicht
cash market Kassamarkt
cash market price Kassakurs
cash monthly monatliche Zahlung
cash note Auszahlungsanweisung
cash offer Barangebot
cash on delivery (c.o.d.) gegen Nachnahme, zahlbar bei Lieferung
cash on hand Kassenbestand
cash on shipment Zahlung bei Verschiffung
cash only nur gegen bar
cash order Kassenanweisung
cash out verkaufen
cash out Kassenausgang
cash outflows Auszahlungsströme
cash outgoings Barausgänge
cash outlay Barausgaben
cash over or short Kassendifferenz
cash paid bar bezahlt
cash payment Barzahlung, Barauszahlung
cash payments Barzahlungen
cash payout Bardividende
cash point Geldautomat
cash position Geldmittelbestand, Kassenbestand, Liquiditätslage
cash pressures Liquiditätsschwierigkeiten
cash price Kassakurs, Barpreis
cash projection Planung optimaler Kassenhaltung
cash quotation Kassakurs
cash ratio Liquidität 1. Grades
cash receipt Geldeingang, Kassenquittung
cash refund Barerstattung, Erstattung in bar
cash register Registrierkasse
cash remittance Barüberweisung
cash requirements Geldbedarf, Bedarf an liquiden Mitteln
cash reserve Barbestand
cash reserves Geldreserven
cash resources Kassenmittel
cash resources intensity Kassenmittelintensität
cash return Barrentabilität, Barüberschuss
cash sale Barverkauf
cash settlement Barabrechnung
cash shortage Mangel an Bargeld, Liquiditätsknappheit, Bargeldknappheit
cash statement Kassenbericht
cash strapped in finanziellen Schwierigkeiten, finanziell schwach
cash surplus Liquiditätsüberschuss
cash surrender value Rückkaufswert
cash take Barverkauf
cash takings Bareinnahmen
cash tender Barabfindungs-Angebot
cash terminal Bargeldautomat
cash terms Barzahlungsbedingungen

cash the policy Versicherungssumme auszahlen lassen
cash throw-off Barüberschuss
cash transaction Bargeschäft
cash transactions Kassendispositionen
cash transfer Barüberweisung
cash turnover ratio Liquiditätsfaktor
cash up Kasse abrechnen, Kasse machen
cash value Geldwert, Barwert
cash voucher Kassenbeleg
cash weekly wöchentliche Zahlung
cash withdrawal Barabhebung
cash-in Rückkauf
cash-in value Rückkaufwert
cash-in-bank Bankguthaben
cash-out merger Fusion mit Barabfindung
cash-starved Liquiditätsschwierigkeiten
cashable check Barscheck
cashless bargeldlos
cashless money transfer bargeldlose Zahlung
cashless payment bargeldlose Zahlung
cashless payment system bargeldloser Zahlungsverkehr
cashless payments bargeldlose Zahlung
cast iron guaranty unumstößliche Garantie
catalog price Katalogpreis
categories of cost Kostenarten
categories of income Einkunftsarten
categorization Kategorisierung
categorize einstufen
cats and dogs Ladenhüter, Spekulationspapiere
causal ursächlich, kausal
causal factor Kausalfaktor
causative factor Ursache
cause verursachen
cause and effect analysis Ursache-Wirkungs-Analyse
cause for termination Kündigungsgrund
cause obligation Garantieverpflichtung
cave in nachgeben, bankrott machen, pleite gehen
cede abtreten
cede a claim Forderung abtreten
ceding insurer Erstversicherer
ceiling Expansionsgrenze, Obergrenze, Höchstgrenze
ceiling growth rate oberste Wachstumsgrenze
ceiling of new issues Emissionslimit
ceiling price Höchstpreis, Preisobergrenze, äußerster Kurs
ceiling rate Zinsobergrenze
ceiling value Höchstwert
ceiling wage festgesetzter Höchstlohn
census Totalerhebung, Zählung
census of production Produktionsstatistik
census survey Gesamtmarktanalyse
center, center Mittelpunkt, Zentrum
center of trade Wirtschaftszentrum

center on konzentrieren auf
central bank Zentralbank
central bank balances Notenbankguthaben
central bank book money Giralgeld der Zentralbank
central bank discount rate Diskontsatz
central bank intervention Zentralbankintervention
central bank reserves Zentralbankreserven
central bank return Notenbankausweis
central collective deposit Girosammeldepot
central exchange rate Leitkurs
central limit theorem zentraler Grenzwertsatz
central market committee Zentralmarktausschuss
central office Konzernzentrale
central rate offizieller Kurs, Wert, Leitkurs
central risk office Evidenzzentrale
central-bank advance against security Lombardkredit
centralized collection Sammelinkasso
certain event sicheres Ereignis
certain price durchschnittlicher Marktpreis
certificate zulassen
certificate Bescheinigung, Urkunde, Zeugnis
certificate of allotment Zuteilungsschein
certificate of beneficial interest Genussschein
certificate of compliance Bescheinigung über Ordnungsmäßigkeit
certificate of deduction of withholding tax Quellensteuer-Abzugsbescheinigung
certificate of deposit Einlagenzertifikat, Hinterlegungsschein
certificate of dishonor Protesturkunde
certificate of exemption Freistellungsbescheinigung
certificate of guarantee Garantieschein
certificate of indebtedness Schuldschein
certificate of inheritance Erbschein
certificate of nonobjection Unbedenklichkeitsbescheinigung
certificate of origin Ursprungszeugnis
certificate of participation Anteilschein
certificate of posting Einlieferungsschein
certificate of quality Qualitätszeugnis
certificate of receipt Empfangsbestätigung
certificate of renewal Erneuerungsschein, Zinsleiste, Talon
certificate of service Zustellungsurkunde
certificate of title Eigentumsurkunde
certificate of wage tax deduction Lohnsteuerbescheinigung
certificate of weight Gewichtsbescheinigung
certificated land charge Briefgrundschuld
certificated mortgage Briefhypothek
certification Beglaubigung, Bescheinigung
certification of a check Scheckbestätigung

certified beglaubigt, bestätigt, konzessioniert
certified check bestätigter Scheck
certified copy beglaubigte Kopie
certified excerpt beglaubigter Auszug
certified public accountant Wirtschaftsprüfer
certify beglaubigen, bescheinigen
cessation of business Betriebsaufgabe
cessation of imports Einfuhrstopp
cessation of work Arbeitseinstellung
cession Abtretung
CFROI (cash flow return on investment) Abtretung, ROI berücksichtigt Rücklagen
chain of evidence Beweiskette
chairman Vorsitzender, Präsident
chairman of works council Betriebsratsvorsitzender
chairmanship Vorsitzender
chalk out planen, skizzieren
chalk up anschreiben
challenge anfechten
challenge Herausforderung, Aufgabe, Chance
challenging herausfordernd, schwierig
Chamber for Civil Matters Zivilkammer
Chamber of Commerce Handelskammer
chance bargain Gelegenheitskauf
chancy riskant, unsicher
change Veränderung
change fund Wechselgeld
change in reserves Veränderung der Rücklagen
change in values Wertewandel
change of rates Kursänderung
change of requirements Bedarfswandel
changed environment veränderte Umfeldbedingungen
changeover Umstellung
changeover costs Umrüstkosten, Umstellkosten
changeover time Rüstzeit
changes to provision Rückstellungsveränderungen
changing patterns Strukturveränderungen
channel kanalisieren, lenken
channel Kanal
channel of distribution Distributionsweg, Verteilungsweg
charge berechnen
charge Aufwendung, Gebühr, Kosten, Abgabe
charge account Kreditkonto
charge against belasten
charge an account Konto belasten
charge card Kundenkreditkarte
charge down belasten
charge fancy prices Fantasiepreise verlangen
charge for berechnen, verlangen
charge for delivery Liefergebühr, Lieferkosten
charge for overcraft Überziehungsgebühr
charge off rate Verlustquote
charge on land Grundpfandrecht

45

charge on land without personal liability Grundschuld
charge on property Belastung von Eigentum
charge out to belastbar an
charge per item Stückgebühr
charge purchase Kreditkauf
charge resulting from services Leistungsverrechnung
charge sale Kreditverkauf
charge subsequently nachbelasten
charge to belasten
charge to account anschreiben
charge to reserves Rücklagenzuführung
chargeback Rückbelastung
charges Nebenkosten
charges forward Kosten
charges paid in advance Kostenvorschuss
charges prepaid Kosten vorausbezahlt
charges prepaid by sender franko
charitable contribution Beitrag für wohltätige Zwecke
chart Grafik, Diagramm
chart of accounts Kontenplan, Kontenrahmen
chart of functional accounts Kostenstellenplan
charter chartern, mieten
charter Satzung, Statut
chartered verbrieft, konzessioniert
chartered accountant amtlich zugelassener Bücherrevisor, Wirtschaftsprüfer
chartered exemption Steuerfreiheit
chartered rights verbriefte Rechte
chartering broker Befrachtungsmakler
chartist Chart-Analytiker, Börsenkursanalytiker
chattel bewegliches Eigentum, Mobiliar
chattel interest Pfandzinsen
cheap billig
cheap loan Billigkredit
cheap money billiges Geld
cheapest-to-deliver günstigster Anleiheliefertermin
cheat betrügen
check prüfen, eindämmen
check account Gegenrechnung
check book Scheckheft
check (check) Scheck
check clearing Scheckverrechnung
check collection Scheckinkasso, Scheckeinzug
check credit Scheckkredit, Kontokorrentkredit
check credit plan Überziehungskredit
check encashment charge Scheckeinlösegebühr
check figure Prüfzahl
check for collection Inkassoscheck
check for deposit only Verrechnungsscheck
check form Scheckformular
check fraud Scheckbetrug
check list Kontrollliste, Prüfliste
check of goods Bestandsaufnahme durchführen

check processing center Scheckverrechnungsstelle
check register Scheckausgangsbuch
check trading Bankkredit
check truncation procedure belegloses Scheckinkasso, belegloses Scheckeinzugsverfahren
check upon on nachprüfen
check verification Scheckprüfung
check voucher Stammabschnitt
check with restrictive endorsement Verrechnungsscheck
check without sufficient funds ungedeckter Scheck
checkable demand deposits Kontokorrenteinlagen
checkable deposit Girokonto, Sichteinlage
checkbook money Buchgeld, Sichteinlagen
checking account laufendes Konto, Sichteinlage, Girokonto, Kontokorrentkonto
checking accounts Sichteinlagen
checkoff system Lohnabzugsverfahren
cheerful market freundliche Börse
cherry picking preisbewusstes Einkaufen, wählerisches Einkaufen
chicken feed lächerlich gering, Kleingeld
chief financial officer Finanzleiter
chief value Höchstwert
child allowance Kinderfreibetrag
child exemption (child relief) Kinderfreibetrag
children allowance Kinderzuschlag
chip Aktie
choice of strategy Strategieentscheidung
choice under uncertainty Entscheidung unter Unsicherheit
choices Wahlmöglichkeiten
Christmas bonus Weihnachtsgeld
chronic unemployment Dauerarbeitslosigkeit
church tax Kirchensteuer
circuit rental Grundgebühr
circular check Reisescheck
circular flow of goods Güterkreislauf
circular flow of money Geldkreislauf
circularize durch Rundschreiben
circulation assets Umlaufvermögen
circulation costs Umlaufkosten
circulation of money Geldumlauf
circulation of shares Aktienumlauf
civil bond öffentliche Anleihe
civil-code-association/company Gesellschaft bürgerlichen Rechts (GbR)
claim Anspruch, Behauptung, Forderung, Beanstandung, Beschwerde
claim a right Recht geltend machen
claim a tax deduction steuerlich geltend machen
claim adjuster Schadensregulierer
claim against a bankrupt's estate Masseforderung

claim back zurückfordern
claim department Reklamationsabteilung
claim for back taxes Steuernachforderung
claim letter Mängelrüge
claim one's benefits and allowances Sozialleistungen in Anspruch nehmen
claim outstanding Aktivforderung
claim secured by pledges pfandgesicherte Forderung
claim to title Besitzanspruch
claimant Antragsteller, Gläubiger
claims past due überfällige Forderung
clamp down on credits Kreditbremse
class klassifizieren, einstufen
class bond Serienanleihe
class of accounts Kontenklasse
class of stock Aktiengattung
class rate Gruppenfrachttarif
classification Anordnung, Einteilung, Klassifikation
classification of accounts Kontenplan
classify einstufen, klassifizieren, einteilen, unterteilen
clause Bestimmung, Klausel
clawback taxation Nachversteuerung
clean acceptance uneingeschränktes Akzept
clean bill of exchange reiner Wechsel
clean credit Blankokredit, Barakkreditiv
clean draft reiner Wechsel, ungesicherter Wechsel
clean house Wertpapierbestand bereinigen
clean opinion uneingeschränkter Bestätigungsvermerk
clean out verbrauchen, aufbrauchen
clean payment reiner Zahlungsverkehr, Zahlung gegen einfache Rechnung
clean price Anleihekurs ohne Stückzinsen
clean up Gewinn einstreichen
cleanup Rückzahlung
clear zollmäßig abfertigen, schuldenfrei, Kosten decken, abrechnen, verrechnen, tilgen
clear an account Rechnung bezahlen
clear checks Schecks abrechnen
clear obligation Schuld begleichen
clear through the customs zollamtlich abfertigen
clearance Freigabe, Abrechnung, Tilgung
clearance balance Abrechnungssaldo
clearance fee Abfertigungsgebühr
clearance loan Tagesgeld, Ablösungsdarlehen
clearance of checks Scheckabrechnungsverkehr
clearance of importation Einfuhrabfertigung
clearing Abrechnung, Verrechnungsverkehr
clearing account Verrechnungskonto
clearing agreement Verrechnungsabkommen
clearing assets Clearing-Guthaben, Verrechnungs-Guthaben
clearing balance Abrechnungssaldo

clearing bank Verrechnungsbank, Geschäftsbank
clearing corporation Börsenabwicklungsstelle
clearing currency Verrechnungswährung
clearing days Verrechnungstage
clearing expenses Zollgebühren
clearing house Abrechnungsstelle
clearing office Verrechnungsstelle
clearing procedure Verrechnungsverfahren
clearing rate Verrechnungsrate
clearing receivables Clearing-Forderungen
clearing transactions Abrechnungsverkehr
clerical error Schreibfehler
clerical staff Büro- und Schreibpersonal
clerical task Sachbearbeitungsaufgabe
clerical work Büroarbeit
clerk Sachbearbeiter, Angestellter
client Kunde, Auftraggeber
client account Anderkonto
client deposits Kundeneinlagen
cliffhanger spannende Angelegenheit
cliffhanging company konkursgefährdetes Unternehmen
clock card Stechkarte
close amtlicher Börsenschluss, Schlusskurs
close an account Konto auflösen
close at a loss mit Verlust abschließen
close books Betrieb stilllegen, aufgeben, schließen
close down abschließen
close of stock exchange Börsenschluss
close out Lager räumen, glattstellen
close out an account Konto abschließen
close statement Abschlussanalyse
closed corporation Familien-AG
closed mortgage geschlossene Hypothek
closed-end real estate fund geschlossener Immobilienfonds
closing Geschäftsabschluss, auflösen, Auflassung
closing account Abschlusskonto
closing balance Abschlusssaldo
closing balance sheet Schlussbilanz
closing conditions Abschlussbedingungen
closing date Schlusstermin, Anmeldeschluss, Einreichungsschluss, Endtermin
closing date of entries Buchungsschluss
closing entry Abschlussbuchung
closing inventory Schlussbestand
closing out glattstellen
closing price Schlusskurs, Schlussnotierung, Preis, Kontraktpreis, Schlusswert
closing procedures Abschlussarbeiten
closing stock Schlussbestand
closing transaction Glattstellungs-Transaktion
closure Schließung/Stilllegung eines Betriebes
clout Einfluss, Macht, Stärke
cluster Anhäufung
co-determination Mitbestimmung

47

co-determination at plant level betriebliche Mitbestimmung
co-determination right Mitbestimmungsrecht
co-finance mitfinanzieren
co-financial deal Gemeinschaftsfinanzierung
co-ownership Miteigentum
co-partner Mitgesellschafter
cock date Zwischentermin
code number Kennziffer
coding Codierung
coherent einheitlich, zusammenhängend
coherent thinking streng logische Gedankenführung
coinage Münzprägung, Münzrecht, Münzregal
coincide zusammenfallen
coincidence Übereinstimmung, Zufall
coincidental gleichzeitig, übereinstimmend, zufällig
coins Münzen
collaboration Zusammenarbeit
collapse Zusammenbruch
collapse of prices Preissturz
collar Höchst- und Mindestzins
collar issue Zinsvariable Emission mit Höchst- und Mindestsatz
collateral Pfand, zur Sicherheit
collateral acceptance Avalakzept
collateral advance Effektenlombard
collateral bill Depotwechsel
collateral credit abgesicherter Kredit
collateral guaranty Nachbürgschaft
collateral mortgage bond Hypothekenschuldverschreibung
collateral promise Schuldbeitritt
collateral securities lombardierte oder beliehene Darlehen
collateral security Sicherheitsleistung
collateral trust bond durch Wertpapier gesicherte Industrieobligation
collateral value Beleihungswert
collateralize besichern, Sicherheit beistellen, verpfänden
collateralized loan besichertes Darlehen
collect kassieren, einziehen, sammeln
collect a claim Forderung einziehen
collect an amount Betrag einziehen
collect on delivery per Nachnahme
collect taxes Steuern eintreiben
collecting charges Einzugskosten
collection agency Inkassoinstitut, Inkassoagentur
collection arrangements Inkassovereinbarungen
collection at source Steuererhebung an der Quelle
collection authority Inkassoermächtigung
collection business Inkassogeschäft, Einziehungsgeschäft
collection charge Inkassogebühr

collection charges Inkassogebühren
collection commission Inkassoprovision
collection draft Inkassowechsel
collection endorsement Vollmachtsindossament
collection from works Abholung vom Werk
collection letter Mahnschreiben, Mahnbrief
collection of a bill Wechselinkasso, Wechseleinzug
collection of coupons Kouponeinlösung
collection of receivables outstanding Forderungsinkasso, Forderungseinzug
collection proceeds Inkassoerlös
collection ratio Forderungsumschlag
collection risk Delkredererisiko
collective account Sammelkonto
collective custody Girosammelverwahrung
collective deposit amount Sammeldepotkonto
collective entry Sammelbuchung
collective item Sammelposten
collective power of attorney Gesamtvollmacht
collective security holding Sammelbestand
collective suspense account Konto pro Diverse
collude geheim absprechen
collusion betrügerisches Einverständnis
collusive action abgekartetes Spiel
collusive bidding Anbieterabsprache
column Rubrik, Spalte
column diagram Säulendiagramm
column-row combination Spalten-Zeilen-Kombination
columnar bookkeeping amerikanische Buchführung
combat inflation Inflation bekämpfen
combination of accounts Kontenzusammenführung
combined bank transfer Sammelüberweisung
combined total rate Gesamtsteuersatz
come down zurückgehen
come out to belaufen auf
come to a decision entscheiden, Entscheidung herbeiführen
coming-out price Emissionskurs, Zeichnungskurs
command credit Überziehungskredit
command funds über finanzielle Mittel verfügen
commence anfangen, beginnen
commencement Anfang, Beginn
commencement of a term Fristbeginn
commerce Handel, Handelsverkehr
commercial acceptance credit Waren-Rembourskredit
commercial accounting kaufmännische Buchhaltung
commercial accounting rules handelsrechtliche Buchführungsvorschriften
commercial and industrial loans gewerbliche Kredite

commercial balance Handelsbilanz
commercial balance sheet Handelsbilanz
commercial bank Geschäftsbank, Handelsbank
commercial bill Handelswechsel
commercial bookkeeping kaufmännische Buchführung
commercial borrower gewerblicher Kreditnehmer
commercial broker Handelsmakler
commercial clerk Handlungsgehilfe
commercial code Handelsgesetzbuch
commercial covering Kurssicherung
commercial credit Warenkredit
commercial credit company Finanzierungsgesellschaft
commercial credit documents Akkreditivdokumente, Akkreditiv-Dokumente
commercial failures Insolvenzen
commercial fixed-price contract privater Festpreisvertrag
commercial invoice Handelsrechnung
commercial law Handelsrecht
commercial lending gewerbliche Ausleihungen
commercial letter of credit Handelskreditbrief
commercial loan gewerblicher Kredit
commercial loan portfolio Ausleihungen an Firmenkunden
commercial paper kurzfristige Geldmarktpapiere
commercial power of attorney Handlungsvollmacht
commercial prudence kaufmännische Vorsicht
commercial reasons wirtschaftliche Gründe
commercial register Handelsregister
commercial report Auskunft
commercial risk betriebswirtschaftliches Risiko
commercial terms and conditions Geschäftsbedingungen
commercial treaty Handelsabkommen
commission Auftrag, Kommission
commission basis Provisionsbasis
commission on guaranty Avalprovision
commission sale Kommissionsverkauf
commissioner Bevollmächtigter
commit empfehlen, überlassen, übertragen, verpflichten
commitment Erstattung, Kürzung, Verbindlichkeit, Verpflichtung, Zusage
commitment authorization Verpflichtungsermächtigung
commitment commission (commitment fee) Zusageprovision
commitment interest Bereitstellungszins
commodities broker Kursmakler an der Warenbörse
commodity options Warenterminoptionen
commodity price index Rohstoffpreisindex
common duty of care allgemeine Sorgfaltspflicht

common pricing Preisabsprache
common stock Stammaktien
common stock dividend Stammdividende
common stock fund Aktieninvestmentfonds
common stockholder Stammaktionär
commutation Ablösung
commutation debt Ablösungsschuld
commutation of annuity Rentenablösung
commutation payment Abfindung, einmalige Zahlung
commutation right Umwandlungsrecht
commuting expenses Aufwendungen zwischen Wohnung und Arbeitsstätte
company assets Gesellschaftsvermögen
company comments Unternehmensberichte
company equity Unternehmenskapital
company finance Unternehmensfinanzierung
company funding Unternehmensfinanzierung
company internal sales Innenumsätze
company law Gesellschaftsrecht
company limited by shares Aktiengesellschaft
company losses Unternehmensverluste
company meeting Aktionärsversammlung
company memorandum Satzung
company not for gain gemeinnützige Gesellschaft
company organization structure Aufbauorganisation
company partially limited by shares KGaA, Kommanditgesellschaft a.A.
company pension reserves Pensionsrückstellungen
company premises Betriebsgrundstücke
company's old-age pension betriebliche Altersversorgung
company size Betriebsgröße
company tax Gesellschaftsteuer
company with unlimited liability Personalgesellschaft
company-manufactured product Eigenerzeugnis
comparability Vergleichbarkeit
comparative relativ, vergleichend
comparative calculation Vergleichsrechnung
comparative cost accounting Vergleichsrechnung
comparative cost method Kostenvergleichsrechnung
comparative data Vergleichsdaten
comparative earnings analysis Erfolgsvergleichsrechnung
comparative external analysis zwischenbetrieblicher Vergleich
comparative figures Vergleichszahlen
comparative negligence Mitverschulden
comparative statement Vergleichsübersicht
comparative study vergleichende Studie

compare gleichstellen, vergleichen
comparison Ähnlichkeit, Vergleich
comparison of balance sheets Bilanzvergleich
comparison of organizations Betriebsvergleich
compatibility Vereinbarkeit
compatible Vereinbarkeit
compatible angemessen
compel erzwingen
compelling evidence zwingender Beweis
compelling reason zwingender Grund
compensate entschädigen, ersetzen, vergüten
compensating balances Deckungsguthaben
compensating payment Ausgleichszahlung
compensating variation Ausgleichszahlung
compensation Abstandssumme, Ausgleich, Entschädigung, Vergütung
compensation for damages Schadenersatz
compensation fund Ausgleichsfonds
compensation of employes Arbeitslosenunterstützung
compensation stocks Abfindungsaktien
compensatory finance Ersatzfinanzierung
compensatory pricing Ausgleichskalkulation, Mischkalkulation
compensatory tariff Ausgleichsabgabe
compete mitbewerben, konkurrieren
competence Fähigkeit, Zuständigkeit, Sachverstand
competent fähig, zuständig
competent court Gerichtsstand
competition Wettbewerb
competition analysis Wettbewerbsanalyse
competition factor Wettbewerbsfaktor
competition law Wettbewerbsrecht
competitive konkurrierend, wettbewerbsfähig
competitive advantage Wettbewerbsvorteil
competitive behavior Wettbewerbsverhalten
competitive capacity Konkurrenzfähigkeit
competitive distortion Wettbewerbsverzerrung
competitive edge Konkurrenzvorteil
competitive equilibrium Konkurrenzgleichgewicht
competitive framework Wettbewerbsrahmen
competitive impact Wettbewerbswirkung
competitive level Wettbewerbsniveau
competitive price wettbewerbsfähiger Preis
competitive strength Wettbewerbsfähigkeit
competitive system Leistungssystem
competitive tendering Ausschreibung
compile zusammenstellen
compile a list Liste aufstellen
compile a table Tabelle aufstellen
complaint Beschwerde, Klage, Mängelrüge, Reklamation
complement Ergänzung, Vollständigkeit, Vollzähligkeit
complete financing package Durchfinanzierung

complete ownership Eigentum, Alleineigentum
complete payment Abschlusszahlung
completeness Vollständigkeit
completion Abschluss, Vollendung
completion of a contract Zustandekommen eines Vertrages
complexity Schwierigkeit, Verwicklung, Vielfalt
compliance with a period of time Fristeinhaltung
complicate erschweren, verwickeln
complication Erschwerung, Verwicklung
complimentary close Abschlussformel
comply with entsprechen, erfüllen, nachkommen
component Teil
component supplier Zulieferer
compose abfassen, ausarbeiten, zusammensetzen
composite interest rate Mischzinssatz
composite price Mischpreis
composition in bankruptcy Ausgleichsverfahren, Zwangsvergleich
compound zusammengesetzt, aufzinsen
compound amount Aufzinsungsfaktor
compound bookkeeping entry zusammengefasste Buchung
compound entry Sammelbuchung
compound interest Zinseszins
compound interest table Zinseszinstabelle
compound yield Anlagerendite, Gesamtrendite
comprehend begreifen
comprehensible Verständlichkeit
comprehensible verständlich
comprehensive umfassend
comprehensive coverage flächendeckend
comptroller amtlicher Rechnungsprüfer
compulsory obligatorisch
compulsory acquisition zwangsweise Übernahme
compulsory auction Zwangsversteigerung
compulsory execution Zwangsvollstreckung
compulsory insurance Zwangsversicherung
compulsory membership Pflichtmitgliedschaft
compulsory reserves in securities Reservehaltung von Wertpapieren
compulsory retirement Zwangspensionierung
computability Berechenbarkeit
computable berechenbar
computation Berechnung, Überschlagsrechnung
computation of a tax Steuerberechnung
computation of interest Zinsrechnung
computational formula Berechnungsformel, Berechnungsschema, Berechnungsschlüssel
conceal verbergen, verheimlichen, verschweigen
concealment Geheimhaltung, Verheimlichung
concede einräumen, gewähren, zugestehen
conceive begreifen, sich vorstellen können
concentration account Sammelkonto
conciliation Schlichtung

conciliation board Einigungsstelle, Schlichtungsausschuss
conclude beenden, beschließen, folgern
conclude a contract Vertrag abschließen
conclude an agreement Abkommen schließen
concluding clause Schlussbestimmung
conclusion Schlussfolgerung
conclusion of a bargain Geschäftsabschluss
conclusion of an agreement Vertragsabschluss
condition Bedingung
conditional most-favored-nation treatment Meistbegünstigung
conditional securities bedingte Wertpapiere
conditions of tender Ausschreibungsbedingungen
conduct Führung, Leitung
conduct of business Geschäftsführung
conduit credits durchlaufende Kredite
conduit financing Durchlauffinanzierung
confer beratschlagen, erteilen
confer a right Recht übertragen
conference Besprechung, Tagung
conference call Telefonkonferenz
confidence Vertrauen, Zutrauen
confidence limit Vertrauensgrenze
confident gewiss, überzeugt
confidential vertraulich, geheim
confidential factoring stilles Faktoring
confidential report vertraulicher Bericht
confidentially im Vertrauen
confine beschränken
confinement Einschränkung
confirm bestärken, bestätigen
confirm a credit Akkreditiv bestätigen
confirm in writing schriftlich bestätigen
confirmation Bestätigung
confirmation of balances Saldenbestätigung
confirmation of order Auftragsbestätigung
confirming bank bestätigende Bank
confiscate beschlagnahmen
confiscation Beschlagnahme
confiscation order Beschlagnahmeverfügung
conflict Konflikt, Widerspruch
conflict avoidance Konfliktvermeidung
conflict of interest Interessenkonflikt
conflicting gegensätzlich, widerstreitend
conflicting goals Zielkonflikt, Zielkonkurrenz, Zielkompatibilität
conform anpassen, entsprechen
conformable entsprechend
conformity Ähnlichkeit, Anpassung, Übereinstimmung
confront gegenüberstellen
congestion Ansammlung, Überlastung
congestion problem Warteschlangenproblem
conglomerate Mischkonzern, Zusammenballung
conglomerate mergers Mischkonzern-Zusammenschlüsse

congruent übereinstimmend, gemäß
conjectural mutmaßlich
conjoint vereinigt, verbunden, gemeinsam
conjoint analysis Verbundanalyse
conjunction (connection) Beziehung, Verbindung, Zusammenhang
conscientious gewissenhaft
conscientiousness Gewissenhaftigkeit
consecutive aufeinander folgend
consecutive quotation fortlaufende Notierung
consecutively numbered fortlaufend nummeriert
consent Einverständnis, Zustimmung
consequence Folge, Konsequenz
consequential costs Folgekosten
consequential damage mittelbarer Schaden
conservation Erhaltung, Instandhaltung
conservative cost estimate vorsichtiger Kostenansatz
conservative valuation vorsichtige Bewertung
consign in Kommission geben
consignee Empfänger
consigner Absender, Versender, Konsignant
consignment Kommissionssendung, Lieferung, Versand, Verfrachtung, Sendung, Konsignation, Konsignationsware
consignment account Konsignationskonto
consignment basis Kommissionsbasis
consignment contract Konsignationsvertrag
consignment goods Kommissionsware
consignment invoice Kommissionsrechnung
consignment note Frachtbrief
consignment sale Kommissionsverkauf
consignment stock Konsignationslager
consistency Verständlichkeit, Vereinbarkeit, Übereinstimmung
consistent gleichmäßig, stetig
consolidate konsolidieren
consolidate debt konsolidieren
consolidated accounting Konzernrechnungslegung
consolidated accounts Konzernabschluss
consolidated annuities konsolidierte Staatsanleihe
consolidated balance sheet Konzernbilanz, Konsolidierungsbilanz
consolidated bond konsolidierte Anleihe
consolidated corporation Schachtelgesellschaft
consolidated earnings konsolidierter Ertrag/Gewinn
consolidated entity Konsolidierungskreis
consolidated financial statement Konzernabschluss
consolidated group Konzerngruppe
consolidated profit and loss account konsolidierte Gewinn- und Verlustrechnung
consolidated profits Konzerngewinn
consolidated reserves Konzernrücklagen

consolidated sales Konzernumsatz
consolidated statement of income Konzerngewinn und -Verlustrechnung
consolidated surplus Konzernüberschuss
consolidating entry Konsolidierungsbuchung
consolidation Konsolidierung, Fusion
consolidation in terms of value wertmäßige Konsolidierung
consolidation loan Konsolidierungsdarlehen
consolidation of debt Schuldenkonsolidierung
consolidation of final statements Abschlusskonsolidierung
consolidation of investment Kapitalkonsolidierung
consolidation of revenue and expenditures Aufwands- und Ertragskonsolidierung
consolidation profit Fusionsgewinn
consortium Konsortium, Arbeitsgemeinschaft
consortium bank Konsortialbank
consortium banking Konsortialgeschäfte
consortium of banks Bankenkonsortium
conspicuous auffallend, bemerkenswert, deutlich, hervorragend
conspiracy abgestimmtes Verhalten, Komplott, Verschwörung
conspiracy in restraint of trade wettbewerbsbeschränkende Abrede
conspire verabreden, verschwören
constant Konstante
constant factor konstanter Tilgungsbetrag
constant issue Daueremission
constant issuer Dauermittent
constant outlay curve Kurve konstanter Ausgaben
constant payment mortgage Abzahlungshypothek
constant price Festpreis
constant return konstanter Ertrag
constant return to scale konstanter Skalenertrag
constituent company verbundenes Unternehmen
constitute a quorum beschlussfähig sein
constitutum possessorium Besitzkonstitut
constrain zwingen, nötigen, drängen
constraining factor Engpassfaktor
constraint Nebenbedingung, Zwang, Restriktion
constraint maximization Maximierung unter Nebenbedingungen
construction cost index Baukostenindex
construction cost of a building Bauwert
construction expenditure Herstellungsaufwand
construction finance Baufinanzierung
construction in process Anlagen im Bau
construction in progress im Bau befindliche Anlagen
construction loan Baudarlehen
construction period interest Herstellungszeitzinsen

constructive dismissal unterstellte Kündigung
constructive dividend verdeckte Gewinnausschüttung
constructive equity contribution verdeckte Einlage
construe the terms of a contract Vertrag auslegen
consular fees Konsulatsgebühren
consular invoice Konsulatsfaktura
consultancy Beratung, Beratungsfirma
consultancy agreement Beratungsvertrag, Beratervertrag
consultancy fee Beratungsgebühr
consultant Berater, Gutachter
consultation Beratung, Rücksprache
consulting fees Beratungskosten
consulting services Beratungsdienstleistungen
consumable Verbrauchsartikel
consumable verbrauchbar
consumables Gemeinkostenmaterial, Verbrauchsstoffe
consume verbrauchen
consumed quantity Verbrauchsmenge
consumer bank Konsumentenbank
consumer credit Konsumkredit, Konsumentenkredit
consumer disposables kurzlebige Wirtschaftsgüter
consumer durables langlebige Wirtschaftsgüter, Gebrauchsgüter
consumer expenditures Konsumausgaben
consumer finance company Spezialbank für Konsumentenkredite
consumer goods Verbrauchsgüter, Konsumgüter
consumer income Verbrauchereinkommen
consumer legislation Verbraucherschutzrecht
consumer lending Konsumentengeschäft
consumer level Warenangebot
consumer non-durables Konsumgüter
consumer price Verbraucherpreis
consumer purchase Verbrauchskauf
consumer tax Verbrauchsteuer
consummation of a contract Vertragserfüllung
consumption Absatz, Bedarf, Konsum, Verbrauch
consumption capital Verbrauchskapital
consumption goods Verbrauchsgüter, Konsumgüter
consumption of material Materialverbrauch
consumption tax Verbrauchsteuer
consumption value Verbrauchswert
contain costs Kosten dämpfen
contango business Prolongationsgeschäft
contango rate Prolongationsgebühr
contemplate beabsichtigen
contemporaneous performance Leistung Zug um Zug

contender Konkurrent
content Inhalt
content against konkurrieren gegen
contentious issue Streitfrage
contest anfechten, bestreiten
contest against konkurrieren gegen
context Zusammenhang
contingencies unvorhergesehene Ausgaben, Haftungsverhältnisse
contingency möglicher Fall, ungewisses künftiges Ereignis, Eventualverbindlichkeit
contingency plan Alternativplan, Schubladenplan
contingency planning Alternativplanung, Eventualplanung, Schubladenplanung
contingent annuity mit unbestimmter Laufzeit
contingent assets bedingtes Fremdkapital
contingent claims Eventualforderungen
contingent debt ungewisse Schulden
contingent decision Eventualentscheidung
contingent fee Erfolgshonorar
contingent fund Eventualfonds
contingent liability Eventualverbindlichkeit
contingent losses voraussichtliche Ausfälle
contingent payment bedingte Fälligkeit
contingent profit nicht realisierter Gewinn
continual häufig, immer wiederkehrend
continuance Dauer, Laufzeit
continuation Fortsetzung, Weiterführung, Prolongation
continuation rate Kurszuschlag
continued firm unverändert fest
continuing account laufendes Konto
continuing education expenses Fortbildungskosten
continuing guaranty fortlaufende Kreditbürgschaft
continuity Kontinuität, Stetigkeit
continuity of valuation Bewertungsstetigkeit
continuous fortlaufend, stetig, ununterbrochen
continuous compounding tageweise Verzinsung
continuous convertible interest Augenblicksverzinsung
continuous credit revolvierender Kredit
continuous financing Dauerfinanzierung
continuous funding Dauerfinanzierung
continuous planning gleitende Planung
continuous process production Fließfertigung
continuous quotation fortlaufende Notierung
contra Kreditseite
contra entry Gegenbuchung
contra-account Gegenkonto, Wertberichtigungskonto
contract Abkommen, Auftrag, Vertrag, Abschluss
contract a loan Darlehen aufnehmen
contract debts Schulden machen, Verpflichtungen eingehen

contract financing vertraglich besicherte Projektfinanzierung
contract for future delivery Terminkontrakt
contract horizon Liefertermin, Erfüllungstermin
contract interest vereinbarter Zinssatz
contract note Auftragszettel, Schlussschein, Abrechnung
contract of assignment Abtretungsvertrag
contract of carriage Transportvertrag
contract of debt Eingehen von Verbindlichkeiten
contract of employment Anstellungsvertrag, Arbeitsvertrag
contract of futures Terminkontrakt
contract of guaranty Garantievertrag
contract of sale Kaufvertrag
contract penalty Konventionalstrafe
contract price Vertragspreis, Abschlusskurs
contract processing Lohnarbeit, Lohnveredelung
contract rate of interest vertraglicher Zinssatz
contract rates vertraglich festgesetzte Gebühren, Kontraktfrachten
contract size Kontrakteinheit, Kontraktgröße, Kontraktmenge
contract talks Tarifverhandlungen
contract unit Mindestmenge
contract value Auftragswert, Bestellwert, Kontraktwert
contracting parties Vertragsparteien
contraction of debts Verschuldung
contractor Auftragnehmer
contractor loan Unternehmerkredit
contractual vertraglich, vertragsgemäß
contractual agreement vertragliche Vereinbarung
contractual claim vertraglicher Anspruch
contractual interest vertragliche Zinsen
contractual liability vertragliche Haftung
contractual obligation Vertragsverpflichtung
contractual saving Vertragssparen
contractual terms Vertragsbedingungen
contradict widersprechen
contribute beitragen, beisteuern
contribute capital eingebrachtes Kapital
contribution Beihilfe, Beitrag, Einlage
contribution analysis (contribution costing) Deckungsbeitragsrechnung
contribution for social insurance Sozialversicherungsbeitrag
contribution in cash Bareinlage
contribution in kind Sacheinlage
contribution margin Deckungsbeitrag
contribution of capital Kapitaleinbringung
contribution of physical assets Einbringen von Sachwerten
contribution of property Sacheinlage
contribution shortfall Deckungslücke

contribution to partnership capital Gesellschaftseinlage
contributory nachschusspflichtiger Gesellschafter
control Führung, Kontrolle, Steuerung, Einfluss, beherrschender Einfluss, Beherrschung
control agreement Beherrschungsvertrag
control instrument Steuerungsinstrument
control loop Kontrollschleife, Regelkreis
control of economic efficiency Wirtschaftlichkeitskontrolle
control of prices Preisbindung
control process Steuerungsprozess
control total Kontrollsumme
controlled company beherrschte Gesellschaft, Untergesellschaft, abhängige Gesellschaft
controlled enterprise abhängiges Unternehmen, beherrschtes Unternehmen
controlled rate kontrollierter Kurs
controller Leiter, Revisor
controlling Planung und Steuerung
controlling company herrschendes Unternehmen, Obergesellschaft
controlling department Planungs- und Steuerungsabteilung
controlling figures Steuerungsgrößen
controlling interest Mehrheitsbeteiligung
controlling shareholder Mehrheitsaktionär
controlling shareholding Mehrheitsbeteiligung
controlling stockholder Mehrheitsaktionär
controls Steuerorgane
convenience goods Güter des täglichen Bedarfs
convenient base bequemer Zinsfuß
convention of consistency Stetigkeitsgrundsatz
conventional interest rate Kalkulationszinsfuß
conventional profit branchenüblicher Gewinn
convergence condition Stabilitätsbedingung
conversion Konversion, Umtausch, Umwechslung, Umstellung
conversion arbitrage Konventionsarbitrage
conversion balance Konversionsguthaben
conversion balance sheet Umwandlungsbilanz
conversion contract Kassa-Abschluss im Warenhandel
conversion factor Umrechnungsfaktor
conversion issue Konvertierungsanleihe
conversion loan Konversionsanleihe
conversion of debt Schuldumwandlung
conversion offer Umtauschangebot
conversion option Wandeloption
conversion period Zinseszinsperiode
conversion premium Wandelprämie
conversion price Wandlungskurs, Umrechnungskurs
conversion privilege Wandlungsrecht
conversion rate Umrechnungskurs, Konversionsquote

conversion ratio Wandlungsverhältnis
conversion right Umtauschrecht
conversion terms Wandlungsbedingungen
convert umändern, umrechnen
convert into cash zu Geld machen, versilbern
convertibility Konvertierbarkeit, Umwandelbarkeit, Austauschbarkeit
convertible Wandelschuldverschreibung
convertible wandelbar
convertible bond Wandelanleihe, Wandelobligation
convertible currency konvertierbare Währung
convertible debenture Wandelschuldverschreibung
convertible debenture stock Optionsanleihe
convertible notes mittelfristige Optionsanleihe
convertible preference share Vorzugsaktie
convertible preferred stock wandelbare Vorzugsaktien
convertible securities umtauschbare Wertpapiere
convertible subordinated debenture nachrangige Wandelanleihe
convexity Zeit-Rendite-Veränderungsmaß
conveyancing Eigentumsübertragung
convoke a meeting Sitzung einberufen
cook the numbers Zahlen verfälschen, zahlen manipulieren
cooling period Karenzzeit, Wartezeit
cooperative bank Genossenschaftsbank
cooperative credit union Kreditgenossenschaft
cooperative distribution gemeinschaftlicher Vertrieb
cooperative leadership kooperative Führung
cooperative venture Gemeinschaftsunternehmen
coordinate abstimmen, koordinieren
coordination Abstimmung, Zusammenarbeit
cope with bewältigen, meistern
cordon pricing system Zonengebührensystem
core Kern, Haupt-
core activity Haupttätigkeit
core business Hauptgeschäftsbereich
core hours Kernzeit
core intension Kerninhalt
core memories Zentralspeichereinheiten
core workers Stammbelegschaft
corner aufkaufen, spekulativer Aufkauf
corner ring Auskäufergruppe
corner the market den Markt aufkaufen
corporate account Firmenkonto
corporate adjustment Sanierung
corporate articles Gründungsurkunde, Satzung
corporate assets Gesellschaftsvermögen
corporate banking Firmenkundengeschäft
corporate body juristische Person, Körperschaft
corporate bond Industrieschuldverschreibung
corporate bond market Rentenmarkt
corporate bond ratings Anleihebewertung

corporate borrowing Kreditaufnahme von Unternehmen
corporate business Kapitalgesellschaft
corporate concentration Unternehmenskonzentration
corporate culture Unternehmenskultur
corporate customer Firmenkundengeschäft
corporate deposits Einlagen von Firmenkunden
corporate divestment Entflechtung von Unternehmen
corporate domicile Gesellschaftssitz
corporate ecosystem (corporate environment) Unternehmensumwelt
corporate finance Unternehmensfinanzierung
corporate funds Gesellschaftsmittel
corporate goal Unternehmensziel
corporate governance Unternehmensführung, Unternehmensüberwachung, Unternehmensleitung
corporate identity Unternehmenskultur, -identität
corporate image Unternehmensimage
corporate imputation system körperschaftsteuerliches Anrechnungssystem
corporate income tax Körperschaftsteuer
corporate income tax rate Körperschaftsteuersatz
corporate investment Geldanlage in der Industrie
corporate lending Firmenkredite
corporate lending business Firmenkreditgeschäft
corporate liquidity Unternehmensliquidität
corporate loan Firmenkredit
corporate management Firmen-, Geschäftsleitung
corporate objective Unternehmensziel
corporate organization Unternehmensorganisation
corporate paper Schuldscheine
corporate payoff Schmiergelder
corporate plan Unternehmensplan
corporate policy Unternehmenspolitik
corporate profit Unternehmensgewinn
corporate profit tax Körperschaftsteuer
corporate reconstruction Sanierung
corporate results Betriebsergebnis
corporate shell Firmenmantel
corporate socio-economic accounting Sozialbilanz
corporate strategy Unternehmensstrategie
corporate summit Unternehmensspitze, Führungsspitze
corporate surgery Umstrukturierung
corporate takeover proposal Übernahmeangebot
corporate tax Unternehmensteuer

corporate vail Haftungsbeschränkung
corporation Körperschaft, Aktiengesellschaft, Unternehmung
corporation finance Unternehmensfinanzierung
corporation kit Gründungsunterlagen
corporation meeting Gesellschafterversammlung, Hauptversammlung
corporation stock Grundkapital
corporation tax Körperschaftsteuer
corporation under public law Körperschaft des öffentlichen Rechts
correct berichtigen, bereinigen
correcting amount Berichtigungsbetrag
correcting entry Berichtigungsbuchung, Korrekturposten
correcting item Korrekturposten
correction Berichtigung
correspondence Übereinstimmung
correspondent bank Korrespondenzbank
corresponding entsprechend
corrupt bestechlich, käuflich
corruption Bestechlichkeit, Korruption
cost Kosten, Aufwand
cost a price Preis festsetzen
cost absorption Kostenübernahme
cost account Unkostenaufstellung, Kostenartenkonto
cost accounting Kostenrechnung, Kalkulation
cost advance Kostenvorteil
cost allocation Kostenumlage
cost allocation base Kostenschlüssel
cost and freight Kosten und Fracht
cost apportionment Kostenverteilung
cost averaging Kostenausgleich, Durchschnittskostenmethode
cost benefit analysis Kosten-Nutzen-Analyse, Wirtschaftlichkeitsrechnung
cost breakdown Kostenausgleich
cost categories Kostenkategorien
cost center Kostenstelle
cost center account Kostenstellenkonto
cost center accounting Kostenstellenrechnung
cost center charge transfer Kostenstelenumlage
cost center measurement Kostenstellrechnung
cost center overhead Kostenstellengemeinkosten
cost center variance Kostenstellenabweichung
cost classification by type Aufwandsarten
cost coefficient Kostenkoeffizient
cost comparison method Kostenvergleichsrechnung
cost conscious kostenbewusst
cost consciousness Kostenbewusstsein, Kostendenken
cost containment Kosteneindämmung
cost containment program Kostensenkungsprogramm
cost coverage Kostendeckung

cost covering Kosten deckend
cost cutting Kostendämmung
cost cutting program Kostensenkungsprogramme
cost data Kostenangaben
cost distribution Kostenverteilung
cost driver Kostenverursachungsfaktor
cost effective alternative kostengünstige Alternative
cost effectiveness Kostenwirksamkeit
cost effectiveness analysis Kostenwirksamkeitsanalyse
cost estimate Kostenvoranschlag
cost estimate sheet Kalkulationsschema
cost estimating Kalkulation
cost estimation Kalkulation, Vorkalkulation
cost factor Kostenfaktor
cost finding Kostenerfassung, Kostenfestsetzung
cost flow Kostenfluss
cost for removal Demontagekosten
cost fraction Kostenanteil
cost function Kostenfunktion
cost inflation Kosteninflation
cost, insurance Kosten und Versicherung
cost, insurance, freight (cif) Kosten, Versicherung, Fracht
cost, insurance, freight, commission (cif&c) Kosten, Versicherung, Fracht, Provision
cost, insurance, freight, commission, interest (cifci) Kosten, Versicherung, Fracht, Provision, Zinsen
cost, insurance, freight, interest (cif&I) Kosten, Versicherung, Fracht, Zinsen
cost, insurance, freight, plus war risk Kosten, Versicherung, Fracht, plus Kriegsrisiko
cost leader Kostenführer
cost leadership Kostenführerschaft
cost of acquisition Anschaffungskosten
cost of borrowed funds Kapitalbeschaffungskosten
cost of borrowing Kreditkosten
cost of capital Kapitalkosten
cost of collecting information Informationskosten
cost of credit Kreditkosten
cost of debt Fremdkapitalverzinsung, Fremdkapitalkosten
cost of demolition Abbruchkosten
cost of developing real estate Erschließungskosten
cost of equity Eigenkapitalverzinsung, Eigenkapitalkosten
cost of equity finance Kosten der Eigenkapitalfinanzierung
cost of exchange cover Kurssicherungskosten
cost of finance Finanzierungskosten
cost of funds Kapitalbeschaffungskosten

cost of goods sold Umsatzaufwendungen, Umsatzkosten
cost of guaranty commitments Gewährleistungskosten
cost of insurance Versicherungskosten
cost of issue Emissionskosten
cost of liquidity Liquiditätskosten
cost of litigation Prozesskosten
cost of living Lebenshaltungskosten
cost of living allowance Teuerungszulage
cost of living index Lebenshaltungsindex
cost of materials Materialkosten
cost of materials and purchased services Materialaufwand und Aufwand für bezogene Leistungen
cost of money Geldeinstandskosten
cost of optimization Kostenoptimierung
cost of output Produktionskosten
cost of outside services Fremdleistungskosten
cost of production Herstellungskosten
cost of purchased services Aufwendungen für bezogene Leistungen
cost of raising money Geldbeschaffungskosten
cost of raw materials, consumables and goods for resale Aufwendungen für Roh-, Hilfs- und Betriebsstoffe und Fremdwaren
cost of renovation Renovierungskosten
cost of replacement Wiederbeschaffungskosten, -wert
cost of research and development Forschungs- und Entwicklungskosten
cost of rework Nacharbeitskosten, Nachbesserungskosten, Nachbearbeitungskosten
cost of sales Umsatzkosten, Vertriebskosten
cost of services Dienstleistungskosten
cost of servicing loans Kapitaldienst
cost of setting up Einrichtungskosten
cost of storekeeping personnel Personalkosten der Lagerverwaltung
cost of supporting labor Hilfslöhne
cost of tools Werkzeugkosten
cost of transport Transportkosten
cost of waiting time Wartekosten
cost of-carry Netto-Haltungskosten
cost optimum Kostenoptimum
cost overrun Kostenüberschreitung, Mehrkosten
cost per man-hour Arbeitsstundensatz
cost plan Kostenplan
cost plus approach Zuschlagsrechnung
cost plus contract Vertrag auf der Grundlage von Istkosten
cost plus method Kostenzuschlagsrechnung
cost pressure Kostendruck
cost price Anschaffungswert, Kostenpreis, Selbstkostenpreis, Vertragspreis, Einstandspreis
cost price squeeze Preis-Kosten-Schere
cost push inflation kosteninduzierte Inflation

cost recovery Rückgewinnung des investierten Kapitals, Kostendeckung
cost revenue control Erfolgskontrolle
cost sales style of presentation Umsatzkostenverfahren
cost saving Kosteneinsparung, Kostenersparnis
cost section Kostenstelle
cost sharing Kostenbeteiligung, Kostenteilung
cost sharing agreement Kostenumlagevertrag
cost spiral Kostenspirale
cost standard Standardkosten
cost structure Kostenstruktur
cost system Kostenrechnungssystem
cost type accounting Kostenartenrechnung
cost unit Kostenträger
cost unit accounting Stückkostenkalkulation
cost value Kostenwert, Anschaffungswert, Einstandswert
cost value method Anschaffungswert-Methode
cost value principle Anschaffungswertprinzip
cost variance Kostenabweichung
cost variance analysis Kostenabweichungsanalyse
cost-based kostenbasiert
cost-benefit analysis Kosten-Nutzen-Analyse
cost-benefit ratio Kosten-Nutzen-Kennziffer
cost-categories-oriented format Gesamtkostenverfahren
cost-cutting decisions Sparbeschlüsse
cost-plus pricing Verkaufspreis plus Zuschläge
cost-plus-fixed-fee contract Vertrag auf der Grundlage von Istkosten + Zuschlag
cost-price scissor (cost-price squeeze) Kosten-Preis-Schere
cost-reimbursement contract Kostenerstattungs-Vertrag
cost-time curve Kosten-Zeit-Kurve
cost-to-performance ratio Kosten-Leistungs-Verhältnis
cost-volume trend Kosten-Umsatz-Trend
cost-volume-profit analysis Deckungsbeitragsrechnung
costing Kostenbewertung, Kostenrechnung
costing method Kostenrechnungsverfahren
costing policy Kostenrechnungsgrundsätze
costing system Kostenrechnungssystem, Preiskalkulation
costly kostspielig, teuer
costs Kosten
costs imputable to units of output Stückkosten
costs of unemployment Arbeitslosenkosten
costs per capita Pro-Kopf-Kosten
cough up money Geld aufbringen, Geld herausrücken
Council of the Stock Exchange Börsenvorstand
count against anrechnen
count-down floating rate note zinsvariabler Schuldtitel

counter cash Bargeldvorrat
counter check Überbringerscheck
counter deal Gegengeschäft
counter evidence Gegenbeweis
counter offer Gegenangebot
counter trade Gegengeschäft, Kompensationsgeschäft
counterbid Gegenangebot
counterclaim Gegenforderung
counterconfirmation Gegenbestätigung
counterfeit Fälschung
counterfeit bill gefälschte Banknote
counterfeit money Falschgeld
counterfeit of a bill Wechselfälschung
counterfoil Kontrollabschnitt
countermand Annullierung, Widerruf, Schecksperrung
countermandate Gegenauftrag
counterpart Gegenstück
counterproposal Gegenvorschlag
counterpurchase Gegengeschäft
countersign gegenzeichnen
countersignature Gegenzeichnung
counterstatement Gegendarstellung, Gegenerklärung
countertrade Kompensationshandel
countervailing duty Ausgleichszoll
country rating Länderrating, Länderrisikoanalyse
country risk Länderrisikoanalyse
coupon Berechtigungsschein, Coupon
coupon bond Inhaberobligation
coupon bonds Inhaberschuldverschreibungen
coupon collection department Kouponsammelstelle
coupon date Zinstermin
coupon issue Anleiheemission
coupon rate Anleihezins
coupon sheet Zinsbogen, Kouponbogen
court costs Gerichtskosten
court of appeal Berufungsgericht
court of inquiry Untersuchungsgericht
court of justice Gerichtshof
court settlement gerichtlicher Vergleich
covenant Verpflichtung
cover Schulden begleichen
cover Deckung
cover account Deckungskonto
cover against sichern gegen
cover expenses Ausgaben decken, Kosten decken
cover note Deckungszusage
cover ratio Deckungsgrad
coverable risk deckungsfähiges Risiko
coverage Reichweite, Versicherungsumfang, Deckung
coverage contract Versicherungsvertrag
coverage deposit Deckungsguthaben

57

covered forward kursgesichert
covered transaction kursgesicherte Transaktion
covered value Versicherungsbetrag
covered warrant gedeckter Optionsschein
covering Deckung, Kurssicherung, Risikoabdeckung
covering claims Deckungsforderungen
covering loan Deckungsdarlehen
covering of fixed costs Fixkostendeckung
covering transaction Deckungsgeschäft
cowboy contractor Scheinfirma
crank up in Gang setzen
crash Ruin, Zusammenbruch
crash program Blitzprogramm, Sofortprogramm
crash reaction Sofortreaktion
create a pledge Pfandrecht bestellen
create reserves Rücklagen bilden
creation Gründung
creation of money Geldschöpfung
creative accounting kreative Buchführung
credibility Glaubwürdigkeit
credible glaubwürdig
credit Guthaben, Kredit, Gutschrift, Zahlungsziel
credit advice Gutschriftsanzeige, Gutschrift
credit against anrechnen
credit agreement Kreditvertrag
credit an account einem Konto gutschreiben
credit analysis Kreditwürdigkeitsprüfung, Bonitätsprüfung
credit approval Kreditzusage
credit balance Aktivsaldo, Guthaben
credit bill Finanzierungswechsel
credit broker Finanzmakler
credit brokerage Kreditvermittlung
credit buying Kreditkauf
credit by way of bank guaranty Avalkredit
credit ceiling Kreditplafond, Kredithöchstgrenze
credit commitment Kreditzusage
credit company Finanzierungsinstitut
credit confirmation Akkreditivbestätigung
credit control staatliche Kreditkontrolle
credit cooperative Genossenschaftsbank
credit cost Kreditkosten
credit counseling Kreditberatung
credit crunch Kreditzusammenbruch, Kreditknappheit, Kreditrestriktion
credit demand Kreditnachfrage
credit entry Gutschrift, Habenbuchung
credit evaluation procedure Kreditwürdigkeitsprüfung
credit facility Krediteinrichtung, Darlehen
credit fee Kreditprovision
credit for accrued interest Zinsgutschrift
credit gap Kreditlücke
credit guaranty Kreditbürgschaft
credit in current account Kontokorrentkonto
credit information Kreditauskunft

credit inquiry Kreditauskunft
credit inquiry agency Kreditauskunftei
credit insurance Kreditversicherung
credit insurance premium Delkrederegebühr
credit intake Kreditaufnahme
credit interest Habenzinsen
credit investigation Kreditwürdigkeitsprüfung, Bonitätsprüfung
credit issuing bank Akkreditivbank
credit item Habenposten
credit line Kreditlinie, Kreditrahmen, Kreditlinie, Kreditrahmen
credit memo (credit note) Gutschriftsanzeige
credit memorandum Gutschriftsanzeige
credit outstanding Kreditlinie
credit overdrawing Kreditüberziehung
credit policy Kreditpolitik
credit procurement fee Kreditbeschaffungsprovision
credit rating Kreditwürdigkeit, Bonitätseinstufung
credit renewal Kreditverlängerung
credit report Kreditauskunft
credit requirement Kreditbedarf
credit reserve Kreditreserve
credit restriction Krediteinschränkung
credit review Kreditprüfung
credit risk Kreditrisiko
credit scoring Kreditwürdigkeitsprüfung
credit selection Kreditauslese
credit settlement account Akkreditiv-Abrechnungskonto
credit side of an account Habenseite eines Kontos
credit slip Gutschriftszettel, -Anzeige
credit standing Kreditwürdigkeit
credit status Bonität, Kreditwürdigkeit
credit stringency Kreditknappheit
credit surveillance Kreditüberwachung
credit terms Akkreditivbedingungen, Kreditkonditionen
credit to an account Kontogutschrift
credit total Gesamtguthaben
credit transfer Überweisungsverkehr
credit transfer instruction Abbuchungsauftrag
credit transfer order Giroauftrag, Überweisungsauftrag
credit transfer remittee Überweisungsempfänger
credit transfer slip Überweisungsformular, Überweisungsträger
credit union Kreditgenossenschaft
credit voucher Gutschriftsbeleg
credit worthiness Kreditwürdigkeit
credit worthy kreditwürdig
credit-issuing bank Akkreditivbank
creditable kreditwürdig, anrechenbar

creditable amount anrechenbarer Betrag
creditable tax anrechenbare Steuer
credited to zugunsten von
creditless ohne Kredit, keinen Kredit genießen
creditor Gläubiger
creditor bank Gläubigerbank
creditor interest rate Habenzinssatz
creditor's account aufgenommene Gelder
creditor's equity Verbindlichkeiten, Fremdkapital
creditor's ledger Kreditorenbuch
creditor's meeting Gläubigerversammlung
creditors Gläubiger
creditor's delay Gläubigerverzug
creeping inflation schleichende Inflation
crisis Krise
crisis management Krisenmanagement
crisis-staff Krisenstab
criterion Kriterium
criterion of decision Entscheidungskriterium
critical kritisch
critical activity kritische Beschäftigung
critical appraisal of balance sheet Bilanzkritik
critical load factor kritische Auslastung
critical path kritischer Pfad
critical point kritischer Punkt
critical rate of interest kritischer Zinssatz
critical region kritischer Bereich
critical stage kritisches Stadium
critical value Grenzwert
criticism Kritik
criticize kritisieren
cross currency swap kombiniertes Devisenkassa- und Termingeschäft
cross currency-interest rate swap Devisenswap mit Zinskomponente
cross frontier movements of goods grenzüberschreitender Warenverkehr
cross hedge Terminmarktsicherungsgeschäft
cross holding gegenseitige Beteiligung
cross investment Investitionsverflechtung
cross rate of exchange Kreuzwechselkurs
cross section repräsentativer Durchschnitt, Querschnitt
cross section analysis Querschnittsanalyse
cross selling Gegenseitigkeitsgeschäft
cross shareholdings wechselseitige Beteiligungen
cross validation Abgleichprüfung
cross-border lending Auslandsausleihungen
cross-border mergers an acquisitions grenzüberschreitende Unternehmenskäufe
crossed check Verrechnungsscheck
crossing Übergang
crowd out ausschließen
crowding out Verdrängungswettbewerb

crowding out effect Verdrängungseffekt
crucial factor entscheidender Faktor
crucial period kritische Zeit
crude figures nicht aufgeschlüsselte Zahlen
cultural wage Bedürfnislohn
cum bonus mit Sonderdividende, mit Gratisaktien
cum dividend mit Dividende
cum rights einschließlich Bezugsrechte
cumulate anhäufen
cumulative annual net cash savings Jahreseinnahmenüberschuss, kumulierter Jahresgewinn
cumulative fund Thesaurierungsfonds
cumulative total Gesamtbetrag
cumulative trust Wachstumsfonds
cumulative vote Mehrstimmrecht
curb an abuse Missbrauch eindämmen
curb broker Freiverkehrsmakler
currency Währung, Valuta, Laufzeit, Gültigkeit
currency account Devisenkonto, Währungskonto
currency arbitrage Devisenarbitrage, Wechselkursarbitrage
currency assets Fremdwährungsbestände
currency bill Devisenwechsel
currency bond Fremdwährungsanleihe
currency buying rate Sortenankaufskurs
currency call option Devisen-Kaufoption
currency clause Währungsklausel, Valutaklausel
currency control Devisenbewirtschaftung
currency coordination Währungsabstimmung
currency deal Währungsabsprache
currency debt Fremdwährungsverbindlichkeiten
currency depreciation Währungsabwertung
currency exposure Währungsrisiko, Fremdwährungsposition
currency fluctuation Währungsschwankung
currency futures Devisenterminkontrakte
currency futures trading Devisenterminhandel
currency gains Währungsgewinne
currency holdings Devisenbestände
currency in circulation Bargeldumlauf
currency inflow Devisenzufluss
currency intervention Intervention am Devisenmarkt
currency loan Fremdwährungskredit
currency losses Währungsverluste
currency market Devisenbörse, Devisenmarkt
currency quote Devisenkurs
currency quoted notierte Währung
currency rate Wechselkurs
currency receipts Deviseneinnahmen
currency reform Währungsreform, Währungsumstellung

currency risk Währungsrisiko
currency risk management Kurssicherungsmaßnahmen
currency snake Währungsschlange
currency speculation Währungsspekulation
currency transaction Währungsgeschäft
currency union Währungsunion
currency upvaluation Währungsaufwertung
currency warrants Währungsoptionsscheine
currency-deposit ratio Bargeld-Einlagen-Relation
current aktuell, gängig, gültig
current account laufendes Konto, Girokonto
current account credit Kontokorrentkredit
current assets kurzfristige Vermögensgegenstände, Umlaufvermögen
current budget laufendes Budget
current cost Wiederbeschaffungskosten
current coupon laufende Verzinsung, aktueller Zinssatz
current deposits Kontokorrenteinlagen
current expenses laufende Aufwendungen
current funds flüssige Mittel
current income Periodenertrag, laufende Beträge
current interest rate Marktzins
current liabilities kurzfristige Verbindlichkeiten
current liquidity ratio kurzfristige Liquidität
current market value Tageskurs, Tagespreis
current price Tagespreis
current quarterly earnings aktueller Quartalsgewinn
current ratio Liquidität dritten Grades
current returns laufende Erträge
current supplementary cost laufende ergänzende Kosten
current transfers laufende Zuschüsse
current value Tageswert
currently derzeit, gegenwärtig
curriculum vitae Lebenslauf
curtail einschränken, kürzen, schmälern
curtailing of production Produktionseinschränkung
curtailment Beeinträchtigung, Kürzung, Schmälerung
cushion Polster, Sicherheitsfaktor
cushion bond hochverzinsliche Anleihe
custodial account Treuhandkonto
custodian bank verwahrende Bank
custodian fee Depotgebühr
custodianship Depotverwahrung
custodianship account Depotkonto
custody Aufsicht, Schutz, Depot
custody agreement Depotvertrag
custody business Depotgeschäft
custody fee Verwahrungsgebühr

custody ledger Vertragsbruch
custody transactions Verwahrungsgeschäft
custom Gewohnheit
custom of the trade Handelsbrauch
customary gebräuchlich, üblich
customary international law internationales Gewohnheitsrecht
customary yardstick gängige Messlatte
customer Kundendichte, Kunde
customer account Kundenkonto
customer accounting Kundenabrechnung
customer attitude Kundenverhalten
customer complaint Mängelrüge
customer country Abnehmerland
customer deposits Kundeneinlagen
customer financing Kundenfinanzierung
customer loyalty Kundentreue
customer order Kundenauftrag
customer orientated classification kundenorientierte Gliederung
customer prepayments Kundenanzahlung
customer's deposit Kundenanzahlung
customer satisfaction Kundenzufriedenheit
customer service level Lieferbereitschaft
customer structure Kundenstruktur
customer transfer Kundenüberweisung
customization Kundenanpassung
customize auf Bestellung anfertigen
customized angepasst, kundenspezifisch
customs Zölle
customs administration (customs authorities) Zollverwaltung, Zollbehörde
customs clearance Verzollung, Zollabfertigung
customs control Zollkontrolle
customs documents Zollpapiere
customs duty Zollabgabe
customs exempt zollfrei
customs fraud Zollhinterziehung
customs investigation division Zollfahndung
customs invoice Zollfaktura
customs jurisdiction Zollhoheit
customs penalty Zollstrafe
customs procedure Zollverkehr
customs restriction Zollbeschränkung
customs revenue Zolleinnahmen
customs security Zollsicherheit
customs treatment applicable of goods zollrechtliche Behandlung von Waren
cut back kürzen
cut costs Kosten senken
cut down drosseln
cut in employment Personalabbau
cut spending Ausgaben kürzen
cut under jemand unterbieten
cut-throat competition ruinöse Konkurrenz
cut-throat price Schleuderpreis

cutback Kürzung
cutoff date letzter Termin, Verfalltag
cutoff rate Ausscheidungsrate, Mindestverzinsung
cuts in social benefits Kürzungen von Sozialleistungen

CVA, cash value added Gewinn nach Abzug der Kapitalkosten
cycle account periodische Bestandsaufnahme
cycle time Durchlaufzeit
cyclical fluctuations Konjunkturschwankungen
cyclical inventory count Periodeninventur

D

daily allowance Tagegeld
daily balances tägliche Guthaben
daily benefit insurance Tagegeldversicherung
daily cash receipts Tageseinnahmen, Tageskasse
daily cash report täglicher Kassenbericht
daily clearing tägliche Abrechnung
daily dozen Routinetätigkeiten
daily expense allowance Spesensatz
daily high Tageshöchststand
daily low Tagestiefststand
daily money tägliches Geld
Daily Official List amtliches Kursblatt
daily opening rate Eröffnungssatz
daily price limit tägliche Preisobergrenze
daily quotation Tageskurs, Einheitskurs, Tagesnotierung
daily rate Tageskurs
daily record keeping tägliche Aufzeichnungen
daily report Tagesbericht
daily sales Tagesumsatz
daily statement Tagesauszug
daily throughput Tagesdurchschnitt, Tagesdurchsatz
daily trading limits zulässiges Schwankungslimit, maximal zulässige Kursfluktuation, zulässiges Schwankungslimit, maximal zulässige Kursfluktuation
daily turnover Tagesumsatz
daily volume Tagesumsätze
damage Schaden, Einbuße, Kosten
damage caused by breach of trust Vertrauensschaden
damage caused by default Verzugsschaden
damage caused by delay Verzugsschaden
damage caused by non-performance Erfüllungsschaden
damage claim Schadensersatzanspruch
damage in law allgemeiner Schaden
damage in transit Transportschaden
damage report Schadensbericht
damage suit Schadenersatzklage
damaged goods beschädigte Waren
damages Schadenersatz
danger spot Schwachstelle
data Angaben, Daten, Informationen
data acquisition Datenerfassung
data analysis Datenanalyse
data backup Sicherungskopie
data bank (data base) Datenbank, Datensammlung
data base management Datenbankverwaltung
data base system Datenbanksystem

data capture Datenerfassung
data collection Datenerhebung
data display device Datensichtgerät
data exchange Datenaustausch
data flow chart Datenflussplan
data handling system Datenverarbeitungssystem
data lag Datenlücke
data medium Informationsträger
data memory Datenspeicher
data output Datenausgabe
data privacy protection Datenschutz
data processing Datenverarbeitung
data protection Datenschutz
data storage Datenspeicher
data transfer Datenübertragung
data transfer rate Transfergeschwindigkeit
data transmission Datenübertragung
databation Datenmanipulation
date datieren
date Zeitpunkt
date as postmark Datum des Poststempels
date forward vordatieren
date of acquisition Anschaffungszeitpunkt, Übernahmezeitpunkt
date of admission Eintrittstermin
date of application Anmeldetermin
date of delivery Liefertermin
date of dispatch Abgangsdatum
date of entry Buchungszeitpunkt
date of expiration Fälligkeitstag, Verfalltag
date of forwarding Abgangsdatum
date of invoice Rechnungsdatum
date of issue Ausstellungstag, Emissionstag
date of maturity Fälligkeitstermin
date of payment Zahlungstermin
date of quotation Angebotsdatum
date of receipt Eingangsdatum
date of repayment Rückzahlungstermin
date of required payment Zahlungsziel
date of shipment Versandtag, Versandtermin
date of valuation Bewertungsstichtag
date stamp Poststempel, Datumstempel
dated altmodisch, überholt
dated billing Verlängerung des Zahlungsziels durch Vordatieren
dated securities Wertpapiere mit festen Rückzahlungsterminen
dateless undatiert, zeitlos
dating Festsetzung der Laufzeit
datum Messwert, Messzahl, Unterlagen, Datum
daughter company Tochtergesellschaft
dawn raid Überraschungskauf

day bill Tagwechsel
day loan Tagesgeld
day lost Ausfalltage
day money Tagesgeld
day of issue Ausfertigungstag
day of settlement Abrechnungstag
day order Tagesauftrag
day rate Tagesnotierung
day release course Tageskurs
day's price Tageskurs
day's sight Tage nach Sicht
day's spread Spanne zwischen höchstem und niedrigstem Tageskurs
day shift Tagschicht
day trader Tagesspekulant
day-count convention Zinsberechnungsmethode
day-to-day business laufender Geschäftsbetrieb, tagesaktuelles Geschäft
day-to-day loan täglich kündbares Darlehen
day-to-day money tägliches Geld
daybook Grundbuch
daylight overdraft Tages-Überziehungen
daylight trading Kauf und Verkauf während der Börsenzeit
dayman Zeitlohnarbeiter
days lost through sickness Krankheitstage
days of inventories Lagerdauer
de facto company faktische Gesellschaft
de facto merger de facto-Fusion
de minimis amount Kleinbetrag
de-escalate sinken
de-leveraging Schuldenabbau
dead account Konto ohne Umsätze
dead assets unproduktive Aktiva, ertragloses Kapital
dead bargain spottbillige Ware
dead horse bezahlte, aber nicht gelieferte Güter und Dienste
dead hours umsatzschwache Geschäftszeit
dead letter unzustellbarer Brief
dead load Auftragsüberhang
dead loss Totalverlust
dead plant überalterte Fabrik
dead rent Mindestpacht
dead security umsatzloses Wertpapier, wertlose Sicherheit
dead stock unverkäufliche Bestände
dead time Brachzeit
dead weight Schwergut, Tragfähigkeit, Leergewicht, unverzinsliches Wertpapier
dead-end job Beruf ohne Zukunft
deadline Stichtag (letzter Termin), äußerster Termin, Termin, Einsenschluss, Anmeldeschluss
deadline control list Terminüberwachungsliste
deadline expiration Fristablauf
deadline for application Einreichungsfrist, Einreichungsschluss, Anmeldeschluss

deadline for repaying Rückzahlungstermin
deadlock Pattsituation, Sackgasse, festgefahrene Situation
deadness Flaute
deadweight costs Wohlfahrtskosten
deadweights schwer absetzbare Wertpapiere
deal Geschäftsabschluss
deal in handeln mit
deal price Sonderpreis
deal slip Schlussschein
deal with behandeln, betreffen, in Geschäftsbeziehung stehen mit
dealer allowance Händlerprovision
dealer arbitrage Händlerarbitrage
dealer commission Händlerprovision
dealer fee Händlerprovision
dealer in securities Wertpapierhändler
dealer in unlisted securities Freiverkehrshändler
dealer loan Händlerdarlehen
dealer margin Händlerspanne
dealer rebate Händlerrabatt
dealer's buyer Wiederverkäufer
dealer's price Wiederverkaufspreis
dealing Handel, Effektenhandel
dealing by making a price Kursnotierung für jeden Abschluss
dealing expenses Handelsspesen
dealing file Abschlussdatei
dealing for own account Selbsteintritt
dealing in futures Termingeschäfte
dealing in operation Geldhandel
dealing in options Optionshandel, Optionsgeschäft
dealing in securities Handel in Wertpapieren, Effektenhandel
dealing in stock Effektenhandel, Wertpapierhandel
dealing on change Börsenhandel
dealing periods Handelsperioden
dealing sheet Abschlussschein
dealing ticket Händlerzettel
dealings Geschäftsbeziehungen
dealings for cash Kassahandel, Kassageschäfte
dealings in foreign exchange Devisenhandel, Devisengeschäft
dealings in futures Termingeschäft
dealings in shorts Umsätze in Kurzläufern
dealt and bid bezahlt und Geld
dealt and offered gehandelt und Brief
dealt in on a stock exchange an der Börse gehandelt
dear teuer
dear money teures Geld
dear money policy Hochzinspolitik
dearth Mangel
dearth of orders Auftragsmangel
death benefit Sterbegeld

death duty Erbschaftsteuer
debar ausschließen, verhindern
debar from ausschließen von, untersagen
debarment Ausschluss
debase entwerten, herabsetzen, mindern
debased coins Falschmünzen
debasement Verringerung
debasement of currency Währungsverschlechterung
debatable strittig, diskutierbar
debate Debatte
debenture Obligation, ungesicherte, langfristige Verbindlichkeiten
debenture bonds ungesicherte Anleihe
debenture capital Obligationskapital, Anleihekapital
debenture discount Anleihedisagio
debenture holder Obligationär
debenture income bond Gewinnobligation
debenture loan Obligationsanleihe
debenture stock Vorzugsaktie
debenture trust deed Treuhandurkunde
debit Schulden
debit advice Lastschriftanzeige
debit against belasten
debit amount Belastungsbetrag
debit an account Konto belasten
debit balance Passivsaldo, Sollsaldo
debit charge Belastungsgebühr
debit charge procedure Lastschriftverfahren
debit entry Lastschrift
debit item Sollposten
debit note Lastschriftanzeige, Belastungsaufgabe
debit on account Konto belasten
debit rate Sollzins
debit side Sollseite
debit side of an account Sollseite eines Kontos
debit slip Lastschriftzettel
debit to belasten
debit total Gesamtschuld
debit voucher Lastschriftbeleg
debt Darlehen, Schulden, Verbindlichkeit, Fremdkapital
debt alleviation Schuldenerleichterung, Schuldenerlass
debt assumption Verschuldung, Aufnahme von Fremdkapital
debt burden Schuldenlast
debt capital Fremdkapital, Anleihekapital
debt ceiling Verschuldungsgrenze
debt collecting agency Inkassobüro
debt collection Inkassobüro, Forderungseinzug
debt collection letter Mahnschreiben
debt conversion Umschuldung
debt counselor Finanzberater
debt crisis Schuldenkrise
debt deferral Moratorium

debt discount Damnum
debt discount and expense Disagio und Kreditaufnahmekosten
debt equity ratio Verschuldungsgrad
debt equity swap Schuldenhandel
debt fatigue Schuldendienst
debt financing Außenfinanzierung, Fremdfinanzierung, Schuldenfinanzierung
debt funds Fremdmittel
debt instrument Schuldurkunde
debt interest Schuldzinsen
debt issue Emission von Schuldverschreibungen
debt level Schuldenstand
debt limit Verschuldungsgrenze
debt management Schuldenmanagement
debt margin Verschuldungsspielraum
debt market Fremdkapitalmarkt
debt overload Überschuldung
debt paying ability Zahlungsfähigkeit
debt position Schuldenstand
debt recovery service Inkassogeschäft
debt redemption Schuldentilgung, Schuldenrückzahlung
debt refunding Umschuldung
debt relief Schuldenerlass
debt repaying capability Schuldentilgungsfähigkeit
debt rescheduling Umschuldung
debt restructuring Umschuldung
debt restructuring agreement Umschuldungsabkommen
debt retirement Schuldenrückzahlung
debt secured by mortgage hypothekarisch gesicherte Forderung
debt securities schuldrechtliche Wertpapiere
debt security Schuldverschreibung
debt service Schuldendienst
debt service guaranty Liquiditätsgarantie
debt service payments Schuldendienstzahlungen
debt service ratio Schuldendienstquote
debt servicing burden Tilgungs- und Zinslast
debt-claim Forderung
debt-distressed schuldengeplagt
debt-plagued hoch verschuldet
debt-ravaged ausgeplündert durch Schulden
debt-strapped verschuldet
debt-to-equity ratio Verschuldungsgrad
debt-to-GDP-ratio Schuldenstand im Verhältnis zum BIP
debtee Gläubiger
debtor Schuldner, Kreditnehmer
debtor balances Schuldsalden
debtor bank Schuldnerbank
debtor days Debitorenumschlagsdauer, durchschnittliche Dauer der Außenstände
debtor exchange Schuldnerwechsel
debtor in arrears säumiger Schuldner

debtor interest Sollzins
debtor interest rate Sollzinssatz
debtor management Debitorenverwaltung
debtor on a bill Wechselschuldner
debtor's estate Konkursmasse
debtor's delay Schuldnerverzug
debtor-creditor hypothesis Gläubiger-Schuldner-Hypothese
debtors to sales ratio Forderungen-Umsatz-Verhältnis
debts Verbindlichkeiten
debts at call täglich abrufbare Darlehen
debts outstanding Außenstände
decapitalization Grundkapitalsenkung, Kapitalschnitt
decartelization Entflechtung
deceleration Verzögerung
decide entscheiden
decided advantage eindeutiger Vorteil
deciding vote ausschlaggebende Stimme, entscheidende Stimme
decimal place Dezimalstelle
decimate dezimieren, stark schrumpfen lassen
decipher entziffern
decision Entscheidung
decision and risk analysis Entscheidungs- und Risikoanalyse
decision area Entscheidungsfeld
decision behavior Entscheidungsverhalten
decision competence Entscheidungsbefugnis
decision criterion Entscheidungskriterium
decision feedback Entscheidungs-Feed-back
decision function Entscheidungsfunktion
decision level Entscheidungsebene
decision maker Entscheidungsträger
decision making Entscheidungsfindung
decision making process Entscheidungsfindungsprozess
decision parameter Entscheidungsgröße, -parameter
decision phase Entscheidungsphase
decision process Entscheidungsprozess
decision rule Entscheidungsregel
decision scope Entscheidungsspielraum
decision space Entscheidungsraum
decision table Entscheidungstabelle
decision taking unit Entscheidungsträger
decision theory Entscheidungstheorie
decision tree Entscheidungsbaum
decision tree analysis Entscheidungsbaumanalyse
decision under risk Entscheidung unter Risiko
decision under uncertainty Entscheidung unter Unsicherheit
decision-making Entscheidungen treffen, Entscheidungen treffen
decisive Ausschlag gebend, entschlussfreudig, zielorientiert

decisive vote ausschlaggebende Stimme
decisiveness Bestimmtheit, Entschiedenheit
deck cargo insurance Deckladungsversicherung
declarable zollpflichtig
declaration certificate Deklarationsschein
declaration day Frist für die Annahme
declaration of a dividend Dividendenausschüttung
declaration of acceptance Annahmeerklärung
declaration of assignment Abtretungserklärung
declaration of bankruptcy Konkursanmeldung
declaration of options Prämienerklärung
declaration of suretyship Bürgschaftserklärung
declaration of weight Gewichtsangabe
declare bekannt geben, erklären
declare a dividend Dividende beschließen
declare bankrupt zahlungsunfähig erklären
declare dead für gescheitert erklären
decline fallen, sinken, zurückgehen
decline Abnahme, Rückgang, Verfall, Verfallszeit, Ende
decline an offer Angebot ablehnen
decline comment Stellungnahme verweigern
decline in business Geschäftsrückgang
decline in economic activity Konjunkturrückgang
decline in prices Preisverfall
decline in sales Absatzrückgang, Umsatzrückgang
decline in value Wertminderung
decline of marginal unit costs Kostendegression
decliner fallender Wert
declining abnehmend
declining balance method degressives Abschreibungsverfahren
declining failure rate abnehmende Ausfallrate
declining market Marktverfall, rückläufige Marktentwicklung, nachgebende Kurse
declining trend rückläufige Tendenz
declining-balance depreciation degressive Abschreibung
decommissioning costs Kosten der Stilllegung
decommissioning payment Zahlungen für das Außerdienststellen
decompose abbauen, zerlegen
decontrol of prices Aufhebung von Preiskontrollen
decrease abnehmen, senken, verringern, reduzieren
decrease Rückgang
decrease in verlieren an
decrease in consumption Verbrauchsrückgang
decrease in demand Nachfragerückgang
decrease in equity Eigenkapitalminderung
decrease in sales Umsatzrückgang
decrease in value Wertminderung
decreasing annuity fallende Annuität

decreasing marginal utility abnehmender Grenznutzen
decreasing return abnehmender Ertrag
decreasing returns to scale sinkender Skalenertrag
decurl glätten
deduct abrechnen, abziehen
deductibility Abzugsfähigkeit
deductible absetzbar, abzugsfähig
deductible business expenses abzugsfähige Betriebsausgaben
deductible input tax abziehbare Vorsteuerbeträge
deduction Abzug, Nachlass, Rabatt
deduction at source Quellenabzug
deduction from salary Gehaltsabzug
deed Dokument, Urkunde, förmlicher Vertrag
deed of ownership Besitzurkunde, Eigentumsurkunde
deed of partnership Gesellschaftsvertrag
deed of trust Treuhandvertrag
deed over vermachen
deemed fiktiv
deemed profit distribution verdeckte Gewinnausschüttung
deep discount bonds stark abgezinste Schuldverschreibungen
deep discount securities stark abgezinste Wertpapiere
deep in the red tief in den roten Zahlen
deepening investment Verbesserungsinvestition
defalcation Unterschlagung, Veruntreuung
default Verzug, Vertragswidrigkeit, Zahlungsunfähigkeit
default in acceptance Annahmeverzug
default in payment Zahlungsverzug
default of delivery Lieferverzug
default rate Ausfallquote
default risk Ausfallrisiko
defaulting debtor säumiger Schuldner, in Verzug geratener Schuldner
defaulting party säumige Partei
defeasance Finanzierungsmethode
defect Fehler, Mangel
defect as to quality Sachmangel
defect as to title Rechtsmangel
defect liability guaranty Gewährleistungsgarantie
defective mangelhaft
defective delivery fehlerhafte Lieferung
defective items fehlerhafte Stücke
defective parts fehlerhafte Teile
defective product fehlerhaftes Produkt
defensive conditions Abwehrkonditionen
defensive investing konservative Investitionen
defensive investing-policy defensive Anlagepolitik
defer aufschieben, zurückstellen, abgrenzen

defer payment Zahlung aufschieben
deferment Aufschub, Zurückstellung, Stundung
deferral Rechnungsabgrenzung, Aufschub
deferral items transitorische Posten
deferral of debt repayment Schuldenmoratorium
deferral of redemption payments Tilgungsaufschub
deferred annuity aufgeschobene Rente
deferred assets transitorische Passiva
deferred availability items Übergangsverbindlichkeiten
deferred bonds Obligationen mit aufgeschobener Zinszahlung, Obligationen mit allmählich ansteigender Verzinsung
deferred capital aufgeschobene Kapitaleinzahlung
deferred coupon bond Anleihe mit aufgeschobener erstmaliger Zinszahlung
deferred dividend aufgeschobene Dividende
deferred expenses antizipatorische Passiva
deferred interest Zinsabgrenzung
deferred interest certificate Zinszertifikat
deferred liability aufgeschobene Zahlung, langfristige Verbindlichkeiten
deferred maintenance unterlassene Instandhaltung
deferred ordinary shares Nachzugsaktien
deferred payment Ratenzahlung, aufgeschobene Zahlung, verzögerte Auszahlung
deferred payment agreement Ratenzahlungsvertrag
deferred payment price Preis bei Ratenzahlung
deferred payment sale Teilzahlungskauf
deferred payment terms Kreditbedingungen
deferred payments credit Akkreditiv mit aufgeschobener Zahlung
deferred taxes latente Steuern
deferred warrant Optionsschein
deficiency Fehlbetrag, Mangel, Fehlbestand
deficiency in proceeds Mindererlös
deficiency of saving mangelnde Ersparnis
deficiency payment Ausgleichszahlung
deficient unzureichend, mangelhaft
deficient amount Fehlbetrag
deficient delivery fehlerhafte Lieferung
deficit Defizit, Verlust, Mindereinnahme, Fehlbetrag
deficit financing Staatsverschuldung
deficit guaranty Ausfallbürgschaft
deficit in revenues Einnahmendefizit
deficit margin Verlustspanne
deficit not covered by equity Defizit, nicht durch Eigenkapital gedeckt
deficit spending Defizitfinanzierung
define definieren, erklären, bestimmen
defined goals and objectives Zielvorgaben

definite eindeutig, bestimmt, endgültig
definite price Festpreis
definite undertaking verbindliche Zusage
definition Definition
definition of short-term objectives Kurzzielbestimmung
definitive ausdrücklich, endgültig, entschieden
deflate Währungsinflation beseitigen
deflate a currency Zahlungsmittelumlauf einschränken
deflate policy restriktive Wirtschaftspolitik
deflation Deflation
deflationary program Stabilitätsprogramm
defraud betrügen, hinterziehen, unterschlagen
defraud of betrügen um
defraud the revenue Steuern hinterziehen
defrauder Betrüger
defray bestreiten
defrayal Übernahme
defunct company erloschene Gesellschaft
defunct firm erloschene Firma
degrade schwächen
degree Grad, Stufe
degree of capacity utilization Kapazitätsauslastungsgrad
degree of goal accomplishment Zielerreichungsgrad
degree of goal adaption Zielanpassungsgrad
degree of goal performance Zielerfüllungsgrad
degree of liquidity Liquiditätsgrad
degressive costs degressive Kosten
delay verzögern
delay Aufschub, Verspätung, Verzögerung
delay in delivery Lieferverzögerung
delay in payment Zahlungsverzug
delay in performance Leistungsverzug
delay of creditors Gläubigerbenachteiligung
delayed cap Zinsobergrenze
delayed delivery verspätete Lieferung
delayed delivery agreement Platzierungsvertrag mit Lieferfrist
delayed payment Zahlungsverzug
delaying tactics Verzögerungstaktik
delcredere Wertberichtigung
delcredere reserve Wertberichtigungsrückstellung
delegate bevollmächtigen
delegation of authority Kompetenzübertragung
delegation of decision-making Entscheidungsdelegation
delete durchstreichen, ausstreichen
deliberation Beratung, Überlegung
delimit abgrenzen
delimitation Abgrenzung
delineation of powers Kompetenzabgrenzung
delinquency Nichtzahlung bei Fälligkeit
delinquency rate Ausfallquote

delinquency risk Ausfallrisiko
delinquent rückständig, überfällig
delinquent accounts receivable überfällige Forderungen
delinquent debtor säumiger Schuldner
delinquent loan notleidender Kredit
delinquent taxes rückständige Steuern
delist a stock aus der Börsennotierung streichen
delisting Aufhebung der Börsenzulassung
deliver liefern, anliefern, ausliefern, andienen
deliver on time pünktlich liefern
deliver shares Aktien liefern
delivered duty paid zollfrei geliefert
delivered price Preis frei Haus
delivered pricing Preisstellung frei Haus
delivery Lieferung, Auslieferung, Andienung, Aushändigung
delivery charge Zustellgebühr
delivery charges Lieferkosten
delivery commission Auslieferungsprovision
delivery cost Versandkosten
delivery date Liefertermin, Lieferzeitpunkt, Lieferdatum
delivery day Liefertag
delivery free domicile Lieferung frei Haus
delivery free of charge freie Lieferung
delivery of securities Wertpapierlieferung
delivery on condition bedingte Lieferung
delivery order Orderlagerschein
delivery receipt Empfangsbestätigung
delivery vs. payment Lieferung gegen Zahlung
deluge of new issues Emissionsschwemme
deluge of orders Auftragsschwemme
demand Nachfrage, Bedarf
demand balances Sichtguthaben
demand bill Sichtwechsel
demand deposits Sichteinlagen
demand draft Sichttratte
demand effect Nachfragewirkung
demand for Nachfrage nach, Bedarf an
demand for capital Kapitalnachfrage
demand for cash Geldnachfrage
demand for cash balances Liquiditätsnachfrage
demand forecast Bedarfsprognose, Bedarfsvorhersage
demand line of credit Bedarfskreditlinie
demand loan täglich kündbares Darlehen
demand note Zahlungsaufforderung
demand price Geldkurs
demand rate Sichtkurs
demanding anspruchsvoll
demarcate abgrenzen
demesne Eigenbesitz, Grundbesitz
demolish abbrechen, abreißen
demolition costs Abbruchkosten
demonstrate beweisen, darstellen, vorführen, zeigen

demonstration Beweis, Darstellung, Vorführung
demurrage Lagergeld, Verzugskosten, Überliegezeit, Liegegeld
denied list schwarze Liste
denominate denominieren, Stückelung angeben
denomination Stückelung angeben
denomination of notes Notenstückelung
denominational value of coins Nennwert von Münzen
denominations Abschnitte, Stückelung angeben, Stückelungen
dent absinken
deny bestreiten
Department of Commerce Wirtschaftsministerium
Department of Trade and Industry Wirtschaftsministerium
Department of Treasury Finanzministerium
departmental budget Einzelplan
departmental charge Abteilungsumlage
departmental costing Abteilungskostenrechnung
departmental profit Abteilungsgewinn
dependability Verlässlichkeit, Zuverlässigkeit
dependence Abhängigkeit
dependence audit Abhängigkeitsprüfung
dependency Abhängigkeit
dependent company abhängige Gesellschaft
dependent enterprise abhängiges Unternehmen
dependent personal services unselbständige Arbeit
depict abbilden
depletion Erschöpfung, Substanzverringerung
depletion allowance Absetzung für Substanzverringerung
deposit hinterlegen, deponieren, einzahlen
deposit Einlagen, Guthaben, Anzahlung, Kaution, Depot
deposit account Einlagenkonto
deposit accounts Termineinlagen
deposit at call Sichteinlage
deposit at notice Kündigungsgeld
deposit bank Depositenbank
deposit banking Einlagengeschäft
deposit book Sparbuch
deposit ceiling Höchsteinlage
deposit currency Giralgeld
deposit drain Einlagenabfluss
deposit fee Hinterlegungsgebühr
deposit guaranty fund Einlagensicherungsfonds
deposit in transit noch nicht verbuchte Einzahlung
deposit insurance Einlagenversicherung
deposit interest rates Einlagenzinsen
deposit liabilities Termin- und langfristige Verbindlichkeiten
deposit mix Depotzusammensetzung
deposit money Geld einzahlen

deposit money Buchgeld
deposit of securities Effektendepot
deposit payment Anzahlung
deposit protection Einlagenschutz
deposit protection board Einlagenversicherung
deposit rate Einlagenzinsen
deposit receipt Depotschein, Hinterlegungsschein
deposit rollover Festgeldverlängerung mit Neufestsetzung des Zinssatzes
deposit security arrangements Einlagenschutz
deposit slip Einlieferungsschein, Einzahlungsschein
deposit to cover costs Kostenvorschuss
deposit turnover Verhältnis von Verbindlichkeiten zu Sichteinlagen
deposit warrant Hinterlegungsschein
deposit-capital ratio Verhältnis von Einlagen zu Eigenkapital
deposit-taking business Einlagengeschäft
deposit-taking institution Depositenbank
depositary Treuhänder, Verwahrer
depositary bank Depotbank
depositor Einzahler, Kontoinhaber
depositor's book Einlagenbuch
deposits Einlagen, Depositen, Depositengelder
deposits at call täglich fällige Gelder
deposits at notice Kündigungsgelder
deposits at short notice kurzfristige Einlagen
deposits in foreign countries Auslandsguthaben
deposits of banks Bankgelder
deposits stocks Bankeinlagen
depot Aufbewahrungsort, Depot
depreciable cost abschreibbare Kosten
depreciate abschreiben, abwerten, herabsetzen, Nutzwert verlieren
depreciated book value fortgeführter Buchwert
depreciated cost Nettobuchwert
depreciation Abschreibung, Abwertung, Wertminderung, Wertverlust
depreciation account Abschreibungskonto
depreciation allowance Abschreibungsbetrag
depreciation alternatives Abschreibungsmöglichkeiten
depreciation base Abschreibungsbasis
depreciation ceiling Höchstabschreibung
depreciation charge Abschreibungssumme
depreciation expense Abschreibungsaufwand
depreciation facilities Abschreibungsmöglichkeiten
depreciation financing Abschreibungsfinanzierung
depreciation for financial reporting purposes bilanzielle Abschreibung
depreciation for reporting purposes bilanzielle Abschreibung
depreciation fund Abschreibungsreserve

depreciation of fixed assets Abschreibung auf Anlagevermögen
depreciation of inventories Abschreibung auf Warenbestände
depreciation of long-term investments Abschreibung auf Anlagevermögen
depreciation of plant and equipment Abschreibung auf Betriebsanlagen
depreciation on financial assets Abschreibung auf Finanzanlagen
depreciation period Abschreibungszeitraum
depreciation privileges Abschreibungsvergünstigungen
depreciation schedule Abschreibungsplan
depressed business schleppendes Geschäft
depressed level niedriger Stand
depressed market gedrückter Markt
depth of production Fertigungstiefe
deputize for vertreten
deputy Stellvertreter
deputy director stellvertretender Direktor
derail aus dem Gleis laufen
deregister abmelden
derivation Ermittlung, Ursprung, Herkunft
derivative markets nachgeordnete Marktsegmente
derive income from Einkommen beziehen aus
describe in detail ausführlich beschreiben
description Ermittlung, Beschreibung
design costs Konstruktionskosten
designate bezeichnen, angeben
designation Bezeichnung
desirable erstrebenswert
desired capital stock gewünschter Kapitalbestand
destocking Vorratsabbau
destruction of capital Kapitalvernichtung
destruction of money Geldvernichtung
detachable stock warrant abtrennbarer Aktienbezugsschein
detachable warrant abtrennbarer Optionsschein
detail ausführlich beschreiben
detail Einzelheit, Detail
detailed breakdown detaillierte Gliederung, Einzelaufgliederung, Einzelaufstellung
detailed report ausführlicher Bericht, eingehender Bericht
detailed statement Einzelaufstellung
detention time Wartezeit
determinant Bestimmungsfaktor
determination Entscheidung
determination of income Ermittlung des Einkommens
determine bestimmen, entscheiden, festsetzen, regeln
detriment Nachteil, Schaden
detrimental nachteilig, ungünstig

devaluate a currency Währungsabwertung
devaluation Abwertung, Entwertung
devalue entwerten, abwerten
development Erschließung
development aid loan Entwicklungshilfeanleihe
development and improvement costs Erschließungsaufwendungen
development cost Entwicklungskosten, Erschließungskosten
development cycle Entwicklungszyklus
development department Entwicklungsabteilung
development expense Entwicklungsaufwand
development finance Mittel zur Projektfinanzierung
development loan Investitionskredit
development of wages Entwicklung der Löhne
development work Gründungsvorbereitungen
deviation Abweichung
deviation of actual costs Istkostenabweichung
deviation report Abweichungsbericht
device Gerät, Vorrichtung
dial wählen
dial up anwählen
dialing code Vorwahl
diary Terminkalender
diary list Umsatzliste
dibs Geld
dicey loan risikoreiches Darlehen
dictionary Wörterbuch
difference in quotations Kursspanne
differences Unterschiede
differential cost Grenzkosten
differential price Preisspanne
differential revenues Grenzerlöse
differential tax rate Grenzsteuersatz
dig up money Geld beschaffen
digested securities Wertpapiere im Besitz von Investoren
dilatory plea aufschiebende Einrede, dilatorische Einrede
diligence Eifer, Fleiß, Sorgfalt
dilute verwässern
diluted capital verwässertes Grundkapital
dilution Abschwächung
dilution of equity Verwässerung des Aktienkapitals
dilutive convertible securities wandelbare Wertpapiere
diminishing returns Ertragsrückgang, abnehmende Grenzerträge
diminution Abnahme, Kürzung, Verminderung
diminution in value Wertminderung
diminution of profits Gewinnschrumpfung
dip Geschäftsrückgang
dip into savings Ersparnisse angreifen
direct buying Direkteinkauf, Direktbezug

direct cost Einzelkosten
direct cost center Hauptkostenstelle
direct costing Teilkostenrechnung
direct debit Abbuchung, Einzugsermächtigung
direct debit authorization Einzugsermächtigung
direct debit mandate Einzugsermächtigung
direct debit method Abbuchungsverfahren
direct debit service Einzugsverfahren
direct debit slip Lastschriftbeleg
direct debiting service Abbuchungsverfahren
direct debiting transactions Lastschriftverkehr
direct dialing Durchwahl
direct earnings direkte, unmittelbare Gewinne
direct expense Einzelkosten, direkte Kosten
direct financing Direktfinanzierung
direct fund transfer system Datenfernübertragung der Kreditinstitute
direct investment Direktinvestition
direct labour unmittelbarer Arbeitsaufwand
direct labour costs Fertigungslohn
direct material Fertigungsmaterial
direct material cost Fertigungsmaterialkosten
direct placement Direktplatzierung
direct purchase Beziehungskauf
direct reduction mortgage Tilgungshypothek
direct taxes direkte Steuern
direct-investment capital Beteiligungskapital
direct-investment income Beteiligungserträge
directive Weisung, Vorschrift
directory Adressbuch
dirt cheap spottbillig
dirty cash ungewaschenes Geld
disabled arbeitsunfähig
disadvantage Nachteil
disadvantageous nachteilig
disaggregation Aufspaltung
disagio Disagio
disagree nicht einverstanden sein
disagreeable unangenehm
disagreement Meinungsverschiedenheit
disallow ablehnen, abweisen, Anerkennung versagen
disappreciation markttechnisch bedingter Kursrückgang
disapproval Missbilligung
disapprove ablehnen
disassemble auseinander nehmen, demontieren, ausschlachten
disbenefit Nachteil
disburse auszahlen
disbursement Ausgabe, Auslage, Auszahlung
disbursement instruction Kassenanweisung
disbursement of funds Auszahlung eines Darlehens
discern feststellen, wahrnehmen
discernible deutlich erkennbar
discharge Begleichung, Bezahlung, Entlastung

discharge a bill Wechsel einlösen
discharge a creditor Gläubiger befriedigen
discharge an account Konto ausgleichen
discharge debts Schulden begleichen
discharge liabilities Verbindlichkeiten erfüllen
disclaimer of liability Haftungsausschluss
disclaimer of right Rechtsverzicht
disclosed factoring offenes Faktoring
disclosure Bekanntgabe, Offenlegung
discommodities externe Kosten, schädliche Güter
discontinue unterbrechen, einstellen, auslaufen, aufgeben
discontinued business aufgegebenes Unternehmen
discount diskontieren
discount Abzug, Rabatt, Skonto, Nachlass, Damnum
discount allowed Kundenskonto
discount bank diskontierende Bank
discount bill Diskontwechsel
discount bonds Anleihen mit Kurs unter Nennwert
discount broker Diskontmakler, Wechselmakler
discount business Diskontgeschäft
discount charges Diskontspesen
discount commitment Diskontzusage
discount corporation Diskontbank
discount credit Diskontkredit
discount earned Liefererskonto, Diskonterlös, Lieferer-Skonto
discount factor Abzinsungsfaktor
discount line Wechseldiskontlinie
discount lost nicht in Anspruch genommene Nachlässe
discount market Diskontmarkt
discount note Diskontabrechnung
discount on bonds Anleihedisagio
discount period Skontofrist, Diskontierungszeitraum
discount rate Abzinsungssatz, Diskontsatz, Rabattsatz
discount rate differential Diskontgefälle
discount rate policy Diskontpolitik
discount schedule Rabattstaffel
discount table Abzinsungstabelle
discount terms Diskontbedingungen
discount the market Marktentwicklung antizipieren
discountable bill diskontfähiger Wechsel
discounted bills diskontierte Wechsel
discounted cash flow diskontierter, liquiditätswirksamer Ertrag, diskontierter Einnahmenüberschuss
discounted cash flow method Interne-Zinsfuß-Methode
discounted cash flow rate of return interner Zinsfuß

discounted cash flowback diskontierter Rückfluss von Barmitteln
discounted costs abgezinste Kosten
discounted paper Abzinsungspapier
discounted revenues abgezinste Erträge
discounting Abzinsung, Diskontierung
discounting bank diskontierende Bank
discounts allowed Diskontaufwendungen
discounts earned Diskonterlöse
discounts received Diskonterträge
discreditionary award of contract freihändige Auftragsvergabe
discreditionary order Interesse wahrender Auftrag
discrepancy Abweichung
discretion Ermessen
discretion clause Kannvorschrift
discretionary beliebig
discretionary decision Ermessensentscheidung
discretionary outlays freiwillige Zahlungen
discretionary power Ermessensfreiheit
discretionary reserves Ermessensrücklagen
discriminate benachteiligen
discriminatory pricing Preisdiskriminierung
diseconomies Unwirtschaftlichkeit
diseconomies of scale Größennachteile
disentangle entwirren
disequilibrated unausgeglichen
disequilibrium Ungleichgewicht
disguise tarnen, verbergen
disguised profit distribution verdeckte Gewinnausschüttung
disguised unemployment versteckte Arbeitslosigkeit
dishonor nicht akzeptieren, Annahme verweigern
dishonor a bill Wechsel nicht einlösen
dishonor a check Scheck nicht einlösen
dishonor for acceptance Akzeptverweigerung
dishonor for nonpayment Zahlungsverweigerung
dishonored bill notleidender Wechsel
dishonored check nicht eingelöster Scheck
disinclination to buy Kaufunlust
disinheritance Enterbung
disintermediation Einlagenabzug
disinvestment Desinvestition
disinvestment in stocks Abbau von Lagerbeständen
disinvestment process Desinvestitionsvorgang
dismantle abbrechen, demontieren, zerlegen, abbauen
dismantling cost Abbruchkosten
dismiss absetzen, entlassen, abberufen
dismissal Abberufung, Entlassung
dismissal protection Kündigungsschutz
dismissal without notice fristlose Kündigung
disparities of income Einkommensdisparitäten

disparity Ungleichheit, Unterschied, Unvereinbarkeit
dispassion Objektivität
dispassionate objektiv, sachlich
dispatch versenden, absenden
dispatch Versand, Abfertigung
dispatch costs Versandkosten
dispatch department Versandabteilung
dispatch note Begleitschein
dispatch order Versandauftrag
dispatching of goods Güterabfertigung
dispersion Streuung
displace ersetzen, ablösen
displacement Verlagerung, Verschiebung
display abbilden, ausstellen
disposable funds verfügbare Mittel
disposable income verfügbares Einkommen
disposal Veräußerung, Verfügungsrecht, Beseitigung
disposal value Veräußerungswert
disposals of fixed assets Anlagen-Abgänge
disposition gain Veräußerungsgewinn
disposition of retained earnings Gewinnverwendung
dispossess enteignen
dispossession Enteignung
disproportion Missverhältnis
disproportionate unverhältnismäßig
dispute benefit Streikgeld
disrupt unterbrechen, stören
disruption Unterbrechung
disruptive auflösend, zersetzend
dissave Ersparnis auflösen
dissenting opinion Minderheitsvotum
dissertation Abhandlung, Dissertation
dissolution Entflechtung, Auflösung
dissolve a company Gesellschaft auflösen
dissolve a liability reserve Rückstellung auflösen
dissuade abmahnen
dissuasion Abmahnung
distinct ausdrücklich, bestimmt, deutlich
distinction Unterschied, Unterscheidung
distinctive ausgeprägt, charakteristisch
distinctive feature Unterscheidungsmerkmal
distinguish unterscheiden, kennzeichnen
distorted verzerrt
distortion Entstellung, Verzerrung
distortion of competition Wettbewerbsverzerrung
distortion of market Marktverzerrung
distortionary taxation verzerrende Besteuerung
distress Notlage
distress sale Notverkauf
distress selling Notverkäufe
distributable verteilbar
distributable equity capital verwendbares Eigenkapital

distributable profit auszuschüttender Gewinn
distribute absetzen, verteilen, vertreiben, zustellen
distributed income ausgeschütteter Gewinn
distributed profit ausgeschütteter Gewinn
distributed profit share ausgeschütteter Gewinnanteil
distribution Verteilung, Ausschüttung
distribution chain Distributionskette
distribution cost analysis Distributionskostenanalyse
distribution costs Absatzkosten
distribution expenses Vertriebskosten
distribution index Vertriebskennzahlen
distribution of assets Sachausschüttung
distribution of dividends Ausschüttung von Dividenden
distribution of duties Aufgabenverteilung
distribution of income Einkommensverteilung
distribution of owners Eigenkapital-Ausschüttung
distribution of power Machtverteilung
distribution of risk Risikoverteilung
distribution planning Distributionsplanung
distribution policy Absatzpolitik
distribution-of-business plan Geschäftsverteilungsplan
distributional consequence Verteilungswirkung
distributional effect Verteilungswirkung
distributional shift Verteilungsverschiebung
distributional weights Verteilungsgewichte
distributive costing Vertriebskostenrechnung
distributive margin Verteilungsspielraum
distributive share Verteilungsquote
distributor discount Händlerrabatt
disturbance-free growth störungsfreies Wachstum
disturbed growth gestörtes Wachstum
disutility Nachteil
divergence Abweichung
divergence indicator Abweichungsindikator
divergence margin Abweichungsspanne
divergence threshold Divergenzschwelle, Abweichungsschwelle
diversifiable risk streuungsfähiges Risiko, vermeidbares Risiko
diversification Streuung
diversification of capital Anlagenstreuung
diversified investments gestreute Anlage
diversify diversifizieren
diverted funds zweckentfremdete Mittel
divest abstoßen
divestiture Veräußerung, Zwangsverkauf
dividend Dividende
dividend arrears Dividendenrückstände
dividend bearing dividendenberechtigt
dividend bond Anleihe mit Zins- und Gewinnzahlungen

dividend continuity Dividendenkontinuität
dividend coupon Gewinnanteilschein, Dividendenschein
dividend coupon sheet Dividendenbogen
dividend cover Verhältnis Gewinn/Dividende
dividend cut Dividendenkürzung, Dividendenschnitt
dividend disbursement Dividendenzahlung
dividend disbursing agent Dividendenzahlstelle
dividend distribution Dividendenausschüttung
dividend due date Dividendentermin
dividend earnings Dividendenerträge
dividend in arrears rückständige Dividende, aufgelaufene Dividende
dividend in bankruptcy Konkursquote
dividend in composition Vergleichsquote
dividend in kind Sachdividende, Sachausschüttung
dividend income Dividendeneinkommen
dividend mandate Dividenden-Überweisungsauftrag
dividend netting Dividendenbereinigung
dividend off ex Dividende
dividend on einschließlich Dividende
dividend on preferred stock Vorzugsdividende
dividend out of capital Grundkapital-Dividende
dividend payment (dividend payout) Dividendenausschüttung
dividend payment ratio prozentualer Anteile der Dividende
dividend payout account Dividendenkonto
dividend payout ratio Ausschüttungssatz
dividend per share Dividende pro Aktie
dividend policy Dividendenpolitik, Ausschüttungspolitik
dividend proposal Dividendenvorschlag
dividend rate Dividendensatz
dividend receivable Dividendenforderungen
dividend rights Dividendenrechte
dividend stop Dividendenstopp
dividend warrant Anrechtschein auf Dividende
dividend yield Dividendenrendite
dividend-bearing shares Dividendenpapiere
dividend-price ratio Verhältnis Dividende zu Kurs
divisible teilbar
divisible credit teilbares Akkreditiv
division into shares Stückelung
division of labor Arbeitsteilung
do-good organization Wohltätigkeitsorganisation
dock charges Kaigebühren
dock dues and shipping Dockgebühren
docket Laufzettel, Warenbegleitschein
doctor a report Bericht frisieren
document Dokument, Urkunde
document copy Belegkopie
document handling Belegbearbeitung, Belegverarbeitung

document management Dokumentation
document of title Besitztitel, Besitzurkunde, Dispositionspapier, Traditionspapier
document signed in blank Blankett
documentary acceptance credit Rembourskredit
documentary bill Dokumententratte
documentary check Belegprüfung
documentary collection Dokumenteninkasso
documentary credit business Akkreditivgeschäft
documentary draft Dokumententratte, Rembourswechsel
documentary evidence of origin Ursprungsnachweis
documentary letter of credit Dokumentenkredit
documentation Dokumentation, Unterlagen
documents accepted for collection Auftragspapiere
documents against acceptance Dokumente gegen Akzept
documents against cash Dokumente gegen Barzahlung
dodge license fees Gebühren hinterziehen
dodger Handzettel
doldrums Flaute
dole Almosen, Stempelgeld
dole out sparsam verteilen
dollar bond warrant Optionsschein auf Dollaranleihe
dollar cost averaging Kursdurchschnittsverfahren, Durchschnittspreisverfahren
dollar duration Renditeabhängigkeit des Anleihekurses
dollar exchange Wechsel, zahlbar in US-Dollar
dollar floater zinsvariabler Dollarschuldtitel
dollar gap Dollarlücke
dollar glut Dollarüberfluss
dollar premium Dollarzuschlag, Dollarprämie
dollar securities Dollartitel
dollar stock US-Aktien
dollar straight fest verzinsliche Dollaranleihe
dollar straight issue Dollarfestbonds
domain Bereich
domain of applicability Anwendungsbereich
domestic inländisch, heimisch
domestic banking Inlandsgeschäfte
domestic bonds inländische Rentenwerte
domestic capital Inlandskapital
domestic competition inländische Konkurrenz
domestic currency Binnenwährung
domestic demand Binnennachfrage, Inlandsnachfrage
domestic factoring Inlandsfactoring
domestic inflation Binneninflation
domestic investment Inlandsinvestition
domestic issue Inlandsemission
domestic issuer inländischer Emittent

domestic labor market inländischer Arbeitsmarkt
domestic lending Inlandsausleihungen
domestic loan Inlandsanleihe
domestic margin Zinsspanne im Inlandsgeschäft
domestic market Binnenmarkt
domestic money market nationaler Geldmarkt
domestic needs Inlandsbedarf
domestic sales Binnenumsätze
domestic securities Inlandswerte
domestic source income inländische Einkünfte
domestic spending Inlandsausgaben
domestic tariff Binnentarif
domestic trade Inlandshandel
domicile Wohnsitz, Zahlstelle
domicile clause Domizilvermerk
domicile of a bill Wechseldomizil
domiciled acceptance Domizilwechsel
domiciled bill Domizilwechsel
domiciliate zahlbar stellen
domiciliation Zahlbarstellung
dominant enterprise beherrschendes Unternehmen
dominant firm marktbeherrschendes Unternehmen
dominate beherrschendes Unternehmen
dominating influence beherrschender Einfluss
donation Schenkung
donations to charity Spenden für mildtätige Zwecke
donor Spender
dormant account inaktives Konto, umsatzloses Konto
dormant partner stiller Gesellschafter
dormant partnership stille Gesellschaft
double burden Doppelbelastung
double check genau nachprüfen
double counting Doppelzählung
double cross hintergehen, verraten
double crossing Verrat
double dipping Subventionserschleichung
double entry bookkeeping doppelte Buchführung
double spread doppelseitig
double standard Doppelwährung
double tax convention Doppelbesteuerungsabkommen
double tax treaty Doppelbesteuerungsabkommen
double taxation Doppelbesteuerung
double-barrelled quotation Angabe von Ankauf- und Verkaufskurs
double-bill doppelt berechnen
doubtful accounts dubiose Forderungen
doubtful accounts receivable zweifelhafte Forderungen

doubtful debt zweifelhafte Forderung
doubtful receivable notleidende Forderung
down reversal plötzlicher Kursrückgang
down stroke Anzahlung
downgrade verschlechtern, niedriger einstufen, rückstufen
downgrading Herabstufung
downpayment Anzahlung
downperiod Stillstandszeit
downside potential Abschwächungsmöglichkeiten
downside protection Absicherung nach unten
downside trend Abwärtstrend
downstream merger Abwärtsfusion
downswing Abschwung
downtick leichter Kursabfall
downtrend Abwärtstrend
downturn Abschwung
downturn phase Baisse
downward blip kurze Abwärtsbewegung
downward business trend Konjunkturrückgang
downward movement Abwärtsbewegung, Baissestimmung
downward pressure on prices Preisdruck, Kursdruck
downward price adjustment Kurskorrektur nach unten
downward revision Korrektur nach unten
downward tendency fallende Tendenz
downward trend Abwärtstrend, Abwärtsbewegung
draft Entwurf, Tratte, Wechsel
draft advice Ziehungsavis
draft at sight Sichttratte
draft credit Trassierungskredit
draft for acceptance Wechsel zur Annahme
draft letter Entwurf eines Briefes
draft proposal Vorschlagsentwurf
draft solution Lösungsentwurf
draft version Vorentwurf
drag on sich hinziehen
dragnet clause Klausel für künftige Verbindlichkeiten
drain Abzüge, Geldabfluss
drain on purchasing power Kaufkraftentzug
draw ziehen, abheben
draw a bill Wechsel ziehen
draw a check Scheck einlösen
draw down abbauen, in Anspruch nehmen
draw money Geld abheben
draw on a letter of credit Akkreditiv in Anspruch nehmen
draw unemployed benefits Arbeitslosenunterstützung beziehen
draw up ausarbeiten, entwerfen, aufsetzen
draw up a budget Haushaltsplan aufstellen
draw up a list Liste aufstellen

draw up a report Bericht ausarbeiten, Bericht erstellen
draw up financial statements Abschluss machen
draw up the annual accounts Jahresabschluss aufstellen
drawback Nachteil
drawdown Abbau
drawee Bezogener, Trassat
drawee bank bezogene Bank
drawer Aussteller, Trassant
drawing Abzug, Entnahme, Kreditinanspruchnahme
drawing account Girokonto
drawing authorization Verfügungsermächtigung
drawing on a letter of credit Inanspruchnahme eines Akkreditivs
drayage Rollgeld
dribble Absatz nicht registrierter Wertpapiere
drift langsam fallen
drift down abbröckeln
drifting costs davonaufende Kosten
drip feed stufenweise Finanzierung
drip feeding Bezuschussung
drive a bargain vorteilhaftes Geschäft abschließen
drive a hard bargain harte Bedingungen stellen, hart verhandeln
drive down a price Preis drücken
drive out verdrängen
drive out of the market vom Markt verdrängen
drive up prices Preise hochtreiben
drop Rückgang, Fall, Baisse
drop in earnings Ertragsrückgang
drop in economic activity Beschäftigungseinbruch
drop in performance Leistungsabfall
drop in prices Preisrückgang
drop in profits Gewinnrückgang
drop in sales Umsatzrückgang, Umsatzeinbuße, Absatzrückgang
drop in sales revenue Erlöseinbuße
droplock loan mittelfristiger, variabel verzinslicher Kredit
dropoff in orders Auftragsrückgang
dropoff in prices Preissturz
dubious unzuverlässig
dud geplatzter Scheck
dud note Blüte (Falschgeld)
dud stock Ladenhüter
due at call täglich fällig
due bill fälliger Wechsel
due care angemessene Sorgfalt
due care and diligence of a prudent businessman Sorgfalt eines ordentlichen Kaufmanns
due date Erfüllungstag, Fälligkeitstermin, Verfallstag, Abgabefrist
due date for annual income tax return Steuererklärungsfrist

due date for interest payment Zinstermin
due date of tax return Abgabetermin für die Steuererklärung
due date schedule Terminplan
due diligence angemessene Sorgfalt, Überprüfungsstadium
due for repayment zur Rückzahlung fällig
due on demand Fälligkeit bei Sicht
due on receipt of goods fällig bei Erhalt der Waren
due to banks Bankschulden
due-on-sale clause fällig bei Verkauf
dues Mitgliedsbeiträge, Abgaben, Gebühren
dues checkoff system Beitragseinzugsverfahren
dull market lustloser Markt
dull sales Absatzflaute, Absatzschwäche
dull start lustloser Beginn
dull trading lustloses Geschäft
dullness Flaute
dullness of the market Börsenflaute
dully paid-up capital voll eingezahltes Kapital
duly ordnungsgemäß, richtig
duly authorized signatory Zeichnungsbevollmächtigter
dummy corporation Scheinfirma
dummy invoice vorläufige Rechnung
dump verschleudern
dump shares Aktien abstoßen
dun anmahnen, Zahlungen anmahnen
dun Mahnung
dunning letter Mahnschreiben
dunning notice Zahlungsaufforderung

duplicate vervielfältigen
duplicate Zweitausfertigung, Zweitschrift, Duplikat
duplicate consignment note Frachtbriefdoppel
duplicate invoice Rechnungsdoppel
duration Dauer
duration of capital tie-up Kapitalbindungsdauer
duration of employment Beschäftigungsdauer
Dutch bargain einseitiges Geschäft
dutiability Zollpflichtigkeit
dutiable Zollpflichtigkeit
duty Zoll, Pflicht, Abgabe
duty and tax-free importation abgabenfreie Einfuhr
duty assessment Zollermittlung, Zollfestsetzung
duty forward Zoll zu Ihren Lasten
duty of accounting Rechenschaftspflicht
duty of care Sorgfaltspflicht
duty of loyality Treuepflicht
duty paid verzollt
duty roster Dienstplan
duty station Arbeitsplatz
duty to cooperate Mitwirkungspflicht
duty to disclose information Auskunftspflicht
duty to inform Informationspflicht
duty to notify Mitteilungspflicht
duty to report Meldepflicht
duty to retain records Aufbewahrungspflicht
duty to warn Aufklärungspflicht
dutyfree zollfrei
dysfunction Funktionsstörung

E

each way transaction Geschäft mit gleichmäßiger Gebührenverteilung, gleichmäßig verteilt
earliest completion time frühester Endpunkt
earliest expected time frühestmöglicher Zeitpunkt
earliest starting time frühester Anfangszeitpunkt
early call vorzeitige Kündigung
early closing früher Ladenschluss
early gains Anfangsgewinne
early payment vorzeitige Zahlung
early redemption vorzeitige Tilgung
early retirement vorzeitiger Ruhestand, vorzeitige Rückzahlung
early retirement scheme Vorruhestandsregelung
early sales warning Umsatzfrühwarnung
early success warning Erfolgsfrühwarnung
early trading Eröffnungshandel
early warning system Frühwarnsystem
earlybird price Einführungspreis
earmark Eigenschaft, Kennzeichen, Merkmal
earmarked fund Bereitstellungsfonds
earmarked funds zweckgebundene Mittel
earmarked lending objektgebundene Kreditgewährung
earmarking Zweckbindung
earn erwerben, verdienen
earn one's keep Lebensunterhalt verdienen
earned income Arbeitseinkommen, realisierter Gewinn
earned income relief Arbeitnehmerfreibetrag
earned surplus Reingewinn
earnest money Anzahlung, Handgeld, Bietungsgarantie
earning Ertrag, Erwerb, Verdienst
earning assets werbendes Vermögen, Ertrag bringende Aktiva
earning capacity Ertragsfähigkeit
earning capacity value Ertragswert
earning capacity value analysis Ertragswertmethode
earning power Ertragsfähigkeit, Ertragskraft, Ertragswert
earning rate Gewinnrate
earnings Einkommen, Ertrag, Lohn, Verdienst, Gewinnrate
earnings after taxes Gewinn nach Steuern
earnings before taxes Gewinn vor Steuern
earnings cover Dividendendeckung
earnings cushion Gewinnpolster
earnings distribution Einkommensverteilung
earnings drift Lohnverschiebung
earnings forecast Gewinnprognose

earnings from operation Betriebsgewinn
earnings gap Lohngefälle
earnings growth Ertragszuwachs
earnings margin Ertragsspanne
earnings multiple Kurs-Gewinn-Verhältnis
earnings net of taxes Nettoeinkommen
earnings of management Unternehmerlohn
earnings per share Gewinn je Aktie
earnings performance Gewinnentwicklung
earnings position Ertragslage, Ertragssituation
earnings progression Ertragsverlauf
earnings ratio Gewinnkennziffer, Gewinnkennzahl
earnings reserves Gewinnrücklagen
earnings retention Thesaurierung, Selbstfinanzierungsquote
earnings statement Erfolgsrechnung
earnings structure Ertragsstruktur
earnings tax Ertragsteuer
earnings to sales ratio Verhältnis unversteuerter Gewinn zu Umsatz
earnings value ratio Verhältnis fixe Kosten + Gewinn zu Umsatz
earnings yield Gewinn je Stammaktie
earnings-dividend ratio Verhältnis Gewinn zu Steuer
earnings-related einkommensbezogen
ease erleichtern, nachgeben
ease back senken
ease in the money market Entspannung des Geldmarktes
ease marginally abbröckeln
ease of borrowing money leichte Beschaffung von Fremdkapital
ease of use Benutzerfreundlichkeit
ease off sich abschwächen, nachlassen, nachgeben, abbröckeln
ease payment terms günstige Zahlungsbedingungen
ease the strain entlasten
easier after early gains leichter nach anfänglichen Kursgewinnen
easier credit terms Kreditverbilligung
easing abbröckelnd, nachgebend
easing of money Geldmarktverflüssigung
easing of prices Kursabschwächung
easing of the money market Verflüssigung des Geldmarktes
easing the pace of expansion Wachstumsverlangsamung
easy credit terms großzügige Kreditbedingungen
easy financing facilities bequeme Finanzierung

easy money leicht verdientes Geld, billiges Geld, leichtes Geld
easy money policy Niedrigzinspolitik
easy terms günstige Bedingungen
easy terms of payment günstige Zahlungsbedingungen
easy-to-follow übersichtlich, leicht verständlich
eat away aufzehren, schrumpfen
eat into reserves Rücklagen angreifen
eco-friendly umweltfreundlich
eco-sensitive umweltbewusst
ecological unconcern ökologische Sorglosigkeit
ecologically acceptable umweltfreundlich
ecologically beneficial umweltfreundlich
ecologically harmful umweltfeindlich
ecology Ökologie
ecology minded umweltbewusst
economic activity wirtschaftliche Tätigkeit
economic adviser Wirtschaftsberater
economic agreement Handelsabkommen
economic approach wirtschaftliche Betrachtungsweise
economic asset Wirtschaftsgut
economic batch size optimale Losgröße
economic clauses Handelsbestimmungen
economic climate wirtschaftliches Klima
economic condition Konjunkturlage
economic consultancy Wirtschaftsberatungs-Unternehmen
economic counseling wirtschaftspolitische Betrachtung
economic crisis Wirtschaftskrise
economic cycle Konjunkturzyklus
economic data Wirtschaftsdaten
economic development Wirtschaftsentwicklung
economic disequilibrium wirtschaftliches Ungleichgewicht
economic disturbances Wirtschaftsstörungen
economic feasibility study Wirtschaftlichkeitsanalyse
economic fluctuations Konjunkturschwankungen
economic forecast Konjunkturprognose
economic geography Wirtschaftsgeographie
economic indicators Konjunkturindikatoren
economic integration wirtschaftliche Eingliederung
economic interest Wirtschaftliches Interesse
economic life wirtschaftliche Nutzungsdauer
economic loss Vermögensschaden
economic lot size optimale Losgröße
economic migrant Wirtschaftsflüchtling
economic order quantity optimale Bestellmenge
economic outlook Konjunkturaussichten
economic performance wirtschaftliche Leistung, wirtschaftliches Ergebnis
economic relations Wirtschaftsbeziehungen
economic reprisals Wirtschaftssanktionen
economic return interner Zinsfuß
economic revival wirtschaftlicher Aufschwung
economic slowdown konjunkturelle Abkühlung
economic standard Lebensstandard
economic system Wirtschaftsordnung
economic unit Wirtschaftseinheit
economic upswing Konjunkturaufschwung
economic useful life wirtschaftliche Nutzungsdauer
economic warfare Handelskrieg
economic wellbeing materielle Lebenslage
economic woes Wirtschaftsschwierigkeiten
economical sparsam, haushälterisch
economically disadvantaged wirtschaftlich benachteiligt
economies Einsparungen
economies of mass production Vorteile der Massenproduktion
economies of scale Größenvorteile
economize wirtschaften, sparen, sparsam wirtschaften
economy Wirtschaftlichkeit, Sparsamkeit, sparsame Bewirtschaftung
economy drive Sparmaßnahme
edge Vorsprung, Vorteil
edge ahead steigen, ansteigen
edge down schwächer tendieren, nachgeben
edge in productivity Produktivitätsvorsprung
edge into the black schwarze Zahlen schreiben
edge over one's competitors Konkurrenzvorteil
edge up langsam anziehen
edit aufbereiten
edition Auflage
editor Herausgeber
editorial Leitartikel
educate ausbilden, erziehen
educated guess begründete Vermutung
educated workforce ausgebildete Belegschaft
education Ausbildung, Bildung
education allowance Ausbildungsfreibetrag
education expenses Weiterbildungskosten
effect a payment (effect a settlement) Zahlung leisten
effective wirksam, wirkungsvoll, gültig
effective annual yield jährliche Effektivverzinsung
effective base period Basislaufzeit
effective date Stichtag
effective demand echter Bedarf, tatsächliche Nachfrage
effective indebtedness Effektivverschuldung
effective interest load effektive Zinsbelastung
effective interest rate effektiver Zins
effective interest yield Effektivverzinsung
effective life Nutzungsdauer
effective output Nutzleistung

effective rate Effektivzins, Effektivverzinsung
effective rate of return Effektivverzinsung
effective tariff Effektivzoll
effective tax rate tatsächlicher Steuersatz
effective utilization rationelle Ausnutzung
effective valuation Bewertungsstichtag
effective yield Effektivverzinsung
effectiveness Wirksamkeit
efficiency Leistung, Effizienz, Leistungsfähigkeit, Wirtschaftlichkeit, Wirksamkeit
efficiency bonus Leistungszulage
efficiency calculation Wirtschaftlichkeitsrechnung
efficiency payment Leistungsprämie
efficiency rate Ausnutzungsgrad
efficiency scrutiny Überprüfung der Leistungsfähigkeit, Effizienz-Überprüfung
efficiency wages leistungsbezogener Lohn
efficient rationell, effizient, wirtschaftlich, tüchtig
efflux Fristablauf
effort Anstrengung
either-or order Alternativ-Auftrag
eject entlassen, hinauswerfen
eke Einkommen aufbessern
eke out a living sich kümmerlich durchschlagen
elaborate ausgereift
elapsed time Dauer
elasticity of employment Beschäftigungselastizität
elasticity of output Produktionselastizität
elasticity of tax revenue Steuerflexibilität
elect wählen, entscheiden für, entscheiden
election Wahl
electrical engineering Elektrotechnik
electrical equipment Elektroanlagen
electricity bill Stromrechnung
electricity costs Stromkosten
electricity supply Stromversorgung, Elektrizitätsversorgung
electronic banking elektronische Abwicklung von Bankgeschäften
electronic filing system elektronische Ablage
electronic fund transfer system elektronisches Zahlungsverkehrs-System
electronic funds transfer elektronischer Zahlungsverkehr
electronic payments elektronischer Zahlungsverkehr
electronic trading system elektronisches Handelssystem
element breakdown Arbeitszerlegung
elementary unit kleinste Untersuchungseinheit
elements of income Einkommensbestandteile
eligibility Eignung, Befähigung
eligibility for aid Förderungswürdigkeit
eligibility for benefit Leistungsberechtigung

eligibility for discount Diskontfähigkeit
eligibility for relief Unterstützungsberechtigung
eligibility policy Auslesepolitik der Notenbank
eligible geeignet, befähigt
eligible assets zentralbankfähige Aktiva
eligible bank bill rediskontfähiger Wechsel
eligible bill rediskontfähiger Wechsel
eligible earnings beitragspflichtige Entgelte
eligible for discount diskontfähig
eligible for rediscount rediskontfähig
eligible investment mündelsichere Kapitalanlage
eligible liabilities mindestreservepflichtige Einlagen
eligible paper rediskontfähige Wertpapiere, zentralbankfähige Wechsel
eligible reserve assets Reserveguthaben der Geschäftsbanken
eligible to serve as collateral beleihbar, beleihungsfähig
eliminate ausschalten, ausschließen, beseitigen, ausscheiden, entfernen
eliminate competitors Konkurrenz ausschalten
elimination Ausschaltung, Beseitigung
elimination of competitors Verdrängungswettbewerb
elimination of customs duties Zollaufhebung
embark on a strategy Strategie einschlagen
embezzle unterschlagen, veruntreuen
embezzlement Unterschlagung
embody verbriefen
embrace bestechen, umfassen, umschließen
embracery Bestechungsversuch
emerge auftauchen, zum Vorschein kommen
emergency Notlage, Ernstfall
emergency aid Soforthilfe
emergency clause Gefahrenklausel
emergency credit Stützungskredit
emergency freight surcharge Krisenfrachtzuschlag
emergency meeting dringende Sitzung
emergency sale Notverkauf
emolument Vergütung, Aufwandsentschädigung
emoluments Bezüge, Einkünfte
emphasis Betonung, Nachdruck, Schwergewicht
emphasis on efficiency Leistungsdenken
employ beschäftigen
employability Verwendungsfähigkeit
employable arbeitsfähig, anwendungsfähig, verwendbar
employe Mitarbeiter, Arbeitnehmer
employe allowance Arbeitnehmerfreibetrag
employe buy-out Unternehmensauskauf durch Arbeitnehmer
employe contribution Arbeitnehmeranteil
employe meeting Betriebsversammlung
employe pension scheme betriebliche Altersversorgung

employe's savings premium Arbeitnehmersparzulage
employe selection Personalauswahl
employe shares/stocks Belegschaftsaktien
employe turnover Fluktuation
employe's share Arbeitnehmeranteil
employe's wage tax card Lohnsteuerkarte
employe-oriented style of leadership mitarbeiterbezogener Führungsstil
employed capital eingesetztes Kapital
employer Arbeitgeber
employer's share Arbeitgeberanteil
employment Beschäftigung
employment deviation Beschäftigungsabweichung
employment freeze Einstellungsstopp
employment income Einkünfte aus nichtselbständiger Arbeit
employment of funds Geldanlage
employment overhead Personalgemeinkosten
employment quota Beschäftigungsanteil
employment subject to wage tax lohnsteuerpflichtige Beschäftigung
employment tax Sozialversicherungsanteil
employment trend Beschäftigungsentwicklung
employment-connected beschäftigungsbedingt
empower bevollmächtigen
empowered befugt, bevollmächtigt, ermächtigt
empties Leergut
empty package Leerpackung
enable befähigen, ermöglichen, in die Lage versetzen
encash einlösen
encash a check Scheck einlösen
encashment Einlösung, Inkasso
enclose einschließen, enthalten
enclosed in der Anlage, beiliegend, inliegend
enclosure Anlage, Beilage
encountered risks Wagnisverluste
encourage anregen, ermutigen, unterstützen
encouragement Unterstützungsberechtigung, Ermunterung
encroach in Anspruch nehmen
encroachment Beeinträchtigung
encumber belasten
encumbered überschuldet, verschuldet
encumbrance Belastung
encumbrance on real property Grundpfandrecht, Grundschuld, Grundstücksbelastung
end money Mittel zur Deckung von Mehrkosten
end of day report Tagesendliste
end product Endprodukt
end value Endkapital, Endwert
end-of-month fluctuations Ultimoausschläge
end-of-month settlement loan Ultimogeld
end-of-period inventory Stichtaginventur

end-of-year adjustment Rechnungsabgrenzungsposten
endanger gefährden
endeavor sich bemühen, streben, versuchen
ending inventory Schlussbestand
endorse bestätigen, indossieren, unterzeichnen
endorsee Indossatar
endorsement Nachtrag, Indossament, Giro, Bestätigung
endorsement in blank Blankoindossament
endorsement in full Vollindossament
endorsement liabilities Indossament-Verbindlichkeiten
endorser Indossant
endow ausstatten, dotieren, stiften
endowment Ausstattung, Stiftungskapital, Begabung
endowment insurance Kapitallebensversicherung
endowment insurance policy Lebensversicherungspolice
energy balance statement Energiebilanz
energy business Energiewirtschaft
energy crunch Energiekrise
energy efficiency Energieeinsparung
energy efficiency program Energiesparprogramm
energy efficient Energie sparend
energy supply Energieversorgung
energy thrift campaign Energiesparprogramm
enforce erzwingen, durchsetzen
enforceable durchsetzbar, vollstreckbar
enforced aufgezwungen, zwangsweise
enforced liquidation Zwangsvergleich
enforced retirement Zwangspensionierung
enforcement procedure Zwangsverfahren
enfranchise konzessionieren
enfranchisement Übertragung von Stimmrechten
engage einstellen
engaged besetzt
engaged in beschäftigt mit, arbeiten an
engagement Anstellung, Verpflichtung
engagement to sell short Baisse-Engagement
engineering data technische Daten
engineering department technische Abteilung
engineering fee Ingenieurhonorar
engineering progress technischer Fortschritt
engineering proposal technisches Angebot
engineering specifications technische Lieferbedingungen
engineering support technischer Kundendienst
engineerings Maschinenwerte
enhance erhöhen, vergrößern, steigern, übertreiben
enhanced voting rights erweiterte Stimmrechte
enjoyment Genuss, Nutzung, Nutznießung
enlarge erweitern, vergrößern, Einfluss ausdehnen

enlargement Ausdehnung, Erweiterung, Vergrößerung, Anbau
enlightenment Aufklärung
enlistment Anwerbung, Einstellung
ensure garantieren, sicherstellen, Gewähr bieten
entail zur Folge haben, mit sich bringen
enter for anmelden
enter in eintragen
enter into negotiations in Verhandlungen eintreten
enter new lines of business Geschäftsbereich ausweiten
enterprise finance Unternehmensfinanzierung
enterprise goals Unternehmensziele
entertainment expenses Bewirtungsaufwendungen
entertainment tax Vergnügungsteuer
entice away abwerben
entice to überreden
entitle Anrecht haben auf, berechtigen
entitlement Anrecht, Anspruch
entitlement spending regelgebundene Ausgaben
entity Einheit, juristische Person, Rechtspersönlichkeit, Organisationseinheit
entrance fee Aufnahmegebühr
entrance salary Startgehalt
entrance to the labor force Eintritt ins Erwerbsleben
entrance wage Anfangslohn
entrant Berufsanfänger, neuer Konkurrent
entrepreneur Unternehmer, Veranstalter
entrepreneurial unternehmerisch
entrepreneurial income Unternehmerlohn
entrepreneurial risk Unternehmerrisiko
entrepreneurial spirit Unternehmergeist
entrepreneurial withdrawals Privatentnahmen
entry Beitritt, Eintragung, Marktzutritt, Buchung
entry certificate Einfuhrbescheinigung
entry fee Postengebühr
entry into office Dienstantritt
entry inwards Einfuhrdeklaration
entry level Eingangsstufe
entry memo Buchungstext
entry price Einfuhrpreis
entry requirement Zugangsvoraussetzung
envelope Umschlag, Versandtasche
environment Umgebung, Umwelt
environment conscious umweltbewusst
environment surveillance system Umweltüberwachungssystem
environmental acceptability Umweltverträglichkeit
environmental audit Umweltaudit
environmental awareness Umweltbewusstsein
environmental conditions Umweltbedingungen
environmental considerations Umweltaspekte
environmental constellation Umweltzustand
environmental control Umweltkontrolle
environmental control costs Umweltüberwachungskosten
environmental criminal act Umweltschutzgesetz
environmental damage Umweltschaden
environmental department Umweltschutzabteilung
environmental destruction Umweltzerstörung
environmental effect Umweltwirkung
environmental forecast Umweltprognose
environmental health commission Umweltkommission
environmental impact Umweltwirkung
environmental impact analysis Umweltverträglichkeitsprüfung
environmental influences Umwelteinflüsse
environmental issue Umweltfrage
environmental issues Umweltprobleme
environmental levy Umweltabgabe
environmental performance Umweltverhalten
environmental permit Umweltzertifikat, Umweltlizenz
environmental planning Umweltplanung
environmental policy Umweltpolitik
environmental policy act Umweltschutzgesetz
environmental pollution Umweltverschmutzung
environmental problems Umweltprobleme
environmental protection Umweltschutz
environmental protection agency Umweltschutzbehörde
environmental quality Umweltqualität
environmental regulations Umweltvorschriften
environmental research Umweltforschung
environmental standards Umweltschutznormen
environmental sustainability Umwelterhaltung
environmental thinking umweltbewusstes Denken
environmentally friendly umweltfreundlich
environmentally hazardous umweltschädlich
envisage beabsichtigen, in Betracht ziehen, sich vorstellen
envy Neid
equal entsprechen
equal gleich, gleichberechtigt
equal opportunities Chancengleichheit
equality Gleichheit, Parität
equalization Gleichsetzung
equalization claim Ausgleichsforderung
equalization levy Ausgleichsabgabe
equalization of accrued gains Zugewinnausgleich
equalization point Frachtbasis, Gleichstellung
equalization reserve Ausgleichsrücklage
equalizing dividend Ausgleichsdividende
equalizing fund Ausgleichsfonds
equalizing process Ausgleichsverfahren

equate with gleichsetzen
equated time mittlerer Fälligkeitstermin
equation Ausgleich, Gleichung
equilibrium Gleichgewicht, Balance
equilibrium exchange rate Gleichgewichtswechselkurs
equilibrium price Gleichgewichtspreis
equip ausrüsten, ausstatten
equipment Anlagen, Ausrüstung, Ausstattung, Sachmittel
equipment goods Investitionsgüter
equipment leased to customers vermietete Erzeugnisse
equipment leasing Investitionsgüterleasing
equipment on operating leases vermietete Gegenstände
equipment rental Gerätemiete
equipment spending Investitionsausgaben
equipment trust bond gesicherte Schuldverschreibung durch Investitionen
equitable billig, gerecht
equitable owner wirtschaftlicher Eigentümer
equities Aktien, Dividendenpapiere, Anteilscheine, Stammaktien, Beteiligungsrechte
equity Eigenkapitalrendite, Billigkeit, Aktienkapital, Eigenkapital, Gerechtigkeit, Überschuss des Börsenwertes über Verbindlichkeiten
equity account Eigenkapitalkonto
equity base Eigenkapitalbasis
equity buyback Eigenkapitalrückkauf
equity capital Aktienkapital, Eigenkapital
equity capital base Eigenkapitalbasis
equity capital formation Eigenkapitalbildung
equity capitalization Eigenkapitalausstattung
equity contract note Schuldtitel mit Eigenkapitalcharakter
equity contribution Kapitaleinlage
equity conversion Umwandlung in Aktienkapital
equity cushion Eigenkapitalpolster
equity dealer Aktienhändler
equity dilution Kapitalverwässerung
equity earnings Beteiligungserträge, indirekte Gewinne
equity feature Beteiligungscharakter
equity finance Beteiligungskapital
equity financing Beteiligungsfinanzierung
equity fund Aktienfonds
equity funding Eigenkapitalkonsolidierung
equity gearing Verschuldungsgrad
equity holder Aktionär, Anteilseigner
equity in earnings Anteil an Gewinnen
equity income Beteiligungserträge
equity instruments Dividendenpapiere
equity investment Kapitalbeteiligung, Aktienanlage
equity investment company Kapitalbeteiligungs-Gesellschaft

equity issue Aktienemission, Emission von Stammaktien
equity kicker Kapitalbeteiligung eines Kreditgebers
equity launch Aktienemission
equity leaders führende Aktienwerte
equity link Eigenkapitalverflechtung
equity majority Kapitalmehrheit
equity market Aktienmarkt
equity of redemption Ablösungsrecht
equity offering Aktienemission
equity participation Kapitalbeteiligung
equity pie Summe aller Stamm- und Vorzugsaktien
equity placement Aktienplatzierung
equity position Kapitaldecke
equity price Aktienkurs
equity price risk Aktienkursrisiko
equity ratio Eigenkapitalquote
equity redemption Rückkauf des eigenen Aktienkapitals
equity- related securities aktienähnliche Wertpapiere
equity requirements Eigenkapitalbedarf
equity research Aktienanalyse
equity return Eigenkapitalrentabilität, Eigenkapitalrendite
equity-linked issue Anleihe mit Optionsscheinen auf Aktien
equity-to-fixed assets ratio Anlagendeckungsgrad
equivalent Gegenwert
equivalent entsprechend, gleichwertig, äquivalent
erosion of assets in real terms Substanzauszehrung
erratic price movements heftige Kursausschläge
error Irrtum, Versehen
error account Fehlerkonto
error in law Rechtsirrtum
error in survey Erhebungsfehler
error of observation Messfehler, Beobachtungsfehler
error probability Fehlerwahrscheinlichkeit
errors excepted Irrtümer vorbehalten
escalator clause Gleitklausel
escalator scale gleitende Lohnskala
escape clause Befreiungsklausel
eschew vermeiden, unterlassen
escrow account Treuhandkonto, Anderkonto
essential wesentlich, erforderlich, unentbehrlich, wichtig
establish einrichten, gründen
establish a letter of credit Akkreditiv eröffnen
establishment Gründung, Errichtung, Niederlassung
estate Grundbesitz, Vermögen
estate duty Nachlasssteuer

estate in bankruptcy Konkursmasse
estate of inheritance Nachlass
estate tax Erbschaftsteuer
estimate Schätzung, Voranschlag
estimate of costs Kostenvoranschlag
estimate of investment profitability Investitionsrechnung
estimated cost vorkalkulierte Kosten
estimated costs Vorkalkulation
estimated delivery geschätzter Liefertermin
estimated loss of service life geschätzter Wertminderungsverlauf
estimated service life geschätzte Nutzungsdauer
estimated value Schätzwert
estimation Schätzung
estrangement effect Verfremdungseffekt
Euro issue Euro-Emission
Euro-loan Euroanleihe
Eurobond Euroanleihe
Eurocurrency Eurowährung
Eurocurrency loan Euroanleihe
Eurocurrency market Eurogeldmarkt
Euroequity market Euroaktienmarkt
Eurolending-business Eurokreditgeschäft
Euronote Euroschuldschein
European Community Europäische Gemeinschaft
European Court of Justice Europäischer Gerichtshof
European Currency Union Europäische Währungseinheit
European Development Fund Europäischer Entwicklungsfonds
European Economic Community Europäische Wirtschaftsgemeinschaft
European Free Trade Association Europäische Freihandelszone
European Monetary System Europäische Währungssystem
European snake Europäische Währungsschlange
Eurosecurities Euro-Wertpapiere
evade taxes Steuern hinterziehen
evaluate abschätzen, auswerten, bewerten
evaluation Bewertung, Auswertung, Abschätzung
evaluation criterion Bewertungskriterium
evaluation of securities Anlagebewertung
evaluator Schätzer, Taxator
evasion of customs duties Zollhinterziehung
even off (even out) ausgleichen
even out einpendeln
even spread gleichmäßige Verteilung
even up glattstellen
evening out (evening up) Glattstellung
evening trade Nachtbörse
evening up of peaks Spitzenausgleich
evening-up transaction Glattstellungsgeschäft
event Ereignis

event-orientated updating ereignisorientierte Fortschreibung
evergreen clause Verlängerungsklausel
evidence verbriefen
evidence Beleg, Beweis, Nachweis, Anzeichen
evidence account Evidenzkonto
evidence of value Wertnachweis
evident offensichtlich
ex allotment Bezugsrecht, ausschließlich aller Rechte
ex ante vorab, im voraus
ex capitalization issue Berichtigungsaktien
ex contract aus dem Kaufvertrag
ex coupon ex Kupon
ex depreciation ohne Abschreibung
ex dividend ausschließlich Dividende
ex dock frei Dock
ex drawing ex Ziehung
ex due Bezugsrecht
ex factory ab Werk
ex factory price Preis ab Werk
ex gratia payment Kulanzentschädigung
ex gratia pension payment freiwillige Pensionszahlung
ex interest ohne Zinsen, ohne Stückzinsen
ex mill ab Werk
ex post costing Nachkalkulation
ex post facto nach geschehener Tat
ex scrip Gratisaktien
exacerbate verschärfen, verschlimmern
exacerbation Verschärfung
exact interest Zinsen bezogen auf 365 Tage
exacting anspruchsvoll
exaggerate übertreiben
exaggerated demand Übernachfrage
examination Untersuchung
examine untersuchen
exceed überschreiten, übersteigen
exceed authority Befugnisse überschreiten
excellent ausgezeichnet, hervorragend
exception Ausnahme, Einspruch
exceptional außergewöhnlich
exceptional price Sonderpreis
exceptionally ausnahmsweise
excess Überschuss, Übermaß, Mehrbetrag, Überschreitung
excess amount Überhangbetrag
excess burden Nettowohlfahrtsverlust
excess capacity Überkapazität
excess charge Gebührenzuschlag
excess cover Überdeckung
excess demand Überschussnachfrage
excess expenditure Mehrausgaben
excess freight Frachtzuschlag
excess liquidity Überliquidität
excess money demand Geldnachfrageüberhang
excess money supply Geldangebotsüberhang

83

excess of new savings Einzahlungsüberschuss
excess payment zu viel gezahlter Betrag
excess primary reserves überschüssige gesetzliche Rücklagen
excess reserve Überschussreserve
excess reserves außerordentlich Rücklagen
excess return Überschussgewinn
excess sales revenue Mehrerlös
excess supply Überangebot
excessive übermäßig, übertrieben
excessive foreign control Überfremdung
excessive indebtedness Überschuldung
excessive price überhöhter Preis
exchange tauschen, umtauschen, wechseln
exchange Tausch, Umtausch, Vermittlung
exchange adjustment Wechselkursanpassung, Devisenarbitrage
exchange arbitration tribunal Börsenschiedsgericht
exchange arrangements Bestimmungen über den Zahlungsverkehr
exchange board Börsenvorstand
exchange broker Devisenmakler
exchange clause Kursklausel
exchange control Devisenkontrolle
Exchange Council Börsenrat
exchange crisis Währungskrise
exchange current laufender Devisenkurs
exchange dealer Devisenhändler
exchange dealings Devisenhandel, Börsenhandel
exchange delivery settlement price Börsenabrechnungspreis
exchange depreciation Währungsabwertung, Devaluation
exchange difference Kursdifferenz, Kursspanne
exchange floor Börsenparkett
exchange function of money Tauschmittelfunktion des Geldes
exchange futures Devisenterminkontrakte
exchange futures contract Devisenterminkontrakte
exchange gain Währungsgewinn, Kursgewinn
exchange hedging Kurssicherung
exchange holdings Devisenbestände
exchange intervention Kursintervention
exchange jobber Devisenhändler
exchange listing Börsennotierung
exchange loss Kursverlust
exchange market Devisenmarkt
exchange market intervention Devisenmarktintervention
exchange markup Währungszuschlag
exchange of acceptances Akzepttausch
exchange of goods Güteraustausch
exchange of information Informationsaustausch
exchange of shares Aktienaustausch
exchange of views Meinungsaustausch

exchange of voting stock Tausch stimmberechtigter Aktien
exchange offer Umtauschangebot
exchange optimum Handelsoptimum
exchange privilege Umtauschrecht
exchange proceeds Deviseneinnahmen
exchange quotation Börsennotierung, Börsennotiz
exchange rate Devisenkurs, Wechselkurs, Umrechnungskurs
exchange rate adjustment Wechselkurskorrektur
exchange rate criterion Wechselkurskriterium
exchange rate differential Kursgefälle
exchange rate expectations Wechselkurserwartung
exchange rate exposure Wechselkursrisiko
exchange rate fall Wechselkursverschlechterung
exchange rate fixing Devisenkursfeststellung
exchange rate fluctuations Wechselkursschwankungen
exchange rate hedging Wechselkurssicherung
exchange rate overshooting überschießender Wechselkurs
exchange rate policy Wechselkurspolitik
exchange rate quotation Wechselkursnotierung
exchange rate realignment Wechselkursanpassung
exchange rate rearrangement Wechselkursberichtigung
exchange rate risk Wechselkursrisiko
exchange ratio Umrechnungsverhältnis, Umtauschverhältnis
exchange regulations Devisenbestimmungen
exchange repro agreement Devisen-Pensionsgeschäft
exchange reserves Devisenreserven
exchange restrictions Devisenbeschränkungen
exchange risk Wechselkursrisiko, Kursrisiko
exchange seat Börsensitz
exchange stability Wechselkursstabilität
exchange trading amtlicher Markt
exchange transactions Börsengeschäfte
exchange transfer risk Konvertierungsrisiko
exchange turnover tax Börsenumsatzsteuer
exchange value Tauschwert
exchange-listed stocks börsennotierte Aktien
exchange-rate target zone Wechselkurszielzone
exchangeability Austauschbarkeit
exchangeable austauschbar, umtauschfähig
Exchequer bill Schatzwechsel
Exchequer bond Schatzanweisung
excise indirekte Steuer
excise duty Warensteuer, Verbrauchsteuer
excise tax Verbrauchsabgabe, Umsatzsteuer
exclude ausschließen
exclusion Freibetrag
exclusion method Abzugsmethode

exclusion of a partner Ausschluss eines Partners
exclusion of liability Haftungsausschluss
exclusive ausschließlich
exclusive dealing right Exklusivrecht
exclusive of ausschließlich (aller Rechte), ohne
execute durchführen
execute an order Bestellung ausführen
execution Ausführung, Erledigung, Vollziehung
execution of bargain Erfüllung eines Wertpapiergeschäfts
execution proceedings Zwangsverwertung
execution time Durchlaufzeit
executive leitender Angestellter
executive board Geschäftsleitung
executive committee Leitungsausschuss, Leitungsgremium
executive decision Führungsentscheidung
executive functions Führungsaufgaben
executive management Geschäftsleitung
executive manager Geschäftsführer
executive officer Führungskraft
executive position Führungsposition, leitende Position
executive skill Führungsqualitäten
executive staff leitende Angestellte
executive talent Führungseigenschaften
exempt befreien, ausnehmen
exempt from befreien von
exempt from customs zollfrei
exempt from taxation steuerfrei
exempt fund steuerbefreite Kasse
exempt threshold Freigrenze
exemption Befreiung, Freibetrag, Vorrecht
exemption from import tax Steuerbefreiung bei der Einfuhr
exercise anwenden, üben, ausüben
exercise an option Option ausüben
exercise date Ausübungstag, Erklärungstag
exercise notice Erklärung über die Ausübung der Option
exercise price Ausübungskurs
exhaust a quota Kontingent ausschöpfen
exhaustive enumeration erschöpfende Aufzählung
exhibit ausstellen, vorzeigen
exhibit Anlage
exhibition Ausstellung
exit value Veräußerungswert
exorbitance Wucher, Unmäßigkeit
exorbitant wuchern, maßlos, übertrieben
exorbitant price Wucherpreis
expand expandieren, wachsen, ausbauen
expand in sales Umsatz steigern
expand on erläutern, ausführlich eingehen auf
expand operations expandieren, Geschäft ausdehnen
expand plant capacity Kapazität erweitern

expandability Erweiterungsfähigkeit
expansion Ausweitung, Erweiterungsfähigkeit
expansion of capital stock Kapazitätserweiterung
expansion of credit volume Kreditausweitung
expansion of liquidity Liquiditätsausweitung
expect erwarten, rechnen mit
expectation Erwartung
expectation calculus Erwartungsrechnung
expectation planning Erwartungsplanung
expectations effect Erwartungseffekt
expected inflation erwartete Inflation
expected inflation rate erwartete Inflationsrate
expected life voraussichtliche Lebensdauer
expected perils clause Freizeichnungsklausel
expected price level erwartete Preisgrenze
expected real interest rate erwartete reale Zinsrate
expected return erwarteter Ertrag
expected sales erwartete Verkäufe
expected utility erwarteter Nutzen
expected value Erwartungswert
expediency Zweckmäßigkeit
expediting Terminüberwachung
expel from ausschließen
expelled shareholder ausgeschlossener Aktionär
expend on ausgeben für, aufwenden für
expenditure Aufwand, Ausgabe, Verbrauch
expenditure currency Ausgabenwährung
expenditure format Gesamtkostenverfahren
expenditure freeze Ausgabensperre
expenditure obligation Ausgabenverpflichtung
expenditure on benefits Leistungsausgaben
expenditure policy Ausgabenpolitik
expenditure ratios Ausgabenquoten
expenditure style of presentation Gesamtkostenverfahren
expenditure switching Ausgabenumlenkung
expenditure-receipts column Zahlungsreihe
expenditure-reducing policy ausgabenreduzierende Politik
expense Ausgabe, Aufwand, Kosten
expense account Spesenkonto
expense allocation Aufwandsverteilung
expense allowance Spesenpauschale
expense and revenue Aufwand und Ertrag
expense and revenue account Aufwands- und Ertragskonten
expense anticipation accrual Aufwandsrückstellung
expense as incurred sofort abschreiben
expense budgeting Kostenplanung
expense claim Erstattungsantrag
expense distribution sheet Betriebsabrechnungsbogen (BAB)
expense distribution system Betriebsabrechnungssystem

expense item Aufwandsposten
expense report Spesenabrechnung
expense variance Verbrauchsabweichung
expenses Aufwendungen, Kosten, Spesen, Auslagen
expenses for building maintenance Mietnebenkosten
expenses for repairs Instandsetzungskosten
expensive teuer, aufwändig, hochpreisig
experience curve Erfahrungskurve
experience figures Erfahrungswert
expert appraisal Bewertungsgutachten
expert committee Sachverständigenausschuss
expert of foreign exchange markets Währungsexperte
expert opinion Gutachten
expert valuation Begutachtung
expertize Sachwissen, Sachverstand
expiration Ablauf, Fälligkeit, Verfall
expiration clause Verfallklausel
expiration date Auslauftag, Fälligkeitstag, Verfallsdatum
expiration day Verfallstermin
expiration month Verfallmonat, Auslaufmonat
expiration of contract Vertragsablauf
expire Gültigkeit verlieren, verfallen, erlöschen, ablaufen, auslaufen
expired ungültig
expired term abgelaufene Frist
expiring date Verfallsdatum
expiry Ablauf, Verfall
expiry date Verfallstermin, Verfallsdatum, Fälligkeitstag, Auslauftag
explain erklären
explanation Herleitung, Erläuterung, Erklärung
explanatory erklärend
explanatory memorandum Erläuterungen, Begründung
explanatory note Begründung
explicit cost effektive Kosten
explicitness Eindeutigkeit
exploit ausbeuten, ausnutzen, verwerten
exploitation Ausbeutung, Bewirtschaftung, Verwertung
exploration Erforschung, Untersuchung
exploratory contacts erste Kontakte, Fühlungnahme
exploratory talks Sondierungsgespräche, Fühlungnahme
explore erforschen, sondieren
export business Exportgeschäft
export claim Ausfuhrforderung
export commodities Ausfuhrgüter, Exportgüter
export cost accounting Exportkalkulation
export credit Ausfuhrkredit, Exportkredit
export credit arrangements Exportkredit-Vereinbarungen

export credit insurance Exportkreditversicherung
export credit terms Exportkredit-Konditionen
export customer Exportkunde
export declaration Ausfuhrerklärung
export document Exportdokument, Ausfuhrdokument
export draft Exporttratte
export draft in foreign currency Valuta-Exportrate
export earnings Ausfuhrerlöse, Exporterlöse
export factoring Export-Factoring
export financing Exportfinanzierung
export financing instruments Exportfinanzierungs-Instrumente
export guaranty Ausfuhrbürgschaft
export invoice Ausfuhrrechnung, Exportrechnung
export letter of credit Exportakkreditiv
export order Exportauftrag
export permit Exportlizenz, Ausfuhrlizenz
export price Exportpreis
export promotion credit Ausfuhrförderungskredit, Exportförderungskredit
export rebate Ausfuhrrückvergütung
export risk Ausfuhrrisiko, Exportrisiko
export risk liability Exportrisikohaftung
export terms Exportbedingungen
export trade credit Ausfuhrkredit, Exportkredit
export transaction Exportgeschäft
export turnover Auslandsumsatz
export wave Exportwelle
export-related risk Ausfuhrrisiko, Exportrisiko
exporter's retention Exportselbstbehalt
expose aussetzen, enthüllen
exposure Risiko
exposure draft Arbeitspapier, Diskussionspapier
exposure management Risikomanagement
express consignment Expresssendung
express letter Eilbrief
expropriate enteignen
expropriation Enteignung
expulsion of a partner Ausschluss eines Partners
expunge löschen, ausstreichen
exquisite vorzüglich
extend ausdehnen, Frist verlängern, vergrößern
extend a credit Kredit gewähren, Kredit verlängern
extend a deadline Frist verlängern
extend a loan Darlehen gewähren
extend a time limit Frist verlängern
extend of liquidity Liquiditätsdecke
extend operations expandieren, Kapazität erweitern
extendable bond Anleihe mit Recht auf Laufzeitverlängerung
extendable swap verlängerbarer Swap

extended annual financial statements erweiterter Jahresabschluss
extension Ausdehnung, Verlängerung, Prolongation
extension agreement Prolongationsabkommen, Verlängerungsvereinbarung
extension fee Verlängerungsgebühr
extension of credit Kreditgewährung, Darlehensgewährung
extension of deadline Fristverlängerung
extension of plant facilities Betriebserweiterung
extension of time for payment Stundung
extension of time limit Nachfrist, Fristverlängerung
extension services Zusatzservice
extensional capability Erweiterungsmöglichkeit
extensive ausgedehnt, umfassend, umfangreich, extensiv, weitläufig
extensive coverage weiter Geltungsbereich, große Reichweite
extent Ausmaß, Umfang
extenuating circumstances mildernde Umstände
external außerbetrieblich
external account Auslandskonto
external accounts Ausländerguthaben
external affairs auswärtige Angelegenheiten
external audit Betriebsprüfung
external balance sheet comparison externer Bilanzvergleich
external bill Auslandswechsel
external bonds Auslandsbonds, Auslandsanleihe
external commerce Außenhandel
external debts Auslandsschulden, Auslandsverschuldung
external facts äußere Umstände
external finance Fremdkapital
external financing Marktfinanzierung, Außenfinanzierung
external funds fremde Mittel
external indebtedness Auslandsverbindlichkeiten
external investment Fremdinvestition
external loan Auslandsanleihe
external payments Zahlungsverkehr mit dem Ausland
external reporting externe Rechnungslegung
external sales Auslandsabsatz
external tariff Außenzoll
external trade Außenhandel
external transaction Außenhandelsgeschäft, Auslandsgeschäft
external value Außenwert
external value of money außenwirtschaftlicher Geldwert
external voucher Fremdbeleg
externalities externe Effekte
extinct erloschen, abgeschafft
extinction Auslöschung, Tilgung, Vernichtung
extinction of debts Schuldentilgung
extinguish löschen, tilgen
extortionate interest rates Wucherzinsen
extra Sonderdividende
extra charge Aufgeld, Aufschlag, Nebengebühren, Nebenkosten, Aufpreis, Zuschlag
extra cost Zusatzkosten, Mehrkosten
extra dividend Sonderdividende
extra expense Mehrausgaben
extra freight Frachtzuschlag
extra hour Überstunde
extra lay days Überliegezeit
extra pay Zusatzvergütung
extra premium Aufgeld
extra proceeds Mehrertrag
extra unit Zusatzeinheit
extract Auszug machen
extraordinary außerordentlich
extraordinary expenditure außerordentliche Aufwendung
extraordinary financial burden außergewöhnliche Belastung
extraordinary income außerordentliche Erträge
extraordinary loss of service life außerordentlicher Verschleiß
extraordinary result außerordentliches Ergebnis
extrapolate a sample Stichprobe hochrechnen
extrapolation Hochrechnung
extreme äußerst, ungewöhnlich
extreme measure drastische Maßnahme
extreme necessity zwingende Notwendigkeit
extrinsic value äußerer Wert

F

face Wortlaut eines Dokumentes
face amount Nennbetrag
face value Nennwert, Nominalwert
face-to-face negotiations persönliche Verhandlungen
facilitation of payments Zahlungserleichterung
facility Anlage, Vergünstigung, Einrichtung
facility assignment Betriebsmittelzuweisung
facility letter Kreditbestätigung
facsimile Telefax
facsimile signature Faksimile-Unterschrift
factor costs Produktionsfaktorkosten
factor demand Produktionsfaktornachfrage
factor earnings Produktionsfaktoreinkommen
factor endowment Faktorausstattung
factor garnishee Drittschuldner
factor in dollars in Dollar fakturieren
factor of production Produktionsfaktor, Kostengut
factor returns Faktorerträge
factor shares Faktoranteile
factor's commission Factoring-Gebühr
factor's lien Sicherungsrecht
factorage Kommissionsgeschäft, Factoring-Gebühr
factoring Forderungsankauf
factoring arrangement Factoring-Vereinbarung
factoring contract Factoring-Vertrag
factors of depreciation Abschreibungsursachen, Entwertungsfaktoren
factors of evaluation Bewertungsgrößen
factors of performance Erfolgsfaktoren
factory accounting Betriebsbuchhaltung
factory committee Betriebsrat
factory data collection Betriebsdatenerfassung
factory discount Werksrabatt
factory gate price Preis ab Werk
factory indirect costs Betriebsgemeinkosten
factory overhead Fertigungsgemeinkosten
factory price ab Werk, Fabrikpreis
factory rebate Werksrabatt
factory site Werksgelände
factsheet Tatsachendokument
factual constraint Sachzwang
factual control faktische Beherrschung
faculty Begabung, Fähigkeit
fail versäumen, versagen, ausfallen, bankrott gehen
fail of verfehlen
failed firm zahlungsunfähige Firma
failings Misserfolge
failure Fehlschlag, Unterlassung, Versäumnis, Störungsbericht

failure rate Zahl der Konkurse, Ausfallrate, Ausfallquote
fair and equitable recht und billig
fair and proper recht und billig
fair and reasonable recht und billig
fair and reasonable value Verkehrswert
fair consideration angemessene Gegenleistung
fair dismissal gerechtfertigte Kündigung
fair equivalent angemessene Gegenleistung
fair game gerechtes Spiel
fair market value gemeiner Wert, Marktpreis, Verkehrswert
fair price angemessener Preis
fair rate of return angemessene Verzinsung
fair return marktübliche Rendite
fair terms annehmbare Bedingungen
fair to middling durchschnittlich, mittelmäßig
fair trading annehmbare Bedingungen
fair value angemessener Wert, Kapitalwert
fair-weather finance Schönwetter-Finanzierung
fairly and squarely eindeutig
fairly stable weitgehend stabil, unverändert
faithful gewissenhaft
fake fälschen, nachahmen
fake a balance sheet eine Bilanz fälschen
fall Kurssturz
fall away sinken, verfallen
fall back erneut sinken
fall back on zurückgreifen auf
fall behind with in Rückstand geraten mit
fall by the wayside Pleite machen
fall down on a job versagen
fall due fällig werden
fall flat scheitern
fall in prices Preisrückgang
fall in the bank rate Diskontsenkung
fall in wages Lohnabschwächung
fall in with zustimmen
fall into line einlenken
fall off zurückgehen, fallen
fall through misslingen, scheitern
fall through the floor in den Keller fallen
fall-back price Mindestpreis
fallacy Fehlschluss, Trugschluss
falling due on fällig werden am
falling market Baissemarkt
falling orders schrumpfender Auftragsbestand
falling out of bed schwerer Kursverlust
falling rate of profit fallende Profitrate
falling-off in sales Absatzrückgang
falling-off in the economy Konjunkturabfall
falling-off of orders Auftragsrückgang

falloff Rückgang
false check ungedeckter Scheck
false entry Buchungsfehler
false pretenses Vorwand
falsification Fälschung, Widerlegung
falsification of a balance sheet Bilanzfälschung
falsification of competition Wettbewerbsverzerrung
falsify widerlegen, fälschen
fancy price Liebhaberpreis
fancy stocks unsichere Spekulationspapiere
fanout Kontenausgleich
fare stage Zahlgrenze
farm credit Agrarkredit
farm out an Subunternehmen vergeben
farmgate prices landwirtschaftliche Preise
farming out Auswärtsvergabe, Verpachtung, Untervergabe
farming-out contract Lohnauftrag
fast as can so schnell als möglich
fat profits hohe Gewinne
fault Verschulden, Mangel, Sachmangel
faultless fehlerfrei
faulty fehlerhaft
faulty information Fehlinformation
faulty material and workmanship Material- und Herstellungsfehler
favorable balance of payments aktive Zahlungsbilanz
favorable site günstige Lage
favorable terms günstige Bedingungen
feasibility Ausführbarkeit, Zulässigkeit, Durchführbarkeit, Realisierbarkeit
feasibility study Projektstudie, Wirtschaftlichkeitsrechnung, Durchführbarkeitsstudie, Vorstudie, Machbarkeitsstudie
feasible ausführbar, möglich
feature Merkmal, Kennzeichen, Eigenschaft
featured article Sonderangebot
federal cartel office Bundeskartellamt
federal charter Bundeskonzession
federal credit agencies Bundeskreditbehörden
federal discount rate Diskontsatz für federal funds
federal environmental Umweltbundesamt
federal funds rate Geldmarktzins, Tagesgeld
federal government Bundesregierung
federal law Bundesrecht
federal loan guaranty Bundesbürgschaft für einen Kredit
Federal reserve bank Zentralbank
federal securities Staatspapiere
Federal Supreme Court Bundesgerichtshof
federal tax Bundessteuer
federal tax agency US-Bundesamt für Finanzen
federal treasury bills Bundesschatzbriefe
fee Gebühr, Honorar, Spesen

fee cut Gebührensenkung
fee scale Gebührenordnung
fee stamp Gebührenmarke
fee waiver Gebührenerlass
feigned contract Scheinvertrag
fellow creditor Mitgläubiger
fellow debtor Solidarschuldner
fend off abwehren
fettered competition eingeschränkter Wettbewerb
fiat money Papiergeldwährung
fictitious assets fiktive Vermögenswerte
fictitious interest kalkulatorische Zinsen
fictitious profit Scheingewinn
fidelity rebate Treuerabatt
fiduciary treuhänderisch
fiduciary agent Treuhänder
fiduciary contract Übereignungsvertrag
fiduciary debtor Treunehmer
fiduciary loan ungesichertes Darlehen
fiduciary money Kreditgeld
fiduciary transaction Treuhandgeschäft
field allowance Auslösung, Ablöse
field warehousing loan durch Waren gesicherter Kredit
fight off a takeover bid Übernahmeangebot abwehren
fight tooth and nail nichts unversucht lassen
figure ahead planen
figure in einrechnen
figure out ausrechnen
figure up the costs Kosten veranschlagen
file ablegen, vorlegen
file Akte, Datei
file a claim Anspruch anmelden
file a tax return Steuererklärung abgeben
file away ablegen
file card Karteikarte
file copy Aktenkopie, Ablageexemplar, Durchschrift für die Akten
file mark Eingangsvermerk
file number Aktenzeichen
file system Ablage, Ablagesystem, Registratur
filing Registraturarbeiten
filing date Ablagefrist, Einreichungsfrist, Abgabetermin
filing deadline Abgabefrist
filing extension Verlängerung
filing fee Anmeldegebühr
fill in ausfüllen
fill or kill Option ausüben oder verzichten
fill-or-kill-order sofort zu erfüllende Order
fillip Anreiz, Anstoß
filthy lucre Geld aus zweifelhafter Quelle
final endgültig
final account Schlussabrechnung, Schlussrechnung, Endabrechnung

final asset value method Vermögensendbewertung
final balance sheet Schlussbilanz
final billing Schlussabrechnung
final borrower Endkreditnehmer
final cost center Endkostenstelle
final date Abgabefrist, Endtermin
final date for acceptance Abgabefrist
final date of payment letzter Zahlungstermin
final deadline Endtermin, Anmeldeschluss
final debtor Endschuldner
final dividend Schlussdividende, Abschlussdividende
final entry Abschlussbuchung
final evaluation Endauswertung
final examination Jahresabschlussprüfung
final goods Endprodukte
final installment Abschlusszahlung, letzte Rate, Restrate
final inventory Endbestand
final investors Endinvestoren
final invoice Schlussrechnung
final maturity Endfälligkeit
final notice endgültiger Bescheid
final payment Abschlusszahlung, Schlusszahlung
final price Endpreis
final quotation Schlussnotierung, Schlusskurs
final redemption Rückzahlung bei Endfälligkeit
final reminder letzte Mahnung
final report Abschlussbericht
final result Endergebnis
final selling price Endverkaufspreis
final statement of account endgültige Abrechnung
final tone Schlusstendenz
final utility Grenznutzen
final value of annuity Rentenendwert
final vote Schlussabstimmung
finance finanzieren
finance Finanzwesen, Finanzierung, Finanzwirtschaft, finanzielle Mittel
finance and accountancy Finanz- und Rechnungswesen
finance bill Finanzwechsel
finance broker Finanzmakler
finance charge Finanzierungskosten
finance commitment Finanzierungszusage
finance division Finanzabteilung
finance engineering Finanzierungstechnik
finance function Finanzierungsfunktion
finance loan Finanzierungskredit
finance paper Solawechsel
finance requirements Finanzbedarf
finance resources Finanzierungsquellen
finance trading Finanzhandel
financeable finanzierbar
financial accounting Finanzbuchhaltung
financial advertizing Finanzwerbung
financial agreement Finanzabkommen
financial aid Finanzhilfe
financial analysis Finanzanalyse
financial analyst Finanzanalyst
financial assets Geldvermögen, finanzielle Aktiva, finanzielle Vermögenswerte, Finanzanlagen
financial audit Buchprüfung
financial backer Geldgeber
financial backing finanzielle Unterstützung, Finanzhilfe, Finanzierungshilfe
financial basis Finanzierungsgrundlage
financial benefit finanzieller Vorteil
financial bill Finanzwechsel
financial bind finanzielle Schwierigkeiten
financial bookkeeping Finanzbuchhaltung
financial bubble spekulative Blase
financial budget Finanzplan
financial burden finanzielle Belastung
financial business Finanzgeschäfte
financial capabilities Finanzierungsmöglichkeiten
financial center Finanzzentrum, Finanzplatz
financial charges Finanzierungskosten
financial circumstances Vermögensverhältnisse, finanzielle Verhältnisse, finanzielle Lage
financial claim Geldforderung
financial clout Finanzkraft
financial collapse finanzieller Zusammenbruch
financial commitment finanzielle Verpflichtung, Finanzierungszusage
financial condition Finanzstatus, Vermögenslage, finanzielle Lage
financial consultant Finanzberater
financial counseling Finanzberatung
financial crisis Finanzkrise
financial cushion Finanzpolster
financial decision Finanzierungsentscheidung
financial department Finanzabteilung
financial emergency finanzielle Notlage
financial engineering Finanzierungstechnik
financial enterprise Finanzierungsinstitut
financial equilibrium finanzielles Gleichgewicht
financial exposure finanzielles Engagement
financial failure finanzieller Zusammenbruch
financial flow Finanzfluss
financial flow statement Finanzflussrechnung, Kapitalflussrechnung
financial flows Finanzierungsströme
financial forecast Finanzprognose, Finanzvorschau
financial futures Finanztermingeschäfte
financial futures contract Finanzterminkontrakt
financial futures market Finanzterminbörse
financial holdings finanzielle Beteiligung
financial hot water Liquiditätsschwierigkeiten
financial income Finanzergebnis, Finanzerträge

financial insolvency Zahlungsunfähigkeit
financial institution Kreditinstitut, Finanzinstitut
financial instrument Finanzierungsinstrument
financial instruments Finanzpapiere
financial interest finanzielle Beteiligung
financial interlocking Kapitalverflechtung
financial intermediaries Finanzmittler, Geld- und Kapitalvermittler
financial interrelation Kapitalverflechtung
financial investment Finanzinvestition, Finanzanlage
financial investments Finanzanlagen
financial juggernaut Finanzriese
financial loss Vermögensschaden
financial management Finanzmanagement
financial margin Finanzierungsspielraum
financial method Finanzierungsmethode
financial operations Finanzgeschäfte
financial package Finanzierungspaket
financial participation finanzielle Beteiligung
financial plan Finanzplan
financial planning Finanzplanung
financial policy Finanzpolitik
financial position Finanzlage
financial power finanzielle Leistungsfähigkeit
financial program Finanzplan
financial project Finanzierungsvorhaben
financial provision finanzielle Vorsorge
financial prudence weise Finanzpolitik
financial rate Finanzkurs
financial ratios Finanzierungskennzahlen, finanzwirtschaftliche Kennzahlen
financial receivables Finanzforderungen
financial rehabilitation Sanierung
financial reorganization Sanierung
financial report Finanzbericht
financial requirements Finanzbedarf
financial requirements analysis Finanzbedarfsanalyse
financial rescue Sanierung
financial rescue package finanzielle Rettungsaktion
financial reserve Finanzierungsreserve
financial reserves finanzielle Rückstellungen
financial resources finanzielle Mittel
financial responsibility finanzielle Haftung, Bonität
financial restructuring finanzielle Konsolidierung, Sanierung
financial result finanzielles Ergebnis
financial risk Kreditrisiko
financial services Finanzdienstleistungen
financial situation (financial standing) Vermögenslage
financial solvency Liquidität, Solvenz
financial sovereignty Finanzhoheit

financial squeeze finanzielle Engpass
financial standing Kreditwürdigkeit, Kreditfähigkeit, Bonität
financial statement Vermögensaufstellung
financial statement analysis Abschlussanalyse
financial statement audit Abschlussprüfung
financial statement income handelsrechtlicher Gewinn
financial straits finanzieller Engpass
financial strength Finanzkraft
financial strong company finanzkräftiges Unternehmen, finanzstarkes Unternehmen
financial structure Finanzsystem
financial support Finanzhilfe
financial syndicate Konsortium
financial transaction Finanzgeschäft
financial trouble finanzielle Schwierigkeiten, Liquiditätsschwierigkeiten
financial year Finanzjahr
financially distressed finanzielle Schwierigkeiten
financially solid finanziell solide
financially stricken finanziell angeschlagen
financing agreement Finanzierungsvertrag
financing charges Finanzierungsgebühren
financing cost Finanzierungskosten
financing costs Finanzaufwendungen
financing from internal sources Finanzausgleich aus Eigenmitteln
financing from own resources Eigenfinanzierung
financing gap Finanzierungslücke
financing instrument Finanzierungsinstrument
financing mix Finanzstruktur, Kapitalstruktur
financing needs Finanzbedarf
financing out of building projects Baufinanzierung
financing out of retained earnings Selbstfinanzierung, Finanzierung aus Eigenmitteln
financing package Gesamtfinanzierung
financing plan Finanzierungsplan
financing problems Finanzierungsschwierigkeiten
financing program Finanzierungsprogramm
financing ratios Finanzierungskennzahlen
financing requirements Finanzierungsbedarf
financing risk Finanzierungsrisiko
financing scheme Finanzierungsplan
financing source Finanzierungsquelle
financing syndicate Finanzierungskonsortium
financing table Kapitalflussrechnung
financing terms Finanzierungsbedingungen
financing through profits Finanzierung aus Gewinnen
financing through securities Effektenfinanzierung
financing transaction Finanzierungsgeschäft
financing treasury bonds Finanzierungsschätze

financing with outside funds Fremdmittelfinanzierung
find money Geld beschaffen
finder Vermittler
finders fee Vermittlungsgebühr
fine bank bill Bankakzept
fine trade bill erstklassiger Handelswechsel
fine tuning Feinabstimmung
finish date Endtermin
finished goods fertige Erzeugnisse, Fertigerzeugnisse, Fertigwaren
finished product Endprodukt
finished products account Fertigerzeugniskonto
fire sale Notverkauf
firm Firma, Unternehmen, Unternehmung
firm closing fester Schluss
firm deal Festgeschäft
firm estimate fester Kostenvoranschlag
firm market Markt mit stabiler Preisentwicklung
firm offer festes Angebot, verbindliches Angebot, Festgebot
firm order Festauftrag, feste Bestellung
firm price Festpreis, fester Kurs
firm purchase Festkauf
firm's interest Firmenanteil
firm's inventory Lagerbestand
firm tendency feste Tendenz
firm undertone feste Grundstimmung
firm underwriting feste Übernahme
firming up of prices Anziehen der Kurse, Kursbefestigung
first bid Erstgebot
first board erste Kursnotierung
first call erste Zahlungsaufforderung
first day of listing Einführungstag
first installment Anzahlung
first of exchange Primawechsel
first order Erstauftrag
first quotation Anfangskurs, Anfangsnotierung
first refusal Vorkaufsrecht
first reminder erste Mahnung
first tier erstklassig
first trade Eröffnungshandel
first-class investment Spitzenanlage
first-come-first-served basis Windhundverfahren
first-half profits Halbjahresgewinne
first-rate erstklassig
fiscal steuerlich
fiscal administration Finanzverwaltung
fiscal authorities Steuerbehörden, Finanzbehörden
fiscal burden Belastung der öffentlichen Finanzen
fiscal consolidation Haushaltskonsolidierung
fiscal deficit Fehlbetrag im Staatshaushalt
fiscal hypo Finanzspritze
fiscal items Steuerpositionen

fiscal need Finanzbedarf
fiscal planning Finanzplanung
fiscal policy Steuerpolitik
fiscal prerogative Finanzhoheit
fiscal shot in the arm Geldspritze
fiscal situation Haushaltslage
fiscal surplus Haushaltsüberschuss
fiscal system Steuersystem
fiscal year Geschäftsjahr, Wirtschaftsjahr
fiscalization Besteuerung
fishy price saftiger Preis
fix festlegen, festsetzen, fixieren
fix a deadline Termin festlegen
fix a deal Geschäft zustande bringen
fix a time limit Frist setzen
fix the budget Budget aufstellen
fixed feststehend
fixed account Termingeldkonto
fixed asset account Anlagekonto
fixed asset accounting Anlagenbuchhaltung
fixed asset additions Anlagenzugänge
fixed asset depreciation Abschreibung auf Sachanlagen
fixed asset movement schedule Anlagenspiegel
fixed assets Anlagevermögen, Anlagekapital, Sachanlagen
fixed assets retirement Anlagenverkauf
fixed budget cost accounting starre Plankostenrechnung
fixed capital Realvermögen, Sachvermögen
fixed charge feste Belastung
fixed charges Festkosten
fixed commission rate festgelegter Mindestprovisionssatz
fixed costs fixe Kosten
fixed costs structure Fixkostenstruktur
fixed coupon bond fest verzinsliche Anleihe
fixed dated bill Datowechsel
fixed debts feste Schulden, Anleiheverbindlichkeiten
fixed deposits Festgelder
fixed exchange rate fester Wechselkurs
fixed exchange rate system festes Wechselkurssystem
fixed income festes Einkommen
fixed indebtedness langfristige Verbindlichkeiten
fixed installment rate linearer Abzahlungssatz
fixed interest fest verzinslich
fixed interest security fest verzinsliches Wertpapier
fixed investment Realinvestition, langfristige Kapitalanlage
fixed liabilities langfristige Verbindlichkeiten
fixed loan langfristige Darlehen
fixed maturities feste Laufzeiten
fixed percentage konstanter Prozentsatz
fixed period rates Festgeldzinsen

fixed point Fixpunkt
fixed price Festpreis
fixed quotation Festkurs, Festnotierung
fixed rate fester Kurs
fixed securities index Rentenwertindex
fixed term Festlaufzeit
fixed term contract befristeter Vertrag, Zeitvertrag
fixed term deposits Festgeldanlagen
fixed term loan Kredit mit fester Laufzeit
fixed terms Festkonditionen
fixed valuation Festwert
fixed-amount annuity feste Annuität
fixed-asset-to-net-worth ratio Anlagendeckungsgrad
fixed-date clause Fixklausel
fixed-income fund Rentenfonds
fixed-income investment Wertpapiere mit festem Ertrag
fixed-interest bond fest verzinsliche Schuldverschreibung
fixed-interest investment fest verzinsliche Kapitalanlage
fixed-interest loan fest verzinsliche Anleihe
fixed-interest rate fester Zinssatz, Festzinssatz
fixed-interest securities Festverzinsliche, fest verzinsliche Werte
fixed-price contract Auftrag zu Festpreisen
fixed-price order Festpreisauftrag
fixed-rate bond market Rentenmarkt
fixed-rate loan zinsgebundener Kredit
fixed-rate mortgage Festzinshypothek
fixed-rate term loan Festzinsdarlehen
fixed-term deposit Festgeldanlage
fixing Fixing, Feststellung
fixing letter Schlussbrief
fizzle Fiasko, Reinfall
flake risikoreicher Kredit
flash estimate Blitzprognose
flash item Sonderangebot
flash report Vorabbericht, Schnellbericht
flat bond Anleihe ohne Zinseinschluss
flat charge Pauschalgebühr, einmalige Gebühr
flat credit zinsloses Darlehen
flat expenses niedrige Kosten
flat rate Pauschaltarif, Einheitstarif, Pauschalgebühr
flat yield Umlaufrendite
flat-rate fee Pauschalhonorar
flat-rate price Pauschalpreis
flaw Defekt, Fehler
fledgling recovery zögernde Erholung
flexible exchange rate flexible Wechselkurs
flexible working hours gleitende Arbeitszeit
flextime Gleitzeit
flight capital Fluchtkapital
flight from the dollar Flucht aus dem Dollar

flight of capital Kapitalflucht
float fluktuieren
float Float, Wertstellungsgewinn, Valutierungsgewinn
float a bond issue Anleihe auflegen
float off Anleihe auflegen, Anleihe begeben, veräußern, abtrennen
float time Pufferzeit
floater variabel verzinsliche Anleihe
floaters erstklassige Inhaberpapiere
floating freies Schweben der Wechselkurse
floating assets Umlaufvermögen
floating capital Betriebskapital
floating charge ungesicherte Verbindlichkeit
floating credit schwebender Kredit
floating debt schwebende Schuld, kursfristige Verbindlichkeiten
floating discount rate flexibler Diskonsatz
floating exchange rate flexibler Wechselkurs
floating interest rate schwankender Zins, veränderlicher Zinssatz
floating liability laufende Verbindlichkeit
floating mortgage Gesamthypothek
floating quotation variable Notierung
floating rate variabler Zins
floating rate bond variabel verzinsliche Anleihe
floating supply of securities frei verfügbare Wertpapiere
floating-rate mortgage zinsvariable Hypothek
floor Börsensaal, festgeschriebene Zinsuntergrenze, Mindestpreis, Minimalzinssatz
floor broker unabhängiger Börsenhändler
floor price Mindestkurs
flop Pleite, Bauchlandung, Reinfall
flotation Begebung einer Anleihe, Kapitalaufnahme
flow of foreign funds Devisenabfluss
flow of funds Geldstrom, Geldmittelbewegung, Fluktuation
flow of funds analysis Bewegungsbilanz
flow of goods Warenfluss
flow of goods and services Güter- und Leistungsstrom
flow of income Einkommensfluss
flow of information Informationsfluss
flow of spending Ausgabenfluss
flow of work Arbeitsablauf
flow statement Bewegungsbilanz, Kapitalflussrechnung
flow-of-funds- analysis Kapitalflussrechnung
fluctuate fluktuieren
fluctuating veränderlich
fluctuating exchange rate schwankender Wechselkurs
fluctuation Preis- und Kursschwankungen
fluctuation in value Wertschwankung

fluctuation on bank accounts Bewegung auf Bankkonten
fluctuations in demand Nachfrageschwankungen
fluctuations in supply Angebotsschwankungen
fluctuations of currencies Währungsschwankungen
fluctuations of the market Kursschwankungen
fluid assets Umlaufvermögen
flunk nicht erfüllen
flush with cash sehr liquide sein
flush with money gut bei Kasse
flux of money Geldumlauf
fly back wertloser Scheck
focus on sich konzentrieren auf
fold up Unternehmen auflösen
folding money Papiergeld
follow-up costs Folgekosten
follow-up expenditure Folgeausgaben
follow-up financing Anschlussfinanzierung
follow-up investment Folgeinvestition
foot a bill Rechnung begleichen
foot up aufaddieren
footloose beweglich, mobil
for account and risk of auf Rechnung und Gefahr von
for account of auf Rechnung von
for collection zum Inkasso, zum Einzug
for deposit only nur zur Verrechnung
for the account am nächsten Abrechnungstag
for the time being jeweilig
forbearance Nachsicht, Stundung, Zahlungsaufschub
force majeure höhere Gewalt
forced administration of property Zwangsverwaltung
forced liquidation Notverkäufe
forced loan Zwangsanleihe
forced saving Zwangssparen
forecast Voraussage, Prognose
forecast budget Planbudget
forecast interval Vorhersageintervall
forecast of growth Wachstumsprognose
forecast of volume demand Nachfrageprognose
forecaster Konjunkturbeobachter
forecasting error Prognosefehler
foreign acceptance Auslandsakzept
foreign account Auslandskonto
foreign assets Devisenwerte
foreign balances Auslandsguthaben
foreign bank Auslandsbank
foreign bill Auslandswechsel
foreign bond Auslandsanleihe
foreign bonds ausländische Rentenwerte
foreign borrowing Kreditaufnahme im Ausland
foreign business Auslandsgeschäft
foreign check Auslandsscheck

foreign coin and notes Sorten
foreign currencies Valuten
foreign currency Devisen
foreign currency acceptance credit Valutatrassierungskredit
foreign currency account Fremdwährungskonto
foreign currency allocation Devisenzuteilung
foreign currency bill Fremdwährungswechsel
foreign currency bond Fremdwährungsanleihe
foreign currency clause Fremdwährungsklausel, Valutaklausel
foreign currency deposits Fremdwährungseinlagen
foreign currency exposure Fremdwährungsrisiko
foreign currency liabilities Fremdwährungsverbindlichkeiten
foreign currency loan Währungsanleihe, Fremdwährungskredit
foreign currency reserves Devisenreserven
foreign currency transaction Valutageschäft
foreign debt Auslandsverschuldung
foreign department Auslandsabteilung
foreign direct investment ausländische Direktinvestition
foreign economic policy Außenwirtschaftspolitik
foreign exchange Devisen
foreign exchange account Devisenkonto, Fremdwährungskonto
foreign exchange balances Fremdwährungsguthaben
foreign exchange bill Devisenwechsel
foreign exchange broker Devisenmakler
foreign exchange commitment Devisenengagement
foreign exchange contract Devisentermingeschäft
foreign exchange control Devisenbewirtschaftung
foreign exchange cover Golddeckung
foreign exchange dealer Devisenhändler
foreign exchange draft Fremdwährungswechsel
foreign exchange earnings Währungsgewinn
foreign exchange futures Termindevisen, Devisentermingeschäfte
foreign exchange holdings Devisenbestände
foreign exchange loan Devisenkredit
foreign exchange market Devisenbörse, Devisenmarkt
foreign exchange office Wechselstube
foreign exchange rate Devisenkurs, Wechselkurs
foreign exchange restrictions Devisenbeschränkungen
foreign exchange risk Währungsrisiko
foreign exchange speculation Devisenspekulation
foreign exchange trading Devisenhandel, Devisengeschäft

foreign exchange transactions Devisenverkehr
foreign funds Auslandsgelder
foreign indebtedness Auslandsverschuldung
foreign investment Auslandsanlage
foreign issue Auslandsemission
foreign issuers ausländische Emittenten
foreign lending Auslandskredit
foreign liabilities Auslandsverbindlichkeiten
foreign loan Auslandsanleihe
foreign money ausländische Zahlungsmittel
foreign participation Auslandsbeteiligung
foreign payment Auslandszahlung
foreign payments transactions Auslandszahlungsverkehr
foreign quota Devisenkontingent
foreign securities Auslandswertpapiere
foreign selling Auslandsverkäufe, Auslandsabsatz
foreign trade Außenhandel, Auslandsgeschäft
foreign trade and payments legislation Außenwirtschaftsrecht
foreign trade and payments transaction Außenwirtschaftsverkehr
foreign trade financing Außenhandelsfinanzierung
foreign trade law Außenwirtschaftsgesetz
foreign trade monopoly Außenhandelsmonopol
foreign trade policies Außenhandelspolitik
foreign trade relations Außenhandelsbeziehungen
foreseeability Vorhersehbarkeit
forfeit Buße, Geldstrafe, Verlust eines Anspruchs
forfeit a bond Kaution verfallen lassen
forfeit a right Recht verwirken
forfeiting Forfaitierung
forfeiting transaction Forfaitierungsgeschäft
forfeiture Verlust, Einziehung
forge fälschen
forged coins Falschmünzen
forged transfer gefälschte Überweisung
forgery of bank notes Banknotenfälschung
forgiveness of a tax Steuererlass
forgiveness of debt Schuldenerlass
forgo verzichten, Abstand nehmen
form a company Gesellschaft gründen
form a provision Rückstellung bilden
form of proxy Vollmachtsformular
form requirement Formvorschrift
formal lines of credit formelle Kreditzusagen
formal organization formale Organisation
formal test of credit standing formelle Kreditwürdigkeitsprüfung
formation costs Gründungskosten
formation expense Gründungskosten
formation of a contract Vertragsabschluss
formation of capital Kapitalbindung
formation of market prices Marktpreisbildung
formation of property Eigentumsbildung
formation of reserves Bildung von Rücklagen
formation of savings Ersparnisbildung
formation of wealth Vermögensbildung
formatted data set formatierter Datenbestand
formerly bisher
forming opinions Willensbildung
formula Formel, Schema, Vorschrift
forthcoming verfügbar, bevorstehend, ins Haus stehend
forthnightly settlement Medioabrechnung
fortify befestigen, verstärken, ermutigen
forward buying Terminkauf
forward calculation Vorwärtsrechnung, Hochrechnung
forward commitments Terminpositionen
forward commodity Terminware
forward contract Terminkontrakt
forward cover Terminsicherung
forward currency trading Devisenterminhandel
forward dated check vordatierter Scheck
forward deal Termingeschäft
forward delivery spätere Lieferung
forward discount Terminabschlag
forward exchange Devisenterminmarkt, Devisenterminhandel, Termindevisen
forward exchange cover Kurssicherung am Devisenmarkt
forward exchange dealing Devisenhandel
forward exchange market Devisenterminmarkt
forward exchange rate Devisenterminkurs
forward exchange trading Devisenterminhandel, Devisentermingeschäft
forward exchange transaction Devisentermingeschäft
forward forward deposit Einlagentermingeschäft
forward indicator Frühindikator
forward margin Swapsatz
forward market Terminmarkt
forward market in currency Devisenterminbörse
forward material Terminbestand
forward operation in securities Effektentermingeschäft
forward option Terminoption
forward order Auftrag auf Lieferung, Terminauftrag
forward outright Devisengeschäft zu einem festgesetzten Termin
forward premium Terminaufgeld
forward profits Gewinne überweisen
forward purchase Kauf zur späteren Auslieferung, Terminkauf
forward quotation Terminnotierung
forward rate Terminkurs
forward sale Terminverkauf, Terminhandel
forward securities Terminpapiere

forward seller Terminverkäufer
forward to weiterleiten an
forward trading Börsenterminhandel
forward transaction Termingeschäft
forwarding charges Versandkosten
forwarding commission Speditionsprovision
forwarding costs Versandkosten
found gründen
foundation Gründung, Stiftung, Grundlage
foundation member Gründungsmitglied
foundation of a business Geschäftsgründung
founder Gründer, Stifter
founder's shares Gründungsaktien
fraction Bruch, Teil, Bruchteil
fractional amount Spitzenbetrag
fractional bond Teilschuldverschreibung
fractional dividend Zwischendividende
fractional dividend payment Abschlagsdividende
fractional gains bruchteilige Gewinne
fractional lot kleines Aktienpaket
fractional share Bruchteilsaktie
fractional share certificate Bruchteilsaktie, Quotenaktie
fractional share of property Bruchteilseigentum
fragmentation Aufteilung, Zerlegung
framework Gerüst, Rahmen, System
framework agreement Rahmenvertrag
framework credit Rahmenkredit
framework of credit Kreditrahmen
franchise Konzession
franchising Lizenzvergabe
fraud Betrug, Schwindel, Falschbuchung
fraudulent betrügerisch, arglistig
fraudulent bankruptcy betrügerischer Bankrott
fraudulent concealment arglistiges Verschweigen
fraudulent conveyance Gläubigerbenachteiligung
fraudulent stock dealings betrügerische Aktiengeschäfte
fraudulent transaction Schwindelgeschäft
fraught with risk risikobehaftet
free and clear schuldenfrei
free assets freies Vermögen
free balance zinsloses Guthaben
free bonds ungesicherte Schuldverschreibung
free from debt schuldenfrei, schuldenfrei machen
free from defects fehlerfrei
free from encumbrances schuldenfrei
free goods zollfreie Ware
free market price freier Marktpreis
free market quotation Freiverkehrskurs
free movement of capital freier Kapitalverkehr
free of charge gebührenfrei, kostenlos
free of cost kostenfrei
free of debt schuldenfrei

free of expenses spesenfrei
free of interest zinslos
free of stamp frei von Börsenumsatzsteuer
free price Wettbewerbspreis
free reserves Überschussreserven, freie Rücklagen
free trade freier Handel
free trade area Freihandelszone
free trade policy Freihandelspolitik
free trade treaty Freihandelsabkommen
free up capital Kapital freisetzen
free zone Freizone
free-lance freiberuflich, selbständig
free-tier gold market freier Goldmarkt
freedom of scope Gestaltungsfreiheit
freehold freier Grundbesitz
freely transferable formlos übertragbar
freeze einfrieren
freeze on payments Suspendierung von Zahlungen
freeze out verdrängen
freezing of assets Blockierung von Vermögenswerten
freight bill Frachtbrief
freight charges Frachtgebühren, Frachtkosten
freight costs Frachtkosten
freight note Frachtbrief
freight paid franko
freight payments Frachtausgaben
freight penalty Frachtzuschlag
freight rate Frachtrate, Frachttarif
freight rebate Frachtnachlass
freight to collect zu bezahlende Frachtkosten
freightage Frachtkosten
freighting Frachtgeschäft
fresh thinking neuer Denkansatz
friendly acquisition freundliche Übernahme
fringe banking Teilzahlungskreditgeschäft
fringe benefits Aufwandsentschädigungen, freiwillige Sozialleistungen
fringe packet Zusatzleistungen
from case to case fallweise
front man Strohmann
front money Anfangskapital
front-end finance Zusatzfinanzierung
frothy market nervöser Haussemarkt
frozen account gesperrtes Konto, eingefrorenes Konto
frozen balances eingefrorenes Guthaben
frozen claim eingefrorene Forderung
frugality Sparsamkeit
fuel price Treibstoffpreis
fugitive fund Fluchtkapital
fulfil erfüllen, ausführen
fulfil a contract Vertrag erfüllen
fulfil a demand Forderung erfüllen
fulfillment Erfüllung

full account ausführlicher Bericht
full amortization Vollamortisation
full amount Gesamtbetrag
full cost Vollkosten
full cost basis Vollkostenbasis
full cost principle Vollkostenprinzip
full costing Vollkostenrechnung
full endorsement Vollindossament
full investment Vollinvestition
full listing uneingeschränkte Zulassung
full paid capital stock voll eingezahlte Aktien, voll bezahlt
full pay leave voll bezahlter Urlaub
full payout leasing contract Vollamortisationsvertrag
full recourse financing Finanzierung mit vollem Rückgriffsrecht
full report vollständiger Bericht
full service bank Universalbank
full time job Ganztagsarbeit
full time occupation Hauptberuf
full utilization of plant volle Ausnutzung der Betriebskapazität
fully deductible voll abzugsfähig
fully funded voll finanziert
fully paid share voll eingezahlte Aktie
fully paid-out loan vollständig ausgezahlter Kredit
fully subscribed loan vollständig gezeichnete Anleihe
functional analysis Aufgabenanalyse
functional design funktionale Gliederung
fund finanzieren, refinanzieren, konsolidieren
fund Fonds, Kapital
fund a project Projekt finanzieren
fund down payments Anzahlungen finanzieren
fund management Fondsverwaltung
fund of funds Dachfonds
fund raising Kapitalbeschaffung, Geldbeschaffung, Mittelbeschaffung
fund raising market Finanzierungsmittelmarkt
fundamentals Hintergrunddaten
funding Finanzierung, Ausstattung mit Mitteln, Refinanzierung, Kapitalausstattung
funding bond Umschuldungsanleihe
funding cost Finanzierungskosten
funding difficulties Finanzierungsschwierigkeiten
funding in the open market Refinanzierung am freien Markt
funding loan Konsolidierungsanleihe
funding needs Kapitalbedarf, Finanzierungsbedarf
funding of floating debt Konsolidierung schwebender Schulden
funding operation Umschuldungsaktion
funds Gelder, Geldmittel, finanzielle Mittel, Einlagentermingeschäft, Wertpapiere
funds abroad Auslandsguthaben
funds employed Mitteleinsatz
funds employed abroad Geldanlagen im Ausland
funds pledged as security Sicherungsgelder
funds statement Vermögensnachweis, Kapitalflussrechnung
funk money heißes Geld
funny business betrügerische Geschäfte
funny money Falschgeld
furnitures and fixtures Betriebs- und Geschäftsausstattung
further margin Nachschusszahlung
futile distraint vergebliche Pfändung
future commodity Terminware
future rate agreement Zinsterminkontrakt
futures Termingeschäfte, Terminkontrakte
futures business Terminhandel
futures contract börsengehandelter Terminkontrakt
futures exchange Terminbörse
futures exchange dealing Devisentermingeschäft
futures exposure Engagement am Terminkontraktmarkt, Risiko aus Terminkontrakt-Positionen
futures hedging Terminsicherung
futures in interest rates Zinskontrakte
futures market Terminkontraktmarkt
futures option Option auf einen Terminkontrakt
futures price Terminkontraktpreis
futures quotation Terminnotierung
futures trading Börsenterminhandel
fuzzy unscharf
fuzzy set unscharfe Menge

G

gain erhalten, gewinnen, erwerben, verdienen
gain Gewinn, Nutzen, Wertzuwachs, Kursgewinn
gain by gewinnen durch
gain ground aufholen
gain in productivity Produktivitätssteigerung
gain on disposal Veräußerungsgewinn
gain on redemption Tilgungsgewinn
gain on securities Gewinn aus Veräußerung von Wertpapieren
gain on takeover Übernahmegewinn
gain or loss Ergebnisdarstellung
gains and losses Gewinne und Verluste
gains from exchange Tauschgewinn
gains from trade Handelsvorteile
gains on currency transactions Wechselkursgewinne
gains pending realization noch nicht realisierte Gewinne
gale periodische Frachtzahlung
gambling debt Spielschulden
gambling in futures Differenzgeschäft
gaming debt Spielschulden
gap Lücke
gap filler insurance Zusatzversicherung
garnishment of wages Lohnpfändung
gate money Eintrittsgeld
gatekeeping auswählen
gear up ausbauen, Kapital aufnehmen
gearing Verschuldungsgrad, Fremdkapitalaufnahme
general allgemein
general ability to pay Bonität
general acceptance uneingeschränktes Akzept
general account Hauptkonto
general accounting allgemeines Rechnungswesen
general administrative expenses allgemeine Verwaltungskosten
general bad-debt provision Pauschalwertberichtigung
general basis of assessment pauschale Bemessungsgrundlage
general burden Verwaltungsgemeinkosten
general cost center allgemeine Kostenstelle
general cut in taxes allgemeine Steuersenkung
general deposit Sammelverwahrung
general endorsement Blankoindossament
general indirect-cost center allgemeine Hilfskostenstelle
general ledger Hauptbuch
general listing Notierung an mehreren Börsen
general obligation bonds Kommunalobligationen

general operating reserve Dispositionsreserve
general overview allgemeiner Überblick
general partner Komplementär, unbeschränkt haftender Gesellschafter
general partnership offene Handelsgesellschaft OHG
general policy allgemeine Richtlinie
general power of attorney Generalvollmacht
general provision Pauschalwertberichtigung
general reserves allgemeine Rücklagen
general rule Grundregel
general setting Rahmenbedingung
general subscription öffentliche Zeichnung
general tariff Einheitstarif
general taxation allgemeine Besteuerung
general term Allgemeinbegriff
generality Allgemeingültigkeit
generalization Verallgemeinerung
generalize verallgemeinern
generally accepted accounting principles Grundsätze der Rechnungslegung
generally accepted auditing standards Grundsätze ordnungsgemäßer Abschlussprüfung
generally accepted documentation principles Grundsätze ordnungsgemäßer Dokumentation
generate erzeugen, erwirtschaften
generate cash liquide Mittel erwirtschaften
generate profits Gewinne erwirtschaften
generous funding großzügige finanzielle Ausstattung
genuine echt, unverfälscht
genuine saving echte Ersparnis
giant merger Großfusion
gift Schenkung
gift credit zinsloses Darlehen
gift tax Schenkungsteuer
gilt edged erstklassig
gilt-edged market Markt für Staatspapiere
gilt-edged securities Staatspapiere
gilts Staatspapiere
giro Giro
giro account Postscheckkonto, Postgirokonto, Girokonto
giro business Girozentrale
giro credit transfers Überweisungsverkehr
giro department Giroabteilung, Überweisungsabteilung
giro standing order Dauerauftrag
giro system Gironetz
give an accounting Rechenschaft ablegen, abrechnen
give an edge Vorteil verschaffen

give an expert opinion begutachten, Gutachten erstellen
give an order for bestellen, Bestellung aufgeben
give notice of termination kündigen
give out money to Geld ausleihen
give security for Sicherheit leisten für
give up Ertragsverlust
give up the business Geschäft aufgeben
given period Berichtszeitraum
giver of the rate Prämienzahler
glamour stocks lebhaft gefragte Aktien
global credit Rahmenkredit
global finance market Weltfinanzmarkt
global trading weltweiter Börsenhandel
global value adjustment Sammelwertberichtigung
go awry schief gehen
go bankrupt Konkurs gehen
go belly up bankrott machen
go between vermitteln
go broke Pleite gehen
go bust Pleite gehen
go down the tubes Pleite machen
go for erzielen, verkauft werden für
go into bankruptcy bankrott machen
go into operation in Betrieb gehen
go into the red in die roten Zahlen geraten, rote Zahlen schreiben
go long Wertpapiere kaufen
go out of business Geschäft aufgeben
go public an die Börse gehen
go short Wertpapiere leerverkaufen
go to the capital market Kapitalmarkt in Anspruch nehmen
go to the wall pleite machen
go under the hammer versteigert werden
go-ahead expandieren
go-ahead company dynamisches Unternehmen, fortschrittliches Unternehmen
go-between Mittelsmann
goal Ziel, Zweck
goal achievement Zielerreichung
goal adjustment Zielanpassung
goal conflict Zielkonflikt
goal content Zielinhalt
goal direction Zielrichtung
goal finding Zielfindung
goal formation process Zielplanungsprozess
goal gap Ziellücke
goal production Zielertrag
goal relationships Zielbeziehungen
goal setting Zielsetzung, Zielbildung
goal setting process Zielbildungsprozess
goal standard Zielmaßstab
goal structure Zielstruktur
goal system Zielsystem
goal weighing Zielgewichtung

godfather offer großzügiges Übernahmeangebot
going business erfolgreiches Unternehmen
going price Marktpreis, Tageskurs, Tagespreis
going rate geltender Preis
going-concern value Buchwert
going-over Prüfung, Untersuchung
gold backing Golddeckung
gold bond Goldanleihe
gold brick wertloses Wertpapier
gold bullion Barrengold
gold bullion standard Goldkernwährung
gold buying price Goldankaufspreis
gold clause Goldwertklausel
gold coin and bullion Münz- und Barrengold
gold coins Goldmünzen
gold exchange standard Golddevisenwährung
gold futures Goldterminkontrakte
gold futures trading Goldtermingeschäfte
gold holdings (gold inventory) Goldbestand
gold mine Goldgrube
gold mines Goldaktien
gold movements Goldbewegungen
gold options Goldoptionen
gold outflow Goldabfluss
gold parity Goldparität
gold premium Goldaufgeld
gold price Goldpreis
gold quote Goldnotierung
gold reserve cover Goldreservedeckung
gold specie currency Goldumlaufwährung
gold-based monetary system Goldwährungssystem
golden balance-sheet rule goldene Bilanzregel
golden bank rule goldene Bankregel
golden share Schlüsselbeteiligung
good bargain guter Kauf, gutes Geschäft
good commercial paper diskontfähige Wechsel
good faith guter Glaube, Treu und Glauben
good for today Auftrag gültig für einen Tag
good funds sofort verfügbare Mittel
good trader risikoloses Geschäft
good will guter Ruf
goods account Warenkonto
goods on commission Kommissionsware
goods on hand Lagerbestand
goods out on consignment Konsignationsware
goodwill Firmenwert
goodwill amortization Geschäftswertabschreibung
government bills kurzfristige Staatspapiere
government bonds Staatsanleihen
government budget deficit staatliches Budgetdefizit
government expenditures Staatsausgaben
government expropriation staatliche Enteignung
government failures Staatsversagen

government funds Staatsanleihen, Staatspapiere
government revenues Staatseinnahmen
government securities Staatstitel, Wertpapiere der öffentlichen Hand, Staatspapiere, öffentliche Anleihen
government shareholding staatliche Beteiligung
government spending Staatsausgaben
government stock Staatsanleihen
government tax audit Betriebsprüfung
governmental accounting kameralistische Buchführung, Rechnungslegung der öffentlichen Hand
governmental subsidy staatliche Subvention
governments Staatstitel
grace Aufschub, Zurückstellung, Zahlungsfrist
grace clause Gnadenklausel
grace period tilgungsfreie Zeit
grade sortieren
grading key Bewertungsschlüssel
graduated interest Staffelzinsen
graduated payment mortgage Hypothek mit steigender Staffeltilgung
graduated price Staffelpreis
graduated rate coupon bond Staffelanleihe
graduated tariff Staffeltarif
graduated taxation degressive Besteuerung
grand total Gesamtbetrag, Gesamtsumme
grandfathering Besitzstandsregelung, Verschachtelung
grandfathering clause Besitzstandsklausel
grant a credit Kredit gewähren
grant a deadline Frist bewilligen
grant a delay Aufschub gewähren
grant a loan Kredit bewilligen
grant a respite Aufschub gewähren, stunden
grant deferred payment Zahlungsaufschub bewilligen
grantee of an option Optionsempfänger
granting of a period of time Gewährung einer Frist
grantor of a licence Lizenzgeber
grants Unterstützungszahlungen
gratuitous gratis, kostenlos, umsonst, unentgeltlich
gratuitous share Freiaktie, Gratisaktie
gratuity Trinkgeld, Geldzuwendung
grave cause wichtiger Grund
grease the palm bestechen
green issue Umweltproblem
green tax Ökosteuer
gross brutto
gross amount Bruttobetrag
gross annual rental Bruttomietwert
gross annual wage Jahresbruttolohn
gross budget Bruttoetat
gross cash flow Brutto-Cashflow
gross cover spread Bruttodeckungsspanne
gross deposit Gesamteinlagenbestand

gross dividend Bruttodividende
gross domestic product (GDP) Bruttoinlandsprodukt
gross earnings Bruttoeinkommen
gross interest Bruttozins
gross interest margin Brutto-Zinsspanne
gross interest return Bruttoverzinsung
gross investment Bruttoinvestition
gross investment in fixed assets Bruttoanlageninvestitionen
gross investment spending Bruttoinvestitionsausgaben
gross loss Bruttoverlust
gross margin Bruttomarge, Bruttogewinn, Rohgewinn
gross markon Bruttogewinnaufschlag, Kalkulationsaufschlag
gross national expenditure Bruttoinlandsausgaben
gross national product (GNP) Bruttosozialprodukt
gross negligence grobe Fahrlässigkeit
gross operating revenue betriebliche Bruttoerträge
gross output Bruttoproduktionswert
gross performance Gesamtleistung
gross plow-back Bruttoselbstfinanzierung
gross proceeds Bruttoertrag
gross profit Bruttogewinn, Rohgewinn
gross profit margin Bruttogewinnspanne
gross receipts Bruttoeinnahmen
gross receipts tax Produktionsteuer
gross rental Grundbetrag
gross rental method Ertragswertverfahren
gross return Bruttorendite
gross return in net assets Brutto-Eigenkapitalrendite
gross revenue Bruttoerlös
gross salary Bruttogehalt
gross sales Bruttoumsatz
gross sales revenue Bruttoumsatzerlös
gross spread Gewinnspanne
gross surplus Bruttoüberschuss
gross turnover Bruttoumsatzerlös
gross wage Bruttolohn
gross yield from interest Bruttoertrag
gross yield to redemption Bruttoertrag bis zur Rückzahlung
grossing-up procedure Fortschreibungsmethode
ground rent Bodenzins, Bodenrente, Grundpacht
groundwork Grundlage
group Gruppe
group assignment Gruppenzuordnung
group charges Konzernkosten
group clearing Konzernclearing
group depreciation Sammelabschreibung
group financing Gemeinschaftsfinanzierung

group flow statement Konzern-Kapitalflussrechnung
group of accounts Kontengruppe
group relief Organschaft
group's accounting Konzernrechnungslegung
group valuation method Sammelbewertungsverfahren
group-internal revenue Innenumsatz
grouping gruppieren, klassifizieren
growth rate Wachstumsrate, Zuwachsrate
growth rate target Wachstumsziel
growth strategy Wachstumsstrategie
guarantee Garantie, Gewährleistung
guarantee capital haftendes Kapital
guarantee period Garantiezeit
guarantee securities Wertpapiere mit Dividendengarantie
guaranteed acceptance Avalakzept
guaranteed bond gesicherte Anleihe
guaranteed credit Bürgschaftskredit

guaranteed dividend Garantiedividende
guaranteed stocks Aktien mit Dividendengarantie
guarantor Bürge, Garantiegeber
guaranty ceiling Garantierahmen
guaranty commission Bürgschaftsprovision
guaranty cover account Garantiedeckungskonto
guaranty credit Bürgschaftskredit
guaranty fund Deckungskapital
guaranty limit Garantierahmen
guaranty line Bürgschaftsrahmen, Bürgschaftsplafond
guaranty of collection Ausfallbürgschaft
guaranty risk Bürgschaftsrisiko
guess Vermutung
guidance Anleitung, Führung
guideline Richtlinie, Regel
guideline value Richtwert
guidelines Richtlinien, Leitlinien
guideposts Leitlinien
guiding principle Grundprinzip, Leitlinien

H

haircut finance Darlehen unter dem vollen Wert der Sicherheit
half-cocked unzureichend, unzureichend vorbereitet
half-yearly halbjährlich
half-yearly accounts Halbjahresabschluss
half-yearly premium Halbjahresprämie
hammer Zwangsverkauf
hammer the market Kurs durch Leerverkäufe nach unten drücken
hamper behindern, verhindern, verstricken, verwickeln
hand assembly manuelle Fertigung
hand out verteilen
hand over übergeben
handle abwickeln, behandeln
handle a credit Kredit bearbeiten
handle orders Aufträge abwickeln
handling capacity Umschlagskapazität
handling charge (handling fee) Bearbeitungsgebühr
handling cost Bearbeitungskosten
handling fee Bearbeitungsgebühr, Bearbeitungsprovision
handling of payments Zahlungsabwicklung
harbor dues Hafengeld, Hafengebühr
hard budget constraints harter Budgetzwang
hard cash Hartgeld, Münzgeld, bare Münze
hard commodities metallische Rohstoffe
hard goods Gebrauchsgut
hard to place schwer vermittelbar
hard-earned schwer verdient
hard-pressed in Schwierigkeiten
hardship Härte, Not
hardship pay Erschwerniszulage
hardship provision Härteklausel
harm Nachteil, Schaden
harmful schädlich
have a bill protested Wechsel zu Protest gehen lassen
having equal tax status steuerlich gleichgestellt
hazard bonus Risikoprämie
hazardous gewagt, gefährlich, riskant
health insurance Krankenversicherung
health insurance contribution Krankenversicherungsbeitrag
hearing Untersuchung
heavy debt load hohe Verschuldung
heavy price überhöhter Preis
heavy spending hohe Aufwendungen
hedge Schutz, Absicherung, Sicherungsgeschäft, Deckungsgeschäft, Kurssicherung

hedge a risk Risiko abdecken
hedge against inflation Inflationssicherung
hedge buying Sicherungskäufe
hedge transaction Sicherungsgeschäft
hedging Sicherungsgeschäft am Terminmarkt
hedging cost Kurssicherungskosten
hedging order Auftrag für ein Kurssicherungsgeschäft
hedging tool Sicherungsinstrument
hence somit
hereby hiermit
hereinabove vorgenannt
hereinafter nachfolgend
hereof davon
hereto hierzu
hereunder nachfolgend
hidden defect verborgener Mangel
hidden distribution of profits verdeckte Gewinnausschüttung
hidden reserves stille Reserven, versteckte Reserven
hidden subsidy versteckte Subvention
hidden unemployment versteckte Arbeitslosigkeit
high Höchststand, Höchstkurs
high coupon loan hochverzinsliche Anleihe
high employment level hoher Beschäftigungsstand
high end obere Preisklasse
high interest policy Hochzinspolitik
high involvement großes Engagement
high level of employment hohes Beschäftigungsniveau
high price strategy Hochpreisstrategie
high priced teuer, hoch stehend
high quality product Qualitätserzeugnis
high street bank Filialbank
high ticket hochpreisig
high value item hochwertiges Gut
high yielders hochverzinsliche Wertpapiere
high-coupon debt hochverzinsliche Schuldtitel
high-coupon loan hochverzinsliche Anleihe
high-grade bond erstklassige Schuldverschreibung
high-interest yielding hochverzinslich
high-interest-rate bonds Hochprozenter
high-profit margin gewinnträchtig
high-risk borrower risikoreiche Adresse
high-risk exposure risikoreiches Engagement
high-yield instruments hochverzinsliche Wertpapiere
high-yielding currencies Hochzinswährungen

higher-yield investments höherverzinsliche Anlagen
higher-yielding höherverzinslich
highest bid Höchstgebot
highest bidder Meistbietender
highest bidding Meistbietender
highest price Bestpreis, Höchstkurs
highest tender Höchstgebot
highest value Höchstwert
highfly Spitzenunternehmen
highlight Höhepunkt
highly leveraged fremdfinanziert
highly leveraged transaction risikoreiche Transaktion
highly liquid claim hochliquide Forderung
highly liquid paper höchstliquide Titel
hike up erhöhen
hinder hindern
hindrance Hindernis
hinge Wendepunkt
hint Hinweis
hire charge Miete
hire purchase business Ratenzahlungsgeschäft, Teilzahlungsgeschäft
hire purchase credit Teilzahlungskredit
hire purchase finance company Teilzahlungskreditinstitut
hire purchase hazard Abzahlungsrisiko
hire purchase payment Ratenzahlung
hire purchase sales Ratenverkauf
hire purchase system Teilzahlungssystem
hiring expenses Einstellungskosten
hiring freeze Einstellungsstopp
historical cost ursprüngliche Anschaffungskosten, Anschaffungs- und Herstellungskosten
historical cost accounting Anschaffungswertprinzip, Istkostenrechnung
historical cost concept Anschaffungskostenprinzip
historical costing Vergleichskostenmethode
hit a low Tiefstand erreichen

hive off ausgründen
hive off a stake Beteiligung abstoßen
hive off operations Betriebsteile ausgliedern
hoard of money Geldvorrat
hock verpfänden
hold an account Konto innehaben
hold down costs Losten niedrig halten
hold in abeyance ruhen lassen
hold in custody verwahren
hold in escrow treuhänderisch halten
hold liable haftbar machen
hold shares Aktien halten
hold steady stabil bleiben
hold to account zur Rechenschaft ziehen
holder in good faith gutgläubiger Inhaber
holder of a bill Wechselinhaber
holder of a put Inhaber einer Verkaufsoption
holding Beteiligung
holding costs Lagerkosten
holding-out partner Scheingesellschafter
holism Ganzheitslehre
holistic thinking ganzheitliches Denken
home demand Inlandsnachfrage
home sales Inlandsumsätze
honor a bill einen Wechsel einlösen
honor debts Schulden erfüllen
honor liabilities Verbindlichkeiten erfüllen
honor obligations Verpflichtungen erfüllen
horse sense gesunder Menschenverstand
horse trading Kuhhandel
hot issue heiße Emission
hot issues Spekulationswerte
hourly rate Stundensatz
house rate of interest Hauszinsfuß
housing finance Wohnungsbaufinanzierung
huge profits riesige Gewinne
hurdle rate of return erwartete Mindestrendite
hybrid financing Mischfinanzierung
hybrid securities Mischformen von Wertpapieren
hypothecation value Beleihungswert

I

icon Symbol
ideal capacity Betriebsoptimum
ideal solution Ideallösung
ideal standard cost Budgetkosten, Normkosten, Sollkosten
identification Kennzeichnung, Kennung
identification letter Kennbuchstabe
identification mark Kennzeichnung
identification number Kennnummer
identification number for financial institute Bankleitzahl
identify bezeichnen, kennzeichnen, kenntlich machen, benennen, bestimmen, zuordnen, ermitteln, identifizieren
identity of maturities Fristenkongruenz
idle brachliegend, unproduktiv, faul, frei, ungenutzt, außer Betrieb
idle balances Spekulationskasse, anlagebereite Mittel
idle capacity cost Leerkosten
idle capacity cost analysis Leerkostenanalyse
idle capacity variance Beschäftigungsabweichung
idle funds totes Kapital
idle money brachliegendes Kapital, Überschussreserven
idle time Liegezeit, Stillstandszeit, Verlustzeit
if and when issued Handel per Erscheinen
iffy loan unsicheres Darlehen
iffy proposition unsichere Sache
ill-fated talk erfolglose Verhandlung
illiquid illiquide, zahlungsunfähig
illiquidity Illiquidität
illusory earnings Scheingewinne
imbalance in payments unausgeglichene Zahlungsbilanz
immaterial unwesentlich, unbedeutend
immaterial holding unwesentliche Beteiligung
immediacy Aktualität
immediate access Schnellzugriff
immediate annuity sofort fällige Rente
immediate payment sofortige Zahlung
immediate write-off Sofortabschreibung
immediate-or-cancel order Auftrag zur sofortigen Ausführung
immediately available funds sofort verfügbare Gelder
immobilize money Geld stilllegen
immovable property Grundeigentum
immunity from taxation Steuerfreiheit
impact of employment Beschäftigungswirksamkeit

impact test Wirksamkeitsprüfung
impair beeinträchtigen, vermindern, verschlechtern
impaired capital durch Verlust vermindertes Kapital
impaired credit reduzierte Kreditwürdigkeit
impairment Beeinträchtigung, Schmälerung
impairment of value Wertminderung
impeachment Anfechtung, Infragestellung
impede behindern
imperfect unvollkommen
imperfect obligations unvollkommene Verbindlichkeiten
impersonal account Sachkonto
impersonal tax Realsteuer
implementation Vollzug, Durchführung, Ausführung, Realisierung
implementation clause Durchführungsbestimmung
implementation of the budget Haushaltsvollzug
implementation period Einführungsphase
implementing ordinance Durchführungsverordnung
implication Folgerung, Begleiterscheinung, Folge, Wirkung
implicit inbegriffen, kalkulatorisch
implicit costs kalkulatorische Kosten
implicit depreciation allowance kalkulatorische Abschreibung
implicit factor return kalkulatorischer Faktorertrag
implicit function kalkulatorische Funktion
implicit interest charge kalkulatorische Zinsen
implicit understanding stillschweigende Übereinkunft
implicit volatility implizite Volatilität
implied authority stillschweigende Vertretungsmacht
implied condition stillschweigende Bedingung
implied repo rate arbitrageloser Wertpapierpensionssatz
implied volatility implizite Optionspreisvolatilität, Schwankungsanfälligkeit
import bill Importrechnung, Einfuhrwechsel
import bill of lading Importkonossement
import charges Einfuhrgebühren
import credit Einfuhrkredit
import duty Einfuhrzoll
import equalization levy Einfuhrausgleichsabgabe
import financing Einfuhrfinanzierung
import levy Einfuhrsteuer

import subsidy Importsubvention
import surcharge Einfuhrzusatzsteuer, Importabgabe
import surplus Importüberschuss
imports against payment entgeltliche Einfuhren
imports free of payment unentgeltliche Einfuhren
imports on general licence lizenzfreie Einfuhren
impose aufbürden, auferlegen, anwenden
imposition Auferlegung, Abgabe
imposition of taxes Steuererhebung
impound beschlagnahmen
impoundage gerichtliche Verwahrung
imprest fund kleine Kasse, petty cash
improve verbessern, erhöhen
improved properties bebaute Grundstücke
imputable beizumessen, zurechenbar
imputable costs to unit Stückkosten
imputation Beimessung, Zurechnung
imputation credit Anrechnungsguthaben
imputation procedure Anrechnungsverfahren
imputed cost category kalkulatorische Kostenart
imputed costs kalkulatorische Kosten
imputed depreciation allowance kalkulatorische Abschreibung
imputed entry fiktive Buchung
imputed income fiktives Einkommen
imputed interest fiktive Zinsen
imputed operating result kalkulatorisches Betriebsergebnis
imputed profit kalkulatorischer Gewinn
imputed rent kalkulatorische Miete
imputed risk kalkulatorisches Wagnis
in advance im voraus, praenumerando
in arrears im Rückstand, im Verzug
in cash in bar
in charge verantwortlich
in compensation for zum Ausgleich für
in default säumig
in default of acceptance mangels Annahme
in due course fristgemäß
in due time rechtzeitig
in duplicate in doppelter Ausfertigung
in kind in Sachwerten
in line with in Übereinstimmung mit
in money terms nominell, zu jeweiligen Preisen
in operation in Betrieb
in progress unfertig
in question fraglich
in real terms real, in konstanten Preisen
in respect to im Hinblick auf
in terms of commercial law handelsrechtlich
in terms of real value real
in terms of value wertmäßig
in terms of volume mengenmäßig
in the black mit Gewinn arbeiten, in der Gewinnzone liegen, in schwarzen Zahlen

in the line in der Branche
in the long run auf lange Sicht, langfristig
in the money Kaufoption
in the original im Original
in the short run kurzfristig
in the works in Bearbeitung
in transit unterwegs
in trust treuhänderisch
in value wertmäßig
in-depth analysis gründliche Analyse
in-house hauseigen, innerbetrieblich
in-house consumption Eigenverbrauch
in-house memorandum Hausmitteilung
in-kind benefits Sachleistungen, Sozialhilfe
in-kind redistribution Umverteilung in Sachleistungen
in-payment Einzahlung
in-payment form Einzahlungsformular
in-plant costs Werkskosten
in-process items unfertige Erzeugnisse
in-the-money option Option mit innerem Wert
inability Unfähigkeit, Unvermögen
inability to pay Zahlungsunfähigkeit
inability to work Arbeitsunfähigkeit
inaccuracy Ungenauigkeit, Unrichtigkeit
inactive money gehortetes Geld
inactive security totes Papier
inadequacy Unzulänglichkeit
inadequate unzureichend
incentive Anreiz, Ansporn, Antrieb
incentive bonus Leistungsprämie, Leistungszulage
incentive pay Leistungslohn
incentive scheme Anreizsystem
incentive system Anreizsystem
incentive to invest Investitionsanreiz
incentive to save Sparanreiz
incentive to work Arbeitsanreiz
incentive wage Leistungslohn
inception Anfang
inchoate unvollkommen
inchoate agreement einseitig unterzeichneter Vertrag
inchoate instrument Blankoakzept
incidence Häufigkeit
incidence of absence Fehlzeitenquote
incidence of loss Schadenshäufigkeit
incidental acquisition cost Anschaffungsnebenkosten
incidental expenses Nebenkosten
incidental personal cost Personalnebenkosten
incidental railroad charges Abfertigungsgebühr
inclination to invest Investitionsneigung
include in einschließen
inclusive of einschließlich
inclusive price Gesamtpreis
income Einkommen, Einkünfte, Gewinn

income account Ertragskonto, Erfolgskonto, Ertragskonto, Einkommensrechnung
income accounting methods Gewinnermittlungsarten
income accounts Aufwands- und Ertragskonten
income ad expense Aufwand und Ertrag
income analysis Ertragswertanalyse
income and outgo Einnahmen und Ausgaben
income averaging Durchschnittsbesteuerung
income basis Ertragsbasis
income bond Gewinnobligation, Gewinnschuldverschreibung
income bracket Einkommensklasse
income category Einkunftsart
income component Ertragsanteil
income consolidation Erfolgskonsolidierung
income debenture Gewinnschuldverschreibung
income deduction Erlösschmälerung
income determination Erfolgsermittlung
income distribution Einkommensverteilung
income earned realisierter Gewinn
income effect Einkommenseffekt
income elasticity Einkommenselastizität
income flow Einkommensfluss
income for the year Jahresgewinn
income from capital Einkünfte aus Kapitalvermögen
income from employment Erwerbseinkommen
income from investments Kapitalertrag
income from participating interests Beteiligungserträge
income from participations Erträge aus Beteiligungen
income from previous activities nachträgliche Einkünfte
income from property Besitzeinkommen
income from rentals and royalties Einkünfte aus Vermietung und Verpachtung
income from royalties Lizenzeinnahmen
income from security holdings Erträge aus Wertpapieren
income from subsidiaries Beteiligungserträge
income fund Einkommensfonds
income gap Einkommenslücke
income gearing Zinsbelastung der Gewinne
income group Einkommensgruppe
income item Erfolgsposten
income level Einkommenshöhe
income limit Einkommensgrenze
income maintenance Einkommenssicherung
income on investment Kapitalertrag
income per share Gewinn pro Aktie
income productivity Ertragsfähigkeit
income property Renditeobjekt
income property appraisal Ertragswertabschätzung
income retention Thesaurierung

income return Rendite
income statement Einkommensaufstellung, Gewinn- und Verlustrechnung
income statement account Erfolgskonto
income stocks hochrentierliche Wertpapiere
income subject to wage tax lohnsteuerpflichtige Einkünfte
income tax Einkommensteuer
income tax expense Einkommensteueraufwand
income tax hike Einkommensteuererhöhung
income tax liability Einkommensteuerpflicht
income tax payer Einkommensteuerpflichtiger
income tax relief Einkommensteuerermäßigung
income tax return Einkommensteuererklärung
income tax scale Einkommensteuertarif
income tax surcharge Ergänzungsabgabe
income taxes Ertragsteuern
income threshold Beitragsbemessungsgrenze
income under license agreement Lizenzeinnahmen
income-based tax ertragsabhängige Steuer
income-connected expenses Werbungskosten
income-in-kind Sacheinkommen
income-producing Ertrag bringend
income-related expenses Werbungskosten
income-to-equity ratio Eigenkapitalrendite
incoming and outgoing payments plan Kapitalbedarfsplan
incoming cash receipts Bargeldeinnahmen
incoming payments Einzahlungen
incoming receipts budget Einnahmenplan
incompatibility Unvereinbarkeit, Unverträglichkeit
incompatible unverträglich
incompetent to contract geschäftsunfähig
incomplete census Teilerhebung
inconclusive nicht schlüssig
inconfirmed irrevocable letter of credit unbestätigtes unwiderrufliches Akkreditiv
inconsistency Widersprüchlichkeit
inconsistency of goals Zielkonflikte, Unverträglichkeit von Zielen
inconsistent widersprüchlich, unverträglich, inkonsistent
incontestability Unanfechtbarkeit
incontestable unbestreitbar, unanfechtbar
inconvenience Unannehmlichkeit, Unbequemlichkeit
inconvertible nicht konvertierbar
incorporate vergesellschaften, zusammenschließen, einbeziehen
incorporated society (incorporated company) (Inc.) eingetragene Gesellschaft
incorporation procedure Gründungsvorgang
incorporeal chattels Forderungen
incorrect entry Fehlbuchung

increase steigen, anwachsen, größer werden, zunehmen
increase Erhöhung, Zunahme, Steigerung
increase capital Kapital erhöhen
increase demand Mehrbedarf
increase from erhöhen gegenüber, steigen gegenüber
increase in capacity Kapazitätserweiterung
increase in capital Kapitalerhöhung
increase in capital investment Erweiterungsinvestition
increase in efficiency Leistungssteigerung
increase in employment costs Personalkostensteigerung
increase in hazard Risikosteigerung
increase in production Produktionsanstieg
increase in sales Kaufbelebung
increase in share capital Kapitalerhöhung
increase in value Wertsteigerung
increase in workforce Belegschaftsaufstockung
increase in workload Arbeitszuwachs
increase of capital Kapitalerhöhung
increase of capital stock Erhöhung des Grundkapitals, Aufstockung des Grundkapitals
increase rate Wachstumsrate
increased grant erhöhter Zuschuss
increasing balance method of depreciation progressive Abschreibung
increasing failure rate zunehmende Ausfallrate
increasing marginal utility zunehmender Grenznutzen
increasing returns in scale zunehmende Skalenerträge
increment Zuwachs, Zunahme, Mehrertrag, Erhöhung, Wertzuwachs, Aufschlag
incremental borrowing rate Zins für Neukredit
incremental cost zusätzliche Kosten, Grenzkosten
incremental revenues Grenzerlöse
incremental value Wertzuwachs
incur eingehen
incur a liability Verbindlichkeit eingehen
incur a loss Verlust erleiden
incur debts Schulden machen, sich verschulden
incur expenses for Aufwendungen machen für
incurred loss ratio Schadensquote
indebtedness Verschuldung, Verbindlichkeit, Verpflichtung
indebtedness of affiliates Forderungen an Konzernunternehmen
indebtedness to banks Bankverbindlichkeiten
indemnification Schadenersatz, Ersatzleistung, Entschädigung
indemnify entschädigen, sicherstellen, abfinden
indemnitee Entschädigungsempfänger
indemnitor Entschädiger
indemnity Abfindung, Schadenersatz, Abstandssumme

indemnity against liability Freistellung von Haftung
indemnity agreement Gewährleistungsvertrag
indemnity bond Ausfallbürgschaft, Garantieerklärung
indemnity insurance Schadenversicherung
indemnity payment Abstandszahlung
indemnity period Haftungsdauer
indenture Anleihevertrag
independent audit externe Revision
independent auditor Abschlussprüfer
independent banking system unabhängiges Bankwesen
independent operation Eigengeschäft
index card Karteikarte
index clause Wertsicherungsklausel
index fund Index-Fonds
index futures Indexterminkontrakte
index number Indexzahl, Messziffer
index of stocks and shares Index der Aktienkurse
index-linked bonds indizierte Anleihen
index-linked loan Indexanleihe
index-linked security Indexanleihe
index-linking (indexing) Indexbindung
indexed coupon bond preisindexangepasste Anleihe
indexing ordnen, registrieren
indicate anzeigen, bezeichnen, hinweisen
indication Anzeichen, Hinweis
indicative planning indikative Planung
indicator of divergence Abweichungsindikator
indifferent gleichgültig
indirect arbitrage indirekte Arbitrage
indirect benefit indirekter Nutzen
indirect cost Gemeinkosten
indirect cost center Hilfskostenstellen, Nebenkostenstelle
indirect damage mittelbarer Schaden
indirect department Fertigungshilfskostenstelle
indirect design costs Konstruktionsgemeinkosten
indirect interest mittelbares Interesse
indirect labor costs Lohngemeinkosten
indirect loss Folgeschaden
indirect manufacturing rate Zuschlagssatz
indirect material Fertigungs-/Materialgemeinkosten
indirect participation indirekte Beteiligung
indirect production Umwegproduktion
indirect production cost center Fertigungshilfskostenstelle
indirect quotation Mengenorientierung
indirect tax indirekte Steuer
indirect taxation indirekte Besteuerung
indirect taxation of goods and services indirekte Besteuerung von Waren und Dienstleistungen
indirect write-down Wertberichtigung

individual account Einzelkonto
individual accounts Einzelabschluss
individual assets Privatvermögen
individual cost Einzelkosten
individual credit Einzelkredit
individual deposit Streifbanddepot
individual fee Einzelhonorar
individual liability Individualhaftung
individual power of representation Einzelvollmacht
individual production Einzelfertigung
individual records Privatbuchführung
individual shareholder Einzelaktionär
individual tax Einzelsteuer
individual valuation Einzelbewertung
individual value adjustment Einzelwertberichtigung
indivisibility of goods Unteilbarkeit von Gütern
indivisible unteilbar, untrennbar
inducement Anlass, Beweggrund, Leistungsanreiz
inducement to invest Investitionsveranlassung
induction course Einführungskurs
indulge Zahlungsaufschub gewähren
industrial accounting industrielles Rechnungswesen
industrial area Industriegebiet
industrial bank Industriebank
industrial bond Industrieobligation
industrial borrower gewerblicher Kreditnehmer
industrial cost accounting Betriebsabrechnung
industrial equities Industrieaktien
industrial equity holding Industriebeteiligung
industrial estate Industriegelände, Industriepark
industrial exchange Industriebörse
industrial financing Industriefinanzierung
industrial issues Industriewerte
industrial park Industriepark
industrials Industriewerte
industry custom branchenübliche Usancen
industry forecast Branchenprognose
industry fund offener Investmentfonds
industry location Industriestandort
industry standard Industrienorm
industry-wide branchenweit
ineffective unwirksam
inefficiency Ineffizienz, Unwirtschaftlichkeit
inefficient unwirtschaftlich, ineffizient
inequality Unregelmäßigkeit, Ungerechtigkeit, Ungleichheit
inertia Faulheit, Trägheit, Untätigkeit
inescapable conclusion unausweichliche Schlussfolgerung
inevitability Unvermeidlichkeit
inevitable zwangsläufig
infer folgern, ableiten
inference Schlussfolgerung

inferior geringwertig, minderwertig
inferior goods geringwertiges Gut
inferior quality mindere Qualität
inferiority Minderwertigkeit
infinite unendlich
infirmity Rechtsmangel
inflation Inflation, Geldentwertung
inflation accounting inflationsneutrale Rechnungslegung
inflation adjusted inflationsbereinigt
inflation charge Inflationszuschlag
inflation climate Inflationsklima
inflation differential Inflationsgefälle
inflation gain Inflationsgewinn
inflation hedge Inflationsschutz
inflation rate Inflationsrate
inflation relief Inflationsausgleich
inflation reserve Substanzerhaltungsrücklage
inflation risk Inflationsrisiko
inflation trigger Inflationsauslöser
inflation-conscious inflationsbewusst
inflation-corrected deficit inflationsbereinigtes Defizit
inflation-prone inflationsgefährdet
inflationary inflationär
inflationary expectation Inflationserwartung
inflationary policy inflatorische Politik
inflationary pressure Inflationsdruck
inflationary profit push inflatorischer Gewinnstoß
inflexible expenses fixe Kosten
inflexible prices starre Preise
inflow of deposits Einlagenzuflüsse
inflow of orders Auftragseingang
inflows Einnahmen
influence Einfluss
influence quantity Einflussgröße
influencing factor Einflussgröße
influx Zufuhr, Kapitalzufuhr
inform mitteilen, benachrichtigen, avisieren
informal agreement formloser Vertrag
informal arrangement formlose Vereinbarung
informal contribution verdeckte Einlage
information Information, Aussagen
information costs Informationskosten
information flow Informationsfluss
information input Informationseingabe
information network Informationsnetzwerk
information processing Informationsverarbeitung
information procurement Informationsbeschaffung
information requirements Informationsbedarf
information resource management Informationsmanagement
information science Informatik
information storage Informationsspeicherung

information transmission Informationsübermittlung
information use Informationsnutzen
information value Informationswert
informative price Orientierungspreis
infringe upon a right Recht verletzen
infringement Regelverstoß, Verletzung, Beeinträchtigung
inherent basis of a contract Geschäftsgrundlage
inherent bias systematischer Fehler
inherent necessity Sachzwang
inheritable building rights Erbbaurecht
inheritance tax Erbschaftsteuer
initial capital Anfangskapital, Gründungskapital
initial capital stock Gründungskapital
initial consolidation Erstkonsolidierung
initial coupon Anfangsverzinsung
initial date Bezugszeitpunkt
initial debt service Anfangsbelastung
initial dividend Anfangsdividende
initial evaluation Vorauswertung
initial financing Erstfinanzierung
initial import financing Importerstfinanzierung
initial investment ursprünglicher Kapitaleinsatz, Anfangskapital, Anschaffungskosten, Ersteinzahlung
initial margins Beleihungssätze
initial offering period Erstausgabezeit
initial offering price Emissionskurs, Erstausgabepreis
initial placing of securities Erstplatzierung
initial price Basiskurs
initial quotation Eröffnungskurs
initial rate of return Anfangsrendite
initial request for listing Antrag auf Börsenzulassung
initial salary Anfangsgehalt
initial stage Anfangsstadium
initial value Anfangswert
initially anfänglich, zuerst
initiate beginnen, einleiten
initiation Anstoß
initiation fee Aufnahmegebühr
inject fresh capital neues Kapital zuführen
injection of capital Kapitalzuführung
injection of capital spending Investitionsstoß
injection of fresh funds Finanzspritze
injection of funds Mittelzuführung
injection of money Geldspritze
injunction einstweilige Verfügung
injury to property Sachschäden
inland bill Inlandwechsel
inland duty Inlandzoll
inland port Binnenhafen
inland revenue Steuereinnahmen
inland revenue authorities inländische Steuerbehörden

innovate Neuerungen vornehmen
innovation capability Innovationspotenzial
innovation process Innovationsprozess
innovation rate Innovationsrate
innovational profit Pioniergewinn
inofficial broker freier Makler
inofficial dealing Freiverkehr
inpayment Einzahlung
input Einsatzmenge
input tax Vorsteuer
input tax refund Vorsteuervergütung
inscribed mortgage Buchhypothek
inscribed stock Namenspapiere
inscription Beschriftung, Aufschrift, Einschreibung
insert einfügen
insertion Einfügung, Einrahmung
inside broker amtlich zugelassener Makler
inside price Freiverkehrskurs
insider dealing (insider trading) Insidergeschäft
insight Überblick
insignificance Bedeutungslosigkeit
insignificant bedeutungslos, geringfügig, unbedeutend
insolvency Insolvenz, Konkurs, Zahlungsunfähigkeit, Überschuldung
insolvent Zahlungsunfähiger
insolvent bankrott
insolvent company zahlungsunfähiges Unternehmen
insolvent estate Konkursmasse
inspect begutachten, prüfen
inspection Prüfung, Besichtigung, Untersuchung
inspection of real estate register Grundbucheinsicht
installation charges Montagekosten
installation cost Installationskosten
installment Rate, Teilzahlung
installment buying Kauf auf Raten
installment contract Abzahlungsgeschäft, Ratenvertrag
installment credit Teilzahlungskredit
installment financing Teilzahlungsfinanzierung
installment mortgage Abzahlungshypothek
installment note in Raten fälliger Solawechsel
installment plan Abzahlungssystem, Abzahlungsplan, Teilzahlungsplan
installment sale Abzahlungsgeschäft, Teilzahlungsgeschäft
installment system Abzahlungssystem
instances of multiple functions Funktionsüberschneidungen
instant unmittelbar, sofort
instantaneous momentan, unverzüglich
instantaneous period laufende Periode
institutional investor Kapitalsammelstelle, institutioneller Anleger

institutional market Markt für kurzfristige Mittel/Geldmarktpapiere
institutional money Mittel von Kapitalsammelstellen
institutional shareholder institutioneller Aktionär
instruct anweisen, belehren, unterweisen
instruction Anweisung, Auftrag, Schulung
instruction for use Gebrauchsanweisung
instruction to a bank Bankauftrag
instruction to pay Zahlungsanweisung
instrument of evidence Beweisurkunde
instrument payable to bearer Inhaberpapier
instrument to bearer Inhaberpapier
instrument to order Orderpapier
instrumental capital Produktionskapital
instrumental goods Kapitalgüter, Produktionsgüter
insufficiency Unzulänglichkeit
insufficient nicht ausreichend, untauglich, unzulänglich
insulate isolieren, absondern
insulating measures Abwehrmaßnahmen
insurability Versicherungsfähigkeit
insurable versicherungsfähig, versicherbar, versicherungspflichtig
insurable risk versicherbares Risiko
insurable value Versicherungswert
insurance Versicherung
insurance against loss by redemption Kursverlustsicherung
insurance certificate Versicherungsschein
insurance charges Versicherungskosten
insurance claim Versicherungsanspruch
insurance cover (insurance coverage) Deckungsschutz, Versicherungsschutz
insurance expenses Versicherungsausgaben
insurance fraud Versicherungsbetrug
insurance policy Versicherungspolice
insurance premium Versicherungsprämie
insurance stocks Versicherungsaktien
insurance tax Versicherungsteuer
insure versichern
insured deposits versicherte Einlagen
insured sum Deckungssumme
insured value Versicherungssumme, Versicherungswert
intangible assets immaterielle Vermögenswerte, immaterielle Vermögensgegenstände
intangible benefits nicht messbarer Nutzen
intangible goods immaterielle Anlagen
intangible property immaterielle Vermögenswerte
intangibles immaterielle Werte
integrate integrieren
integrated accounting system integriertes Rechnungswesen

integrated cost accounting integriertes Rechnungswesen
integrated financial planning integrierte Finanzplanung
integration Zusammenschluss, Eingliederung, Vereinigung
integration ability Integrationsfähigkeit
integration of functions Funktionsintegration
integrity Redlichkeit, Unbescholtenheit
intellectual property geistiges Eigentum
intended dissaving geplantes Entsparen
intended investment geplante Investition
intended savings geplantes Sparen
intensification Intensivierung
intensify steigern, verstärken
intent beabsichtigen
intention Absicht, Plan
interaction Wechselwirkung, Interaktion
interbank assets Interbankaktiva
interbank balances gegenseitige Bankforderungen
interbank business Interbankgeschäft
interbank call money Tagesgeld unter Banken
interbank cost of money Refinanzierungskosten
interbank credit Bank zu Bank Kredit
interbank dealings Interbankenhandel
interbank deposits Interbanken Einlagen
interbank holding Bank-an-Bank-Beteiligung
interbank lending Bank-an-Bank-Kredit
interbank market Interbanken-Markt
interbank money market Interbanken Geldmarkt
interbank money markets rates Geldmarktsätze unter Banken
interbank rate Refinanzierungszins
interbank transactions Interbankgeschäft
intercede intervenieren, bitten
intercept unterbrechen, hindern
interchange Austausch
interchangeable bonds austauschbare Schuldverschreibungen
intercity transfer procedure Fernüberweisungsverfahren
intercompany billing price interner Verrechnungspreis
intercompany charging konzerninterne Verrechnung
intercompany consolidation principle Schachtelprinzip
intercompany participation interne Beteiligung
intercompany receivables konzerninterne Forderungen
intercompany turnover Innenumsätze
intercorporate stockholding Schachtelbeteiligung
interdependence Verflechtung, gegenseitige Abhängigkeit

interest Zinsen, Beteiligung, Kapitalertrag
interest accrued Stückzinsen
interest adjustment Zinsausgleich
interest and currency swap Zins- und Währungsaustauschvereinbarung
interest arbitration Zinsarbitrage
interest bearing zinsbringend, verzinslich
interest bearing draft Tratte mit Zinsvermerk
interest burden Zinsbelastung
interest burden ratio Zinsbelastungsquote
interest ceiling Höchstzins, Zinsobergrenze
interest component Zinsanteil
interest cost Zinskosten
interest coupon Zinsschein
interest coverage ratio Zinsdeckungsverhältnis
interest differential Zinsdifferenz, Zinsgefälle
interest due fällige Zinsen
interest due date Zinsfälligkeitstermin, Zinstermin
interest earned Zinserträge
interest elasticity Zinselastizität
interest element Zinsanteil
interest escalation clause Zinsgleitklausel
interest expenditure ratio Zinsabgabenquote
interest expense Zinsaufwand
interest expenses Aufwandszinsen, Sollzinsen
interest floor Zinsuntergrenze
interest flows Zinsströme
interest forgiveness Zinsverzicht
interest freeze Zinsstopp
interest futures Zinsterminkontrakte
interest group Interessengruppe
interest income Zinserträge
interest income statement Zinsertragsbilanz
interest income tax deducted at source Quellensteuer für Zinseinkünfte
interest inelastic zinsunelastisch
interest load Zinsbelastung, Zinslast
interest loss risk Zinsausfallrisiko
interest margin Zinsspanne
interest omission Ausbleiben der Zinszahlungen
interest on arrears Verzugszinsen
interest on borrowed capital Fremdkapitalzinsen
interest on capital Kapitalverzinsung
interest on current account Kontokorrentzinsen
interest on daily balances Tageszinsen
interest on debt Schuldzinsen
interest on permanent debt Dauerschuldzinsen
interest on securities Zinserträge aus Wertpapieren
interest payable Zinsverbindlichkeiten
interest payment Zinszahlung
interest payment warranty Zinsgarantie
interest peak Zinsgipfel
interest penalty Negativzins, Strafzins
interest period Zinsperiode

interest premium Zinsaufschlag
interest rate Zinsfuß, Zinssatz
interest rate adjustment Zinsanpassung
interest rate arbitrage Zinsarbitrage
interest rate cap Höchstzinssatz, Zinsobergrenze
interest rate collar Zinsunter- und -Obergrenze
interest rate competition Zinswettbewerb
interest rate differential Zinsgefälle
interest rate elasticity Zinselastizität
interest rate equalization program Zinsausgleichsprogramm
interest rate expectations Zinserwartungen
interest rate exposure Zinsrisiko
interest rate futures Zinsterminkontrakte
interest rate futures contracts Zinskontrakte
interest rate futures market Zinsterminmarkt
interest rate futures trading Zinsterminhandel
interest rate level Zinsspiegel, Zinshöhe
interest rate of return interner Zinsfuß
interest rate option Zinsoption
interest rate parity Zinsparität
interest rate policy Zinspolitik
interest rate pressure Zinsdruck
interest rate risk Zinsrisiko
interest rate spread Zinsspanne
interest rate swap Zinsswap, Zins-Swap
interest rate target Zinssatzziel
interest rate tool Zinsinstrument
interest rate volatility Zinsschwankungen
interest rate war Zinswettbewerb, Zinskrieg
interest rebound Zinsumschwung
interest receivable Zinsforderungen
interest sensitivity Zinsempfindlichkeit
interest service Zinsendienst
interest spread Zinsspanne
interest subsidy Zinssubvention
interest terms Zinskonditionen
interest times earned Deckung der Anleihezinsen
interest warrant Zinsschein
interest waver Zinsverzicht
interest-bearing assets werbende Aktiva
interest-bearing loan verzinsliches Darlehen
interest-bearing securities fest verzinsliche Wertpapiere
interest-free bonds unverzinsliche Schuldverschreibungen
interest-free loan zinsfreies Darlehen
interest-mindedness Zinsbewusstsein
interest-sensitive zinsreagibel
interface Schnittstelle
interfere eingreifen, einmischen, stören
interference Interessenkonflikt, Beeinträchtigung
interference value Störgröße
interfering lästig, störend
interfirm comparison Betriebsvergleich
interim account Durchlaufkonto

interim accounts Zwischenabschluss
interim arrangement Zwischenlösung
interim assessment Zwischenbilanz
interim balance Zwischenbilanz
interim certificate Zwischenschein
interim credit Überbrückungsdarlehen
interim dividend Zwischendividende, Abschlagsdividende
interim financing Überbrückungsfinanzierung, Zwischenfinanzierung
interim invoice Proforma-Rechnung
interim loan Überbrückungskredit, Zwischenkredit
interim management of the budget vorläufige Haushaltsführung
interim report Zwischenbericht
interim results Zwischenergebnisse
interlace verflechten, vermischen
interlacing balance Verflechtungsbilanz
interlacing of capital Kapitalverflechtung
interlink verflechten
interlinking Verflechtung
interlock verflechten
interlocking capital arrangements Kapitalverflechtung
interlocking combine Konzernverflechtung
interlocking relationship Unternehmensverbindungen
intermediary Vermittler
intermediate bank zweitbeauftragte Bank
intermediate broker Untermakler, Zwischenmakler
intermediate credit Zwischenkredit
intermediate dealer Zwischenhändler
intermediate financing Zwischenfinanzierung, mittelfristige Finanzplanung
intermediate holding company Zwischenholding
intermediate loan Zwischenkredit
intermediate maturity Zwischentermin
intermediate payment Teilzahlung
intermediate target Zwischenziel
intermediate term mittelfristig
intermediation Geldanlage über Banken
intermittent unterbrochen
internal auditing interne Revision
internal balance internes Gleichgewicht
internal bond Inlandsanleihe
internal customs duty Binnenzoll
internal equity eigenwirtschaftete Mittel, selbsterwirtschaftete Mittel
internal expenditure capitalized aktivierte Eigenleistung
internal financing Innenfinanzierung, Selbstfinanzierung
internal financing ratio Selbstfinanzierungsquote

internal financing resources Innenfinanzierungsmittel
internal funds Eigenmittel
internal generation of funds Selbstfinanzierung
internal inflation hausgemachte Inflation
internal interest interne Zinsen
internal investment Eigeninvestition
internal price innerbetrieblicher Verrechnungspreis
internal production Eigenfertigung
internal rate of discount Kalkulationszinsfuß
internal rate of return interner Zinsfuß
internal rate of return method Interne-Zinsfuß-Methode
internal requirements Eigenbedarf
internal resources Eigenfinanzierungsmittel
internal tariffs Binnenzölle
internal turnover Eigenumsatz
internal use Eigennutzung
internal voucher Eigenbeleg
internalization Internalisierung
internally generated funds Mittel aus Innenfinanzierung
internally produced an capitalized asset aktivierte Eigenleistung
international comparison internationaler Vergleich
international currency reserves internationale Währungsreserven
international currency speculation internationale Devisenspekulation
international factoring Auslandsfaktoring
International Futures Exchange Internationale Warenterminbörse
international guaranty chain internationale Bürgschaftskette
international indebtedness internationale Verschuldung
international investment Auslandsinvestitionen
international lending internationaler Kreditverkehr
international lending operations Auslandskreditgeschäft
International Monetary Fund (IMF) Weltwährungsfonds
international monetary market internationaler Geldmarkt
international money order Auslandspostanweisung
international money trade internationaler Geldhandel
international payment order internationaler Zahlungsauftrag
international securities international gehandelte Wertpapiere
international unit of account internationale Recheneinheit

interoffice innerbetrieblich
interpenetrate verflechten
interpenetration gegenseitige Durchdringung, gegenseitige Verflechtung
interperiod expense allocation Aufwandsabgrenzung
interperiod income allocation Ertragsabgrenzung
interplant zwischenbetrieblich
interplant cooperation zwischenbetriebliche Zusammenarbeit
interplant network zwischenbetriebliche Vernetzung
interpose sich einschalten
interposed company zwischengeschaltete Gesellschaft
interposition of a bank Einschaltung einer Bank
interruption Unterbrechung, Stockung, Störung
interruption of work Arbeitsunterbrechung
intersection Schnittpunkt
intervening period Übergangsperiode
intervention Eingriff, Einspruch, Intervention, Vermittlung
intervention in the capital market Kapitalmarktintervention
intra-day fluctuations Tagesschwankungen
intra-group capital flows konzerninterne Kapitalströme
intra-group transactions Konzerngeschäfte
intragroup transactions konzerninterne Geschäfte
intransigence Unnachgiebigkeit, Kompromisslosigkeit
intraplant service output innerbetriebliche Leistung
intrinsic innerlich, wesentlich
intrinsic value innerer Wert, Substanzwert
intrinsic value of a coin Stoffwert einer Münze
introduction charges Vermittlungsgebühr
introduction price Einführungspreis, Einführungskurs
introduction syndicate Einführungskonsortium
introductory price Einführungspreis, Orientierungspreis
invalidate ungültig machen
invalidation Annullierung
invent erfinden
invention Erfindung
inventories Vorräte
inventory Inventur, Bestandsaufnahme, Lagerbestand, Vorrat
inventory account Lagerkonto, Vorräte
inventory adjustments Bestandsberichtigungen
inventory audit Inventurprüfung
inventory carrying cost Lagerkosten
inventory deficiency Lagerfehlbestand
inventory difference Inventurdifferenz
inventory holding costs Lagerhaltungskosten
inventory lending Beleihung des Vorratsvermögens
inventory revaluation Neubewertung des Vorratsvermögens
inventory risk Beständewagnis
inventory turnover Lagerumschlag
inventory turnover ratios Lagerkennzahlen
inventory valuation Vorratsbewertung, Bestandsbewertung, Inventarbewertung
inventory valuation at average prices Durchschnittsbewertung des Lagers
inventory writedown Inventarabschreibung
inverse method retrograde Methode
invest anlegen, investieren
invest long term langfristig anlegen
invest money Geld anlegen
investigate analysieren, ermitteln, untersuchen
investigation Ermittlung, Nachforschung, Untersuchung
investment Anlage, Investition, Vermögensanlage, Kapitalanlage, Wertpapier, Beteiligung
investment account Finanzanlagenkonto, Festgeldkonto
investment acquisition Beteiligungserwerb
investment adviser Anlageberater, Wertpapierberater
investment advisory agreement Anlageberatungsvertrag
investment advisory services Wertpapier- und Anlageberatung
investment aid Investitionsbeihilfe
investment analysis Finanzanalyse, Wertpapieranalyse
investment appraisal Anlagebewertung
investment appropriation request Investitionsantrag
investment at unamortized cost Beteiligung zum Buchwert
investment ban Investitionsverbot
investment bank Effektenbank, Emissionsbank
investment banking Wertpapier- und Emissionsgeschäft
investment bonds fest verzinsliche Anlagepapiere
investment budget Investitionsbudget, Investitionsplan
investment business Investmentgeschäft, Wertpapiergeschäft
investment buying Anlagekäufe
investment capital Investitionskapital
investment climate Investitionsklima
investment committee Anlageausschuss
investment company Investmentgesellschaft, Beteiligungsgesellschaft, Kapitalanlagegesellschaft
investment consultant Anlageberater

investment contract Verwaltungsvertrag
investment cost Investitionskosten
investment counseling Effektenberatung, Anlageberatung, Vermögensberatung
investment credit Anlagenkredit, Investitionskredit
investment currency Anlagewährung, Anlagedevisen
investment dealer Wertpapierhändler
investment deficit Investitionslücke
investment diversification Anlagestreuung
investment earnings Beteiligungserträge
investment expenditure Investitionsausgaben
investment financing Anlagefinanzierung, Investitionsfinanzierung
investment fund Anlagefonds, Investitionsmittel, Investmentfonds, Investmentgesellschaft
investment fund certificate Investment Zertifikat
investment fund open to the general public Publikumsfonds
investment fund share Investmentfondsanteil, Anteilschein, Zertifikat
investment gap Investitionslücke
investment goal Anlageziel
investment goods Investitionsgüter
investment grant Investitionszuschuss
investment in financial assets Finanzanlageinvestition
investment in new plant capacity Erweiterungsinvestition
investment in securities Effektenanlage, Wertpapieranlage
investment income Einkünfte aus Kapitalvermögen
investment interest Beteiligung
investment management Anlageberatung, Effektenverwaltung, Vermögensverwaltung, Anlageverwaltung
investment management policy Anlagepolitik
investment manager Vermögensverwalter
investment market Anlagemarkt
investment objective Anlageziel
investment of increased efficiency Rationalisierungsinvestition
investment opportunities Investitionsmöglichkeiten
investment outlay Anschaffungsausgabe
investment outlet Anlagemöglichkeit
investment outlets Anlagemöglichkeiten
investment outlook Anlagemöglichkeiten
investment performance Anlageergebnis
investment portfolio Wertpapierbestand, Effektenportefeuille
investment project Investitionsprojekt
investment rating Anlagebewertung
investment receipts Investitionseinnahmen

investment recovery Rückgewinnung des investierten Kapitals
investment risk Anlagerisiko, Anlagewagnis
investment securities Anlagepapiere, Wertpapiere des Anlagevermögens
investment shift Portefeuille-Umschichtung
investment specialist Anlagespezialist
investment spending Investitionsaufwendungen
investment steering Investitionslenkung
investment strategy Anlagestrategie
investment subsidies Investitionssubvention
investment tax credit Investitionssteuervergünstigung
investment trust Investmentgesellschaft
investment turnover Kapitalumschlag
investment upturn Investionsbelebung
investment value Anlagewert
investment vehicles Anlageformen, Anlageinstrumente
investment volatility Investitionsschwankungen
investments Beteiligungen, Finanzanlagevermögen
investor Anleger, Geldanleger, Kapitalanleger
investor abroad ausländischer Anleger
investor protection Anlegerschutz
investor purchase Investitionskauf
investor relations Investorenbetreuung, Aktionärspflege
investor restraint Zurückhaltung der Anleger
investor's risk Anlegerrisiko
invisible balance Dienstleistungsbilanz
invitation for public subscription Auflegung zur öffentlichen Zeichnung
invitation to bid Ausschreibung, Submission
invitation to subscribe Zeichnungsangebot
invite subscriptions zur Zeichnung auflegen
invite tenders ausschreiben
invoice berechnen, fakturieren, Rechnung ausstellen
invoice Rechnung
invoice cost Rechnungspreis
invoice in $ in $ fakturieren
invoice price Rechnungspreis
invoiced purchase price Bruttoeinkaufspreis
invoiced value of goods Warenwert
invoicing Abrechnung, Fakturierung
invoicing currency Fakturawährung
involuntary liquidation Zwangsliquidation
inward investment ausländische Direktinvestition
iron reserves eiserne Reserven
irrecoverable debt uneinbringliche Forderung
irredeemable bond unkündbare Anleihe
irredeemable preferred stock Vorzugsaktie ohne Rückkaufmöglichkeit
irregular economy Schattenwirtschaft
irregularity Unregelmäßigkeit, Formfehler

irrelevant irrelevant, unerheblich, ohne Belang
irreversible unwiderruflich
irrevocable letter of credit unwiderrufliches Akkreditiv
irrevocable parities unwiderrufliche Wechselkurse
issuable emissionsfähig
issuance of a letter of credit Akkreditiveröffnung
issuance of debt Ausgabe von Schuldverschreibungen
issuance structure Emissionsmodalitäten
issue ausgeben, emittieren, ausstellen, auflegen
issue Ausgabe, Emission, Frage, Problem, Begebung
issue a policy Police ausstellen
issue an option Option ausstellen
issue at a premium Überpari-Emission
issue at par Pari-Emission
issue below par Unterpari-Emission
issue broker Emissionsmakler
issue by tender Emission auf dem Emissionswege
issue calendar Emissionsfahrplan
issue cost Begebungskosten
issue debtor Emissionsschuldner
issue fee Ausfertigungsgebühr
issue level Kursniveau
issue of a letter of credit Akkreditiveröffnung
issue of a loan Begebung einer Anleihe
issue of debt Emission von Schuldverschreibungen
issue of foreign bonds Begebung von Auslandsanleihen
issue of new shares Emission neuer Aktien
issue of securities Wertpapieremission, Effektenemission
issue of shares Aktien ausgeben
issue on tap Daueremission begeben
issue policy Emissionspolitik
issue premium Emissionsagio
issue price Ausgabekurs, Emissionskurs, Abgabekurs
issue price level Emissionskursniveau
issue prospectus Zeichnungsprospekt, Emissionsprospekt
issued capital ausgegebenes Kapital
issued capital stock ausgegebenes Kapital, Summe der ausgegebenen Aktien
issued shares ausgegebene Aktien
issuer Emittent
issuer call option Kündigungsrecht des Emittenten
issuer of a check Scheckaussteller
issuing activity Emissionstätigkeit
issuing bank krediteröffnende Bank, Emissionsbank
issuing business Emissionsgeschäft
issuing commission Emissionsvergütung
issuing company emittierende Gesellschaft
issuing currency Emissionswährung
issuing date Ausstellungstag
issuing discount Emissionsdisagio
issuing group Begebungskonsortium, Platzierungskonsortium, Verkaufsgruppe
issuing house Emissionsbank
issuing price Erstausgabepreis, Begebungskurs, Emissionskurs
issuing yield Emissionsrendite
item Gegenstand, Artikel, Punkt, Posten, Grundelement
item cost Artikeleinstandswert
item markup Artikelaufschlag
item of property Vermögensgegenstand
item-by-item valuation Einzelbewertung
item-per-item charge Postengebühr
itemization Aufgliederung
itemize spezifizieren, einzeln aufgliedern, aufgliedern
itemize costs Kosten aufgliedern, Kosten spezifizieren
itemized list Einzelaufstellung
items in transit durchlaufende Posten, Inkassopapiere
iteration Wiederholung
iterative wiederholend

J

jack up erhöhen, steigern
jacket custody Streifbandverwahrung
jam on the credit brake Kreditbremse ziehen
jeopardize gefährden
jeopardy Gefahr, Risiko
job accounting Auftragsabrechnung
job accounting system Auftragsabrechnungssystem
job costing Zuschlagskalkulation
job out Aufträge weitervergeben
job processing Lohnarbeit, -Veredelung
job shop operation Werkstattfertigung
job step Bearbeitungsschritt
jobber's turn Händlerspanne
join forces zusammenarbeiten, sich zusammenschließen
join up zusammenschließen
joint gemeinsam
joint account Gemeinschaftsrechnung, gemeinsames Konto, Gemeinschaftskonto
joint and several liability Gesamthaftung, gesamtschuldnerische Haftung
joint capital Gesellschaftskapital
joint credit Konsortialkredit
joint creditor Gesamtgläubiger
joint debt (joint liability) Gesamtschuld
joint debtor Gesamtschuldner
joint endorsement Gemeinschafts-Indossament
joint financing Gemeinschaftsfinanzierung
joint fixed costs nicht aufteilbare Fixkosten
joint holder Mitaktionär
joint intervention abgestimmte Intervention
joint issue Gemeinschaftsemission
joint loan Gemeinschaftskredit
joint owner Miteigentümer
joint ownership Miteigentum
joint ownership of property Gesamthandseigentum
joint risk gemeinschaftliches Risiko, Gesamthaftung
joint standard accounting system Gemeinschaftskontenrahmen
joint stock Gesellschaftskapital, Aktienkapital

joint stock corporation Aktiengesellschaft
joint tenancy Mitbesitz
joint tenant Mitbesitzer, Mitpächter
joint undertaking (joint venture) Gemeinschaftsunternehmen
joint venture Joint Venture, Gemeinschaftsunternehmen
joint-product costing Kuppelkalkulation
joint-product production Kuppelproduktion
joint-stock company Aktiengesellschaft
jouissance right Genussrecht
jouissance share Genussaktie, Genussschein
journal Grundbuch
journal entry Journalbuchung
journal voucher Journalbeleg
journalize in das Journal eintragen
judgement Urteil, Schiedsspruch
judgement debt Urteilsschuld, vollstreckbare Forderung
judgement proof unpfändbar
judicial sale Zwangsverkauf
judicial writ gerichtliche Vorladung
judiciary Gerichtswesen
jumbo deal Großgeschäft
jumbo loan Großkredit
jumbo loan issue Großemission
jumbo merger Großfusion, Mammutfusion
jump in prices Kurssprünge
jumpy market Markt mit starken Schwankungen
junior equity Eigenkapital ohne Vorrechte
junior security nachrangige Sicherheit
junior share Stammaktie
junk bond Müllanleihe, hochverzinsliche Risikoanleihe
junk value Schrottwert
jurisdisction to tax Steuerhoheit
juristic person juristische Person
just about enough gerade noch genug
just an equitable recht und billig
just compensation angemessene Entschädigung
justify rechtfertigen
justify a claim Anspruch begründen

K

keelage Hafennutzungsgebühr
keen competition harter Wettbewerb
keen demand starkes Interesse
keenly priced terms äußerste Konditionen
keep an account Konto führen
keep books Bücher führen
keep in abeyance ruhen lassen
keep in custody verwahren
keep off the balance aus der Bilanz heraushalten
keep pricing enge Preisgestaltung
keep the rules Vorschriften beachten
keep up mithalten, beibehalten
keep up payments Zahlungen aufrechterhalten
keeping Führung
keeping a minority stake Beibehaltung einer Minderheitsbeteiligung
keeping a position Unterhaltung eines Bestandes
kerb broker Freiverkehrsmakler
kerb market nachbörslicher Freiverkehrsmarkt
kerb price Freiverkehrskurs
kerb trading außerbörslicher Handel
key account Großkunde
key account management Betreuung von Großkunden
key business data Unternehmenskennzahlen
key currency Leitwährung
key data Eckdaten, Rahmendaten
key date Stichtag, Berichtszeitpunkt
key feature Hauptmerkmal
key interest rate Leitzins
key issue Grundsatzfrage
key lending rate Leitzins
key policy statement Grundsatzerklärung
key position Schlüsselposition
key ratio Spitzenkennzahl
key relationship bank Hauptbankverbindung
key shareholding Mehrheitsbeteiligung
key to success Schlüssel zum Erfolg
keystone of monetary policy Grundpfeiler der Geldpolitik
kick back Provision, Schmiergeld
kick in Geld zuschießen
kicker Zusatzgebühr, zusätzliche Darlehensvergütung, Vergünstigung, Anreiz
kite Gefälligkeitswechsel, Kellerwechsel
kite flying Wechselreiterei
kitty kleine Kasse
Kiwi NZD (Neuseelanddollar)
knock-on financing Anschubfinanzierung
knockdown price Mindestpreis
knockdown rate Mindestsatz
knockdown rate Mindestgebot
knockdown strategy überzeugende Strategie
knowing misstatement bewusste Falschaussage
knowingly wissentlich
knowingly and wilfully permitted wissentlich genehmigt

L

labor agreement Tarifvertrag
labor cost Arbeitskosten, Lohnkosten
labor cost per unit of output Arbeitskosten je Einheit
labor income Arbeitseinkommen
labor productivity Arbeitsproduktivität
lack Mangel
lack of capital Kapitalmangel
lack of cash Liquiditätsknappheit
lack of funds fehlende Geldmittel, keine Deckung
lack of money Geldmangel
lackluster performance mittelmäßige Leistung, schwaches Ergebnis
lading charges Ladekosten
lag Rückstand, Verzögerung
lag behind zögern, zurückbleiben, zurückfallen, im Rückstand sein, hinterher hinken
laggard Nachzügler
lagged adjustment verzögerte Anpassung
laid up stillgelegt
lame duck nicht lebensfähiges Unternehmen
land agent Grundstücksmakler
land and buildings Grundstücke und Bauten
land bank Hypothekenbank
land built upon bebaute Grundstücke
land charge Grundschuld
land contract Grundstückskaufvertrag
land development Baugründerschließung
land jobber Bodenspekulant, Grundstücksmakler
land not built upon unbebaute Grundstücke, Brachland
land office Grundbuchamt
land price Bodenpreis
land proprietor Grundbesitzer
land register Grundbuch
land registrar Grundbuchverwalter
land tax Grundsteuer
land transfer tax Grunderwerbsteuer
landed cost Kosten bis zum Löschen
landed estate Grundbesitz, Grundeigentum
landed price Preis bei Anlieferung, Preis frei Bestimmungshafen
landed property Landbesitz, Liegenschaft
landing charges Löschungskosten
landing fee Landegebühren
landlord Verpächter, Vermieter
landmark decision Grundsatzentscheidung
landownership Grundeigentum
lapse of time Fristablauf, Zeitablauf
lapsed funds verfallene Mittel
large-lot dealing Pakethandel

large-scale investor Großanleger
large-scale loan Großkredit
large-scale manufacture Serienfertigung
large-scale order Großauftrag
large-scale production Massenfertigung
large-scale project Großprojekt
last bid letztes Gebot
last day Einreichungstermin, letzter Termin
last offer Letztgebot
last quotation Schlussnotierung
last-day business Ultimogeschäft
late charge Verzugszinsen
late payment penalty Säumniszuschlag
late quotation Schlussnotierung
latent reserves stille Reserven
lateral integration horizontale Integration
latest completion time spätestmöglicher Endzeitpunkt
latitude Ermessensspielraum
launch gründen, einführen, begeben, auflegen
launch Barkasse, Gründung, Einführung
launch a bond issue Emission begeben
launch a product Produkt einführen
launch aid Starthilfe
launch an issue Emission begeben
launching costs Anlaufkosten
launching strategy Einführungsstrategie
law governing stock exchange transactions Börsenrecht
law of balancing Ausgleichsgesetz
law of bankruptcy Konkursrecht, Vergleichsrecht
law of contracts Vertragsrecht
law of diminishing marginal utility Gesetz vom abnehmenden Grenznutzen
law of diminishing returns Gesetz vom abnehmenden Ertragszuwachs
law of equi-marginal returns Grenznutzenausgleichsgesetz
law of large numbers Gesetz der großen Zahlen
law of negotiable instruments Wertpapierrecht
law of taxation Steuerrecht
law of tenancy Mietrecht
law of torts Schadenersatzrecht
law of trademarks Warenzeichenrecht
law of variable proportions Ertragsgesetz
lawful money gesetzliches Zahlungsmittel
lawyer's fee Anwaltskosten
lay claim Anspruch erheben
lay out a strategy Strategie entwickeln
lay-off pay Abfindung
laying up the equipment Ausrüstungsstillegung

layoff Belegschaftsabbau, Arbeitsunterbrechung
layoff notice Entlassungsschreiben
layout Anordnung
layout of balance sheet Bilanzgliederung
lead management Konsortialführung, Federführung
lead time Auftragsdurchlaufzeit
leaders Spitzenwerte
leading edge account Großkunde
leading edge company Spitzenunternehmen
leading feature Hauptmerkmal
leading indicator Frühindikator
leading manager Konsortialführer, federführende Konsortialbank, federführendes Konsortialmitglied
leading partner Hauptteilhaber
leading price Richtpreis
leading principle oberster Grundsatz
leading question Suggestivfrage
leading shareholder Hauptaktionär
leading shares führende Werte, Spitzenwerte
leading stock exchange federführende Börse
leakage Schwund, Verlust
lease Miete, Pacht
lease contract Mietvertrag, Pachtvertrag
lease of life Pacht auf Lebenszeit
lease with purchase option Miete mit Kaufoption
lease-purchase agreement Mietkauf
leaseback Verkauf mit gleichzeitiger Rückmiete
leasehold Pachtbesitz, Pachtgrundstück
leaseholder Pächter
leasing Anlagenmiete, Mieten, Leasing
leasing equipment Mietgeräte
least-cost combination Minimalkostenkombination
leave Freistellung
leave without pay unbezahlter Urlaub
ledger Hauptbuch
ledger account Hauptbuchkonto
ledger card Kontoblatt
ledgerless accounting Belegbuchhaltung
left-hand side Verkaufskurs, Devisenkurs
legacy tax Erbschaftsteuer
legal action gerichtliche Schritte
legal advisor Rechtsberater
legal aid Rechtshilfe
legal and consulting fees Rechts- und Beratungskosten
legal capacity to contract Geschäftsfähigkeit
legal entity juristische Person
legal entity under public law Person des öffentlichen Rechts
legal expenses Rechtsberatungskosten
legal force Rechtskraft
legal form Rechtsform
legal framework Rechtsordnung

legal incapacity Rechtsunfähigkeit
legal investment mündelsichere Kapitalanlage, mündelsichere Wertpapiere
legal obligation to capitalize Aktivierungspflicht
legal person juristische Person
legal placement mündelsichere Anlage
legal prohibition to capitalize Aktivierungsverbot
legal provision Rechtsvorschrift
legal rate of interest gesetzlicher Zinssatz
legal relationship Rechtsverhältnis
legal reserve Barreserve
legal reserves gesetzliche Rücklagen
legal settlement in bankruptcy Zwangsvergleich
legal steps gerichtliche Schritte
legal system Rechtsordnung
legal tender gesetzliches Zahlungsmittel
legal title Eigentumsrecht
legal validity Rechtswirksamkeit
legalform of business organization Rechtsform der Unternehmung
legally admissible gesetzlich zulässig
legally binding formula rechtsverbindliche Fassung
legally inoperative rechtsunwirksam
legally justifiable rechtlich vertretbar
legally unable to hold rights rechtsunfähig
legislation Gesetzgebung
legitimacy Rechtmäßigkeit
lend ausleihen, Kredit gewähren
lend long term langfristig ausleihen
lend money interest-free zinsfreies Darlehen gewähren
lend out ausleihen, verleihen
lend short term kurzfristig ausleihen
lend-lease act Leih-Pacht-Gesetz
lender Verleiher, Kreditgeber, Darlehensgeber
lender's risk Gläubigerrisiko
lending Darlehensgewährung, Kreditgewährung, Beleihung
lending against collateral Beleihung
lending agency Kreditinstitut
lending business Kreditgeschäft
lending capacity Kreditpotenzial
lending ceiling (lending limit) Beleihungsgrenze
lending charges Kreditkosten
lending commitment Kreditzusage, Kreditvereinbarung
lending interest Kreditzinsen
lending line Kreditlinie
lending operations Kreditgeschäft
lending policy Kreditpolitik, Kreditvergabepolitik
lending potential Kreditpotenzial, Kreditspielraum
lending rate Kreditzins, Zins für Ausleihungen
lending rates Debitorensätze

lending requirements Kreditvergabevorschriften
lending restrictions Kreditbeschränkungen
lending terms Kreditbedingungen, Kreditkonditionen
lending trade Verleihgeschäft
lending value Beleihungswert
lending volume Kreditvolumen
lendings Ausleihungen
lendingsratio Ausleihequote
length of stay Verweildauer
length of time Zeitdauer
length of time to maturity Laufzeit
lessee Mieter
lessor Vermieter
let a contract Zuschlag erteilen
letter of complaint Beschwerdebrief, Mängelrüge, Mängelanzeige
letter of confirmation Bestätigungsschreiben
letter of credit Akkreditiv, Kreditbrief
letter of credit clause Akkreditivklausel
letter of intent Absichtserklärung
letter of recommendation Empfehlungsschreiben
letter of reference Zeugnis, Empfehlungsschreiben
letter of renunciation Abtretungsformular für Bezugsrechte
letter of subscription Zeichnungsurkunde
letter of understanding Vorvertrag
level Ebene
level of activity Beschäftigungsgrad
level of capacity utilization Kapazitätsauslastungsgrad
level of debt Verschuldungsgrad
level of employment Beschäftigungsgrad
level of income Einkommensniveau
level of indebtedness Verschuldungsgrad
level of interest rates Zinsniveau
level of investment Investitionsquote
level of performance Leistungsstand
level of prices Preisniveau, Kursniveau
level of satisfaction (level of utility) Versorgungsgrad
level-by-level planning stufenweise Planung
level-of-debt ratio Schuldenstandsquote
level-payment mortgage Tilgungshypothek
leverage Multiplikatorwirkung, Verschuldungsgrad
leverage effect Hebelwirkung der Finanzstruktur
leveraged buyout fremdfinanzierte Firmenübernahme
levy Abgabe, Pfändung
levy a tax Steuer erheben
liabilities Verbindlichkeiten
liabilities due Fälligkeiten
liabilities from current business Passivierte Verpflichtungen laufendes Geschäft
liabilities payable on demand täglich fällige Verbindlichkeiten
liabilities under warranties Verbindlichkeiten aus Gewährleistungen
liability Haftpflicht, Haftung, Verbindlichkeit, Passiva
liability account Passivkonto
liability for defects Mängelhaftung
liability insurance Haftpflichtversicherung
liability management Umschichtung von Verbindlichkeiten
liability on current account Kontokorrentverbindlichkeit
liability reserve Rückstellung
liability swap Passivswap
liability to pay net worth tax Vermögensteuerpflicht
liability under a guaranty Garantiehaftung
liable haftbar
liable equity capital haftendes Eigenkapital
liable for tax steuerpflichtig
liable in income tax einkommensteuerpflichtig
liable to recourse regresspflichtig
liable to social insurance sozialversicherungspflichtig
liable to tax Steuerpflicht unterliegen
liberalize liberalisieren
liberation of capital Kapitalfreisetzung
Libor Londoner Interbanken-Angebotssatz
licence Erlaubnis, Konzession, Lizenz
licence agreement Lizenzvereinbarung, Lizenzvertrag
licence fee Lizenzgebühr
licence holder Lizenzinhaber
licence requirement Genehmigungspflicht
licence tax Gewerbesteuer
licensed deposit-taking institution Einlagen-Bank
licensee Lizenznehmer
licensor Lizenzgeber, Zensor
lien on real property Grundpfandrecht
lienholder Pfandgläubiger
lienor Pfandgläubiger
life Laufzeit, Lebensdauer
life annuity Leibrente
life cycle Lebenszyklus
life cycle concept Lebenszykluskonzept
life expectancy Lebenserwartung
life of a bond Gültigkeitsdauer eines Wertpapiers
life of an option Optionslaufzeit, Optionsfrist
life period method of depreciation lineare Abschreibung
life span Laufzeit
lift interest rates Zinsen erhöhen
likely wahrscheinlich, voraussichtlich
likelyhood Wahrscheinlichkeit
likewise ebenso

limit begrenzen, Höchstbetrag
limit order Limitpreis-Order
limit price Limitpreis, Preisgrenze
limitation in time zeitliche Beschränkung
limitation of imports Einfuhrkontingentierung
limitation of liability in time Verjährung
limitation on profit distribution Ausschüttungsbeschränkung
limited befristet, begrenzt
limited allotment beschränkte Zuteilung
limited authority beschränkte Vollmacht
limited comparability bedingte Vergleichbarkeit
limited in time befristet
limited liability company Gesellschaft mit beschränkter Haftung
limited partner Kommanditist, beschränkt haftender Gesellschafter
limited partnership Kommanditgesellschaft
limited price limitierter Preis, limitierter Kurs
limited price order limitierter Auftrag
limited resources beschränkte Mittel
limited warranty begrenzte Gewährleistung
limiting factor Engpassfaktor
limiting value Grenzwert
limits of growth Wachstumsgrenzen
limping gold standard hinkende Goldwährung
line department Fachabteilung
line function Linienfunktion
line management Linienmanagement
line of business Sparte
line of credit Kreditlinie
line of reasoning Argumentation
line organization Linienorganisation
line production Fließfertigung
line-staff organization structure Stablinienorganisation
lines of credit Kreditzusagen
link Zusammenhang, Verbindung, Mittelsmann
linkage Verflechtung
linked deal Verbundgeschäft
linked transaction Kopplungsgeschäft
liquid flüssig, liquide
liquid asset ratio Liquiditätskennzahl
liquid balance liquide Mittel
liquid cash resources Barliquidität
liquid funds liquide Mittel
liquid ratio Liquiditätsgrad
liquid reserves Liquiditätsreserven
liquid resources flüssige Mittel
liquidate Konten abrechnen, liquidieren, saldieren, tilgen
liquidate a futures contract Terminkontrakt liquidieren
liquidate a position Position glattstellen
liquidate a reserve Rücklage auflösen
liquidating bank Abwicklungsbank
liquidating value Liquidationswert

liquidation Auflösung, Liquidation, Abrechnung, Tilgung, Verwertung
liquidation of assets Verflüssigung von Vermögenswerten
liquidation of inventories Lagerabbau
liquidation of reserves Auflösung von Rücklagen
liquidity Liquidität
liquidity audit Liquiditätsprüfung
liquidity bottleneck Liquiditätsengpass
liquidity constraint Liquiditätsbeschränkung
liquidity controlling Liquiditätssteuerung
liquidity crisis Liquiditätskrise
liquidity crunch Zahlungsstockung
liquidity drain Liquiditätsentzug
liquidity of a bank Überschusskasse
liquidity planning Liquiditätsplanung
liquidity policy Liquiditätspolitik
liquidity position Liquiditätslage
liquidity preference Liquiditätsvorliebe
liquidity premium Liquiditätsprämie
liquidity ratio Liquiditätsverhältnis, Liquiditätsgrad, Liquiditätsquote
liquidity requirements Liquiditätsbedarf
liquidity reserve Liquiditätsreserve
liquidity reserve managements Liquiditätsreservehaltung
liquidity squeeze Liquiditätsklemme, Liquiditätsengpass
liquidity trap Liquiditätsfalle
liquidity-money curve LM-Kurve
list of quotations Kurszettel
list of tax assessment Steuerliste
list price Listenpreis
listed bond börsennotierte Anleihe
listed company börsennotiertes Unternehmen
listed securities amtlich notierte Werte
listing Börsenzulassung
listing application Antrag auf Börsenzulassung
listing board Zulassungsstelle
listing commission Börseneinführungsprovision
listing committee Zulassungsausschuss
listing notice Zulassungsbescheid
listing procedure Zulassungsverfahren
listing requirements Zulassungsvorschriften
litigation costs Prozesskosten
litigation expenses Prozesskosten
livestock lebendes Inventar
livestock holdings Besitz von lebendem Inventar
living condition Existenzbedingung
living cost Lebenshaltungskosten
living standard Lebensstandard
load up Wertpapiere aufkaufen, sich eindecken
loaded question Suggestivfrage
loading Leerladung, Prämienaufschlag
loading charges Ladegebühr, Ladegeld, Ladekosten
loan Darlehen, Anleihe, Kredit

loan account Darlehenskonto
loan against borrowers notes Schuldscheindarlehen
loan agreement Darlehensvertrag, Anleihevertrag
loan allotment Anleihezuteilung
loan amount Darlehensbetrag, Darlehenssumme
loan applicant Kreditantragsteller
loan application Darlehensantrag
loan approval Kreditzusage
loan assessment Kreditwürdigkeitsprüfung
loan at call Darlehen mit täglicher Kündigung
loan bank Darlehensbank, Kreditanstalt
loan broker Darlehensvermittler, Finanzmakler
loan business Darlehensgeschäft, Kreditgeschäft
loan by employer to employe Arbeitgeberdarlehen
loan capital Fremdkapital
loan capital issue Emission von Schuldverschreibungen
loan chargeoff ratio Ausfallquote
loan chargeoffs Debitorenausfälle
loan charges Kreditgebühren, Darlehenskosten
loan commitment Darlehenszusage, Kreditzusage
loan commitment charges Kapitalbereitstellungskosten
loan commitment fee Bereitstellungsprovision, Kreditprovision
loan debt Darlehensschuld, Anleiheschuld, Anleiheverbindlichkeit
loan debt service Anleihedienst
loan debtor Anleiheschuldner
loan delinquencies notleidende Kredite
loan demand Kreditnachfrage
loan diversification Kreditstreuung
loan employment Leiharbeit
loan expenditure Anleiheausgabe
loan exposure Gesamtausleihungen, Kreditengagement
loan facility Kreditfazilität
loan financing Fremdfinanzierung
loan grant Darlehensgewährung
loan guarantee Kreditbürgschaft
loan guaranty Kreditbürgschaft
loan indebtedness Anleiheverschuldung
loan insurance Kreditversicherung
loan interest Darlehenszinsen, Kreditzinsen, Anleihezins
loan liabilities Darlehensverbindlichkeiten
loan limit Disporahmen, Kreditlinie
loan loss Kreditausfall
loan loss allowance Rückstellung
loan loss allowances Delkredereserven
loan loss ratio Kreditausfallquote
loan loss risk Kapitalausfallrisiko
loan maturities Kreditlaufzeiten

loan office Darlehenskasse
loan origination Kreditbereitstellung
loan package Finanzierungspaket
loan payback Darlehensrückzahlung
loan payout Kreditauszahlung
loan period Darlehenslaufzeit, Kreditlaufzeiten
loan portfolio Darlehensbestand, Kreditbestand, Anleihebestand
loan premium Darlehensaufgeld, Anleiheagio
loan proceeds Valuta, Darlehensvaluta
loan processing Kreditabwicklung, Kreditbearbeitung
loan processing charge Kreditbearbeitungsprovision
loan quotation Anleihekurs
loan rate Marktzins, Kreditzinsen
loan renewal Kreditverlängerung
loan repayment Kreditrückzahlung
loan risk Kreditrisiko
loan service Anleihedienst
loan share rates Wucherzinsen
loan society Darlehensgesellschaft
loan stock fest verzinsliche Wertpapiere, Schuldverschreibungen, Rentenwerte
loan stockholder Inhaber einer Schuldverschreibung
loan subscriber Anleihezeichner
loan subscription price Anleihezeichnungskurs
loan taken Anleihe
loan transaction Kreditgeschäft
loan value Beleihungswert
loan yield Anleiherendite
loan-to-capital ratio Verhältnis Fremd- zu Eigenmittel
loan-to-value ratio Beleihungsquote, Beleihungssatz
loanable verleihbar
loanable capital (loanable funds) Leihkapital, Kreditmittel
loaned employe Leiharbeitskraft
loans in transit durchlaufende Kredite
loans outstanding Gesamtausleihungen
local first-instance court Amtsgericht
local government bond Kommunalobligation
local tax office Finanzamt
local taxes Kommunalabgaben
location Standort, Lage
location advantage Standortvorteil
location choice Standortwahl
location decision Standortentscheidung
location disadvantage Standortnachteil
location factor Standortfaktor
location specific subsidy standortgebundene Subvention
locational quality Standortqualität
lock up binden, festlegen
lock up capital Kapital binden

lock up funds Mittel binden
lock-up period Bindungsfrist
locked-up capital gebundenes Kapital
locking up of money Geldstilllegung
lockout Aussperrung
lodge a claim Forderung anmelden
lodge a protest Protest einlegen
lodging of security Sicherheitsleistung
lodgment Ansammlung, Hinterlegung
logical tree Entscheidungsbaum
logistics Beschaffungswesen, Logistik
logistics costs Logistikkosten
logistics system Logistiksystem
lombard rate Lombardsatz
London Commodity Exchange Londoner Warenbörse
London Interbank Offering Rate Londoner Interbanken Angebotssatz (LIBOR)
long end langfristiger Bereich
long end of the market Markt für Langläufer
long firm Schwindelfirma
long gilt yield Rendite langfristiger Staatspapiere
long rates Zinssätze für Langläufer
long term langfristig
long term contracts langfristige Verträge
long-dated investment langfristige Anlage
long-dated issue langfristige Emission
long-dated stock Wertpapier mit langer Laufzeit
long-hedge strategische Kursniveausicherung
long-range budget period langfristiger Planabschnitt
long-range planning langfristige Planung
long-run langfristige
long-run average cost langfristige Durchschnittskosten
long-run effect langfristiger Effekt
long-run multiplier dynamischer Multiplikator
long-tap stock langfristige Schatzanweisungen
long-term bond langfristige Anleihe
long-term borrowing Aufnahme langfristigen Fremdkapitals
long-term contract langfristiger Vertrag
long-term corporates langfristige Industrieschuldverschreibungen
long-term credit Dauerkredit
long-term credit gap langfristige Kreditlücke
long-term debt langfristige Darlehen
long-term employment langfristige Beschäftigung
long-term expectation langfristige Erwartung
long-term financing langfristige Finanzierung
long-term funds langfristige Finanzierungsmittel
long-term interest rate langfristiger Zinssatz
long-term investments langfristige Finanzanlagen
long-term investor Daueranleger

long-term lendings langfristige Ausleihungen
long-term liabilities langfristiges Fremdkapital
long-term loan langfristiges Darlehen, langfristiger Kredit
long-term loan business langfristiges Kreditgeschäft
long-term plan langfristiger Plan
long-term planning langfristige Planung
long-term profitability langfristige Rentabilität
long-term receivables langfristige Forderungen
long-term settlement langfristige Vereinbarung
long-term yield on bonds Langläufer Rendite
loose money policy Politik des billigen Geldes
lose a right Recht verlieren
lose one's shirt bankrott machen
lose out verlieren, Verluste hinnehmen müssen
lose track of aus dem Auge verlieren, den roten Faden verlieren
losing bargain Verlustgeschäft
loss Verlust
loss account Verlustkonto
loss allocation Verlustzuweisung
loss brought forward Verlustvortrag
loss carry forward Verlustvortrag
loss carryover Verlustvortrag
loss chargeoff ratio Forderungsausfallquote
loss in business volume Umsatzverlust
loss in value Wertminderung
loss limit Schadenmaximum
loss maker Verlustgeschäft
loss of cash Verlust von Barmitteln, Geldverlust
loss of efficiency Leistungsverlust
loss of expected return entgangener Gewinn
loss of information Informationsverlust
loss of production Produktionsausfall
loss of profit entgangener Gewinn
loss of serviceability Wertminderung
loss of up-to-dateness Aktualitätsverlust
loss of wage Lohnausfall
loss offsetting Verlustverrechnung
loss on exchange Kurseinbuße
loss on price Kursverlust
loss on takeover Übernahmeverlust
loss set-off Verlustausgleich
loss surrender Verlustübertragung
loss-making unrentabel
loss-sharing agreement Verlustübernahmevertrag
losses wedge Verlustzone
lost earnings Verdienstausfall
lost profit entgangener Gewinn
lot Grund und Boden
lot quantity Losgröße
lot size Auftragsgröße, Losgröße
low Tiefstand, Tiefkurs
low cost kostengünstig, preiswert
low involvement geringes Engagement

low-fixed-rate loan zinsgünstiger Festkredit
low-interest yielding niedrig-verzinslich
low-price strategy Niedrigpreisstrategie
low-priced billig, preiswert, preisgünstig
low-priced shares niedrig bewertete Aktien
low-tax country Niedrigsteuerland
low-value geringwertig
low-value item geringwertiges Wirtschaftsgut
low-yield securities niedrig verzinsliche Wertpapiere
lower senken
lower of cost or market principle Niederstwertprinzip
lower price Preissenkung
lower-of-cost-or-market principle Niederstwertprinzip
lowering current expenditure items Einsparungen bei den laufenden Ausgaben

lowest bid Mindestgebot
lowest price Tiefstkurs, niedrigster Preis, äußerster Preis
lowest price limit Preisuntergrenze
loyalty rebate Treuerabatt
lucrative Gewinn bringend, lukrativ
lull Flaute
lump sum Pauschalbetrag, Pauschale
lump sum deduction Pauschalabzug
lump sum depreciation Kollektivabschreibung
lump sum fee Einmalgebühr
lump sum payment Einmalzahlung
lump sum settlement Pauschalregulierung
lump sum tax Pauschalsteuer
lump-sum compensation Pauschalentschädigung
lump-sum contract Auftrag mit Festpreis
lump-sum price Pauschalpreis

M

machine accounting Maschinenbuchhaltung
machine hour rate Maschinenstundensatz
machine hours Maschinenstunden
machine posting maschinelle Buchung
machine-readable maschinenlesbar
machinery maschinelle Anlagen, Maschinenpark
machinery and equipment Ausrüstungsgüter
machinery maintenance Maschineninstandhaltung
machinery maintenance cost Maschineninstandhaltungskosten
macroeconomic accounting volkswirtschaftliche Gesamtrechnung
made as of abgeschlossen am
made bill indossierter Wechsel
made-to-bearer instrument Inhaberpapier
made-to-order instrument Inhaberpapier
magnitude Umfang, Größenordnung, Bedeutung
mail Post
mail credit Postlaufkredit
mail payment remittance Bank-Post-Überweisung
mail transfer briefliche Auszahlung, Postüberweisung, briefliche Überweisung
mailing charges Postgebühren
main cashier's office Hauptkasse
main deadline Haupttermin
main deviation Hauptabweichung
main line factoring Factoring ohne Rückgriffsrecht
mainstay business Grundgeschäft
mainstream tax Körperschaftsteuer-Abschlusszahlung
maintain warten, instand halten, behaupten
maintain an account Konto führen
maintenance Erhaltung, Instandhaltung, Wartung, Kontoführung
maintenance agreement Wartungsvereinbarung, Wartungsvertrag
maintenance bond Leistungsgarantie
maintenance budget Wartungsetat
maintenance charge Kontoführungsgebühr
maintenance charges Instandhaltungsaufwand
maintenance contract Wartungsvertrag
maintenance cost Wartungskosten
maintenance expenditure Erhaltungsaufwand
maintenance expenses Erhaltungsaufwand
maintenance of capital Kapitalerhaltung
maintenance of entity substanzielle Kapitalerhaltung
maintenance of equity reale Kapitalerhaltung

maintenance of liquidity Liquiditätserhaltung, Liquiditätssicherung
maintenance of money capital Geldkapitalerhaltung
maintenance of profit level Gewinnerhaltung
maintenance payment Unterstützungszahlung
maintenance reserve Wartungsrückstellung
maintenance subsidy Erhaltungssubvention
major account Großkunde
major bank Großbank
major borrower Großkreditnehmer
major contract Großauftrag
major job segment Hauptaufgabenbereich
major shareholder Großaktionär
majority Mehrheit
majority holding Mehrheitsbeteiligung
majority interest Mehrheitsanteil, Mehrheitsbeteiligung
majority joint venture Gemeinschaftsunternehmen mit Mehrheitsbeteiligung
majority shareholder Mehrheitsaktionär
majority shareholding Mehrheitsbeteiligung
majority stockholder Mehrheitsaktionär
majority vote Mehrheitsbeschluss
majority-owned mehrheitlich beteiligt
majority-owned subsidiary Tochtergesellschaft im Mehrheitsbesitz
make a bargain Geschäft abschließen
make a bid bieten
make a decision Entscheidung fällen
make a deposit anzahlen
make a down payment anzahlen, Anzahlung leisten
make a loan Darlehen gewähren
make a profit Gewinn erzielen
make a turn Gewinn machen
make cuts in spending Ausgaben kürzen
make out a balance sheet bilanzieren
make out in blank blanko ausstellen
make out to bearer auf Inhaber ausstellen
make payment zahlen, Zahlung leisten
make provisions Vorkehrungen treffen
make the cash Kassensturz machen, Kasse machen
make-up price Abrechnungskurs
making of profits Gewinnerzielung
making up day Prämienerklärungstag
malpractice insurance Berufshaftpflichtversicherung
man hour Arbeiterstunde
man hour output Produktionsleistung je Arbeitsstunde

man months Mannmonate
man of straw Strohmann
manage a credit Kredit bearbeiten
managed account treuhänderisch verwaltetes Konto
managed currency gelenkte Währung
managed economy Planwirtschaft
managed floating kontrollierte Kursfreigabe
managed fund Investmentfonds
managed liabilities Mindestreservenverbindlichkeiten
management accounting Betriebsrechnungswesen, führungsorientiertes Rechnungswesen
management fee Federführungsgebühr, Konsortialgebühr, Kontoführungsgebühr
management functions Führungsaufgaben
management group Konsortium
management of deposit securities Depotverwaltung
management of financial investments Finanzdisposition
management of money supply Geldmengenregulierung
management shares Verwaltungsaktien
management stock Mehrstimmrechtsaktien, Aktien mit Vorrechten
management trust Investmentgesellschaft
manager in bankruptcy Konkursverwalter
managerial authority Führungsbefugnis
managerial behavior Führungsverhalten
managerial depth Leitungstiefe
managerial finance Unternehmensfinanzierung, Finanzwirtschaft der Unternehmung
managerial qualities Führungsqualitäten
managerial relationships Weisungsbeziehungen
managing board Direktorium
managing committee of the stock exchange Börsenvorstand
managing partner geschäftsführender Gesellschafter
managing underwriter Konsortialführer
mandate Dauerauftrag
mandate of protest Protestanzeige
mandator Mandant, Vollmachtgeber
mandatory Bevollmächtigter, obligatorisch, vorschreibend
mandatory accrual Passivierungspflicht
mandatory outlays obligatorische Zahlungen
mandatory use Verwendungszwang
manner of payment Zahlungsweise
manpower hour Arbeiterstunde
manpower planning Personalbedarfsplanung
manpower pool Arbeitskräfte
manpower reduction Personalabbau
manpower requirements Arbeitskräftebedarf
manual Handbuch
manual posting manuelle Buchung

manufacturers liability Produzentenhaftung
manufacturing control Fertigungssteuerung
manufacturing cost Fertigungskosten
manufacturing overhead Fertigungsgemeinkosten
manufacturing supplies Hilfs- und Betriebsstoffe
map out entwerfen
map records Grundbuch
margin Handelsspanne, Kursunterschied, Sicherheitszahlung bei Termingeschäften, Gewinnspanne
margin account Effektenkreditkonto
margin business (Effekten)-Differenzgeschäft
margin buying Kreditkauf von Wertpapieren
margin call Nachschussforderung
margin convenience yield marginale Gewinnerzielung
margin costing Zinsspannenrechnung
margin credit Effektenkredit
margin financing Effektenfinanzierung
margin loan value Beleihungsgrenze
margin of productivity Rentabilitätsgrenze
margin of profit Gewinnspanne
margin of safety Sicherheitszuschlag
margin squeeze Druck auf die Gewinnspanne
marginable beleihbar
marginal geringfügig
marginal account Einschusskonto
marginal amount Grenzbetrag
marginal balance Bruttogewinn
marginal benefit Grenzvorteil
marginal borrower Grenzkreditnehmer
marginal buying Kreditkauf von Wertpapieren
marginal capacity Grenzkapazität
marginal cost Grenzkosten, Mindestkosten
marginal cost of acquisition Grenzbezugskosten
marginal cost of funds marginale Refinanzierungskosten
marginal costing Grenzkostenkalkulation, Grenzkostenrechnung
marginal efficiency of capital Grenzeffizienz des Kapitals
marginal employment Grenzbeschäftigung
marginal factor cost Faktorgrenzkosten
marginal financing Grenzfinanzierung
marginal gain geringer Zuwachs
marginal income Deckungsbeitrag, Grenzeinkommen
marginal income per scarce factor spezifischer Deckungsbeitrag
marginal incremental cost Grenzkosten
marginal installment of saving Grenzrate der Ersparnis
marginal internal rate of return marginale interne Ertragsquote
marginal labor cost Grenzarbeitskosten

marginal lender Grenzanbieter von Kapital
marginal loan value Beleihungsgrenze
marginal private cost private Grenzkosten
marginal product of capital Grenzprodukt des Kapitals
marginal product of labor Grenzprodukt der Arbeit
marginal productivity Grenzproduktivität
marginal profit Rentabilitätsschwelle
marginal rate Grenzkurs
marginal rate of return interner Zinsfuß
marginal rate of substitution Grenzrate der Substitution
marginal return Grenzerlös
marginal revenue Grenzertrag
marginal revenue product Grenzerlösprodukt
marginal revenue productivity monetäre Grenzproduktivität
marginal revenues Grenzerlöse
marginal social cost gesamtwirtschaftliche Grenzkosten
marginal user cost Grenzgebrauchskosten
marginal utility Grenznutzen
marginal utility of capital Grenznutzen des Kapitals
marginal value Grenzwert
marginal yield Grenzertrag, Grenzerzeugnis
marine cargo insurance Seegüterversicherung, Seekargoversicherung
marine insurance Seetransportversicherung
mark down Preise heruntersetzen, ermäßigen
mark down prices Kurse zurücknehmen
mark of origin Ursprungsbezeichnung, Herkunftsbezeichnung, Herkunftszeichen
mark up heraufsetzen
markdown Preissenkung, Kursabschlag
marked check bestätigter Scheck
marked to market zum letzten Börsenkurs bewertet
market advance Kursanstieg
market assessment Börsenbewertung, Marktbewertung
market average Durchschnittskurs, Mittelkurs
market bid price Geldkurs
market capitalization Börsenkapitalisieren, Marktkapitalisierung
market climate Börsenklima
market close Börsenschluss
market correction Kurskorrektur
market coverage Marktanteil
market crash Börsenkrach
market days Börsentage
market exchange rate Devisenmarktkurs
market flexibility Marktelastizität
market floatation öffentliche Platzierung
market fragmentation Marktzersplitterung
market hours Börsensitzung

market interest rate Marktzinssatz
market maker Devisenhändler
market niche Marktlücke
market observer Marktbeobachter
market offering Marktangebot
market order Bestens-Auftrag, unlimitierter Auftrag
market portfolio Marktportfolio
market position Marktstellung, Marktposition
market price Marktpreis, Kurs alter Aktien, letzter Kurs
market price of shares Aktienkurs
market profit Konjunkturgewinn, Kursgewinn
market quotation Kursnotierung, Börsennotierung, Kursnotiz
market rally Kurserholung
market rate Effektivverzinsung
market rate of interest Marktzinssatz
market recovery Markterholung
market regulation purchases Marktpflegekäufe
market regulation sales Marktpflegeverkäufe
market rigging Kursmanipulation
market scrutiny Marktüberwachung
market sentiment Börsenklima, Börsenstimmung
market setup Marktstruktur
market share Marktanteil
market stabilization Kursstabilisierung, Marktbefestigung
market surveillance Marktbeobachtung
market theories Börsentheorien
market trend Preistendenz
market value Kurswert, Marktwert
market volatility heftige Preisschwankungen
market weakness Marktschwäche
market-if-touched order preisfixiertes Ordergeschäft
market-on-close order Schlussphasenorder
market-on-opening order Eröffnungsphasenorder
market-out clause Rücktrittsklausel
market-related interest rates Marktzinsen
marketable börsenfähig, marktfähig, verkäuflich
marketable securities Wertpapiere, börsengängige Wertpapiere
marketable share börsengängige Aktie
marketableness Börsenfähigkeit
marketing accounting Absatzbuchhaltung
marketing costs Marketingkosten
marking board Kurstafel
markings Börsenumsätze
markon Bruttoaufschlag
markon (markup) Aufschlag, Preisaufschlag, Kalkulationsaufschlag
markup factor Kalkulationsfaktor
markup pricing Aufschlagspreisbildung, Aufschlagskalkulation

markup pricing inflation Gewinninflation
mart Finanzmarkt
mass discount Mengenrabatt
mass dismissal Massenentlassung
massive borrower Großkreditnehmer
master account file Kontenstammdatei
master account record Kontenstammsatz
master agreement Manteltarifabkommen
master budget Gesamtbudget
master files Stammdaten
match Anpassung, Ausgleichstransaktion, in Übereinstimmung bringen
matched order Börsenauftrag
matched sales Wertpapier-Pensionsgeschäft
matching Ausgleichstransaktion
matching maturities gleiche Laufzeiten
matching of deduction and income Aufwands- und Ertragsabgrenzung
matching of revenue and cost Periodenabgrenzung
material budget Materialkostenplan
material interest wesentliche Beteiligung
materials handling overhead Materialgemeinkosten
materials overhead rate Materialgemeinkostensatz, Materialzuschlag
materials usage Materialverbrauch
materials usage plan Materialverbrauchsplan
maternity insurance Mutterschaftsversicherung
mathematics of finance Finanzmathematik
matters of finance Finanzangelegenheiten
matters still in dispute offene Fragen
mature abgelaufen, fällig
matured fällig
matured items Posten
matured liability fällige Verbindlichkeit
maturing liability Verbindlichkeit mit kurzer Restlaufzeit
maturities Fälligkeiten, Fristigkeiten
maturities control list Terminüberwachungsliste
maturity Fälligkeit, Verfallszeit, Fristigkeiten, Laufzeit
maturity basis Fälligkeitsgrundlage
maturity category Fristenkategorie
maturity code Fälligkeitsschlüssel
maturity date Fälligkeitsdatum, Fälligkeitstermin, Fälligkeitstag, Fälligkeitszeitpunkt
maturity deadline Einlösungsfrist
maturity distribution Fristenverteilung
maturity extension Fristverlängerung, Laufzeitverlängerung
maturity hedging Fristenschutz
maturity of a bill Wechselfälligkeit
maturity pattern Fälligkeitsstruktur, Fristenstruktur, Fristigkeitsstruktur
maturity period Laufzeit
maturity range Fristenraum

maturity stage Reifephase
maturity structure Fälligkeitsstruktur
maturity tickler Fälligkeitsliste, Fälligkeitskalender
maturity transformation Fristenübertrag
maturity value Fälligkeitswert
maximum amount Höchstbetrag
maximum duration Höchstdauer
maximum earning capacity value maximaler Gewinnerwartungswert
maximum price Höchstpreis
maximum rate Höchstkurs
maximum tax rate Steuerhöchstsatz
maximum utility Nutzenmaximum
maximum value Höchstwert
mean Durchschnitt
mean due date mittlerer Verfallstag
mean price Mittelkurs
mean rate of exchange Mittelkurs
mean value Mittelwert
mean value date Mittelvaluta
meaning Bedeutung
means Mittel, Vermögen
means of payment Zahlungsmittel
means of production Produktionsmittel
measure of value Wertmaßstab
measurement Maß, Größe, Abmessung, Maßeinheit, Messen
measures of monetary policy geldpolitische Maßnahmen
measures of performance Erfolgskriterien
meat-axe reduction pauschale Kürzung
mechanical engineering shares Maschinenwerte
mediate schlichten, vermitteln
mediating committee Vermittlungsausschuss
mediation board Schiedsgericht
mediation committee Schlichtungsausschuss
mediator Schlichter, Unterhändler
mediocracy Mittelmäßigkeit
medium gilts mittelfristige Staatspapiere
medium grade stock Aktie mittlerer Güte
medium of exchange Tauschmittel, Zahlungsmittel
medium-dated stock Wertpapier mit mittlerer Laufzeit
medium-term bonds mittelfristige Anleihen
medium-term fiscal planning mittelfristige Finanzplanung
medium-term forecast mittelfristige Prognose
medium-term loan mittelfristiger Kredit
medium-term plan mittelfristiger Plan
medium-term planning mittelfristige Planung
medium-term rate mittelfristiger Zinssatz
medium-term securities mittelfristige Wertpapiere
medium-term treasury bonds mittelfristige Schatzanweisungen

meet a bill Wechsel einlösen
meet a delivery date Liefertermin einhalten
meet a demand Forderung erfüllen
meet an order Auftrag ausführen
meet costs Kosten begleichen, Kosten bestreiten, Kosten tragen
meet payment when due fällige Zahlung leisten
meet the deadline Frist einhalten
meeting Besprechung, Konferenz, Sitzung, Gespräch, Unterredung
meeting attendance fee Sitzungsgeld
meeting documents Sitzungsunterlagen
meeting of creditors Gläubigerversammlung
meeting of shareholders ordentliche Hauptversammlung der Aktionäre
meeting place Tagungsort
megabuck $ 1 Million
megadeal Großgeschäft
megamerger Großfusion, Megafusion
melon Gratisaktie, besonders hohe Bardividende
member bank Mitgliedsbank
member corporation Börsenmitglied
member firm Börsenmitglied
member of a stock exchange Börsenmitglied
membership dues Mitgliedsbeiträge
memo Aktennotiz, Aktenvermerk, Mitteilung
memorandum check vordatierter Scheck
memorandum item Erinnerungsposten
memorandum of association Gründungsurkunde
memorandum of deposit Hinterlegungsurkunde
mental arithmetic Kopfrechnen
mercantile agency Kreditauskunftei
mercantile bill Warenwechsel
mercantile credit gewerblicher Kredit
mercantile exchange Produktenbörse
mercantile paper Orderpapier, Handelswechsel
merchandise account Handelsbilanz
merchandise broker Produktenmakler, Handelsmakler
merchandise on consignment Kommissionsware
merchandise trade balance Handelsbilanz
merchandise trade deficit Handelsbilanzdefizit
merchant Handelsvertreter
merchant bank Handelsbank
merchant discount Nachlass an Kreditkartengesellschaften
merchantable goods vertretbare Waren, fungible Waren
mere delivery bloße Übergabe
merge fusionieren, vereinigen, einverleiben, zusammenschließen
merger Unternehmenszusammenschluss, Fusion
merger agreement Fusionsvertrag
merger contest Übernahmeschlacht
merger control Fusionskontrolle
merger of equals Zusammenschluss gleichrangiger Partner
merger of land Landzusammenlegung, Flächenbereinigung
merger offer Fusionsangebot
merger strategy Fusionsstrategie
merger surplus Verschmelzungsmehrwert
merger wave Fusionswelle
mergers and acquisitions Fusionen und Akquisitionen, Fusionen und Übernahmen, Unternehmenskauf, Unternehmensfusionen und -aufkäufe
mergers policy Fusionspolitik
merging of accounts Kontenzusammenlegung
merit Verdienst, Vorzug, Wert
merit bonus Leistungsprämie
merit pay Leistungslohn
merit rating Leistungsbeurteilung
meritorious förderungswürdig
merits Hauptpunkte, wesentliche Gesichtspunkte
mesh ineinander greifen
metal exchange Metallbörse
metal prices Metallnotierungen
method of calculation Berechnungsmethode
method of computing taxable income Gewinnermittlungsverfahren
method of data acquisition Erhebungstechnik
method of depreciation Abschreibungsart, Abschreibungsverfahren
method of determining profits Gewinnermittlungsverfahren
method of estimation Schätzverfahren
method of financing Finanzierungsform
method of payment Zahlungsweise
method of production Produktionsverfahren
method of valuation Bewertungsmethode
methodology of planning Planungsmethodik
mid-month settlement Medioabrechnung, Medio-Liquidation
middle market price Mittelkurs
middle price Einheitskurs
middle rate Devisenmittelkurs
migration Abwanderung
migration of capital Kapitalabwanderung
milk profits Gewinne abziehen
milking Ausbeutung eines Unternehmens
milkmaid's calculation Milchmädchenrechnung
minimize geringhalten, minimieren
minimum Mindestbetrag
minimum acceptable rate erstrebte Mindestverzinsung, Kalkulationszinsfuß
minimum balance Mindestguthaben
minimum bidding price Mindestbietkurs
minimum capital Mindestkapital
minimum cash reserve Mindestreserve
minimum contribution Mindesteinlage
minimum cost Mindestkosten
minimum cost combination Minimalkostenkombination

minimum cost path Minimalkostenpfad
minimum dealing quota Mindestabschlussbetrag
minimum deposit Mindesteinlage
minimum duration Minimaldauer
minimum exemption Mindestfreibetrag
minimum freight rate Mindestfracht, Minimalfracht
minimum holding Mindestbeteiligung
minimum holding quota Mindestbetiligungshöhe
minimum income Mindesteinkommen
minimum inventory Mindestbestand
minimum investment Mindesteinlage
minimum legal-reserve ratio Mindestreservesatz
minimum lending rate Lombardsatz, Mindestzins
minimum life Mindestlaufzeit
minimum margin Mindestspanne, Mindestgewinnspanne
minimum margin requirements Mindesteinschuss
minimum par value shares Mindestnennbetrag
minimum price Mindestpreis
minimum price fluctuation Mindestkursschwankung, kleinstmögliche Wertschwankung
minimum rate of return Mindestverzinsung
Minimum required return rate Mindestverzinsungsanspruch
minimum reserve asset ratio Pflichtreserve der Geschäftsbanken
minimum reserve audit Mindestreserveprüfung
minimum reserve balances Mindestreserveguthaben
minimum reserve deposits Mindestreserveeinlagen
minimum reserve policy Mindestreservepolitik
minimum reserve ratio Mindestreservesatz
minimum reserve requirements Mindestreserven, Mindestreservesoll
minimum reserve rules Mindestreservevorschriften
minimum run time Mindestbearbeitungszeit
minimum sales Mindestumsatz
minimum standard deduction Mindestfreibetrag
minimum standards Mindestanforderungen
minimum subscription Minimalzeichnungsbetrag
minimum taxation Mindestbesteuerung
minimum time rate Mindeststundenlohn
minimum turnover Mindestumsatz
minimum valuation Mindestbewertung
minimum wage Mindestlohn
minimum yield Mindestertrag, Mindestrendite
mining share Montanaktie (kux)

minor coin unterwertige Münze
minor disbursements Bagatellausgaben
minority holding Minderheitsbeteiligung
minority interest Minderheitsbeteiligung
minority shareholder Minderheitsaktionär
minority shareholdings Minderheitsbeteiligung
minority stockholder Minderheitsaktionär
minority vote Minderheitsvotum
minutes from memory Gedächtnisprotokoll
minutes of a meeting Sitzungsprotokoll
mirror contract Gegengeschäft
mis-sent item Irrläufer
misallocation Missverteilung, Fehlleitung
misallocation of capital Kapitalfehlleitung
misapplication Missbrauch, Unterschlagung
miscasting Fehlrechnung
miscellaneous Sonstiges, Gemeinkostenmaterial, verschiedenes, gemischt, vielseitig
miscellaneous debtors and creditors sonstige Forderungen und Verbindlichkeiten
miscellaneous risks sonstige Wagnisse
miscellany Verschiedenes
miscompute falsch berechnen
misconception Missverständnis, falsche Auffassung
miscount sich verrechnen
miscount Rechenfehler
misdelivery Fehllieferung
misdirect fehlleiten, irreführen
misdirected capital spending Fehlinvestition
misgauge fehleinschätzen, falsch einschätzen
misgiving Bedenken, Zweifel
mishandle falsch behandeln
misinform desinformieren, falsch informieren, falsch unterrichten
misjudge falsch einschätzen, falsch beurteilen
misjudgement Fehleinschätzung, falsche Beurteilung
mismanagement Misswirtschaft
mismatch Fehlanpassung
mismatch in maturities Fristeninkongruenz
misreckoning Fehlkalkulation
miss a deadline Termin überschreiten, Termin nicht einhalten
missed discounts nicht in Anspruch genommene Nachlässe
mission Ziel
mission statement Aufgabenbeschreibung
mission-oriented aufgabenorientiert
mistaken investment Fehlinvestition
mitigating circumstances mildernde Umstände
mitigation Abschwächung, Erleichterung, Milderung
mitigation of damage Schadensminderung
mixed account Mischkonto
mixed and crazy week turbulente Woche
mixed bag Sammelsurium

mixed consignment Sammelladung
mixed costs Mischkosten
mixed credit Mischkredit
mixed financing Mischfinanzierung
mixing and tying requirements Verwendungszwang
mobility of capital Kapitalmobilität
mobilization of funds Flüssigmachen von Kapital
mobilize flüssig machen, mobilisieren
mode of payment Zahlungsweise
model calculation Modellrechnung
model changeover Modellwechsel
moderate angemessen, dämpfen, mäßig
moderate inflation leichte Inflation
moderate trading mäßige Umsätze
modestly geringfügig
modify ändern
mold into zusammenfassen
monetary monetär, finanziell
monetary aggregate monetäre Gesamtgröße
monetary approach monetärer Ansatz
monetary authorities Währungsbehörden
monetary brakes geldpolitische Bremsen
monetary capital Geldkapital
monetary claim Geldforderung
monetary control Geldmengensteuerung
monetary cost curve monetäre Kostenkurve
monetary erosion Geldwertschwund
monetary funds Geldmittel
monetary growth Geldmengenwachstum
monetary inflation Geldinflation
monetary matters Geldangelegenheiten
monetary policy Währungspolitik
monetary reform Währungsreform
monetary reserve Liquiditätsüberhang, Geldreserve
monetary rule Geldmengenregel
monetary situation Währungslage
monetary stringency restriktive Geldpolitik
monetary system Währungssystem
monetary tightness Geldverknappung
monetary transaction Zahlungsverkehr
monetary transactions Geldgeschäft, Geldverkehr
monetary union Währungsunion
money Geld, Zahlungsmittel
money at call Tagesgeld
money at call and short notice kurzfristiges Geld
money back guarantee Rückerstattungsgarantie, bei Nichtgefallen Geld zurück
money balance Kassensaldo
money broker Kreditmakler
money center bank Geschäftsbank
money changer Geldwechsler
money claim Barforderung
money corporation Geldinstitut

money crunch Geldknappheit
money dealer Geldhändler
money dealing Geldhandel
money debt Geldschuld
money desk Geldhandelsabteilung
money down gegen bar
money drawing interest verzinsliches Guthaben
money due ausstehendes Geld
money grubbing geldgierig
money in circulation Geldumlauf
money income Geldeinkommen
money laundering Geldwäsche
money lend and lodged book Kontokorrentbuch
money loaned long-term langfristige Ausleihung
money manager Gelddisponent
money market Geldmarkt
money market activities Geldmarktgeschäfte
money market bill Geldmarktwechsel
money market business Geldgeschäft
money market certificate Geldmarktpapier
money market control Geldmarktsteuerung
money market fund Geldmarktfonds
money market indebtedness Geldmarktverschuldung
money market investment Geldmarktanlage
money market loan Geldmarktkredit
money market rates Geldmarktsätze
money metric utility in Geld gemessener Nutzen
money of account Rechnungsgeld
money of necessity Notgeld
money order Zahlungsanweisung
money paid in Geldeinlage
money put up angelegtes Geld
money rate of interest Geldzinsfuß
money rates Geldmarktsätze
money refunded in full restlos zurückgezahltes Geld
money source Geldquelle
money spinner Kassenschlager, Schnelldreher
money squeeze Geldverknappung
money stock Geldbestand, Geldmenge
money stock targets Geldmengenziele
money supply Geldversorgung
money supply control Geldmengensteuerung
money supply definitions Geldmengenabgrenzungen
money supply function Geldangebotsfunktion
money supply target Geldmengenziel
money trading Geldhandel
money transaction Finanzgeschäft
money transfer Geldüberweisung
money transfer charges Geldüberweisungsgebühren
money transfer order Dauerauftrag
money transfer system Überweisungssystem
money transmission service Überweisungsverkehr

135

money wage Geldlohn, Barlohn
money wage rate Nominallohnsatz
money weighted return interner Ertragssatz
money-goods gap Preiserhöhungsspielraum
money-losing deal Verlustgeschäft
moneyed finanziell, vermögend
moneyflow Geldstrom
monies received Geldeingänge
monitor überwachen, kontrollieren
monitor a complaint Beschwerde nachgehen, Beschwerde prüfen
monitoring verfolgen
monitoring Steuerung
monopoly price Monopolpreis
monopoly profit Monopolgewinn
month under review Berichtsmonat
monthly account monatliche Rechnung
monthly accounting system monatliches Abrechnungssystem
monthly balance sheet Monatsbilanz
monthly billing monatliche Sammelrechnung
monthly closing Monatsabschluss
monthly income statement monatliche Erfolgsrechnung
monthly report Monatsbericht
monthly result Monatsergebnis
monthly salary Monatsgehalt
monthly VAT declaration monatliche Umsatzsteuervoranmeldung
monthly VAT return monatliche Umsatzsteuervoranmeldung
mood of business Geschäftsklima
moonlight deal Mondscheingeschäft
moonlighter Schwarzarbeiter
moral hazard Risiko unehrlicher Angaben
moratorium Stundung, Stillhalteabkommen, Moratorium
moribund company marodes Unternehmen
morning credit Tagesgeld
mortgage hypothekarisch absichern, hypothekarisch belasten
mortgage Hypothek
mortgage amortization Hypothekentilgung
mortgage amortization payment Tilgungsrate
mortgage bank Hypothekenbank
mortgage bond Hypothekenpfandbrief, hypothekarisch gesicherte Schuldverschreibung
mortgage borrowing Aufnahme von Hypothekendarlehen
mortgage charge Hypothekenbelastung
mortgage collateral hypothekarische Sicherheit
mortgage credit Hypothekenkredit
mortgage creditor Hypothekengläubiger
mortgage debt Hypothekenschuld
mortgage deed Hypothekenurkunde, Pfandbrief
mortgage discount Hypothekendamnum

mortgage entered in the land register Buchhypothek
mortgage holder Hypothekenschuldner
mortgage instrument Hypothekenurkunde
mortgage interest Hypothekenzinsen
mortgage lending Hypothekenkreditgeschäft
mortgage lending institution Hypothekenkreditinstitut
mortgage loan Hypothekendarlehen
mortgage loan proceeds Hypothekenvaluta
mortgage market Hypothekenmarkt
mortgage principal Hypothekenbetrag
mortgage rates Hypothekenzinsen
mortgage redemption Hypothekentilgung
mortgage-backed bond Pfandbrief
mortgage-backed securities hypothekarisch gesichertes Wertpapier, hypothekengesicherte Pfandbriefe
mortgageable pfändbar
mortgagee Hypothekengläubiger
mortgaging out Vollfinanzierung
mortgagor Hypothekenschuldner
mortmain unveräußerlicher Besitz
most active issues meist gehandelte Werte
mount steigen
mount a takeover Übernahme inszenieren
mount up langsam größer werden
mountain of debt Schuldenberg
mountain of short-term debt hohe kurzfristige Verschuldung
mounting competition zunehmender Wettbewerb
mounting prices Preissteigerung
movable estate bewegliches Vermögen
movable property bewegliches Vermögen
move ahead zulegen
move away wegziehen
move downmarket in die untere Preisklasse gehen
move to the sidelines sich zurückhalten, abwarten
move up anziehen, steigen
move upmarket in die obere Preisklasse gehen
move upwards steigen
movement in prices Preisbewegung, Kursentwicklung, Kursbewegung
movement of deposits Einlagenentwicklung
movements of a market Marktbewegungen
moving average gleitender Durchschnitt
moving budget rollender Finanzplan
moving expenses Umzugskosten
muddle through durchwursteln
multi-currency clause Währungsänderungsklausel
multi-maturity bill of exchange Ratenwechsel
multi-stage mehrstufig
multi-stage plan Stufenplan

multi-stage planning Sukzessivplanung
multilateral compensation multilaterale Verrechnung
multilateral settlement multilateraler Saldenausgleich
multilayered mehrschichtig
multiple banking Universalbanksystem
multiple branch banking Filialbanksystem
multiple certificate Globalaktie
multiple choice Auswahlantwort
multiple component facilities Paketfinanzierung
multiple credit facility Globalkredit
multiple exchange rate gespaltener Wechselkurs
multiple listing Notierung an mehreren Börsen
multiple office banking Bankenfilialsystem
multiple point arbitrage indirekte Arbitrage
multiple prices Mengenrabattpreis
multiple share certificate Globalaktie, Gesamtaktie
multiple tenure gemeinsamer Besitz
multiple voting Mehrfachstimmrecht
multiple voting stock Mehrstimmrechtsaktien
municipal assessment notice Realsteuerbescheid
municipal bank Kommunalbank
municipal bond Kommunalobligation
municipal factor Gemeindesteuerhebesatz
municipal loan Kommunalkredit, Kommunaldarlehen
municipal securities Kommunalschuldverschreibungen
municipal tax Gemeindesteuer
municipality Stadtverwaltung, Behörde, Gemeinde
mutual wechselseitig, gemeinsam
mutual consideration Gegenleistung
mutual fund share Investmentanteil
mutual insurance Versicherung auf Gegenseitigkeit
mutual obligation gegenseitige Verpflichtung
mutual savings bank Genossenschaftssparkasse
mutual trust Gemeinschaftsfonds
mutuality Gegenseitigkeit

N

nail down unter Dach und Fach bringen
naked contract ungültiger Vertrag
naked debenture ungesicherte Schuldverschreibung
naked option nicht abgesicherte Option
naked position ungesicherte long- und short-Position
naked restraint eindeutige Wettbewerbsbeschränkung
naked warrant emittierter Optionsschein ohne Anleihebindung, emittierter Optionsschein
name of the game Ziel eines Projektes, das Wesentliche einer Sache
name plate Firmenschild
nap hand gute Chancen
narrow eng, schmal, engherzig
narrow down eingrenzen
narrow investigations eingehende Untersuchungen
narrow market geringer Umsatz
national accounting volkswirtschaftliche Gesamtrechnung
national bankruptcy Staatsbankrott
national budget Bundeshaushalt
national debt Verschuldung des Bundes
national dividend Nationalprodukt
national giro account Postgirokonto
national giro center Postgiroamt
national giro transfer form Postgiroscheck
national income Volkseinkommen
national income accounting Volkseinkommensrechnung
national insurance Sozialversicherung
national savings certificate fest verzinsliches öffentliches Wertpapier
national savings securities Sparbriefe
national trade usages nationale Handelsbräuche
national wealth Volksvermögen
nationalization Verstaatlichung
nationalize verstaatlichen
nationally chartered bank bundesstaatlich konzessionierte Bank
nationwide landesweit
natural financing Grundstückskauf ohne Fremdfinanzierung
natural interest rate natürlicher Zins
natural price durchschnittlicher Marktpreis
natural rate of growth natürliche Wachstumsrate
natural rate of unemployment natürliche Arbeitslosenquote
natural wear and tear natürlicher Verschleiß
nature of goods Beschaffenheit der Ware

navigate steuern
near banks bankähnliche Institute
near cash kurzfristige, hochliquide Anlagen
near money Geldsubstitut, Geldsurrogat, Quasigeld
nearby contract Terminkontrakt kurz vor Fälligkeit
nearing bevorstehend
necessaries Bedarfsartikel, Güter des täglichen Bedarfs
necessary condition notwendige Bedingung
necessary operating capital betriebsnotwendiges Kapital
necessities of life lebenswichtiger Bedarf, Existenzbedarf
neck Engpass, Verengung
need Anforderung, Bedarf, Nachfrage, Mangel
need for Bedarf an
neediness Bedürftigkeit
needs economy Bedarfswirtschaft
negation Verneinung
negative asset Verbindlichkeit
negative balance on services negative Leistungsbilanz
negative capital account negatives Kapitalkonto
negative carry Netto-Bestandshaltekosten
negative cash flow Abschreibungen überschreitender Verlust, Einnahmen-Unterdeckung
negative interest Strafzins
negative investment Desinvestition
negative leverage negativer Leverage-Effekt
negative pledge clause Negativklausel, Negativrevers
negative reply abschlägige Antwort, abschlägiger Bescheid
negative volume variance Kosten der Unterbeschäftigung, Leerkosten
negligence Nachlässigkeit, Unachtsamkeit, Fahrlässigkeit
negligent fahrlässig, nachlässig
negligible unbedeutend, nebensächlich
negotiability freie Übertragbarkeit, Begebbarkeit, Negotiierbarkeit
negotiable übertragbar, verkäuflich
negotiable bond begebbare Schuldverschreibung
negotiable documents begebbare Urkunden
negotiable instruments begebbares Wertpapier
negotiable letter of credit begebbares Akkreditiv
negotiable money order begebbare Zahlungsanweisung
negotiable paper begebbare Wertpapiere

negotiate verhandeln, zustande bringen, begeben, übertragen, ankaufen, einlösen
negotiate a bill Wechsel begeben
negotiate a loan Darlehen oder Kredit aushandeln
negotiate business Geschäfte vermitteln
negotiate by delivery only formlos übertragen
negotiated offering ausgehandelte Emission
negotiated price ausgehandelter Preis
negotiated pricing Preisfestsetzung durch verhandeln
negotiated rate of interest effektiver Zins, Effektivverzinsung
negotiated rates Tariflöhne
negotiating mandate Verhandlungsauftrag
negotiating party Verhandlungspartner
negotiating platform Verhandlungsgrundlage
negotiating position Verhandlungsposition
negotiating range Verhandlungsspielraum
negotiating session Sitzungsperiode
negotiating strength Verhandlungsstärke
negotiating table Verhandlungstisch
negotiating team Verhandlungsteam
negotiating technique Verhandlungstechnik
negotiation Verhandlung, Begebung
negotiation fee Konsortialprovision
negotiation technique Verhandlungstechnik
negotiations Verhandlungen
negotiator Unterhändler, Verhandlungsführer
nest egg Rücklage
nested sample mehrstufige Stichprobe
net abzüglich, netto Kasse ohne Abzug
net amount Nettobetrag
net amount payable Zahllast
net asset value Substanzwert, Liquidationswert, Inventarwert
net asset value per share Inventarwert je Anteil
net assets Nettovermögen, haftende Mittel, Reinvermögen
net assets per share Eigenkapital per Aktie
net avails Nettoerlös
net book value Nettobuchwert
net borrowing requirements Nettokreditbedarf, Nettokreditaufnahme
net capital formation Nettokapitalbildung
net capital productivity Nettokapitalproduktivität
net cash bar ohne Abzug, netto Kasse
net cash flow Netto-Cashflow
net cash investment Netto-Auszahlung
net cash outflow Anschaffungswert
net change Kursunterschied, Nettoabweichung
net chargeoff Nettokreditausfall
net contributor Nettozahler
net cost Nettokosten
net credit intake Nettoneuverschuldung
net current assets Nettoumlaufvermögen

net debt Nettoverschuldung
net demand Nettonachfrage
net dividend Reindividende
net earnings Nettoergebnis
net earnings area Gewinnzone
net earnings as percentage of sales Nettoumsatzrendite
net earnings available for dividend payout ausschüttungsfähiger Gewinn
net earnings per share Reingewinn je Aktie
net equity Nettoeigenkapital
net expense ratio Bedarfsspanne
net export Nettoexport
net external indebtedness Nettoauslandsverschuldung
net foreign demand Außenbeitrag
net foreign investment Nettoauslandsinvestition
net foreign position Auslandssaldo
net funding needs Netto-Fremdmittelbedarf
net gearing Nettoverschuldung
net growth bereinigtes Wachstum, reales Wachstum
net holdings Nettobestand
net income of a given period Periodenerfolg
net income percentage of sales Umsatzrendite
net income retained in the business einbehaltene Gewinne
net interest burden Nettozinsbelastung
net interest income Zinsergebnis
net interest margin Netto-Zinsspanne
net interest paid Nettozinsaufwand
net interest received Zinsüberschuss
net interest received (net interest revenue) Zinsüberschuss
net interests Nettozinsen
net lendings Nettoausleihungen
net liquid assets Netto-Liquidität
net liquidity flow Nettoliquiditätszufluss
net loan chargeoffs Netto-Forderungsausfall
net loan proceeds Auszahlung, Auszahlungsbetrag
net loss Bilanzverlust
net loss for the year Jahresfehlbetrag
net margin Reingewinn
net national debt Nettoverschuldung
net national product (NNP) Nettosozialprodukt (NSP)
net operating loss Nettobetriebsverlust
net operating margin Umsatzrendite
net operating profit Nettobetriebsgewinn
net out bereinigen um
net outgoings from direct investment Netto-Direktinvestitionen
net outpayments Auszahlungsüberschuss
net pay Nettoeinkommen
net payment Nettozahlung
net payout Nettoausschüttung

net per share Reingewinn je Aktie
net position Nettobestand
net present value Kapitalwert
net present value method Kapitalwertmethode
net price Nettopreis
net price transaction Nettogeschäft
net proceeds Auszahlung
net production rate Nettoproduktionsziffer
net profit Reingewinn nach Steuern, Bilanzgewinn
net profit for the year Jahresgewinn
net profit margin Nettoumsatzrendite
net profit markup Reingewinnzuschlag
net profit ratio Verhältnis von Reingewinn zu Nettoerlös
net purchase price Nettoeinkaufspreis
net quick ratio Liquidität zweiten Grades
net realizable value Nettorealisationswert
net receipts Nettoeinnahmen
net rental Nettomieteinnahme
net result Endergebnis
net return Nettoverzinsung
net revenue Reinerlös
net salary Nettogehalt
net sales Nettoumsatz
net security gain Nettoertrag aus Wertpapieren
net trade balance Nettohandelsbilanz
net value added Nettowertschöpfung
net variance Gesamtabweichung
net with verrechnen mit
net working capital Nettoumlaufvermögen
net working capital fund Fonds des Umlaufvermögens
net worth Nettoleistung
net worth position Vermögenslage
net worth tax Vermögensteuer
net worth tax law Vermögensteuergesetz
net worth tax return Vermögensteuererklärung
net yield Nettorendite
netting Aufrechnung von Forderungen und Verbindlichkeiten
netting factor Bereinigungsfaktor
netting out saldieren
network Netzwerk, Verteilernetz
neutral good neutrales Gut
neutral money neutrales Geld
neutral rate of interest neutraler Zinsfuß
neutrality of goals Zielindifferenz
neutrality of money Neutralität des Geldes
neutralize money Geld stilllegen
new borrowing Neuverschuldung
new business Neuabschluss, Neugeschäft, Neuzugang
new buying Neuengagements
new capital injection Kapitalzuführung
new contracts Neuabschlüsse
new credits Neukredite

new facility Neukredit
new for old Abnutzung
new hiring Neueinstellung
new investment Neuinvestition
new issue Neuemission
new issue market Primärmarkt, Markt für Neuemissionen
new issue rate Emissionsrendite
new issue share junge Aktie
new lendings Neugeschäft
new offering Neuemission
new orders Auftragseingang
new principal Endkapital, Endwert
new share junge Aktie
new time dealing Wertpapiergeschäft
New Year's Eve bond issue Silvesteranleihe
new-issue volume Volumen der Neuemissionen
newcomer Neuling im Börsenhandel
newsletter to shareholder Aktionärsbrief
next business nächster Tagesordnungspunkt
nighttime rate Nachttarif
nil null, nichts
nil paid unbezahlt
nil report Fehlanzeige
nil return Fehlanzeige
nil-paid-share Aktie ohne Einzahlung
no account keine Deckung
no advice keine Anweisung
no brokerage franko Courtage
no charge kostenlos, gratis
no dealings Kurs gestrichen
no funds keine Deckung
no par value share nennwertlose Aktie
no sales ohne Umsatz
no-action clause Nichtausübungsklausel
no-claims bonus (no-claims discount) Schadenfreiheitsrabatt
no-dividend fund Wachstumsfonds, Thesaurierungsfonds
no-issuing monopoly Banknotenmonopol
no-limit order unlimitierter Auftrag
no-load contract Vertrag ohne Abschlussgebühr
no-load fund Investmentfonds ohne Gebühren
no-par stock nennwertlose Aktie, Anteilsaktie, Quotenaktie
no-par-value stock Quotenaktie
nominal amount Nennbetrag
nominal capital Nominalkapital
nominal exchange rate nomineller Wechselkurs
nominal fee Schutzgebühr
nominal holdings anonymer Aktienbesitz
nominal income Nominaleinkommen
nominal interest rate Nominalverzinsung, Nominalzinssatz
nominal maintenance of capital nominelle Kapitalerhaltung
nominal manhours Sollarbeitsstunden

nominal par Nennwert
nominal partner Scheingesellschafter
nominal price Nennwert
nominal quotation Notiz ohne Umsätze
nominal shareholding anonymer Aktienbesitz
nominal tariff Nominalzoll
nominal unit labor costs nominale Lohnstückkosten
nominal value Nennwert
nominal wage rate Nominallohnsatz
nominal yield Nominalverzinsung
nominal yield on equities Nominalertragsrate des Eigenkapitals
nominate berufen, ernennen, vorschlagen
nomination Berufung, Ernennung
nominee Kandidat, Strohmann, Bevollmächtigter
nominee shareholder vorgeschobener Aktionär
nominee shareholding anonymer Aktienbesitz
non-capitalizable nicht aktivierbar
non-committal reply unverbindliche Antwort
non-inflationary currency inflationsfreie Währung
non-interest charges Kreditnebenkosten
non-interest-bearing discount bond Disagioanleihe
non-interest-bearing loan zinsfreies Darlehen
non-operating results neutrales Ergebnis
non-traded option nicht handelbare Option
nonacceptance Annahmeverweigerung, Nichtannahme
nonassessable capital stock eingezahltes Kapital ohne Nachschusspflicht
nonassessable stock nicht nachschusspflichtige Aktien
nonassignement clause Abtretungsverbot
nonbank deposits Nichtbankeneinlagen
nonbank financial institution intermediäres Finanzinstitut
nonbinding price recommendation unverbindliche Preisempfehlung
noncall provision Nichtkündbarkeitsklausel
noncallable bond unkündbare Anleihe
noncalling period Kündigungssperrfrist
noncapitalizable expenditures nicht aktivierungsfähige Aufwendungen
noncash payment bargeldlose Zahlung
noncash payment system bargeldloser Zahlungsverkehr
noncash share Sacheinlageaktie
nonconformance Nichtübereinstimmung
noncontinuous annuity unterbrochene Fälligkeit
nonconvertible corporate bonds Obligationen ohne Wandelrechte
noncumulative share nichtkumulative Aktie
noncurrent liabilities langfristige Verbindlichkeiten
nondelivery Nichtlieferung

nondetachable warrant nicht abtrennbarer Optionsschein
nondiversible risk nicht streuungsfähiges Risiko, unvermeidbares Risiko
nondurable good Verbrauchsgut
nonearning balances unverzinsliche Guthaben
noneconomic good immaterielles Gut
nonfactor income Transfereinkommen
nonfixed interest security nichtfestverzinsliches Wertpapier
nonfoods Verbrauchsgüter
nonforfeitability Unverfallbarkeit
nonfull-payout leasing contract Teilamortisationsvertrag
noninterest business zinsunabhängige Geschäfte
noninterest deficit zinsbereinigtes Defizit
noninterest-bearing unverzinslich
nonlisted security nicht notierter Wert
nonmaterial want immaterielles Bedürfnis
nonmoving item Ladenhüter
nonnegotiability clause Sperrvermerk
nonnegotiable document Namenspapier, Rektapapier
nonoperating betriebsfremd
nonoperating expense betriebsfremder Aufwand
nonoperating profit betriebsfremder Gewinn
nonpayment Nichtzahlung, Nichteinlösung
nonperformance Nichterfüllung
nonperformance of a contract of sale Nichterfüllung eines Kaufvertrages
nonperforming assets ertraglose Aktiva, notleidende Aktiva
nonperforming loan notleidender Kredit
nonpersonal account Sachkonto
nonprofit agreement Gewinnausschließungsvertrag
nonrecourse export financing Forfaitierung, regresslose Exportfinanzierung
nonrecourse loan projektgebundenes Darlehen
nonrecurrent charge einmalige Gebühr
nonrecurrent expenditure außerordentlicher Aufwand, einmalige Aufwendungen
nonrecurrent expenses außerordentlicher Aufwand
nonrecurrent income außerordentlicher Ertrag
nonrecurring einmalig
nonrecurring costs Einmalkosten
nonrecurring income einmalige Bezüge
nonrelated enterprises nichtverbundene Unternehmen
nonresident accounts Ausländerkonten
nonresident deposits Auslandsguthaben
nonresident investments Geldanlagen von Ausländern
nonresident shareholder ausländischer Anteilseigner
nonreturnable nicht umtauschbar

nonsaleable unverkäuflich
nonspecific capital nicht zweckgebundenes Kapital
nontransfer expenditures Personal- und Sachausgaben des Staates
nonvariable costs fixe Kosten
nonvoting preference share stimmrechtslose Vorzugsaktie
nonvoting preferred stock stimmrechtslose Vorzugsaktie
normal costing Normalkostenrechnung
normal profit Normalgewinn
normal return Normalrendite
nostro account Nostrokonto
nostro reconciliation Nostro-Abstimmung
nostro statement Nostro-Auszug
not affecting income ergebnisneutral
not identified with a specific period aperiodisch
not sufficient keine Deckung
notarial charges Notariatskosten
notarial protest certificate notarielle Protesturkunde
notary Notar
notation Anmerkung
note bemerken, beobachten, feststellen
note Note
note broker Wechselmakler
note denomination Stückelung von Schuldtiteln, Stückelung von Banknoten
note distribution Platzierung von Schuldtiteln
note holder Wechselinhaber
note notice Fälligkeitsmitteilung
note of fees Gebührenrechnung, Liquidation
note-issuing bank Notenbank
note-issuing privilege Notenbankprivileg
notes and coin Bargeld
notes payable Wechselobligo, Schuldscheinverbindlichkeiten
notes receivables Schuldscheinforderungen
notes to financial statements Erläuterungen zum Jahresabschluss
notes to the final statement Anhang zur Vermögensaufstellung
notice anzeigen, melden
notice Kündigung, Mitteilung, Ankündigung, Erklärung, Information, Aufmerksamkeit

notice a call Einzahlungsaufforderung
notice account Kündigungskonto
notice clause Kündigungsklausel
notice of damage Schadensmeldung
notice of defect Beanstandung, Mängelrüge
notice of dismissal Kündigung
notice of intention to deliver Ankündigungsschreiben
notice of opposition Einspruch
notice of redemption Tilgungsanzeige
notice of rights Bezugsrechtsangebot
notice period Kündigungsfrist
notice to quit Aufkündigung, Kündigung, Kündigungsschreiben
notifiable meldepflichtig
notification Anzeige, Meldung
notification of defect Mängelrüge
notify anzeigen, benachrichtigen, avisieren, mitteilen
notify a claim Schaden melden
notify a letter of credit Akkreditiv anzeigen
notion Begriff
notional costs kalkulatorische Kosten
notional interest Anerkennungszinsen
notional residual book value kalkulatorischer Restbuchwert
null and void null und nichtig
nullification Nichtigkeitserklärung
nullity Nichtigkeit
number Anzahl, Zahl, Ziffer
number account Nummernkonto
number consecutively laufend nummerieren
number of persons employed Personalbestand
number of responses Rücklaufquote
numbering Nummerierung
numeral Ziffer
numeration Nummerierung
numerator Dividend, Zähler
numerical numerisch
numerous zahlreich
nurse a business Unternehmen hochpäppeln
nurse an account Kunden entgegenkommen
nurse stocks Aktien festhalten
nuts and bolts Grundlagen, Praxis
nuts and bolts operations tagesaktuelles Geschäft

O

object against Einwand erheben gegen
object of the company Gesellschaftszweck
object to Einspruch erheben gegen, protestieren gegen
objection Einspruch, Einwand, Beanstandung
objective Unternehmensziel, Zweck
objective function Zielfunktion
objective-setting process Zielobjekt
objectives of financial decisions Finanzierungsziele
obligate für eine bestimmten Zweck festlegen
obligation Pflicht, Obligation, Verpflichtung, Verbindlichkeit
obligation of kind Gattungsschuld
obligation to buy Kaufverpflichtung, Kaufzwang
obligation to keep books of account Buchführungspflicht
obligation to pay Zahlungspflicht
obligation to retain records Aufbewahrungspflicht
obligation to take delivery Abnahmepflicht
obligatory obligatorisch
obligatory maturity fester Fälligkeitstermin
oblige zwingen, verpflichten
obligee Forderungsberechtigter
obliging verbindlich
obligor Schuldner
obscure unklar, unverständlich, obskur
observation Beobachtung
observed value Beobachtungswert
observer Beobachter
obsolescence Überalterung, Unbrauchbarkeit, Obsoleszenz
obsolete veraltet, überholt, obsolet
obstacle Hindernis
obstruct blockieren, versperren
obtain erhalten, erlangen
obtain a contract Auftrag erhalten, Zuschlag erhalten
obtain a loan Darlehen aufnehmen
obtain an offer Angebot einholen
obtain an order Auftrag erhalten
obtainable erhältlich
occasion Gelegenheit, Anlass
occasional gelegentlich
occasional deal Gelegenheitsgeschäft
occasional work Gelegenheitsarbeit
occupancy problem Besetzungsproblem
occupation Beruf, Gewerbe, Beschäftigung, Besitznahme, Okkupation
occupational beruflich
occupational accident Arbeits-, Betriebsunfall

occupational accident insurance Berufsunfallversicherung
occupational analysis Arbeitsplatzanalyse
occupational disability Berufsunfähigkeit
occupational disease Berufskrankheit
occupational hazard Arbeitsplatzrisiko
occupational mobility berufliche Mobilität, Einsatzelastizität
occupational qualification berufliche Qualifikation
occupational training Berufsausbildung
occurence Vorkommen, Ereignis
occurence of risk Schadensfall
ocean bill of lading Konossement, Seefrachtbrief
odd sonderbar, ungerade
odd interest rates unbequeme Zinsfüße
odd lot Restposten
oddeven check Paritätsprüfung
of no account ohne Bedeutung
off a bit leicht gefallen, leicht zurückgegangen
off balance bilanzneutral
off balance sheet ohne Belastung der Bilanzstruktur
off-board market ungeregelter Freiverkehr
off-board quotation Notierung im Freiverkehr
off-board trading außerbörslicher Handel
off-book financing Finanzierung außerhalb der Bilanz
off-floor trading ungeregelter Freiverkehr
off-grade von geringerer Qualität
off-load abladen, entladen
off-market purchases außerbörsliche Käufe
off-schedule redemption außerplanmäßige Tilgung
off-the-floor trading außerbörslicher Handel
off-the-job training Weiterbildung
off-the-line item Sonderposten
offal Abfall, Ausschuss
offer anbieten, Angebot, Offerte, Briefkurs
offer document Angebotsunterlagen, Zeichnungsunterlagen
offer for public subscription Auflegung zur öffentlichen Zeichnung
offer for sale Zeichnungsangebot
offer for subscription zur Zeichnung auflegen
offer in blank Blankooferte
offer open for a specified time befristetes Angebot
offer price Angebotspreis, Verkaufspreis, Angebotskurs
offer quotation Briefkursnotiz, Briefnotiz

offer subject to confirmation freibleibendes Angebot
offer to negotiate Verhandlungsangebot
offered Briefkurs
offeree Angebotsempfänger
offerer Anbieter
offerer inflation Anbieterinflation
offering circular Kurzprospekt
offering cost Emissionskosten
offering currency Emissionswährung
offering discount Ausgabedisagio
offering period Zeichnungsfrist
offering premium Ausgabeagio
offering price Emissionskurs
offering prospectus Emissionsprospekt, Verkaufsprospekt
offering statement Emissions-Mitteilung
offerings terms Emissionsbedingungen
office channel Dienstweg
office equipment Büro- und Geschäftseinrichtung
office equipment and furniture Büroausstattung
office of operation Betriebsstelle
office stationery Bürobedarf
official broker amtlicher Kursmakler
official buying-in Stützungskäufe
official check bankgarantierter Scheck
official close amtlicher Börsenschluss
official dealings amtlicher Handel
official demand Staatsnachfrage
official exchange rate amtlicher Wechselkurs
official financial statistics amtliche Finanzstatistik
official foreign exchange quotation amtlicher Devisenkurs
official listing notice Mitteilung über die Börsenzulassung
official pegging Kursfixierung
official price surveillance amtliche Preisüberwachung
official quotation amtliche Notierung, amtliche Börsennotiz
official rate of discount Diskontsatz
official reserve transactions offizielle Reservetransaktionen
official reserves amtliche Währungsreserven
official stock exchange amtliche Wertpapierbörse
official support Kursstabilisierungsmaßnahmen
official trading amtlicher Handel
officially listed amtlich notiert, börsennotiert
offset ausgleichen, wettmachen
offset Aufrechnung, Verrechnung
offset account Verrechnungskonto
offset agreement Verrechnungsvereinbarung, Kompensationsabkommen
offsetting benefits ausgleichende Erträge
offsetting costs kompensatorische Kosten

offsetting entry Gegenbuchung
offshore banking Bankgeschäfte in Steueroasen, Offshore-Bankgeschäft
offshore financing Offshore-Finanzierung
old-age insurance Altersversicherung
old-age pension Altersrente, Altersversorgung
old-age pension fund betriebliche Altersversicherung
old-age pensioner Pensionär
old-age percentage reduction Altersentlastungsbetrag
old-age protection Alterssicherung
old-age tax free allowance Altersfreibetrag
old-line factoring Faktoring ohne Regress
omission Unterlassung
omit auslassen, weglassen
omnibus account Sammelkonto, Gemeinschaftskonto
omnibus clause Einschlussklausel
omnibus credit großer Warenkredit
omnium Gesamtwert einer öffentlichen Anleihe
omnium gatherum Sammelsurium
on a small scale in kleinem Umfang
on a weight basis nach Gewicht
on account a Konto, auf Rechnung, als Teilzahlung
on account of wegen, a Konto von
on an accrual basis periodengerecht
on approval zur Ansicht
on behalf of im Namen von
on bid Verkaufsauftrag
on board bill of lading Bordkonnossement
on credit auf Kredit
on demand auf Anforderung, bei Sicht, bei Vorlage
on due date bei Fälligkeit
on easy terms auf Raten
on expiry bei Erlöschen
on file zu den Akten
on large scale in großem Umfang
on loan leihweise
on maturity bei Fälligkeit
on no account unter keinen Umständen, keinesfalls, auf keinen Fall
on one's own account auf eigene Rechnung
on our account in unserem Auftrag
on principle grundsätzlich
on the cuff auf Kredit, auf Pump
on the nod auf Kredit, auf Pump
on the premises an Ort und Stelle
on the slate auf Kredit
on tick auf Kredit, auf Pump
on-board securities börsennotierte Wertpapiere
on-charge weiterbelasten
on-lend money weiterleiten
on-margin purchase Kauf gegen Kredit
once-and-for-all payment einmalige Zahlung

oncost Gemeinkosten
ondeterminate-term liabilities Verbindlichkeiten mit unbestimmter Fälligkeit
one-check payroll system Sammelüberweisung
one-off charge einmalige Gebühr
one-off expenditure einmalige Ausgabe
one-off payment einmalige Zahlung
one-shot einmalig
one-sided einseitig
one-time charge einmalige Berechnung
one-time costs Einmalkosten
one-time payment einmalige Zahlung
one-way classification Klassifizierung nach einem Merkmal
ongoing finance Anschlussfinanzierung
ongoing maintenance charges Folgekosten
online debiting Sofortabbuchung
open geöffnet, laufend, offen
open a bank account Konto eröffnen
open a credit by cable Akkreditiv telegrafisch eröffnen
open a letter of credit Akkreditiv eröffnen
open account offene Rechnung, Kontokorrent, Kontokorrent
open account agreement Kontokorrentvertrag
open account credit Kredit in laufender Rechnung, Kontokorrentkredit
open an account Konto eröffnen, Konto anlegen
open book credit Buchkredit
open cargo policy Generalpolice
open check Barscheck
open commitments offene Positionen
open corporation öffentliche Gesellschaft
open credit Blankokredit, einfaches Akkreditiv
open credit line offene Kreditlinie
open for subscription zur Zeichnung aufgelegt
open forward position offene Terminposition
open fund offener Investmentfonds
open item offener Posten
open line of credit offene oder ungedeckte Kreditlinie
open market freier Markt, offener Markt
open market committee Offenmarktausschuss
open market loan Offenmarktkredit
open market operations Offenmarktgeschäfte, Offenmarktoperationen
open market paper marktgängiges Wertpapier
open market policy Offenmarktpolitik
open market price freier Wettbewerbspreis
open market purchase Offenmarktkauf
open market rates Offenmarktsätze
open mutual fund offener Investmentfonds
open order unerledigter Auftrag
open outcry offener Zuruf auf dem Börsenparkett
open policy Pauschalpolice
open rate Kurs am freien Markt
open reserves offene Reserven

open up eröffnen
open up a bottleneck Engpass beseitigen
open-book account offene oder laufende Rechnung
open-end fund offener Fonds
open-end investment company offene Investmentgesellschaft
open-end lease offenes Leasing
open-ended credit Revolving-Kredit
open-ended fund offener Investmentfonds
open-ended mutual fund Investmentgesellschaft
open-ended real estate fund offener Immobilienfonds
opening a letter of credit Akkreditiveröffnung
opening balance Anfangssaldo
opening balance sheet Eröffnungsbilanz
opening bid erstes Gebot
opening entry Eröffnungsbuchung
opening of a letter of credit Akkreditierung
opening of the stock exchange Börseneröffnung
opening price (opening quotation) Anfangskurs, Eröffnungskurs
opening range Eröffnungsspanne
operate a business Geschäft betreiben
operate at a deficit mit Verlust arbeiten
operate at a profit mit Gewinn arbeiten
operate in the black schwarze Zahlen, mit Gewinn arbeiten
operate in the red rote Zahlen, mit Verlust arbeiten
operate to capacity Kapazität ausfahren
operating betrieblich
operating account Gewinn- und Verlustrechnung, Kontokorrentkonto
operating assets betriebliche Aktiva
operating below capacity Unterbeschäftigung
operating breakeven sales Umsatz-Gewinnschwellenbereich
operating budget operativer Rahmenplan
operating capacity Betriebskapazität
operating capital Betriebskapital
operating cash reserve Betriebsmittelrücklage
operating costs (operating expenses) Betriebskosten, Geschäftskosten
operating efficiency Gesamtrentabilität
operating facility Betriebsmittelkredit
operating fund Betriebsmittel
operating income Erträge, Betriebseinkommen
operating income statement Betriebsergebnisrechnung
operating life Nutzungsdauer
operating loss Betriebsverlust
operating margin Bruttogewinn, Gewinnspanne, Handelsspanne
operating permit Betriebserlaubnis
operating position Ertragslage
operating profit Betriebsgewinn

operating rate Auslastungsgrad
operating ratio Erfolgskennzahl
operating receipts Betriebseinnahmen
operating reserve Rückstellung
operating resources Betriebsmittel
operating result Betriebsergebnis
operating result accounting Betriebsergebnisrechnung
operating risk Betriebswagnis
operating sequence Arbeitsablauf
operating statement Betriebsbilanz, Betriebsrechnung, Erfolgsbilanz
operating tax Betriebsteuer
operating time Bearbeitungszeit, Nutzungszeit
operating-differential subsidy Subvention zum Ausgleich der Betriebskosten
operation Ablauf, Tätigkeit, Geschäftsbereich, Unternehmen
operation principle Arbeitsprinzip
operation step Arbeitsgang
operational empirisch feststellbar, betriebsbereit
operational audit interne Revision
operational costs Betriebskosten
operational data Betriebsdaten
operational figures Ertragszahlen
operational freedom Handlungsspielraum
operational grant Betriebskostenzuschuss
operational lag Wirkungsverzögerung
operational plan operativer Plan
operational planning operative Planung, Ablaufplanung, Durchführungsplanung
operational resources Betriebsmittel
operational sequence Arbeitsablauf
operational structure Ablaufplanung
operations engineering Planungstechnik
operations of investment companies Investmentgeschäfte
operations planning Ablaufplanung
operations research Planungsforschung
operative goal operatives Ziel
operative performance ausführende Arbeit
operator convenience Bedienerfreundlichkeit
operator for a rise Haussespekulant
operator interface Benutzeroberfläche
opinion Meinung, Auffassung, Gutachten, Fachgutachten
opinion leader Meinungsführer
opinion maker Meinungsbildner
opinion poll Meinungsumfrage
opinion research Meinungsforschung
opinion survey Meinungsumfrage
opinion-forming meinungsbildend
opportune günstig, passend
opportunities and threats analysis Chancen-Risiken-Analyse
opportunity Gelegenheit, Möglichkeit

opportunity cost Alternativkosten, Opportunitätskosten, Kosten der entgangenen Gelegenheit
opportunity curve Budgetgerade
oppose widersprechen, widersetzen
opposing expert opinion Gegengutachten
opposite gegenüberliegend
opt for sich entscheiden für
opt out aussteigen, austreten, kündigen
optimal choice Optimalentscheidung
optimal point Optimalpunkt
optimal solution Optimallösung
optimization Optimierung
optimization method Optimierungsverfahren
optimize optimieren
optimum Bestwert, Optimalwert, optimal
optimum allocation of resources optimale Ressourcenallokation
optimum currency area optimaler Währungsraum
optimum economic life optimale Nutzungsdauer
optimum financing mix optimale Kapitalstruktur
optimum growth optimales Wachstum
optimum income distribution optimale Einkommensverteilung
optimum output Betriebsoptimum
optimum scale of plant optimale Betriebsgröße
optimum value Optimalwert
option Alternative, Option, Wahlmöglichkeit, Vorkaufsrecht, Wahl
option bond Bezugsrechtsobligation
option contract Optionskontrakt, Option, Optionsgeschäft
option day Verfallstag, Verfallstermin, Fälligkeitstag, Auslauftag
option dealer Optionshändler
option dealings Optionsgeschäft, Optionshandel
option delta Abhängigkeit des Optionsdeltas vom Kurs des Bezugsobjekts
option expiration date Verfallsdatum, Laufzeitende
option exposure Risiko aus offenen Positionen in Futures
option forward Optionsgeschäft mit Futures
option holder Optionsberechtigter
option kappa (option vega) Abhängigkeit des Optionspreises von der impliziten Volatilität
option of purchase Vorkaufsrecht
option of repayment Rückzahlungsoption
option of repurchase Rückkaufsrecht
option period Optionslaufzeit, Optionsfrist
option premium Optionsprämie
option price Optionspreis
option rate Prämiensatz
option rho Abhängigkeit des Optionspreises vom Zins
option right Optionsrecht

option theta Abhängigkeit des Optionspreises von der Restlaufzeit
option to accrue Passivierungswahlrecht
option to convert Umtauschrecht
option to purchase Kaufoption
option trader Optionshändler
option value model Optionsbewertungsmodell
option warrant Optionsschein
option writer Optionsschreiber, Stillhalter
option's maturity Fälligkeitstermin
optional optional, fakultativ, wahlweise
optional bargain Prämiengeschäft
optional bond Optionsanleihe
optional clause Fakultativklausel
optional dividend wahlfreie Dividende
options on futures contracts Optionen auf Terminkontrakte
options trading Optionshandel, Optionsgeschäft
or-branch Oder-Verzweigung
or-loop Oder-Rückkopplung
or-merge Oder-Verknüpfung
orchestrate koordinieren, aufeinander abstimmen
order Auftrag, Bestellung
order at best unlimitierter Auftrag
order at the market Bestens-Auftrag
order backlog Auftragsbestand
order bill Orderpapier
order bill of lading Orderkonnossement
order bond Orderschuldverschreibung
order book Auftragsbuch
order bookings Auftragseingang
order check Orderscheck
order cost system Zuschlagskalkulation
order filling costs Kosten der Auftragsabwicklung
order flow plan Auftragseingangsplan
order form Bestellschein
order getting Auftragsbeschaffung
order getting costs Kosten der Auftragsbeschaffung
order instrument Orderpapier
order of withdrawal Abhebungsauftrag
order on hand Auftragsbestand
order paper Orderpapier
order processing Auftragsabwicklung, Auftragsbearbeitung
order to buy at best Bestens-Auftrag
order to negotiate Ankaufermächtigung
order to pay Zahlungsanweisung
order to sell Verkaufsauftrag
order value Auftragswert
ordering costs Beschaffungskosten, Bestellkosten
orderly market agreement Selbstbeschränkungsabkommen
orderly market conditions geordnete Marktverhältnisse

orders at best unlimitierte Aufträge
orders on hand Auftragsbestand
ordinance Verordnung
ordinance regulating the net worth tax Vermögensteuerdurchführungsverordnung
ordinarily normalerweise
ordinary gewöhnlich, ständig, üblich
ordinary account niedrigverzinsliches Sparkonto
ordinary annuity nachschüssige Rente
ordinary diligence angemessene Sorgfalt
ordinary dividend Stammdividende
ordinary interest gewöhnlicher Zins
ordinary life insurance Lebensversicherung auf Todesfall
ordinary member ständiges Mitglied
ordinary partner Gesellschafter
ordinary partnership Personengesellschaft, offene Handelsgesellschaft (OHG)
ordinary share (ordinary stock) Stammaktie
ordinary shareholder Stammaktionär
ordinary voting shares stimmberechtigte Stammaktien
organization Organisation
organization chart Organigramm
organization expense Gründungskosten
organizational chart Organigramm
organizational design organisatorische Gestaltung
organizational reshuffle Reorganisation
organizational shakeup organisatorische Umstellung
organizational unit Organisationseinheit
organized stock market geregelter Wertpapiermarkt
organizing scope Organisationsspielraum
orientation period Einarbeitungszeit
original acquisition cost Anschaffungskosten
original bill Primawechsel
original capital Gründungskapital
original cash outlays Anschaffungskosten
original cost Selbstkosten
original cost standard Selbstkostenpreis
original credit transfer order Überweisungsbeleg
original expenses originäre Aufwendungen
original financing Neufinanzierung
original investment Anschaffungskosten
original share Stammaktie
originate herrühren, ausgehen von, entstehen
originate in Ursache haben in
originating house Konsortialführer
origination Kreditgewährung
origination fee Gebühr für Hypothekendarlehen
originator Urheber, Auftraggeber
originator-must-pay-principle Kostenverursacherprinzip

oscillate about (oscillate around) sich bewegen um
oscillate between schwanken zwischen
oscillation Schwankung, Schwingung
ostensible angeblich, vorgeschoben
ostensible company Scheingesellschaft
other expenses sonstige Aufwendungen
other receivables sonstige Forderungen
other securities sonstige Wertpapiere
oust verdrängen, enteignen
ouster Enteignung, Besitzvorenthaltung
out of time verspätet
out-of-balance nicht ausgeglichen, nicht übereinstimmend, falsch gebucht
out-of-court settlement außergerichtlicher Vergleich
out-of-line abweichend
out-of-line situation Plan-Ist-Abweichung
out-of-pocket cost (out-of-pocket expense) Baraufwendungen
out-of-pocket cost/expenses Spesen
out-of-stock cost Fehlmengenkosten
out-of-the-money option Option ohne inneren Wert
out-of-town credit transfer Fernüberweisung
out-of-work pay Erwerbslosenunterstützung
outbid überbieten
outflow Abfluss
outflow of deposits Einlagenabgänge
outflow of funds Mittelabfluss
outflows Ausgaben
outgo Auszahlung
outgoes (outgoings) Ausgaben
outgoing cash payments Barauszahlungen
outgoing payments Auszahlungen
outgoing payments budget Ausgabenplan
outlay Auslagen, Ausgaben, Kostenaufwand, Kosten, Auszahlungen
outlet for funds Anlagemöglichkeiten
outline Grundzüge, vorläufiger Plan
outline agreement Rahmenvertrag
outpayment Auszahlung
output Ausstoß, Ertrag, Arbeitsleistung
output constraint Produktionsbeschränkung
output figures Produktionszahlen
output gains Produktionssteigerungen
output gap Produktionslücke
output method Entstehungsrechnung
output prices Güterpreise
output transaction normales Offenmarktgeschäft, reines Termingeschäft
output-capital ratio Kapitalproduktivität
outright forward transaction einfaches Termingeschäft
outside broker freier Makler
outside capital Fremdkapital
outside consultant unabhängiger Berater

outside contract Fremdauftrag
outside equity Beteiligungskapital
outside expert unabhängiger Sachverständiger
outside financing Außenfinanzierung
outside interest Fremdanteil, Fremdbeteiligung
outside lender externer Kapitalgeber
outside market ungeregelter Freiverkehr
outside shareholder freier Aktionär
outsourcing Ausgliederung
outstanding ausstehend, offen stehend, unerledigt
outstanding accounts Außenstände
outstanding balances offene Salden
outstanding bonds ungetilgte Obligationen
outstanding contributions ausstehende Einlagen
outstanding credits Kreditvolumen
outstanding debts Außenstände, Forderungen
outstanding interest Zinsrückstände
outstanding order unerledigter Auftrag
outstandings Außenstände
outturn Ausfall
outward arbitrage Auslandsarbitrage
outward collection Auslandsinkasso
over the long haul langfristig
over the long term langfristig
over the medium term mittelfristig
over the short term kurzfristig
over-and-short account Differenzkonto
over-expenditure Ausgabenüberschreitung
over-extension zu hohe Kreditgewährung, zu hohe Kreditinanspruchnahme
over-leverage Überschuldung
over-the-counter market Freiverkehr
over-the-counter market in options börsenfreier Optionshandel
over-the-counter quotation Notierung im Freiverkehr
over-the-counter selling Tafelgeschäft
over-the-counter trading volume Freiverkehrsumsatz
overabsorption Überdeckung
overabsorption of overhead Gemeinkostenüberdeckung
overall insgesamt
overall budget deficit Gesamtdefizit
overall company result Unternehmensergebnis
overall consumption Gesamtverbrauch
overall cut pauschale Kürzung
overall debt exposure Gesamtverbindlichkeiten
overall development Gesamtentwicklung
overall government levy ratio Gesamtabgabenquote
overall income Gesamteinkommen
overall plan Gesamtplan
overall price Gesamtpreis
overall profitability Gesamtrentabilität
overall profits Gesamtgewinn

overall return Unternehmensrentabilität
overall trend Gesamtentwicklung
overcall Nachschuss
overcapacity Überkapazität
overcapitalization Überkapitalisierung
overcapitalize überkapitalisieren
overcapitalized überkapitalisiert
overcertification Überbrückungskredit
overcharge zu viel berechnen
overcharge Aufschlag, Mehrbelastung, Überteuerung
overcharge for arrears Säumniszuschlag
overcharged zu hoch berechnet
overdraft Kontoüberziehung, Überziehung, Kontokorrentkredit
overdraft checking account Überziehungskonto
overdraft commission Überziehungsprovision
overdraft credit Kredit überziehen
overdraft facility Überziehungskredit
overdraft fee Überziehungsprovision
overdraw überziehen
overdraw a bank account Bankkonto überziehen
overdrawn account überzogenes Konto
overdue überfällig
overexposure in lending zu hohe Kreditengagements
overfund überfinanzieren
overfund Überfinanzierung
overhaul Überprüfen, überholen
overhead Gemeinkosten
overhead allocation base Gemeinkostenschlüssel
overhead allocation sheet Betriebsabrechnungsbogen
overhead budget Gemeinkostenbudget, Gemeinkostenplan
overhead capital laufende Kosten
overhead cost item Gemeinkostenart
overhead costs (overhead expenses) Gemeinkosten
overhead department Gemeinkostenstelle
overhead item Gemeinkostenart
overhead rate Gemeinkostenanteil
overhead value analysis Gemeinkostenwertanalyse
overhead variance Gemeinkostenabweichung

overindebtedness Überschuldung
overlap überschneiden
overload überladen, überlasten
overlook übersehen, überblicken
overnight loan Überbrückungskredit
overnight rate Satz für tägliches Geld, Tagesgeldsatz
overpay überbezahlen
override überlappen
overriding commission Gebietsprovision
overrun Kostenüberschreitung, übertreffen
overshoot überschreiten
overshoot a limit Limit überschreiten
overshoot targets Ziele überschreiten
overspend zu viel ausgeben
overstate überbewerten
oversubscribe überzeichnen
oversubscription Überzeichnung
overtime Überstunden
overtime pay Überstundenlohn
overtime rate (overtime premium) Überstunden-/Mehrarbeitszuschlag
overtrading Überspekulation
overvaluation Überbewertung
overvalue überbewerten
overview Übersicht
owe schulden
owe Schulden
owing to infolge, wegen
own besitzen
own funds Eigenmittel
own holdings Eigenbestand
own rate of interest Eigenzinsfuß
own resources Eigenmittel
own security deposit Eigendepot
own work capitalized aktivierte Eigenleistungen
owner Besitzer, Inhaber
owner occupation Eigennutzung
owner's equity Eigenkapital
owner's land charge Eigentümergrundschuld
owner's mortgage Eigentümerhypothek
owner's risk auf Gefahr des Eigentümers
owner-manager Eigentümer-Unternehmer
owner-occupied land eigengenutzte Grundstücke
ownership Besitz, Eigentum
ownership structure Eigentumsverhältnisse

P

package deal Verhandlungspaket, Pauschalangebot, Gesamtvereinbarung
package solution Paketlösung
package wage increase pauschale Lohnerhöhung
packager Makler
packet of debt hohe Schulden
packing charges Verpackungskosten
packing credit Versandbereitstellungs-Kredit, Vorschussakkreditiv
padding of accounting records Fälschen von Buchungsunterlagen
paid bill eingelöster Wechsel
paid check eingelöster Scheck
paid out in full mit 100%iger Auszahlung
paid up voll eingezahlt
paid-up stock voll eingezahlte Aktie
painstacking fleißig
pairing Verrechnung gleicher Posten
palm-grease Schmiergeld
panic buying Angstkäufe
panic on the stock exchange Börsenpanik
panic sale Notverkauf
panic selling Angstverkäufe
paper clip Büroklammer
paper credit offener Wechselkredit
paper currency Papiergeld
paper gain nicht realisierter Kursgewinn
paper investment Anlage in Wertpapieren
paper loss nicht realisierter Kursverlust
paper profit Scheingewinn, nicht realisierter Kursgewinn
paperhanger Scheckbetrüger
paperhanging Scheckbetrug
paperless transfer beleglose Zahlung
par Gleichwertigkeit, pari
par issue Pari-Emission
par of exchange Wechselparität
par price Parikurs
par value Nennwert, Nennbetrag, Parität
par value accounting Nominalwertrechnung
par value share Nennwertaktie
par-value stock Stammaktien mit festgesetztem Nennwert
paradigm Paradigma
paragon Muster, Vorbild
parallel bond Parallelanleihe
parallel currency Parallelwährung
parallel loans Parallelanleihen
parallel pricing gleichgerichtete Kursbildung
parallel rate Parallelkurs
parallel shift Parallelverschiebung
parallel standard Parallelwährung

parameters Rahmenbedingungen
paramount Ausschlag gebend, höchst, oberst
paramount importance allergrößte Bedeutung
parcel of real estate Grundstück
parcel of shares Aktienpaket
pare down gesundschrumpfen
parent company Muttergesellschaft
parent population Grundgesamtheit
pari passu gleichrangig, gleichwertig
pari passu bond gleichrangige Schuldverschreibung
pari passu clause Gleichbesicherungsklausel
parity Parität, Umrechnungskurs
parity change Wechselkursänderung
parity grid Paritätenraster
parity of exchange Wechselkursparität
parity of price (parity of rate) Parikurs, Paritätspreis
parity of votes Stimmengleichheit
parol mündliche Erklärung
parol contract formloser Vertrag
part funding Teilfinanzierung
part payment Teilzahlung
part-owner Miteigentümer
part-payment Abschlagszahlung, Ratenzahlung, Teilzahlung
part-project Teilprojekt
part-shipment Teillieferung
part-time nebenberuflich, Teilzeit
part-time employment Teilzeitbeschäftigung
part-time job (part-time work) Teilzeitarbeit
partial partiell, teilweise
partial acceptance Teilakzept
partial amortization Teilamortisation
partial amount Teilbetrag
partial billing Teilabrechnung
partial bond Teilschuldschein
partial changeover Teilumstellung
partial derivative partielle Ableitung
partial endorsement Teilindossament
partial issue Teilemission
partial operating profit Teilbetriebsergebnis
partial payment Teilzahlung
partial settlement Teilliquidation
partial strategy Teilstrategie
partial survey Teilerhebung
partial systems Teilsysteme
partial withdrawal Teilliquidation
partiality Parteilichkeit, Voreingenommenheit
partially consolidated financial statement Teilkonzernabschluss
participant Teilnehmer, Beteiligter

153

participate teilhaben, teilnehmen
participating teilnehmend, gewinnbeteiligt
participating bond Gewinnobligation, Gewinnschuldverschreibung
participating capital stock Aktien mit zusätzlichem Dividendenanspruch
participating dividend Zusatzdividende
participating preferred stock Vorzugsaktie mit Gewinnbeteiligung
participating receipt Partizipationsschein
participating rights Gewinnbeteiligungsscheine
participating share dividendenberechtigte Aktie
participation Beteiligung, Mitwirkung, Teilhaberschaft, Kapitalbeteiligung, Konsortialbeteiligung
participation agreement Konsortialvertrag
participation certificate Genussschein, Anteilsschein
participation in earnings Reingewinnbeteiligung
participation in guarantees Bürgschaftsbeteiligung
participation loan Konsortialkredit
participation of persons concerned Betroffenenbeteiligung
participation quota (participation rate) Erwerbsquote, Beteiligungsquote
participator Teilhaber, Teilnehmer
particular spezifisch
particularly insbesondere
partner Gesellschafter, Teilhaber
partner with unlimited liability unbeschränkt haftender Gesellschafter
partnership Partnerschaft, Teilhaberschaft, Handelsgesellschaft, Personalgesellschaft
partnership balance sheet Gesellschaftsbilanz
parts list Stückliste
parttaker Teilhaber, Teilnehmer
pass off risks Risiken abwälzen
pass on weiterleiten
pass on fully voll überwälzen
pass on to überwälzen auf
pass out verteilen
pass the order of the day zur Tagesordnung übergehen
pass to the debit of an account Konto belasten
pass up sich entgehen lassen, verzichten auf
pass-through certificates Durchlauf-Zertifikate
pass-through securities Wertpapiere mit laufenden Zinszahlungen
passage of ownership Übergang des Eigentums
passbook Bankbuch
passed dividend rückständige Dividende
passive bonds unverzinsliche Schuldverschreibungen
passover system Finanzausgleich
past due überfällig

past due date verstrichener Fälligkeitstermin
path Pfad, Verlauf
path of economy Konjunkturverlauf
path of trend growth Trend des Wachstumpfades
pathfinding bahnbrechend, vorreitend
pathfinding company führendes Unternehmen
patronize begünstigen, fördern
pattern of competition Wettbewerbsstruktur
pattern of consumption Verbrauchstruktur
pattern of cost behavior Kostenverlauf
pattern of employment Beschäftigungsstruktur
pattern of expenditure Ausgabenstruktur
pattern of leadership Führungsstil
pattern of production Produktionsstruktur
paucity Knappheit
pawn Pfand, Verpfändung
pawn broker Pfandleiher
pawned securities lombardierte Effekten
pawnee Pfandinhaber
pawner Pfandschuldner
pay zahlen
pay account Lohnkonto
pay beforehand vorausbezahlen
pay cash bar auszahlen
pay damages Schadenersatz leisten
pay date Auszahlungstermin
pay day Zahltag
pay deal Lohnabschluss
pay grade Gehaltsgruppe
pay increase Gehaltserhöhung
pay off abbezahlen, sich auszahlen, bezahlt machen
pay off a creditor Gläubiger befriedigen
pay off a loan Darlehen zurückzahlen
pay off a mortgage Hypothek tilgen
pay off ahead of time vorzeitig zurückzahlen
pay office Lohnbüro
pay on the nail bar bezahlen
pay on time pünktlich bezahlen
pay one's way sich bezahlt machen
pay out ausgeben, auszahlen
pay over einzahlen, abführen
pay packet Lohntüte
pay policy Lohnpolitik
pay promptly pünktlich bezahlen
pay roll Lohnliste
pay sheet Lohnliste
pay system Lohnsteuerabzugsverfahren
pay through the nose schwer draufzahlen
payable zahlbar
payable at sight zahlbar bei Sicht
payables Kreditoren
payback analysis Amortisationsrechnung
paybox Kasse, Schalter
paycheck Nettolohn
payee Zahlungsempfänger
payee of a bill Remittent

payer Auszahler, Bezogener
paying business rentables Geschäft
paying-in slip Einlieferungsbescheinigung
payload Arbeitskosten, Nutzlast
payment Bezahlung, Begleichung
payment agreement Zahlungsabkommen
payment by automatic debit transfer Bankeinzug
payment by installments Ratenzahlung
payment by piece rates Akkordlohn
payment commitment Zahlungsverpflichtung
payment for honor supra protest Ehrenzahlung nach Protest
payment from abroad Auslandszahlung
payment in advance Vorauszahlung
payment in cash Barzahlung
payment in due course Zahlung bei Fälligkeit
payment in kind Bezahlung in Naturalien, Sachleistung
payment of a bill Wechseleinlösung
payment of debts Tilgung von Verbindlichkeiten
payment of presentation Zahlung bei Vorlage
payment on account Abschlagszahlung, Akontozahlung, Anzahlung
payment order internationaler Zahlungsauftrag
payment risk Ausfallrisiko
payment system Lohnform
payment terms Zahlungsmodalitäten
payment undertaking Zahlungsversprechen
payment upon first demand Zahlung auf erstes Anfordern
payments deficit Zahlungsbilanzdefizit
payments in arrears Zahlungsrückstände
payments standstill Moratorium
payments system Zahlungsverkehr, Zahlungssystem
payments to meet restructuring costs Altlastzahlungen
payoff Auszahlungstermin, Amortisationsrechnung, Kapitalrückfluss
payoff analysis Amortisationsmethode
payoff period Amortisationsperiode
payoff table Gewinntabelle
payout Dividendenzahlung, Auszahlung
payout amount Verfügungsbetrag
payout policy Dividendenpolitik
payout rate Ausschüttungssatz
payout ratio Ausschüttungs-Kennzahl, Dividendendeckung
payout time Wiedergewinnungszeit
payroll Gehaltsverzeichnis
payroll account Gehaltskonto
payroll accounting Lohn- und Gehaltsabrechnung
payroll clerk Lohnbuchhalter
payroll computation Gehaltsberechnung, Lohnberechnung

payroll department Lohnbuchhaltung, Lohnbüro
payroll fringe costs Lohnnebenkosten
payroll records Gehaltsliste
payroll voucher Lohnauszahlungsbeleg
payroller Lohnempfänger
payslip Gehaltsstreifen
peak Höchststand
peak capacity Spitzenbedarf, Höchstbedarf
peak demand Spitzenbedarf
peak earning Spitzengehalt
peak hour Hauptgeschäftszeit
peak income Höchsteinkommen
peak of demand Bedarfsspitze
peak price Spitzenpreis
peak rate Spitzentarif
peak season Hochkonjunktur
peak sharing Höchstdeckung
peak value Höchstwert
peak wage Höchstlohn
peanut economies wirtschaftliches Intrigenspiel
peasant holding bäuerlicher Grundbesitz
peculation Veruntreuung
pecuniary compensation finanzielle Entschädigung
pecuniary loss finanzieller Verlust
peg stützen
peg Aufhänger
peg at a lower level senken
pegged currency künstlich gestützte Währung
pegged exchange rate fester Wechselkurs
pegged price subventionierter Preis, gestützter Kurs
pegged rates fester Wechselkurs
pegging Preisstützung
penal interest Verzugszinsen
penal sum Vertragsstrafe
penalize bestrafen
penalty Strafe, Konventionalstrafe
penalty function Straffunktion
penalty rate Strafzins, Negativzins
penalty rate of interest Strafzins
penalty test Zusatzprüfung
pending schwebend, anhängig
pending business schwebende Geschäfte
pending lawsuit anhängiger Prozess
pending projects schwebende Projekte
penetrate durchdringen, eindringen
penetration Durchdringung
penetration pricing Penetrationspreispolitik
penetration strategy Durchdringungsstrategie
pension Pension
pension claim Rentenanspruch
pension contribution Pensionszuschuss
pension expectancy Pensionsanwartschaft
pension fund Pensionskasse, Pensionsfonds
pension obligation Pensionsverpflichtung
pension plan Betriebsrentensystem

pension scheme private Rentenversicherung
pension system geared to contributions leistungsbezogenes Rentensystem
pensionable age Rentenalter
pensioner Rentner
per gemäß
per annum (p.a.) jährlich
per capita consumption Pro-Kopf-Verbrauch
per capita costs Pro-Kopf-Kosten
per capita demand Pro-Kopf-Bedarf, Pro-Kopf-Nachfrage
per capita expenditure Ausgaben pro Kopf der Bevölkerung
per capita income Pro-Kopf-Einkommen
per capita material consumption Pro-Kopf-Materialverbrauch
per capita output Pro-Kopf-Leistung
per capita real net output Pro-Kopf-Wertschöpfung
per contra Gegenforderung
per diem charges Tagesspesen
per diem rate Tagessatz
per mensem monatlich
per pro im Auftrag, per Prokura
percent sign Prozentzeichen
percentage Prozentsatz, Provision, Anteil
percentage change in price prozentuale Preisänderung, prozentuale Kursänderung
percentage change in quantity prozentuale Mengenänderung
percentage margin Prozentspanne
percentage markup Kalkulationsaufschlag
percentage of profits Gewinnanteil
percentage overhead rates Zuschlagsprozentsätze
percentage return on equity Eigenkapitalrendite
percentage return on sales Umsatzrentabilität, Umsatzrendite, Umsatzgewinnrate
percentage return on total capital employed Gesamtkapitalrentabilität
percentage standard deviation mittlere prozentuale Abweichung
perception Wahrnehmung
perception test Wahrnehmungstest
perennial beständig
perfect capital mobility vollständige Kapitalmobilität
perfect competition vollständige Konkurrenz, vollkommener Wettbewerb
perfect market vollkommener Markt
perfect market knowledge Markttransparenz
perfect ownership Eigentum
perform a contract Vertrag erfüllen
perform up to snuff zufrieden stellend arbeiten
performable durchführbar
performance Leistung, Verrichtung, Ergebnis
performance ability Qualifikationsmerkmal

performance analysis Leistungsanalyse
performance appraisal Personalbeurteilung
performance attribute Leistungsmerkmal
performance bonus Leistungsprämie
performance budget Istetat
performance capabilities Leistungspotenzial
performance chart Leistungsdiagramm
performance curve Leistungskurve
performance documentation Leistungsdokumentation
performance evaluation Leistungsbewertung
performance fee Rücknahmegebühr
performance fund Investmentfonds mit Wertzuwachs
performance group Leistungsgruppe
performance level Leistungsgrad
performance measure Performance-Messung
performance measurement Leistungsmessung
performance objective Leistungsziel
performance of duty Pflichterfüllung
performance of earnings Gewinnentwicklung
performance of services Erbringen von Dienstleistungen
performance orientation Leistungsdenken
performance principle Leistungsprinzip
performance rating Leistungsbeurteilung
performance report Leistungsbericht
performance requirement Leistungsanforderung, Erfolgsvoraussetzung
performance review Leistungsüberprüfung
performance risk Erfüllungsrisiko
performance specification Leistungsprofil
performance standard Leistungsstandard
performance target Leistungsvorgabe, Ertragsziel
performance-based remuneration leistungsgerechte Entlohnung
performance-oriented society Leistungsgesellschaft
performer Erfolgsunternehmer, Macher
performer entity Ausführungsstelle
perfunctoriness Nachlässigkeit
peril Gefahr
peril of transportation Transportrisiko
period analysis Periodenanalyse
period cost comparison Periodenkostenvergleich
period of adjustment Angleichungsperiode
period of amortization Amortisationsdauer
period of appointment Amtsdauer
period of capital tieup Kapitalbindungsfrist
period of deferral Stundungsfrist
period of delivery Lieferzeit
period of depreciation Abschreibungsdauer
period of digestion Absatzphase
period of dull sales Absatzflaute
period of grace Gnadenfrist
period of guaranty Gewährfrist, Garantiezeit

period of high interest rates Hochzinsphase
period of investment Anlagezeitraum
period of maturity Reifephase
period of notice Kündigungsfrist
period of payment Zahlungsziel
period of repayment Tilgungsfrist
period of transition Übergangszeit
period of use Nutzungsperiode
period of validity Geltungsdauer
period of vocational adjustment Einarbeitungszeit
period of warranty Garantiezeit
period of weakness Schwächeperiode
period output Periodenleistung
period time charter Zeitcharter
period to maturity Endlaufzeit
period under review Berichtszeitraum
period-related taxation Abschnittsbesteuerung
period-to-period comparison Periodenvergleich
periodic depreciation periodische Abschreibung
periodic repayment of debt periodische Rückzahlung von Schulden
perishable commodities Verbrauchsgüter
perishable consumer goods kurzlebige Konsumgüter
permanent advisory board ständiger Beirat
permanent arrangement Dauerregelung
permanent assets Anlagevermögen
permanent burden Dauerbelastung
permanent employment Dauerbeschäftigung
permanent financing Dauerfinanzierung
permanent holding Daueranlage
permanent income ständiges Einkommen
permanent investments Wertpapiere des Anlagevermögens
permanent medium feste Währung
permanent position Dauerstellung
permature termination vorzeitige Kündigung
permission Erlaubnis, Genehmigung
permission for building Baugenehmigung
permission for transact business Gewerbegenehmigung
permissive zulässig
permissive provision Kannvorschrift
permit zulassen, bewilligen
permit Genehmigung
permittee Berechtigter
peroration Schlusserörterung
perpetual unbefristet, unkündbar, ewig laufende Anleihe
perpetual annuity ewige Rente
perpetual bond Anleihe ohne Laufzeitbegrenzung
perpetual bonds Rentenanleihen
perpetual budget rollendes Budget
perpetual debenture untilgbare Schuldverschreibung

perpetual inventory method Skontrationsmethode, laufende Inventur
perpetuals Schuldtitel ohne Laufzeitbegrenzung
perpetuity ewige Rente, Dauerzustand
perquisitor Ersterwerber
persist in a demand auf einer Forderung bestehen
persistent inflation Dauerinflation
persistent weakness of demand anhaltende Nachfrageschwäche
personal account Privatkonto
personal allowance persönlicher Freibetrag
personal consumption Eigenverbrauch
personal credit Personalkredit
personal debts Privatschulden
personal defense persönliche Einrede
personal drawing Privatentnahme
personal estate bewegliches Vermögen
personal finance company Teilzahlungskreditinstitut
personal identity number Identifikationsnummer, Geheimnummer
personal income distribution personelle Einkommensverteilung
personal injury Personenschaden
personal insurance Personenversicherung
personal investment persönliche Beteiligung
personal loan Personalkredit, persönlicher Kredit
personal property bewegliches Vermögen
personal requirements Eigenbedarf
personal rights Personenrechte
personal savings ratio Sparquote der privaten Haushalte
personal taxes Personalsteuern
personal time management persönliches Zeitmanagement
personalized service persönliche Bedienung
personnel Personal, Belegschaft
personnel accounting Lohnbuchhaltung, Personalbuchhaltung
personnel assessment Personalbemessung
personnel budget Personalbudget
personnel committee Personalrat
personnel cost Personalkosten
personnel department Personalabteilung
personnel development Personalentwicklung, Mitarbeiterförderung
personnel file Personalakte
personnel function Personalsektor
personnel information system Personalinformationssystem
personnel layoff Personalfreisetzung, Personalfreistellung
personnel management Personalverwaltung, Personalwesen, Personalführung
personnel manager Personalchef, Leiter der Personalabteilung

personnel officer Personalsachbearbeiter
personnel placement Personaleinsatz
personnel planning Personalplanung
personnel policy Personalpolitik
personnel procurement Personalbeschaffung
personnel record sheet Personalbogen
personnel recruitment Personalbeschaffung
personnel reduction Personalabbau
personnel reporting Personalberichtswesen
personnel representation law Personalvertretungsgesetz
personnel requirements Personalbedarf
personnel requirements planning Personalbedarfsplanung
personnel training Mitarbeiterschulung, Personalfortbildung
personnel training cost Mitarbeiterschulungskosten, Personalfortbildungskosten
personnel turnover Personalfluktuation
persuasiveness Überzeugungskraft
pertain betreffen, gehören
pertinent einschlägig, sachdienlich
pervade durchdringen
pervasive allgegenwärtig, durchdringend
petition Antrag, Eingabe
petition for appeal Berufungsantrag
petition for dissolution Auflösungsantrag
petition for reorganization Vergleichsantrag
petition in bankruptcy Konkursantrag
petition to wind up Liquidationsantrag
petitioner Antragsteller
petitioning creditor Konkursgläubiger
pettifog schikanieren
pettifoggery Rechtsverdrehung
petty cash Portokasse, Nebenkasse
petty cash fund kleine Kasse
petty damage Bagatellschaden
phantom profit Scheingewinn
phase in einführen, anlaufen
phase of construction Bauabschnitt
phase out auslaufen lassen
phase-in Anlaufphase
phase-in period Anlaufzeit
phase-out auslaufen
phony Schwindel
physical assets materielle Güter
physical capital eigentliches Kapital, Sachanlagevermögen
physical demand mengenmäßige Nachfrage
physical inventory Lageraufnahme
physical life technische Nutzungsdauer
physical market Kassamarkt
physical person natürliche Person
physical resources Sachmittel
pick Auslese, Auswahl
pick up business Geschäfte machen, Umsatz machen

pick up in capital spending Investitionsbelebung
pick up in prices Anziehen der Preise
pick up of orders Auftragseingangsbelebung
pick up the tab zahlen
pickings Nebeneinkünfte
pickup payment Schlusszahlung
piddling sum Bagatellbetrag
pie chart Kreisdiagramm
pie diagram Tortendiagramm
piece of equipment Ausrüstungsgegenstand
piece rate (earnings) Stücklohn, Akkordlohnsatz
piece rate system Akkordlohnsystem, Prämienlohnsystem
piece rate work Akkordarbeit
piece wages Akkordlohn
piece work Akkord
piece work payroll accounting Akkordabrechnung
piece worker Akkordarbeiter
pierage Kaigeld
pigeonhole einarbeiten, zurückstellen, einstufen, einteilen
pigeonhole Ablagefach, Sortierfach
pile Stapel, Menge
pile up ansammeln, sich häufen
pilferage geringfügiger Diebstahl
pillage Plünderung
pillar box Briefkasten
pilot lot Nullserie
pilot model Vormodell
pilot project Pilotprojekt
pilot study Leitstudie
pilot survey Probeerhebung
pilotage fee Lotsengeld
pink slip Entlassungsschreiben
pink slipper Entlassener
pinpoint hervorheben
pip kleinste Preisveränderung bei Terminkontrakten
pit Maklerstand
pit of slump Talsohle
pit trader Makler auf eigene Rechnung
pivot Dreh- und Angelpunkt
pivotal decision Grundsatzentscheidung
pivotal industry Schlüsselindustrie
pivotal position Schlüsselstellung
place platzieren, deponieren
place a deadline on befristen, Termin festsetzen für
place a loan Anleihe unterbringen
place a risk Risiko versichern
place an issue Emission platzieren, Emission unterbringen
place an order Auftrag erteilen, Auftrag vergeben
place an order for bestellen
place at a disadvantage benachteiligen
place in default in Verzug setzen

place of business Unternehmenssitz
place of consumption Verbrauchsort
place of delivery Lieferort
place of destination Bestimmungsort
place of final use Endverbrauchsort
place of fulfillment Erfüllungsort
place of jurisdiction Gerichtsstand
place of manufacture Herstellungsort
place of operation Betriebsstätte
place of transfer Übertragungsort
place of transshippment Umschlagplatz
place of work Arbeitsstätte
place privately freihändig unterbringen, privat unterbringen
place utility räumlicher Nutzen
placement Platzierung, Stellenvermittlung
placement efforts Vermittlungsbemühungen
placement memorandum Platzierungs-Prospekt
placement test Einstufungstest
placing agent Platzierungsinstitut
placing agreement Platzierungsvertrag
placing memorandum Dokument über Privatplatzierung
placing of a loan Anleiheunterbringung
placing power Platzierungspotenzial
placing price Platzierungskurs
placings Wertpapieremissionen
plain bond issue ungesicherte Anleihe
plain bonds ungesicherte Anleihen
plain vanilla ohne besondere Eigenschaften
plain vanilla fixed coupons Anleihe mit gleichmäßigen Couponzahlungen
plain vanilla issue Routine-Emission
plain vanilla model Basismodell
plan Plan, Vorhaben
plan contracts Planverträge
plan fulfillment Planerfüllung
plan implementation Plandurchführung
plan period Planperiode
plan sector Planbereich
plan target Planziel
plan-rated scale Plankalkulationssatz
planned budget figure Etatansatz, Budgetansatz
planned economy Planwirtschaft
planned magnitude Plangröße
planned obsolescence geplante Veralterung
planning Bewirtschaftung, Planung
planning approach Planungsansatz
planning costs Planungskosten
planning cycle Planungszyklus
planning deviation Planabweichung
planning goal Planungsziel
planning horizon Planungshorizont, Planungszeitraum
planning of financial requirements Finanzbedarfsplanung
planning of plant scale Betriebsgrößenplanung

planning of standard time Vorgabeplanung
planning period Planungszeitraum, Planungsperiode
planning principles Planungsgrundsätze
planning stage Planungsphase, Planungsstadium
planning variance Planungsabweichung
plant Anlage, Betrieb, Fabrik
plant accounting Anlagenbuchhaltung
plant agreement Betriebsvereinbarung
plant and equipment financing Anlagenfinanzierung
plant area Betriebsfläche
plant closing Betriebsschließung
plant council Betriebsrat
plant division Betriebsabteilung
plant extension Betriebserweiterung
plant holidays Werksferien
plant inspection Betriebsbegehung
plant leasing Vermietung vollständiger Betriebsanlagen, Anlagen-Leasing
plant operating rate Auslastungsgrad
plant organization Betriebsorganisation
plant shutdown Werksstillegung
plant size Unternehmensgröße
plant-developed standards Werksnormen
plant-wide shutdown Betriebsstilllegung
plastic Kunststoff, Kreditkarte
play along hinhalten
play at Aufgabe nicht ernst nehmen
play by the rules sich an die Regeln halten, die Spielregeln einhalten
play catch up nachziehen
play down bagatellisieren, herunterspielen
play off against ausspielen
play out ausfechten
play the market blind spekulieren
plea Bitte, Gesuch, Einrede
plea of the institute of limitations Einrede der Verjährung
pledge Pfandgegenstand, Bürgschaft, Sicherheit leisten, Pfandsache, Verpfändungsvertrag, bindendes Versprechen
pledge deposit Pfandgeld
pledgeable verpfändbar
pledged account receivable verpfändete Forderung
pledgee Pfandgläubiger, Pfandnehmer, Pfandinhaber
pledger Pfandgeber, Pfandschuldner
pledging endorsement Pfandindossament
pledgor Pfandbesteller
plot anstiften, auftragen, planen
plot of land Grundstück
plow investieren in
plow back einbehalten, nicht ausschütten, reinvestieren
plow back profits Gewinne reinvestieren

plow into investieren in
plowback Reinvestition, Ersatzinvestition
plug a gap Lücke schließen
plug away at hart arbeiten an
plug into anschließen
plum hohe Sonderdividende
plummet abstürzen
plunge Kurssturz
plunge in prices Preissturz, Kurssturz
plunge into the red in die roten Zahlen rutschen
plunk down zahlen
plurality Mehrheit, Stimmenmehrheit
plurality of creditors Gesamtgläubiger
plurality of debtors Gesamtschuldner
plus zuzüglich
poach abwerben
pocket out tatsächliche Bezahlung
point estimate Punktschätzung
point of hire Mietbüro, Vertretung
point of issue strittige Frage
point of sale Verkaufspunkt
point of view Standpunkt
poison pill Antiübernahmestrategie
policies Politik, Grundsätze, Ziele, Verhaltensregeln, Handlungsalternativen
policy Grundsatz, Verfahrensweise, Politik, Versicherungsschein
policy exception (policy exclusion) Risikoausschluss
policy goal Zielvorstellung
policy holder Versicherungsnehmer
policy improvement technique Technik der schrittweisen Verbesserung
policy life Versicherungsdauer
policy mix Mittelkombination
policy of optimum cash holdings Kassenhaltungspolitik
policy of taxation Steuerpolitik
policy on the environment Umweltpolitik
policy pronouncement Politikankündigung
policy rule Politikregel
policy-making Richtlinienbestimmung
policy-writing agent Abschlussagent
political fund Geldmittel für politische Zwecke
political market Markt für öffentliche Güter
poll Meinungsumfrage, Wahl
poll tax Kopfsteuer
polluter principle Verursacherprinzip
polluter-pays principle Verursacherprinzip
pollution abatement Verschmutzungsvermeidung
pollution of environment Umweltverschmutzung
pollution-prone umweltverschmutzend
pool Kartell, Vereinigung
pool expenses Kosten verteilen
pool funds Gelder zusammenlegen

pool of costs Kostenblock
pool of fixed costs Fixkostenblock
pooling Poolbildung
pooling of profits Gewinnverteilung
pooling of risks Risikostreuung, Risikoverteilung
popular capitalism Aktien im Streubesitz, Volkskapitalismus
port charges Umschlaggebühren
port dues Hafenabgaben, Hafengebühren
portable tragbar
portend vorhersagen, verkündigen
portfolio Wertpapierbestand
portfolio analysis Portfolioanalyse
portfolio buying Anlagekäufe
portfolio company Beteiligungsgesellschaft
portfolio decision Portfolioentscheidung
portfolio insurance Portfolioversicherung
portfolio investment Portfolioinvestition
portfolio manager Vermögensverwalter
portfolio securities Anlagepapiere
portfolio switch Effektentausch, Portfoliumschichtung
portfolio valuation Portefeuille-Bewertung
portion of equity Teil des Eigenkapitals
portion of overall costs Teilkosten
position Stelle, Stellung
position chart Stellenplan
position close out glattstellen einer Options-/Terminposition
position guide Stellenbeschreibung
position in futures Terminengagements
position of equilibrium Gleichgewichtslage
position paper Positionspapier
position squaring Positionsbereinigung
position trade strategisch handelnder Börsenhändler
position trader Spekulant
positional goods Statusgüter
positive carry Nettogewinn
possession Besitz, Eigentum
possession claim Besitzanspruch
post buchen
post-tax yield Rendite nach Steuern
postage Porto
postage charges Postgebühren
postage due Nachgebühr
postage not prepaid unfrei
postage paid freigemacht
postage rates Postgebühren
postal ballot Briefwahl
postal charges Postgebühren
postal dispatch Postversand
postal expense Postkosten
postal order Postanweisung
postal receipt Einlieferungsbescheinigung
postal wrapper Streifband
postdate nachdatieren

postentry nachträgliche Buchung
postentry Nachdeklaration
postpone hinausschieben, verschieben, zurückstellen, aufschieben
postponement Verschiebung
postponement of maturity dates Hinausschieben der Fälligkeiten
potential Potenzial, Leistungsfähigkeit
potential möglich, potenziell
potential acquiree Interessent
potential analysis Potenzialanalyse
potential and limitations Möglichkeiten und Grenzen
potential customer Kaufinteressent
potential entrants mögliche Konkurrenten
potential factors of production Potenzialfaktoren
potential for rationalization Rationalisierungspotenzial/-reserve
potential labor force Beschäftigungspotenzial
potential lender potenzieller Kreditgeber
potential output möglicher Produktionsausstoß
potential resources Hoffnungsreserven
potential trouble spot Schwachstelle
potential user potenzieller Benutzer, potenzieller Abnehmer
potentiality Entwicklungsmöglichkeit
poundage Gebühr, Provision pro Pfund
poverty Armut
poverty line Armutsgrenze
poverty-stricken verarmt, armselig, dürftig
power Macht, Recht, Strom, Kraft, Autorität, Befugnis, Vollmacht
power of attorney Vollmacht
power of attorney granted to a bank Bankvollmacht
power of discretion Ermessensfreiheit
power of eminent domain Enteignungsrecht des Staates
power of representation Vertretungsmacht
power rate Strompreis
powerful mächtig
powers Befugnisse, Vollmacht
practical plant capacity Optimalkapazität
practical value Gebrauchswert, praktischer Wert
practice of balance sheet make-up Bilanzierungspolitik
praecipuum Sondergebühr
pre-assembly time Rüstzeit
pre-bourse session Vorbörse
pre-feasibility study Vorstudie
pre-tax profit (pre-tax results) Gewinn vor Steuern
pre-tax results for the year Jahresergebnis vor Steuern
preamble Präambel
preapproach Vertragsvorbereitung

preaudit Vorprüfung
preauthorized payment mandate Abbuchungsermächtigung
preauthorized payment method Abbuchungsverfahren
preauthorized transfer Lastschriftverfahren
prebilling Vorfakturierung
precarious unsicher, fragwürdig
precaution Vorkehrung, Vorsicht
precautionary buying Eindecken, Vorsichtskäufe
precautionary measure Vorsichtsmaßnahme
precede vorangehen, vorgehen
precedence Vorrang, Vortritt
precedence analysis Prioritätsanalyse
precedent Präjudiz
precedent case Präzedenzfall
preceding vorhergehend
preceds Gegenwert
precept Zahlungsanweisung
precious kostbar, wertvoll
precipitate a crisis Krise hervorrufen
precipitous fall in earnings Gewinnverfall
precipitous fall in prices Preisverfall
precise exakt, genau, klar
precision Exaktheit, Präzision
precision sample gezielte Stichprobe
preclusive specification begrenzte Ausschreibung
precommit von vornherein verpflichten
predatory plündernd, räuberisch
predatory competition Verdrängungswettbewerb
predatory practices rücksichtslose Wettbewerbsmethoden
predatory price differential gezielte Kampfpreise
predatory pricing rücksichtslose Preissetzung
predecessor company übertragende Gesellschaft
predetermine costs Kosten vorher bestimmen
predetermined cost vorkalkulierte Kosten
predetermined target costs Plankosten
predict vorhersagen, begründen, stützen
predictability Vorhersagbarkeit
predicted costs Plankosten
prediction vorhersagen
prediction method Prognoseverfahren
predominant überwiegend, vorherrschend
predominantly lower überwiegend schwächer
prefabricate vorfertigen
preface Einleitung
prefer bevorzugen, einreichen, erheben
prefer a claim Anspruch erheben
preference Vorzug
preference bond Prioritätsobligation
preference dividend Vorzugsdividende
preference loan Prioritätsanleihe
preference of creditor Gläubigerbegünstigung
preference offer Vorzugsangebot

preference share (preference stock) Vorzugsaktie
preference shareholder Vorzugsaktionär
preference stock Vorzugsaktie
preference system Bedarfsstruktur
preferential bevorzugt
preferential arrangements Vorzugsbehandlung
preferential discount Vorzugsrabatt
preferential duty Vorzugszoll
preferential interest rate Vorzugszins
preferential offer Vorzugsangebot
preferential price Sonderpreis, Vorzugskurs
preferential rate of duty Präferenzzollsatz
preferential rates Vorzugssätze
preferential right of subscription Vorzugszeichnungsrecht
preferential terms Vorzugsbedingungen
preferment Beförderung, Ehrenamt
preferred bevorzugt
preferred claim bevorrechtigte Forderung
preferred debt vorrangige Forderung
preferred dividend Vorzugsdividende
preferred ordinary shares Vorzugsstammaktien
preferred share Vorzugsaktie
preferred stockholder Vorzugsaktionär
preferred stocks Vorzugsaktien
prejudgement attachment Sicherungspfändung
preliminary vorläufig
preliminary agreement Vorvertrag
preliminary analysis Grobanalyse
preliminary balance sheet Rohbilanz
preliminary budget Voranschlag
preliminary concept Grobkonzept
preliminary contract Vorvertrag
preliminary costing Vorkalkulation
preliminary costs Organisationskosten
preliminary design Grundkonzeption
preliminary draft Vorentwurf, erster Entwurf
preliminary estimate Kostenvoranschlag
preliminary examination Vorprüfung
preliminary expense Kosten der Aktienemission
preliminary financing Vorfinanzierung
preliminary injunction einstweilige Verfügung
preliminary loan agreement Darlehensvorvertrag
preliminary negotiations Vorverhandlungen
preliminary phase Vorlaufphase
preliminary plan Planvorgabe
preliminary prospectus vorläufiger Prospekt
preliminary study Vorstudie, Vorprojektierung
premarket vorbörslich
premarket price vorbörslicher Kurs
premature retirement vorzeitige Tilgung
premature termination vorzeitige Beendigung
premerger balance sheet Übergabebilanz
premerger notification Fusionsanmeldung
premise Prämisse

premise control Prämissenkontrolle
premises Grundstück, Haus und Zubehör, Räumlichkeiten
premium Aufschlag, Agio, Prämie
premium bond Agiopapier/-anleihe
premium deal Prämiengeschäft
premium for the call Vorprämie, Kaufoption, Bezugsoption
premium for the put Rückprämie
premium income Prämienaufkommen
premium offer Sonderangebot
premium on bonds Anleiheagio
premium on capital stock Agio aus Aktienemission
premium on exchange Devisenaufgeld
premium on spot rate Aufschlag auf Kassakurs
premium pay (premium payment) Zahlungszuschlag, Lohnzuschlag
premium price Höchstpreis
premium rate Prämienrate, Überstundenzuschlag
premium reserve Agiorücklage
premium statement Prämienabrechnung
premium-carrying loan Wachstumsanleihe
prepaid vorausbezahlt
prepaid and deferred items Rechnungsabgrenzungsposten
prepaid expense transitorische Aktiva
prepaid legal services Rechtsschutz
prepare ausarbeiten, abfassen, entwerfen
prepare a balance sheet bilanzieren
prepare a proposal Angebot ausarbeiten
prepare a report Bericht ausarbeiten
prepay vorausbezahlen
prepayment Vorauszahlung
prepayment discount Nachlass bei Vorauszahlung
prepayment penalty Aufschlag für vorzeitige Tilgung
preposterior evaluation vorlaufende Prüfung
preprocessing Vorabverfahren
prepublication price Subskriptionspreis
prerequisite Voraussetzung, Vorbedingung
prescribe vorschreiben
prescription Rezept, Verordnung
preselection Vorauswahl
presence of a quorum Beschlußfähigkeit
present vorlegen
present a bill for discount Wechsel zum Diskont einreichen
present a check Scheck einreichen
present a report Bericht vorlegen
present discounted value diskontierter Gegenwartsweg
present for acceptance zum Akzept vorlegen
present for discount zum Diskont einreichen
present for payment zur Zahlung vorlegen

present value Gegenwartswert, Barwert, Zeitwert
present value maximization Maximierung des Gegenwartswegs
present value of annuity Rentenbarwert
present value of future profits Zukunftserfolgswert
present value of net cash inflows Barwert der Rückflüsse
present-value depreciation Barwertabschreibung
present-value factor Barwertfaktor
present-value method Kapitalwertmethode
presentation Präsentation, Vortrag
presentation bill Sichtwechsel
presentation for acceptance Vorlage zum Akzept
presentation for collection Vorlage zum Inkasso
presentation for payment Vorlage zur Zahlung
presentation of balance sheet Bilanzvorlage
presenting party Einreicher
presentment Vorlage, Darstellung
presentment for acceptance Akzepteinholung
preservation Bewahrung, Erhaltung
preservation of capital Werterhaltung
preservation period Aufbewahrungsfrist
preserve bewahren, erhalten
preserve obligation Aufbewahrungspflicht
preserve period Aufbewahrungsfrist
presidency Vorsitz
pressure of competition Wettbewerbsdruck
pressure of taxation Steuerdruck
pressure to innovate Innovationsdruck
pressure to make short-term profits kurzfristiger Erfolgszwang
prestudy Vorstudie
presumption Annahme, Vermutung
presumption of dependence Abhängigkeitsvermutung
presumptive mutmaßlich
pretax margin Gewinn vor Steuern
pretest Voruntersuchung
prevail vorherrschen, obliegend
prevailing vorherrschend, obwaltend, maßgebend
prevalent herrschend, weit verbreitet
prevent verhindern, abhalten
previous früher, vorhergehend
previous application Voranmeldung
previous quotation Schlusskurs des ‚Vortages'
previous year Vorjahr
price Preis, Kurs, Notierung
price adjustment Preisangleichung
price adjustment clause Preisangleichungsklausel, Preisgleitklausel
price adjustment levy Ausfuhrabschöpfung
price advance Preisanstieg, Kurssteigerung
price advantage Preisvorteil

price agreed upon vereinbarter Preis, Bezahlt-Kurs
price agreement Preisabsprache
price alteration Preisänderung
price auditing Preisprüfung
price boost Preissteigerung
price bracket Preisklasse
price break quantity Mengenstaffel
price bulletin gedruckte Preisliste
price capping level Preisobergrenze
price ceiling Höchstpreis
price clause Preisklausel
price climb Preisanstieg
price collapse Preisverfall, Kursverfall
price comparison Preisvergleich
price competitiveness preisliche Wettbewerbsfähigkeit
price concession Preiszugeständnis
price control Preiskontrolle
price cut Preissenkung
price cutter Preisunterbieter
price cutting Preisunterbietung
price cutting war Preiskrieg
price decline Kursabfall
price deduction Preisnachlass
price determinants Preisbildungsfaktoren
price determination Preisfeststellung, Kursfeststellung
price difference Preisdifferenz, Preisunterschied
price differential Preisgefälle, Kursgefälle
price differentiation Preisentwicklung, Preisdifferenzierung
price discretion Preisspielraum
price discrimination Preisdiskriminierung
price distortion Preisverzerrung
price earnings ratio Kurs-Gewinn-Verhältnis
price ceiling Höchstpreis
price elasticity Preiselastizität
price escalator clause Preisgleitklausel
price ex factory Preis ab Werk
price factor Umrechnungsfaktor
price fixing Preisbindung
price fixing cartel Preiskartell
price floor Mindestpreis, niedrigster Preis
price fluctuation Preisschwankung
price fluctuations Kursausschläge
price formation Preisbildung
price freeze Preisstopp
price gains Preissteigerungen, Kursgewinne
price gap Preisschere
price guideposts Preisleitlinien
price including Inklusivpreis
price increase Preiserhöhung
price increase effect Preissteigerungseffekt
price index Preisindex
price inquiry Preisanfrage
price intervention Kursintervention

price labeler Etikettierpistole
price labeling Preisauszeichnung
price leader Preisführer
price led boom Preiskonjunktur
price level Preisniveau, Kurshöhe, Kursniveau
price level risk Kaufkraftrisiko
price limit Preisgrenze, Kurslimit
price limit order Preis-Limit-Auftrag
price line Bilanzgerade
price list Kurszettel, Preisliste
price look-up procedure Preisabrufverfahren
price loss Kursverlust
price maintenance Preisbindung, Kursstützung
price maintenance scheme Preisbindungs-Regelung
price making Preisbildung, Preisfestsetzung, Kursbildung
price management Kurspflege
price margin Preisspanne, Handelsspanne
price mark Preisauszeichnung
price markdown Preissenkung, Kursrücknahme
price marking Preisauszeichnung
price movement Preisbewegung, Kursverlauf
price of an option Optionspreis
price of benefit Nutzenpreis
price of delivery Lieferpreis
price offered Briefkurs
price out Preisauszeichnung
price pegging Kursstützung
price per unit Preis pro Einheit
price performance Kursentwicklung
price policy Preispolitik
price quotation Kursnotierung, Preisangabe
price quote Kursnotiz
price rally Kurserholung
price range Preislage, Preisspanne, Kursspanne
price recommendation Preisempfehlung
price recovery Preiserholung
price redetermination clause Preisgleitklausel
price reduction Preisreduzierung, Preissenkung
price reporting system Kursnotierungssystem
price restraint Preiszurückhaltung
price risk Preisrisiko, Kursrisiko
price run-up Preiserhöhung
price schedule Preisliste
price sensitive preiselastisch, preisempfindlich, preisreagibel
price setting Preisfixierung, Preissetzung
price stability Preisstabilität
price stabilization Kursstützung, Preisstabilisierung
price standard innerbetrieblicher Verrechnungspreis
price support Preisstützung, Kursstützung
price support operations Kurspflege-Aktionen
price supporting purchases Kursstützungskäufe
price surveillance Preisüberwachung

price swings Kursschwankungen
price tendency Preisbewegung
price to consumer Verbraucherpreis
price variance Preisabweichung
price-cost gap Preis-Kosten-Schere
price-cost squeeze Druck auf die Gewinnspanne
price-earnings ratio Preis-Gewinn-Verhältnis
price-performance standards Preismaßstäbe
price-sensitive information kursempfindliche Information
prices in the street nachbörsliche Kurse
pricey teuer
pricing Preiskalkulation, Preissetzung
pricing margin Kalkulationsspanne
pricing ordinance Preisangabeverordnung
pricing policy Preissetzungspolitik
pricing practice Kalkulationsverfahren
pricing pressure Preisdruck
pricing structure Preisgefüge
pricing system Kalkulationssystem
pricy teuer
primage Frachtzuschlag
primarily vor allem, vornehmlich
primary elementar, wesentlich, primär
primary budget Primärhaushalt
primary capital primäres Eigenkapital
primary commodities unverarbeitete Rohstoffe
primary cost categories originäre Kostenarten
primary costs Primärkosten
primary data Urmaterial
primary deficits wesentliche Defizite
primary demand Primärnachfrage
primary deposit Giralgeld
primary deposits Kundeneinlagen
primary distribution Neuemission
primary employment Grundbeschäftigung
primary goods Rohstoffe
primary income distribution primäre Einkommensverteilung
primary input Primäraufwand
primary issue market Emissionsmarkt
primary liability Hauptverbindlichkeit, Primärverbindlichkeit
primary liquidity Liquidität 1. Grades
primary market Primärmarkt, Emissionsmarkt
primary offering Neuemission
primary producer Rohstoffproduzent
primary reserves gesetzliche Rücklagen
primary return Rentabilität
prime erstklassig, vorzüglich, wichtigst
prime acceptance market Privatdiskontmarkt
prime acceptance rate Privatdiskontsatz
prime bank Bank mit erstklassigem Standing
prime bill of exchange erstklassiger Wechsel
prime borrower erste Adresse
prime contract Hauptkontrakt
prime contractor Hauptunternehmer

prime cost Anschaffungswert, Einkaufswert, Selbstkosten, Gestehungskosten
prime investment erstklassige Anlage
prime listed securities erstklassige börsennotierte Wertpapiere
prime maker Aussteller eines Wertpapiers
prime market Hauptabsatzmarkt
prime paper erstklassige Geldmarktpapiere
prime rate Leitzins
prime target Hauptziel
primes erstklassige Geldmarktpapiere
principal Auftraggeber, Vorsitzender, Grundkapital, Nominalwert, Kapitalsumme, Hauptsumme
principal amount Kapitalbetrag, Darlehensbetrag
principal and interest Kapital und Zinsen
principal authorization Grundsatzbewilligung
principal bidder Hauptanbieter
principal coupon date Hauptzinstermin
principal creditor Hauptgläubiger
principal debtor Hauptschuldner
principal holder of equity securities Hauptaktionär
principal maturity Fälligkeit des Kapitals
principal outstanding Restkapital
principal plant Hauptbetrieb
principal share Hauptanteil
principal shareholder Hauptaktionär
principal with interest accrued Kapital und aufgelaufene Zinsen
principle Grundsatzbewilligung, Prinzip
principle of causation Verursacherprinzip
principle of caution Vorsichtsprinzip
principle of classifying accounts Abschlussgliederungsprinzip
principle of subsidiarity Subsidiaritätsprinzip
principle of the lower of cost or market Niederstwertprinzip
principle of the rule of law Rechtsstaatsprinzip
principles Prinzipien
principles of taxation Besteuerungsgrundsätze
printed form Vordruck
prior charge (prior claim) bevorrechtigte Forderung
prior endorser Vormann
prior engagement frühere Vereinbarung
prior payment pattern Zahlungsgewohnheiten
prior preference stock vorrangige Vorzugsaktien
prior preferred stock erststellige Vorzugsaktien
prior redemption vorzeitige Tilgung
prior redemption privilege Recht auf vorzeitige Tilgung
prior right Vorzugsrecht
prior tax Vorsteuer
prior to maturity vor Fälligkeit
prior turnover Vorumsatz
prior turnover method Vorumsatzverfahren

prior turnover tax method Vorsteuerverfahren
prior year results Vorjahresergebnis
prior-year level Vorjahresniveau
priority Vorrang, Vorzugsrecht, Priorität, Vorrecht
priority bonds Vorzugsobligationen
priority share Vorzugsaktie
private assets Privatvermögen
private banking Bankdienste für Privatkunden
private broker freier Makler
private company personenbezogene Kapitalgesellschaft
private creditor Privatgläubiger
private drawing Privatentnahme
private enterprise solution privatwirtschaftliche Lösung
private firm Privatunternehmen
private insurance Privatversicherung
private insurer Privatversicherer
private investor Privatanleger
private law corporation privatrechtliche Körperschaft
private lender Darlehensnehmer
private limited company Gesellschaft mit beschränkter Haftung (GmbH)
private market economy freie Marktwirtschaft
private placement private Platzierung
private plot privates Grundstück
private sector loan demand private Kreditnachfrage
private sector of the economy Privatwirtschaft
private wants individuelle Bedürfnisse
private withdrawals Privatentnahme
privately financed frei finanziert
privatization Privatisierung
privilege Vorrecht, Privileg
privilege broker Optionsmakler
privileged bonds Vorzugsobligationen
privileged communication vertrauliche Mitteilung
privileged debt bevorrechtigte Forderung
privileged issue Emission von Vorzugspapieren
pro bono work unentgeltliche Arbeit
pro memoria figure Erinnerungswert
pro memoria item Merkposten
pro rata anteilig
pro rata payments anteilsmäßige Zahlungen
pro rata refund anteilmäßige Rückerstattung
pro rata temporis zeitanteilig
pro term zeitweilig
proactive zuvorkommend
probability Wahrscheinlichkeit
probity Integrität, Rechtschaffenheit
problem cluster Problemkreis
problem loan Problemdarlehen
procedure Handlungsweise, Verfahren, Vorgehen
procedure log sheet Laufzettel

procedure on voting Abstimmungsverfahren
proceed weitergehen, fortschreiten
proceed to übergehen zu
proceeding Sitzung, Verfahren, Verhandlung
proceeds Einnahmen, Erlös, Ertrag
proceeds from export Exporterlöse
proceeds of a tax Steuerertrag
proceeds of an issue Emissionserlös
proceeds of documents Dokumenten-Gegenwert
proceeds of sales of business Betriebsveräußerungsgewinn
proceeds on disposal Veräußerungserlös
process verarbeiten, reproduzieren
process Prozess, Vorgang
process a credit application Kreditantrag
process a loan Kredit bearbeiten, Kredit abwickeln
process consulting Prozessberatung
process control Abweichung, Qualitätskontrolle
process costing Divisionskalkulation
process engineering Verfahrenstechnik
process integration Ablaufintegration
process time Bearbeitungszeit
processing cost Be- und Verarbeitungskosten
processing fee Bearbeitungsgebühr
processing location Bearbeitungsplatz
procuration fee Vermittlungsgebühr
procure beschaffen
procure capital Kapital beschaffen
procure funds Kapital beschaffen
procurement Beschaffung, Vermittlung
procurement cost Beschaffungskosten
procurement facility Beschaffungseinrichtung
procurement of capital Kapitalbeschaffung
procurement of outside capital Fremdkapitalbeschaffung
produce fertigen, herstellen, produzieren
produce broker Produktenmakler
produce exchange Produktenbörse
producer price Erzeugerpreis
producer's risk Produzentenrisiko
producer's surplus Produzentenrente
producer-price-index (PPI) Produzentenpreisindex
product Produkt, Ware, Fabrikat, Erzeugnis
product analysis Produktanalyse
product change Produktwechsel
product characteristics Produkteigenschaften
product costing Stückkostenkalkulation
product identification Warenidentifizierung
product improvement Produktverbesserung
product liability Produkthaftung
product life Produktlebensdauer
product life cycle Produktlebenszyklus
product loss Verkauf unter Wert
product orientated classification Produktgliederung

product program Produktprogramm
product wastage Produktverschleiß
production Produktion, Fertigung
production advance Produktionssteigerung
production basis method of depreciation Abschreibung auf Produktionsbasis
production bottleneck Kapazitätsengpass
production bottleneck sector Engpasssektor
production bug Produktionsfehler
production capacity Produktionskapazität
production change-over Produktionsumstellung
production cost Herstellungskosten
production cost center Fertigungskostenstelle
production costs Produktionskosten
production decline Produktionsrückgang
production delay Produktionsverzögerung
production hour Fertigungsstunde
production method of depreciation verbrauchsbedingte Abschreibung
production mode Produktionsform
production output Produktionsausbringung
production payment financing Projektfinanzierung
production plan Produktionsplan
production planning an scheduling (PPS) Produktionsplanung und Steuerung (PPS)
production program planning Produktionsprogrammplan
production schedule Produktionsreihenfolge
production scheduling Arbeitsvorbereitung
production smoothing Produktionsglättung
production surface Produktions-/Ertragsgebirge
production volume Auslastungsgrad, Beschäftigungsgrad
production-basis method of depreciation Abschreibung nach Beanspruchung
production-order accounting Zuschlagskalkulation
productive erzeugend, produktiv, wertschaffend
productive assets Ertrag bringende Aktiva
productive capital Produktionskapital
productive fixed overhead Herstellungsgemeinkosten
productive income Leistungseinkommen
productive resources Produktionsgüter
productive services Faktorleistungen
productive time produktive Arbeitszeit
productivity Leistungsfähigkeit, Produktivität, Rentabilität
productivity gain Produktivitätssteigerung
productivity improvement Produktivitätssteigerung
productivity of capital stock Investitionsproduktivität
productivity ratio Produktivitätskennzahl
professional code of ethics beruflicher Ehrenkodex

professional committee Fachausschuss
professional dealing Berufshandel
professional discretion Berufsgeheimnisse
professional fee Honorar
professional secrecy Berufsgeheimnis
professional speculation berufsmäßige Spekulation
professional stock exchange operations berufsmäßige Börsenspekulation
proficiency pay Leistungszulage
profile of benefit Nutzenprofil
profit Profit, Gewinn, Nutzen
profit analysis Gewinnanalyse
profit and loss absorption agreement Gewinnabführungsvertrag
profit and loss account Gewinn- und Verlustrechnung, Aufwands- und Ertragsrechnung
profit and loss forecast Ertragsvorschau
profit and loss statement Erfolgsrechnung
profit carried forward Gewinnvortrag
profit center Ertragszentrum, Gewinn-Verantwortungsbereich
profit center accounting Abteilungserfolgsrechnung
profit center organization Organisation nach Profitcentern
profit comparison method Gewinnvergleichsrechnung
profit contribution Deckungsbeitrag
profit control Gewinnkontrolle
profit cover Gewinndeckung
profit determination Gewinnermittlung
profit distribution Gewinnverteilung, Gewinnausschüttung
profit distribution date Ausschüttungstermin
profit diversion Gewinnverlagerung
profit erosion Gewinnerosion
profit exclusion agreement Gewinnausschließungsvertrag
profit expectations Gewinnerwartungen
profit for the year Jahresüberschuss
profit forecast Gewinnprognose
profit from coinage Münzgewinn
profit from different value dates Float-Gewinn
profit impact of market strategies (PIMS) Gewinnauswirkung aus Marketingstrategien
profit income Gewinneinkommen
profit (loss) on ordinary activities Ergebnis der gewöhnlichen Geschäftstätigkeit
profit management Gewinnsteuerung
profit margin Gewinnspanne, Handelsspanne, Umsatzrendite
profit margin of commodity group Warengruppenspanne
profit markup Gewinnzuschlag
profit on sales Umsatzrendite
profit participation rights Genussrechte

profit per unit Gewinn pro Verkaufseinheit
profit percentage Umsatzrendite
profit planning Gewinnplanung
profit pool Gewinnabrechnungsgemeinschaft
profit pooling Ergebnisabführung
profit potential Gewinnpotenzial
profit push inflatorischer Gewinnstoß
profit push inflation Gewinndruckinflation
profit ratio Betriebsergebnisquote
profit report Ergebnisbericht
profit reporting Ergebnisdarstellung
profit reserve Gewinnrücklage
profit responsibility Ergebnisverantwortung
profit retention Thesaurierung, Gewinnrücklage
profit share Gewinnanteil
profit sharing Gewinnbeteiligung
profit sharing certificate Gewinnanteilschein
profit shifting Gewinnverlagerung
profit situation Ertragslage
profit slide Gewinnrückgang
profit squeeze Gewinndruckinflation
profit taking Gewinnmitnahme
profit tax Gewinnsteuerung
profit transfer agreement Gewinnabführungsvertrag
profit variables Gewinngrößen
profit wedge Gewinnzone
profit-level indicator Rendite-Kennziffer
profit-sharing bond Anleihe mit Zins- und Gewinnzahlungen
profit-sharing loan stock Gewinnschuldverschreibung
profit-taking sale Verkauf mit dem Ziel der Gewinnmitnahme
profit-turnover ratio Umsatzrendite
profitability Einträglichkeit, Ertragskraft, Rentabilität, Vorteilhaftigkeit
profitability analysis Rentabilitätsanalyse
profitability aspects Rentabilitätsgesichtspunkte
profitability calculation Rentabilitätsberechnung
profitability gap Rentabilitätslücke
profitability index Rentabilitätsindex
profitability reporting Ergebnisbericht
profitable ertragsstark, gewinnträchtig, Gewinn bringend, rentabel
profitable investment vorteilhafte Investition
profiteering Wuchergewinne
profits from business activity Gewinne aus Geschäftstätigkeit
profligacy Verschwendungssucht
proforma invoice Proformarechnung
profusion Überfülle, Verschwendung
prognostic voraussagend, warnend
prognostication Vorhersage
program planning Programmplanung
program sequence plan Programmablaufplan
program trading Börsenprogrammhandel

program-controlled programmgesteuert
progress weiterkommen
progress Entwicklung, Fortschritt, Verlauf
progress chart Arbeitsfortschrittsdiagramm
progress chaser Terminjäger
progress control Terminüberwachung
progress report Fortschrittsbericht
progression Steigerung, Weiterentwicklung
progressive progressiv, fortschreitend, gestaffelt
progressive cost estimate progressive Kalkulation
progressive costs progressive Kosten
progressive depreciation progressive Abschreibung
progressive effect Progressionseffekt
progressive tax Progressionssteuer, gestaffelte Steuer
prohibited risk unversicherbares Risiko
prohibition Verbot
prohibitive price Prohibitivpreis, unerschwinglicher Preis
project Entwurf, Plan, Projekt, Vorhaben
project appropriation request Investitionsantrag
project assignment Projektauftrag
project auditing Projektüberprüfung
project control Projektkontrolle
project documentation Projektdokumentation
project finance Projektfinanzierung
project financing Projektfinanzierung
project financing agreement Vertrag über Projektfinanzierung
project funding Projektfinanzierung
project funds Projektmittel
project implementation Projekteinführung
project information Projektinformation
project launching Einführung
project line Projekt-Kreditlinie
project management Projektleitung
project manager Projektleiter
project monitoring Projektüberwachung
project organization Projektorganisation
project participants Projektbeteiligte
project phase Projektphasen
project planning Projektplanung
project request Projektauftrag
project scheduling Projektplanung
project status report Projekt-Lagebericht
project steering Projektsteuerung
project structure Projektorganisation
project structure chart Projektstrukturplan
project team Projektgruppe
project time schedule Projektzeitplan
project tying Projektbindung
project-tied investment funding projektgebundene Investitionsfinanzierung
projected balance sheet Vorschaubilanz

projected income statement Vorschauergebnisrechnung
projection Prognose, Projektion, Hochrechnung
proliferation Wachstum, Wucherung, starke Erhöhung
prolongation Prolongation, Verlängerung
prolongation of debt Stundung von Forderungen
promise Versprechen, Zusicherung, Zusage
promise to grant preliminary credit Vorfinanzierungszusage
promise to pay Zahlungsversprechen
promissory note Schuldschein, Wechsel
promote befördern, höher stufen, fördern
promoter's shares Gründeraktien
promoter's stock Gründeraktien
promotion money Gründungsvergütung
prompt sofort, unverzüglich
prompt cash Sofortkasse, prompte Zahlung
prompt note Zahlungserinnerung
prompt payment prompte Zahlung
proof Beweis, Nachweis
proof erprobt
proof of claims Forderungsnachweis
proof of delivery Liefernachweis
proof of origin Herkunftsnachweis
proof sheet Abstimmungsbogen
propellant forces Auftriebskräfte
propensity to export Exportquote
propensity to hoard Hortungsneigung
propensity to import Importquote
propensity to incur debts Verschuldensneigung
propensity to invest Investitionsneigung /-quote
propensity to save Sparneigung, Sparquote
propensity to spend Ausgabenneigung
propensity to take up credits Verschuldungsbereitschaft
properties Grundstücke, Immobilien, Liegenschaften
property Eigentum, Besitz, Grundstück
property accounting Anlagenbuchhaltung
property balance Vermögensbilanz
property class Merkmalsklasse
property development Grundstückserschließung
property dividend Sachdividende, Sachwertdividende
property eligible as security beleihungsfähiges Objekt
property fund Immobilienfonds
property fund unit Immobilienfondsanteil
property in cash Barvermögen
property loan rate Hypothekenzins
property management Immobilienverwaltung, Vermögensverwaltung
property management company Vermögensverwaltungsgesellschaft
property, plant and equipment Grundstücke, Gebäude und sonstige Einrichtungen

property rights Eigentumsrechte
property risk Vermögensrisiko
property structure Vermögensstruktur
property tax Vermögensteuer
property undertaking Grundstücks-, Immobiliengeschäft
property unit trust Immobilienfonds
proponent Befürworter, Verfechter
proportion Anteil, Ausmaß, Verhältnis, Proportion
proportional anteilmäßig, proportional, verhältnismäßig
proportional costing Proportionalkostenrechnung
proportional costs proportionale Kosten
proportional share verhältnismäßiger Anteil
proportionate amount anteiliger Betrag
proposal Angebot, Vorschlag
proposal bond Bietungsgarantie
proposal for the appropriation of earnings Gewinnverwendungsvorschlag
propose Antrag stellen, vorschlagen
proposed capital in Aussicht genommene Kapitalausstattung
proposed dividend ausgewiesene Dividende
proposed transaction Vorhaben
proposition Behauptung
proprietary capital Eigenkapital
proprietary company Holding-Gesellschaft
proprietary interest Eigenkapitalanteil
proprietary right Vermögensrecht, Eigentumsrecht
proprietor Besitzer, Eigentümer, Gesellschafter, Geschäftsinhaber
proprietor possessor Eigenbesitzer
proprietor's income Unternehmerlohn
proprietorship Eigentumsrecht
prorata payment anteilmäßige Zahlung
prorate anteilmäßig verteilen, anteilmäßig verrechnen
prorated amount anteiliger Betrag
prospect Aussicht, Interessent
prospective voraussichtlich, zukünftig
prospective customer Kaufinteressent
prospective earnings Ertragsaussichten
prospective lender potenzielle Geldgeber
prospective yield voraussichtlicher Gewinn
prosperity Wohlstand
protect akzeptieren, einlösen, schützen
protection Schutz, Schutzzoll
protection against dismissal Kündigungsschutz
protection money Schutzgebühr, Schutzgeld
protection of industrial property gewerblicher Rechtsschutz
protection of registered design Gebrauchsmusterschutz
protection of the environment Umweltschutz

protection position Zuteilungsgarantie
protective duty Schutzzoll
protest bill Protestwechsel
protest certificate Protesturkunde
protest charges Protestkosten
protest fee Protestgebühr
protest for nonacceptance Protest mangels Annahme
protest for nonpayment Protest mangels Zahlung
protracted langwierig
prove beglaubigen, sich bewähren
proven bewährt, erprobt
proven reserves sichere Vorräte
provide beschaffen, bereitstellen
provide capital finanzieren
provide security Sicherheit leisten
provided for vorgesehen für, bestimmt für
provided that vorbehaltlich
provision Rückstellung, Wertberichtigung, Bereitstellung, Maßnahme, Vorkehrung
provision for contingent losses Delkredere
provision for deferred repairs Reparaturrückstellungen
provision for guarantees Garantierückstellung
provision for trade taxes Gewerbesteuerrückstellung
provision for warranties Rückstellung für Gewährleistungen
provision of finance Mittelbeschaffung, Zuführung von Finanzmitteln
provision of fresh outside capital Beschaffung neuen Fremdkapitals
provisional interimistisch, vorläufig
provisional deadline Zwischentermin
provisional deposit Bietungsgarantie
provisional estimate vorläufige Schätzung
provisions for guaranties Garantierückstellungen
provisions for loan losses Verlustrückstellungen
proximate unmittelbar, annähernd
proximate consequence unmittelbare Folge
proximate determinant unmittelbarer Bestimmungsgrund
proxy Bevollmächtigter, Handlungsvollmacht, Stellvertreter, Stimmrechtsbevollmächtigter
proxy form Vollmachtsformular
proxy shareholder Vollmachtsaktionär
proxy solicitation Bitte um Erteilung der Stimmrechtsvollmacht
proxy statement Stimmrechtsvollmacht, Vollmachtsformular
proxy voting power Depotstimmrecht, Vollmachtsstimmrecht, Stimmrechtsvollmacht
prudence Vorsicht
prudence concept Vorsichtsprinzip
public accountant Wirtschaftsprüfer

public authorities öffentliche Hand
public body öffentlich-rechtliche Körperschaft
public bond öffentliche Anleihe
public bonds Anleihen der öffentlichen Hand
public buying Publikumskäufe
public debt öffentliche Schuld
public debt ratio öffentliche Schuldenquote
public demand öffentliche Nachfrage
public demand-pull inflation Budgetinflation
public domain Eigentum der Allgemeinheit
public enterprise staatlicher Betrieb
public expenditure öffentliche Ausgaben
public finance öffentliche Finanzwirtschaft
public funds Staatsanleihen
public goods öffentliche Güter
public issue by prospectus öffentliche Emission
public law öffentliches Recht
public limited company (plc) Aktiengesellschaft (AG)
public loan öffentliche Anleihe, Staatsanleihen
public opinion öffentliche Meinung
public owned undertakings Unternehmen der öffentlichen Hand
public ownership Gemeineigentum
public placement öffentliche Platzierung
public securities Staatspapiere
public service accounting kameralistische Buchführung
public share issue Aktienemission
public spending ratio Staatsausgabenquote
pull back a price Preis zurücknehmen
pull down prices Preise drücken
pull in verdienen
pull in sales Umsatz bringen
pull off Erfolg haben, erfolgreich abschließen
pull out aussteigen, ausscheren
pull out deposits Einlagen abziehen
pull together zusammenarbeiten
punctual performance rechtzeitige Leistung
punishment Bestrafung
punter Spekulant
purchase Anschaffung, Einkauf, Kauf
purchase account Wareneinkaufskonto
purchase and sale memorandum Schlussschein, Schlussnote
purchase at lowest price Bestkauf
purchase commitments Abnahmeverpflichtungen
purchase contract Kaufvertrag
purchase cost Anschaffungskosten
purchase decision Kaufentscheidung
purchase discount Einkaufsrabatt
purchase for future delivery Terminkauf
purchase forward auf Termin kaufen
purchase fund Ankaufsfonds
purchase intention Kaufabsicht
purchase money Kaufsumme

purchase money mortgage Restkaufpreis-Hypothek
purchase of a shareholding Erwerb einer Beteiligung
purchase of assets Kauf von Wirtschaftsgütern
purchase of shares Kauf von Anteilen
purchase on credit Zielkauf, Kreditkauf
purchase order Bestellung, Kaufauftrag
purchase order disposition Einkaufsdisposition
purchase order processing Bestellwesen, Auftragsbearbeitung
purchase price Kaufpreis, Einkaufspreis, Erwerbskurs
purchase tax Kaufsteuer
purchase warrant Bezugsrecht, Optionsrecht
pure cycle income Sozialprodukt ohne Budgeteinfluss
pure interest reiner Zins, Nettozins
purpose Fähigkeit
push a plan Plan durchsetzen
push down runterdrücken
push money Verkaufsprämie
push up erhöhen
pushing into deficit Passivierung
put Verkaufsoption
put a cap on begrenzen
put a lid on spending Ausgaben begrenzen
put a risk gefährden
put a time limit on befristen, Termin festlegen
put a writ on beschlagnahmen, pfänden
put aside sparen, zurücklegen
put away Geld zurücklegen
put by auf die hohe Kante legen, zurücklegen
put forward geltend machen, erheben, vorlegen, vorschlagen
put forward a proposal Vorschlag machen, Vorschlag unterbreiten
put in a claim beanspruchen, beantragen
put in overtime Überstunden machen
put into liquidation liquidieren
put into operation Inbetriebnahme
put money in (put money into) Geld anlegen, Geld investieren
put new life into sanieren
put off aufschieben, zurückstellen
put one's best foot forward sein Bestes tun
put out in Auftrag geben
put out of verdrängen
put out of business verdrängen
put right berichtigen
put through durchsetzen
put to rights in Ordnung bringen
put up capital Kapital aufbringen
put up funding Mittel aufbringen
put up money Geld aufbringen, Geld bereitstellen
putative vermeintlich, mutmaßlich

Q

qualification Befähigung, Qualifikation, Voraussetzung
qualification pattern Qualifikationsstruktur
qualification procedure Zulassungsverfahren
qualification profile Qualifikationsprofil
qualified acceptance eingeschränktes Akzept
qualified employe qualifizierte Arbeitskraft
qualified endorsement eingeschränktes Indossament
qualified majority qualifizierte Mehrheit
qualified minority qualifizierte Minderheit
qualified mortgage bond steuerbegünstigter Pfandbrief
qualified option bedingte Option
qualified statement eingeschränkte Erklärung
qualify sich eignen, qualifizieren
qualifying date Stichtag
qualifying interest Mindestbeteiligung
qualifying period Sperrfrist
qualifying shares Pflichtaktien
qualifying turnovers steuerbare Umsätze
qualitative analysis qualitative Untersuchung
qualitative data qualitative Daten
quality Eigenschaft, Qualität, Güte
quality awareness Qualitätsbewusstsein
quality borrower erste Adresse
quality changes Qualitätsveränderungen
quality circle Qualitätszirkel
quality competition Qualitätswettbewerb, Qualitätskonkurrenz
quality control Qualitätskontrolle, Qualitätssteuerung
quality costs Qualitätskosten
quality improvement Qualitätsverbesserung
quality protection Qualitätssicherung
quantitative data quantitative Daten
quantitative evaluation quantitative Bewertung
quantitative restriction Mengenbegrenzung
quantity Menge
quantity discount Mengenrabatt
quantity rebate Mengenrabatt
quantity restriction Mengenbeschränkung
quantity standard Mengenvorgabe
quantity tax Mengensteuer
quarter dividend Zwischendividende, Interimsdividende, Abschlagsdividende
quarter figures Quartalszahlen
quarter loss Quartalsverlust
quarter profit Quartalsgewinn
quarter report Quartalsbericht
quarter result Quartalsergebnis
quarterage Vierteljahreszahlung

quarterly disbursements vierteljährliche Dividendenzahlungen
quarterly dividend Vierteljahresdividendee
quarterly report Vierteljahresbericht
quasi money Beinahegeld
quayage Kaigebühren
query beanstanden, in Zweifel ziehen, verbindliche Auskunft verlangen
query Frage, Rückfrage, Fragezeichen
question of costs Kostenfrage
quick asset ratio Liquidität ersten Grades
quick assets Flüssige Mittel und Forderungen
quick fix Bilanzkosmetik
quick money flüssige Mittel
quick ratio Liquidität zweiten Grades
quick returns (quick turnover) schneller Umsatz
quick-buck approach Bestreben, rasch Gewinne zu machen
quid pro quo Gegenleistung
quiet trading geringe Umsätze, ruhiger Verlauf
quit kündigen, verzichten, aufgeben
quit claim Verzicht auf Rechte
quit deed Grundstücksverkauf ohne Mängelhaftung
quit of charges nach Abzug der Kosten
quit rent Miet-/Pachtzins
quorum beschlussfähige Anzahl, Beschlussfähigkeit
quota Anteil, Kontingent, Quote
quota restriction Mengenbeschränkung
quotation Angebot, Kursnotierung, Preisangabe, Börsenkurs, Kostenvoranschlag
quotation board Kurstafel
quotation committee Börsenzulassungsausschuss
quotation department Abteilung für Börsenzulassung
quotation for forward delivery Terminnotierung
quotation halt Aussetzung der Notierung
quotation in percentage Prozentnotierung
quotation of the day Tagesnotierung
quotation technique Notierungsmethode
quotations sheet Kurszettel
quote ansetzen, notieren
quote a price Preis nennen, Preisangebot machen
quoted at im Kurs zu, notiert mit
quoted companies börsennotierte Unternehmen
quoted company börsennotierte Gesellschaft

quoted equities notierte Aktien
quoted flat ohne Zinsen notiert
quoted investment Beteiligung an börsennotierten Unternehmen, börsennotierte Wertpapiere
quoted on the stock exchange börsennotierte Wertpapiere
quoted price Angebotspreis, Kursnotierung, Kurs
quoted securities amtlich notierte Werte
quoted value Kurswert

R

rack up profits Gewinne machen
racket betrügerisches Unternehmen
racketeering Gangstermethoden, Schiebungen, Insidergeschäfte
rackrent Wuchermiete
raid Kurse drücken
raider Unternehmenshai
rail charges Bahnfracht
rail freight Bahnfracht
railroad charges Beförderungskosten
railroad freight Bahnfracht
railroad loading charge Ladegebühr, Ladegeld
railroad rates Eisenbahntarif
rails Eisenbahnaktien, Eisenbahnwerte
railway rates Eisenbahntarif
rainy-day reserves Notrücklagen
raise anheben, erhöhen, heraufsetzen, aufnehmen, steigern
raise Erhöhung
raise a claim Forderung geltend machen
raise a credit Kredit aufnehmen
raise a loan Anleihe aufnehmen
raise a mortgage Hypothek aufnehmen
raise a sample Stichprobe hochrechnen
raise capital Kapital aufbringen, Kapital beschaffen
raise external funds Fremdmittel aufnehmen
raise funds Mittel aufbringen, Mittel beschaffen
raise money Geld aufnehmen
raise new cash neue Mittel aufnehmen
raise rent Miete erhöhen
raise the ante Einsatz erhöhen
raise the wind rasch Geld beschaffen
raising finance from the public Marktfinanzierung
raising of funds Mittelaufbringung
rake an equity stake in Beteiligung erwerben an
rake in profits hohe Gewinne einstreichen
rake off Gewinnanteil, Provision
rally anziehen, sich erholen, verbessern
rally in prices Kurserholung
ramification Verzweigung
rampage on expenses Kosteneinsparungen
random Zufall
random access Direktzugriff
random error Zufallsfehler
random event Zufallsereignis
random experiment Zufallsexperiment
random numbering Zufallszahlen
random observation Zufallsbeobachtung
random process stochastischer Prozess

random sample Zufallsstichprobe, Stichprobenerhebung
random sample method Stichprobenverfahren
random variable Zufallsvariable
randomize randomisieren
range Spannweite, Spielraum, Umfang, Bereich
range forward contract Range-Forward-Kontrakt, Devisentermin-Kontrakt
range of activity Beschäftigungsbereich
range of participants Teilnehmerkreis
range of prices Kursspanne
range of services Dienstleistungspalette
rank and file Belegschaft
ranking order Rangfolge
rapid rasch, schnell
rapid amortization beschleunigte Abschreibung
rapid money transfer Eilüberweisung
ratable anteilig
ratable property steuerpflichtiger Grundbesitz
rate einschätzen, bewerten
rate Zins, Satz, Kursspanne, Tarif
rate adjustment Zinsanpassung
rate base zugesicherte Mindestauflage
rate ceiling Zinsobergrenze
rate change Prämienänderung
rate cutting Frachtunterbietung
rate deficiency grant Ausgleichszuweisung
rate differential Zinsgefälle
rate discrimination Preisdiskriminierung
rate fixing behördliche Preisfestlegung, Kursfestsetzung
rate fluctuations Kursschwankungen
rate hedging Kurssicherung
rate hedging cost Kurssicherungskosten
rate hedging deal Kurssicherungsgeschäft
rate hike Gebührenerhöhung
rate level Kursniveau
rate of absenteeism Abwesenheitsquote
rate of accumulation Akkumulationsquote
rate of activity Beschäftigungsgrad
rate of capital formation Kapitalbildungsrate
rate of change Änderungsrate
rate of commission Provisionssatz
rate of conversion Umrechnungssatz
rate of depreciation Geldentwertungsrate
rate of discount Diskontsatz
rate of equity turnover Umschlagshäufigkeit des Kapitals
rate of escalation Steigerungsrate
rate of exchange Wechselkurs, Umrechnungskurs, Tauschverhältnis
rate of failure Störungsrate

rate of flow Stromgröße
rate of gain in productivity Produktivitätszuwachsrate
rate of growth (rate of increase) Wachstumsrate
rate of inflation Inflationsrate
rate of interest Zinssatz
rate of issue Emissionskurs
rate of merchandise turnover Umschlagshäufigkeit des Warenbestands
rate of money turnover Umschlagsgeschwindigkeit des Geldes
rate of new orders Auftragseingang
rate of operating return Betriebsrentabilität
rate of premium Prämiensatz
rate of production Produktionshöhe
rate of progression Progressionssatz
rate of public acceptance Sättigungspunkt
rate of redemption Rückzahlungskurs
rate of return Kalkulationszinsfuß, Ertrag, Rentabilität, Rendite
rate of return method of evaluation Rentabilitäts-Vergleichsrechnung
rate of return on equity Eigenkapitalrentabilität
rate of return on investment Kapitalrendite
rate of saving Ersparnisrate
rate of selling Absatzgeschwindigkeit
rate of substitution Substitutionsrate
rate of taxation Steuersatz
rate of time-discounting Zeitdiskontierungsrate
rate of total capital turnover Umschlagshäufigkeit des Gesamtkapitals
rate of turnover Umschlagsziffer, Umsatzgeschwindigkeit
rate of unemployment Arbeitslosenquote
rate of usage Lagerabgangsrate
rate of working Leistungsgrad
rate of yield Ausbeutesatz
rate risk Zinsrisiko
rate setting Festsetzung der Abgabepreise, Tarifgestaltung
rate spread Zinsspanne
rate support Kurssicherung
rate up erhöhen
rate-hedged foreign exchange kursgesicherte Devisen
rated capacity Soll-Kapazität
rated output Soll-Leistung
rates Gebühren, Gemeindesteuer, Kommunalabgaben
rates relief Grundsteuerermäßigung
rating Beurteilung der Bonität, Wertpapiereinstufung, Bonitätsbewertung, Leistungsbewertung, Kreditwürdigkeit, Klassifizierung
rating ratio Bewertungskennziffer
rating scale Bewertungsskala
rating table Bewertungsskala

ratio Verhältnis, Kennzahl
ratio of allotment Zuteilungsquote
ratio of conversion Umtauschverhältnis
ratio of debt to net worth Verschuldungsgrad
ratio of equity to fixed assets Anlagendeckung
ratio of general government debt Schuldenquote des Staates
ratio system Kennzahlensystem
ratio variable Verhältnisgröße
rational expectations rationale Erwartungen
rationality Vernunft, Rationalität
rationalization Rationalisierung
rationalization advantage Rationalisierungsvorteil
rationalization investment Rationalisierungsinvestition
rationalization measure Rationalisierungsmaßnahme
rationalization methods Rationalisierungsmethoden
rationing Bewirtschaftung, Zuteilung
raw commodity market Rohstoffmarkt
raw deal schlechte Behandlung
raw land unerschlossene Grundstücke
raw material Rohmaterial, Rohstoffe
raw materials and supplies Roh-, Hilfs- und Betriebsstoffe
raw materials inventory Rohstoffbestände
raw materials scarcity Rohstoffknappheit
reach Anwendung, Geltungsbereich, Reichweite
reach an accommodation Einigung erzielen
reach up anstreben
reacquired stock eigene Aktien erworben
readiness to spend Ausgabenbereitschaft
ready cash Bargeld
ready for delivery lieferbar
ready message Fertigmeldung
ready sale schneller Absatz
ready sales leichter Absatz
ready to be voted on beschlussreif
ready to operate betriebsbereit
ready-to-wear financial pattern Standardfinanzierung
real account Bestandskonto
real agreement dinglicher Vertrag
real assets Realgüter
real balance effect realer Kasseneffekt
real capital Realkapital
real cash balance reale Kassenhaltung
real consumer spending reale Verbrauchsausgaben
real consumption tatsächlicher Verbrauch
real disposable income verfügbares Realeinkommen
real earnings Realeinkommen
real estate Grundstücke, Immobilien
real estate agent Immobilienmakler

real estate bonds hypothekarisch gesicherte Schuldverschreibung
real estate company Immobiliengesellschaft
real estate credit Immobilienkredit
real estate development Grundstücks-Erschließung
real estate development company Bauträgergesellschaft
real estate fund Immobilienfonds
real estate investment Immobilienanlage
real estate investment fund Immobilienanlagefonds
real estate investment trust Immobilienfonds
real estate limited partnership Immobiliengesellschaft
real estate loan Hypothekarkredit, Realkredit
real estate management Grundstücksverwaltung
real estate owner Grundstückseigentümer
real estate tract Grundstück
real estate transaction Grundstücksgeschäft
real growth reales Wachstum
real income Realeinkommen
real income comparison Realeinkommensvergleich
real income losses reale Einkommenseinbußen
real interest rate realer Zinssatz
real national income reales Volkseinkommen
real net output Wertschöpfung
real property tax Grundsteuer
real property used as collateral Beleihungsobjekt
real rate of interest realer Zinsfuß
real resources reale Produktivkräfte
real return Realrendite
real rights Grundpfandrechte
real servitude Grunddienstbarkeit
real trade surplus realer Außenhandelsüberschuss
real value Realwert
real wage Reallohn
real wage cut realer Einkommensverlust
real wealth Realvermögen
real yield Realverzinsung
realignement of exchange rates Wechselkursanpassung
realizable absetzbar, ausführbar
realizable value Veräußerungswert
realization Kapitalisierung, Veräußerungswert
realization account Liquidationsbilanz
realization of profits Gewinnerzielung
realization order Glattstellungsauftrag
realization rule Realisierungsprinzip
realization sale Glattstellung, Glattstellungsverkauf
realization task Realisationsaufgabe
realize verkaufen, veräußern, realisieren

realize profits Gewinne erzielen, Gewinne realisieren
realized appreciation realisierte Wertsteigerung
realized depreciation verdiente Abschreibung
realized gain or loss realisierter Gewinn oder Verlust
realized investments durchgeführte Investments
realized prize gains realisierte Gewinne
reallocate erneut zuteilen, zuweisen
reallocate funds Mittel umschichten
reallocation of import quotas Neuzuteilung von Einfuhrkontingenten
realty Immobilien
realty transfer tax Grunderwerbsteuer
reap ernten, erzielen
reap benefits Gewinn ziehen, Nutzen ziehen
reap high profits hohe Gewinne machen
reappointment Wiedereinstellung
reappraisal Neubewertung
reappraise neubewerten
rearrange ändern, umordnen
rearrangement Neuordnung
reason Grund, Motiv, Ursache
reasonable angemessen, vernünftig
reasonable notice angemessene Kündigungsfrist
reasonable price angemessener Preis
reasonable time angemessene Frist
reasoned statement Begründung
reasoning Begründung, Schlussfolgerung
reassessment Neubewertung, Neuveranlagung
reassurance Beruhigung, Rückversicherung
reassure beruhigen, wieder versichern
rebase umbasieren, Vergleichsbasis ändern
rebate Rabatt, Preisnachlass
rebound Umschwung, wieder ansteigen
rebuild inventory Lager auffüllen
rebut widerlegen
rebuttal Widerlegung
rebuy Rückkauf, Wiederkauf
recall widerrufen
recall Aufruf, Widerruf, Abberufung
recall action Rückrufaktion
recall notice Rückrufanzeige
recap Zusammenfassen
recapitalization Kapitalumschichtung, Neufinanzierung
recapitalization gains Sanierungsgewinne
recapture Enteignung
recapture cost Kosten hereinholen
recapture tax Wiedergewinnungssteuer
recargo Aufschlag
recede zurückgehen, sinken, nachgeben
receding market rückläufiger Aktienmarkt
receipt Beleg, Quittung, Empfang
receipt of delivery Ablieferungsbescheinigung
receipt of goods Warenannahme
receipt of payment Zahlungseingang

receipted invoice quittierte Rechnung
receipts Einnahmen, Einkünfte
receivable ausstehend
receivables from sales financing Forderungen aus Absatzfinanzierung
receivables turnover Debitorenumschlag
receivables turnover ratio Forderungsumschlag
receive annehmen, in Empfang nehmen
received for shipment zur Beförderung übernommen
receiver Empfänger, Konkursverwalter, Vermögensverwalter
receiving apron Wareneingangsliste
receiving office Annahmestelle
receiving order Konkurseröffnungsbeschluss
recent vor kurzem
recent accession Neuanschaffungen
reception Empfang, Rezeption
receptive aufnahmefähig, empfänglich
recess a meeting Sitzung vertagen
recession Rezession, Wirtschaftskrise
recession-led slump in demand rezessionsbedingter Nachfragerückgang
recessionary trough konjunkturelle Talsohle
recipe for success Erfolgsrezept
recipient Empfänger
recipient country Empfängerland
recipient of services Leistungsempfänger
reciprocal wechselseitig, gegenseitig
reciprocal aid gegenseitige Hilfe
reciprocal buying wechselseitige Lieferbeziehung
reciprocal deal Gegenseitigkeitsgeschäft
reciprocal service Gegendienst
reciprocal transaction Kompensationsgeschäft
reciprocal value Kehrwert
reclassification Umbewertung
reclassification of stock Änderung der Kapitalstruktur
reclassify umstufen, umgruppieren
recognize einsehen, erkennen
recognized stock exchange amtliche Wertpapierbörse
recommendation Einigungsvorschlag, Empfehlung
recommended price Richtpreis, empfohlener Preis
recommended retail price empfohlener Abgabepreis
recompense Entschädigung, Vergütung
reconcile schlichten, vereinbaren, in Einklang bringen
reconcilement date Abstimmungstermin
reconciliation Schlichtung
reconfirm erneut bestätigen
reconsider überlegen, überdenken
reconstruction loan Aufbaudarlehen

reconstruction syndicate Sanierungskonsortium
reconvene erneut einberufen, erneut zusammentreten
record schriftlich festhalten, registrieren, erfassen, verrechnen
record Aufzeichnung, Beleg
record date Bezugsrechtsstichtag
record in buying debts Zahlungsmoral
records of cash totals Kassenbestandsnachweis
recoup ersetzen, entschädigen, zurückgewinnen
recoup a loss Verlust ausgleichen
recoup costs Kosten wieder hereinholen
recoupment Minderung, Entschädigung
recourse Rückgriff, Regress
recourse of nonacceptance Rückgriff mangels Annahme
recourse to central bank Inanspruchnahme der Zentralbank
recover zurückbekommen, wiedergewinnen, erholen
recoverable debt eintreibbare Forderung
recovery Aufschwung, Aufstieg, Besserung, Wiederbelebung
recovery cost Wiederbeschaffungskosten
recovery of accounts receivable Beitreibung von Außenständen
recovery of debt Eintreiben einer Forderung
recovery of demand Nachfragelebung
recovery of replacement cost Substanzerhaltung
recovery period Desinvestitionsperiode
recovery property Abschreibungsgüter
recovery strategy Sanierungskonzept
recovery time Wiedergewinnungszeit
recovery value Restwert
recruiting expenses Einstellungskosten
recruitment fee Anwerbegebühr
rectification Beseitigung, Berichtigung, Korrektur
rectify berichtigen, korrigieren
rectify a defect Schaden beheben
recup wettmachen
recur zurückgreifen, wiederkehren
recurrence Wiederkehr, Zuhilfenahme
recurrent wiederholend, wiederkehrend
recurrent taxation Mehrfachbesteuerung
recycle regenerieren, wiederverwenden
recycling Wiederverwertung
recycling of funds Rückschleusung von Geldern
red clause letter of credit Vorschussakkreditiv
red figures rote Zahlen
red herring prospectus vorläufiger Emissionsprospekt
redeem amortisieren, tilgen, zurückzahlen
redeem a loan Anleihe tilgen
redeem securities Wertpapiere einziehen
redeemable rückzahlbar, ablösbar
redeemable bond Tilgungsanleihe

redeemable loan Tilgungsdarlehen
redeemable preferred stock rückzahlbare Vorzugsaktie
redeemed share eingezogene Aktie
redelegation Rückdelegation
redemption Einlösung, Tilgung
redemption agreement Tilgungsvereinbarung
redemption arrears rückständige Tilgungszahlungen
redemption at par Rückzahlung zum Nennwert
redemption at term Rückzahlung bei Endfälligkeit
redemption before due date Rückzahlung vor Fälligkeitsredemption date
redemption bonds Umschuldungsanleihe
redemption by annual drawings Tilgung durch jährliche Auslosungen
redemption commission Rückzahlungsprovision
redemption commitments Tilgungsverpflichtungen
redemption date Fälligkeitstermin, Tilgungstermin
redemption deferral Tilgungsaufschub
redemption discount Tilgungsdisagio
redemption fee Aufschlag für vorzeitige Tilgung
redemption fund Tilgungsfonds
redemption funds Tilgungsmittel
redemption installment Tilgungsrate
redemption loan Amortisationsanleihe, Tilgungsanleihe
redemption mortgage Tilgungshypothek, Amortisationshypothek, Annuitätenhypothek
redemption notice Einlösungsanzeige
redemption of shares Aktieneinziehung
redemption payment Tilgungszahlung
redemption period Tilgungsdauer, Einlösungsfrist
redemption premium Rückzahlungsagio
redemption price Rückkaufpreis, Rücknahmepreis
redemption reserve Tilgungsrücklage
redemption schedule Tilgungsplan
redemption service Tilgungsdienst
redemption value Rückzahlungswert
redemption yield Tilgungserlös
redemption-fee period tilgungsfreie Jahre
redeployment of assets Vermögensumschichtung
redesign neugestalten
redetermination of price Neufestsetzung eines Preises
redetermination of quotas Neufestsetzung von Quoten
redetermine neu festsetzen
redevelopment Sanierung
redevelopment area Sanierungsgebiet
redial erneut wählen
redirect nachschicken, weiterleiten

rediscount Abzinsung, Rediskont, rediskontieren
rediscount a bill Wechsel rediskontieren
rediscount line Rediskontkontingent, Rediskontlinie, Rediskontrahmen
rediscount rate Rediskontsatz
rediscounting of bills of exchange Wechselrefinanzierung
rediscounts Rediskontabschnitte
redistribution Umverteilung
redistribution consequences Umverteilungswirkungen
redistribution of income Einkommensverteilung
redistribution of losses Verlustumschichtung, Schadensumschichtung
redistribution of wealth Vermögensumverteilung
redraft Rückwechsel
redress Abhilfe
reduce senken, verringern
reduce capital Kapital herabsetzen
reduced interest financing zinsgünstige Finanzierung
reduced price herabgesetzter Preis
reduced rate ermäßigter Satz, ermäßigte Gebühr
reducible reduzierbar
reducing installment system degressive Abschreibung
reduction Nachlass, Verringerung
reduction in deficit ratios rückläufige Defizitquoten
reduction in normal hours of week Arbeitszeitverkürzung
reduction in turnover Minderumsatz
reduction of capital Kapitalherabsetzung
reduction of contract price Kaufpreisminderung
reduction of expenses Kostenverringerung
reduction of indebtedness Entschuldung
reduction of prior provisions Auflösung von Wertberichtigungen und Rückstellungen
reduction of the interest rate Zinssenkung
reduction of working hours Arbeitszeitverkürzung
redundancy Arbeitslosigkeit, Entlassung, Überflüssigkeit
redundancy payment Arbeitslosenunterstützung, Entlassungsabfindung
redundant arbeitslos, überflüssig
redundant code Sicherheitscode
refer verweisen, überlassen, Bezug nehmen
reference Anspielung, Bezugnahme, Empfehlung
reference bank Referenzbank
reference currency Bezugswährung, Referenzwährung
reference date Stichtag
reference figure Bezugsgröße
reference group Bezugsgruppe
reference number Bezugsnummer, Aktenzeichen

177

reference period Referenzperiode, Referenzzeitraum
reference point Ansprechpartner
reference price Referenzpreis, Vergleichspreis
reference rate Referenzzinssatz
reference value Bezugswert
referral Überweisung
refinance refinanzieren, umfinanzieren
refinance bill Refinanzierungswechsel
refinance credit Refinanzierungskredit
refinancing Umschuldung, Refinanzierung
refinancing funds Refinanzierungsmittel
refinancing line Refinanzierungsplafond
refinancing policy Refinanzierungspolitik
refinancing potential Refinanzierungsbasis
refinancing requirements Refinanzierungsbedarf
refinancings Refinanzierungsaktionen
refinement Raffinesse, Verbesserung, Verfeinerung
reflationary policy Ankurbelungspolitik
reflect nachdenken, überlegen, widerspiegeln
reflexive rückbezüglich, rückwirkend
refloat sanieren
reflux of notes Bargeldrückfluss
reforge wieder flott machen, sanieren
refrain Abstand nehmen, etwas unterlassen
refresh an expiring loan Kredit erneuern
refund rückvergüten, zurückerstatten
refund Rückerstattung
refund check Umtauschquittung
refund costs Kosten ersetzen
refund money Geld zurückerstatten
refund of costs Kostenerstattung
refundable rückzahlbare Vorzugsaktie
refunding Umfinanzierung
refunding bond Umtauschobligation
refunding bond issue Refinanzierungsanleihe, Umschuldungsanleihe
refunding commitment Refinanzierungszusage
refunding credit Umschuldungskredit
refunding loan Refundierungsanleihe
refunding of contributions Beitragserstattung
refusal Ablehnung
refusal rate Ausfallrate
refusal to accept Annahmeverweigerung
refusal to sell Liefersperre
refuse ablehnen, ausschlagen
refuse Abfall, Müll
refuse acceptance Akzept verweigern
refutation Widerlegung
region of prices Preisbereich
regional aid Regionalförderung
regional development regionale Entwicklung
register anmelden, eintragen, registrieren
register Register, Verzeichnis

register a company Firma handelsrechtlich eintragen
register of bills payable Akzeptbuch
register of companies Handelsregister
registered bond Namensschuldverschreibung
registered bond made out to order Orderschuldverschreibung
registered capital Grundkapital
registered coupon bond Namensschuldverschreibung
registered debenture Namensschuldverschreibung
registered design Gebrauchsmuster
registered instrument Namenspapier, Rektapapier
registered land charge Buchgrundschuld
registered letter Einschreiben
registered office statuarischer Sitz
registered partnership Kollektivgesellschaft
registered security Rektapapier, Namenspapier
registered share Namensaktie
registered share not freely transferable vinkulierte Namensaktie
registered trade mark eingetragenes Warenzeichen
registered trader eingetragener Wertpapierhändler
registered warehouse receipt Namenslagerschein
registrar Standesbeamter, Urkundsbeamter, Registerrichter
registration Eintragung, amtliche Eintragung
registry Eintragung, Ort der Eintragung
registry fee Einschreibegebühr
regress zurückgreifen
regress Ersatz, Regress, Rückkehr
regression Regression
regressive costs regressive Kosten
regrouping investments Anlagen umschichten
regrouping of investments Anlagenumschichtung
regular annual payment Annuität
regular checking account Girokonto mit Mindesteinlage
regular depreciation planmäßige Abschreibung
regular dividend laufende Dividende
regular equipment Standardausrüstung
regular transactions autonome Transaktionen
regularly employed fest angestellt
regulate ordnen, regeln, regulieren
regulate competition Wettbewerb regeln
regulation Regulierung, Vorschrift
regulation of the market Marktregulierung
regulator Regler
regulatory agency Aufsichtsbehörde
regulatory function ordnungspolitische Aufgabe
rehire wieder einstellen

rehiring Wiedereinstellung
reimboursement of costs Kostenerstattung
reimburse entschädigen, rückerstatten, rückvergüten
reimbursement Schadenersatz
reimbursement credit Trassierungskredit
reimbursement of expenses Auslagenersatz, Erstattung der Auslagen
reimbursement recourse Remboursregress
reimbursing bank Remboursbank
reimport Wiedereinfuhr
reinforce capital Kapital erhöhen
reinvest reinvestieren
reinvested earnings einbehaltene Gewinne
reinvestment Wiederanlage, Reinvestition
reinvestment of proceeds Wiederanlage der Erlöse
reinvestment problem Ersatzinvestitionsproblem
reinvestment rate Wiederanlagesatz
reinvestment warrant Optionsschein mit Reinvestitionsmöglichkeit
reinvestment yield Rendite bei Wiederanlage
reinvigorating effect Belebungseffekt
reissue Neuausgabe
reject ablehnen, zurückweisen
reject a bid Angebot ablehnen
reject an offer Angebot ablehnen
reject claims Ansprüche zurückweisen
rejection Ablehnung, Zurückweisung
relapse wieder fallen
related companies Beteiligungen
related company verbundenes Unternehmen
related enterprises verbundene Unternehmen
related industry Zulieferindustrie
relation Beziehung, Verhältnis
relations between goals Zielbeziehungen
relationship Beziehung, Verhältnis
relationship of dependence Abhängigkeitsverhältnis
relative class frequency relative Häufigkeit
relative price strength relative Kursstärke
relaxation Abschwächung
relaxation of monetary policy Lockerung der Geldpolitik
release bekannt geben, mitteilen, entlassen
release date Freigabedatum
release documents Dokumente übertragen
release from liability Haftungsfreistellung
release note Freigabe
relevance Belang, Sachdienlichkeit
relevant einschlägig, wichtig
relevant date Stichtag
relevant range relevanter Bereich
reliability Zuverlässigkeit, Vertrauenswürdigkeit
reliable kreditwürdig, zuverlässig
reliance Vertrauen, Verlass
relief Entlastung, Freibetrag, Unterstützung

relocation expenses Umzugskosten
relocation of industry Industrieverlagerung
remain stationary unverändert bleiben
remainder Restbetrag
remainder of a debt Restschuld
remainder of costs Restkosten
remainder of the term Restlaufzeit
remaining life Restlaufzeit
remaining stock Restbestand
remargin nachschießen
remark Äußerung, Bemerkung
remarkable außergewöhnlich, beachtlich, bemerkenswert
remedy Gegenmaßnahme, Rechtsmittel
remedy Abhilfe schaffen
remedy defects Mängel beseitigen
remedy grievances Beschwerden abstellen
remind erinnern
reminder Erinnerung, Mahnbrief, Mahnschreiben
reminder of payment Zahlungserinnerung
remission Erlass, Vergebung
remission of a debt Forderungsverzicht
remission of taxes Steuererlass
remit überweisen, weiterleiten, Zahlung leisten
remit money Geld überweisen
remittance Geldsendung, Rimesse, Überweisung
remittance advice Überweisungsanzeige
remittance fee Überweisungsgebühr
remittee Zahlungsempfänger, Überweisungsempfänger
remitter Geldsender
remote entlegen, entfernt
remote data transmission Datenfernübertragung
removal of credit controls Aufhebung von Kreditkontrollen
remove entfernen
remove the heat entschärfen
remunerate belohnen, entschädigen
remunerate lukrativ
remuneration Vergütung, Honorar, Bezahlung, Entschädigung
remunerative einträglich
render account Rechnung legen, abrechnen, Rechnung legen, abrechnen
render services Dienstleistungen erbringen
renegotiable-rate mortgage Hypothek mit periodischer Zinsveränderung
renegotiate neu aushandeln, neu verhandeln
renegotiated loan Anpassungsdarlehen
renegotiation Neuverhandlung, Weiterbegebung
renew a loan Kredit erneuern
renewal Erneuerung, Prolongation
renewal bill Prolongationswechsel
renewal charge Prolongationsgebühr
renewal coupon Erneuerungsschein, Zins-Erneuerungsschein, Talon

renewal fund Wiederbeschaffungsrücklage
renewal of a bill Wechselprolongation
renewal of a loan Kreditprolongation
renewal of coupon sheets Bogenerneuerung
renewal order Anschlussauftrag
renewal rate Prolongationssatz
rent verpachten
rent Miete, Pacht, Rente
rent arrears Mietrückstände
rent control Mietpreisbindung
rent factor Rentefaktor
rent paid in advance Mietvorauszahlung
rental Mietgegenstand, Miete
rental cost of capital Leihkosten des Kapitals, Zinsen
rental fee Mietgebühr
rental income Mieteinnahmen
rental rate Leihgebühr
rental value Pachtwert
rentals Mietkosten
rented floor space Mietfläche
renunciation Verzicht, Ablehnung, Zurückweisung
reorder cycle Wiederbeschaffungszyklus
reorder period Reorganisationsphase
reorder system Bestellwesen
reordering quantity Meldebestand
reorganization Umstrukturierung, Reorganisation
reorganization bond Gewinnschuldverschreibung
reorganization gain Umwandlungsgewinn
reorganization loan Sanierungsdarlehen
reorganization of loans Umstrukturierung der Kredite
reorganization scheme Sanierungsprogramm
reorganize reorganisieren, umwandeln, umstrukturieren
reparation Schadenersatzzahlung
repatriation of capital Kapitalrückführung
repatriation of income Gewinnabführung
repatriations of profits Gewinntransfer
repay zurückerstatten, zurückzahlen
repay a loan Darlehen zurückzahlen
repay ahead of schedule vorzeitig zurückzahlen
repayable rückzahlbar
repayable in advance vorzeitig tilgbar
repayment Rückzahlung, Tilgung
repayment claim Erstattungsantrag, Rückzahlungsantrag
repayment date Tilgungstermin
repayment deferral Tilgungsstreckung
repayment guaranty Rückzahlungsgarantie
repayment holiday tilgungsfreie Jahre
repayment of a loan Kreditrückzahlung, Darlehenstilgung, Rückzahlung einer Anleihe
repayment of a mortgage Tilgung einer Hypothek

repayment of capital Kapitalrückzahlung
repayment of debt Tilgung von Verbindlichkeiten, Forderungstilgung
repayment of principal Rückzahlung des Kapitals
repayment period Abzahlungsperiode
repayment rate Tilgungsrate
repayment schedule Tilgungsplan
repayment terms Tilgungsmodalitäten
repayment time Amortisationsdauer
repeal Aufhebung, Widerruf
repeating audit periodische Prüfung
repercussion Auswirkung, Rückwirkung
repercussion effect Rückwirkungseffekt
replaceable austauschbar, auswechselbar, ersetzbar
replacement cost Ersatzkosten, Wiederbeschaffungskosten
replacement demand Ersatzbedarf
replacement financed through accumulated depreciation Finanzierung aus Abschreibungen
replacement investment Reinvestition, Erhaltungsinvestition, Ersatzinvestition
replacement price Wiederbeschaffungspreis
replacement risk Wiedereindeckungsrisiko
replacement time Ersatzzeitpunkt, Wiederbeschaffungszeit
replacement value Wiederbeschaffungswert
replenish ergänzen, auffüllen
replenishment Ergänzung
repo rate Wertpapierpensionssatz
report preparation Berichterstellung
report system Berichtssystem
reported earnings ausgewiesener Gewinn
reporting Berichtswesen, Berichterstattung
reporting date Berichtszeitpunkt, Betrachtungszeitpunkt
reporting effects Meldeeffekte
reporting period Berichtszeitraum
reporting requirements Berichtsnormen
reporting system Rechnungslegung, Berichtswesen
repossession Wiederinbesitznahme
representative sample repräsentative Stichprobe
repressed inflation zurückgestaute Inflation
reproduction cost Vorlaufkosten
reproduction value Reproduktionswert
reproductive capital werbendes Kapital
repudiation Nichtanerkennung, Zurückweisung, Zahlungsverweigerung
repurchase Wiederholungskauf, Rückkauf
repurchase agreement Rückkaufübereinkommen, Wertpapierpensionsgeschäft
repurchase guaranty Rücknahmegarantie
repurchase in the open market freihändiger Rückkauf

repurchase market Markt für Wertpapierpensionsgeschäfte
repurchase of securities Wertpapierrückkauf
repurchase operations Umtauschoperationen
repurchase price Rücknahmekurs
repurchase prior to maturity vorzeitiger Rückkauf
reputation Ruf, Ansehen
request Anstoß, Aufforderung, Auftrag, Bitte, Verlangen
request for a loan Kreditantrag
request for bids Ausschreibung, Submission
request for payment Zahlungsaufforderung
request for quotation Aufforderung zur Angebotsabgabe
request to exercise option right Bezugsaufforderung
require benötigen, erfordern
required erforderlich, notwendig
required margin Bedarfsspanne
required rate of return angestrebte Mindestverzinsung
required reserves Mindestreserven
required return Mindestverzinsung
requirement Anforderung, Bedarf, Voraussetzung
requirement of authorization Bewilligungspflicht
requirement plan Bedarfsplan
requirement planning Bedarfsplanung
requirements specification Anforderungsprofil
requiring large numbers of staff personalintensiv
requisition Beschlagnahme, Forderung
rerating Neubewertung
resale Weiterverkauf
resale price Wiederverkaufspreis
resale value Wiederverkaufswert
reschedule a loan Anleihe umschulden
reschedule debt umschulden
rescheduling Neuterminierung, Umschuldung
rescheduling fees Umschuldungs-Gebühren
rescheduling loan Umschuldungskredit
rescheduling of syndicated credits Umschuldung von Konsortialkrediten
rescheduling operation Umschuldungsaktion
rescind rückgängig machen, stornieren, zurücktreten
rescribe verjähren
rescue company Auffanggesellschaft
rescue operation Sanierung, Rettungsaktion
rescue strategy Sanierungskonzept
research Forschung
research and development expenses Forschungs- und Entwicklungskosten
research capabilities Forschungspotenzial
reservation Vorbehalt, Vorbestellung

reservation cost Reservierungskosten
reservation of ownership Eigentumsvorbehalt
reservation price Reservierungspreis
reserve reservieren
reserve Rücklage, Rückstellung
reserve a right Recht vorbehalten
reserve assets ratio Mindestreservensatz
reserve balances Mindesteinlagen
reserve base Basisgeldreserven
reserve currency Reservewährung
reserve demand Eigennachfrage
reserve for reinvestment Reinvestitionsrücklage
reserve for sinking fund Tilgungsrücklage
reserve fund eiserne Reserve, zweckgebundener Liquiditätsüberschuss
reserve losses Reserveverluste
reserve ratio policy Mindestreservenpolitik
reserve requirements Mindestreserven
reserve requirements ratio Mindestreservensatz
reserve stock Mindestbestand
reserve the right Recht vorbehalten
reserve transaction Reservetransaktion
reserve-carrying liabilities mindestreservepflichtige Verbindlichkeiten
reserve-deposit ratio Reserve-Einlagen-Relation
reserved surplus Gewinnvortrag
reset Darlehensrückzahlung
resettlement Wiedereingliederung
reshuffle Umstrukturierung
residence allowance Ortszuschlag
residential investment Wohnungsbauinvestitionen
residual zurückbleiben, übrig bleiben
residual Rest
residual book value Restbuchwert
residual cost Restanlagewert
residual debt Restschuld
residual discharge Restzahlung
residual exposure Restrisiko
residual value Restwert
residual value costing Restwertrechnung
resign aufgeben, kündigen
resource acquisition Mittelbeschaffung
resource allocation Betriebsmittelzuweisung, Kapazitätsbedarfsermittlung
resource price Faktorpreis
resource requirements Bedarf
resources Betriebsmittelzuweisung, Güter, Lagerbestände, Ressourcen
resources of cash Barmittel
respective jeweilig, entsprechend
respectively beziehungsweise
respite aufschieben
respite Stundung, Zahlungsaufschub
response Antwort, Reaktion
responsibility Zahlungsfähigkeit, Solvenz

responsibility accounting traditionelles Rechnungswesen
restoration Wiederherstellung, Rückerstattung
restore a right Recht wiederherstellen
restraining clause Wettbewerbsbeschränkung
restraint in expenditure Ausgabendisziplin
restraint of trade Handelserschwernis
restraint on credit Kreditbremse
restrict begrenzen, einschränken, beschränken
restricted bearer instrument qualifiziertes Inhaberpapier
restricted convertibility beschränkte Konvertierbarkeit
restricted receipts zweckgebundene Einnahmen
restricted shares Stammaktien
restricted trading beschränkter Handel
restricted transferability of shares Vinkulierung von Aktien
restriction Einschränkung, Beschränkung
restriction of entry Eintrittssperre
restrictive einschränkend, beschränkend
restrictive endorsement Rektaindossament
restrictive taxation einschränkende Besteuerung
restructure debt umschulden
restructuring Umstrukturierung, Neuorganisation
restructuring aid Strukturhilfe
restructuring of assets Vermögensumschichtung
restructuring scheme Umstrukturierungsplan
result wage Erfolgslohn
results accounting Leistungsrechnung
resume wieder aufnehmen
resume business Geschäft wieder aufnehmen
resurgence of inflation Wiederaufleben der Inflation
retail account Privatkundenkonto
retail credit Privatkundenkredit
retail customer accounts Lohn- und Gehaltskonten
retail lending operations Privatkundengeschäft
retail loan Privatkundenkredit
retail price Einzelhandelspreis, Verbraucherpreis, Endpreis, Ladenpreis
retain einbehalten, zurückhalten
retained earnings einbehaltene Gewinne, thesaurierte Gewinne
retained income Gewinnrücklage
retained profits eingehaltene Gewinne
retention Selbstbeteiligung, feste Zuteilungsquote
retention of earnings Gewinneinbehaltung, Nichtausschüttung, Thesaurierung von Gewinnen
retirement allowance Altersrente, Pensionszuschuss
retirement benefits Altersversorgung, Pensionsbezüge
retirement fund Pensionsfonds

retirement income Alterseinkommen, Pensionseinkommen
retirement insurance Rentenversicherung
retirement of a loan Rückzahlung einer Anleihe
retirement of a partner Austritt eines Gesellschafters
retirement pension Altersruhegeld, Pension
retirement price Rückkaufkurs
retractable vorverlegbar
retransfer Rückübertragung
retrench kürzen, senken
retrenchment Kürzung, Senkung
retrenchment package Sparpaket
retrenchment policy Sparkurs
retrieval Wiedergutmachung
retrieve wiederfinden, wiederbekommen
retrospective payment rückwirkende Bezahlung
return flow of funds Mittelrückfluss
return of moneyguarantee Geldrückgabe-Garantie
return on capital Rückfluss aus investiertem Kapital, Kapitalrendite
return on capital employed for the period periodenbezogene Verzinsung des eingesetzten Kapitals
return on capital employment (ROCE) Kapitalrentabilität
return on equity Eigenkapitalrendite
return on investment method Rentabilitätsrechnung
return on investment (ROI) Rentabilität, Investitionsrentabilität
return on net worth Eigenkapitalrentabilität
return on total capital Gesamtkapitalrendite
return on total investment Gesamtkapitalrentabilität
return privilege Rückgaberecht
return to capital Kapitalertrag
return to land Bodenertrag
returnable rückzahlbar
returned check Retourscheck
returns Ertrag, Gegenleistung, Gewinn, Nutzen, Rückgut, Retouren
returns to scale Skalenerträge
reusability Wiederverwendbarkeit
reusable wiederverwertbar
revaluation Neubewertung, Umwertung
revaluation of assets Neubewertung des Anlagevermögens
revaluation reserve Neubewertungsreserve
revaluation reserves Rückstellungen für Wertberichtigungen
revalue neubewerten
revalue assets nachaktivieren
revealed profitability bekundete Gewinnerzielung
revealing aufschlussreich

revelation Enthüllung, Entdeckung, Offenbarung
revelation mechanism Enthüllungsverfahren, Offenbarungsverfahren
revenue Umsatzerlös, Umsatz, Einkommen, Einnahmen, Ertrag, Steueraufkommen, Erlös
revenue and expense structure Aufwands- und Ertragsstruktur
revenue authority Steuerbehörde
revenue controlling Ertragscontrolling
revenue deductions Erlösschmälerung
revenue enhancement Besteuerung
revenue expenditure Aufwendungen
revenue function Erlösfunktion
revenue picture Ertragslage, Erlössituation
revenue reserves Gewinnrücklagen
revenue stream Einzahlungsstrom
reversal Umschwung, Wende
reverse stornieren, auflösen
reverse course rückgängig machen
reverse logistics Entsorgungslogistik
reverse stock splitup Aktienzusammenlegung
reversing entry Gegenbuchung
review Zollschaffung, Revision, Überprüfung, überprüfen
revise revidieren
revise estimates Neukalkulation vornehmen
revision Revision, Überarbeitung, Überprüfung
revision of prices Preisüberprüfung, Preisberichtigung
revitalizing effect Belebungseffekt
revival of demand Nachfragebelebung
revival of sales Absatzbelebung
revocable widerruflich
revocable letter of credit widerrufliches Akkreditiv
revocation Widerruf, Zurücknahme
revocation clause Widerrufsklausel
revoke annullieren, aufheben, widerrufen
revolving fund revolvierender Fonds
revolving letter of credit revolvierendes Akkreditiv
revolving loan Revolving-Kredit
revolving planning revolvierende Planung
reward Belohnung, Vergütung
rider Allonge, Zusatz
ridge line Kammlinie
right in course of acquisition Anwartschaft
right in rem Grundpfandrecht
right of abandonment Abandonrecht
right of banks to vote proxy Bankenstimmrecht
right of conversion Wandelrecht, Wandlungsrecht, Umwandlungsrecht
right of election Wahlrecht
right of exchange Umtauschrecht
right of ownership Besitzrecht
right of preemption Vorkaufsrecht
right of purchase Kaufrecht

right of redemption Rückkaufsrecht
right of resale Wiederverkaufsrecht
right of retention Retentionsrecht, Zurückbehaltungsrecht
right of vote Stimmrecht
right to call a loan prior to maturity vorzeitiges Kündigungsrecht
rightful rechtmäßig
rights and duties Rechte und Pflichten
rights dealing Handel mit Bezugsrechten
rights issue Bezugsrechte zur Kapitalerhöhung
rights of priority Vorzugsrechte
rights offer Bezugsrechtsangebot
rigor Härte, Unnachgiebigkeit
rise in market prices Kursanstieg
rise in price markets Kursanstieg
rise in value Werterhöhung
rise in volume terms mengenmäßiger Zuwachs
rise of costs Kostenanstieg
rise sharply haussieren
rise-or-fall clause Preisgleitklausel
rises and falls Gewinne und Verluste
rising market Marktsteigerung
rising tendency Aufwärtstrend
rising trend Aufwärtsentwicklung, Aufwärtstrend
risk wagen, riskieren
risk Risiko, Gefahr
risk adjustment Risikoanpassung
risk analysis Risikoanalyse
risk assessment Risikobewertung
risk assets Risikoanlagen
risk aversion Risikoscheue, Risikovermeidung
risk capital haftendes Eigenkapital
risk costs Risikokosten
risk cover Risikodeckung
risk exposure Kreditrisiko
risk free risikofrei
risk management Risikomanagement
risk markup Risikozuschlag
risk of default Ausfallrisiko
risk of maturity gaps Fristenrisiko
risk on receivables Forderungsrisiko
risk premium Wagniszuschlag
risk spreading Risikostreuung
risk-chance-analysis Risiko-Chancen-Kalkül
risk-preference function Risikopräferenzfunktion
risk-related assets risikobehaftete Aktiva
riskless risikolos
risky asset riskanter Vermögenswert
rival Konkurrent, Mitbewerber
rival analysis Konkurrenzanalyse
rival business Konkurrenzunternehmen
rival demand konkurrierende Nachfrage
rival offer Konkurrenzangebot
rock-bottom price äußerster Preis
roll back abbauen, senken, verringern, beseitigen, rückwärtsblättern

roll over bei Fälligkeit erneuern
roll over debt umschulden
roll-back method Rekursionsverfahren
rollback zurückschrauben, Zurücknahme von Preisen
rolling capital Betriebskapital
rolling forecast rollierende Vorschau
rolling forward Prolongation
rolling planning rollierende Planung
rolling stock rollendes Material
rolling yield curve rollende Renditekurve
rollover deal Anschlussgeschäft
rollover mortgage fortgesetztes Hypothekardarlehen
room for economy Einsparungsmöglichkeiten
room for maneuver Handlungsspielraum
room to negotiate Verhandlungsspielraum
rotating shift Wechselschicht
rottenness Korruptheit
rough balance Probebilanz
rough estimate grober Überschlag, grobe Schätzung
rough planning Grobplanung
rough study Vorstudie
round of negotiations Verhandlungsrunde
round of tariff reductions Zollsenkungsrunde
round transaction abgeschlossenes Börsengeschäft
routing symbol Bankleitzahl
royalty Lizenzgebühr, Patentgebühr, Honorar
royalty payments Lizenzgebühren
rudimentary grundlegend
ruin Verfall, Untergang
rule Regel, Handelsbrauch
rule of law allgemeiner Rechtssatz
rule of liability Haftung ausschließen
rule of per se illegality Verbotsprinzip
rule of thumb Faustregel
rule of valuation and classification Bewertungs- und Gliederungsvorschrift

rule out ausschließen
rulebent regelgebunden
rules Regelwerke
rules and regulations Usancen
rules for structuring debt capital Finanzierungsregeln
rules for the preparation of balance sheets Bilanzierungsrichtlinien
Rules of Conciliation and Arbitration Vergleichs- und Schiedsordnung
rules of financing Finanzierungsgrundsätze
rules of the game Spielregeln
rules versus discretion Regeln versus freies Ermessen
ruling vorherrschend
ruling price Marktpreis, Tagespreis
run down auflösen, herunterwirtschaften, vermindern
run of business Konjunkturverlauf
run out of cash illiquide werden, in finanzielle Schwierigkeiten geraten
run out of scope Spielraum verlieren, Handlungsfreiheit verlieren
run time Laufzeit
run-down prices gedrückte Preise
run-up in interest rates Zinssteigerung
run-up in the money supply Zunahme der Geldmenge
runaway boom überlaufende Konjunktur
runaway inflation galoppierende Inflation
running Betriebsführung, Leitung, Laufbursche
running account laufendes Konto, Anschreibekonto, Kontokorrentkonto
running account credit Dispokredit, Dispositionskredit
running interest Stückzinsen
running time Laufzeit
running yield Umlaufrendite
rush of orders rege Nachfrage
rush order Eilauftrag

S

sabotage Sabotage
sack in Säcke füllen
sack up verdienen
sacrifice Opfer, Verzicht
saddle aufhalsen, belasten, aufbürden
saddle Sattel
saddle point Sattelpunkt
safe sicher, zuverlässig
safe custodies of securities Effektenverwaltung
safe custody Verwahrung
safe custody at a bank Bankdepot
safe custody fee Depotgebühr
safe custody receipt Depotschein
safe deposit Stahlkammer, Tresor
safe deposit balance Depotguthaben
safe deposit box Schließfach
safe deposit box insurance Depotversicherung
safe deposit box rental Schließfachmiete
safe deposit fee Aufbewahrungsgebühr
safe deposit register Depotbuch
safe deposit vault Stahlkammer, Tresor
safe investment mündelsichere Anlage
safe pledge Kaution
safe sum in hand sicherstehender Betrag
safe undertaking gefahrloses Unternehmen
safeguard schützen, sichern
safeguard Sicherung, Vorsichtsmaßnahme
safeguard clause Schutzklausel
safeguarding clause Sicherungsklausel
safeguarding depositor's accounts Einlagensicherung
safeguarding of credits Kreditsicherstellung
safeguarding of interests Interessenwahrnehmung
safekeeping Depotaufbewahrung, Verwahrung
safety Sicherheit
safety level Sicherheitsgrad
safety loading Sicherheitszuschlag
safety need Sicherheitsbedürfnis
safety representative Sicherheitsbeauftragter
sag nachgeben
sag vorübergehende Schwäche, geringfügige Kursschwäche
sagging demand schleppende Nachfrage
sagging market abgeschwächter Markt, geringfügig nachgebende Kurse
sagging of prices Kursabschwächung
sagging prices sinkende Kurse
sail through überstehen
salable stock börsenfähige Aktie
salad Durcheinander
salaried bezahlt, fest angestellt

salaried employe Angestellter, Mitarbeiter
salaries of staff Belegschaftsgehälter
salary Gehalt
salary account Gehaltskonto
salary adjustment Gehaltsangleichung
salary administrator Gehaltsbuchhalte, Lohnbuchhalter
salary advance Gehaltsvorschuss
salary apendant to a position mit einer Stellung verbundenes Gehalt
salary arrears Gehaltsrückstand
salary by arrangement Gehalt nach Vereinbarung
salary class Gehaltsklasse
salary classification Gehaltseinstufung
salary conditions Besoldungsverhältnisse
salary cut Gehaltskürzung
salary demand Gehaltsanspruch
salary differential Gehaltsgefälle
salary expense Gehaltskosten
salary figures Gehaltsziffern
salary increase Gehaltserhöhung
salary level Gehaltsniveau
salary printout Gehaltsabrechnung
salary range Gehaltsrahmen, Gehaltsspielraum
salary review Gehaltsüberprüfung, Gehaltsübersicht
salary scale Besoldungsordnung
salary slip Gehaltsstreifen
salary structure Gehaltsstruktur
sale against cash in advance gegen Vorauskasse
sale against the box Leerverkauf
sale and leaseback Verkauf bei gleichzeitiger Rückmiete
sale and repurchase scheme Wertpapierpensionsgeschäft
sale at auction Auktion
sale by private treaty Grundstücksverkauf durch privat
sale by public auction öffentliche Versteigerung, Auktion
sale by sample Kauf nach Probe, Kauf nach Muster
sale by tender Verkauf durch Ausschreibung
sale for account Kreditkauf
sale for settlement Terminverkauf
sale in the open market freihändiger Verkauf
sale note Schlussnote
sale of accounts receivable Debitorenverkauf
sale of assets Verkauf von Wirtschaftsgütern
sale of chattels Verkauf beweglicher Sachen
sale of real property Verkauf von Grundbesitz, Immobilienverkauf

sale of scrap Schrottverkauf
sale of securities Wertpapierverkauf
sale of shareholdings Veräußerung von Beteiligungen
sale of shares Vertrieb von Aktien, Verkauf von Anteilen
sale of unascertained goods Gattungskauf
sale on account Verkauf auf Rechnung
sale on commission Kommissionsverkauf
sale on credit Kreditverkauf
sale price Kaufpreis
sale proceeds Kauferlös, Verkaufseinnahmen
sale tax Umsatzsteuer
sale value Verkaufswert
sale with option to repurchase Verkauf mit Rückkaufsrecht
sales Absatz, Umsatz, Vertrieb, Umsatzerlöse
sales abroad Auslandsverkäufe
sales account Warenausgangskonto
sales accounting Verkaufsabrechnung
sales accounting and collection services Debitorenverwaltung
sales allowance Preisnachlass
sales anticipations Absatzerwartungen
sales approach Verkaufsmethode, Verkaufsstrategie
sales ban Verkaufsverbot
sales base Verkaufsgrundlage
sales budget Verkaufsbudget
sales cancellation Verkaufsstornierung
sales canvassing Akquisition
sales charge Abschlussgebühr, Ankaufgebühren
sales check Kassenzettel
sales commission Verkaufsprovision
sales contract Kaufvertrag, Abschluss, Verkaufsabschluss
sales contract bid Bietungsgarntie
sales cost Absatzkosten
sales deduction Erlösschmälerung
sales dip Umsatzrückgang
sales discount Verkaufsrabatt
sales estimate Umsatzschätzung
sales expenses Vertriebskosten
sales figures Umsatzzahlen
sales finance company Absatzfinanzierungsgesellschaft
sales financing Absatzfinanzierung
sales fluctuations Absatzschwankungen, Umsatzschwankungen
sales forecast Absatzprognose
sales frequency Umsatzgeschwindigkeit
sales gains Umsatzgewinne
sales group Verkaufsgemeinschaft
sales guaranty Umsatzgarantie
sales inducement Kaufanreiz
sales invoice Verkaufsrechnung
sales jump sprungartiger Umsatzanstieg

sales ledger Debitorenbuch
sales limit Umsatzgrenze
sales load Verkaufsspesen
sales margin Verkaufsspanne
sales markup Verkaufsaufschlag
sales negotiations Kaufverhandlungen
sales objective Umsatzziel
sales of securities Wertpapierverkäufe
sales offer Verkaufsofferte
sales opportunities Absatzchancen
sales order Bestellung
sales organization Absatzorganisation
sales outlet Vertriebsstelle
sales outlook Verkaufsaussichten
sales pattern Umsatzstruktur, Umsatzentwicklung
sales per employe Umsatz je Mitarbeiter
sales performance Verkaufstätigkeit
sales permit Veräußerungsgenehmigung
sales plan Absatzplan
sales planning Absatzplanung, Umsatzplanung
sales policy Absatzpolitik
sales possibilities Absatzchancen
sales potential Absatzpotenzial
sales premium Umsatzprämie
sales price Verkaufspreis
sales proceeds Verkaufserlös
sales profit Verkaufserlös
sales prohibition Veräußerungsverbot
sales projection Absatzplan
sales promotion budget Verkaufsförderungsetat
sales promotion measure Verkaufsförderungsmaßnahme
sales proportion Absatzquote
sales prospects Absatzchancen
sales push Verkaufsanstrengungen
sales report Verkaufsabschluss
sales resistance Kaufabneigung
sales restriction Absatzbeschränkung
sales result Umsatzergebnis
sales resurgence Absatzbelebung
sales return model Absatzerlösmodell
sales returns Rücksendungen, Verkaufserlöse
sales revenue Absatzergebnis, Absatzertrag, Verkaufserlös
sales sheet Verkaufsbescheinigung
sales shipment Versendungsverkauf
sales slip Kassenzettel
sales statistics Umsatzstatistik
sales strategy Absatzstrategie
sales take-off Umsatzexplosion
sales tax Umsatzsteuer
sales territory Absatzgebiet
sales trend Umsatzentwicklung
sales volume Absatzvolumen, Verkaufsvolumen
sales worldwide Weltumsatz
sales year Verkaufsjahr

sales-account Warenverkaufskonto, Umsatzkonto, Kundenkonto, Warenverkaufskonto, Umsatzkonto, Kundenkonto
sales-minded absatzbewusst
sales-profit ratio Gewinn-Umsatz-Verhältnis
sales-related return on investment umsatzbezogene Kapitalrentabilität
sales-to-receivables ratio Debitoren-Umschlag
salt away zurücklegen, sparen
salvage Abfallverwertung
salvage agreement Bergungsvertrag
salvage charges Bergungskosten
salvage claim Bergungsforderung
salvage from retten vor
salvage money Bergelohn, Bergegeld
same-day settlement Tag-gleiche Abrechnung
sample Auswahl, Querschnitt, Stichprobe, Typenmuster, Warenprobe, Muster
sample frequency Stichprobenhäufigkeit
sample frequency function Stichprobenhäufigkeitsfunktion
sample mean Stichprobenmittelwert
sample of households Haushaltserhebung
sample regression line Regressionsgrade der Stichprobe
sample space Stichprobenraum
sample statistic Maßzahl einer Stichprobe, Stichprobenstatistik
sample survey Repräsentativstichprobe
sample values Stichprobenwerte
sampling Stichprobenentnahme, Musterverteilung
sampling distribution Stichprobenverteilung
sampling frame Stichprobenrahmen
sampling method Stichprobenmethode
sampling unit Auswahleinheit
Samurai bonds Yen-Auslandsanleihen
sanction Genehmigung
sanctioning Bewilligung
satiate the market Markt sättigen
satiation Sättigung, Übersättigung
satiation of wants Bedürfnisbefriedigung
satisfaction Befriedigung, Genugtuung
satisfaction level Versorgungsgrad
satisfaction maximization Nutzenmaximierung
satisfaction of demand Bedarfsbefriedigung
satisfaction of requirements Bedarfsdeckung
satisfaction of wants Bedürfnisbefriedigung
satisfaction or money back bei Nichtgefallen Geld zurück
satisfactory ausreichend, zufrieden stellend
satisfy befriedigen, zufrieden stellen
satisfy a claim Forderung erfüllen, Forderung befriedigen
satisfy criteria Voraussetzungen erfüllen
satisfy demand Bedarf decken
satisfy of sich überzeugen

satisfy requirements Bedarf decken, Anforderungen erfüllen
saturated market gesättigter Markt
saturation Sättigung
saturation of market Marktsättigung
saturation point Sättigungspunkt
save ersparen
save costs Kosten einsparen
saver Sparer
saving behavior Sparverhalten
saving of expense Kostenersparnis
savings Ersparnisse, Spareinlagen, Spartätigkeit
savings account Sparkonto
savings account passbook Sparbuch
savings activity Spartätigkeit
savings and loan association (savings and loan institution) Spar- und Kreditinstitut
savings association Sparverein
savings bank Sparkasse
savings bonds Sparkassenobligationen, Sparschuldverschreibungen
savings book Sparbuch
savings capital Sparkapital
savings certificate Sparbrief
savings department Sparabteilung
savings depositor Spareinleger
savings deposits Spareinlagen, Spargelder
savings function Sparfunktion
savings funds Spargelder
savings measure Sparmaßnahme
savings passbook Sparkassenbuch
savings performance target Einsparungsvorgabe
savings plan Sparvertrag
savings propensity Sparneigung
savings rate Sparquote
savings securities mündelsichere Anlagepapiere
savings shares Sparaktien
savings turnover ratio Sparumschlag, Sparquote
scale skalieren
scale Größenordnung, Maßstab, Umfang
scale back zurückschrauben, zurücknehmen
scale down nach unten korrigieren, senken
scale fee Gebühr
scale of charges Gebührenliste, Preisliste
scale of commission Courtagetarif
scale of operations Produktionsniveau
scale of plant Unternehmensgröße
scale of wages Lohnskala, Lohntabelle
scale rate Listenpreis
scale up erhöhen, nach oben korrigieren
scale-down Kürzung, Zuteilung
scale-up Erhöhung
scaling down Zuteilung von Wertpapieren
scaling routine Einstufungsverfahren
scalper auf schnelle kleine Gewinne ausgerichteter Börsenhändler
scalping kleine Gewinnmitnahmen

scam Betrug
scapegoat Sündenbock
scarce selten, knapp
scarce commodity Mangelware
scarcity Mangelware, Knappheit
scarcity of money Geldknappheit
scarcity-induced profits Kappheitsgewinne
scare Panik an der Börse
scare buying Angstkäufe
scare monger Bangemacher
scatter diagram Streudiagramm
scattered gains vereinzelte Kursgewinne
scattered shareholdings Aktienstreubesitz
scattered small stockholders Kleinaktionäre
scenario Drehbuch, Szenarium
scenario painting Szenarienentwurf
schedule festlegen, planen
schedule Aufstellung, Verzeichnis, Zeitplan, Programm, Flugplan, Fahrplan
schedule a meeting Sitzung anberaumen
schedule of commission charges Gebührenordnung
schedule of fees Gebührenordnung
schedule of maturities Tilgungsplan
schedule of property Vermögensaufstellung
schedule of redemption Tilgungsplan
schedule outlook report Terminvorschau
scheduled geplant, vorgesehen
scheduled date Termin, Terminvorgabe
scheduled payments planmäßige Zahlungen
scheduled prices Listenpreise
scheduled repayments planmäßige Tilgungen
scheduling Disposition, Zeitplanung
scheme Plan, Programm, Projekt
scheme of composition Vergleichsvorschlag
scheme of early retirement Vorruhestandsregelung
scoop zuvorkommen
scope Bereich, Betätigungsfeld, Möglichkeit, Wirkungskreis, Reichweite
scope of application Anwendungsbereich
scope of business Geschäftsrahmen
scope of coverage Erfassungsbreite
scope of decision-making Entscheidungsspielraum
scope of tender Ausführungsgrenzen
score Bewertungsziffer
score an advance einen Kursgewinn verzeichnen
scramble heftige Nachfrage nach Aktien
scrap verschrotten
scrap Ausschuss
scrap iron (scrap metal) Schrott
scrap value Schrottwert
scrip Berechtigungsschein, Bezugsschein, Interimsschein
scrip bonus (scrip share) Gratisaktie
scrip certificate vorläufiges Zertifikat

scrip dividend Dividende als kurzfristige Schuldscheine
scrip issue Ausgabe von Gratisaktien
scrip share Berichtigungsaktie
script Interimsschein, Zwischenschein
scriptholder Inhaber eines Interimsscheins
scrutinize genau prüfen, untersuchen
scrutiny Kontrolle, Prüfung, Untersuchung
sea cargo Seefracht
seal plombieren, versiegeln
seal Plombe, Siegel
sealed bid verschlossenes Angebot
search method Suchverfahren
search plan Suchplan
search word Suchbegriff
seasonal credit Saisonkredit
seasonal loan Saisonkredit
seasonal movement Saisonverlauf
seasonal recovery (seasonal upswing) saisonbedingter Aufschwung
seasonal variation saisonale Schwankung
seasonally adjusted saisonbereinigt
seasoned eingeführt, renommiert
seasoned securities gut eingeführte Wertpapiere
seat on the stock exchange Börsensitz
second exchange Sekundawechsel
second lien nachrangiges Pfandrecht
second mortgage nachrangige Hypothek, zweite Hypothek
second to none erstklassig
second-best zweitbeste
second-best fallacy Trugschluss der Zweitbestlösung
second-class papers zweitklassige Wertpapiere
second-class quality zweite Wahl
second-rate mittelmäßig, zweitklassig
secondary cost Sekundärkosten, Folgekosten
secondary credit Gegenakkreditiv
secondary employment Zweitbeschäftigung
secondary guaranty Nachbürgschaft
secondary loan nachrangige Anleihe
secondary market Sekundärmarkt
secondary stocks Nebenwerte
secrecy Geheimhaltung
secret partnership stille Gesellschaft
secret services stille Rücklagen
sectional market Teilmarkt
sector analysis Branchenanalyse
sector of industry Wirtschaftszwei, Branche
sectorial inflation sektorale Inflation
secular earnings growth nachhaltige Gewinnzunahme
secure garantieren, beschaffen, erhalten, besichern
secure sicher, fest
secure a loan Darlehen aufnehmen
secure interests Beteiligungen erwerben

secure profits Gewinne erzielen
secured advance gedecktes Darlehen
secured bills Rembourswechsel, besicherte Wechsel
secured bonds gesicherte Industrieobligationen
secured credit gedeckter Kredit, gesicherter Kredit
secured creditor gesicherter Gläubiger
secured debt bevorrechtigte Forderung, gesicherte Forderung
secured loan gesichertes Darlehen
securities Wertpapiere, Effekten
securities account Depotkonto
securities account holder Depotinhaber
securities account reconciliation Depotabstimmung, Depotkonto
securities accounts department Depotbuchhaltung
securities administration Wertpapierverwaltung
Securities and Exchange Commission (SEC) Börsenaufsichtsbehörde
securities arbitrage Effektenarbitrage
securities broker Effektenmakler
securities business Effektengeschäft
securities clearing bank Kassenverein, Effektengirobank
securities collateral loan Lombardkredit
securities dealer Börsenhändler, Wertpapierhändler
securities department Effektenabteilung
securities deposit Effektendepot
securities description Wertpapierbezeichnung
securities escrow account Anderkonto
securities exchange Wertpapierbörse
securities fraud Wertpapierbetrug
securities holdings Effektenbestand, Wertpapierbestand
securities house Wertpapierbank
securities income Wertpapiererträge
securities information system Wertpapierinformationssystem
securities issue Wertpapieremission
securities issue for account of another Fremdemission
securities law Wertpapierrecht
securities listing by categories Wertpapiergattungsaufnahme
securities market Wertpapiermarkt
securities on offer Angebot von Wertpapieren an der Börse
securities portfolio Wertpapierdepot, Wertpapierbestand
securities ratings Wertpapiereinstufung
securities sold at a discount Abzinsungspapiere
securities trading Wertpapierhandel
securities transactions on commission Effektenkommissionsgeschäft
securities transfer order Wertpapierscheck
securitization wertpapiermäßige Unterlegung von Verbindlichkeiten, Verbriefung von Krediten in Wertpapierform
securitize wertpapiermäßig unterlegen
securitized finance Finanzierung durch wertpapiermäßige Sicherung
security Bürgschaft, Kaution, Schuldverschreibung, Sicherheit
security analysis Wertpapieranalyse
security analyst Wertpapieranalytiker/-experte
security bond Bürgschaftsschein
security bond for down payment Anzahlungsgarantie
security business Wertpapiergeschäft
security clearing Effektengiroverkehr
security dealer Effektenhändler
security denomination Wertpapierstückelung
security deposit account Depotkonto
security deposit business Depotgeschäft
security holder Wertpapierinhaber
security holdings Wertpapierportfolio, Wertpapierbestand
security interest Pfandrecht
security issue Wertpapieremission
security lending Wertpapierleihe
security loan Effektenkredit
security market line Wertpapiermarktlinie
security price Wertpapierkurs
security price structure Kursgefüge
security purchase Effektenkauf
security sale Wertpapierverkauf, Effektenverkauf
security sold at a discount Abzinsungspapier
security trading Wertpapierhandel
security transaction Wertpapiergeschäft
security transfer check Effektenscheck
seed capital Startkapital, Gründungskapital
seek suchen, erbitten
seek the quotation of shares Einführung an der Börse beantragen
segment profit analysis Gewinnanalyse nach Marktsegmenten
segmentation Gliederung, Segmentierung
segregate ausgliedern, zuweisen
segregation Aussonderung, Ausgliederung, Zuweisung, Streifbanddepot, Sonderverwahrung
seize beschlagnahmen
seizure Beschlagnahmung
select auswählen, auslesen
selection Auswahlsystem, Auslese, Wahl
selection procedure (selection process) Ausleseverfahren/-prozess
selective selektiv, auswählend, wählerisch, gezielt
selective credit policy selektive Kreditpolitik
selective demand spezifischer Bedarf
selective incentives gezielte Förderung
selective system Auswahlsystem

selective tendering geschlossene Ausschreibung
self-adjusting selbstregulierend
self-consumption Eigenverbrauch
self-contained selbständig, unabhängig
self-control Selbstkontrolle
self-dependence Unabhängigkeit
self-employed person Selbständiger
self-employment selbständige Erwerbstätigkeit
self-feeding recovery selbsttragender Aufschwung
self-financing Selbstfinanzierung
self-generated financing ratio Selbstfinanzierungsquote
self-generated funds Eigenmittel
self-listing Selbstaufschreibung
self-report Selbstaufschrieb
self-starting qualities Eigeninitiative
self-sufficiency Autarkie, Selbstversorgung, wirtschaftliche Unabhängigkeit
self-supporter Selbstversorger
self-supporting enterprise kostendeckender Betrieb
self-sustaining recovery selbsttragender Aufschwung
sell a bear Leerverkäufe
sell at a discount mit Verlust verkaufen
sell at the market Bestensauftrag ausführen
sell below value unter Wert verkaufen
sell by private contract freihändig verkaufen
sell by public auction zwangsversteigern, versteigern
sell for cash gegen bar verkaufen
sell forward am Terminmarkt verkaufen
sell hard sich schwer verkaufen, schwer verkäuflich sein
sell in the open market freihändig verwerten, am freien Markt verkaufen
sell off verkaufen, abstoßen, versteigern, glattstellen, liquidieren
sell off Glattstellungsverkauf
sell off the stocks glattstellen von Aktienbeständen
sell on best efforts basis bestens absetzen
sell on commission gegen Provision verkaufen, auf Kommissionsbasis verkaufen
sell on credit terms auf Kredit verkaufen
sell order Verkaufsauftrag
sell order at market Verkaufsauftrag bestens
sell out ausverkaufen
sell privately freihändig verkaufen
sell short fixen, leerkaufen
sell spot per Kasse verkaufen
sell to the highest bidder meistbietend verkaufen
sellers and buyers Brief und Geld
sellers over Angebotsüberschuss
sellers' rate Briefkurs
selling agent Verkaufsagent, Handelsvertreter

selling agreement Verkaufsvertrag
selling appeal Verkaufsanreiz
selling bank geldgebende Bank
selling commission Verkaufsprovision, Platzierungsprovision, Bonifikation, Schalterprovision
selling concept Verkaufskonzeption
selling conditions Verkaufsbedingungen
selling costs Vertriebskosten
selling expenditure Verkaufsaufwand
selling expenses Vertriebskosten, Verkaufsspesen
selling group Begebungskonsortium, Platzierungskonsortium, Verkaufsgruppe
selling group agreement Konsortialvertrag
selling of consignment Konsignationshandel
selling of securities Wertpapierverkäufe
selling on consignment Konsignationshandel
selling option Verkaufsoption
selling order Verkaufsauftrag
selling order at limit limitierter Verkaufsauftrag
selling pressure Abgabedruck, Angebotsdruck
selling price Verkaufspreis, Ausgabepreis
selling price level Verkaufspreisniveau
selling rate Briefkurs
selling short Leerverkäufe
selling tendency Abgabeneigung
sellout Ausverkauf
semi-annual halbjährlich
semi-annual payment Halbjahreszahlung
semi-finished products Halbfabrikate, halbfertige Produkte
semi-manufactures Halbfabrikate, Halbzeug
semi-official trading geregelter Freiverkehr
semi-variable costs teilproportionale Kosten
semi-weekly zwei Mal wöchentlich
senior bond erststellige Schuldverschreibung
senior debt vorrangige Bankfinanzierung, vorrangige Verbindlichkeiten
senior equity bevorrechtigtes Eigenkapital
senior securities vorrangige Wertpapiere
sensible vernünftig, erkennbar, sensibel
sensitive market empfindlich reagierende Börse, schwankender Markt
sensitive to cyclical fluctuations konjunkturanfällig
sensitivity analysis Sensitivitätsanalyse
separate teilen, separieren
separate gesondert, getrennt, isoliert
separate assessment getrennte Veranlagung
separation Trennung, Kündigung, Abgang
separation rate Abgangsrate
sequence Folge, Reihe, Serie, Sequenz
sequence of operations Arbeitsablauf
sequence of task fulfillment Folgebeziehung
sequence order Anschlussauftrag
sequence plan Folgeplan
sequence structure Folgestruktur
sequencing system Reihenfolgesystem

sequential folgend, konsequent, sequenziell
serial bonds issue Serienleihe
serial maturity Anleiheserienfälligkeit
serial number Seriennummer
serial numbering fortlaufende Nummerierung
series Reihe, Serie
series of payments Zahlungsreihe
serious bedenklich, ernsthaft, gefährlich
serious damage empfindlicher Schaden
serious offer ernsthaftes Angebot
service warten, pflegen, bedienen
service Dienstleistung, Service, Wartung, Unterhaltung, Kundendienst, Verkehrsangebot
service a loan Anleihe bedienen
service agreement Wartungsvertrag
service charge Bedienungsgeld, Vermittlungsgebühr, Verwaltungsgebühr, Kontoführungsgebühr
service company Dienstleistungsbetrieb
service debt Schulden bedienen
service enterprise Dienstleistungsunternehmen
service facilities Serviceeinrichtungen
service income Arbeitseinkommen
service industry Dienstleistungsgewerbe
service life Nutzungsdauer
service till Bankomat
service time Dienstzeit
serviceable brauchbar, betriebsfähig, strapazierfähig
services account Dienstleistungsbilanz
servicing Instandhaltung, Wartung
servicing burden Schuldendienst
set a reasonable period of time angemessene Frist setzen
set amount fester Betrag
set aside beiseite legen, Reserven bilden, aufschieben
set aside an amount Betrag abzweigen
set back behindern, zurückwerfen
set down schriftlich niederlegen
set free freisetzen
set limits on begrenzen
set of action alternatives Menge von Handlungsalternativen
set off aufrechnen, verrechnen
set out darlegen, darstellen, anordnen, beginnen
set out in detail ausführlich darlegen
set the pace Tempo angeben
set up production Produktionsstätte einrichten
setback Rückschlag, Einbruch
setback in economic activity Konjunktureinbruch
setoff Aufrechnung
setout Anordnung
settle abrechnen, einigen
settle a dispute Konflikt beilegen
settle an account Konto ausgleichen
settle an invoice Rechnung begleichen
settle old scores alte Rechnung begleichen
settle the balance Konto ausgleichen
settlement Begleichung, Schlichtung, Ansiedlung, Abfindung, Abwicklung, Abrechnung
settlement bank abwickelnde Bank
settlement currency Abrechnungsvaluta, Abrechnungswährung
settlement date Abrechnungstermin
settlement day Abrechnungstag
settlement days Abrechnungstage, Liquidationstermine
settlement fractions Abrechnungsspitzen
settlement note Abschlussrechnung
settlement of an account Rechnungsbegleichung
settlement of fractions Spitzenregulierung
settlement of liquidation Liquidationsvergleich
settlement period Abrechnungsperiode
settlement price Preis, Kontraktpreis, Schlusswert
settlement price in forward trading Kompensationskurs, Liquidationskurs
settlement proposal Einigungsvorschlag
settlement system Abrechnungssystem
settling-in grant Eingliederungshilfe
setup cost Anlaufkosten
severance Trennung, Teilung
severance fund Abfindungsfonds
severance pay Abfindung
severance tax Förderabgabe
severe schonungslos, schwerwiegend, streng
severe recession scharfe Rezession
sewage Abwasser
sewage levy Abwasserabgabe
shade nachgeben
shading Zugeständnis
shading prices nachgebende Kurse
shadow budget Schattenhaushalt
shadow interstice Grauzone
shadow price Schattenpreis, innerbetrieblicher Verrechnungspreis
shadow revaluation versteckte Aufwertung
shady dealings dunkle Geschäfte
shake down anpassen, umstrukturieren
shake out gesundschrumpfen
shakedown Anpassung, Umstrukturierung
shakeout Glattstellung, Umstrukturierung
sham bid Scheingebot
sham dividend fiktive Dividende
share teilhaben
share Aktie, Anteil, Beteiligung
share allotment Aktienzuteilung
share applicant Aktienzeichner
share application Aktienzeichnung
share application money Zeichnungsbetrag
share block Aktienpaket
share block discount Paketabschlag
share block premium Paketzuschlag

share borrowing Effektenleihe
share buyback Aktienrückkauf
share capital Aktienkapital, Stammkapital
share capital of a corporation Aktienkapital der Unternehmung
share cash bid Aktienübernahmeangebot
share certificate Aktienurkunde, Gesamtaktie, Globalaktie, Anteilsschein
share consolidation Aktienzusammenlegung
share cost Kostenbeteiligung
share deal Kauf von Gesellschaftsanteilen
share dealings Aktiengeschäfte
share discount Aktiendisagio
share holding Aktienbesitz
share in a cooperative Genossenschaftsanteil
share in property Vermögensanteil
share in results Erfolgsanteil
share issue Aktienemission
share list Kursliste
share listings Aktienkurse
share market Aktienmarkt
share of materials cost Materialkostenanteil
share of stock Kapitalanteil, Aktie
share of world sales Anteil am Weltumsatz
share offering price Emissionskurs
share option Aktienbezugsrecht
share out Verteilen
share ownership Aktienbesitz
share premium Aktienagio
share price Aktienkurs
share price index Aktienindex
share purchase Aktienkauf
share pushing Kurstreiberei
share quotation Kursnotierung
share rating Aktienbewertung
share register Aktienbuch
share split Aktiensplit
share warrant Aktienurkunde, Aktienbezugsrechtschein
share-based investment fund Aktienfonds
share-out key Verteilerschlüssel
shared taxes Gemeinschaftssteuern
shareholder Anteilseigner, Aktionär, Kommanditist, Teilhaber
shareholder financing Gesellschafterfinanzierung, Gesellschafterfremdfinanzierung
shareholder group Aktionärsgruppe
shareholder loan Gesellschafterdarlehen
shareholder of record eingetragener Aktionär
shareholder relations Aktionärspflege
shareholders' meeting Hauptversammlung
shareholders' funds Eigenkapital
shareholders' rights Aktionärsrechte
shareholding Aktienbestand, Beteiligung
shareholdings Aktienbesitz, Beteiligungen
shareowner Anteilseigner
shareowners of record eingetragene Aktionäre

sharepushing Börsenmanöver, Kurstreiberei
shares held in treasury eigene Aktien
shares issued and outstanding ausgegebene oder emittierte Aktien
shares of common stock Stammaktien, Stämme
shares of voting stock stimmberechtigte Aktien
shares outstanding umlaufende Aktien
shark repellant Übernahmeabwehrklausel
sharp fall drastischer Rückgang
sharp markdown Minusankündigung
sharpen competitive edge Wettbewerbsfähigkeit verbessern
shattered finances zerrüttete Finanzen
shave a price Preisabstriche machen
shave costs Kosten senken
shave prices Preise drücken
sheaf of notes Banknotenbündel
shell Firmenmantel
shell branch Offshore-Zweigstelle, Offshore-Zentrum, Shell Zweigstelle
shell out zahlen
sheltered industries subventionierte Industriezweige
shelve a decision Entscheidung aufschieben
shift Schicht, Veränderung, verschieben
shift in comparative strength Wettbewerbsverschiebung
shift in demand Nachfrageverschiebung
shift in deposits Einlagenumschichtung
shift in needs Bedarfsverlagerung
shift in risk spreading Risikotransformation
shift in sentiment Stimmungsumschwung
shift of emphasis Gewichtsverschiebung, Schwerpunktverlagerung
shift on to überwälzen
shift out aussteigen
shiftability Abtretbarkeit
shifting Umschichtung
shifting loans Kreditumschichtung
shifting potential Umwälzungsspielraum
shipping cost Versandkosten
shipping expense Versandkosten
shock loss unerwartet hoher Verlust
shoestring kleiner Geldbetrag, zu geringes Kapital
shoestring budget Mini-Budget
shoestring financing unzureichende Finanzierung
shoestring margin unzureichende Spanne
shop einkaufen
shop Geschäft, Betriebseinheit
short account Baisse-Engagement
short bill Inkassowechsel, kurzfristig fälliger Wechsel
short bond kurzfristige Anleihe
short coupons Bonds mit kurzer Restlaufzeit
short deposits kurzfristige Einlagen

short end kurzfristiger Bereich, Markt für Kurzläufer
short entry Unterbewertung
short exchange kurzfristiges Geldmarktpapier
short gilt kurzlaufender britischer Staatstitel
short gilts kurzfristige Staatspapiere
short loan kurzfristiger Kredit
short maturity kurze Laufzeit
short note kurzfristiger Schuldschein, kurzfristige Schuldverschreibung
short of cash Geldmangel
short offer Baisseangebot
short position Leerverkaufsposition
short rate Zins für kurzfristige Schuldverschreibungen
short sale Leerverkaufsposition, Blankoverkauf, Fixgeschäft, Windhandel
short seller Leerverkäufer, Baissier
short tap kurzfristige Regierungsanleihe
short-dated bonds kurzfristige Schuldverschreibungen, Kurzläufer
short-dated investment of funds kurzfristige Kapitalanlage
short-dated securities Wertpapier-Kurzläufer
short-dated stock Wertpapiere mit kurzer Laufzeit
short-hedge gegenwärtige Kursniveausicherung
short-period equilibrium kurzfristiges Gleichgewicht
short-period supply price kurzfristiger Angebotspreis
short-range kurzfristig
short-range budget period kurzfristiger Planabschnitt
short-run kurzfristig
short-run effects kurzfristige Effekte
short-run equilibrium kursfristiges Gleichgewicht
short-term kurzfristig
short-term bonds kurzfristige Schuldverschreibungen
short-term borrowing kurzfristige Kreditaufnahme
short-term borrowing requirements kurzfristiger Kreditbedarf
short-term currency borrowings Leihdevisen
short-term deposits kurzfristige Einlagen
short-term economic forecast kurzfristige Konjunkturprognose
short-term expectation kurzfristige Erwartung
short-term financial planning kurzfristige Finanzplanung
short-term financing kurzfristige Finanzierung
short-term funds kurzfristige Mittel
short-term interest rate kurzfristige Zinsen
short-term lendings kurzfristige Ausleihungen
short-term liabilities kurzfristiges Fremdkapital
short-term loan kurzfristiger Kredit
short-term monetary support kurzfristiger Währungsbeistand
short-term operating credit kurzfristiger Betriebsmittelkredit
short-term paper kurzfristige Geldmarktpapiere
short-term planning kurzfristige Planung
short-term rate Zinssatz für bis zu 3-Monatskrediten
short-term residual maturity Schulden mit kurzer Restlaufzeit
shortage Knappheit, Mangel
shortage in delivery Fehlmenge
shortage in weight Gewichtsmanko
shortage of buying orders Ordermangel
shortage of capital Kapitalknappheit
shortage of cover fehlende Deckung, Minusposition
shortage of labor Arbeitskräftemangel
shortage of liquidity Liquiditätsverknappung
shortage of manpower Personalknappheit
shortage of material Materialknappheit
shortage of money Geldknappheit
shortage of personnel Personalmangel
shortage of supplies Angebotsknappheit
shortage of work Auftragsmangel
shortcoming Fehler, Mangel
shorten commitments Aufträge zurückziehen
shortfall Fehlbetrag, Fehlmenge
shortfall in demand Unternachfrage
shortfall in expenditure Minderausgabe
shortfall in foreign exchange Devisenknappheit
shortfall in output Minderleistung
shortfall in revenue Einnahmerückgang
shortfall of liquidity Liquiditätsdefizit
shortness of money Geldknappheit
shorts leerverkaufte Aktien, Kassenfehlbetrag
shot in the arm Geldspritze
show a deficit Defizit aufweisen
show a loss Verlust aufweisen
show an advance Kurssteigerung aufweisen
show off date Verfalldatum
show one's right Eigentumsanspruch nachweisen
shrinkage Minderung, Schwund
shrinkage loss Wertminderung durch Schwund
shuffle hin- und herschieben
shuffle Ausflucht, Trick
shuffle of holdings Beteiligungsumstellung
shuffle through one's work seine Arbeit vernachlässigen
shuffler Schwindler
shut down a factory Betrieb stilllegen
shut for dividends Dividendenschluss
shutdown in production Produktionsstilllegug
shutout Ausschließung
shy of money knapp bei Kasse
sick benefit fund Krankenkasse

sick certificate Krankenschein
sick insurance Krankenversicherung
sick pay Krankengeld
sickness benefits Krankengeld
sickness figure Krankenstand
side condition Nebenbedingung
side deal Nebenabsprache
side letter Nebenvereinbarung
side-effects Nebenwirkungen
sideline employment Nebenbeschäftigung
sidelines Wartestellung
sight a bill Wechsel mit Sicht versehen
sight bill (sight draft) Sichtwechsel/-Tratte
sight credit Sichtakkreditiv
sight deposits Sichteinlagen
sight liabilities Sichtverbindlichkeiten
sign unterschreiben, zeichnen
sign Zeichen
sign a bond Schuldschein ausstellen
sign a check Scheck unterschreiben
sign an agreement Vertrag unterzeichnen
sign in blank blanko unterschreiben, blanko unterzeichnen
signatory Vertragspartner, Unterzeichner, Zeichnungsberechtigter
signature Unterschrift, Kreditnehmer, Adresse
signature bonus Abschlussprämie
signature verification Unterschriftenprüfung
signer Unterzeichner
significance Bedeutung, Wichtigkeit
significant change bedeutsame Änderung
significant rate of interest ausschlaggebender Zinsfuß
signing authority Unterschriftsberechtigung, Unterschriftsvollmacht
signing of a contract Vertragsunterzeichnung
signing officer Zeichnungsberechtigter
silent partner stiller Gesellschafter
silent partnership stille Gesellschaft
silk Senke
silver bullion Barrensilber
similarity Gleichartigkeit
similarly entsprechend
simple application formloser Antrag
simple arbitration (of exchange) direkte Devisenarbitrage
simple debenture ungesicherte Schuldverschreibung, Schuldverschreibung ohne Wandlungsrechte
simple interest einfache Zinsen, gewöhnliche Zinsen
simple interests einfache Zinsen
simple majority einfache Mehrheit
simple note einfacher Schuldschein
single account Einzelkonto
single document Einzeldokument
single option einfache Option

single quotation Einheitskurs
single sum einmalige Zahlung
single valuation Einzelbewertung
single-digit inflation rate einstellige Inflationsrate
single-item production Einzelfertigung
single-line system Einliniensystem
single-name paper Schuldschein
single-part production Einzelanfertigung
single-payment loan Kredit mit Einmal-Rückzahlung
single-sampling einfache Stichprobenannahme
single-schedule tariff Einheitszolltarif
single-sourcing Beschaffung bei einem Lieferant
single-stage einstufig
single-use charge einmalige Gebühr
sink tilgen
sink a debt Schuld tilgen
sink money in an undertaking Geld in ein Unternehmen stecken
sink prices Preise herabsetzen
sinking fund Amortisationsfonds, Schuldentilgungsfonds
sinking fund bonds Tilgungsanleihe
sinking fund installment Tilgungsrate
sinking fund method Rücklagentilgung
sinking fund method of depreciation Abschreibungsmethode mit steigenden Quoten
sinking fund redemption notice Tilgungsanzeige
sinking fund requirements Tilgungsverpflichtungen
sinking fund table Tilgungsplan
sinking payment Amortisationszahlung
siphon off abschöpfen
siphoning-off of profits Gewinnabschöpfung
sit on high interests hohe Zinsen zahlen
site Areal, Grundstück
site selection Standortwahl
situation Situation, Lage, Zustand
situation audit Bestandsaufnahme
situation of strained resources angespannte Finanzlage
situation report Zustandsbericht
size Größe, Volumen
size of business Betriebsgröße
size of income Einkommenshöhe
size of order Auftragshöhe
size of sample Stichprobenumfang
size of the market Marktvolumen
sizeable ansehnlich, groß
skeleton agreement Rahmenabkommen
skeleton bill Wechselblankett
skewness Schiefe
skid fallen, nachgeben
skid in profits Gewinnabfall
skim the market Markt abschöpfen

skimp schludrig arbeiten
skip überspringen
skulduggery Mauschelei
slack Flaute
slack business ruhiges Geschäft
slack demand geringe Nachfrage
slack in economy Konjunkturflaute
slack market flauer Markt
slacken nachlassen, stocken
slash zusammenstreichen
slash a budget Budget kürzen
slash funds Mittel kürzen
slated issue geplante Emission
slaughtering Verkauf mit Verlust
sleeping account totes Konto, ruhendes Konto
sleeping partner stiller Gesellschafter
slender capital base dünne Kapitaldecke
slice of a loan Tranche einer Anleihe
slide in prices Nachgeben der Kurse
sliding rate of interest Staffelzins
sliding stock fallende Aktie
sliding-scale tariff Staffeltarif
slight dip geringfügiger Rückgang
slight rally leichte Erholung
slightly easier leicht nachgebend
slightly firmer geringfügig fester
slightly higher leicht erholt
slightly lower leicht abgeschwächt
slightly off geringfügig schwächer
slim margin niedrige Gewinnspanne
slip Zettel, Flüchtigkeitsfehler
slip book Belegbuch
slow assets feste Anlagen
slow down economy Konjunktur verlangsamen
slow loans zweifelhafte Darlehen
slowdown strike Bummelstreik
sluggish lustlos
sluggish bond market Rentenflaute
sluggish demand schwache Nachfrage
sluggish market lustloser Handel
sluggishness Flaute
slump Rückgang, Baisse
slump at the stock market Baisse
slump in prices Preissturz
slump in sales Absatzkrise, Absatzeinbruch
slump in the stock market Baisse
slump in trade Konjunkturrückgang
slump-proof krisenfest
slush money Schmiergeld, Bestechungsgeld
small and medium sized enterprises (SME) Klein- und Mittelbetriebe (KMU)
small change Kleingeld, Wechselgeld
small establishment Kleinbetrieb
small loss geringfügiger Verlust
small share Kleinaktie
small shareholder Kleinaktionär
smart money rentable Anlage

smash Preisverfall, plötzlicher Kursverfall
smashed ruiniert
smashup Bankrott
snap up aufkaufen, zusammenkaufen
snide falsche Münze
snip günstiger Kauf
soak up funds Mittel in Anspruch nehmen
social capital investments Sozialinvestitionen
social charges soziale Lasten
social costs volkswirtschaftliche Kosten, soziale Kosten
social dumping Abbau von Sozialleistungen
social expenditure ratio Sozialleistungsquote
social impact soziale Auswirkung
social insurance Sozialversicherung
social insurance contribution Sozialversicherungsbeitrag
social overhead capital Infrastruktur
social policy report Sozialbilanz
social returns volkswirtschaftliche Erträge
social security benefits Sozialversicherungsleistungen, Sozialhilfe
social security contributions Sozialversicherungsbeiträge
social security tax Sozialabgaben
social service Sozialversorgung
social value gesellschaftlicher Wert
social wage Soziallohn
social welfare expenditure Speziallasten
society goods Gemeinschaftseigentum
soft budget constraint weiche Budgetbeschränkung
soft currency weiche Währung
soft goods kurzlebige Verbrauchsgüter
soft job leichte Arbeit
soft loan zinsgünstiger Kredit
soft money Papiergeld
soft price niedriger Preis
soft spot Schwachstelle
soft terms günstige Bedingungen
soften nachgeben
softness in demand Nachfrageschwäche
sold for cash gegen bar verkauft
sold note Verkaufsnote, Wertpapier-Verkaufsabrechnung
sole debtor Einzelschuldner
sole owner Alleineigentümer
sole proprietorship Einzelunternehmung, Einzelfirma, Einzelkaufmann
sole selling rights Alleinverkaufsrecht
sole trader business Ein-Mann Unternehmen
solicitation Aufforderung, Bitte
solicitor Anwalt, Rechtsanwalt
solidarity tax Solidaritätsabgabe
solidity Solidität
solution Lösung
solution model Lösungsmodell

solution space Lösungsraum
solvency Zahlungsfähigkeit, Solvenz
solvent zahlungsfähig, kreditwürdig, solvent
solvent estate liquider Nachlass
sophisticated hoch entwickelt, intelligent, kultiviert, technisch ausgereift
sordid gains unerlaubte Gewinne
sound solide, finanziell gesund
sound investment gute Investition, sichere Anlage
soundness Solidität, gesunde finanzielle Lage
sour loan notleidendes Darlehen
sour stock unverkäufliche Aktien
source Herkunft, Quelle, Ursprung
source a loan Anleihe unterbringen
source and application of funds statement Kapitalflussrechnung
source of capital Kapitalquelle
source of energy Energiequelle
source of finance Finanzierungsmöglichkeit
sources of funds Mittelherkunft
sources of growth Ursachen des Wachstums
sources of inefficiency Gründe für Ineffizienz
sovereign borrower öffentliche Hand als Darlehensnehmer
sovereign debt Schuldtitel staatlicher Kreditnehmer
sovereign risk Länderrisiko
space Raum
space charge Streukosten
space of a month Monatsfrist
spaced maturities gestaffelte Fälligkeiten
spacing of maturities Fälligkeitsstaffelung
spacing out terms to maturity Staffeln der Laufzeiten
span of control Kontrollspanne, Leitungsspanne
spare capacity freie Kapazitäten, Kapazitätsreserve
spare no expenses keine Kosten scheuen
spate of new issues Emissionswelle
spatial räumlich
spatial pattern of purchasing power Kaufkraftverteilung
spatial patterning räumliche Strukturierung
special acceptance eingeschränktes Akzept
special account Sonderkonto
special allowance Sondernachlass
special assets Sondervermögen
special bill Sonder-Schatzwechsel
special bonus Sonderzulage
special call right Recht auf Sonderkündigung
special case Spezialfall
special conditions of contract besondere Vertragsbedingungen
special covenant Sondervereinbarung
special credit Sonderkredit
special deposit Festgeldkonto, Hinterlegung von Geld oder Wertpapieren

special deposits mindestreserveähnliche Einlagen
special deposits rate variabler Mindestreservesatz
special depreciation allowance Sonderabschreibung
special discount Sonderrabatt
special dividend Sonderdividende
special drawing right (SDR) Sonderziehungsrecht
special expenditure Sonderausgaben
special expenses Sonderkosten
special interest account Sparkonto
special item Sonderposten
special item with accrual character/an equity portion Sonderposten mit Rücklagenanteil
special lending agency Spezialkreditinstitut
special price Vorzugspreis
special property Sondervermögen
special provision Sondervorschrift
special purpose reserve Sonderrücklage
special stock Spezialwert
special tax Sonderabgabe
special terms Sonderkonditionen
specialized bank Spezialkreditinstitut
specie-flow adjustment mechanism Goldautomatismus
specific spezifisch
specification Einzelausgaben, Spezifizierung
specification sheet Datenblatt, Lastenheft, Leistungsbeschreibung, Pflichtenheft
specify einzeln angeben, spezifizieren
specimen Muster
speculation gewagtes Unternehmen, Spekulation
speculation in futures Terminspekulation
speculation in real estate Grundstücksspekulation, Immobilienspekulation
speculation in shares Aktienspekulation
speculative spekulativ, unternehmend
speculative bargain Spekulationsgeschäft
speculative demand spekulative Nachfrage
speculative funds Spekulationsgelder
speculative gains Spekulationsgewinne
speculative investments Spekulationspapiere
speculative motive Spekulationsmotiv
speculative profit Spekulationsgewinn
speculative securities Spekulationspapiere
speculative shares Spekulationsaktien
speculative value Spekulationswert
speed of response Reaktionsgeschwindigkeit
speed of turnover Umschlagsgeschwindigkeit
speed up beschleunigen
speedy schnell, zügig
spell Zeitabschnitt, Faszination
spendable earnings frei verfügbares Einkommen
spending Ausgabe
spending decision Ausgabenentscheidung
spending flow Ausgabenfluss

spending on fixed assets Sachinvestition
spending plans Ausgabenpläne
spending power Kaufkraftverteilung
spending unit Verbrauchereinheit
sphere of action Aufgabenbereich, Wirkungsbereich
sphere of influence Machtbereich, Einflussbereich
spillover Überlauf, Nebenwirkungen
spillover effect Ausstrahlungseffekt
spin off a stake Beteiligung abstoßen
spin off operations Unternehmensteile abstoßen
spinoff Nachfolgegeschäft, Zusatzgeschäft, Aktientausch, Anregung
spinoff effect Nebeneffekt, Nebenwirkungen
spinoff product Nebenprodukt, Abfallprodukt
spiral of rising interest rates Zinsspirale
split exchange rate gespaltener Wechselkurs
split issue aufgeteilte Emission
split shares Aktien stückeln
splitup Aktiensplit, Splitting, Aktienaufteilung
splurge Bemühung, Anstrengung
sponsor Bürge, Förderer, Sponsor, Geldgeber, Konsortialführer, Projektträger
sponsoring bank betreuende Bank
sponsorship Bürgschaft, finanzielle Trägerschaft, Finanzierung
spot cash sofortige Bezahlung, sofortige Barzahlung bei Kaufabschluss, Sofortliquidität
spot check Kassenprüfung
spot contract Loko-Kontrakt
spot dealing Kassahandel
spot exchange Kassadevisen
spot exchange rate Devisenkassakurs
spot exchange transaction Devisenkassahandel
spot price Lokopreis
spot quotation Kassanotierung
spot rate Platzkurs, Kassakurs
spot value date Kassavalutierung
spout Pfandhaus
spread Spanne, streuen
spread out the timing zeitlich strecken
spreading of investments Streuung von Anlagen
spreading of risks Risikostreuung
spreadsheet analysis Tabellenkalkulation
spurious falsch, unecht
spurious correlation Scheinkorrelation
spurt Preisanstieg, plötzlicher Kurssprung, plötzlich ansteigen
squander durchbringen, verprassen
squander money Geld verschwenden
square ausgleichen, glattstellen
square positions Positionen glattstellen
squeeze wirtschaftlicher Engpass, Geldknappheit
squirrel away sparen, beiseite legen
stability Beständigkeit, Stabilität, Dauerhaftigkeit
stability of prices Preisstabilität, Kursstabilität

stability of rate Dividendenkontinuität
stability of spending power Kaufkraftstabilität
stabilization Stabilisierung
stabilization loan Stabilitätsanleihe
stabilization of markets Stabilisierung der Märkte
stabilization of prices Preisstabilisierung, Kursstabilisierung, Kurspflege
stabilization phase Stabilisierungsphase
stabilization policy Stabilitätspolitik
stabilize stabilisieren
stabilized bond indexgebundene Anleihe
stable currency stabile Währung
stable economic relations stabile Wirtschaftsbeziehungen
stable equilibrium stabiles Gleichgewicht
stable exchange rate starrer Wechselkurs
stable price level stabiles Preisniveau
stable prices gleich bleibende Preise
stable-value clause Wertsicherungsklausel
staff Belegschaft, Personal
staff costs Personalaufwand
staff council Personalrat
staff cut Personalreduzierung
staff department Personalabteilung
staff function Stabsfunktion
staff hiring Personalbeschaffung
staff reduction Personalabbau
stagger staffeln
staggered prices Staffelpreise
stagnancy Stagnation, Stillstand
stagnation Stagnation, Stockung
stagnation of sales Absatzstockung
stake Anteil, Einsatz, Beteiligung abstoßen
stale lustlos
stale check verfallener Scheck
stalemate situation Pattsituation
stamp duty Stempelgebühr
stand at parity pari stehen
stand proxy als Stellvertreter fungieren
standard Maßstab, Norm
standard banking operations reguläre Bankgeschäfte
standard cost Plankosten, Standardkosten
standard cost method Bewertung zu festen Verrechnungspreisen
standard costing Plankostenrechnung, Prognosekostenmethode
standard deviation Standardabweichung
standard error Standardfehler
standard of assessment Bemessungsmaßstab
standard of deferred payments Bemessungsgrundlage für Ratenzahlungen
standard of measurement Maßstandard
standard of valuation Bewertungsgrundsatz
standard of value Wertmaßstab
standard quotation Einheitskurs

standard rate Grundpreis, Normalsatz, Normaltarif
standard tax deduction Pauschalfreibetrag
standard terms einheitliche Bedingungen
standard terms and conditions Allgemeine Geschäftsbedingungen (AGB)
standard time Vorgabezeit
standard value Vorgabewerte, Einheitswert
standard wage Tariflohn
standardization Normierung, Standardisierung, Typisierung
standardize normieren, standardisieren
standardized options standardisierte Optionsrechte
standby commitment Bereitstellungskredit
standby credit Beistandskredit, Kreditzusage, Bereitschaftskredit
standby fee Bereitstellungsgebühr
standby L/C commission Avalprovision
standby letter of credit Garantieakkreditiv
standby time Wartezeit
standing Bonität, Rang, Stellung, Ruf, Kreditwürdigkeit
standing expense fixe Kosten
standing margin account ständiges Einschusskonto
standing order Dauerauftrag
standstill agreement Stillhalteabkommen
standstill credit Stillhaltekredit
start business Geschäfte aufnehmen
start event Startereignis
start-up funding Anfangskapital
start-up investment Erstinvestition
start-up phase Anlaufphase
starting cost Anlaufkosten
starting point Ausgangspunkt
starting rate Eingangsteuersatz
starting salary Anfangsgehalt
starting wage Anfangslohn
state insurance Sozialversicherung
state law Rechtsordnung
state loan guaranty staatliche Kreditbürgschaft
state of affairs Geschäftslage
state of confidence Vertrauenszustand
state of credit Kreditzustand
state of demand Bedarfslage
state of economy Wirtschaftslage
state of equilibrium Gleichgewichtszustand
state of expectations Erwartungszustand
state of flux Wechselstadium, Wechselphase
state of ignorance Ungewissheitsgrad
state of the art neuester Stand
state-owned im Staatsbesitz
state-owned bank staatliche Bank
state-ownership Staatsbesitz
state-run staatlich finanziert, staatlich unterhalten
state-trading country Staatshandelsland

stated angegeben, ausgedrückt, festgesetzt
statement Aussage, Kontoauszug, Aufstellung, Erklärung, Stellungnahme
statement in lieu of an oath eidesstattliche Versicherung
statement of account Bankauszug, Kontoauszug, Rechenschaftsbericht
statement of cash receipts and disbursements Kapitalflussrechnung
statement of charges Kostenverzeichnis
statement of cost Kostenaufstellung
statement of credit position Kreditstatus
statement of expenses Auslagenabrechnung
statement of funds provided and utilized Kapitalflussrechnung
statement of operating results Ergebnisrechnung
statement of origin Ursprungsangabe
statement of reason Begründung
statement of retained earnings Eigenkapitalentwicklung
statement of shareholders' equity Eigenkapital-Bewegungsbilanz
statement of sources and application of funds Kapitalflussrechnung
stationary gleich bleibend, stationär
statistic Maßzahl
statistical cost accounting Nachkalkulation
statistics Statistik
status Zustand, Rechtsstellung, Finanzlage
status inquiry Kreditauskunft, Zustandsabfrage
status report Lagebericht
statute Gesetz, Satzung, Statut
statute of limitations Verjährung, Verjährungsfrist
statutory gesetzlich vorgeschrieben, satzungsgemäß
statutory balance sheet audit Bilanzprüfung
statutory basis gesetzliche Grundlage
statutory benefits gesetzliche Leistungen
statutory consolidation Fusion
statutory corporation Körperschaft des öffentlichen Rechts
statutory deductions gesetzliche Abzüge
statutory dividend satzungsmäßige Dividende
statutory features gesetzliche Bestandteile
statutory limitation Verjährung
statutory merger Fusion
statutory pension insurance scheme gesetzliche Rentenversicherung
statutory period of notice gesetzliche Kündigungsfrist
statutory reserve ratio Pflichtreservesatz
statutory reserves gesetzlich vorgeschriebene Reserven, Mindestreserve
stay away from fernbleiben von
stay behind zurückbleiben

stay competitive wettbewerbsfähig bleiben
stay even Besitzstand wahren
stay in step with Schritt halten mit
stay in the red in den roten Zahlen stecken
stay of the period of limitation Hemmung der Verjährung
stay on the sidelines sich zurückhalten, abwarten
stay solvent liquide bleiben
steady festigen
steady stetig, stabil, behauptet
steady demand gleich bleibende Nachfrage
steep steil
steep interest rate hoher Zins
steepest ascent steilster Anstieg
steering committee Entscheidungsgremium, Lenkungsausschuss
step Schritt, Maßnahme
step up issue Emission mit steigendem Kurs
step up spending Ausgaben erhöhen
stepped cost sprungfixe Kosten
sterilization of money Geldstilllegung
sticky wages starre Löhne
stimulate investment Investitionstätigkeit anregen
stipulate ausbedingen, festsetzen, vereinbaren
stipulation Übereinkunft, Klausel
stock Aktie, Wertpapier, Schuldverschreibungen
stock account Effektenkonto
stock allotment Aktienzuteilung
stock allotment warrant Aktienbezugsschein
stock assessment Aufforderung zur Nachschusszahlung auf Aktien
stock book Lagerbuch, Aktienbuch
stock broker Börsenmakler, Wertpapiermakler
stock brokerage Courtage
stock certificate Aktienurkunde, Globalaktie
stock company Aktiengesellschaft
stock conditions Bestandsbedingungen
stock consolidation Aktienzusammenlegung
stock corporation Kapitalgesellschaft
stock discount Aktiendisagio
stock exchange Aktienbörse, Wertpapierbörse, Börsenplatz
stock exchange admission fee Börseneinführungsgebühr
stock exchange authorities Börsenorgane
stock exchange board Börsenvorstand
stock exchange collapse Börsenkrach
stock exchange committee (SEC) Börsenvorstand
stock exchange dealings Börsenhandel, Börsengeschäfte
stock exchange equity trading börsenmäßiger Aktienhandel
stock exchange floor Börsenparkett
stock exchange price Börsenkurs, Kursnotierung
stock exchange rules Börsenordnung

stock exchange securities Effekten, börsenfähige Wertpapiere
stock exchange settlement Börsenabrechnung
stock exchange settlement day Liquidationstermin
stock exchange tip Börsentipp
stock exchange transaction Börsengeschäfte
stock exchange turnover Börsenumsätze
stock exchange turnover tax refund Börsenumsatzsteuervergütung
stock exposure Aktienbestand
stock financing Vorratsfinanzierung, Finanzierung durch Aktienemission
stock flotation Aktienemission
stock fractions Aktienspitzen
stock fraud Aktienbetrug
stock fund Aktienfonds
stock futures Aktientermingeschäfte
stock holding Aktiengesellschaft
stock index Aktienindex
stock index futures Terminkontrakte
stock index futures contract Aktienindex-Terminkontrakt, Terminkontrakt auf Aktienindizes
stock index option contract Aktienindex-Optionskontrakt
stock interest Beteiligung
stock issuance cost Kosten der Aktienemission
stock issue discount Aktienemissions-Disagio
stock issue premium Aktienemissions-Agio
stock ledger Aktienbuch
stock list Bestandsverzeichnis
stock loan Effektenkredit
stock market Aktienmarkt, Börse, Effektenmarkt
stock market analysis Aktienbewertung
stock market capitalization Börsenkapitalisierung
stock market indicator Börsenindex
stock market listing Börsennotierung
stock market rally Erholung am Aktienmarkt
stock market rating Börsenbewertung
stock market reaction Börsenreaktion
stock market table Kurstabelle
stock market transaction Börsengeschäft, Börsenabschluss
stock market trend Börsentendenz
stock market value Börsenkurswert
stock market yield Börsenrendite
stock of deposits Bankeinlagen
stock of money Geldmenge, Zahlungsmittelbestand
stock offering Aktienemission
stock option Aktienbezugsrecht
stock option trading Aktienoptionshandel
stock order Effektenorder
stock portfolio Aktienbestand
stock premium Aktienagio
stock price gain Kursgewinn

stock price index Aktienindex
stock purchase right Aktienbezugsrecht
stock purchase warrant Aktienbezugsrecht, Optionsschein
stock quotation Aktiennotierung
stock quote Aktienkurs, Börsenkurs
stock ratings Aktienbewertungen
stock register Aktienbuch
stock repurchase Aktienrückkauf
stock right Aktienbezugsrecht
stock split Aktienstückelung
stock subscription Aktienzeichnung
stock subscription agreement Zeichnungsvertrag
stock subscription price Bezugsrechtskurs
stock swap Aktientausch
stock takeover Aktienübernahme
stock trade Aktiengeschäft
stock trading Aktienhandel
stock transfer Aktienübertragung
stock valuation Aktienbewertung
stock variable Bestandsgröße
stock voting right Aktienstimmrecht
stock watering Kapitalverwässerung
stock yield Aktienrendite
stock-account Bestandskonto, Lagerkonto, Kapitalkonto
stockholder Aktionär
stockholder of record eingetragener Aktionär
stockholder proxy Stimmrechtsvollmacht
stockholder relations Aktionärspflege
stockholders' meeting Aktionärversammlung, Hauptversammlung
stocking up Eindeckung
stocking-up of funds Kapitalaufstockung
stockmarket turnover Börsenumsätze
stocks Staatspapiere, öffentliche Obligationen
stop order Schecksperre
stop payments Zahlungen
stop-buy-order preisfixierte Kauforder
stop-limit order Stopp-Limit-Order
stop-loss limit Preisgrenze für Aktienverkauf
stop-loss order Stopp-loss-Order
stop-sell order preisfixierte Verkaufsorder
stopgap Lückenbüßer, Notlösung
stopgap order Füllauftrag
storage costs Lagerkosten
storage rent Lagermiete
store speichern, einlagern
store Geschäft, Lager
store of value Wertaufbewahrungsmittel
storehouse Depot
storing charges Lagerkosten
storing expenses Lagerspesen
stowage beladen, Staugeld, Staugebühr
straight bond Festzinsanleihe
straight lending unmittelbare Kreditvergabe

straight line depreciation lineare Abschreibung
straight line rate linearer Abschreibungssatz
straight loan ungesichertes Darlehen
straight note ungesicherter Schuldschein
straight paper Solawechsel, ungesichertes Papier
straight subsidy Barzuschuss
straight-fixed-price contract Auftrag zu regulärem Festpreis
straight-line letter of credit Dokumenten-Akkreditiv
straight-line redemption Tilgung in gleichen Raten
straighten out bereinigen
strain Überanstrengung, Anspannung
strain on liquidity Liquiditätsanspannung
strained budget angespannte Haushaltslage
strained resources angespannte Finanzen
strapped for funds nicht liquide sein, in Liquiditätsschwierigkeiten
strategic strategisch
strategic business area strategisches Geschäftsfeld
strategic business unit (SBU) strategische Geschäftseinheit
strategic target return strategische Zielrendite
stream of cash inflows Einzahlungsreihe, Einzahlungsströme
stream of cash outflows Auszahlungsreihe
stream of earnings Einnahmenreihe
stream of investment Investitionskette
streamlining operations Neuordnung, Neuorganisation, Umorganisation
street certificate Aktie mit Blankounterschrift
street dealings Nachbörse
street loan Maklerkredit
street market ungeregelter Freiverkehr
street name Scheinfirma
street prices nachbörsliche Kurse
strengthen reserves Rücklagen stärken
strengthening of cash resources Kassenverstärkung
strengths-weaknesses-opportunities-threats (SWOT)-analysis Stärken-Schwächen-Chancen-Risiken-Analyse
stretch out payables Zahlung von Verbindlichkeiten verzögern
stretched-out-receivables überfällige Forderungen
strictly confidential streng vertraulich
strike a balance Bilanz ziehen
strike out ausstreichen, durchstreichen
strike price Basispreis, Ausübungskurs
stringency Kreditknappheit am Geldmarkt
strong box Stahlkassette, Geldschrank
strong currency harte Währung
strong fiscal positions konsolidierte öffentliche Finanzen

strong performance kräftige Entwicklung, kräftiger Aufschwung, ausgezeichnetes Ergebnis
structural stance of fiscal policy strukturelle Ausrichtung der Fiskalpolitik
structure Aufbau, Ausstattung, strukturelle Ausrichtung der Fiskalpolitik
structure of bond issue Ausstattung einer Anleihe
structure of interest rates Zinsstruktur, Zinsgefüge
structure of liabilities Passivstruktur
structure of market rates Kursgefüge
stuffed with debt verschuldet
stump up money Geld locker machen
subclassify unterteilen, aufschlüsseln
subcontractor Subunternehmer
subdivide unterteilen
subgroup Untergruppe, Teilkonzern
subject bid Angebot ohne Festpreis
subject heading Schlagwort
subject index Sachregister
subject market Schätzkurs
subject to unterliegend, vorbehaltlich
subject to call täglich kündbar
subject to certain conditions abhängig von bestimmten Bedingungen
subject to change without notice freibleibend, Änderungen vorbehalten
subject to confirmation freibleibend
subject to prior sale Zwischenverkauf vorbehalten
subject to reporting requirements meldepflichtig
subject to strict regulations strengen Bestimmungen unterliegen
submargin nicht kostendeckend
submarket Teilmarkt
submit a quotation Preisangebot unterbreiten
submit an offer Angebot unterbreiten
subordinated bond nachrangige Schuldverschreibung
subordinated debt nachrangige Verbindlichkeiten, nachrangige Schuldtitel
subordinated loan nachrangiges Darlehen
subordinated unsecured loan stock nachrangige ungesicherte Anleihen
subordination Nahrangigkeit
subordination agreement Beherrschungsvertrag
subparticipation Unterbeteiligung
subrogation of creditors Gläubigerwechsel
subscribe a sum einen Betrag zur Verfügung stellen
subscribe for shares Geschäftsanteile/Aktien zeichnen
subscriber to shares Zeichner von Aktien
subscription agent Zeichnungsstelle
subscription application Zeichnungsantrag
subscription blank Zeichnungsformular
subscription charges Zeichnungsgebühr

subscription period Zeichnungsfrist
subscription premium Zeichnungsagio
subscription price Zeichnungspreis, Bezugspreis, Begebungspreis, Emissionskurs, Bezugsrechtskurs
subscription rate Zeichnungskurs
subscription ratio Bezugsverhältnis
subscription right Bezugsrecht
subscription to shares Aktienzeichnung
subscription warrant Bezugsrechtsschein
subside nachgeben, nachlassen
subsidiary budget Nebenhaushalt
subsidize mit öffentlichen Mittel unterstützen, subventionieren
subsidized loan zinsverbilligter Kredit
subsidized price gestützter Preis
subsidizing interest rates Zinsverbilligung
subsidy Beihilfe, Subvention
subsidy financing Subventionsfinanzierung
subsidy investment Investitionssubvention
substance tax Substanzsteuer
substantial beträchtlich, kapitalkräftig, erheblich, wesentlich
substantial benefit erheblicher Vorteil
substantial consolidation erhebliche Konsolidierung
substantial fiscal surpluses erhebliche Haushaltsüberschüsse
substantial investment wesentliche Beteiligung
substantial market share erheblicher Marktanteil
substantial shareholder Inhaber einer wesentlichen Beteiligung
substantive goals Sachziele
substitute money Geldersatzmittel, Geldsurrogat
substitute reserve currency Ersatz-Reservewährung
subtotal Zwischensumme
successful economic performance wirtschaftlicher Erfolg
sufficient ausreichend, genügend
sufficient capital ausreichendes Kapital
sufficient condition hinreichende Bedingung
sufficient-funds proviso Guthabenklausel
suggestion system betriebliches Vorschlagswesen
suitability Eignung
suitable geeignet, angemessen
suitable as collateral beleihungsfähig
sum Summe, Betrag
sum certain bestimmte Geldsumme
sum of money Geldsumme
sum total Gesamtbetrag
sum-of-the-years digit method of depreciation degressive Abschreibung
summary Übersicht
summary job costing summarische Zuschlagskalkulation

superannuation contribution Altersversicherungsbeitrag
superannuation fund Pensionsfonds
supersede ablösen, ersetzen, verdrängen
supervisory board Aufsichtsrat
supplementary benefits Sozialhilfe
supplementary budget Ergänzungshaushalt
supplementary costs ergänzende Kosten
supplementary earnings per share zusätzlicher Gewinn je Aktie
supplementary entry Nachbuchung
supplementary financing Nachfinanzierung, Zusatzfinanzierung
supplementation Ergänzung
supplier credit Lieferantenkredit
supplies Hilfsstoffe
supply of liquidity Liquiditätsbereitstellung
supply of money Geldversorgung
supply security for a loan Darlehen besichern
support unterstützen, finanzieren, decken
support fund Stützungsfonds
support group Auffangkonsortium
support line Unterstützungslinie
support price Stützungspreis
support purchases Interventionskäufe, Stützungskäufe
supported by documents unterlegt durch Dokument
supported price Stützpreis, Stützkurs
supporting measures flankierende Maßnahmen
supporting purchases Stützungskäufe
supporting the capital market Kapitalmarktpflege
suppressed inflation zurückgestaute Inflation
surcharge zusätzlich fordern, zusätzlich belasten
surcharge Nachgebühr, Preisaufschlag, Zuschlag
surety Bürgschaft, Garantie
surety bond Bürgschaftserklärung
suretyship Bürgschaft
surge in equities Aktienhausse
surge in interest rates Zinsauftrieb
surplus Mehrbetrag, Überschuss, überschüssiger Gewinn
surplus cash Liquiditätsüberschuss
surplus cash resources Liquiditätsüberschuss
surplus dividend Dividendenzuschlag
surplus fund Reservefonds, Überschussfonds, Überschussreserve
surplus on current account aktive Leistungsbilanz, Leistungsbilanzüberschuss
surplus on interest earnings Zinsüberschuss
surplus on visible trade Handelsbilanzüberschuss
surplus reserve gesetzliche Rücklage, zweckgebundene Rücklage
surplus statement Gewinnverwendungsaufstellung

surplus to requirement überflüssig
surplus value Mehrwert
surprise dividend außerordentliche Dividende
surrender aushändigen, übergeben, vorlegen
surrender Auslieferung, Übergabe
surrender value Rückkaufwert
surrounding circumstances Begleitumstände
surtax Ergänzungsabgabe, Steuerzuschlag
surveillance Überwachung
survey prüfen, überblicken
survey Erhebung, Überblick
survey fee Begutachtungsgebühr, Prüfungsgebühr
survivors' social security system Hinterbliebenenversorgung
suspend aufschieben, suspendieren, unterbrechen, aussetzen
suspend a quotation Kurs aussetzen
suspend actions Maßnahmen einstellen
suspend payments Zahlungen einstellen
suspended außer Kraft gesetzt
suspended account transitorisches Konto
suspense account transitorisches Konto, Auffangkonto, Übergangskonto
suspension vorübergehende Schließung einer Bank
suspension of a price quotation aussetzen einer Kursnotiz
suspension of business Geschäftsschließung
suspension of payments Zahlungseinstellung
suspension of prescriptive period Hemmung der Verjährung
suspension of redemption payments Tilgungsaussetzung
suspension of work Arbeitseinstellung
sustain ertragen, fortsetzen, standhalten, stützen
sustain a loss Verlust erleiden
sustainability Haltbarkeit
sustainable fiscal consolidation nachhaltige Haushaltskonsolidierung
sustainable growth beständiges Wachstum
sustained anhaltend, andauernd
sustained growth stetiges Wachstum
sustained pickup nachhaltige Erholung
sustained rally anhaltende Kurserholung
sustenance Auskommen, Lebensunterhalt
swap tauschen
swap Tauschhandel, Swapgeschäft, Devisentauschgeschäft, Devisenreportgeschäft
swap arrangement Swap Abkommen
swap contract Devisentauschvertrag
swap financing Swap-Finanzierung
swap transaction Umtauschaktion
sweat equity Eigenkapital in Form von Eigenleistungen
sweated unterbezahlt
sweep account Girokonto
sweep off Geld einstreichen

swing Konjunkturperiode
swing back Umschwung, Rückschlag
swingline Bedarfskreditlinie
swings Kursschwankungen
switch umsteigen
switch Umstellung, Switchgeschäft
switch of liquidity Liquiditätsumschichtung
switch-off point Schlusspunkt
switch-type financing Umfinanzierung
switching of capital Kapitalumschichtung
switching of securities Umschichten von Wertpapieren
sworn appraiser beeidigter Sachverständiger
sworn broker vereidigter Makler

syndicate Interessengemeinschaft, Konsortium
syndicate account Beteiligungskonto
syndicate accounting Konsortialrechnung
syndicate agreement Konsortialvertrag
syndicate leader Konsortialführer
syndicate member Konsorte, Konsortialmitglied
syndicate on original terms Gründungskonsortium
syndicate share Konsortialanteil
syndicate transaction Konsortialgeschäft
syndicated commercial credit Gemeinschaftswarenkredit
syndicated loan Gemeinschaftskredit, syndizierte Anleihe, Konsortialkredit

T

t-account T-Konto
table of contents Inhaltsverzeichnis
table of exchange rates Umrechnungstabelle
table of fees Gebührentabelle
tail sich hinziehen
tail beschränktes Erbrecht
tail off abnehmen, schwinden
tailor-made course den Bedürfnissen angepasster Kurs
tailored to market needs bedarfsgerecht
take a bath bankrott machen
take a cash discount Skonto in Anspruch nehmen
take a share Beteiligung erwerben, sich beteiligen
take a stake Beteiligung erwerben, sich beteiligen
take an equity stake in sich beteiligen an
take an oath Eid leisten
take deposits Einlagen hereinnehmen
take down aufschreiben, abreißen
take home pay Nettogehalt
take in payment in Zahlung nehmen
take into account berücksichtigen
take inventory Inventur machen
take measures Maßnahmen ergreifen
take minutes Niederschrift anfertigen, Protokoll führen
take notes Notizen machen
take on einstellen, engagieren
take on a credit Kredit aufnehmen, Kredit beschaffen
take on a load of debt sich verschulden, Kredite aufnehmen
take on a loan Darlehen aufnehmen
take on balance Anlagenkontosaldo
take on deposits Einlagen hereinnehmen
take out a loan Kredit aufnehmen
take out an insurance Versicherung abschließen
take over übernehmen
take over costs Kosten übernehmen, Kosten tragen
take profits Gewinne mitnehmen
take recourse Regress nehmen
take stock Inventur machen
take the position Auffassung vertreten
take undue advantage ausnutzen
take up a bill Wechsel einlösen
take up an option Option ausüben
take up capital Kapital aufnehmen
take up credit Kradit aufnehmen
take up documents Dokumente aufnehmen
take up securities Wertpapiere übernehmen

take-and-pay contract Langzeit-Liefervertrag, Vertrag für Zahlung bei Lieferung
take-down Erfüllung, Inanspruchnahme
take-off wirtschaftlicher Aufstieg
take-out loan langfristige Immobilienfinanzierung
take-out price Ausstiegskurs
take-up Inanspruchnahme
takeout Kursgewinn
takeover Übernahme
takeover agreement Übernahmevertrag
takeover battle Übernahmeschlacht
takeover bid Übernahmeangebot
takeover candidate Übernahmekandidat
takeover negotiations Übernahmeverhandlungen
takeover price Übernahmekurs, Übernahmepreis
takeover rumors Übernahmegerüchte
takeover target Übernahmekandidat
takeover terms Übernahmebedingungen, Übernahmekonditionen
takeover tussle Übernahmestreit
takeover wave Fusionswelle
taking of evidence Beweiserhebung
takings Einnahmen, Bareinnahmen
tally tabellieren, Buch führen
tally Frachtliste, Rechnung
tally business Ratengeschäft
tally chart Strichliste
tally clerk Kontrolleur
tally roll Additionsrolle
tally system Teilzahlungssystem
tally with übereinstimmen mit
talon Talon, Erneuerungsschein
tangible assets materielle Vermögenswerte, Sachanlagen
tangible benefits materielle Leistungen, materielle Zuwendungen
tap issue Daueremission
tap issuer Dauermittent
tap resources Ressourcen erschließen
tap stock Regierungsanleihe
tap the Bond market Rentenmarkt in Anspruch nehmen
tap treasury bills direkt emittierte Schatzwechsel
tardy payer säumiger Zahler
target zielen
target Anschaffungskosten, Soll, Ziel, Planziel
target concept Sollkonzept
target cost Sollkosten
target costing Zielkostenmanagement
target date Stichtag
target event Zielereignis

target figures Zielgrößen, Sollzahlen
target function Zielfunktion
target group Zielgruppe
target market Zielmarkt
target rate of return angestrebte Kapitalverzinsung
target rate of return goal Rentabilitätsziel
target-oriented development zielorientierte Weiterentwicklung
target-performance comparison Soll-Ist-Vergleich
targeted growth rate angepeiltes Wachstumsziel
tariff Gebühren, Tarif, Zoll
tariff cut Zollsenkung
tariff laws Zolltarifrecht
tariff of charges Gebührentabelle
tariff policy Zollpolitik
tariff preferences Zollpräferenzen
tariff rate Tarifsatz, Zollsatz
tariff rates Tariffrachten
tariff reduction Zollsenkung
tariff revenue Zolleinnahmen
tariff schedule Gebührentabelle
tariff wall Zollschranke
task force Planungsgruppe, Projektgruppe, Arbeitsgruppe
task fulfillment Aufgabenerfüllung
task management Prozesssteuerung
task sequence plan Aufgaben-Folgeplan
task structure Aufgabenstruktur
tax besteuern
tax Steuer
tax abatement Steuerermäßigung
tax account Steuerkonto
tax accounting Steuerbuchhaltung
tax adviser Steuerberater
tax agreement Steuerabkommen
tax assessment note Steuerbescheid, Veranlagungsbescheid
tax authorities Steuerbehörde
tax avoidance Steuerumgehung
tax balance Steuerbilanz
tax balance sheet Steuerbilanz
tax base Steuerbemessungsgrundlage
tax benefit Steuererleichterung
tax bracket Steuerklasse
tax break Steuervergünstigung
tax burden Steuerbelastung
tax burden minimization Steuerlastminimierung
tax burden transfer clause Steuerabwälzung
tax class Steuerklasse
tax collection Steuereinziehung
tax concession Steuervergünstigung, Steuerbefreiung
tax consultant Steuerberater
tax credit procedure Steueranrechnungsverfahren

tax cut Steuersenkung
tax deducted at source Quellensteuerabzug
tax deduction Steuerabzug
tax deemed to be imposed on a person Personensteuer
tax depreciation Abschreibung für Abnutzung (AfA)
tax depreciation tables AfA-Tabellen
tax dodger Steuerhinterzieher
tax evasion Steuerhinterziehung
tax exempt fund Fonds mit steuerfreien Ausschüttungen
tax exemption Steuerfreiheit, Steuerbefreiung
tax favored steuerbegünstigt
tax foreclosure Steuerpfändung
tax from income and property Besitzsteuer
tax haven Steueroase
tax holidays befristeter Steuerfreibetrag
tax impact Steuerwirkung
tax incentive Steueranreiz
tax incentive plans Steueranreizpläne
tax incentive policy Steueranreizpolitik
tax increase Steuererhöhung
tax item Steuerposten
tax lawyer Steueranwalt
tax loophole Steuerlücke
tax loss company Abschreibungsgesellschaft
tax management Steuerlehre
tax offense Steuerdelikt
tax on income Ertragsteuer
tax on land Grundsteuer
tax on motor vehicles Kraftfahrzeugsteuer
tax on real estate Grundsteuer
tax orientation Abgabenorientierung
tax overprovided überhöhte Steuerrückstellung
tax prepayment Steuervorauszahlung
tax rate Steuerrate
tax receipts Steuereinnahmen, Steueraufkommen
tax reduction Steuererleichterung
tax refund Steuererstattung
tax relief Steuervergünstigung, Steuerentlastung
tax reserve Veranlagungsreserve
tax return Steuererklärung
tax revenue Steueraufkommen, Steuereinnahmen, Steuerertrag
tax savings Steuerersparnis
tax search Steuerfahndung
tax treatment of interest payments steuerliche Behandlung von Zinszahlungen
tax writeoff steuerliche Abschreibung
tax year Steuerjahr
tax-deductable expenses abzugsfähige Ausgaben
tax-exempt Steuerfreiheit
tax-exempt assets steuerbefreite Wirtschaftsgüter
tax-favored saving steuerbegünstigtes Sparen
tax-free Steuerfreiheit
tax-free amount Steuerfreibetrag

tax-managed mutual fund steuerorientierter Investmentfonds
tax-supported loan steuerbegünstigtes Darlehen
taxable steuerpflichtig
taxable income steuerpflichtiges Einkommen, steuerpflichtiger Gewinn
taxable object Steuereinheit, Steuerobjekt
taxable performance besteuerbare Leistung
taxation Besteuerung, Steuerveranlagung
taxation adjustment Steuerberichtigung
taxation at a flat rate Pauschalbesteuerung
taxation law Steuergesetz
taxes and social security ratio Abgabenquote
taxpayer Steuerzahler
team Abteilung, Arbeitsgruppe, Gruppe
team effort gemeinsame Anstrengung
team up sich zusammentun, zusammenarbeiten
team work Gemeinschaftsarbeit, Teamwork
teaser interest rates Lock-Zinsen
technical analysis of stock trends technische Aktientrendanalyse
technical decline markttechnischer Kursrückgang
technology equities Technologie-Werte
technology stock Technologiewerte
telephone bill Telefonrechnung
telephone charges Fernmeldegebühren, Telefongebühren
telephone securities Wertpapiere der Telefonindustrie
telephone subscription Telefongrundgebühr
teleregister Kursanzeiger
television licence fee Fernsehgebühr
teller Kassierer
teller's department Hauptkasse
teller's window Kassenschalter
temporary befristet, zeitweilig
temporary annuity Zeitrente
temporary bonds vorläufige Schuldverschreibungsurkunden
temporary credit Zwischenkredit
temporary investment vorübergehende Kapitalanlage
temporary investment of funds kurzfristige Kapitalanlage
temporary receipt vorläufige Quittung
tenancy Mietverhältnis, Pacht, Pachtdauer
tenancy account Gemeinschaftskonto
tenancy agreement Mietvertrag, Pachtvertrag, Franchise-Vertrag
tenancy property Mietgrundstück
tenant Mieter, Pächter
tenant-occupied house Mietshaus
tendency Richtung, Tendenz
tendency to inertia Beharrungstendenz
tender Angebot, Ausschreibung
tender agreement Submissionsvertrag

tender specifications Lastenheft
tender to contract cover Kurssicherung
tenfold zehnfach
tentative vorläufig, zögernd
tentative agreement Vertragsentwurf
term Dauer
term account Festgeldkonto
term bill Tagwechsel
term bond Serienanleihe
term borrowings Termingeldaufnahmen
term deposits Festgeld
term federal funds terminiertes Tagesgeld
term insurance Risikolebensversicherung
term lending längerfristiges Kreditgeschäft
term lendings mittelfristige Ausleihungen
term liability befristete Verbindlichkeit
term loans mittel-/langfristige Tilgungskredite
term money Termingeld
term of a bill Laufzeit eines Wechsels
term of a loan Anleihelaufzeit
term of acceptance Wechsellaufzeit
term of annuity Rentendauer
term of maturity Laufzeit eines Wechsels
term of notice Kündigungsfrist
term sheet Konditionsvereinbarung
term-structure of interest rates Fristenstruktur der Zinssätze, Zinsstruktur
terminability Kündbarkeit
terminable annuity kündbare Rente, Zeitrente
terminable at call jederzeit kündbar
terminable bonds Anleihe mit fester Laufzeit
terminal charge Zustellgebühr
terminal date Endtermin
terminal payment letzte Ratenzahlung, Abschlusszahlung, Schlusszahlung
terminate ablaufen, beenden
termination Ablauf, Auflösung, Kündigung, Beendigung
termination of employment Beschäftigungsende
termination pay Abfindung
terms Zahlungsbedingungen
terms and conditions Lieferungs- und Zahlungsbedingungen
terms and conditions of employment Beschäftigungsbedingungen
terms and conditions of sale and delivery Verkaufsbedingungen
terms of a loan Anleiheausstattung, Anleihe-Konditionen, Anleihe-Bedingungen
terms of amortization Tilgungsbedingungen
terms of an issue Emissionsbedingungen
terms of competition Wettbewerbsbedingungen
terms of contract Vertragsbedingungen
terms of credit Kreditbedingungen
terms of delivery Lieferbedingungen
terms of payment Zahlungsbedingungen

terms of payment and delivery Lieferungs- und Zahlungsbedingungen
terms of redemption Tilgungsmodalitäten
terms policy Konditionenpolitik
test discount rate Kalkulationszinsfuß
test equipment erfolgloses Übernahmeangebot
testify beurkunden, bezeugen
theory of managerial finance Finanzierungstheorie
theory of portfolio selection Portfoliotheorie
theory of taxation Steuerlehre
thin equity base dünne Kapitaldecke
thin margin unzureichende Deckung
third mortgage dritte Hypothek
third party dritte Person
third-party account Anderkonto, fremde Rechnung
third-party debtor Drittschuldner
third-party funds Fremdgelder, Fremdmittel
third-party liability Haftpflicht
third-party liability claims Haftungsansprüche Dritter
third-party liability insurance Haftpflichtversicherung
third-party motor insurance Kfz-Haftpflichtversicherung
third-party owner Dritteigentümer
third-party property fremdes Eigentum
third-party purchaser Dritterwerber
third-party rights Rechte Dritter
third-party securities account Kundendepot
third-party security deposit Anderdepot
third-party transaction Dreiecksgeschäft
thorough sorgfältig, genau
thoroughness Gründlichkeit, Solidität, Sorgfalt, Vollendung
thread mark Silberfaden in Banknoten
three-column account Dreispaltenkonto
three-months funds Dreimonatsgelder
three-months maturities Dreimonatspapiere
three-party paper Wertpapier mit drei Beteiligten
three-quarter majority Dreiviertelmehrheit
threshold amount Höchstbetrag
threshold price Schwellenpreis
thrift Sparsamkeit, Wirtschaftlichkeit
thrift account Sparkonto
thrift department Sparkundenabteilung
thrift deposit Sparkonto, Spargeld, Spareinlage
thrift deposits Spareinlagen
thrift institution Sparkasse
thrift price Niedrigpreis
thrift program Sparprogramm
thriftless verschwenderisch
thrifty sparsam, wirtschaftlich
throughput time Durchlaufzeit
throwing on the market auf den Markt bringen

tick ankreuzen, kleinste Preisveränderung von Terminkontrakten (in USA), Mindestkursschwankungen
tick off abhaken
ticker Börsenticker
tickertape Papierstreifen des Börsentickers
tide over über Wasser halten
tide-over credit Überbrückungskredit
tie binden, befestigen, verknüpfen
tie up Stillstand, Stilllegung
tie-breaking vote ausschlaggebende Stimme
tie-in clause Kopplungsklausel
tie-in sale Kopplungsgeschäft
tied trade gebundener Handel
tied-up capital gebundenes Kapital
tied-up claim eingefrorene Forderung
tied-up funds festgelegte Mittel
tier one asset Kategorie 1 Sicherheit
tier two asset Kategorie 2 Sicherheit
tieup of funds Finanzmittelbindung
tight budget situation angespannte Haushaltslage
tight credit policy restriktive Kreditpolitik
tight credit situation Kreditanspannung
tight deadliner knapper Termin
tight funds knappe Mittel
tight liquidity position angespannte Liquiditätslage
tight monetary policy restriktive Geldpolitik
tight money Geldknappheit
tight money market Verengung des Geldmarktes
tighten credit Kredit verknappen
tighten purse strings Ausgaben kürzen
tighten up on credit Kreditschraube anziehen
tightened inspection verschärfte Prüfung
tightening of the money market Versteifung des Geldmarktes
till Kasse
till money Kassenhaltung
till receipt Kassenstreifen
time Frist, Zeit, Zeitaufwand
time account Festgeldkonto
time adjusted rate of return interner Zinsfuß
time analysis Zeitanalyse
time bargain Termingeschäft
time bill Zielwechsel
time buffer Terminpuffer
time cost Periodenkosten
time delay Zeitverzögerung
time deposit befristete Einlage, Festgeldeinlagen, Termineinlagen
time deposit account Festgeldkonto, Sparkonto
time deposit rate Termingeldsatz
time draft Nachsichtwechsel
time fixed for performance Erfüllungsfrist
time for payment Zahlungsziel
time frame Zeitrahmen

time lag Wirkungsverzögerung, Zeitverzögerung
time liabilities Terminverbindlichkeiten
time limit Frist, Termingeldsatz
time limit for subscription Bezugsfrist
time loan Kredit mit fester Laufzeit
time money Termingeld, Festgeld
time of delivery Liefertermin, Lieferfrist
time of dispatch Aufgabezeit, Versandzeitpunkt
time of expiration Verfallszeit
time of waiting Karenzzeit
time payment Ratenzahlung
time premium Zeitwert
time purchase Terminkauf
time schedule Terminplan
time scheduling Terminplanung
time to maturity Laufzeit, Fristigkeit, Restlaufzeit
time to run Laufzeit
time value Zeitwert
time window Zeitfenster
times earnings Kurs-Gewinn-Verhältnis
timework rate Zeitlohn
timeworker's bonus Akkordausgleich
tip Hinweis, Trinkgeld, Wink
title Titel, Bezeichnung
title deed Eigentumsurkunde
to account erklären, buchen
tobacco tax Tabaksteuer
token Bon, Gutschein, Notgeld
token amount of indemnity nominelle Entschädigung
token money Zeichengeld
toll Benutzungsgebühr, Maut, Zollgebühr
tombstone Finanzanzeigen
tombstone advertizing Emissionsanzeige
tone of the market Preisverhalten
tooling up costs Ausrüstungskosten
tools of monetary policy geldpolitisches Instrumentarium
top borrower erste Adresse
top heavy überkapitalisiert, überbewertet
top price Höchstpreis, Spitzenpreis
top ranking von hohem Rang
top yield Spitzenrendite
top-grade securities erstklassige Wertpapiere
top-heavy shares überbewertete Aktien
top-line bond erstklassige Schuldverschreibung
topping up a loan Kreditaufstockung
total sich belaufen auf
total Gesamtbetrag, Gesamtzahl
total account Gesamtrechnung
total accumulation of annuity Endwert
total annuity Gesamtannuität
total assets Vermögenssubstanz, Bilanzsumme
total buffer Gesamtpuffer
total burden of levies Gesamtabgabenbelastung
total capital Gesamtkapital
total capital employed Gesamtvermögen
total capital spending Gesamtinvestitionen, Investitionssumme
total capitalization Gesamtkapitalausstattung
total change Gesamtveränderung
total control account verzinsliches Scheckkonto
total cost Gesamtkosten
total cost curve Gesamtkostenkurve
total cost of financing Gesamtfinanzierungskosten
total debt rescheduling Gesamtumschuldung
total dividend Gesamtdividende
total equity and liabilities Aktiva und Passiva
total estate Vermögenssubstanz
total expenditures Gesamtausgaben
total exposure Gesamtengagement
total external transactions gesamte außenwirtschaftliche Transaktionen
total financing Gesamtfinanzierungskosten
total fixed costs Fixkostenblock
total income Gesamteinkommen
total interest charge Gesamtzinsbelastung
total lending Gesamtschulden
total lendings Gesamtausleihungen
total operating performance Gesamtleistung
total outlay Gesamtaufwand, Gesamtkosten
total output Gesamtleistung
total proceeds Gesamterlös
total production cost Selbstkosten
total redemption Tilgungsvolumen
total result Gesamtergebnis
total return Gesamtgewinn
total risk Gesamtrisiko
total spending Gesamtausgaben
total utility Gesamtnutzen
total volume of issues Emissionsvolumen
total yield Gesamtertrag
totality Gesamtheit, Vollständigkeit
touch-and-go prekäre Situation
touchy topic Reizthema
tourist receipts Einkünfte aus Fremdenverkehr
tracer Laufzettel, Suchzettel
tracer information Inkassoauskunft
tracing of maturities Terminüberwachung
trade acceptance Außenhandelsakzept
trade allowance Nachlass, Rabatt
trade balance Handelsbilanz
trade barriers Handelsschranken
trade bill Handelswechsel
trade convention Wirtschaftsabkommen
trade credit Warenkredit, Lieferantenkredit
trade date Schlusstag, Abschlusstag
trade debtor Kontokorrentschuldner
trade debtors Forderungen
trade discount Nachlass
trade earnings Gewerbeertrag
trade in in Zahlung geben

trade income tax Gewerbeertragsteuer
trade indemnity insurance Warenkreditversicherung
trade investment Finanzanlage-Investition, Beteiligung
trade investments Vermögensanlagen
trade margin Handelsspanne
trade off ausgleichen, tauschen, verzichten auf, kompensieren
trade on ausnützen
trade over the counter im Freiverkehr handeln
trade paper Handelswechsel
trade register Handelsregister
trade regulation act Gewerbeordnung
trade sanctions Handelssanktionen, Wirtschaftssanktionen
trade supervisory authority Gewerbeaufsichtsamt
trade surplus Handelsüberschuss, Handelsbilanzüberschuss
trade tax Gewerbesteuer
trade tax on earnings Gewerbeertragsteuer
trade (trading) Handel
trade-based futures business Warenterminhandel
trade-in value Gebrauchtwert
trade-weighted exchange rate Außenwert der Währung
traded on the stock exchange börsennotiert
trader in securities Wertpapierhändler
trader's equity Einschusszahlungen
trading capital Gewerbekapital
trading capital tax Gewerbekapitalsteuer
trading costs Handelskosten
trading currency Transaktionswährung
trading day Börsentag
trading floor Börsensaal
trading for cash Kassageschäfte
trading for own account Eigenhändlergeschäft, Selbsteintritt
trading hours Börsenstunden, Börsensitzung
trading in futures Börsenterminhandel
trading in options Optionshandel
trading in securities Handel in Wertpapieren
trading in stocks Effektenhandel
trading in subscription rights Bezugsrechtshandel
trading invoice Handelsrechnung
trading loss Betriebsverlust, Geschäftsverlust
trading profit Geschäftsgewinn
trading results Handelsergebnisse
trading up Preiserhöhungsstrategie
trading volume Börsenumsatz, Umsatzvolumen
trafficker Dealer, Händler, Schieber
training costs Ausbildungskosten
training credit Ausbildungskredit
tranche Tranche

tranche of a bond issue Tranche einer Anleihe
transact abwickeln, durchführen
transact goods Waren eintauschen
transaction Abwicklung, Geschäftsabschluss, Transaktionswährung
transaction account Kontokorrentkonto
transaction charge Buchungsgebühr
transaction costs Transaktionskosten
transaction exposure Währungsrisiko
transaction fee Buchungsgebühr
transaction loan kurzfristiger Kredit (zweckgebunden)
transaction maturity Kontraktfälligkeit
transactions balance Transaktionskasse
transactions for own account Eigenhandel
transactions velocity Umlaufgeschwindigkeit des Geldes
transfer Überweisung, Übertrag
transfer certificate Übertragungsbescheinigung
transfer charges Überweisungsgebühren
transfer in blank Blanko-Übertragung
transfer income Transfereinkommen
transfer instruction Transferbefehl, Überweisungsauftrag
transfer of capital Kapitaltransfer
transfer of claims Forderungstransfer
transfer of fund Geldüberweisung
transfer of ownership Eigentumsübertragung
transfer of profits Gewinnabführung, Gewinnverlagerung
transfer of purchasing power Kaufkrafttransfer
transfer of right to vote Stimmrechtsübertragung
transfer of securities Wertpapierübertragung, Effektenübertragung
transfer of shares Aktienübertragung
transfer of voting right Stimmrechts-Übertragung
transfer payment Transferzahlung
transferability Übertragbarkeit
transferable übertragbar
transferable instrument übertragbares Wertpapier
transformation Umwandlung, Transformation
transit items Inkassopapiere
transit number Bankleitzahl (BLZ)
transition Umstellung, Übergang
transitional budget Übergangsbudget
transitional old-age benefits Alters-Übergangsgeld
transitional period Übergangsdauer, Übergangszeit
transitional provisions Übergangsbestimmungen
transitivity Übergangsverpflichtung
transitory vorübergehend
transitory item Übergangsposten
transmitted credit Durchlaufkredit

transmitted funds durchlaufende Mittel, Durchlaufgelder
transparency Transparenz, Folie
transport charge Beförderungsentgelt
transport expenses Beförderungskosten, Transportkosten
transportation costs Transportkosten
transportation insurance Transportversicherung
transvaluation Umbewertung
travel allowance Reisespesen
travel expense report Reisekostenabrechnung
travel expenses Reiseausgaben, Reisespesen
traveler's check Reisescheck
traveler's letter of credit Reisekreditbrief
traveling allowance Reisekostenzuschuss
traveling expenses Reisekosten
treasurer Kassenwart, Leiter der Finanzabteilung, Schatzmeister
treasury Fiskus, Finanzministerium, Schatzamt
treasury bill Schatzanweisung, Schuldverschreibung
Treasury bond Schatzobligation
Treasury Department (TD) Finanzministerium
Treasury note Schatzanweisung
treasury stock eigene Aktien, Vorratsaktien, mündelsichere Wertpapiere, langfristige Staatspapiere
treatise Abhandlung, Bericht
treatment Behandlung, Bewirtung, Darstellung
treaty Vertrag, Abkommen
trend Trend, Tendenz, Richtung
trend analysis Trendanalyse
trend of business Geschäftsgang
trend of demand Nachfrageentwicklung
trend of earnings Ertragsentwicklung
trend of events Lauf der Dinge
trend of profitability Ertragsentwicklung
trend reversal Trendwende
trial Versuch, Test
trial and error Versuch und Irrtum
trial order Probeauftrag
tribunal Gerichtshof, Untersuchungsausschuss
triennial dreijährlich
triennium Zeitraum von drei Jahren
trifle Kleinstbetrag, Bagatelle
trifle away vergeuden
troubled loan Problemkredit
trough Konjunkturtief
truckage Transport, Wagengeld, Rollgeld
true cost tatsächliche Kosten

true interest cost effektive Zinskosten
true rate of return Effektivverzinsung, effektive Rendite
true value Istwert
truncation belegloses Scheckeinzugsverfahren
trust anvertrauen, erwarten
trust Kartell, Treuhand, Vertrauen
trust account Anderkonto
trust company Treuhandgesellschaft
trust deposits Treuhandgelder
trust fund Fondsvermögen
trust institution Treuhandgesellschaft
trust manager Fondsverwalter
trust receipt Depotbescheinigung
trustee Treuhänder, Vermögensverwalter
trustee account Treuhandkonto
trustee savings bank gemeinnützige Sparkasse
trustee securities mündelsichere Wertpapiere
trusteeship Treuhänderschaft
trustworthiness Solidität
tuition fee Kursgebühr, Schulgebühr
turmoil Aufruhr, Tumult, Unruhe
turn a profit Gewinn machen
turnaround Trendwende
turnaround in economic activity Konjunkturumschwung
turnaround in interest rate movements Zinswende
turnover Umsatz, Umschlag
turnover growth Umsatzsteigerung
turnover level Umsatzniveau
turnover of capital to average total sales Kapitalumschlagshäufigkeit
turnover rate Umschlagshäufigkeit
turnover ratio Umschlagskennziffer, Umsatzkennziffer
turnover tax Umsatzsteuer
two-tier system zweistufiges System
two-tier tender offer gestaffeltes Übernahmeangebot
two-tranche deal zweiteilige Emission
twofold zweifach
tying agreement Ausschließlichkeitsabkommen
tying clause Bindungsklausel
tying contract Exklusivvertrag
type of costs Kostenarten
type of expenditure format Gesamtkostenverfahren
type of financing Finanzierungsart
type of investment Anlageart

U

ullage Schwund
ultimate endlich, entscheidend
ultimate borrower Endkreditnehmer
ultimate buyer Endabnehmer
ultimate consumer Endverbraucher
ultimate strain Maximalbelastung
ultimately schließlich, letzten Endes
umbrella agreement Rahmenabkommen
umbrella organization Dachorganisation, Spitzenorganisation
umbrella program Rahmenprogramm
unable to comply with one's bargains zahlungsunfähig
unable to pay zahlungsunfähig
unabsorbed overhead Kosten der Unterbeschäftigung, Leerkosten, Unterbeschäftigungskosten
unacceptable unannehmbar
unaccepted bill nicht akzeptierter Wechsel
unaccountable unerklärlich, seltsam
unadjusted unbereinigt
unadjusted market price unberichtigte Kurse
unallocated storage Sammelverwahrung
unaltered unverändert
unambiguous eindeutig, unzweideutig
unambiguous presentation of balance sheet items Bilanzklarheit
unamortized bond discount nicht abgeschriebenes Damnum, nicht abgeschriebenes Disagio
unamortized debt discount nicht abgeschriebenes Disagio
unamortized premium nicht abgeschriebenes Agio
unanimity Einstimmigkeit
unanimous einstimmig
unanimous vote requirement Einstimmigkeitserfordernis
unannounced ohne Ankündigung
unanswerable unbestreitbar, unwiderleglich
unappealability Rechtskraft, (Bestandskraft)
unappropriated nicht zugeteilt, nicht gebraucht
unappropriated earned surplus income Gewinnrücklage
unappropriated profits brought forward Gewinnvortrag
unappropriated reserve freie Rücklage
unappropriated retained earnings brought forward Gewinnvortrag
unassignable nicht übertragbar
unassignable share nicht übertragbare Aktie
unassured nicht versichert
unattended ohne Aufsicht
unattested nicht überprüft

unaudited ungeprüft
unaudited accounts nicht testierter Abschluss
unauthorized nicht bevollmächtigt, unbefugt, nicht ermächtigt
unavailable nicht verfügbar
unavoidable unanfechtbar, unvermeidlich
unaware nicht bewusst
unbalanced unausgeglichen, einseitig, nicht saldiert
unbalanced account unausgeglichenes Konto
unbalanced budget unausgeglichener Haushalt
unbalanced entry Buchung ohne Gegenbuchung
unbalanced growth ungleichgewichtiges Wachstum
unbalanced position offene Position
unbankable paper nicht diskontfähiger Wechsel
unbending fest entschlossen
unbiased sachlich, unbeeinflusst, vorurteilslos
unbiased error reiner Zufallsfehler
unbilled consignment nicht berechnete Sendung
unblock freigeben
unblocking Freigabe von Mitteln
unbribable unbestechlich
unbundle zerlegen
unbundling of risks Risikenzerlegung
uncallable unkündbar
uncalled nicht eingefordert, nicht in Anspruch genommen
uncalled capital nicht eingefordertes Kapital
uncertain unsicher, ungewiss
uncertainty Unsicherheit, Ungewissheit, Fragwürdigkeit, Unbeständigkeit
unchallenged unbestritten, unangefochten
unchanged unverändert
unclaimed nicht abgeholt, nicht beansprucht
unclaimed balances nicht abgehobene Guthaben
unclaimed check nicht eingelöster Scheck
unclaimed dividends nicht abgehobene Dividende
unclaimed property herrenloser Besitz
unclassified nicht geordnet
uncleared goods unverzollte Waren
uncleared invoice offene Rechnung
uncollectible accounts uneinbringliche Forderungen
uncollectible accounts allowed Wertberichtigung auf Forderungen
uncollectible receivables uneinbringliche Forderungen
uncollectibles uneinbringliche Forderung
uncommitted nicht gebunden, ungebunden

uncommitted lendings nicht zweckgebundene Ausleihungen
uncommitted research freie Forschung
uncommitted reserves freie Rücklagen
uncompensated unentgeltlich
uncompensated costs soziale Zusatzkosten
uncondensed profit and loss statement unverkürzte Gewinn- und Verlust-Rechnung
unconditional bedingungslos, vorbehaltslos
unconditional acceptance uneingeschränktes Akzept
unconfirmed letter of credit unbestätigtes Akkreditiv
unconsolidated debt unfundierte Schulden
unconsolidated investments Beteiligungen an nicht konsolidierten Gesellschaften
uncontestable tax assessment notice unanfechtbarer Steuerbescheid
unconvertible bonds nicht wandelbare Anleihe
uncovered acceptance ungedecktes Akzept
uncovered arbitrage spekulative Zinsarbitrage
uncovered bill of exchange ungedeckter Wechsel
uncovered check ungedeckter Scheck
uncovered demand Fehlbetrag
uncovered exposure ungedecktes Risiko
uncovered interest arbitrage ungedeckte Zinsarbitrage
uncovered loan nicht gedeckter Kredit
uncovered sale Leerverkauf
uncovered transaction Blankogeschäft
uncustomed goods unverzollte Waren
undated ohne Laufzeitbegrenzung
undated letter Schreiben ohne Datum
undated securities Wertpapiere ohne Fälligkeitstermin
undeniable unleugbar, unbestreitbar
undeposited receipts nicht eingezahlte Einnahmen
under applicable law nach geltendem Recht
under commercial law handelsrechtlich
under company law gesellschaftsrechtlich
under construction im Bau befindlich
under current law nach gegenwärtiger Rechtslage
under duty verpflichtet
under notice gekündigt
under spot unter Kassakurs
under the authority of im Auftrag von, mit Genehmigung von
under the counter illegal, heimlich
under this agreement gemäß dieser Vereinbarung
under value unter Wert
under way in Bearbeitung
under-accrual Rückstellungsfehlbetrag
underachieve hinter den Erwartungen zurückbleiben

underbid unterbieten
undercapitalization Unterkapitalisierung
undercapitalized unzureichend kapitalisiert
undercut unterbieten
undercutting Preisunterbietung
underdepreciation Unterabschreibung
underestimate unterschätzen
underfunded unzureichend kapitalisiert
underlaying mortgage vorrangige Hypothek
underleveraged mit zu geringem Fremdkapital ausgestattet
underlying deal Grundgeschäft
underlying tax relief indirekte Steueranrechnung
underprice unterbewerten
underpriced share zu niedrig bewertete Aktie
underpricing Unterbewertung
underrate unterbewerten, zu niedrig veranschlagen
underreport zu niedrig ausweisen
undersell unterbieten
understanding Absprache, Übereinkunft, Vereinbarung
understate unterbewerten
understatement Unterbewertung, Untertreibung
undertake a liability Haftung übernehmen
undertake an obligation Verpflichtung unternehmen
underutilization ungenügende Auswertung, ungenügende Nutzung
underutilized unterbeschäftigt, nicht voll genutzt
undervaluation Unterbewertung
undervalued unterbewertet
undervalued currency unterbewertete Währung
underwriter Emissionsbank, Konsorte
underwriting agreement Übernahmevertrag
underwriting banks Konsortialbanken
underwriting business Emissionsgeschäft
underwriting commission Übernahmeprovision
underwriting commitment Übernahmeverpflichtung
underwriting group Übernahmekonsortium
underwriting guaranty Übernahmegarantie
underwriting house Emissionsinstitut
underwriting margin Konsortialspanne
underwriting premium Emissionsagio
underwriting price Übernahmekurs
underwriting profit Emissionsgewinn
underwriting reserve Schadensreserve
underwriting risk Emissionsrisiko
undeveloped land unerschlossene Grundstücke, unbebaute Grundstücke
undeveloped real estate unbebaute Grundstücke
undisbursed nicht ausgezahlt
undisclosed accounting Geheimbuchführung
undisclosed appreciation in value stille Reserven
undisclosed profits nicht ausgewiesene Gewinne

undisclosed reserve nicht ausgewiesene Rücklage
undisclosed reserves stille Reserven
undistributed nicht ausgeschüttet
undistributed profits unverteilte Gewinne
undo aufmachen, öffnen, rückgängig machen
undoubted unbestritten
undoubtedly zweifellos
undrawn nicht in Anspruch genommen
undue übertrieben, unzulässig
undue debt noch nicht fällige Verbindlichkeit
undue hardship unbillige Härte
undue influence unzulässige Beeinflussung
unearned nicht erarbeitet
unearned income Einkünfte aus Kapitalbesitz, Besitzeinkommen
uneconomical unwirtschaftlich, unrentabel
uneffective untauglich
unemployment assistance Arbeitslosenhilfe
unemployment benefit Arbeitslosenunterstützung
unemployment claim Antrag auf Arbeitslosengeld
unemployment pay Arbeitslosengeld
unencumbered unbelastet
unencumbered title unbelastetes Eigentum
unexperienced risks unerwartete Risiken
unexpired life Restlebensdauer
unexpired time Restlaufzeit
unfilled order unerledigter Auftrag
unfinished unfertig
unfinished business unerledigte Tagesordnungspunkte, unerledigtes Programm
unfinished goods unfertige Erzeugnisse
unfinished goods or services unfertige Leistungen
unfootnoted bedingungslos
unforeseeable unvorhersehbar
unforeseen unerwartete Risiken
unforeseen requirements unvorhergesehener/ungeplanter Bedarf
unfounded unbegründet
unfranked nicht besteuert
unfreeze funds Guthaben freigegeben
unfreezing of assets Freigabe von Vermögenswerten
ungeared ohne Fremdmittel
unhampered trade uneingeschränkter Handel
unhedged ungesichert
unification treaty Einigungsvertrag
unified accounting Gesamtbuchhaltung
unified bond konsolidierte Anleihe
uniform einheitlich, konstant
uniform classification of account for industrial enterprises Industriekontenrahmen
uniform determination of profits einheitliche Gewinnfeststellung

uniform distribution Gleichverteilung
uniform duty Einheitszoll
uniform price Einheitspreis
uniform rules for collections einheitliche Richtlinien für Inkasso
uniform system of accounts Kontenrahmen
unilateral einseitig
unilateral obligation einseitige Verpflichtung
unimpeachable unanfechtbar, einwandfrei
unimproved properties unbebaute Grundstücke
unimproved real property Grundstücke ohne Bauten
unintended disinvestment ungeplante Desinvestition
unintended dissaving ungeplantes Entsparen
union agreement Tarifvertrag
union contract Tarifvertrag
union dues Gewerkschaftsbeiträge
union subscriptions Gewerkschaftsbeiträge
union wage rate Tariflohn
unique einzigartig
unissued capital nicht ausgegebenes Kapital
unissued stock nicht ausgegebenes Aktienkapital
unit Einheit, Anteil
unit advertizing cost Werbestückkosten
unit applicant Anteilszeichner
unit certificate Anteilschein
unit contribution margin Deckungsbeitrag je Einheit
unit cost Kosteneinheit
unit cost function Stückkostenfunktion
unit costs Stückkosten
unit depreciation Einzelabschreibung
unit holder Fondsanteilseigner
unit labor costs Arbeitsstückkosten, Kosten einer Arbeitseinheit
unit of account (U/A) Rechnungseinheit
unit of charge Gebühreneinheit
unit of cost Kostenträger
unit of currency Währungseinheit
unit of labor Arbeitseinheit
unit of output Produktionseinheit
unit of sampling Stichprobeneinheit
unit of trading Kontrakteinheit, Mindestmenge
unit of value Wertmaßstab, Werteinheit
unit price Einheitspreis, Stückpreis
unit quotation Stücknotierung, Stücknotiz, Stückkurs
unit redemption price Rücknahmekurs
unit trust Investmenttrust, Investmentgesellschaft, offener Investmentfonds
unit wages Stücklohn, Akkordlohn
unit-of-output costing statement Kostenträgerrechnung
unitholder Anteilscheinbesitzer, Investmentbesitzer
unity Einheit

universal agent Generalbevollmächtigter
universal bank Universalbank
universal partnership allgemeine Gütergemeinschaft
universal succession Gesamtrechtsnachfolge
unlawful widerrechtlich
unlimited unbegrenzt, unbefristet
unlimited accounts Kredite in beliebiger Höhe
unlimited company Kapitalgesellschaft mit unbeschränkter Haftung
unlimited credit line Kreditrahmen in unbegrenzter Höhe
unlimited liability unbeschränkte Haftpflicht
unliquidated unbezahlt, unbeglichen, offen stehend
unlisted nicht verzeichnet, geheim
unlisted securities Freiverkehrswerte
unload a stake Beteiligung abstoßen
unloading charges Löschungskosten, Abladekosten, Entladekosten
unofficial broker freier Makler
unofficial dealing ungeregelter Freiverkehr
unofficial market ungeregelter Freiverkehr
unofficial quotation Freiverkehrskurs
unpaid unbezahlt
unpaid balance in account Restschuld
unpaid bills unbezahlte Rechnungen
unpaid capital ausstehende Einlagen
unpaid check nicht eingelöster Scheck
unpaid leave unbezahlter Urlaub
unpaid tax unbezahlte Steuern
unpegged nicht gestützt
unplanned depreciation außerplanmäßige Abschreibung
unpredictable nicht vorhersagbar, unvorhersehbar
unprofitable unrentabel
unprofitable investment Fehlinvestition
unqualified acceptance uneingeschränktes Akzept
unqualified audit opinion uneingeschränkter Bestätigungsvermerk
unqualified cover Volleindeckung
unqualified endorsement uneingeschränktes Indossament
unqualified guaranty uneingeschränkte Garantie
unrealized gains nicht realisierte Gewinne
unrealized loss nicht realisierter Verlust
unrealized revenue unrealisierter Ertrag
unreasonable expense unverhältnismäßige Kosten
unreceipted invoice nicht quittierte Rechnung
unregistered securities Inhaberpapiere
unrelated to accounting period periodenfremd
unreliability Unzuverlässigkeit
unreliable Unzuverlässigkeit
unrivaled beispiellos, konkurrenzlos

unsalable unverkäuflich
unscheduled redemption unplanmäßige Tilgung
unsecured ungesichert, ungedeckt
unsecured bond ungesicherte Schuldverschreibung
unsecured bond issue ungesicherte Anleihe
unsecured credit ungesicherter Kredit
unsecured creditor einfacher Konkursgläubiger, Massengläubiger, ungesicherter Gläubiger
unsecured debenture ungesicherte Schuldverschreibung
unsecured debt ungesicherte Forderung
unsecured liability ungesicherte Verbindlichkeit
unsecured loan ungesichertes Darlehen
unsizeable unpfändbar
unskilled ungelernt
unstable instabil, labil, schwankend
unsuitable ungeeignet
untaxed unversteuert, steuerfrei
untaxed reserve steuerfreie Rücklage
unterminable unkündbar
untied capital ungebundenes Kapital
until further notice bis auf weiteres, bis auf Widerruf
untransferable nicht übertragbar
unused bank line nicht in Anspruch genommene Zusage
unutilized nicht in Anspruch genommen
unutilized credit line offene Kreditlinie
unwarranted ungerechtfertigt
up-market in der gehobenen Preisklasse
up-to-date aktuell, auf dem laufenden, auf dem neuesten Stand
upcoming bevorstehend
update aktualisieren, auf den neuesten Stand bringen, fortschreiben
updating Fortschreibung
upfront im voraus
upfront payment Vorauszahlung
upgrade Aufstieg, befördern, verbessern
upkeep Instandhaltung
uplift Konjunkturaufschwung
upon request auf Antrag
upon termination bei Beendigung
upper price oberer Preis
ups and downs of the market Kursschwankungen
upside target Kursziel
upstick in interest rates Zinsanstieg
upsurge steiler Aufstieg
upsurge in bonds prices Rentenhausse
upsurge in inflation Inflationsstoß
upswing Konjunkturaufschwung
uptick leichter Kursanstieg
uptrend steigende Tendenz
upturn Aufschwung, Kursanstieg
upvaluation Auswertung

upward adjustment Erhöhung
upward business trend Konjunkturaufschwung
upward movement Aufwärtsbewegung
upward revaluation Höherbewertung
upward tendency steigende Tendenz
urgency Dringlichkeit, Druck
urgency measure Dringlichkeitsmaßnahme
urgent dringend, eilig
urgent order Eilauftrag
usable brauchbar, verwendbar
usage Geschäftsbrauch
usage-based verbrauchsgebunden, gebrauchsgebunden
usance Handelsbrauch, Wechselfrist, Wechsellaufzeit
use benutzen, verwenden
use Gebrauch, Verwendung
use as collateral beleihen
use of funds Mittelverwendung
use one's good offices vermitteln
used-capacity cost Nutzkosten, Nutzungskosten
useful life betriebsgewöhnliche Nutzungsdauer
usefulness Brauchbarkeit, Nützlichkeit, Zweckmäßigkeit
user Anwender, Betroffener, Verbraucher
user cost Gebrauchskosten, Benutzungskosten
usufruct Nießbrauch, Nutzungsrecht
usurer Wucherer
usurious contract Wuchervertrag
usurious interest Zinswucher
usurious loan Wucherdarlehen
usury Wuchervertrag
util Nutzeneinheit
utilities Versorgungswerte
utility Nutzen, Gebrauch
utility model patent Gebrauchsmuster
utilization Ausnutzung, Verwendung, Verwertung
utilization of provisions Rückstellungsverbrauch
utilization rate Ausnutzungsgrad
utilization value Gebrauchswert
utilize benutzen, verwenden, verwerten
utmost äußerst, möglichst
utter Falschgeld verbreiten
utter völlig, endgültig

V

vacant land unbebaute Grundstücke
vacation bonus Urlaubsgeld
vacation pay Urlaubsgeld
vacation provisions Urlaubsrückstellungen
vagaries of the stock market extreme Kursschwankungen am Aktienmarkt
vagueness Unbestimmtheit, Unbestimmtheit
vail out aussteigen
valid treffen
valid gültig, rechtskräftig, stichhaltig, logisch
valid contract gültiger Vertrag
valid until canceled gültig bis auf Widerruf
valid until recalled gültig bis auf Widerruf
validate prüfen, verifizieren
validation certificate Anerkennungsbescheinigung
validity Gültigkeit, Rechtskraft, Validität
valley bottom Talsohle
valorization Aufwertung
valorize aufwerten, valorisieren, Preis stützen
valuable wertvoll, schätzbar
valuables Wertgegenstände
valuate bewerten, schätzen, taxieren
valuation Bewertung, Schätzung, Wert
valuation account Wertberichtigungskonto
valuation act Bewertungsgesetz
valuation adjustment Wertberichtigung
valuation allowance Wertberichtigung auf Wertpapiere
valuation allowance for accounts receivable Wertberichtigung auf Forderungen
valuation allowance for current assets Wertberichtigung auf Umlaufvermögen
valuation allowance for fixed assets Wertberichtigung auf Anlagevermögen
valuation allowance for investments Wertberichtigung auf Beteiligungen
valuation allowance for losses on individual accounts receivable Einzelwertberichtigung auf auf Forderungen
valuation at acquisition and production cost Bewertung zu Anschaffungs- und Herstellkosten
valuation at average prices Durchschnittsbewertung
valuation at historical cost Bewertung zu Anschaffungs- und Herstellkosten
valuation at replacement cost Bewertung zu Wiederbeschaffungspreis
valuation at the lower of cost or market Bewertung nach dem Niederstwertprinzip
valuation based on standard values and quantities Festbewertung

valuation basis Bewertungsgrundlage
valuation clause Wertklausel
valuation date Bewertungsstichtag
valuation difference Bewertungsunterschied
valuation for customs purposes Zollbewertung
valuation for financial statement purposes handelsrechtliche Bewertung
valuation guidelines Bewertungsrichtlinien
valuation item Bewertungsgegenstand
valuation item-by-item Einzelbewertung
valuation law Bewertungsrecht
valuation leeway Bewertungsspielraum
valuation method Bewertungsmethode
valuation of a company as a whole Unternehmensbewertung
valuation of assets based on standard value Festbewertung des Anlagevermögens
valuation of inventory Bestandsbewegung, Bewertung des Vorratsvermögens, Lagerbewertung
valuation opinion Bewertungsgutachten
valuation option Bewertungswahlrecht
valuation principle Bewertungsregel
valuation process Bewertungsverfahren
valuation reserve Abschlag
valuation reserve items for operating assets Wertberichtigungspositionen zu betrieblichen Aktiva
valuation rule Bewertungsgrundsatz, Bewertungsvorschrift
valuation rules Bewertungsregeln
valuation technique Bewertungstechnik
valuation unit Bewertungseinheit
valuation variance Bewertungsunterschied
valuations Bewertungsansätze
value bewerten
value Betrag, Nutzen, Wert, Kaufkraft, Wertstellung, Valuta
value added Wertschöpfung
value added costing Wertzuschlagskalkulation
value added pattern Wertschöpfungsstruktur
value added tax (VAT) Mehrwertsteuer (MwSt)
value added taxation Umsatzbesteuerung
value adjustment Wertkorrektur, Wertberichtigung
value analysis Wertanalyse
value based management wertorientierte Unternehmensführung
value being litigated Streitwert
value chain Wertschöpfungskette
value control Erfolgskontrolle
value date Wertstellung, Valutatag
value date accounting Verbuchung per Valutatag
value for collection Inkassowert

219

value for money Preis-Leistungsverhältnis
value in exchange Tauschwert
value in use Gebrauchswert
value insured Versicherungswert
value judgement Werturteil
value of additions Zugangswert
value of an enterprise as a whole Gesamtwert der Unternehmung
value of collateral Beleihungswert
value of current production Wert der Endprodukte
value of money Geldwert
value of shipment Versandwert
value of subject matter Geschäftswert
value of the matter in dispute Streitwert
value received Wert erhalten, Wert in Rechnung
value tax Wertsteuer
value to business unternehmensspezifischer Wert
value until recalled gültig bis auf Widerruf
value variance Wertabweichung
value when new Neuwert
valued geschätzt, taxiert, veranschlagt
vamp up oberflächlich verbessern
vanilla issue Routineemission
variable annuity Rentenplan mit variablen Auszahlungsbeträgen
variable capital account variables Kapitalkonto
variable cost variable Kosten
variable costing Teilkostenrechnung
variable expenses variable Ausgaben
variable gross margin Deckungsbeitrag
variable interest loan variabel verzinslicher Kredit
variable interest rate variabler Zinssatz
variable levy variable Abgabe
variable margin Gewinne/Verluste aus offenen Positionen
variable price securities Schwankungswerte
variable price trading variabler Handel
variable rate variabler Kurs
variable rate bank loan variabel verzinslicher Bankkredit
variable rate bonds variabel verzinsliche Anleihen
variable rate mortgage variabel verzinsliche Hypothek
variable yield bond Schuldverschreibung mit variablem Ertrag
variable-price trading variabler Handel
variance Abweichung, Varianz, Unterschied
variance account Verrechnungskonto
variance analysis Varianzanalyse, Abweichungsanalyse
variant abweichend
variate Zufallsvariable
variation in quality Qualitätsabweichung
variation margin variabler Einschuss, variable Nachschusszahlung

vary variieren
vary between schwanken zwischen
vary from to schwanken von/bis
varying prices schwankende Preise
vast majority überwiegende Mehrheit
VAT Act Umsatzsteuergesetz
VAT audit Umsatzsteuerprüfung
VAT certificate Mehrwertsteuerbeleg
VAT declaration on a monthly or quarterly basis Umsatzsteuervoranmeldung
VAT exemption Umsatzsteuerbefreiung
VAT law Umsatzsteuerrecht
VAT liability Umsatzsteuerschuld
VAT on imports Einfuhrumsatzsteuer
VAT rate Umsatzsteuersatz
VAT refund Umsatzsteuerrückvergütung
vault Tresor, Stahlkammer
vault cash Tresorgeld
vehicle currency Leitwährung
veil of money Geldillusion
velocity of money movement Umlaufgeschwindigkeit des Geldes
velvet leicht erzielter Gewinn, Samt, unerwarteter Gewinn
venal bestechlich, korrupt
venality Bestechlichkeit, Käuflichkeit
vendue Auktion
vendue master Auktionator
venture riskieren, wagen
venture geschäftliches Unternehmen, Risiko, Wagnis
venture capital Risikokapital, Spekulationskapital, Wagniskapital
venture capital backer Risikokapitalgeber
venture capital company Wagniskapital-Beteiligungsgesellschaft
venture capital field Spekulationsgebiet
venture capital fund Wagniskapitalfonds
venture financing Wagnisfinanzierung
venture of exchange Valutarisiko
venture out hinauswagen
venturesome risikofreudig
venue Gerichtsstand
verbal mündlich
verbal contract mündlicher Vertrag
verification Beglaubigung, Nachprüfung
verify Echtheit feststellen, nachprüfen, verifizieren, beglaubigen
versatile vielseitig, erfahren
versatility Vielfalt, Vielseitigkeit
versedness in trade Geschäftserfahrung
version Fassung, Version
vertical integration vertikaler Zusammenschluss
vertical mergers vertikale Zusammenschlüsse
vertical price fixing vertikale Preisbindung
vertical rules for structuring debt capital vertikale Finanzierungsregeln

vest übergehen auf
vested rights wohlerworbene Rechte, Besitzstand, Sonderprivilegien
vested with powers mit Vollmachten versehen
vesting Eigentumsübergang
veto Einspruch, Veto
vetoing stock Sperrminorität
viability Entwicklungsfähigkeit, Lebensfähigkeit, Rentabilität, Bestandsfestigkeit, Zahlungsfähigkeit, Realisierbarkeit
viability state finanzielle Leistungsfähigkeit
viable lebensfähig, brauchbar
vicarious liability Haftung für Verschulden Dritter
vice stellvertretend
vice-versa umgekehrt
vicious price war rücksichtsloser Preiskrieg
viewpoint Betrachtungspunkt, Standpunkt
vigilance Sorgfalt, Umsicht
vigilance committee Sicherheitsausschuss
vindictive damages Bußgeld, Schadenersatz
violate verletzen
violate the law Gesetz brechen
violation Verletzung
violation of a contract Vertragsverletzung
violation of duties Pflichtverletzung
violation of the law Gesetzesübertretung
virement Umbuchung
virtual faktisch, tatsächlich
virtually eigentlich, im Grunde genommen, praktisch
vis major höhere Gewalt
visible reserves offene Reserven
visible trade sichtbarer Handel, Warenaustausch
vital wichtig
vital details wichtige Daten
vital interest berechtigtes Interesse
vocational beruflich
voice in the management Mitspracherecht
voiceless nicht stimmberechtigt
void ungültig, nichtig
void of sizeable property unpfändbar
voidability Anfechtbarkeit
voidable Anfechtbarkeit, aufhebbar
voidable contract anfechtbarer Vertrag
voidable transaction anfechtbares Rechtsgeschäft
voided nichtig
voidness Nichtigkeit
volatile impulsiv, sprunghaft, unbeständig, unstetig
volatility Preisschwankung, Unbeständigkeit, Volatilität
volume business Massengeschäft
volume discount Mengenrabatt
volume effect Mengeneffekt
volume of business Geschäftsumfang

volume of employment Beschäftigungsmenge
volume of expenditure Ausgabenvolumen, Ausgabenumfang
volume of investment Investitionsmenge
volume of labor Arbeitsmenge
volume of notes and coins in circulation Bargeldvolumen
volume of output Produktionsvolumen
volume of sales Umsatz
volume of trade Handelsvolumen
volume of work Arbeitsanfall
volume variance Beschäftigungsabweichung
volume-related beschäftigungsabhängig
volume-related cost driver beschäftigungsabhängiger Kostentreiber
voluntary freiwillig, spontan
voluntary agreement außergerichtlicher Vergleich
voluntary grants freiwillige Zuwendungen
voluntary organization Wohltätigkeitsorganisation
voluntary redundancy freiwilliges Ausscheiden
voluntary settlement freiwillige Schlichtung
vote Abstimmung, Bewilligung, bewilligte Summe, Wahl
vote down überstimmen
vote in wählen
vote of censure Missbilligungsvotum
vote of confidence Vertrauensvotum
vote of no confidence Misstrauensvotum
vote on abstimmen
vote out ablehnen, abwählen
voteless share stimmrechtslose Aktie
voting Abstimmung
voting by proxy Stimmrechtsausübung durch Vertreter
voting by show of hands Abstimmung durch Handzeichen
voting capital stimmberechtigtes Kapital
voting control Stimmrechte
voting instructions Stimmrechtsanweisungen
voting proxy stimmrechtsvollmacht
voting right Stimmrecht
voting right percentage Stimmrechtsanteil
voting shares (voting stock) Stimmrechtsaktien
voting stockholder stimmberechtigter Aktionär
voting-trust certificate Stimmberechtigungsschein
vouch urkundlich belegen, sich verbürgen
vouch for garantieren für
voucher Abrechnungsbeleg, Bon, Kassenzettel, Gutschein, Quittung
voucher audit Belegprüfung
voucher check Verrechnungsscheck
voucher copy Belegdoppel

voucher number Belegnummer
voucher numbering Belegnummerierung
voucher register Belegregister
voucher routing Beleglauf

voucher system Belegsystem
voucher-based accounting Belegbuchführung
vouchsafe gewähren, bewilligen
vulnerability Verwundbarkeit, Anfechtbarkeit

W

wad of notes Banknotenbündel
wads of money ein Haufen Geld
wafer thin margin extrem geringe Gewinnspanne
wage Lohn
wage adjustment Lohnanpassung, Lohnausgleich
wage advance Lohnabschlag
wage agreement Tarifvertrag
wage and salary account Lohn- und Gehaltskonto
wage and salary administration Lohn- und Gehaltswesen
wage and salary advances Lohn- und Gehaltsvorschüsse
wage arrears Lohnrückstände
wage bargaining Lohnverhandlungen
wage bill Lohnrechnung, Lohnsumme
wage claim Lohnforderung
wage component Lohnbestandteil
wage contract Tarifvertrag
wage controls Lohnkontrollen
wage costs Lohnkosten
wage demand Lohnforderung
wage dispute Lohnauseinandersetzung
wage earner Lohnempfänger
wage earner's tax allowance Lohnsteuerfreibetrag
wage exempt from garnishment unpfändbarer Lohn
wage freeze Lohnstopp
wage funds Lohnfonds
wage group Lohngruppe
wage guideposts Lohnleitlinien
wage in kind Naturallohn
wage incidental costs Lohnnebenkosten
wage income Erwerbseinkommen
wage increase Lohnerhöhung
wage indexation Lohndindexierung
wage level Lohnniveau
wage negotiation Lohn-, Tarifverhandlung
wage per hour Stundenlohn
wage raise Lohnerhöhung
wage schedule Lohntabelle
wage settlement Tarifabschluss
wage spread Lohnspanne
wage statement Lohnabrechnung
wage talk Tarifgespräch
wage tax Lohnsteuer
wage tax audit Lohnsteuerprüfung
wage tax card Lohnsteuerkarte
wage tax field audit Lohnsteueraußenprüfung

wage tax liability Lohnsteuerpflicht
wage tax refund Lohnsteuerrückerstattung
wage tax regulations Lohnsteuer-Richtlinien
wage tax table Lohnsteuertabelle
wage tax withheld einbehaltene Lohnsteuer
wage tax withholding Lohnsteuerabzug
wage tax withholding table Lohnsteuertabelle
wage total Lohnsumme
wage-related pension dynamische Rente
wages and salaries Löhne und Gehälter
wages of entrepreneurship Unternehmerlohn
wages policy Lohnpolitik
wait-and-see attitude Zurückhaltung, Attentismus
waiting line Warteschlange
waiting period Sperrfrist
waiting-list Warteliste
waiting-time Wartezeit
waive aufgeben, verzichten
waive debt payment Schulden erlassen
waive dividends Dividende ausfallen lassen
waiver Verzichterklärung, Verzicht
waiver of claims outstanding Forderungsverzicht
waiver of exemption Verzicht auf Steuerbefreiung
waiver of interest Zinsverzichtt
waiver of liability Haftungsverzicht
waiver of premium Beitragsverzicht
waiver of protest Protestverzicht
waiver of recourse Regressverzicht
waiver of right of termination Kündigungsverzicht
waiver of rights Rechtsverzicht
walk clerk Bankbote
walk off the shelves reißenden Absatz finden
wallet Brieftasche
want of finance Geldmangel, Mangel an Finanzierungsmöglichkeiten
want of proper care Fahrlässigkeit
wantage Fehlbetrag
wanton negligence grobe Fahrlässigkeit
wants (and needs) Bedürfnisse
war babies Aktien von Rüstungsunternehmen
war bond Kriegsanleihe
war loan Kriegsanleihe
ward Mündel
ward under guardianship Mündel unter Vormundschaft
warehouse account Lagerkonto
warehouse bond Lagerschein
warehouse charges Lagergeld, Lagergebühren

warehouse loan Lagerhalte-Darlehen
warehouse receipt Lagerschein
warehousing anonyme Beteiligung
warehousing costs Lagerkosten
warrant bevollmächtigen, garantieren, zusichern, Garantie leisten, gewährleisten
warrant Berechtigung, Vollmacht
warrant bond Optionsanleihe, Optionsschuldverschreibung
warrant exercise price Optionspreis
warrant for payment gerichtlicher Zahlungsbefehl
warrant issue Optionsanleihe, Emission von Bezugsrechtsscheinen
warrant of attorney Prozessvollmacht
warrant offering price Ausgabekurs von Optionsscheinen
warranted garantiert
warranted quality zugesicherte Eigenschaft
warrantee Garantienehmer
warrantor Bürge, Garantiegeber
warrants into negotiable Government securities/ wings Optionsscheine auf US-Staatsanleihen
warranty Garantie, Gewährleistung, Ermächtigung, unwesentliche Vertragsbestimmung
warranty claim Gewährleistungsanspruch
warranty clause Garntieklausel
warranty implied in law gesetzliche Gewährleistung
warranty of quality Gewährleistung für Sachmängel, Zusicherung einer Eigenschaft
warranty of title Gewährleistung für eigene Verfügungsmacht, Gewährleistung für Rechtsmängel
warranty period Garantiezeit
warranty risk Gewährleistungswagnis
wash trade Scheingeschäft
wash transaction Börsenscheingeschäft
wastage Abnutzung, Verschleiß, Verlust, Schwund
waste verbrauchen
waste Ausschuss, Verschwendung
waste disposal Abfallbeseitigung
waste management Entsorgung
waste of money Geldverschwendung
waste quota Ausschussquote
water rate Wasserabgabe, Wassergeld
wave of price increases Preissteigerungswelle
waybill Frachtbrief
ways and means advance Kassenkredit
weak market Marktschwäche
weak point Schwachpunkt
weak preference schwache Präferenz
weak products schwache Produkte
weaken schwächer werden, sich abschwächen
weaker demand angeschwächte Nachfrage
weakness schwächer werden
weakness of economic activity Konjunkturschwäche

wealth Vermögen, Wohlstand
wealth budget constraint Vermögensbedingung, Vermögensbeschränkung
wealth creation Vermögensbildung
wealth effect Realkasseneffekt
wealth formation Vermögensbildung
wealth tax Vermögensteuer
wear and tear Abnutzung, Verschleiß, Abschreibung für Wertminderung, Wertminderung durch Verschleiß
wear-and-tear depreciation nutzungsbedingte Abschreibung
weigh up abwägen, abschätzen
weighing by stage stufenweise Gewichtung, stufenweise Abwägung
weighing of interests Interessenabwägung
weight bewerten, gewichten
weight Gewicht, relative Bedeutung
weighted gewogen
weighted average gewichteter Durchschnitt
welfare benefits Sozialhilfe
welfare facilities soziale Einrichtungen
welfare gains Wohlfahrtsgewinne
welfare losses Wohlfahrtsverluste
welfare payment Sozialhilfeleistung
welfare returns Wohlfahrtserträge
welfare spending Sozialaufwand
well-advised wohl überlegt
well-appointed gut ausgerüstet
well-balanced wohl ausgewogen, gut ausgeglichen
well-funded kapitalkräftig
well-informed gut informiert
well-off besser gestellt
wheel and deal intensiv verhandeln
wheeler dealer gerissener Geschäftemacher
when due fristgerecht, bei Fälligkeit
where got-where gone statement Kapitalflussrechnung
white-collar crime Wirtschaftsverbrechen
white-collar union Angestelltengewerkschaft
white-collar worker Angestellter
wholesale funding Finanzierung über die Finanzmärkte
wholesale insurance Gruppenversicherung
wholesale investor Großanleger
wholesale margin Großhandelsspanne
wholesale money market Interbankenmarkt
wholesale price Kurs im Freiverkehr
wholesale quotation Großhandelspreis
wholly-owned subsidiary hundertprozentige Tochtergesellschaft
wide deficit hohes Defizit
wide discretion breiter Ermessensspielraum
wide quotations große Kursspanne
wide swings große Ausschläge
widely dispersed weit gestreut

widespread decline in prices Rückgang auf breiter Front
widespread shareholdings breit gestreuter Aktienbesitz
wild fluctuations starke Kursausschläge
wildcat securities hochspekulative Wertpapiere
will to achieve Leistungswille
willful bewusst, gewillt, absichtlich
willful deceit arglistige Täuschung
willful negligence grobe Fahrlässigkeit
willfully bewusst, vorsätzlich
willingness to achieve Leistungsbereitschaft
willingness to buy Kaufbereitschaft
win a contract Auftrag erhalten
wind up beenden
windfall gains Überraschungsgewinne
windfall losses Überraschungsverluste
windfall profit ungeplanter Gewinn, Zufallsgewinn, unerwarteter Gewinn, Überraschungsgewinn
windfall tax Sondergewinnsteuer
winding up Abwicklung, Liquidation
winding up of current business affairs Abwicklung des laufenden Geschäfts
winding-up balance sheet Abwicklungsbilanz, Liquidationsbilanz
winding-up profit Liquidationsgewinn
winding-up sale Verkauf wegen Geschäftsaufgabe
windmill Kellerwechsel
window dressing Bilanzverschleierung, Bilanzkosmetik, Schaufensterdekoration
window warrant Option für Ausübung zu einem bestimmten Zeitpunkt
window-dressing Bilanzschönung
wipe away erlassen
wipe out tilgen
wipe up tilgen, vernichten
wire cash Geld überweisen
with a limited time befristet
with a view to making profit gewinnorientiert
with annotations mit Anmerkungen
with binding effect in legal terms rechtsverbindlich
with further references mit weiteren Nachweisen
with intent vorsätzlich
with profits policy Versicherung mit Gewinnbeteiligung
with recourse mit Rückgriff (Regress)
with reference to bezugnehmend auf, hinsichtlich, in Bezug auf
with retroactive effect mit rückwirkender Kraft
with the attendant expenses mit dem damit verbundenen Aufwand
with the reservation that unter dem Vorbehalt, dass

withdraw zurücktreten, abberufen, abheben, widerrufen
withdraw an amount from Betrag abheben von
withdraw an offer Angebot zurückziehen
withdraw balances Guthaben abziehen
withdraw money Geld abheben
withdrawal Sickerverlust, Widerrufung, Zurückziehung, Abhebung
withdrawal from a contract Rücktritt vom Vertrag
withdrawal limit Abzugslimit, Abhebungslimit
withdrawal notice Kündigungsfrist
withdrawal of a partner Austritt eines Gesellschafters, Abberufung eines Gesellschafters
withdrawal of capital Kapitalentzug
withdrawal of funds Mittelentzug
withdrawal of material Materialentnahme
withdrawal period Kündigungsfrist
withdrawals Abhebungen
withdrawing partner ausscheidender Gesellschafter
withheld accounts Rückstellungen
withheld taxes einbehaltene Steuern
withhold vorenthalten, einbehalten
withhold payment Zahlung vorenthalten
withholding category Steuerklasse
withholding exemption Quellensteuerbefreiung
withholding income tax Lohnsteuerabzug
withholding of performance Leistungsverweigerung
withholding of taxes Einbehaltung von Steuern
withholding tax Abzugsteuer, Quellensteuer
withholding tax certificate Steuerabzugsbescheinigung
withholding tax on capital yields Steuerabzug von Kapitalertrag
within innerhalb
within the set period fristgerecht
without charge gebührenfrei
without delay unverzüglich
without engagement freibleibend, unverbindlich
without formalities ohne Umstände
without grounds unbegründet
without legal capacity nicht rechtsfähig
without notice fristlos
without obligation freibleibend, unverbindlich
without portfolio ohne Geschäftsbereich
without reference to ohne Bezugnahme auf
without restrictions uneingeschränkt
without-engagement clause Freizeichnungsklausel
withstand sich widersetzen, widerstehen
wop unfertige Erzeugnisse
wording Formulierung
wording of the law Gesetzestext
work break Arbeitspause

work in process unfertige Erzeugnisse
work measurement Arbeitszeitermittlung
work on hand gegenwärtiger Auftragsbestand
work overtime Überstunden machen
work performance Arbeitsleistung
work-in-process account Halbfabrikatekonto
work-in-process inventory Bestand an unfertigen Erzeugnissen
worker belonging to the trade union gewerkschaftlich organisierter Arbeiter
workers' compensation insurance Arbeitslosenversicherung
workers' council Betriebsrat
workers' participation in management Mitbestimmung der Arbeitnehmer
working funktionstüchtig
working assets Betriebsvermögen, Güter des Umlaufvermögens
working capacity Arbeitsfähigkeit
working capital Betriebskapital
working capital fund Fonds des Nettoumlaufvermögens
working capital ratio Liquiditätskoeffizient
working hours Arbeitszeit
working knowledge ausreichende praktische Kenntnisse
working paper Arbeitsunterlage
working process Arbeitsprozess
working-out Ausarbeitung
workload Arbeitsbelastung
workman-like fachmännisch
workout außergerichtlicher Vergleich
works council Betriebsrat
works meeting Betriebsversammlung
world economy Weltwirtschaft
world interest rate Weltzinssatz
world market price Weltmarktpreis
worldwide accounts Weltabschluss
worldwide balance sheet Weltbilanz
worldwide consolidated balance Weltkonzernbilanz
worst-case schlechtester Fall
worthwhile lohnend
writ gerichtliche Verfügung, gerichtlicher Beschluss, Vorladung
writ of attachment Pfändungsbeschluss
write an option Optionsverkauf
write down abwerten
write off abschreiben, ausbuchen

write off as incurred Sofortabschreibung
write off of formation expenses Gründungskosten abschreiben
write out ausschreiben, ausstellen
write up hinaufsetzen, aufwerten
write up Besprechung, Beurteilung
write-down Teilabschreibung
write-down due to technical obsolescence Abschreibung wegen technischer Veralterung
write-down of financial assets Abschreibungen auf Finanzanlagen
write-down of inventories Abschreibungen auf Warenbestände
write-down of investments Abschreibungen auf Beteiligungen
write-down of raw materials and consumables Abschreibungen auf Roh-, Hilfs- und Betriebsstoffe
write-down of securities Abschreibungen auf Wertpapiere
write-down on finished goods Abschreibungen auf Fertigerzeugnisse
write-off Abschreibung
write-off amount Abschreibungsbetrag
write-off of inventories Abschreibungen auf Warenbestände
write-off of low-cost assets Abschreibung geringwertiger Wirtschaftsgüter
write-up Heraufsetzung des Buchwertes
write-up of fixed assets Zuschreibungen im Anlagevermögen
writedown of securities portfolio Kursberichtigung von Wertpapieren
writeoff ceiling Höchstabschreibung
writeoff facilities Abschreibungserleichterungen, Abschreibungsmöglichkeiten
writeoff in full Sofortabschreibung
writeoff on securities portfolio Abschreibung auf Wertpapiere
writeoff on uncollectible receivables Abschreibungen auf Forderungen
writeoff period AfA-Nutzungsdauer
writer Aussteller
written agreement schriftlicher Vertrag
written consent schriftliches Einverständnis
written form Schriftform
written off abgeschrieben
written-down value Restwert
wrong rechtswidrige Handlung, falsch

X

x. a. ex all
x. cp. ex coupon
x. in. ex interest
x. r. ex rights
X-C ex coupon

X-D ex dividend
X-I ex interest
X-Warr., xw ex warrants
xenocurrency Fremdwährung
xenomarkets Fremdmärkte

Y

yankee bond market US-Anleihemarkt für ausländische Emittenten
Yankees amerikanische Wertpapiere
yardstick Messlatte, Referenzpreis, Maßstab
yardstick of profitability Vorteilskriterium
year of acquisition Zugangsjahr
year of assessment Veranlagungsjahr
year of grace tilgungsfreie Jahre
year of issue Emissionsjahr
year of maturity Fälligkeitsjahr
year plan Jahresplan
year under review Berichtsjahr
year under revision Revisionsjahr
year-end adjustment Ultimoausgleich
year-end balance Saldo per Jahresende
year-end closing statement Jahresendabrechnung
year-end dividend Abschlussdividende
year-end figures Jahresabschlusszahlen
year-end financial statements Jahresabschluss
year-end holdings Jahresabschlussbestand
year-end inventory Jahresinventur
year-end position Bestand per Jahresende
year-end position-squaring Glattstellung zum Jahresultimo
year-end report Geschäftsbericht
year-end results Jahresabschluss
year-end settlement Abrechnung zum Jahresende, Jahresendabrechnung
year-on-year comparison Jahresvergleich
year-on-year rate Jahresvergleichsrate
year-on-year target Verlaufsziel, (Vor-)Jahresvergleich
year-value-unit Jahreswerteinheit
yearling Anleihe mit zwölfmonatiger Laufzeit
yearly high Jahreshöchstkurs
yearly low Jahrestiefstkurs
yearly quota Jahreskontingent
yearly salary Jahresgehalt
yearly settlement Jahresabrechnung
years of grace Freijahre, tilgungsfreie Jahre
years to maturity Restlaufzeit
yellow list Liste der im Freiverkehr gehandelten Schuldverschreibungen
yellow pages Branchenverzeichnis
yellow-dog contract Arbeitsvertrag mit Beitrittsverbot zur Gewerkschaft
yield abwerfen, einbringen, hervorbringen, gewähren, Zinsen tragen
yield Ertrag, Nominalverzinsung, Effektivverzinsung, Rendite
yield a return Nutzen abwerfen

yield adjustment Renditeangleichung
yield advantage Renditevorteil, Renditevorsprung
yield awareness Renditebewusstsein
yield before taxes Rendite vor Steuern
yield benchmark Renditemaßstab
yield calculation Renditekalkulation, Renditeermittlung
yield comparison Renditevergleich
yield computation Renditekalkulation, Renditeberechnungsformel
yield considerations Käufe aufgrund von Renditeerwägungen
yield convergence Konvergenz der Renditen
yield curve Ertragskurve, Zinsstrukturkurve
yield differential Ertragsdifferenz, Renditedifferenz
yield equivalence Renditeäquivalenz
yield estimate Renditeschätzung
yield expectation Renditeerwartung
yield floor Renditeuntergrenze
yield fluctuations Renditeschwankungen
yield forecast Renditeprognose
yield frequency Renditehäufigkeit
yield gap Renditegefälle
yield hedging Renditesicherung, Absicherung der Rendite
yield improvement Renditeaufbesserung
yield in the capital market Kapitalmarktrendite
yield increase Renditeanstieg
yield interest verzinsen, Ertragszins
yield level Renditeniveau
yield lock-in Festschreibung der Rendite
yield mark-up Renditeaufschlag
yield maximization Renditemaximierung
yield measurement Renditemessung, Renditekontrollrechnung
yield method Interne-Zinsfuß-Methode
yield mix Durchschnittsverzinsung
yield net of taxation Rendite nach Steuern
yield on an investment Rendite einer Anlage
yield on assets employed Vermögensertrag
yield on capital employed Kapital-, Zinsertrag
yield on longs Langläuferrendite
yield on new issue Emissionsrendite
yield on pattern Renditegefüge
yield on securities Wertpapierrendite
yield on shares Aktienrendite
yield on shorts Kurzläuferrendite
yield on subscription Zeichnungsrendite
yield pick-up Renditeanstieg
yield prospects Renditeaussichten

yield range Renditefächer
yield rate Effektivverzinsung
yield spread Renditespanne
yield spread trading Eröffnung von Spread-Positionen
yield structure Renditestruktur
yield target Renditeziel
yield to average life Rendite auf durchschnittliche Laufzeit
yield to call Rendite auf Kündigung
yield to call date Rendite auf Kündigungstermin
yield to conditions auf Bedingungen eingehen
yield to early call Rendite auf früheste Kündigung

yield to equivalent life Rendite entsprechend der Laufzeit
yield to final date Rendite auf Endfälligkeit
yield to maturity Rückzahlungsrendite
yield to redemption Rückzahlungsrendite
yield upon issue Emissionsrendite
yield upon subscription Zeichnungsrendite
yield upon variance Renditeabweichung
yield variance Ertragsabweichung
yielding nachgebend
yields on bonds outstanding Umlaufrendite
yo yo stock Aktie mit häufigen, großen Kursschwankungen
young executives Führungsnachwuchs

Z

zap vereiteln, abschießen
zero Ausgangspunkt, Tiefpunkt, Null
zero balance account saldenloses Konto, Null-Saldenkonto, Nullsaldo
zero balancing Rückführung des Kontostandes auf Null
zero bond issue Nullkupon-Emission
zero bonds Nullkupon-Anleihe, Zero Bonds, Nullprozenter
zero customer Käufer von Zero Bonds
zero exposure ausgeglichene Position, Null-Position, Null-Risiko
zero funds Null-Guthaben
zero gap Null-Lücke
zero growth Nullwachstum
zero in on anvisieren, sich konzentrieren auf
zero norm Nullnorm
zero rate bracket Grundfreibetrag
zero rated mehrwertsteuerbefreit, Nullsatz
zero rating Mehrwertsteuerbefreiung
zero risk risikolos, Null-Risiko
zero strips als Nullcouponpapiere getrennt gehandelte Zinsscheine
zero sum game Nullsummenspiel
zero taxation Nichtbesteuerung
zero value Nullwert
zero weighting Null-Gewichtung, Null-Prozentanrechnung
zero-based budgeting Nullbasisbudgetierung
zero-interest loan zinsloses Darlehen
zero-minus tick niedrigerer Aktienkurs als Vorkurs
zero-wage round Nullrunde
zest Begeisterung
zip code Postleitzahl
zone Zone, Gebiet, Bereich, Gebührenzone, Postzustellbezirk
zone of preference Präferenzbereich
zone pricing regionale Preisdifferenzierung
zone rates Zonentarif
zone-delivered pricing Zonenpreissystem
zoning Gebiets-, Flächenaufteilung
zoning ordinance Bebauungsplan
zoom sprunghaft ansteigen, haussieren, an der Börse
zoom steiler Aufstieg
zooming stock prices Kursexplosion am Aktienmarkt

Deutsch – Englisch

A

a Konto, auf Rechnung on account
ab Werk ex factory, ex mill, factory price
abändern amend
Abandonrecht right of abandonment
Abbau drawdown
Abbau von Lagerbeständen disinvestment in stocks
Abbau von Sozialleistungen social dumping
abbauen abolish, decompose, dismantle, draw down, roll back
abberufen dismiss, withdraw
Abberufung dismissal, recall
Abberufung eines Gesellschafters withdrawal of a partner
abbestellen cancel a reservation
Abbestellung cancellation
abbezahlen pay off
abbilden depict, display
abbrechen break off, call off, demolish, dismantle
abbröckeln drift down, ease marginally, ease off
abbröckelnd easing
Abbruch break off, breakup
Abbruchkosten cost of demolition, demolition costs, dismantling cost
Abbruchpreis breakup price
Abbruchwert breakup value
Abbuchung direct debit
Abbuchungsauftrag credit transfer instruction
Abbuchungsermächtigung preauthorized payment mandate
Abbuchungsverfahren direct debit method, direct debiting service, preauthorized payment method
ABC-Analyse ABC evaluation analysis, efficiency evaluation
ABC-Lagerhaltungssystem evaluated storage system
Abfall offal, refuse
Abfallbeseitigung waste disposal
Abfallprodukt spinoff product
Abfallverwertung salvage
abfassen compose, prepare
Abfertigung dispatch
Abfertigungsgebühr clearance fee, incidental railroad charges
abfinden indemnify
Abfindung commutation payment, indemnity, lay-off pay, settlement, severance pay, termination pay
Abfindungsaktien compensation stocks
Abfindungsfonds severance fund

Abfluss outflow
abführen pay over
Abgabe charge, duty, imposition, levy
Abgabedruck selling pressure
Abgabefrist due date, filing deadline, final date, final date for acceptance
Abgabekurs issue price
Abgaben dues
Abgabeneigung selling tendency
abgabenfreie Einfuhr duty and tax-free importation
Abgabenorientierung tax orientation
Abgabenquote taxes and social security ratio
Abgabetermin filing date
Abgabetermin für die Steuererklärung due date of tax return
Abgang asset disposal, separation
Abgangsdatum date of dispatch, date of forwarding
Abgangsrate separation rate
abgekartetes Spiel collusive action
abgelaufen mature
abgelaufene Frist expired term
abgesagt canceled
abgeschafft extinct
abgeschlossen am made as of
abgeschlossenes Börsengeschäft round transaction
abgeschrieben written off
abgeschwächte Nachfrage weaker demand
abgeschwächter Markt sagging market
abgesicherter Kredit collateral credit
abgestimmte Intervention joint intervention
abgestimmtes Verhalten, Komplott, Verschwörung conspiracy
abgetretene Forderungen assigned book accounts
abgezinste Erträge discounted revenues
abgezinste Kosten discounted costs
Abgleichprüfung cross validation
abgrenzen accrue, defer, delimit, demarcate
Abgrenzung delimitation
Abgrenzungen accruals and deferrals
Abgrenzungsposten accrual
Abgrenzungsposten, Rückstellungen accruals
abhaken tick off
abhalten prevent
Abhandlung dissertation, treatise
abhängig von bestimmten Bedingungen subject to certain conditions
abhängige Gesellschaft controlled company, dependent company

abhängiger Lieferant captive contractor
abhängiges Unternehmen controlled enterprise, dependent enterprise
Abhängigkeit dependence, dependency
Abhängigkeit des Optionsdeltas vom Kurs des Bezugsobjekts option delta
Abhängigkeit des Optionspreises vom Zins option rho
Abhängigkeit des Optionspreises von der impliziten Volatilität option kappa/vega
Abhängigkeit des Optionspreises von der Restlaufzeit option theta
Abhängigkeitsprüfung dependence audit
Abhängigkeitsverhältnis relationship of dependence
Abhängigkeitsvermutung presumption of dependence
abheben blast off, draw, withdraw
Abhebung withdrawal
Abhebungen withdrawals
Abhebungsauftrag order of withdrawal
Abhebungslimit withdrawal limit
Abhilfe redress
Abhilfe schaffen remedy
Abholung vom Werk collection from works
Abkommen accord, agreement, bargain, treaty
Abkommen, Auftrag, Vertrag contract
Abkommen schließen conclude an agreement
abkürzen abbreviate, CVA, cash value added
Abkürzung abbreviation
Abladekosten unloading charges
abladen off-load
Ablage file system
Ablageexemplar file copy
Ablagefach pigeonhole
Ablagefrist filing date
Ablagesystem file system
Ablauf expiration, expiry, operation, termination
ablaufen expire, terminate
Ablaufintegration process integration
Ablaufplanung operational planning, operational structure, operations planning
ablegen file, file away
ablehnen disallow, disapprove, refuse, reject, vote out
Ablehnung refusal, rejection, renunciation
ableiten adjust, infer
Ablieferungsbescheinigung receipt of delivery
ablösbar redeemable
Ablöse field allowance
ablösen displace, supersede
Ablösung commutation
Ablösung einer Anleihe anticipatory redemption
Ablösungsdarlehen clearance loan
Ablösungsrecht equity of redemption
Ablösungsschuld commutation debt
Abmachung arrangement

abmahnen dissuade
Abmahnung dissuasion
abmelden deregister
Abmessung measurement
Abnahme decline, diminution
Abnahmebescheinigung acceptance certificate
Abnahmenormen acceptance criteria
Abnahmepflicht obligation to take delivery
Abnahmeprotokoll acceptance certificate
Abnahmeverpflichtungen purchase commitments
Abnahmezeugnis acceptance certificate
abnehmen accept, decrease, tail off
abnehmend declining
abnehmende Ausfallrate declining failure rate
abnehmende Grenzerträge diminishing returns
abnehmender Ertrag decreasing return
abnehmender Grenznutzen decreasing marginal utility
Abnehmer account debtor
Abnehmerland customer country
Abneigung aversion
Abnutzung new for old, wastage, wear and tear
Abnutzungswert carrying rate of asset
abrechnen clear, deduct, give an accounting, render account, settle
Abrechnung account, accounting, billing, clearance, clearing, contract note, invoicing, liquidation, settlement
Abrechnung des Einkaufskommissionärs account purchases
Abrechnung zum Jahresende year-end settlement
Abrechnungs-/Abschluss-/Bilanzstichtag accounting date
Abrechnungsbeleg voucher
Abrechnungseinheit accounting unit
Abrechnungskurs make-up price
Abrechnungsperiode account period, settlement period
Abrechnungsroutine accounting routine
Abrechnungssaldo clearance balance, clearing balance
Abrechnungsspitzen settlement fractions
Abrechnungsstelle accounting center, back office, clearing house
Abrechnungssystem settlement system
Abrechnungstag account day, day of settlement, settlement day
Abrechnungstage settlement days
Abrechnungstermin settlement date
Abrechnungsvaluta settlement currency
Abrechnungsverkehr clearing transactions
Abrechnungswährung accounting currency, settlement currency
Abrechnungszeitraum accounting period
abreißen demolish, take down

Abrollkosten cartage
Abruf blanket, call-forward notice
Abruf nach Bedarf call off as required
Abrufauftrag blanket order, call order, call-off purchase agreement
abrufbar callable
Abrufbestellung blanket purchase order
abrufen call, call off
Abrufvertrag call-off purchase agreement
abrupt abrupt
Absatz consumption, sales
Absatz fest verzinslicher Wertpapiere bond sales
Absatz nicht registrierter Wertpapiere dribble
Absatzbelebung revival of sales, sales resurgence
Absatzbeschränkung sales restriction
absatzbewusst sales-minded
Absatzbuchhaltung marketing accounting
Absatzchancen sales opportunities, sales possibilities, sales prospects
Absatzeinbruch slump in sales
Absatzergebnis sales revenue
Absatzerlösmodell sales return model
Absatzertrag sales revenue
Absatzerwartungen sales anticipations
Absatzfinanzierung sales financing
Absatzfinanzierungsgesellschaft sales finance company
Absatzflaute dull sales, period of dull sales
Absatzgebiet sales territory
Absatzgeschwindigkeit rate of selling
Absatzkosten distribution costs, sales cost
Absatzkrise slump in sales
Absatzmengenplan budget of sales volume
Absatzorganisation sales organization
Absatzphase period of digestion
Absatzplan sales plan, sales projection
Absatzplanung sales planning
Absatzpolitik distribution policy, sales policy
Absatzpotenzial sales potential
Absatzprognose sales forecast
Absatzquote sales proportion
Absatzrückgang decline in sales, drop in sales, falling-off in sales
Absatzschwäche dull sales
Absatzschwankungen sales fluctuations
Absatzstockung stagnation of sales
Absatzstrategie sales strategy
Absatzvolumen sales volume
abschaffen abolish
Abschaffung abolishment, abolition
abschätzen evaluate, weigh up
Abschätzung evaluation
abschießen zap
Abschlag valuation reserve
abschlägige Antwort negative reply
abschlägiger Bescheid negative reply
Abschlagsdividende fractional dividend payment, interim dividend, quarter dividend
Abschlagszahlung part-payment, payment on account
abschließen close down
Abschluss accounts, bargain, completion, contract, sales contract
Abschluss machen draw up financial statements
Abschlussagent policy-writing agent
Abschlussanalyse close statement, financial statement analysis
Abschlussarbeiten closing procedures
Abschlussbedingungen closing conditions
Abschlussbericht final report
Abschlussbuchung closing entry, final entry
Abschlussdatei dealing file
Abschlussdividende final dividend, year-end dividend
Abschlussformel complimentary close
Abschlussgebühr balancing charge, sales charge
Abschlussgliederungsprinzip principle of classifying accounts
Abschlusskonsolidierung consolidation of final statements
Abschlusskonto closing account
Abschlusskurs contract price
Abschlussprämie signature bonus
Abschlussprüfer balance sheet auditor, independent auditor
Abschlussprüfung financial statement audit
Abschlussrechnung settlement note
Abschlusssaldo closing balance
Abschlussschein dealing sheet
Abschlussstichtag balance sheet date
Abschlusstag accounting date, trade date
Abschlusszahlung complete payment, final installment, final payment, terminal payment
Abschnitte denominations
Abschnittsbesteuerung period-related taxation
abschöpfen absorb, siphon off
Abschöpfung absorption, adjustment levy
abschreibbare Kosten depreciable cost
abschreiben amortize, depreciate, write off
Abschreibung amortization, capital consumption allowances, depreciation, write-off
Abschreibung auf Anlagevermögen depreciation of fixed assets, depreciation of long-term investments
Abschreibung auf Betriebsanlagen depreciation of plant and equipment
Abschreibung auf Finanzanlagen depreciation on financial assets
Abschreibung auf Geschäftswert amortization of goodwill
Abschreibung auf Produktionsbasis production basis method of depreciation

Abschreibung auf Sachanlagen fixed asset depreciation
Abschreibung auf Warenbestände depreciation of inventories
Abschreibung auf Wertpapiere writeoff on securities portfolio
Abschreibung für Abnutzung (AfA) tax depreciation
Abschreibung für Wertminderung wear and tear
Abschreibung geringwertiger Wirtschaftsgüter write-off of low-cost assets
Abschreibung nach Beanspruchung production-basis method of depreciation
Abschreibung wegen technischer Veralterung write-down due to technical obsolescence
Abschreibungen auf Beteiligungen write-down of investments
Abschreibungen auf Fertigerzeugnisse write-down on finished goods
Abschreibungen auf Finanzanlagen amounts written off financial assets, write-down of financial assets
Abschreibungen auf Forderungen writeoff on uncollectible receivables
Abschreibungen auf Roh-, Hilfs- und Betriebsstoffe write-down of raw materials and consumables
Abschreibungen auf Warenbestände write-down of inventories, write-off of inventories
Abschreibungen auf Wertpapiere write-down of securities
Abschreibungen überschreitender Verlust negative cash flow
Abschreibungsart method of depreciation
Abschreibungsaufwand depreciation expense
Abschreibungsbasis depreciation base
Abschreibungsbetrag amount of depreciation, depreciation allowance, write-off amount
Abschreibungsdauer period of depreciation
Abschreibungserleichterungen writeoff facilities
abschreibungsfähig amortizable
Abschreibungsfinanzierung depreciation financing
Abschreibungsgesellschaft artificial loss-making company, tax loss company
Abschreibungsgüter recovery property
Abschreibungskonto depreciation account
Abschreibungskorrektur adjustment for depreciation
Abschreibungsmethode mit steigenden Quoten sinking fund method of depreciation
Abschreibungsmöglichkeiten depreciation alternatives, depreciation facilities, writeoff facilities
Abschreibungsplan depreciation schedule
Abschreibungsreserve depreciation fund
Abschreibungssumme depreciation charge
Abschreibungsursachen factors of depreciation
Abschreibungsverfahren amortization method, method of depreciation
Abschreibungsvergünstigungen depreciation privileges
Abschreibungszeitraum depreciation period
Abschwächung dilution, mitigation, relaxation
Abschwächungsmöglichkeiten downside potential
Abschwung downswing, downturn
Abschwungphase business cycle contraction
absenden dispatch
Absender consigner
absetzbar deductible, realizable
absetzen dismiss, distribute
Absetzung für Substanzverringerung depletion allowance
Absicherung hedge
Absicherung der Rendite yield hedging
Absicherung nach unten downside protection
Absicherungslinie backup line
Absicht intention
absichtlich willful
Absichtserklärung letter of intent
absinken dent
absolute Abweichung absolute deviation
absolute Häufigkeit absolute frequency
absoluter Fehler absolute error
absondern insulate
Absprache agreement, arrangement, understanding
Abstand nehmen forgo, refrain
Abstandssumme compensation, indemnity
Abstandszahlung indemnity payment
abstimmen calibrate, vote on
abstimmen, koordinieren coordinate
Abstimmung vote, voting
Abstimmung durch Handzeichen voting by show of hands
Abstimmung fernbleiben abstain from voting
Abstimmung, Zusammenarbeit coordination
Abstimmungsbogen proof sheet
Abstimmungstermin reconcilement date
Abstimmungsverfahren procedure on voting
abstoßen divest, sell off
abstraktes Rechtsgeschäft abstract transaction
abstraktes Schuldversprechen abstract contractual performance
abstürzen plummet
Abszisse axis of abscisses
Abteilung team
Abteilung für Börsenzulassung quotation department
Abteilungserfolgsrechnung profit center accounting
Abteilungsgewinn departmental profit

Abteilungskostenrechnung departmental costing
Abteilungsumlage departmental charge
abtrennbarer Aktienbezugsschein detachable stock warrant
abtrennbarer Optionsschein detachable warrant
abtrennen float off
Abtretbarkeit shiftability
abtreten cede
Abtretender assignor
Abtretung abandonment, assignment, cession, CFROI, cash flow return on investment
Abtretung und Übergabe assignment and delivery
Abtretung von Forderungen assignment of accounts receivable
Abtretung von Gesellschaftsanteilen assignment of shares
Abtretungserklärung declaration of assignment
Abtretungsformular für Bezugsrechte letter of renunciation
Abtretungsverbot nonassignement clause
Abtretungsvertrag contract of assignment
abwägen weigh up
abwägen gegen balance against/with
abwählen vote out
Abwanderung migration
abwarten move to the sidelines, stay on the sidelines
Abwärtsbewegung downward movement, downward trend
Abwärtsfusion downstream merger
Abwärtstrend downside trend, downtrend, downward trend
Abwasser sewage
Abwasserabgabe sewage levy
abwehren fend off
Abwehrkonditionen defensive conditions
Abwehrmaßnahmen insulating measures
abweichend out-of-line, variant
Abweichung aberration, deviation, discrepancy, divergence, process control, variance
Abweichungsanalyse variance analysis
Abweichungsbericht deviation report
Abweichungsindikator divergence indicator, indicator of divergence
Abweichungsschwelle divergence threshold
Abweichungsspanne divergence margin
abweisen disallow
abwenden avert
abwerben alienate, entice away, poach
Abwerbung alienation, bidding away
abwerfen yield
abwerten depreciate, devalue, write down
Abwertung depreciation, devaluation
Abwertung wegen Preisrisiko adjustment for price risk

Abwesenheit absence
Abwesenheitsquote rate of absenteeism
Abwesenheitsrate absence rate
Abwesenheitszeit absence time
abwickeln handle, transact
abwickelnde Bank settlement bank
Abwicklung settlement, transaction, winding up
Abwicklung des laufenden Geschäfts winding up of current business affairs
Abwicklungsabteilung backoffice
Abwicklungsbank liquidating bank
Abwicklungsbilanz winding-up balance sheet
Abwicklungsgebühr agency fee
Abwicklungskosten agency costs
abzahlen amortize
Abzahlungsgeschäft business on the installment system, installment contract, installment sale
Abzahlungshypothek constant payment mortgage, installment mortgage
Abzahlungsperiode repayment period
Abzahlungsplan installment plan
Abzahlungsrisiko hire purchase hazard
Abzahlungssystem installment plan, installment system
abziehbare Vorsteuerbeträge deductible input tax
abziehen alienate, deduct
Abzinsung discounting, rediscount
Abzinsungsfaktor discount factor
Abzinsungspapier discounted paper, security sold at a discount
Abzinsungspapiere securities sold at a discount
Abzinsungssatz discount rate
Abzinsungstabelle discount table
Abzug deduction, discount, drawing
Abzüge drain
abzüglich net
abzugsfähig allowable as deduction, deductible
abzugsfähige Ausgaben tax-deductable expenses
abzugsfähige Betriebsausgaben deductible business expenses
abzugsfähiger Betrag allowable deduction
Abzugsfähigkeit deductibility
Abzugskapital capital items deducted from total
Abzugslimit withdrawal limit
Abzugsmethode exclusion method
Abzugssteuer withholding tax
Ad-hoc-Ausschuss ad hoc committee
addieren add, add up
Addition addition
Additionsrolle tally roll
Additionsstreifen addition slip
additiver Fehler accumulated error
administrative Handelshemmnisse administrative barriers to trade
Adressat addressee
Adressbuch directory

Adresse signature
Adressen-Aufkleber address label
AfA-Nutzungsdauer writeoff period
AfA-Tabellen tax depreciation tables
Agentur agency
Agenturhandel agency trade
Agenturprovision agency commission
Agenturvertrag agency agreement
aggressive Anlagenpolitik aggressive investing policy
Agio premium
Agio aus Aktienemission premium on capital stock
Agiopapier (-anleihe) premium bond
Agiorücklage premium reserve
Agrarkredit farm credit
Ähnlichkeit, Anpassung conformity
Ähnlichkeit, Vergleich comparison
Akkord piece work
Akkordabrechnung piece work payroll accounting
Akkordarbeit piece rate work
Akkordarbeiter piece worker
Akkordausgleich timeworker's bonus
Akkordlohn payment by piece rates, piece wages, unit wages
Akkordlohnsatz piece rate (earnings)
Akkordlohnsystem piece rate system
Akkordzuschlag bonus increment
Akkreditierter accreditee
Akkreditierung accreditation, opening of a letter of credit
Akkreditiv letter of credit
Akkreditiv anzeigen advise a letter of credit, notify a letter of credit
Akkreditiv bestätigen confirm a credit
Akkreditiv eröffnen establish a letter of credit, open a letter of credit
Akkreditiv in Anspruch nehmen draw on a letter of credit
Akkreditiv mit aufgeschobener Zahlung deferred payments credit
Akkreditiv telegrafisch eröffnen open a credit by cable
Akkreditiv-Abrechnungskonto credit settlement account
Akkreditiv-Auftraggeber account party
Akkreditiv-Dokumente commercial credit documents
Akkreditivbank credit issuing bank
Akkreditivbedingungen credit terms
Akkreditivbegünstigter accreditee
Akkreditivbestätigung credit confirmation
Akkreditivbevorschussung advance against a documentary credit, anticipatory credit
Akkreditivdokumente commercial credit documents

Akkreditiveröffnung issuance of a letter of credit, issue of a letter of credit, opening a letter of credit
Akkreditivgeschäft documentary credit business
Akkreditivklausel letter of credit clause
Akkumulationsquote rate of accumulation
akkumulierte Abschreibung accumulated depreciation
Akontozahlung payment on account
Akquisition acquisition, sales canvassing
Akquisitionskosten acquisition costs
Akte file
Akteneinsicht access to the files
Aktenkopie file copy
Aktennotiz memo
Aktenvermerk memo
Aktenzeichen file number, reference number
Aktie chip, share, share of stock, stock
Aktie mit Blankounterschrift street certificate
Aktie mit häufigen, großen Kursschwankungen yo yo stock
Aktie mittlerer Güte medium grade stock
Aktie ohne Einzahlung nil-paid-share
Aktien equities
Aktien abrufen call the stock
Aktien abstoßen dump shares
Aktien ausgeben issue of shares
Aktien festhalten nurse stocks
Aktien halten hold shares
Aktien im Streubesitz popular capitalism
Aktien liefern deliver shares
Aktien mit Dividendengarantie guaranteed stocks
Aktien mit ständig hohen Umsätzen active stock
Aktien mit Vorrechten management stock
Aktien mit zusätzlichem Dividendenanspruch participating capital stock
Aktien stückeln split shares
Aktien von Rüstungsunternehmen war babies
Aktienagio share premium, stock premium
aktienähnliche Wertpapiere equity-related securities
Aktienanalyse equity research
Aktienanlage equity investment
Aktienaufteilung splitup
Aktienaustausch exchange of shares
Aktienbesitz share holding, share ownership, shareholdings
Aktienbestand shareholding, stock exposure, stock portfolio
Aktienbetrug stock fraud
Aktienbewertung share rating, stock market analysis, stock valuation, stock valuation
Aktienbewertungen stock ratings
Aktienbezugsrecht share option, stock option, stock purchase right, stock purchase warrant, stock right
Aktienbezugsrechtschein share warrant

240

Aktienbezugsschein stock allotment warrant
Aktienbörse stock exchange
Aktienbuch share register, stock book, stock ledger, stock register
Aktiendisagio share discount, stock discount
Aktieneinziehung redemption of shares
Aktienemission equity issue, equity launch, equity offering, public share issue, share issue, stock flotation, stock offering
Aktienemissions-Agio stock issue premium
Aktienemissions-Disagio stock issue discount
Aktienfonds equity fund, share-based investment fund, stock fund
Aktiengattung class of stock
Aktiengeschäft stock trade
Aktiengeschäfte share dealings
Aktiengesellschaft company limited by shares, joint stock corporation, joint-stock company, stock company, stock holding
Aktiengesellschaft (AG) public limited company (plc)
Aktienhandel stock trading
Aktienhändler equity dealer
Aktienhausse surge in equities
Aktienindex share price index, stock index, stock price index
Aktienindex-Optionskontrakt stock index option contract
Aktienindex-Terminkontrakt stock index futures contract
Aktienindexanleihe bull-and-bear bond
Aktieninvestmentfonds common stock fund
Aktienkapital bank stock, capital stock, equity, equity capital, joint stock, share capital
Aktienkapital der Unternehmung share capital of a corporation
Aktienkauf share purchase
Aktienkurs equity price, market price of shares, share price, stock quote
Aktienkurse share listings
Aktienkursrisiko equity price risk
Aktienmarkt equity market, share market, stock market
Aktiennotierung stock quotation
Aktienoptionshandel stock option trading
Aktienpaket block of shares, parcel of shares, share block
Aktienplatzierung equity placement
Aktienrendite stock yield, yield on shares
Aktienrückkauf share buyback, stock repurchase
Aktienspekulation speculation in shares
Aktienspitzen stock fractions
Aktiensplit share split, share split, splitup
Aktienstimmrecht stock voting right
Aktienstreubesitz scattered shareholdings
Aktienstückelung stock split
Aktientausch spinoff, stock swap

Aktientermingeschäfte stock futures
Aktienübernahme stock takeover
Aktienübernahmeangebot share cash bid
Aktienübertragung stock transfer, transfer of shares
Aktienumlauf circulation of shares
Aktienurkunde share certificate, share warrant, stock certificate
Aktienwerte bargain counter
Aktienzeichner applicant for shares, share applicant
Aktienzeichnung application for shares, share application, stock subscription, subscription to shares
Aktienzusammenlegung reverse stock splitup, share consolidation, stock consolidation
Aktienzuteilung allotment of shares, share allotment, stock allotment
Aktion action
Aktionär equity holder, shareholder, stockholder
Aktionärsbrief newsletter to shareholder
Aktionärsgruppe shareholder group
Aktionärspflege investor relations, shareholder relations, stockholder relations
Aktionärsrechte shareholders' rights
Aktionärsversammlung company meeting
Aktionärversammlung stockholders' meeting
Aktionsforschung action research
Aktionsparameter action parameter
Aktionsplan action plan
Aktiva und Passiva assets and liabilities, total equity and liabilities
aktive Leistungsbilanz surplus on current account
aktive Zahlungsbilanz active balance of payments, favorable balance of payments
aktiver Umlauf active circulation
Aktivforderung claim outstanding
aktivierbar capitalizable
aktivieren activate, capitalize, carry as an asset
aktivierte Eigenleistungen internal expenditures capitalized, internally produced and capitalized assets, own work capitalized
aktivierte Gemeinkosten capitalized overhead
aktivierte Kosten capitalized cost, capitalized expenditures
Aktivierung capitalization
Aktivierungspflicht legal obligation to capitalize
Aktivierungsverbot legal prohibition to capitalize
Aktivposten asset, asset item
Aktivsaldo credit balance
Aktivseite asset side
Aktivtausch accounting exchange on the assets side
Aktivvermögen actual net worth
Aktivwert asset value

aktualisieren bring up to date, update
Aktualität immediacy
Aktualitätsverlust loss of up-to-dateness
aktuell current, up-to-date
aktuell verfügbar available on current basis
aktueller Quartalsgewinn current quarterly earnings
aktueller Zinssatz current coupon
akuter Liquiditätsmangel acute liquidity shortage
Akzept acceptance, accepted bill
Akzept gegen Dokumente acceptance against documents
Akzept verweigern refuse acceptance
Akzept-Akkreditiv acceptance letter of credit
Akzept-Fälligkeitsliste acceptance maturity tickler
Akzeptant acceptor
Akzeptanzdichte acceptance level
Akzeptbank acceptance bank, acceptance corporation, acceptance house, accepting house
Akzeptbuch acceptance ledger, register of bills payable
Akzepte im Umlauf acceptance outstanding
Akzepteinholung acceptance procurement, presentment for acceptance
akzeptgebende Bank accepting bank
Akzeptgebühr acceptance charge
akzeptieren accept, agree to, protect
Akzeptierungsverpflichtung acceptance commitment
Akzeptkredit accept credit, acceptance credit
Akzeptlinie acceptance line
Akzeptmarkt acceptance market
Akzeptprovision acceptance commission
Akzepttausch acceptance swap, exchange of acceptances
Akzeptverweigerung dishonor for acceptance
Akzeptzusage acceptance commitment
algebraisch algebraical
Algorithmus algorithm
Alkoholsteuer alcoholic beverage tax
Alleineigentum complete ownership
Alleineigentümer sole owner
Alleinverkaufsrecht sole selling rights
allergrößte Bedeutung paramount importance
allgegenwärtig pervasive
allgemein across the board, general
Allgemeinbegriff general term
allgemeine Besteuerung general taxation
allgemeine Erhöhung across-the-board increase
Allgemeine Geschäftsbedingungen (AGB) standard terms and conditions
allgemeine Gütergemeinschaft universal partnership
allgemeine Hilfskostenstelle general indirect-cost center

allgemeine Kostenstelle general cost center
allgemeine Preiserhöhung across-the-board price increase
allgemeine Richtlinie general policy
allgemeine Rücklagen general reserves
allgemeine Sorgfaltspflicht common duty of care
allgemeine Steuersenkung general cut in taxes
allgemeine Verwaltungskosten general administrative expenses
allgemeiner Rechtssatz rule of law
allgemeiner Schaden damage in law
allgemeiner Überblick broad overview of, general overview
allgemeines Rechnungswesen general accounting
allgemeines Verbot blanket ban
Allgemeingültigkeit generality
Allonge allonge, rider
Almosen dole
als Nullkouponpapiere getrennt gehandelte Zinsscheine zero strips
als Stellvertreter fungieren stand proxy
als Teilzahlung on account
alte Nummer back issue
alte Rechnung begleichen settle old scores
Alternativ-Auftrag either-or order
Alternative option
Alternativfinanzierung alternate financing
Alternativkosten opportunity cost
Alternativplan contingency plan
Alternativplanung contingency planning
Alters-Übergangsgeld transitional old-age benefits
Altersaufbau age distribution
Alterseinkommen retirement income
Altersentlastungsbetrag old-age percentage reduction
Altersfreibetrag age allowance, old-age tax free allowance
Altersgruppe age group
Altersprofil age profile
Alterspyramide age pyramid
Altersrente old-age pension, retirement allowance
Altersruhegeld retirement pension
Alterssicherung old-age protection
Altersstruktur age pattern
Altersversicherung old-age insurance
Altersversicherungsbeitrag superannuation contribution
Altersversorgung old-age pension, retirement benefits
Altlastzahlungen payments to meet restructuring costs
altmodisch dated
am freien Markt verkaufen sell in the open market

am nächsten Abrechnungstag for the account
am Terminmarkt verkaufen sell forward
American Bankers Association ABA
amerikanische Buchführung columnar bookkeeping
amerikanische Wertpapiere Yankees
amerikanisches Zuteilungsverfahren american Depository Receipt american auction
Amortisation amortization
Amortisationsanleihe redemption loan
Amortisationsdauer period of amortization, repayment time
Amortisationsfonds sinking fund
Amortisationshypothek redemption mortgage
Amortisationsmethode payoff analysis
Amortisationsperiode payoff period
Amortisationsplan amortization schedule
Amortisationsrechnung payback analysis, payoff
Amortisationszahlung sinking payment
amortisierbar amortizable
amortisieren redeem
amtlich notiert officially listed
amtlich notierte Werte listed securities, quoted securities
amtlich zugelassener Bücherrevisor chartered accountant
amtlich zugelassener Makler inside broker
amtliche Börsennotiz official quotation
amtliche Eintragung registration
amtliche Finanzstatistik official financial statistics
amtliche Notierung official quotation
amtliche Preisüberwachung official price surveillance
amtliche Währungsreserven official reserves
amtliche Wertpapierbörse official stock exchange, recognized stock exchange
amtlicher Börsenschluss official close
amtlicher Devisenkurs official foreign exchange quotation
amtlicher Handel official dealings, official trading
amtlicher Kursmakler official broker
amtlicher Markt exchange trading
amtlicher Rechnungsprüfer comptroller
amtlicher Wechselkurs official exchange rate
amtliches Kursblatt Daily Official List
Amtsdauer period of appointment
Amtsgericht local first-instance court
an der Börse gehandelt dealt in on a stock exchange
an die Börse gehen go public
an Erfüllungsstatt accord and satisfaction
an Ort und Stelle on the premises
an Subunternehmen vergeben farm out
Analyse breakdown

analysieren investigate
Anbau enlargement
anbieten bid on, offer
Anbieter bidder, offerer
Anbieterabsprache bid rigging, collusive bidding
Anbieterinflation offerer inflation
andauern abide
andauernd sustained
Anderdepot third-party security deposit
Anderkonto client account, securities escrow account, third-party account, trust account
ändern adjust, alter, modify, rearrange
Änderung adjustment, alteration, amendment
Änderung der Kapitalstruktur reclassification of stock
Änderungen vorbehalten subject to change without notice
Änderungsrate rate of change
andienen deliver
Andienung delivery
Aneignung assimilation
anerkannte Lieferstelle approved delivery facility
anerkennen accredit, appreciate, approve
Anerkenntnis acknowledgement
Anerkennung appreciation
Anerkennung versagen disallow
Anerkennungsbescheinigung validation certificate
Anerkennungszinsen notional interest
anfallen accrue
anfallend attributable
anfallende Zinserträge accruing interest income
Anfang commencement, inception
anfangen, beginnen commence
anfänglich initially
Anfangsbelastung initial debt service
Anfangsbestand beginning inventory
Anfangsdividende initial dividend
Anfangsgehalt initial salary, starting salary
Anfangsgewinne early gains
Anfangskapital capital sum, front money, initial capital, initial investment, start-up funding
Anfangskurs first quotation, opening price/quotation
Anfangslohn entrance wage, starting wage
Anfangsnotierung first quotation
Anfangsrendite initial rate of return
Anfangssaldo opening balance
Anfangsschwierigkeiten, Anlaufschwierigkeiten breaking-in difficulties
Anfangsstadium initial stage
Anfangsverzinsung initial coupon
Anfangswert initial value
anfechtbar avoidable
anfechtbarer Vertrag voidable contract

anfechtbares Rechtsgeschäft voidable transaction
Anfechtbarkeit voidability, voidable, vulnerability
anfechten challenge, contest
Anfechtung avoidance, impeachment
Anforderung need, requirement
Anforderungen erfüllen satisfy requirements
Anforderungsprofil requirements specification
anfügen annex
Angabe von Ankauf- und Verkaufskurs double-barrelled quotation
Angaben data
angeben designate
angeblich ostensible
angeblicher Wert asserted value
Angebot offer, proposal, quotation, tender
Angebot ablehnen decline an offer, reject a bid, reject an offer
Angebot auf Erwerb von Konzernunternehmen break-up bid
Angebot ausarbeiten prepare a proposal
Angebot einholen obtain an offer
Angebot geht ein bid is received
Angebot ohne Festpreis subject bid
Angebot unterbreiten submit an offer
Angebot von Wertpapieren an der Börse securities on offer
Angebot zurückziehen withdraw an offer
Angebotsannahme award
Angebotsdatum date of quotation
Angebotsdruck selling pressure
Angebotsempfänger offeree
Angebotseröffnung bid opening
Angebotsformular bid form
Angebotsknappheit shortage of supplies
Angebotskurs offer price
Angebotspreis offer price, quoted price
Angebotsschwankungen fluctuations in supply
Angebotsüberschuss sellers over
Angebotsunterlagen offer document
angegeben stated
angegliedert affiliated to
angelegtes Geld money put up
angemessen adequate, appropriate, compatible, moderate, reasonable, suitable
angemessene Entschädigung just compensation
angemessene Frist reasonable time
angemessene Frist setzen set a reasonable period of time
angemessene Gegenleistung fair consideration, fair equivalent
angemessene Kündigungsfrist reasonable notice
angemessene Sorgfalt due care, due diligence, ordinary diligence
angemessene Verzinsung fair rate of return

angemessene Wachstumsrate adequate increase rate
angemessener Preis bona fide price, fair price, reasonable price
angemessener Wert fair value
Angemessenheit adequacy
angenommen assumed
angepasst customized
angepasste Erwartungen adaptive expectations
angepasstes/bereinigtes Nachfragewachstum adjusted demand growth
angepeiltes Wachstumsziel targeted growth rate
angesammelte Zinsen accrued interest
angeschlossen affiliated, affiliated to
angespannte Finanzen strained resources
angespannte Finanzlage situation of strained resources
angespannte Haushaltslage strained budget, tight budget situation
angespannte Liquiditätslage tight liquidity position
Angestelltengewerkschaft white-collar union
Angestellter clerk, salaried employe, white-collar worker
angestrebte Kapitalverzinsung target rate of return
angestrebte Mindestverzinsung required rate of return
angleichen adapt
Angleichung adaptation/adaption
Angleichungsperiode period of adjustment
angliedern an affiliate to
Angliederung affiliate, affiliation
angrenzend adjacent
Angstkäufe panic buying, scare buying
Angstverkäufe panic selling
anhaltend sustained
anhaltende Kurserholung sustained rally
anhaltende Nachfrageschwäche persistent weakness of demand
Anhang annex, appendix
Anhang zur Vermögensaufstellung notes to the final statement
anhängen adhere
anhängig pending
anhängiger Prozess pending lawsuit
anhäufen cumulate
Anhäufung cluster
anheben advance, raise
anheften attach
ankaufen negotiate
Ankaufermächtigung authority to buy, order to negotiate
Ankaufgebühren sales charge
ankaufsfähiges Akzept acceptance eligible for purchase
Ankaufsfonds purchase fund

Ankaufspreis buying-in price
ankreuzen tick
Ankündigung announcement, notice
Ankündigungseffekt announcement effect
Ankündigungsschreiben notice of intention to deliver
Ankurbelungspolitik reflationary policy
Anlage annex, appendix, attachment, enclosure, exhibit, facility, investment, plant
Anlage in Wertpapieren paper investment
Anlageart type of investment
Anlageausschuss investment committee
Anlageberater investment adviser, investment consultant
Anlageberatung investment counseling, investment management
Anlageberatungsvertrag investment advisory agreement
anlagebereite Mittel idle balances
Anlagebewertung evaluation of securities, investment appraisal, investment rating
Anlagedevisen investment currency
Anlageergebnis investment performance
Anlagefinanzierung investment financing
Anlagefonds investment fund
Anlageformen investment vehicles
Anlagegüter capital equipment, capital goods
Anlageinstrumente investment vehicles
Anlageinvestition business fixed investment
Anlagekapital fixed assets
Anlagekäufe investment buying, portfolio buying
Anlagekonto fixed asset account
Anlagemarkt investment market
Anlagemöglichkeit investment outlet
Anlagemöglichkeiten investment outlets, investment outlook, outlet for funds
Anlagen equipment
Anlagen im Bau assets in the course of construction, assets under construction, construction in process
Anlagen umschichten regrouping investments
Anlagen-Abgänge disposals of fixed assets
Anlagen-Leasing plant leasing
Anlagenbewertung asset valuation
Anlagenbuchhaltung fixed asset accounting, plant accounting, property accounting
Anlagendeckung asset covering, ratio of equity to fixed assets
Anlagendeckungsgrad equity-to-fixed assets ratio, fixed-asset-to-net-worth ratio
Anlagenfinanzierung plant and equipment financing
Anlagenintensität capitalization ratio
Anlagenkonto assets account
Anlagenkontosaldo take-on balance
Anlagenkredit investment credit
Anlagenmiete leasing

Anlagenspiegel fixed asset movement schedule
Anlagenstreuung asset diversification, diversification of capital
Anlagenumschichtung asset redeployment, regrouping of investments
Anlagenverkauf fixed assets retirement
Anlagenzugänge additions to fixed assets
Anlagepapiere investment securities, portfolio securities
Anlagepolitik investment management policy
Anlagerendite compound yield
Anlagerisiko investment risk
Anlagespezialist investment specialist
Anlagestrategie investment strategy
Anlagestreuung investment diversification
Anlagevermögen capital assets, fixed assets, permanent assets
Anlageverwaltung investment management
Anlagewagnis investment risk
Anlagewährung investment currency
Anlagewert investment value
Anlagezeitraum period of investment
Anlageziel investment goal, investment objective
Anlagezugänge fixed asset additions
Anlass inducement, occasion
anlaufen phase in
Anlaufkosten launching costs, setup cost, starting cost
Anlaufphase phase-in, start-up phase
Anlaufzeit phase-in period
anlegen invest
Anleger investor
Anlegerrisiko investor's risk
Anlegerschutz investor protection
Anleihe bond, loan, loan taken
Anleihe auflegen float a bond issue, float off
Anleihe aufnehmen raise a loan
Anleihe bedienen service a loan
Anleihe begeben float off
Anleihe Emissionsagio bond premium
Anleihe mit 12-monatiger Laufzeit yearling
Anleihe mit aufgeschobener erstmaliger Zinszahlung deferred coupon bond
Anleihe mit Endfälligkeit bullet issue, bullet loan
Anleihe mit fester Laufzeit terminable bonds
Anleihe mit gleichmäßigen Kouponzahlungen plain vanilla fixed coupons
Anleihe mit Optionsscheinen bond cum warrants
Anleihe mit Optionsscheinen auf Aktien equity-linked issue
Anleihe mit Recht auf Laufzeitverlängerung extendable bond
Anleihe mit Zins- und Gewinnzahlungen dividend bond, profit-sharing bond
Anleihe mit Zinshöchstsatz cap loan

245

Anleihe ohne Laufzeitbegrenzung perpetual bond
Anleihe ohne Zinseinschluss flat bond
Anleihe tilgen redeem a loan
Anleihe umschulden reschedule a loan
Anleihe unterbringen place a loan, source a loan
Anleihe-Bedingungen terms of a loan
Anleihe-Konditionen terms of a loan
Anleiheagio bond premium, loan premium, premium on bonds
Anleiheausgabe loan expenditure
Anleiheausstattung bond features, bond terms, terms of a loan
Anleihebestand loan portfolio
Anleihebewertung bond ratings, bond valuation, corporate bond ratings
Anleihedienst loan debt service, loan service
Anleihedisagio debenture discount, discount on bonds
Anleiheemission coupon issue
Anleiheemission ohne laufende Tilgung bullet issue
Anleiheerlös bond proceeds, bond yield
Anleihefinanzierung bond financing
Anleihegläubiger bond creditor
Anleihekapital bond capital, debenture capital, debt capital
Anleihekosten bond issued cost
Anleihekündigung call-in of a loan
Anleihekurs bond price, loan quotation
Anleihekurs ohne Stückzinsen clean price
Anleihelaufzeit term of a loan
Anleihemodalitäten bond terms
Anleihen bonds
Anleihen der öffentlichen Hand public bonds
Anleihen mit Kurs unter Nennwert discount bonds
Anleihenform bond design
Anleiheplatzierung bond placement
Anleiherendite bond yield, loan yield
Anleiheschuld bond debt, loan debt
Anleiheschuldner bond debtor, loan debtor
Anleiheserienfälligkeit serial maturity
Anleihestückelung bond denomination
Anleihetilgung bond redemption
Anleihetilgungsplan bond redemption schedule
Anleihetranche accrual bond
Anleiheumlauf bonds outstanding
Anleiheumschuldung bond rescheduling
Anleiheunterbringung placing of a loan
Anleiheverbindlichkeiten bond debt, bonds, fixed debts, loan debts
Anleiheverschuldung bond debt, loan indebtedness
Anleihevertrag indenture, loan agreement
Anleihezeichner loan subscriber
Anleihezeichnungskurs loan subscription price

Anleihezins coupon rate, loan interest
Anleihezinstabelle bond table
Anleihezuteilung loan allotment
Anleitung guidance
anliefern deliver
anliegend adjacent
anmahnen dun
Anmeldeformular application form
Anmeldegebühr filing fee
anmelden enter for, register
Anmeldeschluss closing date, deadline, deadline for application, final deadline
Anmeldetermin date of application
Anmeldeunterlagen application documents
Anmeldeverfahren application procedure
Anmerkung annotation, notation
annähernd proximate
Annäherung approach, approximation
Annäherungskurs approximate price
Annahme acceptance, assumption, presumption
Annahme an Erfüllungsstatt accord and satisfaction
Annahme einer Abfindung acceptance of lump sum settlement
Annahme einer Sicherheit acceptance of a security
Annahme verweigern dishonor
Annahmeerklärung declaration of acceptance
Annahmepflicht acceptance duty
Annahmeschreiben acceptance letter
Annahmestelle receiving office
Annahmeverweigerung nonacceptance, refusal to accept
Annahmeverzug default in acceptance
annehmbar acceptable
annehmbare Bedingungen acceptable terms, fair terms, fair trading
annehmbare Qualität acceptable quality
annehmbarer Preis acceptable price
annehmen adopt, assume, receive
Annuität annuity, regular annual payment
Annuitäten-Bonds annuity bonds
Annuitätenanleihe annuity bond
Annuitätendarlehen annuity loan
Annuitätenhypothek redemption mortgage
annullierbar annullable, avoidable
annullieren abrogate, annul, cancel, revoke
annullieren, aufheben, für null und nichtig erklären abate
Annullierung abatement, invalidation
Annullierung, Widerruf countermand
anomale Kursunterschiede aberrant price differences
anonyme Beteiligung warehousing
anonymer Aktienbesitz nominal holdings, nominal shareholding, nominee shareholding
anonymes Sparen anonymous saving

anordnen set out
Anordnung classification, layout, setout
Anordnungsproblem assignment problem
anpassen adapt, adjust, assimilate, shake down
anpassen, entsprechen conform
Anpassung adaptation/adaption, adjustment, assimilation, match, shakedown
Anpassung der Kreditkonditionen adjustment of the loan terms
Anpassungen adjustments
Anpassungsdarlehen adjustment loan, renegotiated loan
anpassungsfähig adaptable
Anpassungsinflation adjustment inflation
Anpassungspfad adjustment loop, adjustment path
Anpassungsprozess adjustment process
anrechenbar allowable as deduction, creditable
anrechenbare Steuer allowable credit, creditable tax
anrechenbarer Betrag creditable amount
anrechnen count against, credit against
Anrechnungsguthaben imputation credit
Anrechnungsverfahren imputation procedure
Anrechnungswert accepted value
Anrecht haben auf entitle, entitlement
Anrechtschein auf Dividende dividend warrant
anregen encourage
Anregung spinoff
Anreiz fillip, incentive, kicker
Anreizsystem incentive scheme, incentive system
anrufen call
ansammeln accumulate, amass, pile up
Ansammlung accumulation, aggregation, congestion, lodgment
Ansatz approach
Ansatzvorschrift capitalization rule
anschaffen acquire
Anschaffung acquisition, purchase
Anschaffungs- und Herstellungskosten historical cost
Anschaffungsausgabe investment outlay
Anschaffungskosten aboriginal costs, acquisition costs, asset cost, capital expenditure, cost of acquisition, initial investment, original acquisition cost, original cash outlays, original investment, purchase cost
Anschaffungskostenprinzip historical cost concept
Anschaffungsnebenkosten incidental acquisition cost
Anschaffungspreis acquisition price
Anschaffungswert cost price, cost value, net cash outflow, prime cost
Anschaffungswert-Methode cost value method
Anschaffungswertprinzip cost value principle, historical cost accounting

Anschaffungszeitpunkt date of acquisition
Anschein appearance
Anschlagtafel billboard
anschließen affiliate, plug into
Anschlussauftrag add-on sale, renewal order, sequence order
Anschlussaufträge backup support
Anschlussfinanzierung follow-up financing, on-going finance
Anschlussgeschäft roll-over deal
Anschlusskonkurs bankruptcy proceedings following failure of composition proceedings
Anschreibekonto running account
anschreiben chalk up, charge to account
Anschubfinanzierung knock-on financing
Ansehen reputation
ansehnlich sizeable
ansetzen quote
Ansiedlung settlement
Anspannung strain
Anspielung reference
Ansporn incentive
ansprechend appealing
Ansprechpartner reference point
Anspruch claim, entitlement
Anspruch anmelden file a claim
Anspruch begründen justify a claim
Anspruch erfüllen answer a claim
Anspruch erheben lay claim, prefer a claim
Anspruch nachkommen agree to a demand
Ansprüche aus einem Kontokorrentverhältnis account related claims
Ansprüche zurückweisen reject claims
Anspruchsniveau aspiration level
Anspruchsregulierung adjustment of claims
anspruchsvoll demanding, exacting
ansteigen edge ahead
Anstellung engagement
Anstellungsvertrag, Arbeitsvertrag contract of employment
Anstieg ascent
anstiften plot
Anstoß fillip, initiation, request
anstreben aim at, aspire to, reach up
Anstrengung effort, splurge
Anteil percentage, proportion, quota, share, stake, unit
Anteil am Weltumsatz share of world sales
Anteil an Gewinnen equity in earnings
Anteile halten hold shares
anteilig pro rata, ratable
anteiliger Betrag proportionate amount, prorated amount
anteilmäßig proportional
anteilmäßig verrechnen prorate
anteilmäßig verteilen prorate
anteilmäßige Rückerstattung pro rata refund

anteilmäßige Zahlung pro rata payment
Anteilsaktie no-par stock
Anteilschein certificate of participation, investment fund share, unit certificate
Anteilscheinbesitzer unitholder
Anteilscheine equities
Anteilseigner equity holder, shareholder, shareowner
anteilsmäßige Zahlungen pro rata payments
Anteilsschein participation certificate, share certificate
Anteilszeichner unit applicant
Antiübernahmestrategie poison pill
antizipative Abgrenzung accrual
antizipative Aktiva accrued income
antizipative Passiva accrued charges, accrued expense
antizipatives Sicherungsgeschäft anticipatory hedge
antizipatorische Passiva deferred expenses
antizyklische Haushaltspolitik anticyclical budgetary policy
antizyklische Wirtschaftspolitik anticyclical budgetary policy
Antrag petition
Antrag auf Arbeitslosengeld unemployment claim
Antrag auf Börsenzulassung application for listing, initial request for listing, listing application
Antrag genehmigen approve an application
Antrag stellen apply for, propose
Antragsannahme acceptance of proposal
Antragsformular application form
Antragsteller applicant, claimant, petitioner
Antragsveranlagung application assessment
Antrieb incentive
Antwort response
anvertrauen trust
anvisieren zero in on
anwachsen accumulate, increase
anwählen dial up
Anwalt solicitor
Anwaltskosten lawyer's fee
Anwartschaft accumulated benefit, right in course of acquisition
anweisen assign, instruct
Anweisung assignment, briefing, instruction
Anweisungen geben brief
anwendbar adaptable
anwendbar geeignet applicable
Anwendbarkeit applicability
anwenden apply, exercise, impose
anwenden gegen bring to bear against
Anwender user
Anwendung application, reach
Anwendungsbereich domain of applicability, scope of application

anwendungsfähig employable
Anwendungsmaske application screen
Anwendungssoftware application software
Anwerbegebühr recruitment fee
Anwerbung enlistment
Anwesenheit attendance
Anwesenheitsliste attendance sheet
Anwesenheitsnachweis attendance record
Anwesenheitsprämie attendance bonus
Anzahl number
anzahlen make a deposit, make a down payment
Anzahlung advance payment, cash deposit, deposit, deposit payment, down stroke, downpayment, earnest money, first installment, payment on account
Anzahlung leisten make a down payment
Anzahlungen finanzieren fund down payments
Anzahlungsgarantie advance guaranty, advance payment bond, advance payments guarantee, security bond for down payment
Anzeichen evidence, indication
Anzeige notification
anzeigen indicate, notice, notify
Anzeigenpreis ad rate, advertizing charge
Anzeigentarif advertizing rate
anziehen move up, rally
Anziehen der Kurse firming up of prices
Anziehen der Preise pick up in prices
Anziehungskraft appeal
anzuwendender Steuersatz applicable tax rate
aperiodisch not identified with a specific period
äquivalent equivalent
arbeiten an engaged in
arbeitendes Kapital active capital
Arbeiter blue-collar worker
Arbeiterstunde man hour, manpower hour
Arbeitgeber employer
Arbeitgeberanteil employer's share
Arbeitgeberdarlehen loan by employer to employe
Arbeitnehmer employe
Arbeitnehmeranteil employe contribution, employe's share
Arbeitnehmerfreibetrag earned income relief, employe allowance
Arbeitnehmersparzulage employe's savings premium
Arbeitsablauf flow of work, operating sequence, operational sequence, sequence of operations
Arbeitsablaufanalyse analysis of workflow
Arbeitsanfall volume of work
Arbeitsanreiz incentive to work
Arbeitsbelastung workload
Arbeitseinheit unit of labor
Arbeitseinkommen earned income, labor income, service income

Arbeitseinstellung cessation of work, suspension of work
arbeitsfähig employable
Arbeitsfähigkeit ability to work, working capacity
Arbeitsfortschrittsdiagramm progress chart
Arbeitsgang operation step
Arbeitsgemeinschaft consortium
Arbeitsgruppe task force, team
Arbeitskosten labor cost, payload
Arbeitskosten je Einheit labor cost per unit of output
Arbeitskräfte manpower pool
Arbeitskräftebedarf manpower requirements
Arbeitskräftemangel shortage of labor
Arbeitsleistung output, work performance
arbeitslos redundant
Arbeitslosengeld unemployment pay
Arbeitslosenhilfe unemployment assistance
Arbeitslosenkosten costs of unemployment
Arbeitslosenquote rate of unemployment
Arbeitslosenunterstützung compensation of employes, redundancy payment, unemployment benefit
Arbeitslosenunterstützung beziehen draw unemployed benefits
Arbeitslosenversicherung workers' compensation insurance
Arbeitslosigkeit redundancy
Arbeitsmenge volume of labor
Arbeitspapier exposure draft
Arbeitspause break, work break
Arbeitsplatz duty station
Arbeitsplatzanalyse occupational analysis
Arbeitsplatzrisiko occupational hazard
Arbeitsprinzip operation principle
Arbeitsproduktivität labor productivity
Arbeitsprozess working process
Arbeitsrückstand backlog, backlog of work
Arbeitsstätte place of work
Arbeitsstückkosten unit labor costs
Arbeitsstundensatz cost per man-hour
Arbeitsteilung division of labor
arbeitsunfähig disabled
Arbeitsunfähigkeit inability to work
Arbeitsunfall occupational accident
Arbeitsunterbrechung break from work, interruption of work, layoff
Arbeitsunterlage working paper
Arbeitsvertrag mit Beitrittsverbot zur Gewerkschaft yellow-dog contract
Arbeitsvorbereitung production scheduling
Arbeitszeit working hours
Arbeitszeitermittlung work measurement
Arbeitszeitverkürzung reduction in normal hours of week, reduction of working hours
Arbeitszerlegung element breakdown

Arbeitszuordnung assignment of tasks
Arbeitszuwachs increase in workload
Arbitrage arbitrage
Arbitrage-Hedging carrying charge hedging
Arbitrage-Rechnung arbitrage calculation
Arbitrageklausel arbitrage clause
arbitrageloser Wertpapierpensionssatz break-even repo rate, implied repo rate
Areal site
arglistig fraudulent
arglistige Täuschung willful deceit
arglistiges Verschweigen fraudulent concealment
Argument argument
Argumentation line of reasoning
argumentieren argue
armselig poverty-stricken
Armut poverty
Armutsgrenze poverty line
Artikel item
Artikelaufschlag item markup
Artikeleinstandswert item cost
Aspekt aspect
Assistentenstelle assistantship
Attentismus wait-and-see attitude
attraktive Bedingung attractive terms
auditieren audit
auf Abruf at call
auf Abzahlung kaufen buy on hire-purchase
auf Anforderung on demand
auf Anforderung von at the request of
auf Antrag upon request
auf Baisse spekulieren bear
auf Bedingungen eingehen yield to conditions
auf Bestellung anfertigen customize
auf dem laufenden up-to-date
auf dem laufenden sein be abreast of
auf dem neuesten Stand up-to-date
auf den Markt bringen throwing on the market
auf den neuesten Stand bringen bring up to date, update
auf die hohe Kante legen add to one's nest egg, put by
auf die Probe stellen acid test
auf eigene Gefahr at one's own peril
auf eigene Kosten at one's own charge
auf eigene Rechnung on one's own account
auf eigenes Risiko at one's own risk
auf einer Forderung bestehen persist in a demand
auf Gefahr des Eigentümers owner's risk
auf Gefahr des Empfängers at receiver's risk
auf Gefahr des Käufers at buyer's risk
auf Inhaber ausstellen make out to bearer
auf Jahresbasis umgerechnet annualized, at an annual rate
auf Jahresbasis umrechnen annualize

auf Kommissionsbasis verkaufen sell on commission
auf Kosten von at the expense of
auf Kredit on credit, on the cuff, on the nod, on the slate, on tick
auf Kredit verkaufen sell on credit terms
auf lange Sicht in the long run
auf neue Rechnung vortragen carry to a new account
auf Papiere mit kürzerer Laufzeit umsteigen back up
auf Pump on the cuff, on the nod, on tick
auf Raten on easy terms
auf Rechnung und Gefahr von for account and risk of
auf Rechnung von for account of
auf schnelle kleine Gewinne ausgerichteter Börsenhändler scalper
auf Termin kaufen purchase forward
auf unbestimmte Zeit vertagen adjourn indefinitely
auf unsere Kosten at our expense
auf Veranlassung von at the instance of
auf Verlangen at request
auf Wunsch at request
auf Ziel kaufen buy on credit
aufaddieren foot up
Aufbau structure
Aufbaudarlehen reconstruction loan
aufbauen build up
Aufbauorganisation company organization structure
aufbereiten edit
Aufbewahrungsfrist preservation period, preserve period
Aufbewahrungsgebühr safe deposit fee
Aufbewahrungsort (Depot) depot
Aufbewahrungspflicht duty to retain records, obligation to retain records, preserve obligation
aufbrauchen clean out
aufbringen ante up
aufbürden impose, saddle
aufeinander abstimmen orchestrate
aufeinander folgend consecutive
auferlegen impose
Auferlegung imposition
auffallend conspicuous
Auffang-Kreditlinie backup credit line
Auffangaktion bail-out
auffangen absorb
Auffanggesellschaft bail-out company, rescue company
Auffangkonsortium backing syndicate, support group
Auffangkonto suspense account
Auffassung opinion
Auffassung vertreten take the position

Aufforderung request, solicitation
Aufforderung zur Angebotsabgabe call for tender, request for quotation
Aufforderung zur Einzahlung auf Aktien call on shares
Aufforderung zur Kapitalerhöhung cash call
Aufforderung zur Nachschusszahlung auf Aktien stock assessment
auffüllen replenish
Aufgabe assignment, challenge
Aufgabe nicht ernst nehmen play at
Aufgaben-Folgeplan task sequence plan
Aufgabenanalyse functional analysis
Aufgabenbereich sphere of action
Aufgabenbeschreibung mission statement
Aufgabenerfüllung task fulfillment
Aufgabengebiet area of responsibility
aufgabenorientiert mission-oriented
Aufgabenstruktur task structure
Aufgabenverteilung allocation of responsibilities, distribution of duties
Aufgabenzuweisung assignment of functions
Aufgabezeit time of dispatch
aufgeben abandon, close books, discontinue, quit, resign, waive
aufgegebenes Unternehmen discontinued business
aufgehoben canceled
aufgelaufen accrued
aufgelaufene Abschreibung accumulated amortization
aufgelaufene Dividende accrued dividend, accumulated dividend, dividend in arrears
aufgelaufene Verpflichtungen accrued liabilities
aufgelaufene Zinseszinsen accrued compound interest
aufgelaufene Zinsforderungen accrued interest receivable
aufgelaufene Zinsverbindlichkeiten accrued interest payable
aufgelaufener Betrag accrual
aufgelaufener Buchgewinn accumulated book profit
aufgelaufener Verlust accumulated deficit
Aufgeld extra charge, extra premium
aufgenommene Gelder creditor's account
aufgeschobene Dividende deferred dividend
aufgeschobene Kapitaleinzahlung deferred capital
aufgeschobene Rente deferred annuity
aufgeschobene Zahlung deferred liability, deferred payment
aufgeteilte Emission split issue
aufgezwungen enforced
aufgliedern break down, itemize
Aufgliederung breakdown, breaking down, breakout, itemization

aufgreifen address oneself to
aufhalsen saddle
Aufhänger peg
aufhebbar voidable
aufheben abolish, abrogate, revoke
Aufhebung abatement, abolishment, abolition, abrogation, annulment, avoidance, breakup, repeal
Aufhebung der Börsenzulassung delisting
Aufhebung eines Steuerbescheides annulment of tax assessment notice
Aufhebung von Kreditkontrollen removal of credit controls
Aufhebung von Preiskontrollen decontrol of prices
aufholen gain ground
Aufkauf buying out, buyout, buy up
aufkaufen buy off, buy out, snap up
aufkaufen, spekulativer Aufkauf corner
Aufklärung enlightenment
Aufklärungspflicht duty to warn
Aufklebezettel adhesive label
Aufkündigung notice to quit
Auflage edition
Auflassung closing
auflaufen accrue, accumulate
Auflaufen von Zinserträgen accrual of interest
auflaufend accruing
auflegen issue, launch
Auflegung zur öffentlichen Zeichnung invitation for public subscription, offer for public subscription
auflösen closing, reverse, run down
auflösend disruptive
Auflösung dissolution, liquidation, termination
Auflösung von Kostenabgrenzungen amortization of deferred charges
Auflösung von Rücklagen liquidation of reserves
Auflösung von Wertberichtigungen und Rückstellungen reduction of prior provisions
Auflösungsantrag petition for dissolution
aufmachen undo
Aufmerksamkeit notice
Aufnahme absorption, admittance, affiliation
Aufnahme durch Geldeinlage admission by investment
Aufnahme langfristigen Fremdkapitals long-term borrowing
Aufnahme von Fremdkapital debt assumption
Aufnahme von Fremdmitteln borrowing external funds
Aufnahme von Hypothekendarlehen mortgage borrowing
Aufnahmeantrag application for admission
Aufnahmeantrag stellen apply for admission
aufnahmefähig receptive
aufnahmefähiger Markt broad market

Aufnahmefähigkeit absorbing capacity
Aufnahmegebühr entrance fee, initiation fee
aufnehmen admit, affiliate, raise
Aufpreis extra charge
aufrechenbar be subject to set-off
aufrechnen set off
Aufrechnung offset, setoff
Aufrechnung von Forderungen und Verbindlichkeiten netting
Aufruf recall
aufrufen call in
Aufruhr turmoil
Aufsatz cap
aufsaugen absorb
aufschieben defer, postpone, put off, respite, set aside, suspend
aufschiebende Einrede dilatory plea
Aufschlag extra charge, increment, markon/markup, overcharge, premium, recargo
Aufschlag auf Kassakurs premium on spot rate
Aufschlag für vorzeitige Tilgung prepayment penalty, redemption fee
Aufschlagskalkulation markup pricing
Aufschlagspreisbildung markup pricing
aufschlüsseln break down, subclassify
Aufschlüsselung breakdown, breaking down
aufschlussreich revealing
aufschreiben take down
Aufschrift inscription
Aufschub deferment, deferral, delay, grace
Aufschub gewähren grant a delay, grant a respite
Aufschwung recovery, upturn
Aufschwungphase business cycle expansion
aufsetzen draw up
Aufsicht custody
Aufsichtsbehörde board of control, regulatory agency
Aufsichtsrat board of directors, supervisory board
Aufspaltung disaggregation
Aufstellung schedule, statement
Aufstieg advancement, recovery, upgrade
Aufstockung des Grundkapitals increase of capital stock
aufsummieren add
auftauchen emerge
aufteilen apportion
Aufteilung breakup, fragmentation
Aufteilung von Gemeinkosten apply overhead to apportionment
Aufteilungsmaßstab apportionment rule
Auftrag commission, instruction, order, request
Auftrag annehmen accept an order
Auftrag annullieren cancel an order
Auftrag auf Lieferung forward order
Auftrag ausführen meet an order
Auftrag erhalten obtain a contract, obtain an order, win a contract

251

Auftrag erteilen award a contract, place an order
Auftrag für ein Kurssicherungsgeschäft hedging order
Auftrag gültig für einen Tag good for today
Auftrag hereinnehmen accept an order
Auftrag mit Festpreis lump-sum contract
Auftrag notieren book an order
Auftrag vergeben accept a bid, award a contract, place an order
Auftrag zu Festpreisen fixed-price contract
Auftrag zu regulärem Festpreis straight-fixed-price contract
Auftrag zur sofortigen Ausführung immediate-or-cancel order
Aufträge abwickeln handle orders
Aufträge weitervergeben job out
Aufträge zurückziehen shorten commitments
auftragen plot
Auftraggeber client, originator, principal
Auftragnehmer assignment acceptor, contractor
Auftragsabrechnung accounting for job order costs, job accounting
Auftragsabrechnungssystem job accounting system
Auftragsabwicklung order processing
Auftragsbearbeitung order processing, purchase order processing
Auftragsbeschaffung bidding of orders, order getting
Auftragsbestand backlog of orders, backlog order books, backlogged orders, business backlog, order backlog, order on hand, orders on hand
Auftragsbestätigung acceptance of order, acknowledgement of order, confirmation of order
Auftragsbuch book of commission, order book
Auftragsdurchlaufzeit lead time
Auftragseingang inflow of orders, new orders, order bookings, rate of new orders
Auftragseingangsbelebung pick up of orders
Auftragseingangsplan order flow plan
auftragsgemäß as per order
Auftragsgröße lot size
Auftragshöhe size of order
Auftragsmangel dearth of orders, shortage of work
Auftragspapiere documents accepted for collection
Auftragsrückgang drop-off in orders, falling-off of orders
Auftragsrückstand backlog, backlog of orders
Auftragsschwemme deluge of orders
Auftragsstornierung cancellation of order
Auftragsüberhang dead load
Auftragsvergabe acceptance of bid, award of contract
Auftragswert contract value, order value
Auftragszettel, Schlussschein contract note

Auftrieb boost
Auftriebskräfte propellant forces
Aufwand cost, expenditure, expense
Aufwand und Ertrag expense and revenue, income ad expense
aufwändig expensive
Aufwands- und Ertragsabgrenzung matching of deduction and income
Aufwands- und Ertragskonsolidierung consolidation of revenue and expenditures
Aufwands- und Ertragskonten expense and revenue account, income accounts
Aufwands- und Ertragsrechnung accrual method, profit and loss account
Aufwands- und Ertragsstruktur revenue and expense structure
Aufwandsabgrenzung accrued charges, interperiod expense allocation
Aufwandsarten cost classification by type
Aufwandsentschädigungen emoluments, fringe benefits
Aufwandsposten expense item
Aufwandsrückstellung expense anticipation accrual
Aufwandsverteilung expense allocation
Aufwandszinsen interest expenses
Aufwärtsbewegung upward movement
Aufwärtsentwicklung rising trend
Aufwärtstrend rising tendency, rising trend
aufwenden für expend on
Aufwendung charge
Aufwendungen expenses, revenue expenditure
Aufwendungen für bezogene Leistungen cost of purchased services
Aufwendungen für Roh-, Hilfs- und Betriebsstoffe und Fremdwaren cost of raw materials, consumables and goods for resale
Aufwendungen machen für incur expenses for
Aufwendungen zwischen Wohnung und Arbeitsstätte commuting expenses
aufwerten valorize, write up
Aufwertung appreciation, valorization
aufzehren eat away
Aufzeichnung record
aufzinsen accumulate, add on, add unaccrued interest, compound
Aufzinsung accumulation
Aufzinsungsbetrag add-on interest
Aufzinsungsfaktor accumulation factor, compound amount
Aufzinsungspapier accrued-interest paper
Augenblicksverzinsung continuous convertible interest
Auktion auction, sale at auction, sale by public auction, vendue
Auktionator auctioneer, vendue master
Auktionsmarkt auction market

aus dem Auge verlieren lose track of
aus dem Gleis laufen derail
aus dem Kaufvertrag ex contract
aus der Bilanz heraushalten keep off the balance
aus der Börsennotierung streichen delist a stock
ausarbeiten compose, draw up, prepare
Ausarbeitung working-out
ausbauen expand, gear up
ausbedingen stipulate
Ausbeutesatz rate of yield
Ausbeutung exploitation
Ausbeutung eines Unternehmens milking
ausbilden educate
Ausbildung background, education
Ausbildungsfreibetrag education allowance
Ausbildungskosten training costs
Ausbildungskredit training credit
Ausbleiben der Zinszahlungen interest omission
ausbuchen write off
ausbuchen einer uneinbringlichen Forderung bad debt write-off
ausdehnen extend
Ausdehnung amplification, enlargement, extension
ausdrücklich definitive, distinct
auseinander nehmen disassemble
Auseinandersetzungsbilanz balance sheet for settlement purposes
Ausfall outturn
Ausfallbürgschaft deficit guaranty, guaranty of collection, indemnity bond
ausfallen break down, fail
Ausfallquote default rate, delinquency rate, failure rate, loan chargeoff ratio
Ausfallrate failure rate, refusal rate
Ausfallrisiko default risk, delinquency risk, payment risk, risk of default
Ausfalltag day lost
ausfechten play out
Ausfertigungsgebühr issue fee
Ausfertigungstag day of issue
Ausflucht shuffle
Ausfuhrabschöpfung price adjustment levy
ausführbar feasible, realizable
Ausführbarkeit feasibility
Ausfuhrbürgschaft export guaranty
Ausfuhrdokument export document
ausführen accomplish, carry out, fulfil
ausführende Arbeit operative performance
Ausfuhrerklärung export declaration
Ausfuhrerlöse export earnings
Ausfuhrforderung export claim
Ausfuhrförderungskredit export promotion credit
Ausfuhrgüter export commodities
Ausfuhrkredit export credit, export trade credit
ausführlich beschreiben describe in detail, detail

ausführlich darlegen set out in detail
ausführlich eingehen auf expand on
ausführlicher Bericht detailed report, full account
ausführlicher erläutern amplify
Ausfuhrlizenz export permit
Ausfuhrprämie bounty of exportation
Ausfuhrrechnung export invoice
Ausfuhrrisiko export risk, export-related risk
Ausfuhrrückvergütung export rebate
Ausführung execution, implementation
Ausführungsanzeige advice of deal
Ausführungsgrenzen scope of tender
Ausführungsstelle performer entity
ausfüllen fill in
Ausgabe disbursement, expenditure, expense, issue, spending
Ausgabe von Gratisaktien bonus issue, capitalization issue, scrip issue
Ausgabe von Schuldverschreibungen issuance of debt
Ausgabeagio offering premium
Ausgabedisagio offering discount
Ausgabekurs issue price
Ausgabekurs von Optionsscheinen warrant offering price
Ausgaben outflows, outgoes/outgoings, outlay
Ausgaben begrenzen put a lid on spending
Ausgaben decken cover expenses
Ausgaben erhöhen step up spending
Ausgaben kürzen cut spending, make cuts in spending, tighten purse strings
Ausgaben pro Kopf der Bevölkerung per capita expenditure
Ausgabenbereitschaft readiness to spend
Ausgabenbeschränkung cash limit
Ausgabendisziplin restraint in expenditure
Ausgabenentscheidung spending decision
Ausgabenfluss flow of spending, spending flow
Ausgabenneigung propensity to spend
Ausgabenplan outgoing payments budget
Ausgabenpläne spending plans
Ausgabenpolitik expenditure policy
Ausgabenquoten expenditure ratios
ausgabenreduzierende Politik expenditure-reducing policy
Ausgabensperre expenditure freeze
Ausgabenstruktur pattern of expenditure
Ausgabenüberschreitung over-expenditure
Ausgabenumfang volume of expenditure
Ausgabenumlenkung expenditure switching
Ausgabenverpflichtung expenditure obligation
Ausgabenvolumen volume of expenditure
Ausgabenwährung expenditure currency
Ausgabepreis selling price
Ausgangsdaten base data
Ausgangspunkt starting point, zero

Ausgangswert basic value
Ausgangszahl benchmark figure
ausgeben issue, pay out
ausgeben für expend on
ausgebildete Belegschaft educated workforce
ausgedehnt extensive
ausgedrückt stated
ausgegebene Aktien issued shares
ausgegebene oder emittierte Aktien shares issued and outstanding
ausgegebenes Kapital capital stock issued, issued capital, issued capital stock
ausgeglichen balanced
ausgeglichene Position, Null-Position zero exposure
ausgeglichenes Budget balanced budget
ausgeglichenes Konto account in balance, balanced account
ausgehandelte Emission negotiated offering
ausgehandelter Preis negotiated price
ausgehen von originate
ausgeplündert durch Schulden debt-ravaged
ausgeprägt distinctive
ausgereift elaborated
ausgeschlossen barred
ausgeschlossener Aktionär expelled shareholder
ausgeschütteter Gewinn distributed income, distributed profit
ausgeschütteter Gewinnanteil distributed profit share
ausgewiesene Dividende proposed dividend
ausgewiesener Betrag amount stated
ausgewiesener Gewinn reported earnings
ausgezahlter Betrag amount paid out
ausgezeichnet excellent
ausgezeichnetes Ergebnis strong performance
Ausgleich compensation, equation
ausgleichen balance, even off/out, offset, square, trade off
ausgleichende Erträge offsetting benefits
Ausgleichsabgabe compensatory tariff, equalization levy
Ausgleichsbuchung adjustment entry, balancing entry
Ausgleichsbuchung (Berichtigungsbuchung) adjusting entry
Ausgleichsdividende equalizing dividend
Ausgleichsfonds compensation fund, equalizing fund
Ausgleichsforderung equalization claim
Ausgleichsgesetz law of balancing
Ausgleichskalkulation compensatory pricing
Ausgleichsposten adjustment item, balancing account, balancing item
Ausgleichsrücklage equalization reserve
Ausgleichstransaktion accommodating transaction, match, matching

Ausgleichsverfahren composition in bankruptcy, equalizing process
Ausgleichszahlung adjustment payment, balancing payment, compensating payment, compensating variation, deficiency payment
Ausgleichszoll countervailing duty
Ausgleichszuweisung rate deficiency grant
ausgliedern segregate
Ausgliederung outsourcing, segregation
ausgründen hive off
aushändigen surrender
Aushändigung delivery
Auskäufergruppe corner ring
Auskommen sustenance
Auskunft commercial report
Auskunftsersuchen account inquiry
Auskunftspflicht duty to disclose information
Auslage disbursement
Auslagen expenses, outlay
Auslagenabrechnung statement of expenses
Auslagenersatz reimbursement of expenses
Ausland abroad
Ausländerguthaben external accounts
Ausländerkonten nonresident accounts
ausländische Bankkredite bank lendings abroad
ausländische Direktinvestition foreign direct investment, inward investment
ausländische Emittenten foreign issuers
ausländische Kapitalgesellschaft alien corporation
ausländische Rentenwerte foreign bonds
ausländische Zahlungsmittel foreign money
ausländischer Anleger investor abroad
ausländischer Anteilseigner nonresident shareholder
Auslandsabsatz external sales, foreign selling
Auslandsabteilung foreign department
Auslandsakzept foreign acceptance
Auslandsanlage foreign investment
Auslandsanleihe bull dog bonds, external bonds, external loan, foreign bond, foreign loan
Auslandsarbitrage outward arbitrage
Auslandsausleihungen cross-border lending
Auslandsbank foreign bank
Auslandsbeteiligung associated company abroad, foreign participation
Auslandsbonds external bonds
Auslandsemission foreign issue
Auslandsfaktoring international factoring
Auslandsfracht cargo sent abroad
Auslandsgelder foreign funds
Auslandsgeschäft external transaction, foreign business, foreign trade
Auslandsguthaben balances abroad, deposits in foreign countries, foreign balances, funds abroad, nonresident deposits
Auslandsinkasso outward collection

Auslandsinvestitionen international investment
Auslandskonto external account, foreign account
Auslandskredit foreign lending
Auslandskreditgeschäft international lending operations
Auslandspostanweisung international money order
Auslandssaldo net foreign position
Auslandsscheck foreign check
Auslandsschulden external debts
Auslandsumsatz export turnover
Auslandsverbindlichkeiten external indebtedness, foreign liabilities
Auslandsverkäufe foreign selling, sales abroad
Auslandsverschuldung external debts, foreign debt, foreign indebtedness
Auslandsvertreter agent abroad
Auslandswechsel external bill, foreign bill
Auslandswertpapiere foreign securities
Auslandszahlung foreign payment, payment from abroad
Auslandszahlungsverkehr foreign payments transactions
auslassen omit
Auslastungsgrad operating rate, plant operating rate, production volume
auslaufen discontinue, expire, phase-out
auslaufen lassen phase out
Auslaufmonat expiration month
Auslauftag expiration date, expiry date, option day
ausleihen lend, lend out
Ausleihequote lendingsratio
Ausleihungen asset exposure, lendings
Ausleihungen an Firmenkunden commercial loan portfolio
Ausleihungssatz borrowing rate
Auslese pick, selection
auslesen select
Auslesepolitik der Notenbank eligibility policy
Ausleseverfahren/-prozess selection procedure/process
ausliefern deliver
Auslieferung delivery, surrenderr
Auslieferungsprovision delivery commission
Auslöschung extinction
Auslosung bond drawing, field allowance
Ausmaß extent, proportion
Ausnahme exception
ausnahmsweise exceptionally
ausnehmen exempt
ausnuten exploit
ausnutzen take undue advantage, trade on
Ausnutzung utilization
Ausnutzung von Kursunterschieden arbitrage
Ausnutzungsgrad efficiency rate, utilization rate
ausrechnen figure out

ausreichend satisfactory, sufficient
ausreichend finanziert adequately funded
ausreichende Kapitalausstattung capital adequacy
ausreichende praktische Kenntnisse working knowledge
ausreichendes Kapital capital sufficiency, sufficient capital
ausrichten align
Ausrichtung alignment
ausrüsten equip
Ausrüstung equipment
Ausrüstungsgegenstand piece of equipment
Ausrüstungsgüter machinery and equipment
Ausrüstungskosten tooling up costs
Ausrüstungsstillegung laying up the equipment
Aussage allegation, statement
Aussagen information
ausschalten eliminate
Ausschaltung elimination
ausscheiden eliminate
ausscheidender Gesellschafter withdrawing partner
Ausscheidungsrate cutoff rate
ausscheren pull out
ausschlachten asset stripping, cannibalize, disassemble
Ausschlag gebend decisive, paramount
ausschlagen refuse
ausschlaggebende Stimme deciding vote, decisive vote, tie-braking vote
ausschlaggebender Zinsfuß significant rate of interest
ausschließen crowd out, debar, eliminate, exclude, expel from, rule out
ausschließen von bar from, debar from
ausschließlich exclusive
ausschließlich aller Rechte ex allotment, exclusive of allotments
ausschließlich Dividende ex dividend
Ausschließlichkeitsabkommen tying agreement
Ausschließung shutout
Ausschluss debarment
Ausschluss eines Partners exclusion of a partner, expulsion of a partner
ausschreiben advertize for bids, invite tenders, write out
Ausschreibung competitive tendering, invitation to bid, request for bids, tender
Ausschreibungsbedingungen bidding requirements, conditions of tender
Ausschreibungsfrist bidding period
Ausschreibungsverfahren bidding process
Ausschreibungswettbewerb bid competition
Ausschuss board, offal, scrap, waste
Ausschusskostenrechnung accounting for spoiled goods

Ausschussquote waste quota
Ausschüttung distribution
Ausschüttung realisierter Kursgewinne capital gain distribution
Ausschüttung von Dividenden distribution of dividends
Ausschüttungs-Kennzahl payout ratio
Ausschüttungsbeschränkung limitation on profit distribution
ausschüttungsfähig available for distribution
ausschüttungsfähiger Gewinn net earnings available for dividend payout
Ausschüttungspolitik dividend policy
Ausschüttungssatz dividend payout ratio, payout rate
Ausschüttungstermin profit distribution date
Außenbeitrag net foreign demand
Außenfinanzierung debt financing, external financing, outside financing
Außenhandel external commerce, external trade, foreign trade
Außenhandelsakzept trade acceptance
Außenhandelsbeziehungen foreign trade relations
Außenhandelsfinanzierung foreign trade financing
Außenhandelsgeschäft external transaction
Außenhandelsmonopol foreign trade monopoly
Außenhandelspolitik foreign trade policies
Außenstände debts outstanding, outstanding accounts, outstanding debts, outstandings
Außenwert external value
Außenwert der Währung trade-weighted exchange rate
außenwirtschaftlicher Geldwert external value of money
Außenwirtschaftsgesetz foreign trade law
Außenwirtschaftspolitik foreign economic policy
Außenwirtschaftsrecht foreign trade and payments legislation
Außenwirtschaftsverkehr foreign trade and payments transaction
Außenzoll external tariff
außer Betrieb idle
außer Betrieb sein be out of order
außer Kraft gesetzt suspended
außer Kraft setzen abolish, abrogate
außer Kraft treten becoming void
außerbetrieblich external
außerbörsliche Käufe off-market purchases
außerbörslicher Handel off-board trading, off-the-floor trading, kerb trading
äußere Umstände external facts
äußerer Wert extrinsic value
außergerichtlicher Vergleich out-of-court settlement, voluntary agreement, workout

außergewöhnlich exceptional, remarkable
außergewöhnliche Belastung extraordinary financial burden
außergewöhnliche Belastungen amount of extraordinary expenditure
Außerkraftsetzung abrogation
außerordentlich extraordinary
außerordentliche Aufwendung extraordinary expenditure
außerordentliche Dividende surprise dividend
außerordentliche Erträge extraordinary income
außerordentliche Rücklagen excess reserves
außerordentlicher Aufwand nonrecurrent expenditure, nonrecurrent expenses
außerordentlicher Ertrag nonrecurrent income
außerordentlicher Verschleiß extraordinary loss of service life
außerordentliches Ergebnis extraordinary result
außerplanmäßige Abschreibung unplanned depreciation
außerplanmäßige Tilgung off-schedule redemption
äußerst extreme, utmost
äußerste Konditionen keenly priced terms
äußerster Kurs ceiling price
äußerster Preis lowest price, rock-bottom price
äußerster Termin deadline
außertarifliche Löhne bootleg wages
Äußerung remark
aussetzen abandon, expose, suspend
aussetzen einer Kursnotiz suspension of a price quotation
Aussetzung der Notierung quotation halt
Aussicht prospect
Aussonderung segregation
Aussperrung lockout
ausspielen play off against
ausstatten endow, equip
Ausstattung endowment, equipment, structure
Ausstattung einer Anleihe structure of bond issue
Ausstattung mit Mitteln funding
ausstehend outstanding, receivable
ausstehende Einlagen outstanding contributions, unpaid capital
ausstehende Forderung account receivable
ausstehender Betrag amount outstanding
ausstehender, offener Betrag amount owing
ausstehendes Geld money due
aussteigen back out of/from, bail out, opt out, pull out, shift out, vail out
ausstellen display, exhibit, issue, write out
Aussteller drawer, writer
Aussteller eines Wertpapiers prime maker
Ausstellung exhibition
Ausstellungstag date of issue, issuing date

Ausstiegskurs take-out price
Ausstoß output
Ausstrahlungseffekt spillover effect
ausstreichen delete, expunge, strike out
Austausch interchange
austauschbar exchangeable, replaceable
austauschbare Schuldverschreibungen interchangeable bonds
Austauschbarkeit exchangeability
austreten opt out
Austritt eines Gesellschafters retirement of a partner, withdrawal of a partner
Austrittsschranken barriers to exit
ausüben exercise
Ausübungskurs exercise price, strike price
Ausübungstag exercise date
Ausverkauf sellout
ausverkaufen sell out
Auswahl assortment, pick, sample
Auswahlantwort multiple choice
Auswahleinheit sampling unit
auswählen gatekeeping, select
auswählend selective
Auswahlsystem selection, selective system
auswärtige Angelegenheiten external affairs
Auswärtsvergabe farming out
auswechselbar replaceable
ausweichen avoid
Ausweitung expansion
auswerten appraise, evaluate
Auswertung appraisal, evaluation, upvaluation
Auswirkung repercussion
auszahlen disburse, pay out
Auszahler payer
Auszahlung avail, disbursement, net loan proceeds, net proceeds, outgo, outpayment, payout
Auszahlung eines Darlehens disbursement of funds
Auszahlungen outgoing payments, outlay
Auszahlungsanweisung cash note

Auszahlungsbetrag net loan proceeds
Auszahlungsreihe stream of cash outflows
Auszahlungsströme cash outflows
Auszahlungstermin pay date, payoff
Auszahlungsüberschuss net outpayments
Auszeichnung award
Auszug abstract
Auszug anfertigen abstract
Auszug machen extract
auszuschüttender Gewinn distributable profit
Autarkie self-sufficiency
automatische Lohnbindung automatic wage indexation
automatischer Abhebungsplan automatic withdrawal plan
automatischer Bankschalter automated teller machine
automatischer Überweisungsverkehr automatic transfer service (ATS)
automatisches Quotierungssystem automatic quotation system
automatisierter Überweisungsverkehr automated transfer service
Automatisierung automation
autonome Arbeitsgruppe autonomous work group
autonome Nachfrage autonomous demand
autonome Transaktionen regular transactions
autonomer Zoll autonomous tariff
Autonomie autonomy
autorisierte Übersetzung authorized translation
Autorität authority, power
Avalakzept collateral acceptance, guaranteed acceptance
avalierter Wechsel backed bill of exchange
Avalkredit credit by way of bank guaranty
Avalprovision commission on guaranty, standby L/C commission
Avis advice
avisieren inform, notify

B

Bagatellausgaben minor disbursements
Bagatellbetrag piddling sum
Bagatelle trifle
bagatellisieren play down
Bagatellschaden petty damage
bahnbrechend pathfinding
Bahnfracht rail charges, rail freight, railroad freight
Baisse downturn phase, drop, slump, slump at the stock market, slump in the stock market
Baisse-Engagement engagement to sell short, short account
Baisseangebot short offer
Baissebewegung bearish movement
Baissegeschäft bear transaction
Baissemanöver bear raid
Baissemarkt bear market, bearish market, falling market
Baissemoment bear point
Baisseposition bear account
Baissespekulant bear seller
Baissespekulation bear speculation
Baissestimmung bearish tone, bearishness, downward movement
Baissetendenz bearish tendency
Baisseverkauf bear sale
Baissier short seller
Balance equilibrium
Balkencode bar code
Balkendiagramm bar chart/diagram
Bandbreite band width
Bangemacher scare monger
Bank banking house
Bank, Kreditinstitut bank
Bank mit erstklassigem Standing prime bank
Bank zu Bank Kredit interbank credit
Bank-an-Bank Kredite bank-to-bank lending
Bank-an-Bank-Beteiligung interbank holding
Bank-an-Bank-Kredit interbank lending
Bank-Post-Überweisung mail payment remittance
Bankabhebung bank withdrawal
Bankadresse bank name
bankähnliche Institute near banks
Bankaktien bank share, bank stock, banking stocks, banks
Bankakzept bank bill, bank's acceptance, fine bank bill
Bankakzepte bankers acceptances
Bankangestellter bank assistant, bank employe
Bankarchiv bank's archives
Bankauftrag bank order, instruction to a bank

Bankauskunft bank reference
Bankausleihen bank lendings
Bankauszug statement of account
Bankautomatisierung automatic banking
Bankaval bank guaranty
Bankbeleg bank receipt
Bankbestände bank's holdings
Bankbestätigung bank certificate, bank confirmation
Bankbeteiligung banking interest
Bankbetriebslehre bank management science
Bankbilanz bank statement
Bankbote walk clerk
Bankbuch passbook
Bankbuchhaltung bank accounting
Bankbürgschaft bank guaranty
Bankdarlehen bank advance, bank loan
Bankdepot safe custody at a bank
Bankdienste für Privatkunden private banking
Bankdienstleistung banking service
Bankdiskont bank rate
Bankeinkünfte bank earnings
Bankeinlage bank deposit
Bankeinlagen bank deposits, deposits stocks, stock of deposits
Bankeinzug payment by automatic debit transfer
Banken-Orderscheck bank order check
Bankenaufsicht bank supervision
Bankenaufsichtsbehörde bank regulatory agency, bank supervisory commission
Bankendeckung bank cover
Bankenfilialsystem multiple office banking
bankenfinanziert bank financed
Bankenfusion banking amalgamation
Bankengesetzgebung banking legislation
Bankengruppe banking group
Bankenkonsortium bank group, banking consortium, banking syndicate, consortium of banks
Bankenliquidität bank liquidity
Bankenpraxis banking practice
Bankenstimmrecht right of banks to vote proxy
Bankensystem banking system
Bankenverband, -vereinigung banking association
Bankerträge bank's earnings
Bankfach bank safe
Bankfachmann banking professional, banking specialist
Bankfazilitäten bank facilities
Bankfeiertag bank holiday
Bankfiliale bank branch

Bankforderungen und -verbindlichkeiten bank assets and liabilities
Bankfusion bank consolidation, bank merger
Bankgarantie bank cover, bank guaranty, banker's bond
bankgarantierter Scheck official check
bankgarantierter Schuldtitel bank-guaranteed debt
Bankgebühren bank charges, bank fees
Bankgeheimnis bank secrecy, banking secrecy
Bankgelder bank moneys, deposits of banks
Bankgeschäft banking, banking business
Bankgeschäfte banking operations, banking transactions
Bankgeschäfte in Steueroasen offshore banking
Bankgewerbe banking, banking industry
Bankgewinne bank earnings
bankgiriert bank endorsed
bankgirierter Warenwechsel banker's trade acceptance
Bankgiro bank giro
Bankguthaben balance in bank, bank balance, cash at bank, cash in bank, cash-in-bank
Bankhaus banking establishment, banking firm
Bankier banker
Bankindossament bank stamp
Bankinstitut banking establishment
Bankkarte bank card
Bankkassierer bank teller
Bankkonto bank account
Bankkonto haben carry an account with a bank
Bankkonto überziehen overdraw a bank account
Bankkonzern banking group
Bankkredit bank credit, check trading
Bankkredite bank lending, bank loan
Bankkreise banking community
Bankkrise bank crisis
Bankkunde bank customer
Bankkundschaft bank's clientele
Bankleitzahl bank code, identification number, identification number for financial institute, routing symbol
Bankleitzahl (BLZ) bank routing number, transit number
Bankleitzahl der American Bankers Association ABA transit number
bankmäßige Sicherheit acceptable banking security, acceptable collateral
Banknote banknote
Banknotenbündel sheaf of notes, wad of notes
Banknotenfälschung forgery of bank notes
Banknotenmonopol note-issuing monopoly
Banknotenumlauf active circulation of notes
Bankobligationen, -schuldverschreibungen bank bonds
Bankomat service till
Bankplatz banking center

Bankprovision banking commission
Bankprüfung audit of bank balance sheet, bank audit, banking audit
Bankrecht banking law
Bankrevision banking audit
bankrott bankrupt, bankruptcy, belly up, broke, bust, insolvent, smashup
bankrott gehen fail
bankrott machen cave in, go belly up, go into bankruptcy, lose one's shirt, take a bath
Banksafe bank safe
Bankschalter bank counter
Bankscheck bank draft, banker's draft
Bankschließung bank closure
Bankschulden due to banks
Bankschuldner bank's debtor
Bankspesen bank charges, banking charges, banking fees
Banktätigkeit banking activity
Banktheorie banking theory
Banktresor bank vault
Banküberweisung bank credit transfer, bank remittance, bank transfer
Bankumsätze bank turnovers
Bankusancen bank usages, banking customs
Bankverbindlichkeiten bank debts, indebtedness to banks
Bankverbindung banking connection
Bankverschuldung bank indebtedness
Bankvollmacht power of attorney granted to a bank
Bankwechsel bank draft, banker's acceptance, banker's bill
Bankwerte bank shares, bank stock, banks
Bankwertpapiere bank securities
Bankwesen banking
Bankzinsen bank interest
Bankzusammenbruch bank collapse, bank failure
bar ausgezahlter Teil attrition
bar auszahlen pay cash
bar bezahlen pay on the nail
bar bezahlt cash paid
bar ohne Abzug net cash
Bar-Übernahmeangebot all cash tender offer, cash bid
Barabfindungs-Angebot cash tender
Barabhebung cash withdrawal
Barabhebungen cash drawings
Barabrechnung cash settlement
Barakkreditiv cash letter of credit, clean credit
Barangebot cash offer
Baraufwendungen cash expenses, out-of-pocket cost/expense
Barausgaben cash outlay
Barausgänge cash outgoings
Barausschüttung cash distribution

Barauszahlung cash payment
Barauszahlungen outgoing cash payments
Barbestand cash in hand, cash reserve
Barbetrag amount in cash, cash amount
Bardividende cash bonus, cash dividend, cash payout
bare Münze hard cash
Bareinforderung cash call
Bareinkauf cash buying
Bareinlage cash contribution, cash deposit, contribution in cash
Bareinnahmen cash takings, takings
Bareinschuss cash margin
Bareinschusspflicht cash margin requirement
Bareinzahlung cash deposit
Barerstattung cash refund
Barforderung money claim
Bargeld cash, notes and coin, ready cash
Bargeld-Einlagen-Relation currency-deposit ratio
Bargeldautomat cash terminal
Bargeldeinnahmen incoming cash receipts
Bargeldknappheit cash shortage
bargeldlos cashless
bargeldlose Zahlung cashless money transfer, cashless payment, cashless payments, noncash payment
bargeldloser Zahlungsverkehr bank giro credit system, cashless payment system, noncash payment system
Bargeldrückfluss reflux of notes
Bargeldumlauf currency in circulation
Bargeldvolumen volume of notes and coins in circulation
Bargeldvorrat counter cash
Bargeldzertifikat cash certificate
Bargeschäft cash transaction
Barguthaben cash assets
Barkasse launch
Barkredit cash advance, cash credit
Barleistung cash benefit
Barliquidität available cash, liquid cash resources
Barlohn money wage
Barmittel cash funds, cash in hand, resources of cash
Barmittelbegrenzung cash limit
Barpreis cash price
Barrengold gold bullion
Barrensilber silver bullion
Barrentabilität cash return
Barreserve bank's cash reserve, legal reserve
Barrierefunktion barrier function
Barscheck cash check, cashable check, open check
Barsicherheit cash deposit
Barüberschuss cash return, cash throw-off
Barüberweisung cash remittance, cash transfer
Barvergütung cash bonus
Barverkauf cash sale, cash take
Barvermögen cash assets, property in cash
Barvorrat der Bank bullion at the bank
Barvorschuss cash advance
Barwert cash value, present value
Barwert der Rückflüsse present value of net cash inflows
Barwertabschreibung present-value depreciation
Barwertfaktor present-value factor
Barzahlung cash, cash payment, payment in cash
Barzahlung vor Lieferung cash before delivery
Barzahlungen cash payments
Barzahlungsbedingungen cash terms
Barzahlungskäufer cash buyer
Barzahlungskunde cash customer
Barzahlungsnachlass cash discount
Barzahlungsrabatt cash discount
Barzufluss cash inflow
Barzuschuss straight subsidy
Barzuschüsse cash grants
Basis base, basis
Basisdaten base data
Basiseinstandspreis base cost
Basisgeldreserven reserve base
Basiskostenplan basis cost schedule
Basiskurs initial price
Basislaufzeit effective base period
Basislösung basic solution
Basismodell plain vanilla model
Basisplan basic plan
Basispreis strike price
Basiswährung base currency
Basiszins base interest rate
Bauabschnitt phase of construction
Bauchlandung belly flop, flop
Baudarlehen building loan, construction loan
bäuerlicher Grundbesitz peasant holding
Baufinanzierung construction finance, financing out of building projects
Baugenehmigung permission for building
Baugrunderschließung land development
Baugruppe assembly
Baukosten building costs
Baukostenindex construction cost index
Bausparkasse benefit society, building and loan association, building society
Bausparvertrag building loan contract
Bauten auf fremden Grundstücken buildings on leasehold land
Bauträgergesellschaft real estate development company
Bauwert construction cost of a building
Be- und Verarbeitungskosten processing cost
beabsichtigen contemplate, envisage, intent

beachtlich remarkable
beanspruchen put in a claim
beanstanden query
Beanstandung claim, notice of defect, objection
beantragen apply for, put in a claim
Bearbeitungsgebühr bank service charge, handling charge/fee, handling fee, processing fee
Bearbeitungskosten handling cost
Bearbeitungsplatz processing location
Bearbeitungsprovision handling fee
Bearbeitungsschritt job step
Bearbeitungszeit operating time, process time
beauftragen authorize
Beauftragter assigned person
bebaute Grundstücke land built upon, improved properties
Bebauungsplan zoning ordinance
Bedarf consumption, demand, need, requirement, resource requirements
Bedarf an demand for, need for
Bedarf an liquiden Mitteln cash requirements
Bedarf decken satisfy demand, satisfy requirements
Bedarfsartikel necessaries
Bedarfsbefriedigung satisfaction of demand
Bedarfsdeckung satisfaction of requirements
bedarfsgerecht tailored to market needs
Bedarfskreditlinie demand line of credit, swingline
Bedarfslage stay of demand
Bedarfsplan requirement plan
Bedarfsplanung requirement planning
Bedarfsprognose demand forecast
Bedarfsspanne net expense ratio, required margin
Bedarfsspitze peak of demand
Bedarfsstruktur preference system
Bedarfsverlagerung shift in needs
Bedarfsvorhersage demand forecast
Bedarfswandel change of requirements
Bedarfswirtschaft needs economy
Bedenken misgiving
bedenklich serious
bedeutsame Änderung significant change
Bedeutung magnitude, meaning, significance
bedeutungslos insignificant
Bedeutungslosigkeit insignificance
bedienen attend, service
Bedienerfreundlichkeit operator convenience
Bedienungsgeld service charge
bedingte Fälligkeit contingent payment
bedingte Lieferung delivery on condition
bedingte Option qualified option
bedingte Vergleichbarkeit limited comparability,
bedingte Wertpapiere conditional securities
bedingtes Fremdkapital contingent assets
bedingtes Kapital authorized but unissued capital

Bedingung condition
Bedingungen anfügen attach conditions
bedingungslos unconditional, unfootnoted
bedingungslose Schenkung absolute gift
Bedürfnisbefriedigung satiation of wants, satisfaction of wants
Bedürfnislohn cultural wage
Bedürfnisse wants (and needs)
Bedürftigkeit neediness
beeidigter Sachverständiger sworn appraiser
beeinflussen affect
beeinträchtigen impair
Beeinträchtigung curtailment, encroachment, impairment, infringement, interference
beenden conclude, terminate, wind up
Beendigung breakup, termination
befähigen enable
befähigt eligible
Befähigung eligibility, qualification
befestigen fortify, tie
befördern carry, promote, upgrade
Beförderung advancement, carriage, preferment
Beförderungsentgelt transport charge
Beförderungskosten railroad charges, transport expenses
Befrachtungsmakler chartering broker
befreien exempt
befreien von exempt from
Befreiung exemption
Befreiungsklausel escape clause
befriedigen satisfy
Befriedigung satisfaction
befristen place a deadline on, put a time limit on
befristet limited, limited in time, temporary, with a limited time
befristete Einlage time deposit
befristete Verbindlichkeit term liability
befristeter Steuerfreibetrag tax holidays
befristeter Vertrag fixed term contract
befristetes Angebot offer open for a specified time
Befugnis authority, power
Befugnisse powers
Befugnisse überschreiten exceed authority
befugt authorized, empowered
befürworten advocate
Befürworter proponent
Begabung aptitude, endowment, faculty
begebbare Schuldverschreibung negotiable bond
begebbare Urkunden negotiable documents
begebbare Wertpapiere negotiable paper
begebbare Zahlungsanweisung negotiable money order
begebbares Akkreditiv negotiable letter of credit
begebbares Wertpapier negotiable instruments
Begebbarkeit negotiability

begeben launch, negotiate
Begebung issue, negotiation
Begebung einer Anleihe flotation, issue of a loan
Begebung von Auslandsanleihen issue of foreign bonds
Begebungskonsortium issuing group, selling group
Begebungskosten issue cost
Begebungskurs issuing price
Begebungspreis subscription price
Begeisterung zest
Beginn commencement
beginnen initiate, set out
beglaubige authenticate
beglaubigen certify, prove, verify
beglaubigt certified
beglaubigte Kopie certified copy
beglaubigter Auszug certified excerpt
Beglaubigung certification, verification
Begleichung acquittance, payment, settlement
Begleichung, Bezahlung discharge
Begleiterscheinung implication
Begleitmaterial back-up material
Begleitpapiere accompanying documents
Begleitschein dispatch note
Begleitschreiben accompanying letter
Begleitumstände attendant circumstances, surrounding circumstances
begreifen comprehend, conceive
begrenzen limit, put a cap on, restrict, set limits
begrenzt limited
begrenzte Ausschreibung preclusive specification
begrenzte Gewährleistung limited warranty
Begriff notion
begründen predict
begründete Vermutung educated guess
Begründung explanatory memorandum, explanatory note, reasoned statement, reasoning, statement of reason
begünstigen patronize
Begünstigter beneficiary
Begünstigungsklausel benefit clause
begutachten give an expert opinion, inspect
Begutachtung expert valuation
Begutachtungsgebühr survey fee
behandeln address oneself to, deal with, handle
Behandlung treatment
Beharrungstendenz tendency to inertia
behaupten allege, assert, maintain
behauptet steady
Behauptung allegation, argument, assertion, claim, proposition
beherrschender Einfluss control, dominating influence
beherrschendes Unternehmen dominating/dominant enterprise

beherrschte Gesellschaft controlled company
beherrschtes Unternehmen controlled enterprise
Beherrschung control
Beherrschungsvertrag control agreement, subordination agreement
behindern hamper, impede, set back
Behörde administration, authority, board, municipality
behördliche Preisfestlegung rate fixing
bei Ankunft der Ware einzulösende Tratte arrival draft
bei Beendigung upon termination
bei Börsenschluss at the close
bei der Arbeit at work
bei Erlöschen on expiry
bei Eröffnung at the opening
bei Fälligkeit at maturity, on due date, on maturity, when due
bei Fälligkeit erneuern roll over
bei Nichtgefallen Geld zurück money back guarantee, satisfaction or money back
bei Sicht at sight, on demand
bei Vorlage at sight, on demand
beibehalten keep up
Beibehaltung einer Minderheitsbeteiligung keeping a minority stake
beifügen attach
Beifügung addition
Beihilfe abetting, aiding and abetting, benefits, subsidy
Beihilfe, Beitrag, Einlage contribution
Beiladung additional cargo
Beilage enclosure
beiliegend enclosed
beimessen attribute
Beimessung imputation
Beinahegeld quasi money
Beirat advisory council
beiseite legen set aside, squirrel away
beispiellos unrivaled
Beistandskredit standby credit
Beitrag für wohltätige Zwecke charitable contribution
beitragen, beisteuern contribute
Beitragsbemessungsgrenze income threshold
Beitragseinzugsverfahren dues checkoff system
Beitragserstattung refunding of contributions
beitragspflichtige Entgelte eligible earnings
Beitragsverzicht waiver of premium
Beitreibung von Außenständen recovery of accounts receivable
beitreten accede to
Beitritt entry
Beitrittsantrag application for entry
Beitrittsklausel accession clause
Beitrittsland acceding country

Beitrittsverhandlung accession talk
Beiwerk attachment
beizumessen imputable
bekannt geben declare, release
Bekanntgabe disclosure
Bekanntschaft acquaintance
Bekleidungsindustrie apparel industry
bekundete Gewinnerzielung revealed profitability
beladen stowage
Belang relevance
belastbar an charge out to
belasten burden, charge against, charge down, charge to, debit against, debit to, encumber, saddle
Belastung encumbrance
Belastung der öffentlichen Finanzen fiscal burden
Belastung von Eigentum charge on property
Belastungsbetrag debit amount
Belastungsgebühr debit charge
belaufen auf come out to
Belebungseffekt reinvigorating effect, revitalizing effect
Beleg evidence, receipt, record
Belegbearbeitung document handling
Belegbuch slip book
Belegbuchführung voucher-based accounting
Belegbuchhaltung bookless accounting, ledgerless accounting
Belegdoppel voucher copy
Beleggrundbuch acceptance ledger
Belegkontierung account distribution of vouchers
Belegkopie document copy
Beleglauf voucher routing
beleglose Zahlung paperless transfer
belegloses Scheckeinzugsverfahren check truncation procedure, truncation
belegloses Scheckinkasso check truncation procedure
Belegnummer voucher number
Belegnummerierung voucher numbering
Belegprüfung documentary check, voucher audit
Belegregister voucher register
Belegschaft personnel, rank and file, staff
Belegschaftsabbau layoff
Belegschaftsaktien employe shares/stocks
Belegschaftsaufstockung increase in workforce
Belegschaftsgehälter salaries of staff
Belegsystem voucher system
Belegverarbeitung document handling
belehren instruct
beleihbar acceptable, eligible to serve as collateral, marginable
beleihen use as collateral
Beleihung lending, lending against collateral

Beleihung des Vorratsvermögens inventory lending
beleihungsfähig eligible to serve as collateral, suitable as collateral
beleihungsfähiges Objekt property eligible as security
Beleihungsgrenze lending ceiling/limit, margin loan value, marginal loan value
Beleihungskredit advance on collateral
Beleihungsobjekt real property used as collateral
Beleihungsquote loan-to-value ratio
Beleihungssatz loan-to-value ratio
Beleihungssätze initial margins
Beleihungswert collateral value, hypothecation value, lending value, loan value, value of collateral
beliebig discretionary
belohnen remunerate
Belohnung reward
bemerken note
bemerkenswert conspicuous, remarkable
Bemerkung remark
bemessen assess
Bemessungsgrundlage basis, basis of assessment, basis of proration, basis of valuation
Bemessungsgrundlage für Ratenzahlungen standard of deferred payments
Bemessungsmaßstab standard of assessment
Bemessungszeitraum assessment period
Bemühung splurge
benachrichtigen advise, inform, notify
benachteiligen discriminate, place at a disadvantage
benennen identify
benötigen require
benutzen use, utilize
Benutzerberechtigung access right
Benutzerfreundlichkeit ease of use
Benutzeroberfläche operator interface
Benutzungsgebühr toll
Benutzungskosten user cost
beobachten note
Beobachter observer
Beobachtung observation
Beobachtungsfehler error of observation
Beobachtungswert observed value
bequeme Finanzierung easy financing facilities
bequemer Zinsfuß convenient base
beraten advise
beraten über advise on
beratende Funktion advisory function
beratendes Gremium advisory body
Berater adviser
Berater, Gutachter consultant
Beraterkonto advisory account
Beratervertrag advisory contract, consultancy agreement

beratschlagen, erteilen confer
Beratung consultancy, deliberation
Beratung, Rücksprache consultation
Beratungsdienstleistungen consulting services
Beratungsfirma consultancy
Beratungsgebühr consultancy fee
Beratungskosten consultation fee, consulting fees
Beratungstätigkeit advisory activity
Beratungsvertrag consultancy agreement
berechenbar computable
berechenbare Zeit billable time
Berechenbarkeit computability
berechnen bill, calculate, charge, charge for, invoice
Berechnung calculation, computation
Berechnungsformel computational formula
Berechnungsgrundlage basis of calculation, calculation basis
Berechnungsmethode method of calculation
Berechnungsschema computational formula
Berechnungsschlüssel computational formula
Berechnungstabelle calculation table
berechtigen entitle, entitle to
Berechtigter permittee
berechtigtes Interesse vital interest
Berechtigung warrant
Berechtigungsschein scrip
Berechtigungsschein, Koupon coupon
Bereich area, domain, range, scope, zone
bereinigen adjust, correct, straighten out
bereinigen um net out
bereinigt um Währungsverschiebungen adjusted for currency movements
bereinigter Index adjusted index
bereinigtes Wachstum net growth
Bereinigung adjustment
Bereinigungsfaktor netting factor
bereits already
Bereitschaftskredit standby credit
bereitstellen provide
Bereitstellung allocation, appropriation, provision
Bereitstellung von Mitteln appropriation of funds
Bereitstellungsfonds earmarked fund
Bereitstellungsgebühr standby fee
Bereitstellungskonto appropriation account
Bereitstellungskredit standby commitment
Bereitstellungsprovision loan commitment fee
Bereitstellungszins commitment interest
Bergegeld salvage money
Bergelohn salvage money
Bergungsforderung salvage claim
Bergungskosten salvage charges
Bergungsvertrag salvage agreement
Bericht treatise

Bericht ausarbeiten draw up a report, prepare a report
Bericht erstellen draw up a report
Bericht frisieren doctor a report
Bericht vorlegen present a report
Berichterstattung reporting
Berichterstellung report preparation
berichtigen adjust, correct, put right, rectify
berichtigte Eigenkapitalquote adjusted capital ratio
berichtigter Bruttoauftragseingang adjusted gross sales
berichtigter Bruttoumsatz adjusted gross income
Berichtigung adjustment, correction, rectification
Berichtigung der Steuerfestsetzung amendment of tax assessment
Berichtigung des Buchwertes adjustment of the book value
Berichtigungen adjustments
Berichtigungen von Kontoauszügen adjustments
Berichtigungsaktie bonus share, scrip share
Berichtigungsaktien capitalization shares, ex capitalization issue
Berichtigungsbetrag adjustment amount, correcting amount
Berichtigungsbuchung adjustment entry
Berichtigungsbuchung, Korrekturposten correcting entry
Berichtigungskonto adjustment account
Berichtsjahr year under review
Berichtsmonat month under review
Berichtsnormen reporting requirements
Berichtssystem report system
Berichtswesen reporting, reporting system
Berichtszeitpunkt key date, reporting date
Berichtszeitraum given period, period under review, reporting period
berücksichtigen allow for, take into account
berücksichtigt die wirtschaftliche Abschreibung aim depreciation
Beruf occupation
Beruf ohne Zukunft dead-end job
berufen appoint, nominate
beruflich occupational, vocational
berufliche Mobilität occupational mobility
berufliche Qualifikation occupational qualification
beruflicher Ehrenkodex professional code of ethics
Berufsanfänger entrant
Berufsausbildung occupational training
Berufsgeheimnis professional secrecy
Berufsgeheimnisse professional discretion
Berufshaftpflichtversicherung malpractice insurance

Berufshandel professional dealing
Berufskrankheit occupational disease
berufsmäßige Börsenspekulation professional stock exchange operations
berufsmäßige Spekulation professional speculation
Berufsunfähigkeit occupational disability
Berufsunfallversicherung occupational accident insurance
Berufung appeal, appointment, call, nomination
Berufungsantrag petition for appeal
Berufungsgericht court of appeal
beruhigen reassure
Beruhigung reassurance
beschädigte Waren damaged goods
beschaffen procure, provide, secure
Beschaffenheit der Ware nature of goods
Beschaffung procurement
Beschaffung bei einem Lieferant single-sourcing
Beschaffung neuen Fremdkapitals provision of fresh outside capital
Beschaffung von Geldern acquisition of funds
Beschaffungseinrichtung procurement facility
Beschaffungskosten acquisition costs, ordering costs, procurement cost
Beschaffungswert acquisition value
Beschaffungswesen logistics
beschäftigen employ
beschäftigt mit engaged in
Beschäftigung employment, occupation
beschäftigungsabhängig volume-related
beschäftigungsabhängiger Kostentreiber volume-related cost driver
Beschäftigungsabweichung activity variance, employment deviation, idle capacity variance, volume variance
Beschäftigungsanteil employment quota
beschäftigungsbedingt employment-connected
Beschäftigungsbedingungen terms and conditions of employment
Beschäftigungsbereich range of activity
Beschäftigungsdauer duration of employment
Beschäftigungseinbruch drop in economic activity
Beschäftigungselastizität elasticity of employment
Beschäftigungsende termination of employment
Beschäftigungsentwicklung employment trend
Beschäftigungsgrad activity level, activity ratio, capacity utilization rate, level of activity, level of employment, production volume, rate of activity
Beschäftigungsmenge volume of employment
Beschäftigungspotenzial potential labor force
Beschäftigungsstruktur pattern of employment

Beschäftigungswirksamkeit impact of employment
bescheinigen certify
Bescheinigung certificate, certification
Bescheinigung über Ordnungsmäßigkeit certificate of compliance
Beschlagnahme confiscation, requisition
beschlagnahmefähiger Wert attachable asset
beschlagnahmen confiscate, impound, put a writ on, seize, seizure
Beschlagnahmeverfügung confiscation order
beschleunigen speed up
beschleunigt accelerated
beschleunigte Abschreibung accelerated cost recovery system, rapid amortization
beschleunigtes Wachstum accelerated growth
beschließen adopt a resolution, conclude
Beschluss adoption
beschlussfähig sein constitute a quorum
beschlussfähige Anzahl quorum
Beschlussfähigkeit quorum, presence of a quorum
beschlussreif ready to be voted on
Beschlussunfähigkeit absence of quorum
beschränken confine, restrict
beschränkend restrictive
beschränkt geschäftsfähig sein be of restricted legal capacity
beschränkt haftender Gesellschafter limited partner
beschränkte Konvertierbarkeit restricted convertibility
beschränkte Mittel limited resources
beschränkte Vollmacht limited authority
beschränkte Zuteilung limited allotment
beschränkter Handel restricted trading
beschränktes Erbrecht tail
Beschränkung restriction
Beschreibung description
Beschriftung inscription
Beschwerde claim, complaint
Beschwerde nachgehen monitor a complaint
Beschwerde prüfen monitor a complaint
Beschwerdebrief letter of complaint
Beschwerden abstellen remedy grievances
beseitigen eliminate, roll back
Beseitigung disposal, elimination, rectification
besetzt engaged
Besetzungsproblem occupancy problem
besichern collateralize, secure
besicherte Kreditvergabe asset-based business lending
besicherte Wechsel secured bills
besichertes Darlehen asset-backed loan, asset-based loan, collateralized loan
Besichtigung inspection
Besitz ownership, possession, property

Besitz erwerben acquire property
Besitz von lebendem Inventar livestock holdings
Besitzanspruch claim to title, possession claim
Besitzeinkommen income from property, unearned income
besitzen own
Besitzer owner, proprietor
Besitzkonstitut constitutum possessorium
Besitznahme occupation
Besitzrecht right of ownership
Besitzstand acquired rights, vested rights
Besitzstand wahren stay even
Besitzstandsklausel grandfathering clause
Besitzstandsregelung grandfathering
Besitzsteuer tax from income and property
Besitztitel document of title
Besitzurkunde deed of ownership, document of title
Besitzvorenthaltung ouster
Besoldungsordnung salary scale
Besoldungsverhältnisse salary conditions
besondere Vertragsbedingungen special conditions of contract
besonders hohe Bardividende melon
Besprechung conference, meeting, writeup
besser gestellt well-off
Besserung recovery
Bestand an festen Aufträgen backlog of final orders
Bestand an unfertigen Erzeugnissen work-in-process inventory
Bestand per Jahresende year-end position
Beständewagnis inventory risk
beständig perennial
beständiges Wachstum sustainable growth
Beständigkeit stability
Bestandsaufbau accumulation of holdings
Bestandsaufnahme assessment of current position, inventory, situation audit
Bestandsaufnahme durchführen check of goods
Bestandsbedingungen stock conditions
Bestandsberichtigungen inventory adjustments
Bestandsbewegung valuation of inventory
Bestandsbewertung inventory valuation
Bestandsfestigkeit viability
Bestandsgröße stock variable
Bestandskonto asset account, real account, stock-account
Bestandskonto, Lagerkonto, Kapitalkonto stock-account
Bestandsverzeichnis stock list
bestärken confirm
bestätigen affirm, confirm, endorse
bestätigen, quittieren acknowledge
bestätigende Bank confirming bank
bestätigt certified
bestätigter Scheck certified check, marked check

Bestätigung acknowledgement, confirmation, endorsement
Bestätigung der Barhinterlegung cash deposit acknowledgement
Bestätigungsschreiben letter of confirmation
bestechen bribe, embrace, grease the palm
bestechlich venal
bestechlich, käuflich corrupt
Bestechlichkeit venality
Bestechlichkeit, Korruption corruption
Bestechung bribe, bribery
Bestechungsaffäre bribery affair
Bestechungsgeld boodle, slush money
Bestechungsskandal bribery scandal
Bestechungsversuch embracery
bestellen give an order for, place an order for
Bestellerkredit buyer's credit
Bestellkosten ordering costs
Bestellschein order form
Bestellung order, purchase order, sales order
Bestellung annehmen accept an order
Bestellung aufgeben give an order for
Bestellung ausführen execute an order
Bestellung hereinnehmen accept an order
Bestellungsannahme acceptance of order
Bestellwert contract value
Bestellwesen purchase order processing, reorder system
bestens at best, at the market
bestens absetzen sell on best efforts basis
Bestensauftrag at-best order, market order, order at the market, order to buy at best
Bestensauftrag ausführen sell at the market
besteuerbare Leistung taxable performance
besteuern assess, tax
Besteuerung fiscalization, revenue enhancement, taxation
Besteuerung von Kapitaleinkommen capital income taxation
Besteuerungsgrundlage basis for taxation
Besteuerungsgrundsätze principles of taxation
bestimmen define, determine, identify
bestimmt definite, distinct
bestimmt für provided for
bestimmte Geldsumme sum certain
Bestimmtheit decisiveness
Bestimmung clause
Bestimmungen über den Zahlungsverkehr exchange arrangements
Bestimmungsfaktor determinant
Bestimmungsort place of destination
Bestkauf purchase at lowest price
Bestpreis best price, highest price
bestrafen penalize
Bestrafung punishment
Bestreben, rasch Gewinne zu machen quick-buck approach

Bestrebung aspiration
bestreiten contest, defray, deny
Bestwert optimum
besuchen call on/upon
Betätigungsfeld scope
Beteiligter participant
Beteiligung holding, interest, investment, investment interest, participation, share, shareholding, stock interest, trade investment
Beteiligung abstoßen hive off a stake, spin off a stake, stake, unload a stake
Beteiligung an börsennotierten Unternehmen quoted investment
Beteiligung erwerben acquire an equity investment, acquire an interest, buy into, take a share, take a stake
Beteiligung erwerben an rake an equity stake in
Beteiligung zum Buchwert investment at unamortized cost
Beteiligungen investments, related companies, related companies, shareholdings
Beteiligungen an nicht konsolidierten Gesellschaften unconsolidated investments
Beteiligungen erwerben secure interests
Beteiligungen und Wertpapiere bonds and other interests
Beteiligungscharakter equity feature
Beteiligungserträge direct-investment income, equity earnings, equity income, income from participating interests, income from subsidiaries, investment earnings
Beteiligungserwerb acquisition of participating interests, acquisition of stock, investment acquisition
Beteiligungsfinanzierung equity financing
Beteiligungsgesellschaft investment company, portfolio company
Beteiligungskapital direct-investment capital, equity finance, outside equity
Beteiligungskäufe acquisition of shareholdings
Beteiligungskonto syndicate account
Beteiligungsquote amount of holding, participation quota/rate
Beteiligungsrechte equities
Beteiligungsumstellung shuffle of holdings
Beteiligungswert book value of investment
Betonung emphasis
beträchtlich appreciable, substantial
Betrachtungspunkt viewpoint
Betrachtungszeitpunkt reporting date
Betrag amount, sum, value
Betrag abheben von withdraw an amount from
Betrag abzweigen set aside an amount
Betrag einziehen collect an amount
betragen amount to
Betragsspalte amount column
betreffen deal with, pertain

betreuende Bank sponsoring bank
Betreuung von Großkunden key account management
Betreuungsgebühr attendance fee
Betrieb plant
Betrieb stilllegen close books, shut down a factory
betrieblich operating
betriebliche Aktiva operating assets
betriebliche Altersversicherung old-age pension fund
betriebliche Altersversorgung company's old-age pension, employe pension scheme
betriebliche Bruttoerträge gross operating revenue
betriebliche Finanzwirtschaft business finance
betriebliche Mitbestimmung co-determination at plant level
betriebliches Informationssystem business information system
betriebliches Vorschlagswesen suggestion system
Betriebs- und Geschäftsausstattung furnitures and fixtures
Betriebsabrechnung industrial cost accounting
Betriebsabrechnungsbogen overhead allocation sheet
Betriebsabrechnungsbogen (BAB) expense distribution sheet
Betriebsabrechnungssystem expense distribution system
Betriebsabteilung plant division
Betriebsaufgabe cessation of business
Betriebsausgaben business expenses, business-related expenses
Betriebsbegehung plant inspection
betriebsbereit operational, ready to operate
Betriebsbilanz operating statement
Betriebsbuchhaltung factory accounting
Betriebsdaten operational data
Betriebsdatenerfassung factory data collection
Betriebseinheit shop
Betriebseinkommen operating income
Betriebseinnahmen business receipts, operating receipts
Betriebsergebnis corporate results, operating result
Betriebsergebnisquote profit ratio
Betriebsergebnisrechnung operating income statement, operating result accounting
Betriebserlaubnis operating permit
Betriebserweiterung extension of plant facilities, plant extension
betriebsfähig serviceable
Betriebsfläche plant area
betriebsfremd nonoperating
betriebsfremder Aufwand nonoperating expense

betriebsfremder Gewinn nonoperating profit
Betriebsführung running
Betriebsgemeinkosten factory indirect costs
Betriebsgewinn earnings from operation, operating profit
betriebsgewöhnliche Nutzungsdauer useful life
Betriebsgröße company size, size of business
Betriebsgrößenplanung planning of plant scale
Betriebsgrundstücke business real property, company premises
Betriebskapazität operating capacity
Betriebskapital floating capital, operating capital, rolling capital, working capital
Betriebskosten operating costs/expenses, operational costs
Betriebskostenzuschuss operational grant
Betriebsmittel operating fund, operating resources, operational resources
Betriebsmittelkredit operating facility
Betriebsmittelrücklage operating cash reserve
Betriebsmittelzuweisung appropriation of operating funds, facility assignment, resource allocation, resources
betriebsnotwendiges Kapital necessary operating capital
Betriebsoptimum ideal capacity, optimum output
Betriebsorganisation plant organization
Betriebsprüferbilanz balance sheet prepared by the tax auditor according to his findings
Betriebsprüfung external audit, government tax audit
Betriebsrat factory committee, plant council, workers' council, works council
Betriebsratsvorsitzender chairman of works council
Betriebsrechnung operating statement
Betriebsrechnungswesen management accounting
Betriebsrentabilität rate of operating return
Betriebsrentensystem pension plan
Betriebsschließung plant closing
Betriebsschulden business debt
Betriebsstätte place of operation
Betriebsstelle office of operation
Betriebsstilllegung plant-wide shutdown
Betriebsstörung breakdown
Betriebsteile ausgliedern hive off operations
Betriebsteuer operating tax
Betriebsunfall occupational accident
Betriebsveräußerungsgewinn proceeds of sales of business
Betriebsvereinbarung plant agreement
Betriebsvergleich comparison of organizations, interfirm comparison
Betriebsverlust operating loss, trading loss
Betriebsvermögen business capital, business property, working assets
Betriebsvermögensvergleich accrual basis accounting, balance sheet accounting
Betriebsversammlung employes' meeting, works meeting
Betriebswagnis operating risk
Betriebswirtschaft business administration
betriebswirtschaftliches Risiko commercial risk
Betriebszweck business use
Betroffenenbeteiligung participation of persons concerned
Betroffener affected person, user
Betrug fraud, scam
betrügen cheat, defraud
betrügen um defraud of
Betrüger defrauder
betrügerisch fraudulent
betrügerische Aktiengeschäfte fraudulent stock dealings
betrügerische Geschäfte funny business
betrügerischer Bankrott fraudulent bankruptcy
betrügerisches Einverständnis collusion
betrügerisches Unternehmen racket
beurkunden testify
Beurteilung assessment, writeup
Beurteilung der Bonität rating
Beurteilungskriterium appraisal factor
Beurteilungszentrum assessment center
bevollmächtigen authorize, delegate, empower, warrant
bevollmächtigt empowered
Bevollmächtigter commissioner, mandatory, nominee, proxy
bevollmächtigter Vertreter accredited representative, authorized representative
bevorrechtigte Forderung preferred claim, prior charge / claim, privileged debt, secured debt
bevorrechtigtes Eigenkapital senior equity
bevorstehen afoot
bevorstehend approaching, forthcoming, nearing, upcoming
bevorzugen prefer
bevorzugt preferential, preferred
bewahren preserve
bewährt proven
Bewahrung preservation
bewältigen, meistern cope with
Beweggrund inducement
beweglich agile, footloose
bewegliches Eigentum chattel
bewegliches Vermögen movable estate, movable property, personal estate, personal property
Bewegung auf Bankkonten fluctuation on bank accounts
Bewegungsbilanz flow of funds analysis, flow statement
Beweis demonstration, evidence, proof
beweisen demonstrate

Beweiserhebung taking of evidence
Beweiskette chain of evidence
Beweislast burden of proof
Beweisurkunde instrument of evidence
bewerben apply for
Bewerber applicant
Bewerbung application, application form
bewertbar appreciable
bewerten appraise, evaluate, rate, valuate, value, weight
Bewertung appraisal, assessment, evaluation, valuation
Bewertung des Vorratsvermögens valuation of inventory
Bewertung eines Investitionsprojekts capital project evaluation
Bewertung nach dem Niederstwertprinzip valuation at the lower of cost or market
Bewertung zu Anschaffungs- und Herstellkosten valuation at acquisition and production cost, valuation at historical cost
Bewertung zu Durchschnittspreisen average cost method
Bewertung zu festen Verrechnungspreisen standard cost method
Bewertung zu Wiederbeschaffungspreis valuation at replacement cost
Bewertungs- und Gliederungsvorschrift rule of valuation and classification
Bewertungsansätze valuations
Bewertungseinheit valuation unit
Bewertungsgebühr appraisal fee
Bewertungsgegenstand valuation item
Bewertungsgesetz valuation act
Bewertungsgrößen factors of evaluation
Bewertungsgrundlage basis of valuation, valuation basis
Bewertungsgrundsatz standard of valuation, valuation rule
Bewertungsgutachten expert appraisal, valuation opinion
Bewertungskennziffer rating ratio
Bewertungskriterium evaluation criterion
Bewertungsmethode method of valuation, valuation method
Bewertungsrecht valuation law
Bewertungsregel valuation principle
Bewertungsregeln valuation rules
Bewertungsrichtlinien valuation guidelines, assessment principles
Bewertungsschlüssel grading key
Bewertungsskala rating scale, rating table
Bewertungsspielraum valuation leeway
Bewertungsstetigkeit continuity of valuation
Bewertungsstichtag date of valuation, effective valuation, valuation date
Bewertungstechnik valuation technique

Bewertungsunterschied valuation difference, valuation variance
Bewertungsverfahren valuation process
Bewertungsvorschrift valuation rule
Bewertungswahlrecht valuation option
Bewertungsziffer score
bewilligen allot, allow, appropriate, permit, vouchsafe
bewilligte Summe vote
bewilligtes Kapital authorized capital
Bewilligung allocation, appropriation, approval, sanctioning, vote
Bewilligungskontingent authorization quota
Bewilligungspflicht requirement of authorization
Bewilligungssperre blocking of authorizations
bewirtschaften administer
bewirtschaftete Währung blocked exchange
Bewirtschaftung exploitation, planning, rationing
Bewirtung treatment
Bewirtungsaufwendungen entertainment expenses
bewusst willful, willfully
bewusste Falschaussage knowing misstatement
bezahlt salaried
bezahlt machen pay off
bezahlt und Geld dealt and bid
Bezahlt-Kurs price agreed upon
bezahlte, aber nicht gelieferte Güter und Dienste dead horse
Bezahlung payment, remuneration
Bezahlung in Naturalien payment in kind
bezeichnen designate, identify, indicate
Bezeichnung designation, title
bezeugen testify
Beziehung relation, relationship
Beziehung, Verbindung, Zusammenhang conjunction/connection
Beziehungskauf direct purchase
beziehungsweise respectively
bezogene Bank drawee bank
Bezogener drawee, payer
Bezug nehmen refer
Bezug nehmend auf with reference to
Bezüge emoluments
Bezugnahme reference
Bezugsaufforderung request to exercise option right
Bezugsbasis benchmark figure
Bezugsberechtigter allottee
Bezugsfrist time limit for subscription
Bezugsgröße reference figure
Bezugsgrößenkalkulation base costing
Bezugsgruppe reference group
Bezugsmarke benchmark
Bezugsnummer reference number
Bezugsoption premium for the call

Bezugsperiode base period
Bezugspreis subscription price
Bezugsrecht ex allotment, ex due, purchase warrant, subscription right
Bezugsrechtangebot acceptance letter
Bezugsrechte zur Kapitalerhöhung rights issue
Bezugsrechtsangebot notice of rights, rights offer
Bezugsrechtsankündigung announcement of rights issue
Bezugsrechtshandel trading in subscription rights
Bezugsrechtskurs stock subscription price, subscription price
Bezugsrechtsobligation option bond
Bezugsrechtsschein subscription warrant
Bezugsrechtsstichtag record date
Bezugsschein scrip
Bezugsverhältnis subscription ratio
Bezugswährung reference currency
Bezugswert base, reference value
Bezugszeitpunkt initial date
Bezuschussung drip feeding
bieten bid, make a bid
Bieter bidder
Bietungsgarantie bid bond, earnest money, proposal bond, provisional deposit
Bietungsgarntie sales contract bid
Bietungskosten bid costs
Bilanz balance, balance sheet
Bilanz abschließen bring down a balance
Bilanz ziehen balancing, strike a balance
Bilanzanalyse analytical study of balance sheet, balance sheet analysis
Bilanzänderung alteration of balance sheet
Bilanzanlage balance sheet supplement
Bilanzansatz carrying amount, carrying value
Bilanzaufstellung balance sheet
Bilanzbuch balance ledger
Bilanzbuchhaltung balance sheet department
Bilanzfälschung falsification of a balance sheet
Bilanzgerade price line
Bilanzgewinn accumulated income, net profit
Bilanzgleichung accounting equation
Bilanzgliederung balance sheet classification, balance sheet lay-out, layout of balance sheet
bilanzielle Abschreibung accounting depreciation, accounting provision for depreciation, book depreciation, depreciation for financial reporting purposes, depreciation for reporting purposes
bilanzielle Bewertung balance sheet valuation
bilanzieren make out a balance sheet, prepare a balance sheet
Bilanzierung accounting treatment, accounts presentation
Bilanzierung nach Nominalwertprinzip actual cost basis method
Bilanzierungsformat accounting format

Bilanzierungsgesetzgebung accounting legislation
Bilanzierungsgrundsatz accounting concept, accounting principle
Bilanzierungsgrundsatz der kaufmännischen Vorsicht accounting principle of prudence
Bilanzierungshandbuch accounting manual
Bilanzierungsmethode accounting method
Bilanzierungspolitik practice of balance sheet make-up
Bilanzierungspraxis accounting practice
Bilanzierungsrecht accounting law
Bilanzierungsrichtlinien accounting guidelines, rules for the preparation of balance sheets
Bilanzierungssystem accounting system
Bilanzierungszeitraum accounting reference period
Bilanzjahr accounting year
Bilanzkennzahl balance sheet ratio
Bilanzklarheit unambiguous presentation of balance sheet items
Bilanzkontinuität accounting continuity
Bilanzkonto balance sheet account
Bilanzkosmetik quick fix, window dressing
Bilanzkritik critical appraisal of balance sheet
Bilanzkurs book value
Bilanzlücke balance sheet gap
bilanzneutral off balance
bilanzorientiert balance sheet oriented
Bilanzpolitik accounting policy
Bilanzposten balance item, balance sheet item, balance sheet title
Bilanzprüfer accountant, auditor
Bilanzprüfung balance sheet audit, statutory balance sheet audit
bilanzrechtliche Vorschriften accounting regulations
Bilanzrichtlinie accounting directive
Bilanzrichtliniengesetz accounting directives law
Bilanzschema accounting scheme, balance sheet classification
Bilanzschönung window-dressing
Bilanzstatistik balance sheet statistics
Bilanzstichtag accounting date, accounting reference date, balance sheet date, balance sheet day
Bilanzsumme balance sheet total, total assets
Bilanzvergleich balance sheet comparison, comparison of balance sheets
Bilanzverkürzung balance sheet contraction
Bilanzverlängerung balance sheet extension
Bilanzverlust net loss
Bilanzvermerk balance sheet note
Bilanzverschleierung window dressing
Bilanzvorlage presentation of balance sheet
Bilanzwert balance sheet basis, balance sheet value, book basis
Bildung education

Bildung von Geldmitteln appropriation of funds
Bildung von Rücklagen formation of reserves
billig cheap, equitable, low-priced
billiges Geld cheap money, easy money
Billigkeit equity
Billigkredit cheap loan
billigst at best
binär binary
binden lock up, tie
bindende Zusage binding promise
bindendes Angebot binding offer
bindendes Versprechen pledge
Bindungsfrist lock-up period
Bindungsklausel tying clause
Binnenhafen inland port
Binneninflation domestic inflation
Binnenmarkt domestic market
Binnennachfrage domestic demand
Binnentarif domestic tariff
Binnenumsätze domestic sales
Binnenwährung domestic currency
Binnenzoll internal customs duty
Binnenzölle internal tariffs
bis auf Weiteres until further notice
bis auf Widerruf until further notice
BIS, BIZ, Bank für internationalen Zahlungsausgleich bank for international settlements
bisher formerly
Bitte plea, request, solicitation
Bitte um Erteilung der Stimmrechtsvollmacht proxy solicitation
bitten intercede
Blankett document signed in blank
blanko akzeptieren accept in blank
blanko ausstellen make out in blank
blanko unterschreiben sign in blank
blanko unterzeichnen sign in blank
Blanko-Übertragung transfer in blank
Blankoabtretung assignment in blanc
Blankoakzept acceptance in blank, blanc acceptance, blank acceptance, inchoate instrument
Blankoauftrag blanket order
Blankogeschäft uncovered transaction
Blankoindossament blank endorsement, endorsement in blank, general endorsement
Blankokredit blank credit, clean credit, open credit
Blankoofferte offer in blank
Blankoquittung blank receipt
Blankoscheck blank check
Blankounterschrift blank signature
Blankoverkauf short sale
Blankovollmacht blank power of attorney
Blankowechsel blank bill
Blankowechselübertragung blank endorsement
Blaupause blueprint
Blickpunkt aspect

blind spekulieren play the market
Blitzprognose flash estimate
Blitzprogramm crash program
blockieren block, obstruct
Blockierung von Vermögenswerten freezing of assets
bloße Übergabe mere delivery
Blüte (Falschgeld) dud note
Boden base
Bodenbonitierung appraisal of farm land
Bodenertrag return to land
Bodenpreis land price
Bodenrente ground rent
Bodenschätzung appraisal of farm land
Bodenspekulant land jobber
Bodenzins ground rent
Bogenerneuerung renewal of coupon sheets
Bon token, voucher
Bona-Fide-Klausel bona fide clause
Bondmarkt bond market
Bonds bonds
Bonds mit kurzer Restlaufzeit short coupons
Bonifikation selling commission
Bonität financial responsibility, financial standing, general ability to pay, standing
Bonität, Kreditwürdigkeit credit status
Bonitätsbewertung rating
Bonitätsgeschichte case history
Bonitätsprüfung credit analysis, credit investigation
Bonus bonus
Bordkonnossement on board bill of lading
Börse bourse, stock market
Börsenabrechnung stock exchange settlement
Börsenabrechnungspreis exchange delivery settlement price
Börsenabschluss stock market transaction
Börsenabschlüsse bargains
Börsenabwicklungsstelle clearing corporation
Börsenaufsichtsbehörde Securities and Exchange Commission (SEC)
Börsenauftrag matched order
Börsenbewertung market assessment, stock market rating
Börsenbuch bargain book
Börseneinführungsgebühr stock exchange admission fee
Börseneinführungsprovision listing commission
Börseneröffnung opening of the stock exchange
börsenfähig marketable
börsenfähige Aktie salable stock
börsenfähige Wertpapiere stock exchange securities
Börsenfähigkeit marketableness
Börsenflaute dullness of the market
börsenfreier Optionshandel over-the-counter market in options

börsengängige Aktie marketable share
börsengängige Wertpapiere marketable securities
börsengehandelter Terminkontrakt futures contract
Börsengeschäft bargain, stock market transaction
Börsengeschäfte bargains, exchange transactions, stock exchange dealings, stock exchange transaction
Börsenhandel dealing on change, exchange dealings, stock exchange dealings
Börsenhändler securities dealer
Börsenindex stock market indicator
Börsenkapitalisieren market capitalization
Börsenkapitalisierung stock market capitalization
Börsenklima market climate, market sentiment
Börsenkrach market crash, stock exchange collapse
Börsenkredit bank loan for financing stock
Börsenkurs quotation, stock exchange price, stock quote
Börsenkursanalytiker chartist
Börsenkurswert stock market value
Börsenmakler stock broker
Börsenmanöver sharepushing
börsenmäßiger Aktienhandel stock exchange equity trading
Börsenmitglied member corporation, member firm, member of a stock exchange
börsennotiert officially listed, traded on the stock exchange
börsennotierte Aktien exchange-listed stocks
börsennotierte Anleihe listed bond
börsennotierte Gesellschaft quoted company
börsennotierte Unternehmen quoted companies
börsennotierte Wertpapiere on-board securities, quoted investment, quoted on the stock exchange
börsennotiertes Unternehmen listed company
Börsennotierung exchange listing, exchange quotation, market quotation, stock market listing
Börsennotiz exchange quotation
Börsenordnung stock exchange rules
Börsenorgane stock exchange authorities
Börsenpanik panic on the stock exchange
Börsenparkett exchange floor, stock exchange floor
Börsenplatz stock exchange
Börsenprogrammhandel program trading
Börsenrat Exchange Council
Börsenreaktion stock market reaction
Börsenrecht law governing stock exchange transactions
Börsenrendite stock market yield
Börsensaal floor, trading floor

Börsenscheingeschäft wash transaction
Börsenschiedsgericht exchange arbitration tribunal
Börsenschluss close of stock exchange, market close
Börsensitz exchange seat, seat on the stock exchange
Börsensitzung market hours, trading hours
Börsenstimmung market sentiment
Börsenstunden trading hours
Börsentag trading day
Börsentage market days
Börsentendenz stock market trend
Börsenterminhandel forward trading, futures trading, trading in futures
Börsentheorien market theories
Börsenticker ticker
Börsentipp stock exchange tip
Börsenumsatz trading volume
Börsenumsätze markings, stock exchange turnover, stockmarket turnover
Börsenumsatzsteuer exchange turnover tax
Börsenumsatzsteuervergütung stock exchange turnover tax refund
Börsenvorstand Council of the Stock Exchange, exchange board, managing committee of the stock exchange, stock exchange board, stock exchange committee (SEC)
Börsenzulassung admission to the stock exchange, listing
Börsenzulassung beantragen apply for official quotation
Börsenzulassungsausschuss quotation committee
Brachland land not built upon
brachliegend idle
brachliegendes Kapital idle money
Brachzeit dead time
Branche branch of business, sector of industry
Branchenanalyse sector analysis
Branchenprognose industry forecast
branchenübliche Usancen industry custom
branchenüblicher Gewinn conventional profit
Branchenverzeichnis yellow pages
branchenweit industry-wide
brauchbar serviceable, usable, viable
brauchbares Kriterium acceptable criterion
Brauchbarkeit availability, usefulness
breit angelegt broadly based
breit gestreut broadly diversified
breit gestreuter Aktienbesitz widespread shareholdings
breiter Ermessensspielraum wide discretion
Brief und Geld asked and bid, sellers and buyers
Briefgrundschuld certificated land charge
Briefhypothek certificated mortgage
Briefkasten pillar box

Briefkastenadresse accommodation address
Briefkurs ask, asked price, offer, offered, price offered, sellers' rate, selling rate
Briefkursnotiz offer quotation
briefliche Auszahlung mail transfer
briefliche Überweisung mail transfer
Briefnotiz offer quotation
Brieftasche wallet
Briefwahl absentee ballot, absentee voting, postal ballot
Briefwähler absentee voter
Brokerfirma brokerage house
Bruch break, fraction
Bruchteil fraction
bruchteilige Gewinne fractional gains
Bruchteilsaktie fractional share, fractional share certificate
Bruchteilseigentum fractional share of property
brutto gross
Brutto-Cashflow gross cash flow
Brutto-Eigenkapitalrendite gross return in net assets
Brutto-Zinsspanne gross interest margin
Bruttoanlageninvestitionen gross investment in fixed assets
Bruttoaufschlag markon
Bruttobetrag gross amount
Bruttodeckungsspanne gross cover spread
Bruttodividende gross dividend
Bruttoeinkaufspreis invoiced purchase price
Bruttoeinkommen gross earnings
Bruttoeinnahmen gross receipts
Bruttoerlös gross revenue
Bruttoertrag gross proceeds, gross yield from interest
Bruttoertrag bis zur Rückzahlung gross yield to redemption
Bruttoertragsanalyse cash flow statement
Bruttoetat gross budget
Bruttogehalt gross salary
Bruttogewinn gross margin, gross profit, marginal balance, operating margin
Bruttogewinnaufschlag gross markon
Bruttogewinnspanne gross profit margin
Bruttoinlandsausgaben gross national expenditure
Bruttoinlandsprodukt gross domestic product (GDP)
Bruttoinvestition gross investment
Bruttoinvestitionsausgaben gross investment spending
Bruttolohn gross wage
Bruttomarge gross margin
Bruttomietwert gross annual rental
Bruttoproduktionswert gross output
Bruttorendite gross return
Bruttoselbstfinanzierung gross plow-back

Bruttosozialprodukt gross national product (GNP)
Bruttoüberschuss gross surplus
Bruttoumsatz gross sales
Bruttoumsatzerlös gross sales revenue, gross turnover
Bruttoverlust gross loss
Bruttoverzinsung gross interest return
Bruttozins gross interest
Buch führen tally
buchen book, post, to account
Bücher abschließen balance one's books
Bücher führen keep books
Buchforderung book claim, book debt
Buchforderungen book receivables
Buchführung, Rechnungswesen, Abrechnung accounting
Buchführungspflichten bookkeeping requirements, obligations to keep books of account
Buchgeld bank account money, book money, checkbook money, deposit money
Buchgewinn accounting profit, book profit
Buchgrundschuld registered land charge
Buchhalter accountant, bookkeeper
buchhalterische Übersicht accounting statement
Buchhaltung accountancy, accounts department
Buchhaltung, Buchführung bookkeeping
Buchhaltungsrichtlinien accounting conventions, accounting department rules
Buchhypothek inscribed mortgage, mortgage entered in the land register
Buchinventur book inventory
Buchkredit book credit, open book credit
buchmäßige Abschreibung book depreciation
buchmäßige Behandlung accounting treatment
buchmäßige Entnahme accounting issue
buchmäßiger Verlust book loss
Buchprüfung audit, financial audit
Buchprüfungsgesellschaft accountancy firm
buchtechnische Kapitalerhöhung accounting driven capital increase
Buchung booking, entry
Buchung ohne Gegenbuchung unbalanced entry
Buchungsaufgabe accounting advice, accounting voucher
Buchungsbeleg accounting record, bookkeeping voucher
Buchungsdaten accounting data
Buchungsdurchlauf accounting cycle
Buchungsfehler accounting error, bookkeeping error, false entry
Buchungsgebühr account management fee, transaction charge, transaction fee
buchungspflichtig accountable
Buchungsposten booking item
Buchungsschluss closing date of entries

Buchungsschnitt accounting close, accounting deadline
buchungstechnischer Trick accounting gimmick
Buchungstext entry memo
Buchungsvorfall accountable event, accounting event
Buchungsvorgang bookkeeping operation
Buchungszeitpunkt date of entry
Buchverlust accounting loss
Buchwert basis, book figure, book value, carrying amount, carrying value, going-concern value
Buchwertberichtigung basis adjustment
Buchwertfortführung basis rollover
Buchwertmethode book value method
Buchwertübernahme basis carryover
Budget budget
Budget aufstellen fix the budget
Budget kürzen slash a budget
Budgetabweichung budget deviation, budget variance
Budgetansatz planned budget figure
Budgetausgabenstruktur budgetary expenditure pattern
Budgetausgleich budget balance
Budgetbeschränkung budget constraint
Budgetdefizit budget deficit
Budgetgerade opportunity curve
Budgetierung budgeting
Budgetinflation public demand-pull inflation
Budgetkonsolidierung budget consolidation
Budgetkontrolle budgetary control
Budgetkosten budgeted cost, ideal standard cost
Budgetmittel budgetary means
Budgetsoll budget provision
Budgetüberschuss budget surplus
Bummelstreik slowdown strike
bundesbankfähige Wechsel bills rediscountable at the Bundesbank
Bundesbürgschaft für einen Kredit federal loan guaranty
Bundesgerichtshof federal supreme court
Bundeshaushalt national budget
Bundeskartellamt federal cartel office
Bundeskonzession federal charter
Bundeskreditbehörden federal credit agencies
Bundesrecht federal law
Bundesregierung federal government
Bundesschatzbriefe federal treasury bills
bundesstaatlich konzessionierte Bank nationally chartered bank
Bundessteuer federal tax
Bündnis alliance
Bürge bail, guarantor, sponsor, warranter
Bürgschaft bail, pledge, security, sponsorship, surety, suretyship
Bürgschaftsbeteiligung participation in guarantees
Bürgschaftserklärung declaration of suretyship, surety bond
Bürgschaftskredit guaranteed credit, guaranty credit
Bürgschaftsplafond guaranty line
Bürgschaftsprovision guaranty commission
Bürgschaftsrahmen guaranty line
Bürgschaftsrisiko guaranty risk
Bürgschaftsschein security bond
Büro- und Geschäftseinrichtung office equipment
Büro- und Schreibpersonal clerical staff
Büroarbeit clerical work
Büroausstattung office equipment and furniture
Bürobedarf office stationery
Büroklammer bulldog clip, paper clip
Buße forfeit
Bußgeld vindictive damages

C

Cash Flow cash flow
Chance challenge
Chancen-Risiken-Analyse opportunities and threats analysis
Chancengleichheit equal opportunities
charakteristisch distinctive, typical, characteristic
Chart-Analytiker chartist
chartern charter
Charts charts
chronologisches Akzeptverzeichnis acceptance register
circa about
Clearing-Forderungen clearing receivables
Clearing-Guthaben clearing assets
Clearingnetz bank wire
Courtage agency commission, broker fee, brokerage, stock brokerage
Courtagerechnung brokerage statement
Courtagetarif scale of commission

D

Dachfonds fund of funds
Dachorganisation umbrella organization
Damnum bank discount, debt discount, discount
dämpfen moderate
darlegen set out
Darlehen credit facility, debt, loan
Darlehen aufnehmen contract a loan, obtain a loan, secure a loan, take on a loan
Darlehen aushandeln arrange a loan
Darlehen besichern supply security for a loan
Darlehen genehmigen approve a loan
Darlehen gewähren extend a loan, make a loan
Darlehen kündigen call a loan
Darlehen mit täglicher Kündigung loan at call
Darlehen oder Kredit aushandeln negotiate a loan
Darlehen unter dem vollen Wert der Sicherheit haircut finance
Darlehen zurückzahlen pay off a loan, repay a loan
Darlehensantrag loan application
Darlehensaufgeld loan premium
Darlehensbank loan bank
Darlehensbestand loan portfolio
Darlehensbetrag loan amount, principal amount
Darlehensgeber lender
Darlehensgeschäft loan business
Darlehensgesellschaft loan society
Darlehensgewährung extension of credit, lending, loan grant
Darlehenskasse loan office
Darlehenskonto loan account
Darlehenskosten loan charges
Darlehenslaufzeit loan period
Darlehensnehmer private lender
Darlehensrückzahlung loan payback, reset
Darlehensschuld loan debt
Darlehenssumme loan amount
Darlehenstilgung amortization of loan, repayment of a loan
Darlehensvaluta loan proceeds
Darlehensverbindlichkeiten loan liabilities
Darlehensvermittler loan broker
Darlehensvertrag loan agreement
Darlehensvorvertrag preliminary loan agreement
Darlehenszinsen loan interest
Darlehenszusage loan commitment
darstellen demonstrate, set out
Darstellung demonstration, presentment, treatment
das Wesentliche einer Sache name of the game

Datei file
Daten data
Datenanalyse data analysis
Datenausgabe data output
Datenaustausch data exchange
Datenbank, Datensammlung data bank/base
Datenbanksystem data base system
Datenbankverwaltung data base management
Datenblatt specification sheet
Datenerfassung data acquisition, data capture
Datenerhebung data collection
Datenfernübertragung remote data transmission
Datenfernübertragung der Kreditinstitute direct fund transfer system
Datenflussplan data flow chart
Datenlücke data lag
Datenmanipulation database
Datenschutz data privacy protection, data protection
Datensichtgerät data display device
Datenspeicher data memory, data storage
Datenübertragung data transfer, data transmission
Datenverarbeitung data processing
Datenverarbeitungssystem data handling system
datieren date
datiert sein vom bear date of
Datowechsel after-date bill of exchange, bill after date, fixed dated bill
Datum datum
Datum des Poststempels date as postmark
Datumstempel date stamp
Dauer continuance, duration, elapsed time, term
Daueranlage permanent holding
Daueranleger long-term investor
Dauerarbeitslosigkeit chronic unemployment
Dauerauftrag blanket order, giro standing order, mandate, money transfer order, standing order
Dauerbelastung permanent burden
Dauerbeschäftigung permanent employment
Daueremission constant issue, tap issue
Daueremission begeben issue on tap
Daueremittent constant issuer, tap issuer
Dauerfinanzierung continuous financing, continuous funding, permanent financing
Dauerhaftigkeit stability
Dauerinflation persistent inflation
Dauerkredit long-term credit
Dauerregelung permanent arrangement
Dauerschuldzinsen interest on permanent debt
Dauersparauftrag automatic deduction plan
Dauerstellung permanent position

Dauerzustand perpetuity
davon hereof
davonlaufende Kosten drifting costs
de facto-Fusion de facto merger
Dealer trafficker
Debatte debate
Debetsaldo balance outstanding/owing
Debitoren-Umschlag sales-to-receivables ratio
Debitorenausfälle loan chargeoffs
Debitorenauszug account
Debitorenbuch sales ledger
Debitorenbuchhaltung accounts receivable accounting
Debitorenbuchung accounts receivable entry
Debitorendatei accounts receivable file
Debitorenkonto accounts receivable account
Debitorenkontoauszug accounts receivable statement
Debitorenkredit accounts receivable loan
Debitorensätze lending rates
Debitorenumschlag receivables turnover
Debitorenumschlagsdauer average days in receivables, debtor days
Debitorenverkauf sale of accounts receivable
Debitorenverwaltung debtor management, sales accounting and collection services
Debitorenwagnis accounts receivable risk
Debitorenziehung bill drawn by a bank on a debtor
decken support
Deckladungsversicherung deck cargo insurance
Deckung backing, cover, coverage, covering
Deckung der Anleihezinsen interest times earned
Deckung durch Vermögenswerte asset cover
Deckungsbeitrag amount of coverage, contribution margin, marginal income, profit contribution, variable gross margin
Deckungsbeitrag je Einheit unit contribution margin
Deckungsbeitragsrechnung contribution analysis/costing, cost-volume-profit analysis
Deckungsdarlehen covering loan
deckungsfähiges Risiko coverable risk
Deckungsforderungen covering claims
Deckungsgeschäft covering transaction, hedge
Deckungsgrad cover ratio
Deckungsguthaben compensating balances, coverage deposit
Deckungskapital guaranty fund
Deckungskauf bear covering
Deckungskonto cover account
Deckungslinie backup facility
Deckungslücke contribution shortfall
Deckungsschutz insurance cover/coverage
Deckungssumme amount covered, insured sum
Deckungsumsatz breakeven sales
Deckungszusage binding receipt, cover note

Defekt flaw
defensive Anlagenpolitik defensive investing-policy
definieren define
Definition definition
Defizit deficit
Defizit aufweisen show a deficit
Defizit, nicht durch Eigenkapital gedeckt deficit not covered by equity
Defizitfinanzierung deficit spending
Deflation deflation
degressive Abschreibung declining-balance depreciation, reducing installment system, sum-of-the-years digit method of depreciation
degressive Besteuerung graduated taxation
degressive Kosten degressive costs
degressives Abschreibungsverfahren declining balance method
Deklarationsschein declaration certificate
Delkredere provision for contingent losses
Delkredere übernehmen assume del credere liability
Delkredere-Versicherung accounts insurance
Delkrederegebühr credit insurance premium
Delkrederereserven loan loss allowances
Delkredererisiko collection risk
Demontagekosten cost for removal
demontieren disassemble, dismantle
den Bedürfnissen angepasster Kurs tailor-made course
den Markt auskaufen corner the market
den roten Faden verlieren lose track of
denominieren denominate
deponieren deposit, place
Deportgeschäft backwardation business
Deportsatz backwardation rate
Depositen deposits
Depositenbank deposit bank, deposit-taking institution
Depositengelder deposits
Depot custody, deposit, storehouse
Depotabstimmung securities account reconciliation
Depotaufbewahrung safekeeping
Depotbank depositary bank
Depotbescheinigung trust receipt
Depotbuch safe deposit register
Depotbuchhaltung securities accounts department
Depotgebühr custodian fee, safe custody fee
Depotgeschäft custody business, security deposit business
Depotguthaben safe deposit balance
Depotinhaber securities account holder
Depotkonto custodianship account, securities account, securities account reconciliation, security deposit account

Depotprüfung audit of security deposit holdings
Depotschein deposit receipt, safe custody receipt
Depotstimmrecht proxy voting power
Depotversicherung safe deposit box insurance
Depotvertrag custody agreement
Depotverwahrung custodianship
Depotverwaltung management of deposit securities
Depotwechsel collateral bill
Depotzusammensetzung deposit mix
der Besteuerung unterliegen be subject to taxation
der Höhe nach as to the amount
der Höhe nach angemessen appropriate in amount
der Steuer unterliegen be subject to taxation
derivativer Firmenwert acquired good will
derzeit, gegenwärtig currently
desinformieren misinform
Desinvestition disinvestment, negative investment
Desinvestitionsperiode recovery period
Desinvestitionsvorgang disinvestment process
Detail detail
detaillierte Aufstellung breakdown
detaillierte Gliederung detailed breakdown
deutlich conspicuous, distinct
deutlich erkennbar discernible
Devalvation exchange depreciation
Devisen foreign currency, foreign exchange
Devisen-Kaufoption currency call option
Devisen-Pensionsgeschäft exchange repro agreement
Devisenabfluss flow of foreign funds
Devisenarbitrage arbitration of exchange, currency arbitrage, exchange adjustment
Devisenaufgeld premium on exchange
Devisenbeschränkungen exchange restrictions, foreign exchange restrictions
Devisenbestände currency holdings, exchange holdings, foreign exchange holdings
Devisenbestimmungen exchange regulations
Devisenbewirtschaftung currency control, foreign exchange control
Devisenbörse currency market, foreign exchange market
Deviseneinnahmen currency receipts, exchange proceeds
Devisenengagement foreign exchange commitment
Devisengeschäft dealings in foreign exchange, foreign exchange trading
Devisengeschäft zu einem festgesetzten Termin forward outright
Devisenhandel dealings in foreign exchange, exchange dealings, foreign exchange trading, forward exchange dealing
Devisenhändler exchange dealer, exchange jobber, foreign exchange dealer, market maker
Devisenkassahandel spot exchange transaction
Devisenkassakurs cable, spot exchange rate
Devisenknappheit shortfall in foreign exchange
Devisenkontingent foreign quota
Devisenkonto currency account, foreign exchange account
Devisenkontrolle exchange control
Devisenkredit foreign exchange loan
Devisenkurs currency quote, exchange rate, foreign exchange rate, left-hand side
Devisenkursfeststellung exchange rate fixing
Devisenmakler exchange broker, foreign exchange broker
Devisenmarkt currency market, exchange market, foreign exchange market
Devisenmarktintervention exchange market intervention
Devisenmarktkurs market exchange rate
Devisenmittelkurs middle rate
Devisenreportgeschäft swap
Devisenreserven exchange reserves, foreign currency reserves
Devisenspekulation foreign exchange speculation
Devisenswap mit Zinskomponente cross currency interest rate swap
Devisentauschgeschäft swap
Devisentauschvertrag swap contract
Devisentermin-Kontrakt range forward contract
Devisenterminbörse forward market in currency
Devisentermingeschäfte foreign exchange contracts, foreign exchange futures, forward exchange tradings, forward exchange transactions, futures exchange dealing
Devisenterminhandel currency futures trading, forward currency trading, forward exchange, forward exchange trading
Devisenterminkontrakte currency futures, exchange futures, exchange futures contract
Devisenterminkurs forward exchange rate
Devisenterminmarkt forward exchange, forward exchange market
Devisenverkehr foreign exchange transactions
Devisenwechsel currency bill, foreign exchange bill
Devisenwerte foreign assets
Devisenzufluss currency inflow
Devisenzuteilung foreign currency allocation
Dezimalstelle decimal place
dezimieren decimate
Diagramm chart
die Spielregeln einhalten play by the rules
Dienstantritt entry into office
Dienstleistung service
Dienstleistungen erbringen render services

Dienstleistungsbetrieb service company
Dienstleistungsbilanz balance of services, invisible balance, services account
Dienstleistungsgewerbe service industry
Dienstleistungskosten cost of services
Dienstleistungspalette range of services
Dienstleistungsunternehmen service enterprise
Dienstplan duty roster
Dienstreise business trip
Dienstweg office channel
Dienstzeit service time
Differenz balance
Differenz zwischen Aktienkurs und Preis der Kaufoption break-even price
Differenzgeschäft gambling in futures
Differenzgeschäft (Effekten-) margin business
Differenzkonto over-and-short account
Differenzkosten alternative cost
dilatorische Einrede dilatory plea
dinglicher Vertrag real agreement
direkt emittierte Schatzwechsel tap treasury bills
Direktbezug direct buying
direkte Devisenarbitrage simple arbitrage (of exchange)
direkte Kosten direct expense
direkte Steuern direct taxes
direkte, unmittelbare Gewinne direct earnings
Direkteinkauf direct buying
Direktfinanzierung direct financing
Direktinvestition direct investment
Direktionsassistent assistant director
Direktorium managing board
Direktplatzierung direct placement
Direktzugriff random access
Disagio disagio
Disagio und Kreditaufnahmekosten debt discount and expense
Disagio-Zuwachs accretion of discount
Disagio-Zuwachs ausweisen accrete
Disagioanleihe non-interest-bearing discount bond
Diskontabrechnung discount note
Diskontaufwendungen discounts allowed
Diskontbank discount corporation
Diskontbedingungen discount terms
Diskonterlös discount earned
Diskonterlöse discounts earned
Diskonterträge discounts received
diskontfähig eligible for discount
diskontfähige Wechsel good commercial paper
diskontfähiger Wechsel discountable bill
Diskontfähigkeit eligibility for discount
Diskontgefälle discount rate differential
Diskontgeschäft discount business
diskontieren discount
diskontierende Bank bank of discount, discount bank, discounting bank
diskontierte Wechsel discounted bills

diskontierter Einnahmenüberschuss discounted cash flow
diskontierter Gegenwartsweg present discounted value
diskontierter, liquiditätswirksamer Ertrag discounted cash flow
diskontierter Rückfluss von Barmitteln discounted cash flowback
Diskontierung discounting
Diskontierungszeitraum discount period
Diskontkredit discount credit
Diskontmakler discount broker
Diskontmarkt discount market
Diskontpolitik bank rate policy, discount rate policy
Diskontsatz bank rate, central bank discount rate, discount rate, official rate of discount, rate of discount
Diskontsatz für federal funds federal discount rate
Diskontsenkung fall in the bank rate
Diskontspesen discount charges
Diskontwechsel discount bill
Diskontzusage discount commitment
Diskussionspapier exposure draft
diskutierbar debatable
diskutieren argue
Dispokredit running account credit
Disporahmen loan limit
Disposition arrangement, scheduling
Dispositionskredit running account credit
Dispositionspapier document of title
Dispositionsreserve general operating reserve
Dissertation dissertation
Distributionskette distribution chain
Distributionskostenanalyse distribution cost analysis
Distributionsplanung distribution planning
Distributionsweg channel of distribution
Divergenzschwelle divergence threshold
diversifizieren diversify
Dividend numerator
Dividende dividend
Dividende als kurzfristige Schuldscheine scrip dividend
Dividende ausfallen lassen waive dividends
Dividende beschließen declare a dividend
Dividende pro Aktie dividend per share
Dividenden-Überweisungsauftrag dividend mandate
Dividendenausschüttung declaration of a dividend, dividend distribution, dividend payment/payout
dividendenberechtigt dividend bearing
dividendenberechtigte Aktie participating share
Dividendenbereinigung dividend netting
Dividendenbogen dividend coupon sheet

Dividendendeckung earnings cover, payout ratio
Dividendeneinkommen dividend income
Dividendenerträge dividend earnings
Dividendenfähigkeit ability to pay a dividend
Dividendenforderungen dividend receivable
Dividendenkontinuität dividend continuity, stability of rate
Dividendenkonto dividend payout account
Dividendenkürzung dividend cut
Dividendenpapiere dividend-bearing shares, equities, equity instruments
Dividendenpolitik dividend policy, payout policy
Dividendenrechte dividend rights
Dividendenrendite dividend yield
Dividendenrückstände arrears of dividend, dividend arrears
Dividendensatz dividend rate
Dividendenschein dividend coupon
Dividendenschluss shut for dividends
Dividendenschnitt dividend cut
Dividendenstopp dividend stop
Dividendentermin dividend due date
Dividendenvorschlag dividend proposal
Dividendenzahlstelle dividend disbursing agent
Dividendenzahlung dividend disbursement, payout
Dividendenzuschlag surplus dividend
Divisionskalkulation process costing
Dockgebühren dock dues and shipping
Dokument deed, document
Dokument über Privatplatzierung placing memorandum
Dokumentation document management, documentation
Dokumente aufnehmen take up documents
Dokumente gegen Akzept documents against acceptance
Dokumente gegen Barzahlung documents against cash
Dokumente übertragen release documents
Dokumenten-Akkreditiv straight-line letter of credit
Dokumenten-Gegenwert proceeds of documents
Dokumenteninkasso documentary collection
Dokumentenkredit documentary letter of credit
Dokumententratte acceptance bill, documentary bill, documentary draft
Dokumentenwechsel acceptance bill
Dollarfestbonds dollar straight issue
Dollarlücke dollar gap
Dollarprämie dollar premium
Dollartitel dollar securities
Dollarüberfluss dollar glut
Dollarzuschlag dollar premium
Domizilvermerk domicile clause
Domizilwechsel domiciled acceptance, domiciled bill

Doppelbelastung double burden
Doppelbesteuerung double taxation
Doppelbesteuerungsabkommen double tax convention, double tax treaty
doppelseitig double spread
doppelt berechnen double-bill
doppelte Ausfertigung bipartite
doppelte Buchführung bookkeeping by double entry, double entry bookkeeping
Doppelwährung double standard
Doppelzählung double counting
dotieren endow
Drahtanschrift cable address
drastische Maßnahme extreme measure
drastischer Rückgang sharp fall
Dreh- und Angelpunkt pivot
Drehbuch scenario
Dreiecksgeschäft third-party transaction
dreijährlich triennial
Dreimonatsgelder three-months funds
Dreimonatspapiere three-months maturities
Dreispaltenkonto three-column account
Dreiviertelmehrheit three-quarter majority
dringend urgent
dringende Sitzung emergency meeting
dringliche Klage action in rem
Dringlichkeit urgency
Dringlichkeitsmaßnahme urgency measure
dritte Hypothek third mortgage
dritte Person third party
Dritteigentümer third-party owner
Dritterwerber third-party purchaser
Drittschuldner factor garnishee, third-party debtor
drosseln cut down
Druck urgency
Druck auf die Gewinnspanne margin squeeze, price-cost squeeze
dubiose Forderungen doubtful accounts
Dubiosenkonto bad debts account
Duldung acquiescence
dunkle Geschäfte shady dealings
dünne Kapitaldecke slender capital base, thin equity base
Duplikat duplicate
durch einen Bevollmächtigten by proxy
durch Rundschreiben circularize
durch Verlust vermindertes Kapital impaired capital
durch Vermögenswerte gesicherte Anlage asset-backed investment
durch Waren gesicherter Kredit field warehousing loan
durch Wertpapier gesicherte Industrieobligation collateral trust bond
durchbringen squander
durchdringen penetrate, pervade

durchdringend pervasive
Durchdringung penetration
Durchdringungsstrategie penetration strategy
Durcheinander salad
Durchfinanzierung complete financing package
durchführbar performable
Durchführbarkeit feasibility
Durchführbarkeitsstudie feasibility study
durchführen carry out, execute, transact
Durchführung accomplishment, implementation
Durchführungsbestimmung implementation clause
Durchführungsplanung operational planning
Durchführungsverordnung implementing ordinance
Durchführungsverzögerung action lag, administrative lag
durchgeführte Investments realized investments
Durchhaltekosten carrying cost
durchkreuzen block
Durchlauf-Zertifikate pass-through certificates
Durchlaufdarlehen back-to-back loan
durchlaufende Kredite conduit credits, loans in transit
durchlaufende Mittel transmitted funds
durchlaufende Posten items in transit
Durchlauffinanzierung back-to-back financing, conduit financing
Durchlaufgelder transmitted funds
Durchlaufkonto interim account
Durchlaufkredit transmitted credit
Durchlaufzeit cycle time, execution time, throughput time
Durchschnitt average, mean
Durchschnitt ermitteln average out
durchschnittlich fair to middling
durchschnittliche Dauer der Außenstände debtor days
durchschnittliche Einstandskosten average unit cost
durchschnittliche Exportquote average propensity to export
durchschnittliche Gesamtkosten average total cost
durchschnittliche Importquote average propensity to import
durchschnittliche Investitionsquote average propensity to invest
durchschnittliche Jahreszuwachsrate annual average growth rate
durchschnittliche Kapitalproduktivität average investment productivity

durchschnittliche Laufzeit average maturity, average utilization
durchschnittliche Schuldenquote average debt ratio
durchschnittliche Sparquote average propensity to save
durchschnittlicher Marktpreis certain price, natural price
durchschnittliches jährliches Gewinnwachstum annual compounded earnings growth
Durchschnitts-Stückkosten average unit cost
Durchschnittsbesteuerung income averaging
Durchschnittsbewertung valuation at average prices
Durchschnittsbewertung des Lagers inventory valuation at average prices
Durchschnittseinkommen average income
Durchschnittsentgelt average pay
Durchschnittsertrag average return/revenue, average yield
Durchschnittsguthaben average balance
Durchschnittskosten average cost
Durchschnittskostenmethode cost averaging
Durchschnittskurs average market price, market average
Durchschnittsleistung average performance
Durchschnittsmenge average volume
Durchschnittspreis average price
Durchschnittspreisverfahren dollar cost averaging
Durchschnittsrendite average yield
Durchschnittssaldo balance of account
Durchschnittssatz average rate
Durchschnittsstichprobe average sample
Durchschnittsumsatz average turnover
Durchschnittsverdienst average earnings
Durchschnittsverzinsung average interest rate, yield mix
Durchschnittswert average value
Durchschreibebuchführung carbon-copy bookkeeping
Durchschrift für die Akten file copy
durchsetzbar enforceable
durchsetzen enforce, put through
Durchsetzungsvermögen ability to get things done
durchstreichen cancel, delete, strike out
Durchwahl direct dialing
durchwursteln muddle through
dürftig poverty-stricken
dynamisch aggressive
dynamische Rente wage-related pension
dynamischer Multiplikator long-run multiplier
dynamisches Unternehmen go-ahead company

284

E

Ebene level
ebenso likewise
echt genuine
echte Ersparnis genuine saving
echter Bedarf effective demand
Echtheit feststellen verify
Eckdaten benchmark figures, key data
Ecklohn basic hourly rate
Ecktermin basic time limit
Eckwert benchmark figure
Eckzins base lending rate, benchmark rate
Effekten securities, stock exchange securities
Effektenabteilung securities department
Effektenanlage investment in securities
Effektenarbitrage arbitrage in securities, securities arbitrage
Effektenbank investment bank
Effektenberatung investment counseling
Effektenbestand securities holdings
Effektendepot deposit of securities, securities deposit
Effektenemission issue of securities
Effektenfinanzierung financing through securities, margin financing
Effektengeschäft securities business
Effektengirobank securities clearing bank
Effektengiroverkehr security clearing
Effektenhandel dealing, dealing in securities, dealing in stock, trading in stocks
Effektenhändler security dealer
Effektenkauf security purchase
Effektenkommissionsgeschäft securities transactions on commission
Effektenkonto stock account
Effektenkredit margin credit, security loan, stock loan
Effektenkreditkonto margin account
Effektenleihe share borrowing
Effektenlombard advance on securities, collateral advance
Effektenmakler securities broker
Effektenmarkt stock market
Effektenorder stock order
Effektenportefeuille investment portfolio
Effektenscheck security transfer check
Effektentausch portfolio switch
Effektentermingeschäft forward operation in securities
Effektenübertragung transfer of securities
Effektenverkauf security sale
Effektenverwaltung investment management, safe custodies of securities

Effektivbestand actual holdings
effektive Kosten explicit cost
effektive Rendite actual yield, true rate of return
effektive Zinsbelastung effective interest load
effektive Zinskosten true interest cost
effektiver Barwert actual cash value
effektiver Wert actual value
effektiver Zins effective interest rate, negotiated rate of interest
effektiver Zinssatz actual rate of interest
effektives Stück actual security
Effektivverschuldung effective indebtedness
Effektivverzinsung actual interest return, effective interest yield, effective rate, effective rate of return, effective yield, market rate, negotiated rate of interest, true rate of return, yield, yield rate
Effektivzins annual percentage rate, annualized percentage rate (APR), effective rate
Effektivzoll effective tariff
effizient efficient
Effizienz efficiency
Effizienz-Überprüfung efficiency scrutiny
Ehrenakzept acceptance for honor
Ehrenamt preferment
ehrenamtlich tätig sein acting on honorary basis
Ehrenannahme acceptance for honor
Ehreneintritt act of honor
Ehrenzahlung nach Protest payment for honor supra protest
eichen calibrate
Eichung calibration
Eid leisten take an oath
eidesstattliche Erklärung affidavit
eidesstattliche Versicherung assertory oath, statement in lieu of an oath
Eifer diligence
Eigenakzept bank's acceptance outstanding
Eigenbedarf internal requirements, personal requirements
Eigenbeleg internal voucher
Eigenbesitz, Grundbesitz demesne
Eigenbesitzer proprietor, possessor
Eigenbestand own holdings
Eigendepot own security deposit
eigene Aktien capital stock in treasury, shares held in treasury, treasury stock
eigene Aktien erworben reacquired stock
eigene Ziehungen bills drawn by a bank
eigenerwirtschaftete Mittel internal equity
Eigenerzeugnis company-manufactured product
Eigenfertigung internal production

Eigenfinanzierung financing from own resources
Eigenfinanzierungsmittel internal resources
eigengenutzte Grundstücke owner-occupied land
Eigengeschäft independent operation
Eigenhandel transactions for own account
Eigenhändlergeschäft trading for own account
Eigeninitiative self-starting qualities
Eigeninvestition internal investment
Eigenkapital capital contribution, equity, equity capital, owner's equity, proprietary capital, shareholders' funds
Eigenkapital in Form von Eigenleistungen sweat equity
Eigenkapital ohne Vorrechte junior equity
Eigenkapital per Aktie net assets per share
Eigenkapital-Ausschüttung distribution of owners
Eigenkapital-Bewegungsbilanz statement of shareholders' equity
Eigenkapitalanteil burn rate, proprietary interest
Eigenkapitalausstattung equity capitalization
Eigenkapitalbasis equity base, equity capital base
Eigenkapitalbedarf equity requirements
Eigenkapitalbewertung capital rating
Eigenkapitalbildung equity capital formation
Eigenkapitalentwicklung statement of retained earnings
Eigenkapitalhilfe capital aid
Eigenkapitalkonsolidierung equity funding
Eigenkapitalkonto equity account
Eigenkapitalkosten cost of equity
Eigenkapitalminderung decrease in equity
Eigenkapitalpolster equity cushion
Eigenkapitalquote capital ratio, capital-to-asset ratio, equity ratio
Eigenkapitalrendite equity, equity return, income-to-equity ratio, percentage return on equity, return on equity
Eigenkapitalrentabilität equity return, rate of return on equity, return on net worth
Eigenkapitalrückkauf equity buyback
Eigenkapitalverflechtung equity link
Eigenkapitalverzinsung cost of equity
Eigenkapitalzufuhr additions to equity, additions to shareholders' funds
Eigenmittel capital funds, capital resources, internal funds, own funds, own resources, self-generated funds
Eigennachfrage reserve demand
Eigennutzung internal use, owner occupation
Eigenschaft attribute, earmark, feature, quality
eigenständig autonomous
eigentlich virtually
eigentliches Kapital physical capital
Eigentum ownership, complete ownership, perfect ownership, possession, property

Eigentum der Allgemeinheit public domain
Eigentum erwerben acquire property
Eigentümer proprietor
Eigentümer-Unternehmer owner-manager
Eigentümergrundschuld owner's land charge
Eigentümerhypothek owner's mortgage
Eigentumsanspruch nachweisen show one's right
Eigentumsbildung formation of property
Eigentumserwerb acquisition of property
Eigentumsklage action for recovery of property
Eigentumsnachweis abstract of title
Eigentumsrecht legal title, proprietary right, proprietorship
Eigentumsrechte property rights
Eigentumsübergang vesting
Eigentumsübertragung conveyancing, transfer of ownership
Eigentumsurkunde certificate of title, deed of ownership, title deed
Eigentumsverhältnisse ownership structure
Eigentumsvorbehalt reservation of ownership
Eigenumsatz internal turnover
Eigenverbrauch in-house consumption, personal consumption, self-consumption
Eigenzinsfuß own rate of interest
Eignung acceptability, aptitude, eligibility, suitability
Eilauftrag rush order, urgent order
Eilbrief express letter
eilig urgent
Eilüberweisung rapid money transfer
ein Haufen Geld wads of money
Ein-Mann Unternehmen sole trader business
einarbeiten pigeonhole
Einarbeitungszeit breaking-in period, orientation period, period of vocational adjustment
einbehalten plow back, retain, withhold
einbehaltene Gewinne net income retained in the business, reinvested earnings, retained earnings
einbehaltene Lohnsteuer wage tax withheld
einbehaltene Steuern withheld taxes
Einbehaltung von Steuern withholding of taxes
einberufen call
einbeziehen incorporate
einbringen bring in, carry, yield
Einbringen von Sachwerten contribution of physical assets
Einbruch setback
Einbuße damage
eindämmen check
Eindecken precautionary buying
Eindeckung buying ahead, stocking up
eindeutig definite, fairly and squarely, unambiguous
eindeutige Wettbewerbsbeschränkung naked restraint

eindeutiger Vorteil decided advantage
Eindeutigkeit explicitness
eindringen penetrate
eine Bilanz fälschen fake a balance sheet
eine Versammlung einberufen call a meeting
einem Konto gutschreiben credit an account
einen Betrag zur Verfügung stellen subscribe a sum
einen Kursgewinn verzeichnen score an advance
einen Wechsel einlösen honor a bill
einer Meinung sein agree with
einfach basic
einfache Mehrheit simple majority
einfache Option single option
einfache Stichprobenannahme single-sampling
einfache Zinsen simple interest
einfacher Konkursgläubiger unsecured creditor
einfacher Schuldschein simple note
einfaches Akkreditiv open credit
einfaches Termingeschäft outright forward transaction
Einfluss clout, control, influence
Einfluss ausdehnen enlarge
Einflussbereich sphere of influence
Einflussgröße influence quantity, influencing factor
einfordern call in
Einforderung calling in
einfrieren freeze
einfügen insert
Einfügung insertion
Einfuhrabfertigung clearance of importation
Einfuhrausgleichsabgabe import equalization levy
Einfuhrbescheinigung entry certificate
Einfuhrdeklaration bill of entry, entry inwards
einführen launch, phase in
Einfuhrfinanzierung import financing
Einfuhrgebühren import charges
Einfuhrkontingent allocated quota
Einfuhrkontingentierung limitation of imports
Einfuhrkredit import credit
Einfuhrpreis entry price
Einfuhrsteuer import levy
Einfuhrstopp cessation of imports
Einfuhrumsatzsteuer VAT on imports
Einführung adoption, launch, project launching
Einführung an der Börse beantragen seek the quotation of shares
Einführungskonsortium introduction syndicate
Einführungskurs induction course, introduction price
Einführungsphase implementation period
Einführungspreis early bird price, introduction price, introductory price
Einführungsstrategie launching strategy
Einführungstag first day of listing

Einfuhrwechsel import bill
Einfuhrzoll import duty
Einfuhrzusatzsteuer import surcharge
Eingabe petition
Eingangsanzeige acknowledgement of receipt
Eingangsdatum date of receipt
Eingangsstufe entry level
Eingangsteuersatz starting rate
Eingangsvermerk file mark
eingebrachtes Kapital brought forward in capital, contribute capital
eingefordert, noch nicht eingezahlt called up, not yet paid
eingefordertes Kapital called-up capital
eingefrorene Devisen blocked foreign exchange
eingefrorene Forderung blocked claim, frozen claim, tied-up claim
eingefrorenes Guthaben blocked assets, frozen balances
eingeführt seasoned
eingehaltene Gewinne retained profits
eingehen incur
Eingehen von Verbindlichkeiten contract of debt
eingehende Untersuchungen narrow investigations
eingehender Bericht detailed report
eingelöster Scheck paid check
eingelöster Wechsel paid bill
eingeschränkte Erklärung qualified statement
eingeschränkter Wettbewerb fettered competition
eingeschränktes Akzept qualified acceptance, special acceptance
eingeschränktes Indossament qualified endorsement
eingesetztes Kapital capital employed, employed capital
eingestehen admit
eingetragene Aktionäre shareowners of record
eingetragene Gesellschaft incorporated society/company (Inc.)
eingetragener Aktionär stockholder of record, shareholder of record
eingetragener Wertpapierhändler registered trader
eingetragenes Warenzeichen registered trade mark
eingetretene Substanzverringerung accumulated depletion
eingezahltes Kapital ohne Nachschusspflicht nonassessable capital stock
eingezogene Aktie redeemed share
Eingliederung integration
Eingliederungshilfe settling-in grant
eingreifen interfere
eingrenzen narrow down
Eingriff intervention

einhalten abide by
Einheit entity, unit, unity
einheitlich coherent, uniform
einheitliche Bedingungen standard terms
einheitliche Gewinnfeststellung uniform determination of profits
einheitliche Richtlinien für Inkasso uniform rules for collections
Einheitsfrachttarif all-commodity freight
Einheitskurs middle price, single quotation, standard quotation
Einheitspreis blanket price, uniform price, unit price
Einheitstarif flat rate, general tariff
Einheitswert assessed value, standard value
Einheitszoll uniform duty
Einheitszolltarif single-schedule tariff
einigen settle
Einigung erzielen reach an accommodation
Einigungsstelle conciliation board
Einigungsvertrag unification treaty
Einigungsvorschlag recommendation, settlement proposal
Einkauf purchase
einkaufen shop
Einkaufsakkreditiv buying letter of credit
Einkaufsdisposition purchase order disposition
Einkaufsgenossenschaft buying association
Einkaufsplan buying plan
Einkaufspreis purchase price
Einkaufsprovision buying commission
Einkaufsrabatt purchase discount
Einkaufsverhalten buying behavior
Einkaufswert prime cost
Einkommen earnings, income, revenue
Einkommen aufbessern eke
Einkommen beziehen aus derive income from
Einkommensaufstellung income statement
Einkommensbestandteile elements of income
einkommensbezogen earnings-related
Einkommensdisparitäten disparities of income
Einkommenseffekt income effect
Einkommenselastizität income elasticity
Einkommensfluss flow of income, income flow
Einkommensfonds income fund
Einkommensgrenze income limit
Einkommensgruppe income group
Einkommenshöhe income level, size of income
Einkommensklasse income bracket
Einkommenslücke income gap
Einkommensniveau level of income
Einkommensrechnung income account
Einkommenssicherung income maintenance
Einkommensstufe bracket
Einkommensteuer income tax
Einkommensteueraufwand income tax expense

Einkommensteuererhöhung income tax hike
Einkommensteuererklärung income tax return
Einkommensteuerermäßigung income tax relief
Einkommensteuer-Grundtabelle basic income tax schedule
Einkommensteuerpflicht income tax liability
einkommensteuerpflichtig liable in income tax
Einkommensteuerpflichtiger income tax payer
Einkommensteuertarif income tax scale
Einkommensverteilung distribution of income, earnings distribution, income distribution, redistribution of income
Einkünfte emoluments, income, receipts
Einkünfte aus Fremdenverkehr tourist receipts
Einkünfte aus Kapitalbesitz unearned income
Einkünfte aus Kapitalvermögen income from capital, investment income
Einkünfte aus nichtselbständiger Arbeit employment income
Einkünfte aus Vermietung und Verpachtung income from rentals and royalties
Einkunftsart income category
Einkunftsarten categories of income
Einlagen deposits
Einlagen abziehen pull out deposits
Einlagen hereinnehmen accept deposits, take deposits, take on deposits
Einlagen von Firmenkunden corporate deposits
Einlagen-Bank licensed deposit-taking institution
Einlagenabfluss deposit drain
Einlagenabgänge outflow of deposits
Einlagenabzug disintermediation
Einlagenbuch depositor's book
Einlagenentwicklung movement of deposits
Einlagengeschäft deposit banking, deposit-taking business
Einlagenkonto deposit account
Einlagenschutz deposit protection, deposit security arrangements
Einlagensicherung safeguarding depositor's accounts
Einlagensicherungsfonds deposit guaranty fund
Einlagentermingeschäft forward forward deposit, funds
Einlagenumschichtung shift in deposits
Einlagenversicherung bank deposit insurance, deposit insurance, deposit protection board
Einlagenzertifikat certificate of deposit
Einlagenzinsen deposit interest rates, deposit rate
Einlagenzuflüsse inflow of deposits
einlagern store
Einlass admission
Einleger bank depositor
einleiten initiate
Einleitung preface
einlenken fall into line

Einlieferungsbescheinigung paying-in slip, postal receipt
Einlieferungsschein certificate of posting, deposit slip
Einliniensystem single-line system
einlösen cash, encash, negotiate, protect
Einlösung encashment, redemption
Einlösungsanzeige redemption notice
Einlösungsfrist maturity deadline, redemption period
Einmalgebühr lump sum fee
einmalig nonrecurring, one-shot
einmalige Aufwendungen nonrecurrent expenditure
einmalige Ausgabe one-off expenditure
einmalige Berechnung one-time charge
einmalige Bezüge nonrecurring income
einmalige Gebühr flat charge, nonrecurrent charge, one-off charge, single-use charge
einmalige Sonderzahlung cash bonus
einmalige Zahlung commutation payment, once-and-for-all payment, one-off payment, one-time payment, single sum
Einmalkosten nonrecurring costs, one-time costs
Einmalzahlung lump sum payment
einmischen interfere
Einnahmen inflows, proceeds, receipts, revenue, takings
Einnahmen-Ausgaben-Rechnung accounting on a cash basis
Einnahmen und Ausgaben income and outgo
Einnahmen- und Ausgabenrechnung bill of receipts and expenditures
Einnahmen-Ausgaben-Plan cash budget
Einnahmen-Ausgaben-Planung cash budgeting
Einnahmen-Ausgabenrechnung cash basis accounting
Einnahmen-Unterdeckung negative cash flow
Einnahmendefizit deficit in revenues
Einnahmenplan incoming receipts budget
Einnahmenreihe stream of earnings
Einnahmerückgang shortfall in revenue
einpendeln even out
Einrahmung insertion
einräumen concede
einrechnen figure in
Einrede plea
Einrede der Verjährung plea of the institute of limitations
Einrede geltend machen allege an objection
einreichen prefer
Einreicher presenting party
Einreichungsfrist deadline for application, filing date
Einreichungsschluss bid closing, bid closing date, closing date, deadline for application
Einreichungstermin last day

einrichten establish
Einrichtung facility
Einrichtungskosten cost of setting up
Einsatz stake
Einsatz erhöhen raise the ante
Einsatzbesprechung briefing, briefing session
Einsatzelastizität occupational mobility
Einsatzmenge input
Einsatzplanung application planning
Einschaltquote audience rating
Einschaltung einer Bank interposition of a bank
einschätzen assess, assessment, rate
einschlägig pertinent, relevant
einschließen enclose, include in
einschließlich inclusive of
einschließlich aller (Rechte) all in
einschließlich Bezugsrechte cum rights
einschließlich Dividende dividend on
Einschlussklausel omnibus clause
Einschnitt break
einschränken curtail, restrict
einschränkend restrictive
einschränkende Besteuerung restrictive taxation
Einschränkung confinement, restriction
Einschreibegebühr registry fee
Einschreiben registered letter
Einschreibung inscription
Einschusskonto marginal account
Einschusszahlungen trader's equity
einsehen recognize
einseitig one-sided, unbalanced, unilateral
einseitig unterzeichneter Vertrag inchoate agreement
einseitige Verpflichtung unilateral obligation
einseitiges Geschäft Dutch bargain
Einsendeschluss deadline
Einsparungen economies
Einsparungen bei den laufenden Ausgaben lowering current expenditure items
Einsparungsmöglichkeiten room for economy
Einsparungsvorgabe savings performance target
Einspruch exception, intervention, notice of opposition, objection, veto
Einspruch erheben gegen object to
Einstandspreis cost price
Einstandswert cost value
einstellen discontinue, engage, take on
einstellige Inflationsrate single-digit inflation rate
Einstellung enlistment
Einstellungskosten hiring expenses, recruiting expenses
Einstellungsstopp employment freeze, hiring freeze
einstimmig unanimous
Einstimmigkeit unanimity

Einstimmigkeitserfordernis unanimous vote requirement
einstufen categorize, class, classify, pigeonhole
einstufig single-stage
Einstufungstest placement test
Einstufungsverfahren scaling routine
einstweilige Verfügung injunction, preliminary injunction
einteilen classify, pigeonhole
Einteilung classification
eintragen book, enter in, register
einträglich remunerative
Einträglichkeit profitability
Eintragung entry, registration, registry
eintreibbare Forderung recoverable debt
eintreiben einer Forderung recovery of debt
eintreiben von Außenständen bill collecting
Eintritt admission, admittance
Eintritt ins Erwerbsleben entrance to the labor force
Eintrittsgebühr admission fee
Eintrittsgeld admission fee, gate money
Eintrittssperre restriction of entry
Eintrittstermin date of admission
einverleiben merge
Einverständnis, Zustimmung consent
Einwand objection
Einwand erheben gegen object against
einwandfrei unimpeachable
einwilligen acquiesce
Einwilligung acceptance, acquiescence, approval
einwirken affect
einzahlen deposit, pay over
Einzahler bank depositor
Einzahler, Kontoinhaber depositor
Einzahlung inpayment
Einzahlungen incoming payments
Einzahlungsaufforderung call letter, notice a call
Einzahlungsformular inpayment form
Einzahlungsreihe cash inflows, stream of cash inflows
Einzahlungsrückstand calls in arrears
Einzahlungsschein deposit slip
Einzahlungsstrom revenue stream
Einzahlungsströme stream of cash inflows
Einzahlungsüberschuss excess of new savings
Einzelabschluss individual accounts
Einzelabschreibung unit depreciation
Einzelaktionär individual shareholder
Einzelanfertigung single-part production
Einzelaufgliederung detailed breakdown
Einzelaufstellung detailed breakdown, detailed statement, itemized list
Einzelausgaben specification
Einzelbewertung individual valuation, item-by-item valuation, single valuation,

Einzeldokument single document
Einzelfertigung individual production, single-item production
Einzelfirma sole proprietorship
Einzelhandelspreis retail price
Einzelheit detail
Einzelhonorar individual fee
Einzelkaufmann sole proprietorship
Einzelkonto individual account, single account
Einzelkosten direct cost, direct expense, individual cost
Einzelkredit individual credit
einzeln angeben specify
einzeln aufgliedern itemize
Einzelplan departmental budget
Einzelschuldner sole debtor
Einzelsteuer individual tax
Einzelunternehmung sole proprietorship
Einzelverwahrung allocated custody
Einzelvollmacht individual power of representation
Einzelwertberichtigung individual value adjustment
Einzelwertberichtigung auf Forderungen valuation allowance for losses on individual accounts receivable
Einziehung forfeiture
Einziehungsgeschäft collection business
einzigartig unique
Einzugsermächtigung direct debit, direct debit authorization, direct debit mandate
Einzugsgebiet area of supply
Einzugskosten collecting charges
Einzugsverfahren automatic debit transfer, direct debit service
Einzugswechsel bill for collection
Eisenbahnaktien rails
Eisenbahntarif railroad rates, railway rates
Eisenbahnwerte rails
eiserne Reserve reserve fund
eiserne Reserven iron reserves
eiserner Bestand base stock
Elektrizitätsversorgung electricity supply
Elektroanlagen electrical equipment
elektronische Ablage electronic filing system
elektronische Abwicklung von Bankgeschäften electronic banking
elektronischer Bond-Handel automated bond system
elektronischer Zahlungsverkehr electronic funds transfer, electronic payments
elektronisches Handelssystem electronic trading system
elektronisches Zahlungsverkehrs-System electronic fund transfer system
Elektrotechnik electrical engineering
elementar primary

Emission issue
Emission auf dem Emissionswege issue by tender
Emission begeben launch a bond issue, launch an issue
Emission mit steigendem Kurs step up issue
Emission neuer Aktien issue of new shares
Emission platzieren place an issue
Emission unterbringen place an issue
Emission von Bezugsrechtsscheinen warrant issue
Emission von Obligationen bond issue
Emission von Schuldverschreibungen debt issue, issue of debt, loan capital issue
Emission von Stammaktien equity issue
Emission von Vorzugspapieren privileged issue
Emissions-Mitteilung offering statement
Emissionsagio issue premium, underwriting premium
Emissionsanzeige tombstone advertizing
Emissionsbank investment bank, issuing bank, issuing house, underwriter
Emissionsbedingungen offerings terms, terms of an issue
Emissionsdisagio issuing discount
Emissionserlös proceeds of an issue
emissionsfähig issuable
Emissionsfahrplan issue calendar
Emissionsgeschäft issuing business, underwriting business
Emissionsgewinn underwriting profit
Emissionsinstitut underwriting house
Emissionsjahr year of issue
Emissionskosten offering cost
Emissionskurs coming-out price, initial offering price, issue price, issuing price, offering price, rate of issue, share offering price, subscription price
Emissionskursniveau issue price level
Emissionslimit ceiling of new issues
Emissionsmakler issue broker
Emissionsmarkt primary issue market, primary market
Emissionsmodalitäten issuance structure
Emissionspolitik issue policy
Emissionsprospekt issue prospectus, offering prospectus
Emissionsrendite issuing yield, new issue rate, yield on new issue, yield upon issue
Emissionsrisiko underwriting risk
Emissionsschuldner issue debtor
Emissionsschwemme deluge of new issues
Emissionstag date of issue
Emissionstätigkeit issuing activity
Emissionsvergütung issuing commission
Emissionsvolumen total volume of issues
Emissionswährung issuing currency, offering currency
Emissionswelle spate of new issues
Emittent issuer
emittieren issue
emittierende Gesellschaft issuing company
emittierter Optionsschein naked warrant
emittierter Optionsschein ohne Anleihebindung naked warrant
Emmissionskosten cost of issue
Empfang audience, receipt, reception
Empfang bestätigen acknowledge receipt
Empfänger addressee, consignee, receiver, recipient
Empfänger einer Jahresrente annuitant
Empfängerland recipient country
empfänglich receptive
Empfangsberechtigter authorized beneficiary
Empfangsbestätigung acknowledgement of receipt, certificate of receipt, delivery receipt
empfehlen advise, advocate, commit
Empfehlung advocacy, recommendation, reference
Empfehlungsschreiben letter of recommendation, letter of reference
empfindlich reagierende Börse sensitive market
empfindlicher Schaden serious damage
empfohlener Abgabepreis recommended retail price
empfohlener Preis recommended price
empirisch feststellbar operational
Endabnehmer ultimate buyer
Endabrechnung final account
Endauswertung final evaluation
Endbestand final inventory
Endergebnis final result, net result
Endfälligkeit final maturity
endgültig definite, definitive, final, utter
endgültige Abrechnung final statement of account
endgültiger Bescheid final notice
Endinvestoren final investors
Endkapital end value, new principal
Endkostenstelle final cost center
Endkreditnehmer final borrower, ultimate borrower
Endlaufzeit period to maturity
endlich ultimate
Endpreis final price, retail price
Endprodukt end product, finished product
Endprodukte final goods
Endschuldner final debtor
Endtermin closing date, final date, final deadline, finish date, terminal date
Endverbraucher ultimate consumer
Endverbrauchsort place of final use
Endverkaufspreis final selling price
Endwert end value, new principal, total accumulation of annuity

Energie sparend energy efficient
Energiebilanz energy balance statement
Energieeinsparung energy efficiency
Energiekrise energy crunch
Energiequelle source of energy
Energiesparprogramm energy efficiency program, energy thrift campaign
Energieversorgung energy supply
Energiewirtschaft energy business
energisch arduous
eng narrow
Engagement am Terminkontraktmarkt futures exposure
engagieren take on
enge Preisgestaltung keep pricing
engherzig narrow
Engpass bottleneck, neck
Engpass beseitigen open up a bottleneck
Engpassfaktor constraining factor, limiting factor
Engpasssektor production bottleneck sector
Entdeckung revelation
enteignen dispossess, expropriate, oust
Enteignung dispossession, expropriation, ouster, recapture
Enteignungsrecht des Staates power of eminent domain
Enterbung disinheritance
entfernen eliminate, remove
entfernt remote
Entflechtung decartelization, dissolution
Entflechtung von Unternehmen corporate divestment
Entfremdung alienation
entgangener Gewinn loss of expected return, loss of profit, lost profit
entgegenkommen accommodate, accommodation
entgegenkommend accommodating
Entgegennahme acceptance
entgeltliche Einfuhren imports against payment
enthalten enclose
Enthaltung abstention
enthüllen expose
Enthüllung revelation
Enthüllungsverfahren revelation mechanism
Entladekosten unloading charges
entladen off-load
entlassen dismiss, eject, release
Entlassener pink slipper
Entlassung dismissal, redundancy
Entlassungsabfindung redundancy payment
Entlassungsschreiben layoff notice, pink slip
entlasten ease the strain
Entlastung discharge, relief
entlegen remote
Entleiher borrower

Entnahme drawing
entschädigen compensate, indemnify, recoup, reimburse, remunerate
Entschädiger indemnitor
Entschädigung compensation, indemnification, recompense, recoupment, remuneration
Entschädigungsempfänger indemnitee
entschärfen remove the heat
entscheiden adjudicate, come to a decision, decide, determine, elect
entscheiden für elect
entscheidend ultimate
entscheidende Stimme deciding vote
entscheidender Faktor crucial factor
Entscheidung decision, determination
Entscheidung aufschieben shelve a decision
Entscheidung fällen make a decision
Entscheidung herbeiführen come to a decision
Entscheidung unter Risiko decision under risk
Entscheidung unter Unsicherheit choice under uncertainty, decision under uncertainty
Entscheidungen treffen decision-making
Entscheidungs- und Risikoanalyse decision and risk analysis
Entscheidungs-Feed-back decision feedback
Entscheidungsbaum decision tree, logical tree
Entscheidungsbaumanalyse decision tree analysis
Entscheidungsbefugnis authority to decide, decision competence
Entscheidungsdelegation delegation of decision making
Entscheidungsebene decision level
Entscheidungsfeld decision area
Entscheidungsfindung decision making
Entscheidungsfindungsprozess decision making process
Entscheidungsfunktion decision function
Entscheidungsgremium steering committee
Entscheidungsgröße, -parameter decision parameter
Entscheidungskriterium criterion of decision, decision criterion
entscheidungsorientierte Kostenrechnung accounting by functions
Entscheidungsphase decision phase
Entscheidungsprozess decision process
Entscheidungsraum decision space
Entscheidungsregel decision rule
Entscheidungsspielraum decision scope, scope of decision-making
Entscheidungstabelle decision table
Entscheidungstheorie decision theory
Entscheidungsträger decision maker, decision taking unit
Entscheidungsverhalten decision behavior
entschieden definitive

Entschiedenheit decisiveness
entschlussfreudig decisive
Entschuldung reduction of indebtedness
Entsorgung waste management
Entsorgungslogistik reverse logistics
Entspannung des Geldmarktes ease in the money market
entsprechen comply with, equal
entsprechend conformable, corresponding, equivalent, respective, similarly
entstehen arise, originate
Entstehungsrechnung output method
Entstellung distortion
entwerfen draw up, map out, prepare
entwerten debase, devalue
Entwertung cancellation, devaluation
Entwertungsfaktoren factors of depreciation
Entwicklung progress
Entwicklung der Löhne development of wages
Entwicklungsabteilung development department
Entwicklungsaufwand development expense
Entwicklungsfähigkeit viability
Entwicklungshilfeanleihe development aid loan
Entwicklungshilfekredit aid loan
Entwicklungskosten development cost
Entwicklungsmöglichkeit potentiality
Entwicklungszyklus development cycle
entwirren disentangle
Entwurf draft, project
Entwurf eines Briefes draft letter
entziffern decipher
Erbbaurecht inheritable building rights
erbitten seek
Erbringen von Dienstleistungen performance of services
Erbschaft bequest
Erbschaftsteuer death duty, estate tax, inheritance tax, legacy tax
Erbschein certificate of inheritance
Ereignis event, occurence
ereignisorientierte Fortschreibung event-orientated updating
erfahren versatile
Erfahrungskurve experience curve
Erfahrungswert experience figures
erfassen record
Erfassungsbreite scope of coverage
erfinden invent
Erfindung invention
Erfolg haben pull off
erfolglose Verhandlungen ill-fated talks
erfolgloses Übernahmeangebot abortive takeover bid, test equipment
erfolgreich abschließen pull off
erfolgreiches Unternehmen going business
erfolgreichstes Jahr banner year
Erfolgsanteil share in results

Erfolgsbilanz operating statement
Erfolgsermittlung income determination
Erfolgsfaktoren factors of performance
Erfolgsfrühwarnung early success warning
Erfolgshonorar contingent fee
Erfolgskennzahl operating ratio
Erfolgskonsolidierung income consolidation
Erfolgskonto income statement account
Erfolgskonto, Ertragskonto income account
Erfolgskontrolle cost revenue control, value control
Erfolgskriterien measures of performance
Erfolgslohn result wage
Erfolgsposten income item
Erfolgsrechnung earnings statement, profit and loss statement
Erfolgsrezept recipe for success
Erfolgsunternehmer performer
Erfolgsvergleichsrechnung comparative earnings analysis
Erfolgsvoraussetzung performance requirement
Erfolgszurechnung allocation of earnings
erforderlich essential, required
erforderliche Kapitaldecke capital adequacy
erfordern require
erforschen explore
Erforschung exploration
erfüllen comply with, fulfil
Erfüllung fulfillment, take-down
Erfüllung eines Wertpapiergeschäfts execution of bargain
Erfüllungsfrist time fixed for performance
Erfüllungsort place of fulfillment
Erfüllungsrisiko performance risk
Erfüllungsschaden damage caused by non-performance
Erfüllungstag due date
Erfüllungstermin contract horizon
ergänzen replenish
ergänzend additional, ancillary
ergänzende Kosten supplementary costs
Ergänzung complement, replenishment, supplementation
Ergänzungsabgabe income tax surcharge, surtax
Ergänzungshaushalt supplementary budget
Ergänzungsprodukt add-on product
Ergebnis performance
Ergebnis der gewöhnlichen Geschäftstätigkeit profit (loss) on ordinary activities
Ergebnisabführung profit pooling
Ergebnisbericht profit report, profitability reporting
Ergebnisdarstellung gain or loss, profit reporting
ergebnisneutral not affecting income
Ergebnisrechnung statement of operating results
Ergebnisverantwortung profit responsibility
ergebniswirksam affecting income

erhalten gain, obtain, preserve, secure
erhaltene Anzahlungen advanced payments received
erhältlich available, obtainable
Erhaltung maintenance, preservation
Erhaltung, Instandhaltung conservation
Erhaltungsaufwand maintenance expenditure, maintenance expenses
Erhaltungsinvestition replacement investment
Erhaltungssubvention maintenance subsidy
erheben prefer, put forward
erheblich substantial
erhebliche Haushaltsüberschüsse substantial fiscal surpluses
erhebliche Konsolidierung substantial consolidation
erheblicher Marktanteil substantial market share
erheblicher Vorteil substantial benefit
Erhebung ascertainment, survey
Erhebungsfehler ascertainment error, error in survey
Erhebungstechnik method of data acquisition
erhöhen advance, enhance, hike up, improve, jack up, push up, raise, rate up, scale up
erhöhen gegenüber increase from
erhöhte Abschreibungen accelerated tax depreciation
erhöhter Zuschuss increased grant
erhöhtes Risiko amplified risk
Erhöhung increase, increment, raise, scale-up, upward adjustment
Erhöhung des Grundkapitals increase of capital stock
Erhöhung von Rücklagen additions to reserves
erholen recover
Erholung am Aktienmarkt stock market rally
Erholung im nachbörslichen Verkehr after-hours rally
erinnern remind
Erinnerung reminder
Erinnerungsposten memorandum item
Erinnerungswert pro memoria figure
erkennbar sensible
erkennen recognize
erklären to account, account for, declare, define, explain
erklärend explanatory
Erklärung assertion, explanation, notice, statement
Erklärung über die Ausübung der Option exercise notice
Erklärungstag exercise date
Erklärungsversuch approach
erlangen acquire, obtain
Erlass remission
erlassen wipe away
erlauben allow

Erlaubnis allowance, licence, permission
erläutern expand on
Erläuterung, Erklärung explanation
Erläuterungen explanatory memorandum
Erläuterungen zum Jahresabschluss notes to financial statements
Erledigung execution
erleichtern ease
Erleichterung mitigation
Erlös proceeds, revenue
erloschen extinct, expire
erloschene Firma defunct firm
erloschene Gesellschaft defunct company
Erlöseinbuße drop in sales revenue
Erlösfunktion revenue function
Erlösschmälerung income deduction, revenue deductions, sales deduction
Erlössituation revenue picture
ermächtigt authorized, empowered
Ermächtigung authorization, warranty
ermäßigen mark down
ermäßigte Gebühr reduced rate
ermäßigter Satz reduced rate
Ermäßigung allowance
Ermessen discretion
Ermessensentscheidung discretionary decision
Ermessensfreiheit discretionary power, power of discretion
Ermessensmissbrauch abuse of discretion
Ermessensrücklagen discretionary reserves
Ermessensspielraum latitude
ermitteln identify, investigate
Ermittlung ascertainment, derivation, description, investigation
Ermittlung des Einkommens determination of income
ermöglichen allow, enable
Ermunterung encouragement
ermutigen encourage, fortify
ernennen appoint, nominate
Ernennung appointment, call, nomination
Erneuerung renewal
Erneuerungsschein certificate of renewal, renewal coupon, talon
erneut bestätigen reconfirm
erneut einberufen reconvene
erneut sinken fall back
erneut wählen redial
erneut zusammentreten reconvene
erneut zuteilen reallocate
Ernstfall emergency
ernsthaft serious
ernsthaftes Angebot serious offer
ernten reap
eröffnen open up
Eröffnung der Hauptversammlung call to order

Eröffnung des Konkursverfahrens adjudication order
Eröffnung von Spread-Positionen yield spread trading
Eröffnungsbilanz opening balance sheet
Eröffnungsbuchung opening entry
Eröffnungshandel early trading, first trade
Eröffnungskurs initial quotation, opening price/quotation
Eröffnungsphasenorder market-on-opening order
Eröffnungssatz daily opening rate
Eröffnungsschreiben advice of credit
Eröffnungsspanne opening range
erprobt proof, proven
errechnen calculate
errechneter Leitkurs calculated central rate
erreichbar accessible
Erreichbarkeit accessibility
erreichen achieve, attain
Errichtung establishment
Errungenschaften attainments
Ersatz regress
Ersatz-Reserveverwährung substitute reserve currency
Ersatzbedarf replacement demand
Ersatzfinanzierung compensatory finance
Ersatzinvestition capital spending on replacement, plowback, replacement investment
Ersatzinvestitionsproblem reinvestment problem
Ersatzkosten replacement cost
Ersatzleistung indemnification
Ersatzzeitpunkt replacement time
Erscheinen appearance
Erschließung development
Erschließungsaufwendungen development and improvement costs
Erschließungskosten cost of developing real estate, development cost
erschöpfende Aufzählung exhaustive enumeration
Erschöpfung depletion
erschweren aggravate, complicate
erschwerende Umstände aggravating circumstances
erschwerender Umstand aggravation
Erschwerniszulage hardship pay
Erschwerung complication
ersetzbar replaceable
ersetzen compensate, displace, recoup, supersede
ersparen save
Ersparnis auflösen dissave
Ersparnisbildung formation of savings
Ersparnisrate rate of saving
Ersparnisse savings
Ersparnisse angreifen dip into savings

Erstangebot bidding price
Erstattung abatement, commitment
Erstattung der Auslagen reimbursement of expenses
Erstattung in bar cash refund
Erstattungsantrag expense claim, repayment claim
Erstauftrag first order
Erstausgabepreis initial offering price, issuing price
Erstausgabezeit initial offering period
erste Adresse prime borrower, quality borrower, top borrower
erste Adressen blue-chip customers
erste Kontakte exploratory contacts
erste Kursnotierung first board
erste Mahnung first reminder
erste Zahlungsaufforderung first call
Ersteinzahlung initial investment
erster Entwurf preliminary draft
Ersterwerber perquisitor
erstes Gebot opening bid
Erstfinanzierung initial financing
Erstgebot first bid
Erstinvestition start-up investment
erstklassig first tier, first-rate, gilt edged, prime, second to none
erstklassige Aktie blue chip
erstklassige Anlage prime investment
erstklassige Bank blue-blooded bank
erstklassige Bonität blue-chip credit rating
erstklassige börsennotierte Wertpapiere prime listed securities
erstklassige Geldmarktpapiere prime paper, primes
erstklassige Industriewerte blue-chip industrials
erstklassige Inhaberpapiere floaters
erstklassige Schuldverschreibung high-grade bond, top-line bond
erstklassige Wertpapiere top-grade securities
erstklassiger Handelswechsel fine trade bill
erstklassiger Wechsel approved bill of exchange, prime bill of exchange
Erstkonsolidierung initial consolidation
Erstplatzierung initial placing of securities
erstreben aim at
erstrebenswert desirable
erstrebte Mindestverzinsung minimum acceptable rate
erststellige Schuldverschreibung senior bond
erststellige Vorzugsaktien prior preferred stock
Erstversicherer ceding insurer
Ertrag earning, earnings, output, proceeds, rate of return, returns, revenue, yield
Ertrag bringend income-producing
Ertrag bringende Aktiva earning assets, productive assets

Erträge operating income
Erträge aus Beteiligungen income from participations
Erträge aus Wertpapieren income from security holdings
ertragen sustain
ertraglose Aktiva nonperforming assets
ertragloses Kapital dead assets
ertragreiches Grund-/Stammgeschäft bread-and-butter business
Ertragsabgrenzung accrued assets, accrued revenue, interperiod income allocation
ertragsabhängige Steuer income-based tax
Ertragsabweichung yield variance
Ertragsanteil income component
Ertragsaussichten prospective earnings
Ertragsbasis income basis
Ertragscontrolling revenue controlling
Ertragsdifferenz yield differential
Ertragsentwicklung trend of earnings, trend of profitability
Ertragsfähigkeit earning capacity, earning power, income productivity
Ertragsgesetz law of variable proportions
Ertragskonto income account
Ertragskraft earning power, profitability
Ertragskurve yield curve
Ertragslage earnings position, operating position, profit situation, revenue picture
Ertragsrückgang diminishing returns, drop in earnings
Ertragsschätzung calculation of earning power
Ertragssituation earnings position
Ertragsspanne earnings margin
ertragsstark profitable
Ertragsstruktur earnings structure
Ertragsteuer earnings tax, tax on income
Ertragsteuerbilanz balance sheet for income tax purposes
Ertragsteuern income taxes
Ertragsverlauf earnings progression
Ertragsverlust give up
Ertragsvorschau profit and loss forecast
Ertragswert capitalized earnings value, capitalized value of earning power, earning capacity value, earning power
Ertragswertabschätzung income property appraisal
Ertragswertanalyse income analysis
Ertragswertmethode earning capacity value analysis
Ertragswertverfahren gross rental method
Ertragszahlen operational figures
Ertragszentrum profit center
Ertragsziel performance target
Ertragszins yield interest
Ertragszuwachs earnings growth

erwarten anticipate, await, expect, trust
erwartete Inflation anticipated inflation, expected inflation
erwartete Inflationsrate expected inflation rate
erwartete Mindestrendite hurdle rate of return
erwartete Preisgrenze expected price level
erwartete reale Zinsrate expected real interest rate
erwartete Verkäufe expected sales
erwarteter Aufschwung anticipated economic upswing
erwarteter Ertrag expected return
erwarteter Nutzen expected utility
Erwartung anticipation, expectation
Erwartungseffekt expectations effect
Erwartungsplanung expectation planning
Erwartungsrechnung expectation calculus
Erwartungswert anticipation term, expected value
Erwartungszustand state of expectations
erweitern amplify, enlarge
erweiterte Stimmrechte enhanced voting rights
erweiterter Jahresabschluss extended annual financial statements
Erweiterung amplification, enlargement
Erweiterungsfähigkeit expandability, expansion
Erweiterungsinvestition capital widening, increase in capital investment, investment in new plant capacity
Erweiterungsmöglichkeit extensional capability
Erwerb acquisition, earning
Erwerb einer Beteiligung purchase of a shareholding
erwerben acquire, earn, gain
erwerbende Gesellschaft acquiring company
Erwerber acquirer
Erwerbseinkommen income from employment, wage income
Erwerbskurs purchase price
Erwerbslosenunterstützung out-of-work pay
Erwerbsquote participation quota/rate
Erwerbstrieb acquisitiveness
erwirtschaften generate
erworbene Aktie acquired share
erzeugen generate
erzeugend productive
Erzeugerpreis producer price
Erzeugnis product
Erzeugnisse für den Eigenbedarf captive items
erziehen educate
erzielen go for, reap
erzwingen compel, enforce
Etatansatz planned budget figure
Etatkürzung budget slash
Etikettierpistole price labeler
etwas unterlassen refrain
Euro-Emission Euro issue
Euro-Wertpapiere Eurosecurities

Euroaktienmarkt Euroequity market
Euroanleihe Eurobond, Eurocurrency loan, Euroloan
Eurobond back bond
Eurogeldmarkt Eurocurrency market
Eurokreditgeschäft Eurolending-business
Europäische Freihandelszone European Free Trade Association
Europäische Gemeinschaft European Community
Europäische Währungseinheit European Currency Union
Europäische Währungsschlange European snake
Europäische Währungssystem European Monetary System
Europäische Wirtschaftsgemeinschaft European Economic Community
Europäischer Entwicklungsfonds European Development Fund
Europäischer Gerichtshof European Court of Justice
Euroschuldschein Euronote
Eurowährung Eurocurrency
Eventualentscheidung contingent decision
Eventualfonds contingent fund
Eventualforderungen contingent claims
Eventualplanung contingency planning
Eventualverbindlichkeit contingency, contingent liability
Eventualvertrag aleatory contract
Evidenzkonto evidence account
Evidenzzentrale central risk office
ewig laufende Anleihe perpetual
ewige Rene perpetuity
ewige Rente perpetual annuity, perpetuity
ex all x.a.
ex coupon x cp., X-C
ex dividend X-D
ex Dividende dividend off
ex interest x.in., X-I
ex Kupon ex coupon
ex rights x.r.
ex warrants xw, X-Warr.
ex Ziehung ex drawing
exakt precise
Exaktheit precision
Existenzbedarf necessities of life
Existenzbedingung living condition
Existenzgrundlage basis of existence
Existenzgründung business start-up
Exklusivrecht exclusive dealing right
Exklusivvertrag tying contract

expandieren expand, expand operations, extend operations, Go-Ahead
Expansionsgrenze ceiling
Expertenbefragung acquisition of expert knowledge
Export-Factoring export factoring
exportabhängige Beschäftigung base employment
Exportakkreditiv export letter of credit
Exportauftrag export order
Exportbedingungen export terms
Exportdokument export document
Exporterlöse export earnings, proceeds from export
Exportfinanzierung export financing
Exportfinanzierungs-Instrumente export financing instruments
Exportförderung boost to exports
Exportförderungskredit export promotion credit
Exportgeschäft export business, export transaction
Exportgüter export commodities
Exportkalkulation export cost accounting
Exportkredit export credit, export trade credit
Exportkredit-Konditionen export credit terms
Exportkredit-Vereinbarungen export credit arrangements
Exportkreditversicherung export credit insurance
Exportkunde export customer
Exportlizenz export permit
Exportpreis export price
Exportquote propensity to export
Exportrechnung export invoice
Exportrisiko export risk, export-related risk
Exportrisikohaftung export risk liability
Exportselbstbehalt exporter's retention
Exporttratte export draft
Exportwelle export wave
Expressendung express consignment
extensiv extensive
externe Effekte externalities
externe Kosten discommodities
externe Rechnungslegung external reporting
externe Revision independent audit
externer Bilanzvergleich external balance sheet comparison
externer Kapitalgeber outside lender
extrem geringe Gewinnspanne wafer thin margin
extreme Kursschwankungen am Aktienmarkt vagaries of the stock market

F

Fabrik plant
Fabrikat product
Fabrikpreis factory price
Fachabteilung line department
Fachausschuss professional committee
Fachgutachten opinion
fachmännisch workman-like
Factoring accounts receivable financing
Factoring ohne Rückgriffsrecht main line factoring
Factoring-Gebühr factorage, factor's commission
Factoring-Vereinbarung factoring arrangement
Factoring-Vertrag factoring contract
fähig competent
Fähigkeit ability, capacity, competence, faculty, purpose
Fähigkeiten, Fertigkeiten accomplishment
fahrlässig negligent
Fahrlässigkeit negligence, want of proper care
Fahrplan schedule
Faksimile-Unterschrift facsimile signature
faktisch virtual
faktische Beherrschung factual control
faktische Gesellschaft de facto company
Faktoranteile factor shares
Faktorausstattung factor endowment
Faktorerträge factor returns
Faktorgrenzkosten marginal factor cost
Faktoring ohne Regress old-line factoring
Faktorleistungen productive services
Faktorpreis resource price
Fakturawährung invoicing currency
Fakturierabteilung billing department
fakturieren bill, invoice
Fakturierung invoicing
fakultativ optional
Fakultativklausel optional clause
Fall drop
fallen decline, fall off, skid
fallende Aktie sliding stock
fallende Annuität decreasing annuity
fallende Profitrate falling rate of profit
fallende Tendenz downward tendency
fallender Wert decliner
fällig mature, matured
fällig bei Erhalt der Waren due on receipt of goods
fällig bei Verkauf due-on-sale clause
fällig sein be due
fällig werden become due, becoming due, fall due

fällig werden am falling due on
fällig werden zur Auszahlung become payable
fällige Verbindlichkeit matured liability
fällige Zahlung leisten meet payment when due
fällige Zinsen interest due
fälliger Betrag amount due, amount due for payment
fälliger Wechsel due bill
Fälligkeit expiration, maturity
Fälligkeit bei Sicht due on demand
Fälligkeit des Kapitals principal maturity
Fälligkeiten liabilities due, maturities
Fälligkeitsdatum maturity date
Fälligkeitsgrundlage maturity basis
Fälligkeitsjahr year of maturity
Fälligkeitskalender maturity tickler
Fälligkeitsliste maturity tickler
Fälligkeitsmitteilung note notice
Fälligkeitsschlüssel maturity code
Fälligkeitsstaffelung spacing of maturities
Fälligkeitsstruktur maturity pattern, maturity structure
Fälligkeitstabelle aging schedule
Fälligkeitstag date of expiration, expiration date, expiry date, maturity date, option day
Fälligkeitstermin accrual date, aging date, date of maturity, due date, maturity date, option's maturity, redemption date
Fälligkeitswert maturity value
Fälligkeitszeitpunkt maturity date
fallweise from case to case
falsch anwenden abuse
falsch behandeln mishandle
falsch berechnen miscompute
falsch beurteilen misjudge
falsch einschätzen misgauge, misjudge
falsch gebucht out-of-balance
falsch informieren misinform
falsch unterrichten misinform
Falschbuchung fraud
falsche Auffassung misconception
falsche Beurteilung misjudgement
falsche Münze snide
fälschen fake, falsify, forge
Fälschen von Buchungsunterlagen padding of accounting records
Falschgeld boodle, counterfeit money, funny money
Falschgeld verbreiten utter
Falschmünzen debased coins, forged coins
Fälschung counterfeit, falsification
Fälschungen bogus merchandise

299

Familien-AG closed corporation
Fantasiepreise verlangen charge fancy prices
Fantasiewerte bazaar securities
Fassung version
Faszination spell
faul idle
fauler Wechsel bad paper
Faulheit inerta
Faustregel rule of thumb
federführend acting as general coordinator
federführende Börse leading stock exchange
federführende Konsortialbank leading managing bank
federführendes Konsortialmitglied leading manager
Federführung lead management
Federführungsgebühr management fee
Fehlanpassung mismatch
Fehlanzeige nil report, nil return
Fehlbestand deficiency
Fehlbetrag deficiency, deficient amount, deficit, shortfall, uncovered demand, wantage
Fehlbetrag im Staatshaushalt fiscal deficit
Fehlbuchung incorrect entry
fehleinschätzen misgauge
Fehleinschätzung misjudgement
fehlen der Geschäftsgrundlage absence of valid subject matter
fehlen dinglicher Sicherheiten absence of real security
fehlende Deckung shortage of cover
fehlende Geldmittel lack of funds
fehlender Rückgriff absence of recourse
Fehler defect, flaw, shortcoming
fehlerfrei faultless, free from defects
fehlerhaft faulty
fehlerhafte Lieferung defective delivery, deficient delivery
fehlerhafte Stücke defective items
fehlerhafte Teile defective parts
fehlerhafte Übergabe bad delivery
fehlerhaftes Produkt defective product
Fehlerkonto error account
Fehlerwahrscheinlichkeit error probability
Fehlinformation faulty information
Fehlinvestition bad investment, misdirected capital spending, mistaken investment, unprofitable investment
Fehlkalkulation misreckoning
fehlleiten misdirect
Fehlleitung misallocation
Fehllieferung misdelivery
Fehlmenge shortage in delivery, shortfall
Fehlmengenkosten out-of-stock cost
Fehlrechnung miscasting
Fehlschlag failure
Fehlschluss fallacy

Fehlspekulation bad speculation
Fehlzeitenquote absence rate, incidence of absence
feilschen bargain, bargain about/over
Feinabstimmung fine tuning
fernbleiben absent oneself from
fernbleiben von stay away from
Fernmeldegebühren telephone charges
Fernsehgebühr television licence fee
Fernüberweisung out-of-town credit transfer
Fernüberweisungsverfahren intercity transfer procedure
fertige Erzeugnisse finished goods
fertigen produce
Fertigerzeugniskonto finished products account
Fertigerzeugnisse finished goods
Fertigkeiten attainments
Fertigmeldung ready message
Fertigung production
Fertigungs-/Materialgemeinkosten indirect material
Fertigungsgemeinkosten factory overhead, manufacturing overhead
Fertigungshilfskostenstelle indirect department, indirect production cost center
Fertigungskosten assembly costs, manufacturing cost
Fertigungskostenstelle production cost center
Fertigungslohn direct labour costs
Fertigungsmaterial direct material
Fertigungsmaterialkosten direct material cost
Fertigungssteuerung manufacturing control
Fertigungsstraße assembly line
Fertigungsstunde production hour
Fertigungstiefe depth of production
Fertigwaren finished goods
fest secure
fest angestellt regularly employed, salaried
fest entschlossen unbending
fest kaufen buy firm
fest verzinslich fixed interest
fest verzinsliche Anlagepapiere investment bonds
fest verzinsliche Anleihe fixed coupon bond, fixed-interest loan
fest verzinsliche Dollaranleihe dollar straight
fest verzinsliche Kapitalanlage fixed-interest investment
fest verzinsliche Schuldverschreibung fixed-interest bond
fest verzinsliche Werte fixed-interest securities
fest verzinsliche Wertpapiere interest-bearing securities, loan stock
fest verzinsliches öffentliches Wertpapier national savings certificate
fest verzinsliches Wertpapier fixed interest security

Festauftrag firm order
Festbewertung valuation based on standard values and quantities
Festbewertung des Anlagevermögens valuation of assets based on standard value
feste Anlagen slow assets
feste Annuität fixed-amount annuity
feste Belastung fixed charge
feste Bestellung firm order
feste Grundstimmung firm undertone
feste Laufzeiten fixed maturities
feste Schulden fixed debts
feste Tendenz firm tendency
feste Übernahme firm underwriting
feste Währung permanent medium
feste Zuteilungsquote retention
fester Betrag set amount
fester Fälligkeitstermin obligatory maturity
fester Kostenvoranschlag firm estimate
fester Kurs firm price, fixed rate
fester Schluss firm closing
fester Wechselkurs fixed exchange rate, pegged exchange rate, pegged rates
fester Zinssatz fixed-interest rate
festes Angebot firm offer
festes Einkommen fixed income
festes Wechselkurssystem fixed exchange rate system
Festgebot firm offer
festgefahrene Situation deadlock
Festgeld term deposits, time money
Festgeldanlage fixed-term deposit
Festgeldanlagen fixed term deposits
Festgeldeinlagen time deposit
Festgelder fixed deposits
Festgeldkonto investment account, special deposit, term account, time account, time deposit account
Festgeldverlängerung mit Neufestsetzung des Zinssatzes deposit rollover
Festgeldzinsen fixed period rates
festgelegte Mittel tied-up funds
festgelegter Mindestprovisionssatz fixed commission rate
Festgeschäft firm deal
festgeschriebene Zinsuntergrenze floor
festgeschriebener Zinsdeckel cap
festgesetzt stated
festgesetzter Höchstlohn ceiling wage
festhalten adhere
festhalten an abide by, adhere to
festigen steady
Festkauf firm purchase
Festkonditionen fixed terms
Festkosten fixed charges
Festkurs fixed quotation
Festlaufzeit fixed term

festlegen fix, lock up, schedule
Festnotierung fixed quotation
Festpreis constant price, definite price, firm price, fixed price
Festpreisauftrag fixed-price order
Festschreibung der Rendite yield lock-in
festsetzen determine, fix, stipulate
Festsetzung der Abgabepreise rate setting
Festsetzung der Laufzeit dating
Festsetzung von Anleihekonditionen bond pricing
Festsetzungsverfahren assessment procedure
feststehend fixed
feststellen discern, note
Feststellung fixing
Feststellung des Jahresabschlusses adoption of financial statements
Festverzinsliche bonds, fixed-interest securities
Festwert fixed valuation
Festzins ohne Aufschlag absolute rate
Festzinsanleihe straight bond
Festzinsanleihen cash flow notes
Festzinsdarlehen fixed-rate term loan
Festzinshypothek fixed-rate mortgage
Festzinssatz fixed-interest rate
Fiasko fizzle
fiktiv deemed
fiktive Buchung imputed entry
fiktive Dividende sham dividend
fiktive Vermögenswerte fictitious assets
fiktive Zinsen imputed interest
fiktives Einkommen imputed income
Filialbank high street bank
Filialbanksystem branch banking, multiple branch banking
Filialbankwesen branch banking
Filiale branch, branch shop
Filialkalkulation branch office accounting
Filialleiter branch manager
Filialprokura branch procuration
Finanz- und Rechnungswesen finance and accountancy
Finanz-Dispositionssystem cash management system
Finanzabkommen financial agreement
Finanzabteilung finance division, financial department
Finanzakzept accepted finance bill
Finanzamt local tax office
Finanzanalyse financial analysis, investment analysis
Finanzanalyst financial analyst
Finanzangelegenheiten matters of finance
Finanzanlage financial investment
Finanzanlage-Investition trade investment
Finanzanlageinvestition investment in financial assets

Finanzanlagen financial assets, financial investments
Finanzanlagenkonto investment account
Finanzanlagenmarkt asset market
Finanzanlagenzugänge addition to capital investments
Finanzanlagevermögen investments
Finanzanzeigen tombstones
Finanzaufkommen budgetary receipts/revenue
Finanzaufwendungen financing costs
Finanzausgleich passover system
Finanzausgleich aus Eigenmitteln financing from internal sources
Finanzbedarf finance requirements, financial requirements, financing needs, fiscal need
Finanzbedarfsanalyse financial requirements analysis
Finanzbedarfsplanung planning of financial requirements
Finanzbehörden fiscal authorities
Finanzberater debt counselor, financial consultant
Finanzberatung financial counseling
Finanzbericht financial report
Finanzbuchhaltung administrative accounting, financial accounting, financial bookkeeping
Finanzbudget capital budget
Finanzdecke available operating funds
Finanzdienstleistungen financial services
Finanzdisposition management of financial investments
Finanzergebnis financial income
Finanzerträge financial income
Finanzfluss financial flow
Finanzflussrechnung financial flow statement
Finanzforderungen financial receivables
Finanzgeschäft financial/money transaction
Finanzgeschäfte financial business, financial operations
Finanzhandel finance trading
Finanzhilfe financial aid, financial backing, financial support
Finanzhoheit financial sovereignty, fiscal prerogative
finanziell monetary, moneyed
finanziell angeschlagen financially stricken
finanziell gesund sound
finanziell schwach cash strapped
finanziell solide financially solid
finanziell unterstützen back
finanzielle Aktiva financial assets
finanzielle Belastung financial burden
finanzielle Beteiligung financial holdings, financial interest, financial participation
finanzielle Engpass financial squeeze
finanzielle Entschädigung pecuniary compensation

finanzielle Haftung financial responsibility
finanzielle Konsolidierung financial restructuring
finanzielle Lage financial circumstances, financial condition
finanzielle Leistungsfähigkeit financial power, viability state
finanzielle Mittel finance, financial resources, funds
finanzielle Notlage financial emergency
finanzielle Rettungsaktion financial rescue package
finanzielle Rückstellungen financial reserves
finanzielle Schwierigkeiten financial bind, financial trouble, financially distressed
finanzielle Trägerschaft sponsorship
finanzielle Unterstützung backing, financial backing
finanzielle Verhältnisse financial circumstances
finanzielle Vermögenswerte financial assets
finanzielle Verpflichtung financial commitment
finanzielle Vorsorge financial provision
finanzieller Engpass financial straits
finanzieller Verlust pecuniary loss
finanzieller Vorteil financial benefit
finanzieller Zusammenbruch financial collapse, financial failure
finanzielles Engagement financial exposure
finanzielles Ergebnis financial result
finanzielles Gleichgewicht financial equilibrium
finanzierbar financeable
finanzieren back up, bankroll, finance, fund, provide capital, support
Finanzierung finance, funding, sponsorship
Finanzierung aus Abschreibungen replacement financed through accumulated depreciation
Finanzierung aus Eigenmitteln financing out of retained earnings
Finanzierung aus Gewinnen financing through profits
Finanzierung außerhalb der Bilanz off-book financing
Finanzierung durch Aktienemission stock financing
Finanzierung durch einen Akzeptkredit acceptance finance
Finanzierung durch Forderungsabtretung accounts receivable financing
Finanzierung durch wertpapiermäßige Sicherung securitized finance
Finanzierung mit vollem Rückgriffsrecht full recourse financing
Finanzierung über die Finanzmärkte wholesale funding
Finanzierung unter Umgehung der gesetzgebenden Körperschaften backdoor financing

Finanzierungs-Leasingvertrag capital lease agreement
Finanzierungsart type of financing
Finanzierungsbedarf borrowing requirements, financing requirements, funding needs
Finanzierungsbedingungen financing terms
Finanzierungsentscheidung financial decision
Finanzierungsform method of financing
Finanzierungsfunktion finance function
Finanzierungsgebühren financing charges
Finanzierungsgeschäft financing transaction
Finanzierungsgesellschaft commercial credit company
Finanzierungsgleichgewicht balance of financing
Finanzierungsgrundlage financial basis
Finanzierungsgrundsätze rules of financing
Finanzierungshilfe financial backing
Finanzierungsinstitut credit company, financial enterprise
Finanzierungsinstrument financial instrument, financing instrument
Finanzierungskennzahlen financial ratios, financing ratios
Finanzierungskonsortium financing syndicate
Finanzierungskosten capital cost, cost of finance, finance charge, financial charges, financing cost, funding cost
Finanzierungskredit finance loan
Finanzierungslast burden of financing
Finanzierungslücke financing gap
Finanzierungsmethode defeasance, financial method
Finanzierungsmittelmarkt fund raising market
Finanzierungsmöglichkeiten financial capabilities, sources of finance
Finanzierungspaket financial package, loan package
Finanzierungsplan financing plan, financing scheme
Finanzierungsprogramm financing program
Finanzierungsquelle financing source
Finanzierungsquellen finance resources
Finanzierungsregeln rules for structuring debt capital
Finanzierungsreserve financial reserve
Finanzierungsrisiko financing risk
Finanzierungsschätze financing treasury bonds
Finanzierungsschwierigkeiten financing problems, funding difficulties
Finanzierungsspielraum financial margin
Finanzierungsströme financial flows
Finanzierungstechnik finance engineering, financial engineering
Finanzierungstheorie theory of managerial finance
Finanzierungsvertrag financing agreement

Finanzierungsvorhaben financial project
Finanzierungswechsel credit bill
Finanzierungsziele objectives of financial decisions
Finanzierungszusage finance commitment, financial commitment
Finanzinstitut financial institution
Finanzinvestition financial investment
Finanzjahr financial year
Finanzkraft financial clout, financial strength
finanzkräftiges Unternehmen financial strong company
Finanzkrise financial crisis
Finanzkurs financial rate
Finanzlage financial position, status
Finanzleiter chief financial officer
Finanzmakler credit broker, finance broker, loan broker
Finanzmanagement financial management
Finanzmarkt mart
Finanzmathematik mathematics of finance
Finanzministerium board of exchequer, Department of Treasury, treasury, treasury Department (TD)
Finanzmittelbindung absorption of funds, tieup of funds
Finanzmittler financial intermediaries
Finanzpapiere financial instruments
Finanzperiode budgetary period
Finanzplan budget, financial budget, financial plan, financial program
Finanzplanung budgetary accounting, budgetary planning, financial planning, fiscal planning
Finanzplatz financial center
Finanzpolitik financial policy
Finanzpolster financial cushion
Finanzprognose financial forecast
Finanzriese financial juggernaut
Finanzspritze cash injection, fiscal hypo, injection of fresh funds
finanzstarkes Unternehmen financial strong company
Finanzstatus financial condition
Finanzstruktur financing mix
Finanzsystem financial structure
Finanzterminbörse financial futures market
Finanztermingeschäfte financial futures
Finanzterminkontrakt financial futures contract
Finanzverwaltung fiscal administration
Finanzvorschau financial forecast
Finanzwechsel finance bill, financial bill
Finanzwerbung financial advertizing
Finanzwesen finance
Finanzwirtschaft finance
Finanzwirtschaft der Unternehmen business finance

Finanzwirtschaft der Unternehmung managerial finance
finanzwirtschaftliche Kennzahl accounting ratio
finanzwirtschaftliche Kennzahlen financial ratios
Finanzzentrum financial center
Firma business, firm
Firma handelsrechtlich eintragen register a company
Firmen-, Geschäftsleitung corporate management
Firmenanteil firm's interest
Firmenkonto corporate account
Firmenkredit corporate loan
Firmenkredite corporate lending
Firmenkreditgeschäft corporate lending business
Firmenkundengeschäft corporate banking, corporate customer
Firmenmantel corporate shell, shell
Firmenpleiten business failures
Firmenschild name plate
Firmenwert business assets, goodwill
Firmenzusammenschluss affiliated group
Fiskus treasury
fixe Kosten fixed costs, inflexible expenses, nonvariable costs, standing expense
fixen sell short
Fixgeschäft short sale
fixieren fix
Fixing fixing
Fixklausel fixed-date clause
Fixkostenblock pool of fixed costs, total fixed costs
Fixkostendeckung covering of fixed costs
Fixkostenstruktur fixed costs structure
Fixpunkt fixed point
Fixum basic salary
Flächenbereinigung merger of land
flächendeckend comprehensive coverage
flankierende Maßnahmen accompanying measures, supporting measures
flauer Markt slack market
Flaute deadness, doldrums, dullness, lull, slack, sluggishness
Fleiß diligence
fleißig painstacking
flexible Wechselkurs flexible exchange rate
flexibler Diskontsatz floating discount rate
flexibler Wechselkurs floating exchange rate
Fließband assembly line
Fließbandarbeit assembly line work
Fließfertigung continuous process production, line production
Float float
Float-Gewinn profit from different value dates
Flucht aus dem Dollar flight from the dollar

flüchtiger Schuldner absconding debtor
Flüchtigkeitsfehler slip
Fluchtkapital flight capital, fugitive fund
Flugplan schedule
Flugpreis air fair
Flugpreise air fares
Fluktuation employe turnover, flow of funds
fluktuieren float, fluctuate
flüssig liquid
flüssig machen mobilize
flüssige Mittel current funds, liquid resources, quick money
flüssige Mittel und Forderungen quick assets
Flüssigmachen von Kapital mobilization of funds
Folge implication, sequence
Folge, Konsequenz consequence
Folgeausgaben follow-up expenditure
Folgebeziehung sequence of task fulfillment
Folgeinvestition follow-up investment
Folgekosten consequential costs, follow-up costs, ongoing maintenance charges, secondary cost
folgend sequential
Folgeplan sequence plan
folgern conclude, infer
Folgerung implication
Folgeschaden indirect loss
Folgestruktur sequence structure
Folie transparency
Fonds fund
Fonds des Nettoumlaufvermögens working capital fund
Fonds des Umlaufvermögens net working capital fund
Fonds mit steuerfreien Ausschüttungen tax exempt fund
Fondsanteil mit Wiederanlage der Zinsen accumulation unit
Fondsanteilseigner unit holder
Fondsvermögen trust fund
Fondsverwalter trust manager
Fondsverwaltung fund management
Förderabgabe severance tax
Förderer sponsor
Fördergebiet assisted area
fordern ask, patronize, promote
Forderung claim, debt-claim, requisition, boost
Forderung abtreten assign a claim, cede a claim
Forderung anmelden lodge a claim
Forderung befriedigen satisfy a claim
Forderung einziehen collect a claim
Forderung erfüllen agree to a demand, fulfil a demand, meet a demand, satisfy a claim
Forderung geltend machen raise a claim
Forderungen accounts, accounts receivable, incorporeal chattels, outstanding debts, trade debtors

Forderungen an Konzernunternehmen indebtedness of affiliates
Forderungen aus Absatzfinanzierung receivables from sales financing
Forderungen aus Lieferungen und Leistungen accounts receivable-trade
Forderungen-Umsatz-Verhältnis debtors to sales ratio
Forderungsabtretung assignation of a claim, assignment of a claim
Forderungsankauf factoring
Forderungsausfall-Versicherung accounts insurance
Forderungsausfallquote loss chargeoff ratio
Forderungsberechtigter obligee
Forderungseinzug collection of receivables outstanding, debt collection
Forderungsinkasso collection of receivables outstanding
Forderungsnachweis proof of claims
Forderungspfändung attachment of a debt
Forderungsrisiko risk on receivables
Forderungstilgung repayment of debt
Forderungstransfer transfer of claims
Forderungsumschlag collection ratio, receivables turnover ratio
Forderungsverzicht remission of a debt, waiver of claims outstanding
förderungswürdig meritorious
Förderungswürdigkeit eligibility for aid
Forfaitierung forfeiting, nonrecourse export financing
Forfaitierungsgeschäft forfeiting transaction
formale Organisation formal organization
formatierter Datenbestand formatted data set
Formblatt blank, blank form
Formel formula
formelle Buchprüfung arithmetical and procedural check of accounting records, audit of clerical accuracy
formelle Kreditwürdigkeitsprüfung formal test of credit standing
formelle Kreditzusagen formal lines of credit
Formfehler irregularity
förmlicher Vertrag deed
formlos übertragbar freely transferable
formlos übertragen negotiate by delivery only
formlose Vereinbarung informal arrangement
formloser Antrag simple application
formloser Vertrag informal agreement, parol contract
Formular blank
Formulierung wording
Formvorschrift form requirement
forsch aggressive
Forschung research

Forschungs- und Entwicklungskosten cost of research and development, research and development expenses
Forschungsansatz approach
Forschungspotenzial research capabilities
Fortbildungskosten continuing education expenses
fortgeführter Buchwert depreciated book value
fortgeschritten advanced
fortgesetztes Hypothekendarlehen rollover mortgage
fortlaufend continuous
fortlaufend nummeriert consecutively numbered
fortlaufende Kreditbürgschaft continuing guaranty
fortlaufende Notierung consecutive quotation, continuous quotation
fortlaufende Nummerierung serial numbering
fortschreiben update
Fortschreibung updating
Fortschreibungsmethode grossing-up procedure
fortschreiten proceed
fortschreitend progressive
Fortschritt progress
fortschrittliches Unternehmen Go-Ahead company
Fortschrittsbericht progress report
fortsetzen sustain
Fortsetzung continuation
Fracht cargo
Frachtausgaben freight payments
Frachtbasis equalization point
Frachtbrief bill, bill of carriage, bill of consignment, consignment note, freight bill, freight note, waybill
Frachtbriefdoppel duplicate consignment note
Frachtbuch book of cargo
Frachtgebühr carriage charge
Frachtgebühren freight charges
Frachtgeschäft freighting
Frachtgut cargo
Frachtkosten carriage expense, freight charges, freight costs, freightage
Frachtkostennachnahme carriage forward
Frachtliste tally
Frachtnachlass freight rebate
Frachtrate freight rate
Frachttarif freight rate
Frachttonne cargo ton
Frachtunterbietung rate cutting
Frachtvorauszahlung advance freight
Frachtvorschuss advance freight
Frachtzuschlag additional carriage, additional freight, excess freight, extra freight, freight penalty, primage
Frage issue, query

305

fragen ask
Fragezeichen query
fraglich in question
fragwürdig precarious
Fragwürdigkeit uncertainty
Franchise-Vertrag tenancy agreement
franko charges prepaid by sender, freight paid
franko Fracht und Zoll carriage and duty prepaid
franko Kourtage no brokerage
frei idle
frei dock ex dock
frei finanziert privately financed
frei verfügbare Wertpapiere floating supply of securities
frei verfügbares Einkommen spendable earnings
frei von Börsenumsatzsteuer free of stamp
Freiaktie gratuitous share
freiberuflich free-lance
Freibetrag allowable deduction, allowance, exclusion, exemption, relief
freibleibend subject to change without notice, subject to confirmation, without engagement, without obligation
freibleibendes Angebot offer subject to confirmation
freie Forschung uncommitted research
freie Kapazitäten spare capacity
freie Lieferung delivery free of charge
freie Marktwirtschaft private market economy
freie Rücklage unappropriated reserve
freie Rücklagen free reserves, uncommitted reserves
freie Übertragbarkeit negotiability
freier Aktionär outside shareholder
freier Goldmarkt free-tier gold market
freier Grundbesitz freehold
freier Handel free trade
freier Kapitalverkehr free movement of capital
freier Makler outside broker, private broker, unofficial broker
freier Markt open market
freier Marktpreis free market price
freier Wettbewerbspreis open market price
freies Schweben der Wechselkurse floating
freies Vermögen free assets
Freigabe clearance, release note
Freigabe von Mitteln unblocking
Freigabe von Vermögenswerten unfreezing of assets
Freigabedatum release date
freigeben unblock
freigemacht postage paid
Freigrenze exempt threshold
Freihandelsabkommen free trade treaty
Freihandelspolitik free trade policy
Freihandelszone free trade area
freihändig unterbringen place privately
freihändig verkaufen sell by private contract, sell privately
freihändig verwerten sell in the open market
freihändige Auftragsvergabe discreditionary award of contract
freihändiger Rückkauf repurchase in the open market
freihändiger Verkauf sale in the open market
Freijahre years of grace
Freilager bond warehouse
freisetzen set free
Freispruch acquittal
freistellen absolve
Freistellung leave
Freistellung von Haftung indemnity against liability
Freistellungsbescheinigung certificate of exemption
Freiverkehr unofficial dealing, over-the-counter market
Freiverkehrshändler dealer in unlisted securities
Freiverkehrskurs free market quotation, inside price, kerb price, unofficial quotation
Freiverkehrsmakler curb broker, kerb broker
Freiverkehrsumsatz over-the-counter trading volume
Freiverkehrswerte unlisted securities
freiwillig voluntary
freiwillige Pensionszahlung ex gratia pension payment
freiwillige Schlichtung voluntary settlement
freiwillige Sozialleistungen fringe benefits
freiwillige Zahlungen discretionary outlays
freiwillige Zuwendungen voluntary grants
freiwilliges Ausscheiden voluntary redundancy
Freizeichnungsklausel expected perils clause, without-engagement clause
Freizeit by-time
Freizone free zone
Fremdanteil outside interest
Fremdauftrag outside contract
Fremdbeleg external voucher
Fremdbeteiligung outside interest
fremde Mittel external funds
fremde Rechnung third-party account
Fremdemission securities issue for account of another
fremdes Eigentum third-party property
fremdfinanziert highly leveraged
fremdfinanzierte Firmenübernahme leveraged buyout
Fremdfinanzierung debt financing, loan financing
Fremdgelder third-party funds
Fremdinvestition external investment

Fremdkapital borrowed capital, capital from outside sources, creditor's equity, debt, debt capital, external finance, loan capital, outside capital
Fremdkapitalaufnahme gearing
Fremdkapitalbeschaffung procurement of outside capital
Fremdkapitalkosten cost of debt
Fremdkapitalmarkt debt market
Fremdkapitalverzinsung cost of debt
Fremdkapitalzinsen interest on borrowed capital
Fremdleistungskosten cost of outside services
Fremdmärkte xenomarkets
Fremdmittel borrowed funds, borrowed resources, debt funds, third-party funds
Fremdmittel aufnehmen raise external funds
Fremdmittelfinanzierung financing with outside funds
Fremdwährung xenocurrency
Fremdwährungsanleihe currency bond, foreign currency bond
Fremdwährungsbestände currency assets
Fremdwährungseinlagen foreign currency deposits
Fremdwährungsguthaben foreign exchange balances
Fremdwährungsklausel foreign currency clause
Fremdwährungskonto foreign currency account, foreign exchange account
Fremdwährungskredit currency loan, foreign currency loan
Fremdwährungsposition currency exposure
Fremdwährungsrisiko foreign currency exposure
Fremdwährungsverbindlichkeiten currency debt, foreign currency liabilities
Fremdwährungswechsel foreign currency bill, foreign exchange draft
freundliche Börse cheerful market
freundliche Übernahme friendly acquisition
Frist time, time limit
Frist bewilligen grant a deadline
Frist einhalten meet the deadline
Frist für die Annahme declaration day
Frist setzen fix a time limit
Frist verlängern extend, extend a deadline, extend a time limit
Fristablauf deadline expiration, efflux, lapse of time
Fristbeginn beginning of a term, commencement of a term
Fristeinhaltung compliance with a period of time
Fristeninkongruenz mismatch in maturities
Fristenkategorie maturity category
Fristenkongruenz identity of maturities
Fristenraum maturity range
Fristenrisiko risk of maturity gaps
Fristenschutz maturity hedging
Fristenstruktur maturity pattern
Fristenstruktur der Zinssätze term-structure of interest rates
Fristenübertrag maturity transformation
Fristenverteilung maturity distribution
fristgemäß at due date, in due course
fristgemäß erledigen carry out within a given time
fristgerecht at due date, when due, within the set period
Fristigkeit time to maturity
Fristigkeiten maturities, maturity
Fristigkeitsstruktur maturity pattern
fristlos without notice
fristlose Kündigung dismissal without notice
Fristverlängerung extension of deadline, extension of time limit, maturity extension
früher previous
früher Ladenschluss early closing
frühere Vereinbarung prior engagement
frühester Anfangszeitpunkt earliest starting time
frühester Endpunkt earliest completion time
frühestmöglicher Zeitpunkt earliest expected time
Frühindikator forward indicator, leading indicator
Frühwarnsystem early warning system
Fühlungnahme exploratory contacts, exploratory talks
führen carry
führende Aktienwerte equity leaders
führende Werte bellwether stock, leading shares
führendes Unternehmen pathfinding company
Führung administration, guidance, keeping
Führung, Kontrolle, Steuerung control
Führung, Leitung conduct
Führungsaufgaben executive functions, management functions
Führungsbefugnis managerial authority
Führungseigenschaften executive talent
Führungsentscheidung executive decision
Führungskraft executive officer
Führungsnachwuchs young executives
führungsorientiertes Rechnungswesen management accounting
Führungsposition executive position
Führungsqualitäten executive skill, managerial qualities
Führungsspitze corporate summit
Führungsstil pattern of leadership
Führungsverhalten managerial behavior
Füllauftrag stopgap order
fungible Waren merchantable goods
funktionale Gliederung functional design
Funktionsintegration integration of functions
Funktionsstörung dysfunction
funktionstüchtig working

Funktionsüberschneidungen instances of multiple functions
für eine bestimmten Zweck festlegen obligate
für gescheitert erklären declare dead
für jemand tätig sein act on behalf of
für Schaden haften be responsible for damages
Fusion consolidation, merger, statutory consolidation, statutory merger
Fusion mit Barabfindung cash-out merger
Fusionen und Akquisitionen mergers and acquisitions
Fusionen und Übernahmen mergers and acquisitions
fusionieren amalgamate, merge
Fusionsangebot merger offer
Fusionsanmeldung premerger notification
Fusionsgewinn consolidation profit
Fusionskontrolle merger control
Fusionspolitik mergers policy
Fusionsstrategie merger strategy
Fusionsvertrag merger agreement
Fusionswelle merger wave, takeover wave

G

galoppierende Inflation cantering inflation, runaway inflation
gängig current
gängige Messlatte customary yardstick
Gangstermethoden racketeering
ganzheitliches Denken holistic thinking
Ganzheitslehre holism
Ganztagsarbeit full time job
Garantie back letter, guarantee, surety, warranty
Garantie leisten warrant
Garantieakkreditiv standby letter of credit
Garantiedeckungskonto guaranty cover account
Garantiedividende guaranteed dividend
Garantieerklärung indemnity bond
Garantiegeber guarantor, warrantor
Garantiehaftung liability under a guaranty
Garantienehmer warrantee
Garantierahmen guaranty ceiling, guaranty limit
garantieren ensure, secure, warrant
garantieren für vouch for
garantiert warranted
garantiertes Einkommen basic income
Garantierückstellungen provisions for guaranties
Garantieschein certificate of guarantee
Garantieübertragung acceptance of guaranty
Garantieverpflichtung cause obligation
Garantievertrag contract of guaranty
Garantiezeit guarantee period, period of guaranty, period of warranty, warranty period
Garntieklausel warranty clause
Gattungskauf sale of unascertained goods
Gattungsschuld obligation of kind
Gebäude nach Abschreibung buildings less depreciation
Gebäudeabschreibung building depreciation
Gebiet area, zone
Gebiets-, Flächenaufteilung zoning
Gebietsprovision overriding commission
Gebot bid, bid price, bidding
Gebrauch use, utility
gebrauchen apply
gebräuchlich customary
Gebrauchsanweisung instruction for use
gebrauchsgebunden usage-based
Gebrauchsgut hard goods
Gebrauchsgüter consumer durables
Gebrauchskosten user cost
Gebrauchsmuster registered design, utility model patent
Gebrauchsmusterschutz protection of registered design

Gebrauchswert practical value, utilization value, value in use
Gebrauchtwert trade-in value
Gebühr charge, fee, poundage, scale fee
Gebühr für Hypothekendarlehen origination fee
Gebühr für vorzeitige Kreditrückzahlung acquisition charge
Gebühren dues, rates, tariff
Gebühren hinterziehen dodge license fees
Gebührenaufstellung account of charges
Gebühreneinheit call charge unit, unit of charge
Gebührenerhöhung rate hike
Gebührenerlass fee waiver
gebührenfrei at no charge, free of charge, without charge
gebührenfreies Konto account on a noncharge basis
Gebührenliste scale of charges
Gebührenmarke fee stamp
Gebührenordnung fee scale, schedule of commission charges, schedule of fees
Gebührenrechnung bill of charges, note of fees
Gebührensatz billing rate
Gebührensenkung fee cut
Gebührentabelle table of fees, tariff of charges, tariff schedule
Gebührenzone zone
Gebührenzuschlag excess charge
gebundene Rücklage appropriated reserve
gebundener Handel tied trade
gebundenes Kapital locked-up capital, tied-up capital
Gedächtnisprotokoll minutes from memory
Gedankenaustausch brainstorming
gedeckter Kredit secured credit
gedeckter Optionsschein covered warrant
gedecktes Darlehen secured advance
gedrückte Preise run-down prices
gedruckte Preisliste price bulletin
gedrückter Markt depressed market
geeignet appropriate, eligible, suitable
geeignete Schritte appropriate action
Gefahr jeopardy, peril, risk
gefährden endanger, jeopardize, put a risk
Gefährdungshaftung absolute liability
Gefahrenklausel emergency clause
gefährlich hazardous, serious
gefahrloses Unternehmen safe undertaking
Gefälligkeits-Akzeptant accommodation acceptor
Gefälligkeits-Indossant accommodation endorser

Gefälligkeitsakzept accommodation acceptance
Gefälligkeitsgarantie accommodation contract
Gefälligkeitsgeschäft accommodation line
Gefälligkeitsindossament accommodation endorsement
Gefälligkeitskonnossement accommodation bill of lading
Gefälligkeitspapier accommodation paper
Gefälligkeitsschuldschein accommodation paper
Gefälligkeitsunterschrift bogus signature
Gefälligkeitswechsel accommodation bill/draft/note, kite
gefälschte Banknote counterfeit bill
gefälschte Überweisung forged transfer
gegen alle Risiken against all risks
gegen bar cash down, money down
gegen bar verkaufen cash in, sell for cash
gegen bar verkauft sold for cash
gegen die guten Sitten against good morals
gegen die guten Sitten verstoßen act against public policy
gegen Nachnahme, zahlbar bei Lieferung cash on delivery (c.o.d.)
gegen Provision verkaufen sell on commission
gegen Vorauskasse sale against cash in advance
Gegen-Übernahmeangebot anti-takeover proposal
Gegenakkreditiv back-to-back credit, secondary credit
Gegenangebot counter offer, counterbid
Gegenauftrag countermandate
Gegenbestätigung counterconfirmation
Gegenbeweis counter evidence
Gegenbuchung contra entry, offsetting entry, reversing entry
Gegendarstellung counterstatement
Gegendienst reciprocal service
Gegenerklärung counterstatement
Gegenforderung counterclaim, per contra
Gegengeschäft back-to-back transaction, counter deal, counterpurchase, mirror contract
Gegengeschäft, Kompensationsgeschäft counter trade
Gegengutachten opposing expert opinion
Gegenkonto contra account
Gegenleistung mutual consideration, quid pro quo, returns
Gegenmaßnahme remedy
Gegenrechnung check account
gegensätzlich, widerstreitend conflicting
gegenseitig reciprocal
gegenseitige Abhängigkeit interdependence
gegenseitige Bankforderungen interbank balances
gegenseitige Beteiligung cross holding
gegenseitige Durchdringung interpenetration
gegenseitige Hilfe reciprocal aid

gegenseitige Verflechtung interpenetration
gegenseitige Verpflichtung mutual obligation
Gegenseitigkeit mutuality
Gegenseitigkeitsgeschäft cross selling, reciprocal deal
Gegensicherungsgeschäft back-to-back hedge
Gegenstand item
Gegenstück counterpart
gegenüberliegend opposite
gegenüberstellen confront
Gegenvorschlag counterproposal
gegenwärtige Kursniveausicherung short-hedge
gegenwärtiger Auftragsbestand work on hand
Gegenwartswert present value
Gegenwert equivalent, precedes
gegenzeichnen countersign
Gegenzeichnung countersignature
Gehalt salary
Gehalt nach Vereinbarung salary by arrangement
Gehaltsabrechnung salary printout
Gehaltsabtretung assignment of salary
Gehaltsabzug deduction from salary
Gehaltsangleichung salary adjustment
Gehaltsanspruch salary demand
Gehaltsberechnung payroll computation
Gehaltsbuchhalte salary administrator
Gehaltseinstufung salary classification
Gehaltserhöhung pay increase, salary increase
Gehaltsgefälle salary differential
Gehaltsgruppe pay grade
Gehaltsklasse salary class
Gehaltskonto payroll account, salary account
Gehaltskosten salary expense
Gehaltskürzung salary cut
Gehaltsliste payroll records
Gehaltsniveau salary level
Gehaltsrahmen salary range
Gehaltsrückstand salary arrears
Gehaltsspielraum salary range
Gehaltsstreifen payslip, salary slip
Gehaltsstruktur salary structure
Gehaltsüberprüfung salary review
Gehaltsübersicht salary review
Gehaltsverzeichnis payroll
Gehaltsvorschuss advance on salary, advance pay, salary advance
Gehaltsziffern salary figures
gehandelt und Brief dealt and offered
geheim unlisted
geheim absprechen collude
Geheimbuchführung undisclosed accounting
Geheimhaltung concealment, secrecy
Geheimnummer personal identity number
gehören pertain
gehortetes Geld inactive money

geistiges Eigentum intellectual property
gekündigt under notice
gekündigte Anleihe called bond
Geld dibs, money
Geld abheben draw money, withdraw money
Geld anlegen invest money, put money in/into
Geld aufbringen cough up money, put up money
Geld aufnehmen raise money
Geld aus zweifelhafter Quelle filthy lucre
Geld ausleihen give out money to
Geld bereitstellen put up money
Geld beschaffen dig up money, find money
Geld einstreichen sweep off
Geld einzahlen deposit money
Geld herausrücken cough up money
Geld in ein Unternehmen stecken sink money in an undertaking
Geld investieren put money in/into
Geld kündigen call in money
Geld locker machen stump up money
Geld stilllegen immobilize money, neutralize money
Geld überweisen remit money, wire cash
Geld- und Briefkurs bids and offers
Geld und Briefkurse bid and asked quotations
Geld- und Kapitalvermittler financial intermediaries
Geld verschwenden squander money
Geld zurückerstatten refund money
Geld zurücklegen put away
Geld zuschießen kick in
Geld-/Kapitalanleger investor
Geld-Briefkurs-Differenz bid-asked spread
Geldabfluss cash drain, drain
Geldangebotsfunktion money supply function
Geldangebotsüberhang excess money supply
Geldangelegenheiten monetary matters
Geldanlage capital investment, employment of funds
Geldanlage in der Industrie corporate investment
Geldanlage über Banken intermediation
Geldanlagen im Ausland funds employed abroad
Geldanlagen von Ausländern nonresident investments
Geldausgabegerät cash dispenser
Geldautomat cash dispenser, cash machine, cash point
Geldautomatenkarte cash card
Geldautomatensystem cash dispenser system
Geldbedarf cash requirements
Geldbeschaffung fund raising
Geldbeschaffungskosten asset cost, cost of raising money
Geldbestand money stock
Gelddisponent money manager
Geldeingang cash receipt
Geldeingänge monies received
Geldeinkommen money income
Geldeinlage money paid in
Geldeinstandskosten cost of money
Geldentwertung inflation
Geldentwertungsrate rate of depreciation
Gelder funds
Gelder zusammenlegen pool funds
Geldersatzmittel substitute money
Geldfluss cash flow
Geldflussrechnung cash flow statement
Geldforderung financial claim, monetary claim
geldgebende Bank selling bank
Geldgeber financial backer, sponsor
Geldgeschäft monetary transactions, money market business
geldgierig money grubbing
Geldhandel dealing in operation, money dealing, money trading
Geldhandelsabteilung money desk
Geldhändler money dealer
Geldillusion veil of money
Geldinflation monetary inflation
Geldinstitut money corporation
Geldkapital monetary capital
Geldkapitalerhaltung maintenance of money capital
Geldkassette cash box
Geldknappheit money crunch, scarcity of money, shortage of money, shortness of money, squeeze, tight money
Geldkonto cash account
Geldkreislauf circular flow of money
Geldkurs bid, bid price, buying rate, demand price, market bid price
Geldlohn money wage
Geldmangel lack of money, short of cash, want of finance
Geldmarkt money market
Geldmarkt für täglich kündbares Geld call money market
Geldmarktanlage money market investment
geldmarktfähige Aktiva assets eligible for the money market
Geldmarktfonds money market fund
Geldmarktgeschäfte money market activities
Geldmarktkredit money market loan
Geldmarktpapier money market certificate
Geldmarktsätze money market rates, money rates
Geldmarktsätze unter Banken interbank money markets rates
Geldmarktsteuerung money market control
Geldmarktverflüssigung easing of money
Geldmarktverschuldung money market indebtedness
Geldmarktwechsel money market bill
Geldmarktzins federal funds rate

Geldmenge money stock, stock of money
Geldmengenabgrenzungen money supply definitions
Geldmengenregel monetary rule
Geldmengenregulierung management of money supply
Geldmengensteuerung monetary control, money supply control
Geldmengenwachstum monetary growth
Geldmengenziel money supply target
Geldmengenziele money stock targets
Geldmittel funds, monetary funds
Geldmittel für politische Zwecke political fund
Geldmittelbestand cash position
Geldmittelbewegung flow of funds
Geldnachfrage demand for cash
Geldnachfrageüberhang excess money demand
geldpolitische Bremsen monetary brakes
geldpolitische Maßnahmen measures of monetary policy
geldpolitisches Instrumentarium tools of monetary policy
Geldquelle money source
Geldreserve monetary reserve
Geldreserven cash reserves
Geldrückgabe-Garantie return of money guarantee
Geldschöpfung cash generation, creation of money
Geldschrank strong box
Geldschuld money debt
Geldsender remitter
Geldsendung remittance
Geldspritze fiscal shot in the arm, injection of money, shot in the arm
Geldstilllegung locking up of money, sterilization of money
Geldstrafe forfeit
Geldstrom flow of funds, money flow
Geldsubstitut near money
Geldsumme sum of money
Geldsurrogat near money, substitute money
Geldüberhang backlog of money
Geldüberweisung money transfer, transfer of fund
Geldüberweisungsgebühren money transfer charges
Geldumlauf circulation of money, flux of money, money in circulation
Geldverkehr monetary transactions
Geldverknappung monetary tightness, money squeeze
Geldverlust loss of cash
Geldvermögen financial assets
Geldvermögensbildung acquisition of financial assets
Geldvernichtung destruction of money

Geldverschwendung waste of money
Geldversorgung money supply, supply of money
Geldvorrat hoard of money
Geldwäsche money laundering
Geldwechsler money changer
Geldwert cash value, value of money
Geldwertschwund monetary erosion
Geldzinsfuß money rate of interest
Geldzuwendung gratuity
Gelegenheit occasion, opportunity
Gelegenheitsarbeit occasional work
Gelegenheitsgeschäft occasional deal
Gelegenheitsgesellschaft ad hoc consortium
Gelegenheitskauf bargain, bargain purchase, chance bargain
gelegentlich occasional
geleistete Anzahlungen advances paid
gelenkte Währung managed currency
geltend machen assert, put forward
geltender Preis going rate
geltendes Recht applicable law
Geltungsbereich reach
Geltungsdauer period of validity
gemäß according to, per
gemäß dieser Vereinbarung under this agreement
Gemeinde municipality
Gemeindesteuer municipal tax, rates
Gemeindesteuerhebesatz municipal factor
Gemeineigentum public ownership
gemeiner Wert fair market value
Gemeinkosten indirect cost, oncost, overhead, overhead costs/expenses
Gemeinkostenabweichung overhead variance
Gemeinkostenanteil overhead rate
Gemeinkostenart overhead cost item, overhead item
Gemeinkostenaufteilung burden adjustment
Gemeinkostenbudget overhead budget
Gemeinkostendeckung burn rate
Gemeinkostenmaterial consumables
Gemeinkostenplan overhead budget
Gemeinkostenschlüssel overhead allocation base
Gemeinkostenstelle overhead department
Gemeinkostenüberdeckung overabsorption of overhead
Gemeinkostenumlage allocation of overhead, apportionment of indirect cost
Gemeinkostenverrechnung burden absorption rate
Gemeinkostenwertanalyse overhead value analysis
gemeinnützige Gesellschaft benevolent corporation, company not for gain
gemeinnützige Sparkasse trustee savings bank
gemeinsam conjoint, joint, mutual
gemeinsame Anstrengung team effort

gemeinsamer Besitz multiple tenure
gemeinsames Konto joint account
gemeinschaftlicher Vertrieb cooperative distribution
gemeinschaftliches Risiko joint risk
Gemeinschafts-Indossament joint endorsement
Gemeinschaftsarbeit team work
Gemeinschaftseigentum society goods
Gemeinschaftsemission joint issue
Gemeinschaftsfinanzierung co-financial deal, group financing, joint financing
Gemeinschaftsfonds mutual trust
Gemeinschaftskontenrahmen joint standard accounting system
Gemeinschaftskonto joint account, omnibus account, tenancy account
Gemeinschaftskredit joint loan, syndicated loan
Gemeinschaftsrechnung joint account
Gemeinschaftssteuern shared taxes
Gemeinschaftsunternehmen cooperative venture, joint undertaking/venture, joint venture
Gemeinschaftsunternehmen mit Mehrheitsbeteiligung majority joint venture
Gemeinschaftswarenkredit syndicated commercial credit
gemischt miscellaneous
genau precise, thorough
genau erörtern canvass
genau nachprüfen double check
genau prüfen scrutinize
Genauigkeit accuracy
genehmigen appropriate, approve
genehmigte Bilanz approved balance sheet
genehmigte Liste approved list
genehmigte Schuldverschreibungen authorized bonds
genehmigter Überziehungskredit agreed overdraft
genehmigtes Kapital approved capital, authorized capital
Genehmigung approval, authorization, permission, permit, sanction
Genehmigung der Bilanz adoption of the balance sheet
Genehmigung einholen apply for permission
Genehmigungspflicht licence requirement
Generalbevollmächtigter universal agent
Generalklausel blanket clause
Generalpolice blank policy, open cargo policy
Generalvollmacht general power of attorney
generelle Obergrenze aggregate cap
Genossenschaftsanteil share in a cooperative
Genossenschaftsbank bank for cooperatives, co-operative bank, credit cooperative
Genossenschaftssparkasse mutual savings bank
genügend sufficient
Genugtuung satisfaction
Genuss enjoyment
Genussaktie bonus share, jouissance share
Genussberechtigter beneficiary
Genussrecht jouissance right
Genussrechte profit participation rights
Genussschein certificate of beneficial interest, jouissance share, participation certificate
geöffnet open
geordnete Marktverhältnisse orderly market conditions
geplant scheduled
geplante autonome Ausgaben autonomous planned spending
geplante Emission slated issue
geplante Investition intended investment
geplante Veralterung planned obsolescence
geplantes Entsparen intended dissaving
geplantes Sparen intended savings
geplatzter Scheck bouncer, dud
geprüfte Bilanz audited balance sheet
gerade noch genug just about enough
Gerät device
Gerätemiete equipment rental
gerecht equitable
gerechtes Spiel fair game
gerechtfertigte Kündigung fair dismissal
Gerechtigkeit equity
geregelter Freiverkehr semi-official trading
geregelter Wertpapiermarkt organized stock market
gerichtlich entscheiden adjudge, adjudicate
gerichtliche Schritte legal action, legal steps
gerichtliche Verfügung writ
gerichtliche Verwahrung impoundage
gerichtliche Vorladung judicial writ
gerichtlicher Beschluss writ
gerichtlicher Vergleich court settlement
gerichtlicher Zahlungsbefehl warrant for payment
Gerichtshof court of justice, tribunal
Gerichtskosten court costs
Gerichtsstand competent court, place of jurisdiction, venue
Gerichtswesen judiciary
gering halten minimize
geringe Nachfrage slack demand
geringe Umsätze quiet trading
geringer Umsatz narrow market
geringer Zuwachs marginal gain
geringes Engagement low involvement
geringfügig insignificant, marginal, modestly
geringfügig fester slightly firmer
geringfügig nachgebende Kurse sagging market
geringfügig schwächer slightly off
geringfügige Kursschwäche sag
geringfügiger Diebstahl pilferage
geringfügiger Rückgang slight dip

313

geringfügiger Verlust small loss
geringwertig inferior, low-value
geringwertige Wirtschaftsgüter assets of low value
geringwertiges Gut inferior goods
geringwertiges Wirtschaftsgut low-value item
gerissener Geschäftemacher wheeler dealer
Gerüst framework
Gesamtabgabenbelastung total burden of levies
Gesamtabgabenquote overall government levy ratio
Gesamtabweichung net variance
Gesamtaktie multiple share certificate, share certificate
Gesamtannuität total annuity
Gesamtaufwand aggregate expenditure, total outlay
Gesamtausgaben total expenditures, total spending
Gesamtausleihungen aggregate loan portfolio, loan exposure, loans outstanding, total lendings
Gesamtbetrag breakout, cumulative total, full amount, grand total, sum total, total
Gesamtbuchhaltung unified accounting
Gesamtbudget master budget
Gesamtdefizit overall budget deficit
Gesamtdividende total dividend
gesamte außenwirtschaftliche Transaktionen total external transactions
Gesamteinkommen overall income, total income
Gesamteinlagenbestand gross deposit
Gesamtengagement total exposure
Gesamtentwicklung overall development, overall trend
gesamter Angebotspreis aggregate supply price
gesamter Reallohn aggregate real wage
Gesamtergebnis total result
Gesamterlös total proceeds
Gesamtertrag total yield
Gesamterträge aggregate income
Gesamtfinanzierung financing package
Gesamtfinanzierungskosten all-in cost of financing, total cost of financing, total financing
Gesamtgewinn overall profits, total return
Gesamtgewinn auf Jahresbasis annualized total return
Gesamtgläubiger joint creditor, plurality of creditors
Gesamtguthaben credit total
Gesamthaftung joint and several liability, joint risk
Gesamthandseigentum joint ownership of property
Gesamthaushaltseinkommen aggregate consumer income
Gesamtheit totality

Gesamthypothek blanket mortgage, floating mortgage
Gesamtinvestitionen total capital spending
Gesamtkapital total capital
Gesamtkapitalausstattung total capitalization
Gesamtkapitalbetrag aggregate principal
Gesamtkapitalrendite return on total capital
Gesamtkapitalrentabilität percentage return on total capital employed, return on total investment
Gesamtkonsum aggregate consumer expenditure
Gesamtkosten aggregate cost, all-in cost, total cost, total outlay
Gesamtkosten der Finanzierung all-in cost of funding
Gesamtkostenkurve total cost curve
Gesamtkostenverfahren cost-categories-oriented format, expenditure format, expenditure style of presentation, type of expenditure format
Gesamtkredit aggregate loan facility
Gesamtkreditlinie aggregate credit line
Gesamtkreditrahmen aggregate borrowing base
Gesamtkreditrisiko aggregate credit risk
Gesamtlaufzeit aggregate duration
Gesamtleistung gross performance, total operating performance, total output
Gesamtmarktanalyse census survey
Gesamtnachfragepreis aggregate demand price
Gesamtnutzen total utility
Gesamtplan overall plan
Gesamtpreis all-around price, all-inclusive price, all-round price, inclusive price, overall price
Gesamtpuffer total buffer
Gesamtrechnung total account
Gesamtrechtsnachfolge universal succession
Gesamtrendite compound yield
Gesamtrentabilität operating efficiency, overall profitability
Gesamtrisiko aggregate risk, total risk
Gesamtrisikoposition aggregate net open position
Gesamtsaldo aggregate balance
Gesamtschuld debit total, joint debt/liability
Gesamtschulden total lending
Gesamtschuldner joint debtor, plurality of debtors
gesamtschuldnerisch haften be jointly and severally liable
gesamtschuldnerische Haftung joint and several liability
Gesamtsteuersatz aggregate tax rate, combined total rate
Gesamtsumme aggregation, grand total
Gesamtsumme, Gesamtbetrag aggregate amount
Gesamtumschuldung total debt rescheduling
Gesamtveränderung total change
Gesamtverbindlichkeiten overall debt exposure

Gesamtverbrauch overall consumption
Gesamtvereinbarung package deal
Gesamtvermögen total capital employed
Gesamtverschuldung aggregate debt, aggregate stock of debt
Gesamtversicherungssumme aggregate liability, all-in insurance, all-inclusive insurance
Gesamtvollmacht collective power of attorney
Gesamtwert der Unternehmung value of an enterprise as a whole
Gesamtwert einer öffentlichen Anleihe omnium
gesamtwirtschaftliches Angebot aggregate supply
gesamtwirtschaftliche Entwicklung aggregate development
gesamtwirtschaftliche Grenzkosten marginal social cost
gesamtwirtschaftliche Konzentration aggregate concentration
gesamtwirtschaftliche Nachfrage aggregate demand
Gesamtzahl total
Gesamtzinsbelastung total interest charge
Gesamtzinssatz all-in rate
gesättigter Markt saturated market
Geschäft bargain, business, shop, store
Geschäft abschließen make a bargain
Geschäft aufgeben give up the business, go out of business
Geschäft ausdehnen expand operations
Geschäft betreiben operate a business
Geschäft mit gleichmäßiger Gebührenverteilung each way transaction
Geschäft wieder aufnehmen resume business
Geschäft zustande bringen fix a deal
Geschäfte aufnehmen start business
Geschäfte machen pick up business
Geschäfte vermitteln negotiate business
geschäftliche Kreditaufnahme business borrowing
geschäftliche Verabredung business appointment
geschäftliches Ansehen business reputation
geschäftliches Unternehmen venture
Geschäftsabschluss business transaction, closing, conclusion of a bargain, deal, transaction
Geschäftsabschlüsse business dealings
Geschäftsangelegenheiten business matters
Geschäftsanteile/Aktien zeichnen subscribe for shares
Geschäftsbank clearing bank, commercial bank, money center bank
Geschäftsbedingungen commercial terms and conditions
Geschäftsbereich operation
Geschäftsbereich ausweiten enter new lines of business

Geschäftsbericht annual report, year-end report
Geschäftsbeziehung account relationship
Geschäftsbeziehungen dealings
Geschäftsbrauch usage
Geschäftsbuch account book
Geschäftsbücher books of account
Geschäftseinheit business unit
Geschäftsentwicklung business development
Geschäftserfahrung versedness in trade
Geschäftsethik business ethics
Geschäftsfähigkeit capacity for acts-in-law, capacity to act, legal capacity to contract
Geschäftsfreund business acquaintance
Geschäftsfreundebewirtung business entertainment
geschäftsführend acting
geschäftsführender Gesellschafter acting partner, managing partner
Geschäftsführer executive manager
Geschäftsführung conduct of business
Geschäftsgang trend of business
Geschäftsgeheimnis business secret
Geschäftsgewinn trading profit
Geschäftsgrundlage inherent basis of a contract
Geschäftsgrundstücke business property
Geschäftsgründung foundation of a business
Geschäftsinhaber proprietor
Geschäftsjahr accounting period, accounting year, business year, fiscal year
Geschäftsklima mood of business
Geschäftskosten operating costs/expenses
Geschäftslage business outlook, state of affairs
Geschäftsleitung executive board, executive management
Geschäftspolitik business policy
Geschäftsprognose business forecast
Geschäftsrahmen scope of business
Geschäftsräume business premises
Geschäftsrisiko business risk, business venture
Geschäftsrückgang decline in business, dip
Geschäftsschließung suspension of business
Geschäftssegmentierung business fragmentation
Geschäftssinn acumen, business acumen
Geschäftsstelle branch shop
Geschäftsstellenleiter branch manager
Geschäftsstellennetz branch network
Geschäftstüchtigkeit business acumen
Geschäftsumfang volume of business
geschäftsunfähig incompetent to contract
Geschäftsunterlagen books of corporation
Geschäftsverbindung business connection
Geschäftsverlust trading loss
Geschäftsvermögen business assets
Geschäftsverteilung assignment of business
Geschäftsverteilungsplan distribution-of-business plan
Geschäftswert value of subject matter

Geschäftswertabschreibung goodwill amortization
Geschäftszeiten business hours
Geschäftszweig business branch
geschätzt valued
geschätzte Nutzungsdauer estimated service life
geschätzter Liefertermin estimated delivery
geschätzter Wertminderungsverlauf estimated loss of service life
geschlossene Ausschreibung selective tendering
geschlossene Hypothek closed mortgage
geschlossener Immobilienfonds closed-end real estate fund
Gesellschaft assembly
Gesellschaft auflösen dissolve a company
Gesellschaft bürgerlichen Rechts (GbR) civil-code-association/company
Gesellschaft gründen form a company
Gesellschaft mit beschränkter Haftung (GmbH) limited liability company, private limited company
Gesellschafter associate, ordinary partner, partner, proprietor
Gesellschafterdarlehen shareholder loan
Gesellschafterfinanzierung shareholder financing
Gesellschafterfremdfinanzierung shareholder financing
Gesellschafterversammlung corporation meeting
gesellschaftlicher Wert social value
Gesellschaftsbilanz partnership balance sheet
Gesellschaftseinlage contribution to partnership capital
Gesellschaftskapital capital of partnership, joint capital, joint stock
Gesellschaftsmittel corporate funds
Gesellschaftsorgan body of a company
Gesellschaftsrecht company law
gesellschaftsrechtlich under company law
Gesellschaftssitz corporate domicile
Gesellschaftssteuer capital duty, company tax
Gesellschaftsvermögen company assets, corporate assets
Gesellschaftsvertrag deed of partnership
Gesellschaftszweck object of the company
Gesetz by-law, statute
Gesetz außer Kraft setzen abrogate a law
Gesetz brechen violate the law
Gesetz der großen Zahlen law of large numbers
Gesetz vom abnehmenden Ertragszuwachs law of diminishing returns
Gesetz vom abnehmenden Grenznutzen law of diminishing marginal utility
Gesetzestext wording of the law
Gesetzesübertretung violation of the law
Gesetzgebung legislation

gesetzlich vorgeschrieben statutory
gesetzlich vorgeschriebene Reserven statutory reserves
gesetzlich zulässig legally admissible
gesetzliche Abzüge statutory deductions
gesetzliche Bestandteile statutory features
gesetzliche Gewährleistung warranty implied in law
gesetzliche Grundlage statutory basis
gesetzliche Kündigungsfrist statutory period of notice
gesetzliche Leistungen statutory benefits
gesetzliche Rentenversicherung statutory pension insurance scheme
gesetzliche Rücklage surplus reserve
gesetzliche Rücklagen legal reserves, primary reserves
gesetzlicher Zinssatz legal rate of interest
gesetzliches Zahlungsmittel lawful money, legal tender
gesicherte Anleihe guaranteed bond
gesicherte Forderung secured debt
gesicherte Industrieobligationen secured bonds
gesicherte Schuldverschreibung durch Investitionen equipment trust bond
gesicherter Gläubiger secured creditor
gesicherter Kredit secured credit
gesichertes Darlehen secured loan
gesondert separate
gespaltener Wechselkurs multiple exchange rate, split exchange rate
gesperrtes Konto, eingefrorenes Konto frozen account
Gespräch meeting
Gesprächsgebühr call charges
gestaffelt progressive
gestaffelte Fälligkeiten spaced maturities
gestaffelte Steuer progressive tax
gestaffeltes Übernahmeangebot two-tier tender offer
Gestaltungsfreiheit freedom of scope
gestatten allow of
Gestehungskosten prime cost
gestiegen sein be up
gestörtes Wachstum disturbed growth
gestreute Anlage diversified investments
gestützter Kurs pegged price
gestützter Preis subsidized price
Gesuch plea
gesunde finanzielle Lage soundness
gesunder Menschenverstand horse sense
gesundschrumpfen pare down, shakeout
getrennt separate
getrennt veranlagen assess separately
getrennte Veranlagung separate assessment
gewagt hazardous
gewagtes Unternehmen speculation

Gewähr bieten ensure
gewähren allow, concede, vouchsafe, yield
Gewährfrist period of guaranty
gewährleisten warrant
Gewährleistung guarantee, warranty
Gewährleistung der Durchschnittsqualität average quality protection
Gewährleistung für eigene Verfügungsmacht warranty of title
Gewährleistung für Rechtsmängel warranty of title
Gewährleistung für Sachmängel warranty of quality
Gewährleistungsanspruch warranty claim
Gewährleistungsbruch breach of warranty
Gewährleistungsgarantie defect liability guaranty
Gewährleistungsklage action for warranty
Gewährleistungskosten cost of guaranty commitments
Gewährleistungsvertrag indemnity agreement
Gewährleistungswagnis warranty risk
gewährter Kreditrahmen bank credit lines
Gewährung accordance
Gewährung einer Frist granting of a period of time
Gewerbe occupation
Gewerbe-/Industrie-/Wirtschaftszweig branch of industry
Gewerbeaufsichtsamt trade supervisory authority
Gewerbeerlaubnis business licence
Gewerbeertrag trade earnings
Gewerbeertragsteuer trade income tax, trade tax on earnings
Gewerbegenehmigung permission for transact business
Gewerbekapital trading capital
Gewerbekapitalsteuer trading capital tax
Gewerbeordnung trade regulation act
Gewerbesteuer business profit tax, licence tax, trade tax
Gewerbesteuerrückstellung provision for trade taxes
gewerbliche Ausleihungen commercial lending
gewerbliche Kredite commercial and industrial loans
gewerblicher Gewinn business profit
gewerblicher Investor business investor
gewerblicher Kredit commercial loan, mercantile credit
gewerblicher Kreditbedarf business credit demands, business loan
gewerblicher Kreditnehmer commercial borrower, industrial borrower
gewerblicher Rechtsschutz protection of industrial property

gewerkschaftlich organisierter Arbeiter worker belonging to the trade union
Gewerkschaftsbeiträge union dues, union subscriptions
Gewicht weight
gewichten weight
gewichteter Durchschnitt weighted average
Gewichtsangabe declaration of weight
Gewichtsbescheinigung certificate of weight
Gewichtsmanko shortage in weight
Gewichtsverschiebung shift of emphasis
gewillt willful
Gewinn gain, income, profit, returns
Gewinn aus Veräußerung von Wertpapieren gain on securities
Gewinn bringend lucrative, profitable
Gewinn einstreichen clean up
Gewinn erzielen make a profit
Gewinn je Aktie earnings per share
Gewinn je Stammaktie earnings yield
Gewinn machen make a turn, turn a profit
Gewinn nach Abzug der Kapitalkosten CVA, cash value added
Gewinn nach Steuern after-tax profit, earnings after taxes
Gewinn pro Aktie income per share
Gewinn pro Verkaufseinheit profit per unit
Gewinn- und Verlustrechnung income statement, operating account, profit and loss account
Gewinn vor Steuern earnings before taxes, pre-tax margin, pre-tax profit/results
Gewinn ziehen reap benefits
Gewinn-Umsatz-Verhältnis sales-profit ratio
Gewinn-Verantwortungsbereich profit center
Gewinnabfall skid in profits
Gewinnabführung repatriation of income, transfer of profits
Gewinnabführungsvertrag profit and loss absorption agreement, profit transfer agreement
Gewinnabrechnungsgemeinschaft profit pool
Gewinnabschöpfung siphoning-off of profits
Gewinnanalyse profit analysis
Gewinnanalyse nach Marktsegmenten segment profit analysis
Gewinnanteil percentage of profits, profit share, rake off
Gewinnanteilschein dividend coupon, profit sharing certificate
Gewinnausschließungsvertrag nonprofit agreement, profit exclusion agreement
Gewinnausschüttung capital gains distribution, profit distribution
Gewinnauswirkung aus Marketingstrategien profit impact of market strategies (PIMS)
gewinnbeteiligt participating
Gewinnbeteiligung profit sharing
Gewinnbeteiligungsscheine participating rights

Gewinndeckung profit cover
Gewinndruckinflation profit push inflation, profit squeeze
Gewinne abziehen milk profits
Gewinne aus Geschäftstätigkeit profits from business activity
Gewinne erwirtschaften generate profits
Gewinne erzielen realize profits, secure profits
Gewinne machen rack up profits
Gewinne mitnehmen cash in on profits, take profits
Gewinne realisieren realize profits
Gewinne reinvestieren plow back profits
Gewinne überweisen forward profits
Gewinne und Verluste gains and losses, rises and falls
Gewinne zurechnen attribute profits
Gewinne/Verluste aus offenen Positionen variable margin
Gewinneinbehaltung retention of earnings
Gewinneinkommen profit income
gewinnen gain
gewinnen durch gain by
Gewinnentwicklung earnings performance, performance of earnings
Gewinnerhaltung maintenance of profit level
Gewinnermittlung profit determination
Gewinnermittlungsarten income accounting methods
Gewinnermittlungsverfahren method of computing taxable income, method of determining profits
Gewinnerosion profit erosion
Gewinnerwartungen profit expectations
Gewinnerzielung making of profits, realization of profits
Gewinngrößen profit variables
Gewinninflation markup pricing inflation
Gewinnkennzahl earnings ratio
Gewinnkennziffer earnings ratio
Gewinnkontrolle profit control
Gewinnmitnahme profit taking
Gewinnobligation debenture income bond, income bond, participating bond
gewinnorientiert with a view to making profit
Gewinnplanung profit planning
Gewinnpolster earnings cushion
Gewinnpotenzial profit potential
Gewinnprognose earnings forecast, profit forecast
Gewinnrate earning rate, earnings
Gewinnrückgang drop in profits, profit slide
Gewinnrücklage appropriated earned surplus, profit reserve, profit retention, retained income, unappropriated earned surplus income
Gewinnrücklagen earnings reserves, revenue reserves

Gewinnschrumpfung diminution of profits
Gewinnschuldverschreibung adjustment bond, income bond, income debenture, participating bond, profit-sharing loan stock, reorganization bond
Gewinnschwelle breakeven point
Gewinnschwellenanalyse breakeven analysis
Gewinnspanne gross spread, margin, margin of profit, operating margin, profit margin
Gewinnsteuerung profit management, profit tax
Gewinnsucht acquisitiveness
Gewinntabelle payoff table
gewinnträchtig high-profit margin, profitable
Gewinntransfer repatriations of profits
Gewinnverfall precipitous fall in earnings
Gewinnvergleichsrechnung profit comparison method
Gewinnverlagerung profit diversion, profit shifting, transfer of profits
Gewinnverteilung bonus distribution, pooling of profits, profit distribution
Gewinnverwendung application of profits, appropriation of earnings, appropriation of profits, disposition of retained earnings
Gewinnverwendungsaufstellung surplus statement
Gewinnverwendungsvorschlag proposal for the appropriation of earnings
Gewinnvortrag accumulated profits, profit carried forward, reserved surplus, unappropriated retained earnings brought forward, unappropriated profits brought forward
Gewinnzone net earnings area, profit wedge
Gewinnzone/-schwelle erreichen break even
Gewinnzuschlag profit markup
gewiss, überzeugt confident
gewissenhaft conscientious, faithful
Gewissenhaftigkeit conscientiousness
gewogen weighted
Gewohnheit custom
gewöhnlich ordinary
gewöhnliche Zinsen simple interest
gewöhnlicher Zins banker's interest, ordinary interest
gewünschter Kapitalbestand desired capital stock
gezielt selective
gezielte Förderung selective incentives
gezielte Kampfpreise predatory price differential
gezielte Stichprobe precision sample
Giralgeld book money, deposit currency, primary deposit
Giralgeld der Zentralbank central bank book money
Giralgeldschöpfung bank deposit creation, bank deposit money
Giro endorsement, giro

Giroabteilung giro department
Giroauftrag credit transfer order
Girokonto checkable deposit, checking account, current account, drawing account, giro account, sweep account
Girokonto mit Mindesteinlage regular checking account
Gironetz automated clearing house (ACH), giro system
Girosammeldepot central collective deposit
Girosammelverwahrung collective custody
Giroverkehr bank giro credit system, bank transfer payments
Girozentrale giro business
glätten decurl
glattstellen close out, closing out, even up, sell off, square
glattstellen einer Options-/Terminposition position close out
glattstellen von Aktienbeständen sell off the stocks
Glattstellung evening out/up, realization sale, shakeout
Glattstellung zum Jahresultimo year-end position-squaring
Glattstellungs-Transaktion closing transaction
Glattstellungsauftrag realization order
Glattstellungsgeschäft evening-up transaction
Glattstellungsverkauf realization sale, sell off
Gläubiger claimant, creditor, creditors, debtee
Gläubiger befriedigen discharge a creditor, pay off a creditor
Gläubiger-Schuldner-Hypothese debtor-creditor hypothesis
Gläubigerbank creditor bank
Gläubigerbegünstigung preference of creditor
Gläubigerbenachteiligung delay of creditors, fraudulent conveyance
Gläubigergemeinschaft body of creditors
Gläubigerrisiko lender's risk
Gläubigerversammlung creditors' meeting, meeting of creditors
Gläubigerverzug creditor's delay
Gläubigerwechsel subrogation of creditors
glaubwürdig credible
Glaubwürdigkeit credibility
gleich equal
gleich bleibend stationary
gleich bleibende Nachfrage steady demand
gleich bleibende Preise stable prices
Gleichartigkeit similarity
gleichberechtigt equal
Gleichbesicherungsklausel pari passu clause
gleiche Laufzeiten matching maturities
gleichgerichtete Kursbildung parallel pricing
Gleichgewicht equilibrium
Gleichgewichtslage position of equilibrium

Gleichgewichtslohnsatz adjustment rate of wages
Gleichgewichtspreis equilibrium price
Gleichgewichtswechselkurs equilibrium exchange rate
Gleichgewichtszustand state of equilibrium
gleichgültig indifferent
Gleichheit equality
gleichmäßig consistent
gleichmäßig verteilt each way transaction
gleichmäßige Verteilung even spread
gleichrangig pari passu
gleichrangige Schuldverschreibung pari passu bond
gleichsetzen equate with
Gleichsetzung equalization
gleichstellen, vergleichen compare
Gleichstellung equalization point
Gleichung equation
Gleichverteilung uniform distribution
gleichwertig equivalent, pari passu
Gleichwertigkeit par
gleichzeitig coincidental
gleitende Arbeitszeit flexible working hours
gleitende Lohnskala escalator scale
gleitende Planung continuous planning
gleitender Durchschnitt moving average
Gleitklausel escalator clause
Gleitzeit flextime
Gliederung segmentation
Gliederung der Bilanz balance sheet format
Globalaktie multiple certificate, multiple share certificate, share certificate, stock certificate
globale Nachfragesteuerung aggregative demand management
Globalkredit multiple credit facility
Globalkürzung across-the-board cut
Glockenkurve bell-shaped curve
Gnadenfrist period of grace
Gnadenklausel grace clause
Goldabfluss gold outflow
Goldaktien gold mines
Goldankaufspreis gold buying price
Goldanleihe gold bond
Goldaufgeld gold premium
Goldautomatismus specie-flow adjustment mechanism
Goldbestand gold holdings/inventory
Goldbewegungen gold movements
Golddeckung foreign exchange cover, gold backing
Golddevisenwährung gold exchange standard
goldene Bankregel golden bank rule
goldene Bilanzregel golden balance-sheet rule
Goldgrube gold mine
Goldkernwährung gold bullion standard
Goldmünzen gold coins

Goldnotierung gold quote
Goldoptionen gold options
Goldparität gold parity
Goldpreis gold price
Goldreserve bullion reserve
Goldreservedeckung gold reserve cover
Goldtermingeschäfte gold futures trading
Goldterminkontrakte gold futures
Goldumlaufwährung gold specie currency
Goldwährungssystem gold-based monetary system
Goldwertklausel gold clause
Grad degree
Grafik chart
Gratifikation bonus
gratis gratuitous, no charge
Gratisaktie bonus share, bonus stock, gratuitous share, melon, scrip bonus/share
Gratisaktien capitalization shares, ex scrip
Grauzone shadow interstice
Grenzanbieter von Kapital marginal lender
Grenzarbeitskosten marginal labor cost
Grenzbeschäftigung marginal employment
Grenzbetrag marginal amount
Grenzbezugskosten marginal cost of acquisition
Grenze border
Grenzeffizienz des Kapitals marginal efficiency of capital
Grenzeinkommen marginal income
Grenzerlös marginal return
Grenzerlöse differential revenues, incremental revenues, marginal revenues
Grenzerlösprodukt marginal revenue product
Grenzertrag marginal revenue, marginal yield
Grenzerzeugnis marginal yield
Grenzfinanzierung marginal financing
Grenzgebiet border land
Grenzgebrauchskosten marginal user cost
Grenzkapazität marginal capacity
Grenzkosten differential cost, incremental cost, marginal cost, marginal incremental cost
Grenzkostenkalkulation marginal costing
Grenzkostenrechnung marginal costing
Grenzkreditnehmer marginal borrower
Grenzkurs marginal rate
Grenznutzen final utility, marginal utility
Grenznutzen des Kapitals marginal utility of capital
Grenznutzenausgleichsgesetz law of equimarginal returns
Grenzprodukt der Arbeit marginal product of labor
Grenzprodukt des Kapitals marginal product of capital
Grenzproduktivität marginal productivity
Grenzrate der Ersparnis marginal installment of saving

Grenzrate der Substitution marginal rate of substitution
Grenzsteuersatz differential tax rate
grenzüberschreitende Unternehmenskäufe cross-border mergers an acquisitions
grenzüberschreitender Warenverkehr cross frontier movements of goods
Grenzverkehr border traffic
Grenzvorteil marginal benefit
Grenzwert critical value, limiting value, marginal value
Grobanalyse preliminary analysis
grobe Fahrlässigkeit gross negligence, wanton negligence, willful negligence
grobe Schätzung ballpark figure, rough estimate
grober Überschlag rough estimate
Grobkonzept preliminary concept
Grobplanung rough planning
groß sizeable
Großabnehmer big industrial user
Großabschluss big-ticket transaction
Großaktionär major shareholder
Großanlagengeschäft big-ticket deposit taking
Großanleger big investor, large-scale investor, wholesale investor
Großauftrag big-ticket item, large-scale order, major contract
Großbank major bank
Größe measurement, size
große Ausschläge wide swings
große Kursspanne wide quotations
große Reichweite extensive coverage
Großemission jumbo loan issue
Größennachteile diseconomies of scale
Größenordnung magnitude, scale
Größenvorteile economies of scale
großer Warenkredit omnibus credit
größer werden increase
großes Engagement high involvement
Großfusion giant merger, jumbo merger, megamerger
Großgeschäft jumbo deal, megadeal
Großhandelspreis wholesale quotation
Großhandelsspanne wholesale margin
Großhandelswerte big volume stock
Großkredit big loan, jumbo loan, large-scale loan
Großkreditnehmer major borrower, massive borrower
Großkunde leading edge account, major account, key account
Großprojekt big-ticket project, large-scale project
Großunternehmen blue chip
Großverdiener big income earner
großzügige finanzielle Ausstattung generous funding
großzügige Kreditbedingungen easy credit terms

großzügiges Übernahmeangebot godfather offer
Grund reason
Grund und Boden lot
Grundausstattung basic equipment
Grundbedürfnisse bare necessities, basic needs
Grundbegriff basic concept
Grundbeschäftigung primary employment
Grundbesitz estate, landed estate
Grundbesitzer land proprietor
Grundbetrag basic amount, gross rental
Grundbuch book of original entry, daybook, journal, land register, map records
Grundbuchamt land office
Grundbucheinsicht inspection of real estate register
Grundbuchverwalter land registrar
Grunddaten base data
Grunddefinition basic definition
Grunddienstbarkeit real servitude
Gründe für Ineffizienz sources of inefficiency
Grundeigentum immovable property, landed estate, landownership
Grundeinheit basic unit
Grundelement item
gründen establish, found, launch
Gründer founder
Gründeraktien promotor's shares, promotor's stock
Grunderwerbsteuer land transfer tax, realty transfer tax
Grundfreibetrag basic tax-free amount, zero rate bracket
Grundgebühr base fee, circuit rental
Grundgehalt base pay, base salary, basic salary
Grundgesamtheit parent population
Grundgeschäft basic transaction, bottom lines, bread-and-butter lines, mainstay business, underlying deal
Grundinformationen basics
Grundkapital authorized stock, capital stock, corporation stock, principal, registered capital
Grundkapital-Dividende dividend out of capital
Grundkapitalsenkung, Kapitalschnitt decapitalization
Grundkodierung absolute coding
Grundkonzeption preliminary design
Grundkosten basic cost, bulk line costs
Grundlage bedrock, foundation, groundwork
Grundlage der Kapitalflussrechnung accrued expenditure basis
Grundlage der Preisberechnung basis of prices
Grundlagen basics, nuts and bolts
Grundlagenforschung basic research
grundlegend basic, rudimentary
gründliche Analyse in-depth analysis
Gründlichkeit thoroughness
Grundlohn basic wage

Grundpacht ground rent
Grundpfandrecht charge on land, encumbrance on real property, lien on real property, right in rem
Grundpfandrechte real rights
Grundpfeiler der Geldpolitik keystone of monetary policy
Grundpreis base price, basic price, standard rate
Grundprinzip guiding principle
Grundregel basic rule, general rule
Grundrendite basic yield
Grundsachverhalt basics
Grundsatz axiom, policy
Grundsatz der Periodenabgrenzung accruals concept
Grundsatzbewilligung principle, principal authorization
Grundsätze policies
Grundsätze der Rechnungslegung generally accepted accounting principles
Grundsätze der Wirtschaftsordnung basic principles of the economy
Grundsätze ordnungsgemäßer Abschlussprüfung generally accepted auditing standards
Grundsätze ordnungsgemäßer Dokumentation generally accepted documentation principles
Grundsatzentscheidung landmark decision, pivotal decision
Grundsatzerklärung key policy statement
Grundsatzfrage key issue
grundsätzlich cardinal, on principle
grundsätzliche Einigung agreement in principle
grundsätzliche Richtlinie basic policy
Grundschuld charge on land without personal liability, encumbrance on real property, land charge
Grundsicherung basic minimum floor of income
Grundsortiment bottom lines
Grundsteuer land tax, real property tax, tax on land, tax on real estate
Grundsteuerermäßigung rates relief
Grundstoffe basic commodities, basic materials
Grundstoffindustrie basic industry
Grundstück parcel of real estate, plot of land, premises, property, real estate tract, site
Grundstücke property, real estate
Grundstücke, Gebäude und sonstige Einrichtungen property, plant and equipment
Grundstücke ohne Bauten unimproved real property
Grundstücke und Bauten land and buildings
Grundstücks-/Immobiliengeschäft property undertaking
Grundstücks-Erschließung real estate development
Grundstücksbelastung encumbrance on real property

Grundstückseigentümer real estate owner
Grundstückserschließung property development
Grundstücksgeschäft real estate transaction
Grundstückskauf ohne Fremdfinanzierung natural financing
Grundstückskaufvertrag land contract
Grundstücksmakler land agent, land jobber
Grundstücksspekulation speculation in real estate
Grundstücksverkauf durch Privat sale by private treaty
Grundstücksverkauf ohne Mängelhaftung quit deed
Grundstücksverwaltung real estate management
Grundtarif autonomous tariff
Gründung creation, establishment, foundation, launch
Gründungsaktien founder's shares
Gründungskapital initial capital, initial capital stock, original capital, seed capital
Gründungskonsortium syndicate on original terms
Gründungskosten formation costs, formation expense, organization expense
Gründungskosten abschreiben write off of formation expenses
Gründungsmitglied foundation member
Gründungsunterlagen corporation kit
Gründungsurkunde corporate articles, memorandum of association
Gründungsvergütung promotion money
Gründungsvorbereitungen development work
Gründungsvorgang incorporation procedure
Grundvoraussetzungen basic requisition
Grundwissen basics
Grundzüge outline
Gruppe group, team
Gruppenfrachttarif class rate
Gruppenversicherung wholesale insurance
Gruppenzuordnung group assignment
gruppieren grouping
Gruppierung alignment
gültig current, effective, valid
gültig bis auf Widerruf valid until canceled, valid until recalled, value until recalled
gültig werden become valid
gültiger Vertrag valid contract
Gültigkeit availability, currency, validity
Gültigkeit verlieren expire
Gültigkeitsdauer eines Wertpapiers life of a bond
günstig advantageous, benign, opportune
günstige Bedingungen easy terms, favorable terms, soft terms
günstige Lage favorable site

günstige Zahlungsbedingungen ease payment terms, easy terms of payment
günstiger Kauf snip
günstiges Angebot attractive offer
günstiges Kaufobjekt bargain
günstigster Anleiheliefertermin cheapest-to-deliver
gut ausgeglichen well-balanced
gut ausgerüstet well-appointed
gut bei Kasse flush with money
gut eingeführte Wertpapiere seasoned securities
gut informiert well-informed
Gutachten advisory opinion, expert opinion, opinion
Gutachten des Schätzers appraisal report
Gutachten erstellen give an expert opinion
Güte quality
gute Chancen nap hand
gute Investition sound investment
Güter resources
Güter des täglichen Bedarfs convenience goods, necessaries
Güter des Umlaufvermögens working assets
guter Glaube good faith
guter Kauf good bargain
guter Ruf good will
Güter- und Leistungsstrom flow of goods and services
Güterabfertigung dispatching of goods
Güteraustausch exchange of goods
Güterkreislauf circular flow of goods
Güterpreise output prices
Güterversicherung cargo insurance
gutes Geschäft good bargain
gutgläubig erwerben acquire in good faith
gutgläubiger Erwerb acquisition in good faith, bona fide transaction
gutgläubiger Erwerber bona fide purchaser
gutgläubiger Inhaber bona fide holder, holder in good faith
Guthaben balance, credit, credit balance, deposit
Guthaben abziehen withdraw balances
Guthaben freigegeben unfreeze funds
Guthaben sperren block a credit balance, block an account
Guthabenklausel sufficient-funds proviso
gütlich amicably
gütliche Einigung amicable settlement
Gutschein token, voucher
Gutschrift call credit, credit, credit advice, credit entry
Gutschriftsanzeige advice, advice of credit, credit advice, credit memo/note, credit memorandum
Gutschriftsbeleg credit voucher
Gutschriftszettel, -anzeige credit slip

H

haben wollen be after
Habenbuchung credit entry
Habenposten credit item
Habenseite eines Kontos credit side of an account
Habenzinsen credit interest
Habenzinssatz creditor interest rate
Hafenabgaben port dues
Hafengebühr harbor dues
Hafengebühren port dues
Hafengeld harbor dues
Hafennutzungsgebühr keelage
haftbar liable
haftbar machen hold liable
haften für be liable for
haftende Mittel net assets
haftendes Eigenkapital liable equity capital, risk capital
haftendes Kapital guarantee capital
Haftpflicht liability, third-party liability
Haftpflichtversicherung bond of fidelity insurance, liability insurance, third-party liability insurance
Haftung accountability, liability
Haftung aus Akzept acceptance liability
Haftung ausschließen rule of liability
Haftung für Verschulden Dritter vicarious liability
Haftung übernehmen assume liability, undertake a liability
Haftungsansprüche Dritter third-party liability claims
Haftungsausschluss disclaimer of liability, exclusion of liability
Haftungsbeschränkung corporate vail
Haftungsdauer indemnity period
Haftungsfreistellung release from liability
Haftungsklage action for liability
Haftungsverhältnisse contingencies
Haftungsverzicht waiver of liability
Halbfabrikate semi-finished products, semi-manufactures
Halbfabrikatekonto work-in-process account
halbfertige Produkte semi-finished products
Halbjahresabschluss half-yearly accounts
Halbjahresgewinne first-half profits
Halbjahresprämie half-yearly premium
Halbjahreszahlung semi-annual payment
halbjährlich half-yearly, semi-annual
Halbzeug semi-manufactures
Haltbarkeit sustainability
Handbuch manual

Handel commerce, dealing, trade, trading
Handel in Wertpapieren dealing in securities, trading in securities
Handel mit Bezugsrechten rights dealing
Handel per Erscheinen if and when issued
handeln für act for, act in place of
handeln für wen es angeht act for whom it may concern
handeln mit deal in
Handelsabkommen commercial treaty, economic agreement
Handelsbank bank of commerce, commercial bank, merchant bank
Handelsbestimmungen economic clauses
Handelsbilanz balance of trade, commercial balance, commercial balance sheet, merchandise account, merchandise trade balance, trade balance
Handelsbilanzdefizit merchandise trade deficit
Handelsbilanzüberschuss surplus on visible trade, trade surplus
Handelsbrauch custom of the trade, rule, usance
Handelsergebnisse trading results
Handelserschwernis restraint of trade
Handelsgesellschaft partnership
Handelsgesetzbuch commercial code
Handelshemmnisse barriers to trade
Handelskammer Chamber of Commerce
Handelskosten trading costs
Handelskreditbrief commercial letter of credit
Handelskrieg economic warfare
Handelsmakler commercial broker, merchandise broker
Handelsministerium board of trade
Handelsoptimum exchange optimum
Handelsperioden dealing periods
Handelsrechnung commercial invoice, trading invoice
Handelsrecht commercial law
handelsrechtlich in terms of commercial law, under commercial law
handelsrechtliche Abschreibung book depreciation
handelsrechtliche Bewertung book valuation, valuation for financial statement purposes
handelsrechtliche Buchführungsvorschriften commercial accounting rules
handelsrechtlicher Gewinn accounting income, book income, financial statement income
Handelsregister commercial register, register of companies, trade register
Handelssanktionen trade sanctions

Handelsschranken barriers to trade, trade barriers
Handelsspanne margin, price margin, operating margin, profit margin, trade margin
Handelsspesen dealing expenses
Handelsüberschuss trade surplus
Handelsverkehr commerce
Handelsvertreter merchant, selling agent
Handelsvolumen volume of trade
Handelsvorteile gains from trade
Handelswechsel bill drawn on goods sold, commercial bill, mercantile paper, trade bill, trade paper
Handgeld earnest money
Händler trafficker
Händler in Schatzwechseln bill trader
Händlerarbitrage dealer arbitrage
Händlerdarlehen dealer loan
Händlerprovision dealer allowance, dealer commission, dealer fee
Händlerrabatt dealer rebate, distributor discount
Händlerspanne dealer margin, jobber's turn
Händlerzettel dealing ticket
Handlung action
Handlungsalternativen action alternatives, policies
Handlungsfreiheit verlieren run out of scope
Handlungsgehilfe commercial clerk
Handlungsspielraum action scope, operational freedom, room for maneuver
Handlungsvollmacht commercial power of attorney, proxy
Handlungsweise procedure
Handzettel dodger
hart arbeiten an plug away at
hart verhandeln drive a hard bargain
Härte hardship, rigor
harte Bedingungen stellen drive a hard bargain
harte Währung strong currency
Härteklausel hardship provision
harter Budgetzwang hard budget constraints
harter Wettbewerb keen competition
Hartgeld hard cash
hartnäckig verhandeln bargain about/over
häufig, immer wiederkehrend continual
Häufigkeit incidence
Häufung von Insolvenzen accumulation of insolvencies
Hauptabsatzmarkt prime market
Hauptabweichung main deviation
Hauptaktionär leading shareholder, principal holder of equity securities, principal shareholder
Hauptanbieter principal bidder
Hauptanteil principal share
Hauptaufgabenbereich major job segment
Hauptbankverbindung key relationship bank
Hauptberuf full time occupation

Hauptbetrieb principal plant
Hauptbieter base bidder
Hauptbuch general ledger, ledger
Hauptbuchkonto ledger account
Hauptgeschäftsbereich core business
Hauptgeschäftszeit peak hour
Hauptgläubiger principal creditor
Hauptkasse main cashier's office, teller's department
Hauptkonto general account
Hauptkontrakt prime contract
Hauptkostenstelle direct cost center
Hauptmerkmal key feature, leading feature
Hauptpunkte merits
hauptsächlich cardinal
Hauptschuldner principal debtor
Hauptsumme principal
Haupttätigkeit core activity
Hauptteilhaber leading partner
Haupttermin main deadline
Hauptunternehmer prime contractor
Hauptverbindlichkeit primary liability
Hauptversammlung corporation meeting, shareholders' meeting, stockholders' meeting
Hauptziel prime target
Hauptzinstermin principal coupon date
Haus und Zubehör premises
Hausbank borrower's bank
hauseigen in-house
hausgemachte Inflation internal inflation
haushälterisch economical
Haushaltsbericht budget proposal
Haushaltsdefizit budget shortfall, budgetary deficit
Haushaltsergebnisse budget outcomes
Haushaltserhebung sample of households
Haushaltsgeräteindustrie appliance industry
Haushaltskonsolidierung fiscal consolidation
Haushaltskredit budgetary loan
Haushaltslage fiscal situation
haushaltsmäßige Abgrenzung budgetary definition
haushaltsmäßiger Baransatz budgetary cash position
Haushaltsmehrbelastung additional fiscal burden
Haushaltsmittel budget funds
Haushaltsnotlage budgetary emergency
Haushaltsperiode budget period
Haushaltsplan budget
Haushaltsplan aufstellen draw up a budget
haushaltspolitische Eckwerte budgetary benchmark figures
Haushaltsrisiko budgetary risk
Haushaltssperre budget freeze
Haushaltsüberschuss fiscal surplus
Haushaltsvollzug implementation of the budget

Hausmitteilung in-house memorandum
Hausse bull market
Hausse-Baisse-Position bull-bear position
Hausse-Stimmung bullish tone
Haussebewegung bull movement
Haussegeschäft accumulation
Haussekauf bull buying, bull purchase
Haussemarkt bullish market
Haussespekulant operator for a rise
Haussespekulation bull speculation
Haussier, Haussespekulant bull
haussieren rise sharply
haussieren, an der Börse zoom
Hauszinsfuß house rate of interest
Hebelwirkung der Finanzstruktur leverage effect
heftige Kursausschläge erratic price movements
heftige Nachfrage nach Aktien scramble
heftige Preisschwankungen market volatility
heimisch domestic
heimlich under the counter
heiße Emission hot issue
heißes Geld funk money
helfen bail out
hemmen block
Hemmnis barrier
Hemmung der Verjährung stay of the period of limitation, suspension of prescriptive period
herabgesetzter Preis reduced price
herabsetzen debase, depreciate
herabsetzen, verringern, ermäßigen, vermindern abate
Herabsetzung abatement
Herabstufung downgrading
heraufsetzen advance, mark up, raise
Heraufsetzung des Buchwertes write-up
herausbringen bring out
herausfordernd challenging
Herausforderung challenge
Herausgeber editor
Hereinnahme von Einlagen acceptance of deposits
Herkunft derivation, source
Herkunftsbezeichnung mark of origin
Herkunftsnachweis proof of origin
Herkunftszeichen mark of origin
Herleitung explanation
herrenloser Besitz unclaimed property
herrschend prevalent
herrschendes Unternehmen controlling company
herrühren originate
herstellen produce
Herstellungsaufwand construction expenditure
Herstellungsgemeinkosten productive fixed overhead
Herstellungskosten build cost, cost of production, production costs

Herstellungsort place of manufacture
Herstellungszeitzinsen construction period interest
herunterhandeln bargain down, beat down
herunterspielen play down
herunterwirtschaften run down
hervorbringen yield
hervorgehen arise
hervorheben pinpoint
hervorragend conspicuous, excellent
hiermit hereby
hierzu hereto
Hilfs- und Betriebsstoffe manufacturing supplies
Hilfs- und Nebengeschäfte ancillary credit business
Hilfsfunktion ancillary function, auxiliary function
Hilfskonto auxiliary
Hilfskostenstellen indirect cost center
Hilfskraft assistant
Hilfskräfte auxiliary personnel
Hilfslohn assistance money
Hilfslöhne auxiliary labour, cost of supporting labor
Hilfsreferent assistant head of section
Hilfsstoffe auxiliary material, supplies
Hilfstätigkeit auxiliary activity
hin- und herschieben shuffle
hinaufsetzen write up
hinauftreiben balloon
hinausschieben postpone
Hinausschieben der Fälligkeiten postponement of maturity dates
hinauswagen venture out
hinauswerfen eject
hindern hinder, intercept
Hindernis hindrance, obstacle
hinhalten play along
hinkende Goldwährung limping gold standard
hinnehmen accept
hinreichend adequate
hinreichende Bedingung sufficient condition
hinreichende Sorgfalt adequate care
hinsichtlich with reference to
hinter den Erwartungen zurückbleiben underachieve
Hinterbliebenenversorgung survivors' social security system
hintergehen double cross
Hintergrunddaten fundamentals
hinterherhinken lag behind
hinterlegen deposit
Hinterlegung bailment, lodgment
Hinterlegung von Geld oder Wertpapieren special deposit
Hinterlegungsgebühr deposit fee

Hinterlegungsschein certificate of deposit, deposit receipt, deposit warrant
Hinterlegungsurkunde memorandum of deposit
hinterziehen defraud
Hinweis hint, indication, tip
hinweisen indicate
hinzufügen add on
Hinzufügung addition
hinzurechnen add on
Hinzurechnung add back
hoch entwickelt sophisticated
hoch qualifizierte Expertengruppe brain trust
hoch stehend high priced
hoch verschuldet badly in debt, debt-plagued
hochbieten bid up
Hochkonjunktur boom, peak season
hochliquide Forderung highly liquid claim
hochpreisig expensive, high ticket
Hochpreisstrategie high price strategy
Hochprozenter high-interest-rate bonds
Hochrechnung calculation projection, extrapolation, forward calculation, projection
hochrentierliche Wertpapiere income stocks
hochspekulative Anlage aggressive investment
hochspekulative Wertpapiere wildcat securities
hochspekulativer Teil aggressive portion
höchst paramount
Höchst- und Mindestzins collar
Höchstabschreibung depreciation ceiling, writeoff ceiling
Höchstbedarf peak capacity
Höchstbetrag limit, maximum amount, threshold amount
Höchstdauer maximum duration
Höchstdeckung peak sharing
Höchsteinkommen peak income
Höchsteinlage deposit ceiling
Höchstgebot best bid, highest bid, highest tender
Höchstgrenze asset ceiling, ceiling
Höchstkurs all-time high, high, highest price, maximum rate
höchstliquide Titel highly liquid paper
Höchstlohn peak wage
Höchstpreis ceiling price, maximum price, premium price, price ceiling, top price
Höchststand high, peak
Höchstwert ceiling value, chief value, highest value, maximum value, peak value
Höchstzins interest ceiling
Höchstzinssatz cap rate, interest rate cap
hochverzinslich high-interest yielding
hochverzinsliche Anleihe cushion bond, high coupon loan, high-coupon loan
hochverzinsliche Risikoanleihe junk bond
hochverzinsliche Schuldtitel high-coupon debt
hochverzinsliche Wertpapiere high yielders, high-yield instruments

hochwertiges Gut high value item
Hochzinsphase period of high interest rates
Hochzinspolitik dear money policy, high interest policy
Hochzinswährungen highyielding currencies
Hoffnung anticipation
Hoffnungsreserven potential resources
Höhe amount
hohe Aufwendungen heavy spending
hohe Gewinne fat profits
hohe Gewinne einstreichen rake in profits
hohe Gewinne machen reap high profits
hohe Kreditrestschuld balloon
hohe kurzfristige Verschuldung mountain of short-term debt
hohe Schulden packet of debt
hohe Sonderdividende plum
hohe Verschuldung heavy debt load
hohe Zinsen zahlen sit on high interests
Hoheitsakt act of state
Höhepunkt highlight
hoher Beschäftigungsstand high employment level
höher stufen promote
hoher Zins steep interest rate
Höherbewertung upward revaluation
höhere Gewalt Act of God, force majeure, vis major
höherverzinslich higher-yielding
höherverzinsliche Anlagen higher-yield investments
hohes Beschäftigungsniveau high level of employment
hohes Defizit wide deficit
Holding-Gesellschaft proprietary company
Honorar fee, professional fee, remuneration, royalty
Honorarrechnung bill of fees
horizontale Integration lateral integration
Hortungsneigung propensity to hoard
hundertprozentige Tochtergesellschaft wholly-owned subsidiary
Hypothek mortgage
Hypothek aufnehmen raise a mortgage
Hypothek mit periodischer Zinsveränderung renegotiable-rate mortgage
Hypothek mit steigender Staffeltilgung graduated payment mortgage
Hypothek tilgen pay off a mortgage
hypothekarisch by mortgage
hypothekarisch belasten mortgage
hypothekarisch gesicherte Forderung debt secured by mortgage
hypothekarisch gesicherte Schuldverschreibung mortgage bond, real estate bonds
hypothekarisch gesichertes Wertpapier mortgage-backed securities

hypothekarische Sicherheit mortgage collateral
Hypothekarkredit real estate loan
Hypothekenbank land bank, mortgage bank
Hypothekenbelastung mortgage charge
Hypothekenbetrag mortgage principal
Hypothekendamnum mortgage discount
Hypothekendarlehen mortgage loan
Hypothekendarlehen mit regelmäßiger Tilgung amortized mortgage loan
hypothekengesicherte Pfandbriefe mortgage-backed securities
Hypothekengläubiger mortgage creditor, mortgagee
Hypothekenkredit mortgage credit
Hypothekenkreditgeschäft mortgage lending
Hypothekenkreditinstitut mortgage lending institution
Hypothekenmarkt mortgage market
Hypothekenpfandbrief mortgage bond
Hypothekenschuld mortgage debt
Hypothekenschuldner mortgage holder, mortgagor
Hypothekenschuldverschreibung collateral mortgage bond
Hypothekentilgung mortgage amortization, mortgage redemption
Hypothekenübernahme assumption of a mortgage
Hypothekenurkunde mortgage deed, mortgage instrument
Hypothekenvaluta mortgage loan proceeds
Hypothekenzins property loan rate
Hypothekenzinsen mortgage interest, mortgage rates

I

Ideallösung ideal solution
Ideenfindungsprozess brainstorming
Identifikationsnummer personal identity number
identifizieren identify
illegal under the counter
illiquide illiquid
illiquide werden run out of cash
Illiquidität illiquidity
im Auftrag per pro
im Auftrag von under the authority of
im Bau befindlich under construction
im Bau befindliche Anlagen construction in progress
im Freiverkehr handeln trade over the counter
im Grunde genommen virtually
im Hinblick auf in respect to (with)
im Kurs zu quoted at
im Namen von on behalf of
im Original in the original
im Rückstand in arrears
im Rückstand sein be in arrears, lag behind
im Staatsbesitz state-owned
im Vertrauen confidentially
im Verzug in arrears
im voraus ex ante, in advance, upfront
im voraus disponieren buy ahead
immaterielle Anlagen intangible goods
immaterielle Vermögensgegenstände intangible assets
immaterielle Vermögenswerte intangible assets, intangible property
immaterielle Werte intangibles
immaterielles Bedürfnis nonmaterial want
immaterielles Gut noneconomic good
Immobilien properties, real estate, realty
Immobilienanlage real estate investment
Immobilienanlagefonds real estate investment fund
Immobilienfonds property fund, property unit trust, real estate fund, real estate investment trust
Immobilienfondsanteil property fund unit
Immobiliengesellschaft real estate company, real estate limited partnership
Immobilienkredit real estate credit
Immobilienmakler real estate agent
Immobilienspekulation speculation in real estate
Immobilienverkauf sale of real property
Immobilienverwaltung property management
implizite Optionspreisvolatilität implied volatility
implizite Volatilität implicit volatility

Importabgabe import surcharge
Importerstfinanzierung initial import financing
Importkonossement import bill of lading
Importquote propensity to import
Importrechnung import bill
Importsubvention import subsidy
Importüberschuss import surplus
impulsiv volatile
in Anspruch nehmen absorb, draw down, encroach
in Auftrag geben put out
in Aussicht genommene Kapitalausstattung proposed capital
in bar cash down, in cash
in Bearbeitung in the works, under way
in Betracht ziehen envisage
in Betrieb in operation
in Betrieb gehen go into operation
in Betrieb setzen activate
in Bezug auf as to, with reference to
in das Journal eintragen journalize
in den Keller fallen fall through the floor
in den roten Zahlen stecken stay in the red
in der Anlage enclosed
in der Branche in the line
in der gehobenen Preisklasse up-market
in der geltenden Fassung as amended
in der Gewinnzone liegen in the black
in der Schwebe abeyance, abeyant
in die Lage versetzen enable
in die obere Preisklasse gehen move upmarket
in die roten Zahlen geraten go into the red
in die roten Zahlen rutschen plunge into the red
in die untere Preisklasse gehen move downmarket
in Dollar fakturieren factor in dollars
in doppelter Ausfertigung in duplicate
in eine Linie bringen align
in eine Sackgasse geraten bog down
in Einklang bringen bring into line, reconcile
in Empfang nehmen accept, receive
in $ fakturieren invoice in $
in finanzielle Schwierigkeiten geraten run out of cash
in finanziellen Schwierigkeiten cash strapped
in Gang setzen crank up
in gegenseitigem Einverständnis agreement by mutual
in Geld gemessener Nutzen money metric utility
in Geschäftsbeziehung stehen mit deal with
in großem Umfang on large scale
in gutem Glauben handeln act in good faith

in kleinem Umfang on a small scale
in Kommission geben consign
in konstanten Preisen in real terms
in Kraft treten become effective
in Liquiditätsschwierigkeiten strapped for funds
in Ordnung bringen put to rights
in Raten fälliger Solawechsel installment note
in Rückstand geraten mit fall behind with
in Sachwerten in kind
in Säcke füllen sack
in schlechten Verhältnissen badly off
in schwarzen Zahlen in the black
in Schwierigkeiten hard-pressed
in Schwung bringen bring up to snuff
in Übereinstimmung bringen match
in Übereinstimmung mit in line with
in unserem Auftrag on our account
in Verhandlungen eintreten enter into negotiations
in Verzug geraten become in arrears
in Verzug geratener Schuldner defaulting debtor
in Verzug sein be in default
in Verzug setzen place in default
in Zahlung geben trade in
in Zahlung nehmen take in payment
in Zweifel ziehen query
inaktives Konto dormant account
Inanspruchnahme take-down, take-up
Inanspruchnahme der Zentralbank recourse to central bank
Inanspruchnahme eines Akkreditivs drawing on a letter of credit
inbegriffen implicit
Inbetriebnahme put into operation
Index der Aktienkurse index of stocks and shares
Index-Fonds index fund
Indexanleihe index-linked loan, index-linked security
Indexbindung index-linking/indexing
indexgebundene Anleihe stabilized bond
Indexterminkontrakte index futures
Indexzahl index number
indikative Planung indicative planning
indirekte Arbitrage indirect arbitrage, multiple point arbitrage
indirekte Besteuerung indirect taxation
indirekte Besteuerung von Waren und Dienstleistungen indirect taxation of goods and services
indirekte Beteiligung indirect participation
indirekte Gewinne equity earnings
indirekte Steuer excise, indirect tax
indirekte Steueranrechnung underlying tax relief
indirekter Nutzen indirect benefit
Individualhaftung individual liability
individuelle Bedürfnisse private wants

indizierte Anleihen index-linked bonds
Indossament endorsement
Indossament-Verbindlichkeiten endorsement liabilities
Indossant endorser
Indossatar endorsee
indossieren endorse
indossierter Wechsel made bill
Industrieaktien industrial equities
Industriebank industrial bank
Industriebeteiligung industrial equity holding
Industriebörse industrial exchange
Industriefinanzierung industrial financing
Industriegebiet industrial area
Industriegelände industrial estate
Industriekontenrahmen uniform classification of account for industrial enterprises
industrielles Rechnungswesen industrial accounting
Industrienorm industry standard
Industrieobligation industrial bond
Industriepark industrial estate, industrial park
Industrieschuldverschreibung corporate bond
Industriestaat advanced country
Industriestandort industry location
Industrieverlagerung relocation of industry
Industriewerte industrial issues, industrials
ineffizient inefficient
Ineffizienz inefficiency
ineinander greifen mesh
Inflation inflation
Inflation bekämpfen combat inflation
inflationär inflationary
Inflationsausgleich inflation relief
Inflationsauslöser inflation trigger
inflationsbereinigt adjusted for inflation, inflation adjusted
inflationsbereinigtes Defizit inflation-corrected deficit
inflationsbewusst inflation-conscious
Inflationsdruck inflationary pressure
Inflationserwartung inflationary expectation
inflationsfreie Währung non-inflationary currency
inflationsgefährdet inflation-prone
Inflationsgefälle inflation differential
Inflationsgewinn inflation gain
Inflationsklima inflation climate
inflationsneutrale Rechnungslegung inflation accounting
Inflationsrate inflation rate, rate of inflation
Inflationsrisiko inflation risk
Inflationsschutz inflation hedge
Inflationssicherung hedge against inflation
Inflationsstoß upsurge in inflation
Inflationszuschlag inflation charge
inflatorische Politik inflationary policy

inflatorischer Gewinnstoß inflationary profit push, profit push
infolge owing to
Informatik information science
Information information, notice
Information, Aussagen information
Informationen data
Informationsaustausch exchange of information
Informationsbedarf information requirements
Informationsbeschaffung information procurement
Informationseingabe information input
Informationsfluss flow of information, information flow
Informationskosten cost of collecting information, information costs
Informationsmanagement information resource management
Informationsnetzwerk information network
Informationsnutzen information use
Informationspflicht duty to inform
Informationsspeicherung information storage
Informationsträger data medium
Informationsübermittlung information transmission
Informationsverarbeitung information processing
Informationsverlust loss of information
Informationswert information value
Infragestellung impeachment
Infrastruktur social overhead capital
Ingenieurhonorar engineering fee
Inhaber owner
Inhaber einer Schuldverschreibung loan stockholder
Inhaber einer Verkaufsoption holder of a put
Inhaber einer wesentlichen Beteiligung substantial shareholder
Inhaber eines Gemeinschaftskontos alternate depositors
Inhaber eines Interimsscheins scriptholder
Inhaber eines Wertpapiers bearer of a security
Inhaberaktie bearer share, bearing asset
Inhaberobligation bearer bond, coupon bond
Inhaberpapier bearer document, bearer instrument, instrument payable to bearer, made-to-bearer instrument, made-to-order instrument
Inhaberpapiere bearer securities, instrument to bearer, unregistered securities
Inhaberpolice bearer police
Inhaberscheck bearer check
Inhaberschuldverschreibungen coupon bonds
Inhaberwechsel bill to bearer
Inhalt content
Inhaltsverzeichnis table of contents
Inkasso encashment

Inkassoabtretung assignment of receivables for collection
Inkassoagentur collection agency
Inkassoakzept acceptance for collection
Inkassoanzeige advice of collection, advise a collection
Inkassoauskunft tracer information
Inkassobüro debt collecting agency, debt collection
Inkassoerlös collection proceeds
Inkassoermächtigung collection authority
Inkassogebühr collection charge
Inkassogebühren collection charges
Inkassogeschäft collection business, debt recovery service
Inkassoinstitut collection agency
Inkassopapiere items in transit, transit items
Inkassoprovision collection commission
Inkassoscheck check for collection
Inkassovereinbarungen collection arrangements
Inkassowechsel bill for collection, collection draft, short bill
Inkassowert value for collection
Inklusivpreis price including
inkonsistent inconsistent
inländisch domestic
inländische Einkünfte domestic source income
inländische Konkurrenz domestic competition
inländische Rentenwerte domestic bonds
inländische Steuerbehörden inland revenue authorities
inländischer Arbeitsmarkt domestic labor market
inländischer Emittent domestic issuer
Inlandsanleihe domestic loan, internal bond
Inlandsausgaben domestic spending
Inlandsausleihungen domestic lending
Inlandsbedarf domestic needs
Inlandsemission domestic issue
Inlandsfactoring domestic factoring
Inlandsgeschäfte domestic banking
Inlandshandel domestic trade
Inlandsinvestition domestic investment
Inlandskapital domestic capital
Inlandsnachfrage domestic demand, home demand
Inlandsumsätze home sales
Inlandswerte domestic securities
Inlandwechsel inland bill
Inlandzoll inland duty
inliegend enclosed
Innenfinanzierung internal financing
Innenfinanzierungsmittel internal financing resources
Innenumsatz group-internal revenue
Innenumsätze company internal sales, intercompany turnover

innerbetrieblich in-house, interoffice
innerbetriebliche Leistung intraplant service output
innerbetrieblicher Verrechnungspreis internal price, price standard, shadow price
innerer Wert intrinsic value
innerhalb within
innerlich intrinsic
Innovationsdruck pressure to innovate
Innovationspotenzial innovation capability
Innovationsprozess innovation process
Innovationsrate innovation rate
ins Haus stehend forthcoming
insbesondere particularly
insgesamt overall
Insidergeschäft insider dealing/trading
Insidergeschäfte racketeering
Insolventenliste black list
Insolvenz insolvency
Insolvenzen business failures, commercial failures
instabil unstable
Installationskosten installation cost
instand halten maintain
Instandhaltung maintenance, servicing, upkeep
Instandhaltungsaufwand maintenance charges
Instandsetzungskosten expenses for repairs
Instanz authority
institutioneller Aktionär institutional shareholder
institutioneller Anleger institutional investor
Integrationsfähigkeit integration ability
integrieren integrate
integrierte Finanzplanung integrated financial planning
integriertes Rechnungswesen integrated accounting system, integrated cost accounting
Integrität probity
intelligent sophisticated
intensiv verhandeln wheel and deal
Intensivierung intensification
Interaktion interaction
Interbankaktiva interbank assets
Interbankeneinlagen interbank deposits
Interbankengeldmarkt interbank money market
Interbankenhandel interbank dealings
Interbankenmarkt wholesale money market, interbank market
Interbankgeschäft interbank business, interbank transactions
Interesse wahrender Auftrag discreditionary order
Interessen wahrnehmen attend to interests
Interessenabwägung weighing of interests
Interessenausgleich accommodation of conflicting interests
Interessengemeinschaft syndicate

Interessengruppe advocacy group, interest group
Interessenkonflikt conflict of interest, interference
Interessent potential acquiree, prospect
Interessenwahrnehmung safeguarding of interests
interimistisch provisional
Interimsdividende quarter dividend
Interimsschein scrip, script
intermediäres Finanzinstitut nonbank financial institution
Internalisierung internalization
Internalisierung sozialer Kosten allocation of social cost
international gehandelte Wertpapiere international securities
internationale Bürgschaftskette international guaranty chain
internationale Devisenspekulation international currency speculation
internationale Recheneinheit international unit of account
internationale Verschuldung international indebtedness
internationale Währungsreserven international currency reserves
Internationale Warenterminbörse International Futures Exchange
internationaler Geldhandel international money trade
internationaler Geldmarkt international monetary market
internationaler Kreditverkehr international lending
internationaler Vergleich international comparison
internationaler Zahlungsauftrag international payment order, payment order
internationales Gewohnheitsrecht customary international law
internationales Zinsgefälle arbitrage margin
interne Beteiligung intercompany participation
interne Finanzierungsmaßnahmen bootstrap finance
interne Revision internal auditing, operational audit
interne Zinsen internal interest
Interne-Zinsfuß-Methode discounted cash flow method, internal rate of return method, yield method
interner Ertragssatz money weighted return
interner Verrechnungspreis intercompany billing price
interner Zinsfuß discounted cash flow rate of return, economic return, interest rate of return, internal rate of return, marginal rate of return, time adjusted rate of return, actuarial return

internes Gleichgewicht internal balance
intervenieren intercede
Intervention intervention
Intervention am Devisenmarkt currency intervention
Interventionskäufe support purchases
Inventarabschreibung inventory writedown
Inventarbewertung inventory valuation
Inventarwert net asset value
Inventarwert je Anteil net asset value per share
Inventur inventory
Inventur machen take inventory, take stock
Inventurdifferenz inventory difference
Inventurprüfung inventory audit
investieren invest
investieren in plow into, plow
investiertes Kapital capital employed
Investition investment
Investitionen business spending, capital expenditure accounting
Investitionsanreiz incentive to invest
Investitionsantrag appropriation, appropriation request, capital spending requisition, investment appropriation request, project appropriation request
Investitionsaufschwung boom in capital investment
Investitionsaufwand capital spending
Investitionsaufwendungen capital spending, investment spending
Investitionsausgaben business spending, capital expenditure, capital spending, equipment spending, investment expenditure
Investitionsbedarf capital spending requirements
Investitionsbeihilfe investment aid
Investitionsbelebung investment upturn, pick up in capital spending
Investitionsbewertung capital project evaluation
Investitionsbudget investment budget
Investitionseinnahmen investment receipts
Investitionsfinanzierung capital investment financing, investment financing
Investitionsgenehmigung appropriation
Investitionsgüter capital goods, equipment goods, investment goods
Investitionsgüter-Hersteller capital goods manufacturer
Investitionsgüterindustrie capital goods industry
Investitionsgüterleasing equipment leasing
Investitionsgütermarkt capital goods market
Investitionshemmnisse barriers to investment
Investitionskapital investment capital
Investitionskauf investor purchase
Investitionskette stream of investment
Investitionsklima investment climate

Investitionskosten capital cost, capital outlay costs, investment cost
Investitionskraft capacity to invest
Investitionskredit development loan, investment credit
Investitionslenkung investment steering
Investitionslücke investment deficit, investment gap
Investitionsmenge volume of investment
Investitionsmittel investment fund
Investitionsmöglichkeiten investment opportunities
Investitionsneigung inclination to invest
Investitionsneigung, Investitionsquote propensity to invest
Investitionsplan capital spending plan, investment budget
Investitionsplanung capital budget, capital expenditure planning, capital investment planning
Investitionsproduktivität productivity of capital stock
Investitionsprogramm capital expenditure program, capital program, capital spending program
Investitionsprojekt capital project, capital spending project, investment project
Investitionsquote level of investment
Investitionsrechnung capital budget, capital budgeting, capital expenditure accounting, estimate of investment profitability
Investitionsrechnungsverfahren capital expenditure account method
Investitionsrentabilität return on investment, ROI
Investitionsschwankungen investment volatility
Investitionssteuervergünstigung investment tax credit
Investitionsstoß injection of capital spending
Investitionssubvention investment subsidies, subsidy investment
Investitionssumme amount to be invested, total capital spending
Investitionstätigkeit anregen stimulate investment
Investitionsveranlassung inducement to invest
Investitionsverbot investment ban
Investitionsverflechtung cross investment
Investitionsvolumen aggregated capital commitments
Investitionszuschuss investment grant
Investment zertifikat investment fund certificate
Investmentanteil mutual fund share
Investmentbesitzer unitholder
Investmentfonds managed fund, investment fund
Investmentfonds mit Wertzuwachs performance fund
Investmentfonds ohne Gebühren no-load fund

Investmentfondsanteil investment fund share
Investmentgeschäft investment business
Investmentgeschäfte operations of investment companies
Investmentgesellschaft investment company, investment fund, investment trust, management trust, open-ended mutual fund, unit trust
Investmenttrust unit trust
Investorenbetreuung investor relations
irreführen misdirect
irrelevant irrelevant
Irrläufer missent item
Irrtum error
Irrtümer vorbehalten errors excepted
isolieren insulate
isoliert separate
Ist-Ausgabe actual expenditure
Ist-Ausgaben actual outlay
Ist-Bestand actual balance, actual stock
Ist-Betrag actual amount
Ist-Bilanz actual balance sheet
Ist-Einnahmen actual proceeds, actual receipts
Ist-Etat performance budget
Ist-Investitionen actual investment
Ist-Kapazität actual capacity
Ist-Kosten actual cost
Ist-Leistung actual attainment, actual output
Ist-Stunde actual man hour
Istkostenabweichung deviation of actual costs
Istkostenrechnung actual cost system, historical cost accounting
Istportfolio actual portfolio
Istwert true value
Istzeit actual time

J

Jahresabrechnung yearly settlement
Jahresabschluss year-end financial statements, year-end results
Jahresabschluss aufstellen draw up the annual accounts
Jahresabschluss feststellen adopt the annual financial statements, approve the annual financial statements
Jahresabschlussbestand year-end holdings
Jahresabschlussprüfung annual audit, annual financial statement, audit of annual accounts, final examination
Jahresabschlusszahlen year-end figures
Jahresbericht annual report
Jahresbilanz annual balance sheet
Jahresbruttolohn gross annual wage
Jahreseinkommen annual income
Jahreseinnahmenüberschuss cumulative annual net cash savings
Jahresendabrechnung year-end closing statement, year-end settlement
Jahresergebnis vor Steuern pre-tax results for the year
Jahresfehlbetrag annual deficit, annual shortfall, net loss for the year
Jahresfreibetrag annual allowance
Jahresgebühr annual fee
Jahresgehalt annual salary, yearly salary
Jahresgewinn annual cash flow, annual net cash inflow, income for the year, net profit for the year
Jahreshauptversammlung annual general meeting, annual shareholders' meeting
Jahreshöchstkurs yearly high
Jahreshonorar annual fee
Jahresinventur annual inventory, year-end inventory
Jahreskontingent yearly quota
Jahresplan year plan
Jahresrate annual installment, annual rate
Jahresrechnung annual account
Jahresrendite annual return, annual yield
Jahresrente annuity
Jahrestiefstkurs yearly low
Jahresüberschuss profit for the year
Jahresumsatz annual sales/turnover, annual turnover
Jahresurlaub annual leave
Jahresvergleich year-on-year comparison
Jahresvergleich (Vor-) year-on-year target
Jahresvergleichsrate year-on-year rate
Jahresverlust annual loss
Jahreswerteinheit year-value-unit
Jahreswirtschaftsbericht annual economic report
Jahreszahlung annual payment
Jahreszinssatz annual rate of interest
jährlich annual, annually, per annum (p. a.)
jährliche Abschreibung annual depreciation
jährliche Änderungsrate annualized rate of change
jährliche Bereitstellung annual allocation
jährliche Effektivverzinsung effective annual yield
jährliche Gebühr annual fee
jährliche Gehaltsanpassung annual salary review
jährliche Gehaltssteigerung annual increment
jährliche Gesamtbelastung annual percentage rate
jährliche Rendite annual return
jährliche Veränderungsrate annual rate of change
jährlicher Einnahmenüberschuss annual cash flow
jährlicher Preisanstieg annual price increase
jährlicher Schuldendienst annual debt service
jährliches Abschlussergebnis annual result
je Stück apiece
jederzeit kündbar terminable at call
jederzeit kündbares Darlehen call loan
jemand unterbieten cut under
jeweilig for the time being, respective
Joint Venture joint venture
Journalbeleg journal voucher
Journalbuchung journal entry
junge Aktie new issue share, new share
juristische Person body corporate, entity, juristic person, legal entity, legal person
juristische Person, Körperschaft corporate body

K

Kabelkurs cable rate
kabeln cable
Kaigebühren berthage, dock charges, quayage
Kaigeld pierage
kalenderbereinigt adjusted for working day variations
kalibrieren calibrate
Kalkulation calculation, cost estimating, cost estimation
Kalkulationsaufschlag gross markon, markon/markup, percentage markup
Kalkulationsfaktor calculation item, markup factor
Kalkulationsschema cost estimate sheet
Kalkulationsspanne pricing margin
Kalkulationssystem pricing system
Kalkulationsverfahren pricing practice
Kalkulationszinsfuß adequate target rate, internal rate of discount, conventional interest rate, minimum acceptable rate, rate of return, test discount rate
kalkulatorisch calculatory, implicit
kalkulatorische Abschreibung implicit/imputed depreciation allowance
kalkulatorische Funktion implicit function
kalkulatorische Kosten implicit costs, imputed costs, notional costs
kalkulatorische Kostenart imputed cost category
kalkulatorische Miete imputed rent
kalkulatorische Zinsen fictitious interest, implicit interest charge
kalkulatorischer Faktorertrag implicit factor return
kalkulatorischer Gewinn imputed profit
kalkulatorischer Restbuchwert notional residual book value
kalkulatorischer Restwert calculated residual value
kalkulatorisches Betriebsergebnis imputed operating result
kalkulatorisches Wagnis imputed risk
kalkulieren calculate
kalkuliertes Risiko calculated risk
kameralistische Buchführung governmental accounting, public service accounting
Kammlinie ridge line
Kanal channel
kanalisieren channel
Kandidat nominee
Kannvorschrift discretion clause, permissive provision

Kapazität capacity
Kapazität ausfahren operate to capacity
Kapazität erweitern expand plant capacity, extend operations
Kapazitätsausgleich capacity adjustment
Kapazitätsauslastung capacity utilization
Kapazitätsauslastungsgrad degree of capacity utilization, level of capacity utilization
Kapazitätsbedarf capacity requirement
Kapazitätsbedarfsermittlung resource allocation
Kapazitätsbeschränkung capacity constraint
Kapazitätsengpass capacity bottleneck, production bottleneck
Kapazitätserweiterung expansion of capital stock, increase in capacity
Kapazitätserweiterungseffekt capacity increasing effect
Kapazitätsplanung capacity planning
Kapazitätsreserve spare capacity
Kapital capital, fund
Kapital aufbringen put up capital, raise capital
Kapital aufnehmen gear up, take up capital
Kapital beschaffen procure capital, procure funds, raise capital
Kapital binden lock up capital
Kapital einbringen bring assets to, bring capital to
Kapital erhöhen increase capital, reinforce capital
Kapital freisetzen free up capital
Kapital herabsetzen reduce capital
Kapital und aufgelaufene Zinsen principal with interest accrued
Kapital und Rücklagen capital and retained earnings
Kapital und Zinsen principal and interest
Kapital-/Produktionsgüter instrumental goods
Kapitalabfluss capital drain, capital outflow, capital outflows
Kapitalabwanderung alienation of capital, migration of capital
Kapitalabzug alienation of capital
Kapitalanlage investment
Kapitalanlage, Investitionskapital capital investment
Kapitalanlagegesellschaft capital investment company, investment company
Kapitalanlagekonto capital asset account
Kapitalanlagevermögen amount of capital employed
Kapitalanpassung capital adjustment

Kapitalanteil share of stock
Kapitalaufnahme capital raising, flotation
Kapitalaufstockung cash injection, stocking-up of funds
Kapitalaufwand capital outlay
Kapitalausfallrisiko loan loss risk
Kapitalausstattung capital endowment, capital equipment, capital resources, funding
Kapitalbedarf capital demand, funding needs
Kapitalbedarfsplan incoming and outgoing payments plan
Kapitalbereitstellung capital commitment
Kapitalbereitstellungskosten loan commitment charges
Kapitalberichtigung capital adjustment
Kapitalbeschaffung capital procurement, capital raising, fund raising, procurement of capital
Kapitalbeschaffungskosten capital procurement costs, cost of borrowed funds, cost of funds
Kapitalbestand capital stock
Kapitalbeteiligung capital interest, equity investment, equity participation, participation
Kapitalbeteiligung eines Kreditgebers equity kicker
Kapitalbeteiligungs-Gesellschaft equity investment company
Kapitalbetrag amount of capital, capital sum, principal amount
Kapitalbeweglichkeit capital mobility
Kapitalbewegungen capital movements
Kapitalbilanz capital account
Kapitalbildung accumulation of capital, capital accumulation
Kapitalbildungsrate rate of capital formation
Kapitalbindung capital commitment, capital employed, capital lock-up, formation of capital
Kapitalbindungsdauer duration of capital tie-up
Kapitalbindungsfrist period of capital tieup
Kapitalbudget capital budget
Kapitaldarlehen capital loan
Kapitaldecke capital position, equity position
Kapitaldeckung capital cover
Kapitaldienst cost of servicing loans
Kapitaldividende capital dividend
Kapitaleinbringung contribution of capital
Kapitaleinlage capital contribution, equity contribution
Kapitaleinlagen-Verhältnis capital-deposit ratio
Kapitalentzug withdrawal of capital
Kapitalerhaltung capital maintenance, maintenance of capital
Kapitalerhöhung capital increase, increase in capital, increase in share capital, increase of capital
Kapitalertrag capital yield, income from investments, income on investment, interest, return to capital, yield on capital employed

Kapitalertrag/-gewinn capital gain
Kapitalertragsteuer capital gains tax, capital yields tax
Kapitalfehlleitung misallocation of capital
Kapitalflucht capital flight, flight of capital
Kapitalfluss capital flow
Kapitalflussrechnung application of funds statement, cash flow statement, financial flow statement, financing table, flow statement, flow-of-funds-analysis, funds statement, source and application of funds statement, statement of cash receipts and disbursements, statement of funds provided and utilized, statement of sources and application of funds, where got-where gone statement
Kapitalfonds capital fund
Kapitalfondsplanung capital fund planning
Kapitalfreisetzung liberation of capital
Kapitalgesellschaft corporate business, stock corporation
Kapitalgewinn nach Steuern capital gains after tax
Kapitalgewinnsteuer capital gains tax
Kapitalgüter capital goods
Kapitalherabsetzung capital reduction, reduction of capital
Kapitalhöhe amount of capital
kapitalintensiv capital-intensive
kapitalisierbar capitalizable
kapitalisieren capitalize
kapitalisierte Zinsen capitalized interest
Kapitalisierung capitalization, realization
Kapitalisierung von Rücklagen capitalization of reserves
Kapitalisierungsfaktor capitalization factor, capitalization rate
kapitalistisches Wirtschaftssystem capitalistic economy
Kapitalknappheit capital shortage, shortage of capital
Kapitalkonsolidierung actual value method, capital consolidation, consolidation of investment
Kapitalkonto asset account, capital account, stock-account
Kapitalkosten capital charges, capital cost, cost of capital
Kapitalkosten eingeschlossen application of capital costs, field of capital costs
Kapitalkosten je Einheit capital cost compound
kapitalkräftig substantial, well-funded
Kapitallebensversicherung endowment insurance
Kapitallücke capital gap
Kapitalmangel lack of capital
Kapitalmarkt capital market
Kapitalmarkt in Anspruch nehmen go to the capital market

Kapitalmarktausschuss capitalization issues committee
Kapitalmarktintervention intervention in the capital market
Kapitalmarktpapiere capital market paper
Kapitalmarktpflege supporting the capital market
Kapitalmarktrendite yield in the capital market
Kapitalmarktsteuerung capital market control
Kapitalmarktzins capital market interest rate
kapitalmäßige Verflechtung capital tie-up
Kapitalmehrheit equity majority
Kapitalmobilität mobility of capital
Kapitalnachfrage demand for capital
Kapitalneuordnung capital reorganization
Kapitalnutzung capital used, capital utilization
Kapitalnutzungskosten capital user cost
Kapitalproduktivität output-capital ratio
Kapitalquelle source of capital
Kapitalrendite rate of return on investment, return on capital
Kapitalrentabilität return on capital employment (ROCE)
Kapitalrestriktionen capital constraints
Kapitalrückfluss capital recovery, payoff
Kapitalrückführung repatriation of capital
Kapitalrückgewinnung capital recovery
Kapitalrücklage capital paid in excess of par value, capital reserves, capital surplus
Kapitalrückzahlung amortization of principal, capital redemption, repayment of capital
Kapitalsammelstelle institutional investor
Kapitalspritze capital injection
Kapitalsteuer capital stock tax
Kapitalstruktur capital gearing, capital structure, financing mix
Kapitalsumme principal
Kapitaltransfer transfer of capital
Kapitalüberlassung capital lending
Kapitalübertragung capital transfer
Kapitalumsatz capital turnover
Kapitalumschichtung recapitalization, switching of capital
Kapitalumschlag asset turnover, capital turnover, investment turnover
Kapitalumschlagshäufigkeit turnover of capital to average total sales
Kapitalverflechtung capital links, capital linkup, financial interlocking, financial interrelation, interlacing of capital, interlocking capital arrangements
Kapitalverhältnis capital ratio
Kapitalverkehr capital movements
Kapitalverkehrskontrolle capital controls
Kapitalverlust capital loss
Kapitalverminderung capital writedown
Kapitalvernichtung destruction of capital
Kapitalverwässerung capital dilution, equity dilution, stock watering
Kapitalverzehr capital consumption allowances
Kapitalverzinsung interest on capital
Kapitalwert capital value, capitalized value, fair value, net present value
Kapitalwertmethode net present value method, present-value method
Kapitalwiedergewinnungsfaktor capital recovery factor
Kapitalzufluss capital increase
Kapitalzufuhr influx
Kapitalzuführung injection of capital, new capital injection
Kapitalzuteilung capital rationing
Kapitalzuwachs capital accretion
Kapitalzuweisung capital allotment
Kappheitsgewinne scarcity-induced profits
kardinaler Nutzen cardinal utility
Karenzzeit cooling period, time of waiting
Kargo cargo
Kartei card index
Karteikarte file card, index card
Kartell pool, trust
Kartellrecht antitrust law
kartengesteuertes Zahlungssystem card-controlled payment system
Kassa-Abschluss im Warenhandel conversion contract
Kassadevisen spot exchange
Kassageschäft bargain for cash, cash bargain
Kassageschäfte cash dealings, dealings for cash, trading for cash
Kassahandel dealings for cash, spot dealing
Kassakonto cash account
Kassakurs cash market price, cash price, cash quotation, spot rate
Kassamarkt actual market, cash market, physical market
Kassanotierung spot quotation
Kassaschaden cash loss
Kassavalutierung spot value date
Kasse cash, paybox, till
Kasse abrechnen cash up
Kasse machen cash up, cash up, make the cash
Kassenanweisung cash order, disbursement instruction
Kassenausgang cash out
Kassenausgänge cash disbursements
Kassenausgangsbuch cash disbursement journal
Kassenbeleg cash voucher
Kassenbericht cash statement
Kassenbestand cash, cash assets, cash balance, cash holding, cash in hand, cash on hand, cash position
Kassenbestandsnachweis records of cash totals
Kassenbuch cash book, cash journal

Kassendarlehen cash loan
Kassendefizit cash deficit
Kassendifferenz cash over or short
Kassendispositionen cash transactions
Kasseneingang cash in
Kassenfehlbetrag shorts
Kassenhaltung cash holding, till money
Kassenhaltungseffekt balance effect, cash balance effect
Kassenhaltungsmethode cash management method
Kassenhaltungspolitik policy of optimum cash holdings
Kassenkladde cash diary
Kassenkonto cash account
Kassenkredit ways and means advance
Kassenkreditplafond cash advance ceiling
Kassenkreditzusage cash advance facility
Kassenmanagement cash management
kassenmäßiger Zu- und Abfluss cash inflows and outflows
Kassenmittel cash resources
Kassenmittelintensität cash resources intensity
Kassenprüfung cash audit, spot check
Kassenquittung cash receipt
Kassensaldo money balance
Kassenschalter cash desk, teller's window
Kassenschlager money spinner
Kassenstand balance of cash on hand
Kassenstreifen till receipt
Kassensturz cash check
Kassensturz machen make the cash
Kassenverein securities clearing bank
Kassenverstärkung strengthening of cash resources
Kassenwart treasurer
Kassenzettel sales check, sales slip, voucher
Kassette cash box
kassieren, einziehen, sammeln collect
Kassierer teller
Katalogpreis catalog price
Katastrophendeckung calamity coverage
Kategorie 2 Sicherheit tier two asset
Kategorie 1 Sicherheit tier one asset
Kategorisierung categorization
Kauf purchase
Kauf auf Probe approval sale
Kauf auf Raten buying on time, installment buying
Kauf gegen Kredit on-margin purchase
Kauf nach Muster sale by sample
Kauf nach Probe sale by sample
Kauf und Verkauf während der Börsenzeit daylight trading
Kauf von Anteilen purchase of shares
Kauf von Gesellschaftsanteilen share deal
Kauf von Wirtschaftsgütern acquisition of assets, asset deal, purchase of assets

Kauf zum Eröffnungskurs buying on opening
Kauf zum Schlusskurs buying on close
Kauf zur späteren Auslieferung forward purchase
Kaufabneigung sales resistance
Kaufabrechnung bought note
Kaufabsicht buying intention, purchase intention
Kaufanreiz buying incentive, sales inducement
Kaufauftrag buying order, purchase order
Kaufbelebung increase in sales
Kaufbereitschaft willingness to buy
Käufe aufgrund von Renditeerwägungen yield considerations
Kaufeinflüsse buying influences
Kaufempfehlung buy recommendation
Kaufen und Halten-Strategie buy-hold-strategy
Kaufentscheidung purchase decision
Käufer call buyer
Käufer von Zero Bonds zero customer
Käufergruppe buyer category
Kauferlös sale proceeds
Käufermarkt buyer's market
Käuferstreik buyer's strike
Käuferwiderstand buyer's resistance
Kaufgewohnheiten buying habits
Kaufinteressent potential customer, prospective customer
Kaufkraft buying power, value
Kaufkraftentzug drain on purchasing power
Kaufkraftrisiko price level risk
Kaufkraftstabilität stability of spending power
Kaufkrafttheorie des Geldes banking theory
Kaufkrafttransfer transfer of purchasing power
Kaufkraftüberhang backlog of purchasing power
Kaufkraftverteilung spatial pattern of purchasing power, spending power
Käuflichkeit venality
kaufmännische Buchführung commercial bookkeeping
kaufmännische Buchhaltung commercial accounting
kaufmännische Sorgfalt care of a prudent businessman
kaufmännische Vorsicht commercial prudence
Kaufmotiv buying motive
Kaufnachlass buying allowance
Kaufoption buyer's option, call, call option, in the money, option to purchase, premium for the call
Kaufoptionskontrakt call contract
Kaufphasen buying stages
Kaufpreis bid price, purchase price, sale price
Kaufpreisminderung reduction of contract price
Kaufrausch buying binge
Kaufrecht right of purchase
Kaufsteuer purchase tax

Kaufsumme purchase money
Kaufunlust disinclination to buy
Kaufverhandlungen sales negotiations
Kaufverpflichtung obligation to buy
Kaufvertrag bill of sale, contract of sale, purchase contract, sales contract
Kaufwahrscheinlichkeit buying probability
Kaufwiderstand buying resistance
Kaufzwang obligation to buy
kaum barely
Kausalfaktor causal factor
Kaution bail, deposit, safe pledge, security
Kaution verfallen lassen forfeit a bond
Kehrtwendung about-turn
Kehrwert reciprocal value
keine Anweisung no advice
keine Deckung lack of funds, no account, no funds, not sufficient on account
keine Kosten scheuen spare no expenses
keinen Kredit genießen creditless
Kellerwechsel kite, windmill
Kennbuchstabe identification letter
Kennnummer identification number
kenntlich machen identify
Kenntnis acquaintance
Kenntnisse attainments
Kennung identification
Kennzahl ratio
Kennzahlensystem ratio system
Kennzeichen earmark, feature
kennzeichnen distinguish, identify
Kennzeichnung identification, identification mark
Kennzeichnung abgetretener Forderungen bookmarking of assigned accounts
Kennziffer code number
Kern, Haupt- core-
Kerngeschäft bottom lines
Kerninhalt core intension
Kernzeit core hours
Kfz-Haftpflichtversicherung third-party motor insurance
KGaA, Kommanditgesellschaft a.A. company partially limited by shares
Kilometerpauschale blanket amount per kilometer
Kinderfreibetrag child allowance, child exemption/relief
Kinderzuschlag children allowance
Kirchensteuer church tax
klagbar actionable
Klagbarkeit actionability
Klage complaint
Klage auf Herausgabe action for restitution
klar precise
Klassifikation classification
klassifizieren class, classify, grouping
Klassifizierung rating

Klassifizierung nach einem Merkmal one-way classification
Klausel clause, stipulation
Klausel für künftige Verbindlichkeiten dragnet clause
Klebestreifen adhesive strip
Klein- und Mittelbetriebe small and medium sized enterprises (SME)
Kleinaktie small share
Kleinaktionär small shareholder
Kleinaktionäre scattered small stockholders
Kleinbetrag de minimis amount
Kleinbetrieb small establishment
kleine Gewinnmitnahmen scalping
kleine Kasse imprest fund, kitty, petty cash fund
kleiner Geldbetrag shoestring
kleines Aktienpaket fractional lot
kleines Handbuch booklet
Kleingeld broken money, chicken feed, small change
Kleinstbetrag trifle
kleinste Preisveränderung bei Terminkontrakten pip
kleinste Preisveränderung von Terminkontrakten (in USA) tick
kleinste Untersuchungseinheit elementary unit
kleinstmögliche Wertschwankung minimum price fluctuation
Klugheit ability
knapp scarce
knapp behauptet barely steady
knapp bei Kasse shy of money
knapp kalkulieren calculate closely
knappe Mehrheit bare majority
knappe Mittel tight funds
knapper Termin tight deadliner
Knappheit paucity, scarcity, shortage
Kodierung coding
Kollektivabschreibung lump sum depreciation
Kollektivgesellschaft registered partnership
Kollektivversicherung blanket insurance
kombiniertes Devisenkassa- und Termingeschäft cross currency swap
Kommanditgesellschaft limited partnership
Kommanditist limited partner, shareholder
Kommission commission
Kommissionsbasis consignment basis
Kommissionsgeschäft factorage
Kommissionsrechnung consignment invoice
Kommissionssendung, Lieferung consignment
Kommissionsverkauf commission sale, consignment sale, sale on commission
Kommissionsware consignment goods, goods on commission, merchandise on consignment
Kommunalabgaben local taxes, rates
Kommunalbank municipal bank
Kommunaldarlehen municipal loan

Kommunalkredit municipal loan
Kommunalobligation local government bond, municipal bond
Kommunalobligationen general obligation bonds
Kommunalschuldverschreibungen municipal securities
Kompensationsabkommen offset agreement
Kompensationsgeschäft barter transaction, reciprocal transaction
Kompensationshandel countertrade
Kompensationskurs settlement price in forward trading
kompensatorische Kosten offsetting costs
kompensieren trade off
Kompetenzabgrenzung delineation of powers
Kompetenzbereich area of discretion
Kompetenzübertragung delegation of authority
Komplementär general partner
Kompromisslosigkeit intransigence
Konditionenanpassung adjustment of terms
Konditionengestaltung arrangement of terms
Konditionenpolitik terms policy
Konditionsvereinbarung term sheet
Konferenz meeting
Konflikt beilegen settle a dispute
Konflikt, Widerspruch conflict
Konfliktvermeidung conflict avoidance
Konjunktur verlangsamen slow down economy
Konjunkturabfall falling-off in the economy
konjunkturanfällig sensitive to cyclical fluctuations
Konjunkturaufschwung economic upswing, uplift, upswing, upward business trend
Konjunkturaussichten economic outlook
Konjunkturbeobachter forecaster
Konjunktureinbruch setback in economic activity
konjunkturelle Abkühlung economic slowdown
konjunkturelle Talsohle recessionary trough
Konjunkturflaute slack in economy
Konjunkturforschung business research
Konjunkturgewinn market profit
Konjunkturindikatoren economic indicators
Konjunkturlage economic condition
Konjunkturoptimismus business confidence
Konjunkturperiode swing
Konjunkturprognose economic forecast
Konjunkturrückgang decline in economic activity, downward business trend, slump in trade
Konjunkturschwäche weakness of economic activity
Konjunkturschwankungen cyclical fluctuations, economic fluctuations
Konjunkturtief bottom, trough
Konjunkturumschwung turnaround in economic activity

Konjunkturverlauf business cycle, path of economy, run of business
Konjunkturzyklus economic cycle
Konkurrent contender, rival
Konkurrenz ausschalten eliminate competitors
Konkurrenzanalyse rival analysis
Konkurrenzangebot rival offer
Konkurrenzfähigkeit competitive capacity
Konkurrenzgleichgewicht competitive equilibrium
Konkurrenzkampf business struggle
konkurrenzlos unrivaled
Konkurrenzunternehmen rival business
Konkurrenzvorteil competitive edge, edge over one's competitors
konkurrieren compete
konkurrieren gegen content against
konkurrierend competitive
konkurrierende Nachfrage rival demand
Konkurs bankruptcy, Carey Street, insolvency
Konkurs gehen go bankrupt
Konkursanmeldung bankruptcy notice, declaration of bankruptcy
Konkursantrag bankruptcy petition, petition in bankruptcy
Konkursdelikt act of bankruptcy
Konkurseröffnung adjudication in bankruptcy
Konkurseröffnungsbeschluss adjudication order, receiving order
konkursgefährdetes Unternehmen cliffhanging company
Konkursgericht bankruptcy court
Konkursgläubiger petitioning creditor
Konkursmasse bankruptcy assets, debtor's estate, estate in bankruptcy, insolvent estate
Konkursquote dividend in bankruptcy
Konkursrecht bankrupt law, law of bankruptcy
Konkursstraftat bankruptcy offense
Konkursverfahren bankruptcy action, bankruptcy proceedings
Konkursvergleich bankrupt's certificate
Konkursverwalter bankruptcy commissioner, manager in bankruptcy, receiver
Können ability
Konnossement bill
Konnossement gegen Kasse cash against bill of lading
Konossement bill of lading, ocean bill of lading
Konossementklauseln bill of lading clauses
konsequent sequential
konservative Investitionen defensive investing
Konsignant consigner
Konsignation consignment
Konsignationshandel selling of consignment,
Konsignationskonto consignment account
Konsignationslager consignment stock
Konsignationsvertrag consignment contract

Konsignationsware consignment, goods out on consignment
konsolidieren consolidate, consolidate debt, fund
konsolidierte Anleihe consolidated bond, unified bond
konsolidierte Gewinn- und Verlustrechnung consolidated profit and loss account
konsolidierte öffentliche Finanzen strong fiscal positions
konsolidierte Staatsanleihe consolidated annuities
konsolidierter Ertrag/Gewinn consolidated earnings
Konsolidierung consolidation
Konsolidierung schwebender Schulden funding of floating debt
Konsolidierungsanleihe funding loan
Konsolidierungsbuchung consolidating entry
Konsolidierungsdarlehen consolidation loan
Konsolidierungskreis consolidated entity
Konsorte syndicate member, underwriter
Konsortialanteil syndicate share
Konsortialbank consortium bank
Konsortialbanken underwriting banks
Konsortialbeteiligung participation
Konsortialführer leading manager, managing underwriter, originating house, sponsor, syndicate leader
Konsortialführung lead managemen
Konsortialgebühr management fee
Konsortialgeschäft syndicate transaction
Konsortialgeschäfte consortium banking
Konsortialkredit joint credit, participation loan, syndicated loan
Konsortialmitglied syndicate member
Konsortialprovision negotiation fee
Konsortialrechnung syndicate accounting
Konsortialspanne underwriting margin
Konsortialvertrag participation agreement, selling group agreement, syndicate agreement
Konsortium consortium, financial syndicate, management group, syndicate
konstant uniform
Konstante constant
konstante Preise base period prices
konstanter Ertrag constant return
konstanter Prozentsatz fixed percentage
konstanter Skalenertrag constant return to scale
konstanter Tilgungsbetrag constant factor
Konstruktionsgemeinkosten indirect design costs
Konstruktionskosten design costs
Konsulatsfaktura consular invoice
Konsulatsgebühren consular fees
Konsum consumption
Konsumausgaben consumer expenditures

Konsumentenbank consumer bank
Konsumentengeschäft consumer lending
Konsumentenkredit consumer credit
Konsumgüter consumer non-durables, consumption goods
Konsumkredit consumer credit
Konten abrechnen liquidate
Konten führen administer accounts
Kontenabstimmung account reconcilement, account reconciliation
Kontenausgleich fanout
Kontenbezeichnung account name, account title
Kontendatei account file
Kontenebene account level
Kontenform, Kontenblatt account form
Kontengliederung account classification
Kontengruppe account category, account group, group of accounts
Kontengruppenbezeichnung account group title
Kontenklasse account class, class of accounts
Kontenkompensation account netting
kontenmäßige Darstellung account-type presentation
Kontenplan chart of accounts, classification of accounts
Kontenrahmen account classification, accounting system, chart of accounts, uniform system of accounts
Kontenschlüssel account key
Kontenspalte account column
Kontenstamm account master
Kontenstammdatei master account file
Kontenstammsatz master account record
Kontenstand account balance, account status
Kontentabelle account table
Kontenvergleich account reconcilement
Kontenzusammenführung combination of accounts
Kontenzusammenlegung merging of accounts
kontieren allocate accounts, assign accounts
Kontierung account assignment, account distribution, allocation to an account
Kontierung von Belegen account allocation, account distribution of vouchers
Kontierungsarbeiten account distribution work
Kontingent quota
Kontingent ausschöpfen exhaust a quota
Kontingentzuteilung allotment
Kontinuität, Stetigkeit continuity
Konto account
Konto abschließen balance an account, close out an account
Konto anlegen open an account
Konto auflösen close an account
Konto ausgleichen adjust an account, balance an account, discharge an account, settle an account, settle the balance

343

Konto belasten charge an account, debit an account, debit on account, pass to the debit of an account
Konto des Begünstigten account of payee
Konto eröffnen open a bank account, open an account
Konto führen keep an account, maintain an account
Konto geschlossen account closed
Konto innehaben hold an account
Konto mit lebhaften Umsätzen active account
Konto mit unabhängigen Verfügungsberechtigten alternate account
Konto ohne Umsätze dead account
Konto pro Diverse collective suspense account
Konto unterhalten bei bank with
Konto-Rentabilität account return
Kontoabschluss account closing
Kontoabschlussrechnung account balancing statement
Kontoabstimmung account verification
Kontoanalyse account analysis
Kontoart account type
Kontoauflösung account closing, account liquidation
Kontoausgleich account balancing, account settlement
Kontoauszug abstract of account, account activity statement, account statement, activity statement, bank statement, statement, statement of account
Kontoauszugsdrucker account statement printer
Kontobegünstigter account beneficiary
Kontobelastung account debit, bank debit
Kontobetreuung, Kundenpflege account maintenance
Kontobewegung account activity
Kontobewegungen account movements, account transactions
Kontobezeichnung account heading
Kontoblatt ledger card
Kontoeröffnung account opening
Kontoeröffnungsantrag account opening application
Kontoform account form
kontoführende Stelle account maintaining office
Kontoführung account management, maintenance
Kontoführung auf Guthabenbasis account maintenance on a non-borrowing basis
Kontoführungsgebühr account fee, account-keeping fee, account maintenance charge, account management charge, maintenance charge, management fee, service charge
Kontoführungskosten activity costs
Kontogutschrift account credit, credit to an account

Kontoinhaber account holder
Kontokarte account card
Kontokorrent account current, open account
Kontokorrentbuch accounts receivable and payable ledger, money lend and lodged book
Kontokorrenteinlagen checkable demand deposits, current deposits
Kontokorrentguthaben cash at call
Kontokorrentkonto book account, checking account, credit in current account, operating account, running account, transaction account
Kontokorrentkredit advance on current account, check credit, current account credit, open account credit, overdraft
Kontokorrentsaldo balance on current account
Kontokorrentschuldner trade debtor
Kontokorrentverbindlichkeit liability on current account
Kontokorrentvertrag open account agreement
Kontokorrentzinsen interest on current account
Kontolöschung account closing, account liquidation
Kontonummer account number
Kontoregulierung account settlement
Kontoschließung account liquidation
Kontoschlüssel account code
Kontosperre account hold
Kontospesen account carrying charges
Kontostand balance, balance of account
Kontosumme account total
Kontotreuhänder account trustee
Kontotyp account type
Kontoüberprüfung account verification
Kontoüberschrift account header
Kontoübertrag account transfer
Kontoüberziehung account overdraft, overdraft
Kontoumsatz account turnover
Kontoumsätze account transactions
Kontoumsatzgebühr activity charge
Kontounterlagen account files, account records
Kontoverbindung bei account kept with, account relationship
Kontoverfügungen account drawings
Kontoverrechnung account settlement
Kontovertrag account maintenance agreement
Kontowesen accounting system
Kontrakteinheit contract size, unit of trading
Kontraktfälligkeit transaction maturity
Kontraktfrachten contract rates
Kontraktgröße contract size
Kontraktmenge contract size
Kontraktpreis closing price, settlement price
Kontraktwert contract value
Kontrollabschnitt counterfoil
Kontrollbudget accounting control budget
Kontrolle scrutiny
Kontrolleur tally clerk

kontrollieren monitor
kontrollierte Kursfreigabe managed floating
kontrollierter Kurs controlled rate
Kontrollliste check list
Kontrollschleife, Regelkreis control loop
Kontrollspanne span of control
Kontrollsumme control total
Konventionalstrafe contract penalty, penalty
konventionelles Budget administrative budget
Konventionsarbitrage conversion arbitrage
Konvergenz der Renditen yield convergence
Konversion, Umtausch, Umwechslung, Umstellung conversion
Konversionsanleihe conversion loan
Konversionsguthaben conversion balance
Konversionsquote conversion rate
konvertierbare Währung convertible currency
Konvertierbarkeit, Umwandelbarkeit, Austauschbarkeit convertibility
Konvertierungsanleihe conversion issue
Konvertierungsrisiko exchange transfer risk
konzentrieren auf center on
Konzern-Kapitalflussrechnung group flow statement
Konzernabschluss consolidated accounts, consolidated financial statement
Konzernbilanz, Konsolidierungsbilanz consolidated balance sheet
Konzernclearing group clearing
Konzerngeschäfte intra-group transactions
Konzerngewinn consolidated profits
Konzerngewinn und -Verlustrechnung consolidated statement of income
Konzerngruppe consolidated group
konzerninterne Forderungen intercompany receivables
konzerninterne Geschäfte intragroup transactions
konzerninterne Kapitalströme intragroup capital flows
konzerninterne Verrechnung intercompany charging
Konzernkosten group charges
Konzernrechnungslegung consolidated accounting, group's accounting
Konzernrücklagen consolidated reserves
Konzernüberschuss consolidated surplus
Konzernumsatz consolidated sales
Konzernunternehmen allied company
Konzernverflechtung interlocking combine
Konzernzentrale central office
Konzession franchise, licence
konzessionieren enfranchise
konzessioniert certified
konzessionierter Investmentfonds authorized unit trust
kooperative Führung cooperative leadership

koordinieren orchestrate
Kopfarbeit brainwork
Kopfrechnen mental arithmetic
Kopfsteuer poll tax
Koppelungsverkauf bundle sale
Kopplungsgeschäft linked transaction, tie-in sale
Kopplungsklausel tie-in clause
Körperschaft, Aktiengesellschaft, Unternehmung corporation
Körperschaft des öffentlichen Rechts body corporate under public law, corporation under public law, statutory corporation
Körperschaftsteuer corporate income tax, corporate profit tax, corporation tax
Körperschaftsteuer auf einbehaltene Gewinne accumulated earnings tax
Körperschaftsteuersatz corporate income tax rate
Körperschaftsteuer-Abschlusszahlung mainstream tax
körperschaftsteuerliches Anrechnungssystem corporate imputation system
Korrektur rectification
Korrektur nach unten downward revision
Korrekturbuchung adjustment entry
Korrekturposten correcting item
Korrespondenzbank correspondent bank
korrigieren rectify
korrupt venal
Korruptheit rottenness
kostbar precious
Koste-Nutzen-Analyse cost benefit analysis
Kosten charge, charges forward, cost, costs, damage, expense, expenses, outlay
Kosten aufgliedern itemize costs
Kosten aufschlüsseln break down expenses
Kosten begleichen meet costs
Kosten bestreiten meet costs
Kosten bis zum Löschen landed cost
Kosten dämpfen contain costs
Kosten decken break even, clear, cover expenses
Kosten deckend cost covering
Kosten deckend arbeiten break down of negotiations
Kosten deckender Betrieb self-supporting enterprise
Kosten der Aktienemission capital expenses, preliminary expense, stock issuance cost
Kosten der Auftragsabwicklung order filling costs
Kosten der Auftragsbeschaffung order getting costs
Kosten der Eigenkapitalfinanzierung cost of equity finance
Kosten der entgangenen Gelegenheit opportunity cost
Kosten der Stilllegung decommissioning costs

Kosten der Unterbeschäftigung negative volume variance, unabsorbed overhead
Kosten einer Arbeitseinheit unit labor costs
Kosten einsparen save costs
Kosten ersetzen refund costs
Kosten hereinholen recapture cost
Kosten nach Abschreibung amortized cost
Kosten niedrig halten hold down costs
Kosten senken cut costs, shave costs
Kosten spezifizieren itemize costs
Kosten tragen bear costs, meet costs, take over costs
Kosten übernehmen bear costs, take over costs
Kosten und Fracht cost and freight
Kosten und Versicherung cost, insurance
Kosten veranschlagen figure up the costs
Kosten, Versicherung, Fracht cost, insurance, freight, cif
Kosten, Versicherung, Fracht, plus Kriegsrisiko cost, insurance, freight, plus war risk
Kosten, Versicherung, Fracht, Provision cost, insurance, freight, commission, cif&c
Kosten, Versicherung, Fracht, Provision, Zinsen cost, insurance, freight, commission, interest, cifci
Kosten, Versicherung, Fracht, Zinsen cost, insurance, freight, interest, cif&i
Kosten verteilen pool expenses
Kosten vorausbezahlt charges prepaid
Kosten vorher bestimmen predetermine costs
Kosten wieder hereinholen recoup costs
Kosten-Leistungs-Verhältnis cost-to-performance ratio
Kosten-Nutzen-Analyse cost-benefit analysis
Kosten-Nutzen-Kennziffer cost-benefit ratio
Kosten-Preis-Schere cost-price scissor/squeeze
Kosten-Umsatz-Trend cost-volume trend
Kosten-Zeit-Kurve cost-time curve
Kostenabgrenzungen apportioned costs
Kostenabweichung cost variance
Kostenabweichungsanalyse cost variance analysis
Kostenanalyse analysis of expenses
Kostenanfall accrual of costs
Kostenangaben cost data
Kostenanschlag bid
Kostenanstieg rise of costs
Kostenanteil cost fraction
Kostenarten categories of cost, type of costs
Kostenartenkonto cost account
Kostenartenrechnung cost type accounting
Kostenartenverteilung allocation of cost types
Kostenaufstellung statement of cost
Kostenaufwand outlay
Kostenausgleich cost averaging, cost breakdown
kostenbasiert cost-based
Kostenbelastung burden of costs

Kostenbeteiligung share cost
Kostenbeteiligung, Kostenteilung cost sharing
Kostenbewertung costing
kostenbewusst cost conscious
Kostenbewusstsein cost consciousness
Kostenblock pool of costs
Kostendämmung cost cutting
Kostendeckung cost coverage, cost recovery
Kostendeckungspunkt breakeven point
Kostendegression decline of marginal unit costs
Kostendenken cost consciousness
Kostendruck cost pressure
Kosteneindämmung cost containment
Kosteneinheit unit cost
Kosteneinsparung, Kostenersparnis cost saving
Kosteneinsparungen rampage on expenses
Kostenerfassung cost finding
Kostenersparnis saving of expense
Kostenerstattung refund of costs, reimbursement of costs
Kostenerstattungs-Vertrag cost-reimbursement contract
Kostenfaktor cost factor
Kostenfestsetzung cost finding
Kostenfluss cost flow
Kostenfrage question of costs
kostenfrei free of cost
Kostenführer cost leader
Kostenführerschaft cost leadership
Kostenfunktion cost function
kostengünstig low cost
kostengünstige Alternative cost effective alternative
Kostengut factor of production
Kostenhöhe amount of costs
kosteninduzierte Inflation cost push inflation
Kosteninflation cost inflation
Kostenkategorien cost categories
Kostenkoeffizient cost coefficient
kostenlos at no charge, free of charge, gratuitous, no charge
Kostenoptimierung cost of optimization
Kostenoptimum cost optimum
Kostenplan cost plan
Kostenplanung expense budgeting
Kostenpreis cost price
Kostenrechnung costing
Kostenrechnung, Kalkulation cost accounting
Kostenrechnungsgrundsätze costing policy
Kostenrechnungssystem cost system
Kostenrechnungssystem, Preiskalkulation costing system
Kostenrechnungsverfahren costing method
Kostenschlüssel cost allocation base
Kostensenkungsprogramm cost containment program, cost cutting program
Kostenspezifizierung breakdown of expenses

Kostenspirale cost spiral
Kostenstelle burden center, cost center, cost section
Kostenstellenabweichung cost center variance
Kostenstellengemeinkosten cost center overhead
Kostenstellenkonto cost center account
Kostenstellenplan chart of functional accounts
Kostenstellenrechnung cost center accounting
Kostenstellenumlage cost center charge transfer
Kostenstellrechnung cost center measurement
Kostenstruktur cost structure
Kostenträger cost unit, unit of cost
Kostenträgerrechnung unit-of-output costing statement
Kostenübernahme absorption of the cost, cost absorption
Kostenüberschreitung cost overrun, overrun
Kostenumlage cost allocation
Kostenumlagevertrag cost sharing agreement
Kostenvergleichsrechnung comparative cost method, cost comparison method
Kostenverlauf pattern of cost behavior
Kostenverringerung reduction of expenses
Kostenverteilung cost apportionment, cost distribution
Kostenverursacherprinzip originator-must-pay-principle
Kostenverursachungsfaktor cost driver
Kostenverzeichnis statement of charges
Kostenvoranschlag bid, bill of quantity, cost estimate, estimate of costs, preliminary estimate, quotation
Kostenvorschuss advance on costs, charges paid in advance, deposit to cover costs
Kostenvorteil cost advance
Kostenwert cost value
kostenwirksam affecting costs
Kostenwirksamkeit cost effectiveness
Kostenwirksamkeitsanalyse cost effectiveness analysis
Kostenzuschlagsrechnung cost plus method
Kostspielig costly
Kouponeinlösung collection of coupons
Kouponsammelstelle coupon collection department
Kraft power
Kraftfahrzeugsteuer tax on motor vehicles
kräftig anziehen advance strongly
kräftige Entwicklung strong performance
kräftiger Aufschwung strong performance
Krankengeld benefits, sick pay, sickness benefits
Krankenkasse sick benefit fund
Krankenschein sick certificate
Krankenstand sickness figure
Krankenversicherung health insurance, sick insurance
Krankenversicherungsbeitrag health insurance contribution
Krankheitstage days lost through sickness
kreative Buchführung creative accounting
Kredit credit, loan
Kredit abwickeln process a loan
Kredit aufnehmen borrow money, raise a credit, take on a credit, take out a loan, take up credit
Kredit bearbeiten handle a credit, manage a credit, process a loan
Kredit beschaffen take on a credit
Kredit bewilligen allow a credit, grant a loan
Kredit erneuern refresh an expiring loan, renew a loan
Kredit gegen Abtretung von Forderungen accounts loan
Kredit genehmigen approve a loan
Kredit gewähren carry, extend a credit, grant a credit, lend
Kredit in laufender Rechnung budget charge account, open account credit
Kredit kündigen call in a credit
Kredit mit Einmal-Rückzahlung single-payment loan
Kredit mit fester Laufzeit fixed term loan, time loan
Kredit überziehen overdraft credit
Kredit verknappen tighten credit
Kredit verlängern extend a credit
Kredit-Einlagen-Verhältnis advances ratio
Kreditabwicklung loan processing
Kreditakte borrower's file
Kreditanspannung tight credit situation
Kreditanstalt loan bank
Kreditantrag application for a credit, process a credit application, request for a loan
Kreditantrag-Formular application-for-loan-form
Kreditantragsteller loan applicant
Kreditaufnahme borrowing, credit intake
Kreditaufnahme im Ausland foreign borrowing
Kreditaufnahme von Unternehmen corporate borrowing
Kreditaufstockung topping up a loan
Kreditausfall loan loss
Kreditausfallquote loan loss ratio
Kreditauskunft banker's reference, credit information, credit inquiry, credit report, status inquiry
Kreditauskunftei credit inquiry agency, mercantile agency
Kreditauslese credit selection
Kreditausweitung expansion of credit volume
Kreditauszahlung loan payout
Kreditbearbeitung loan processing
Kreditbearbeitungsprovision loan processing charge

Kreditbedarf borrowing requirements, credit requirement
Kreditbedingungen deferred payment terms, lending terms, terms of credit
Kreditberatung credit counseling
Kreditbereitstellung loan origination
Kreditbeschaffungsprovision advance fee, credit procurement fee
Kreditbeschränkungen lending restrictions
Kreditbestand loan portfolio
Kreditbestätigung facility letter
Kreditbetrag capital sum
Kreditbremse clamp down on credits, restraint on credit
Kreditbremse ziehen jam on the credit brake
Kreditbrief letter of credit
Kreditbürgschaft credit guaranty, loan guarantee, loan guaranty
Kredite an discount houses backdoor lending
Kredite aufnehmen take on a load of debt
Kredite in beliebiger Höhe unlimited accounts
Krediteinrichtung credit facility
Krediteinschränkung credit restriction
Kreditengagement loan exposure
krediteröffnende Bank issuing bank
Kreditfähigkeit ability to raise funds, borrowing power, financial standing
Kreditfazilität loan facility
Kreditgeber lender
Kreditgebühren loan charges
Kreditgeld fiduciary money
Kreditgenossenschaft cooperative credit union, credit union
Kreditgeschäft lending business, lending operations, loan business, loan transaction
Kreditgeschichte case history
Kreditgewährung extension of credit, lending, origination
Kreditgewerbe banking industry
Kredithöchstgrenze credit ceiling
Kreditinanspruchnahme drawing
Kreditinstitut financial institution, lending agency
Kreditkarte card, plastic
Kreditkartengesellschaft card issuer
Kreditkartenorganisation card issuer
Kreditkartenverkäufe card sales
Kreditkauf charge purchase, credit buying, purchase on credit, sale for account
Kreditkauf von Wertpapieren margin buying, marginal buying
Kreditknappheit credit crunch, credit stringency
Kreditknappheit am Geldmarkt stringency
Kreditkonditionen credit terms, lending terms
Kreditkonto charge account
Kreditkosten borrowing cost, cost of borrowing, cost of credit, credit cost, lending charges
Kreditlaufzeiten loan maturities, loan period

Kreditlinie bank credit lines, bank line, borrowing limit, credit line, credit outstanding, lending line, line of credit, loan limit
Kreditlinie, Kreditrahmen credit line
Kreditlücke credit gap
Kreditmakler money broker
Kreditmittel loanable capital/funds
Kreditnachfrage credit demand, loan demand
Kreditnebenkosten non-interest charges
Kreditnehmer borrower, debtor, signature
Kreditnehmer mit eingeschränkter Kreditwürdigkeit brown-chip borrower
Kreditoren accounts payable, payables
Kreditorenbericht accounts payable report
Kreditorenbuch bought ledger, creditor's ledger
Kreditorenkonto accounts payable account
Kreditplafond credit ceiling
Kreditpolitik bank lending policy, credit policy, lending policy
Kreditpotenzial lending capacity, lending potential
Kreditprolongation renewal of a loan
Kreditprovision credit fee, loan commitment fee
Kreditprüfung credit review
Kreditrahmen credit line, framework of credit
Kreditrahmen in unbegrenzter Höhe unlimited credit line
Kreditreserve borrowing reserve, credit reserve
Kreditrestriktion credit crunch
Kreditrisiko credit risk, financial risk, loan risk, risk exposure
Kreditrückzahlung loan repayment, repayment of a loan
Kreditschraube anziehen tighten up on credit
Kreditseite contra
Kreditsicherstellung safeguarding of credits
Kreditspielraum lending potential
Kreditstatus statement of credit position
Kreditstreuung loan diversification
Kreditüberwachung credit surveillance
Kreditüberziehung credit overdrawing
Kreditumschichtung shifting loans
Kreditverbilligung easier credit terms
Kreditvereinbarung lending commitment
Kreditvereinbarungen borrowing arrangements
Kreditvergabepolitik lending policy
Kreditvergabevorschriften lending requirements
Kreditverkauf charge sale, sale on credit
Kreditverlängerung credit renewal, loan renewal
Kreditvermittlung credit brokerage
Kreditversicherung credit insurance, loan insurance
Kreditvertrag borrowing agreement, credit agreement
Kreditvolumen aggregate lendings, asset portfolio, lending volume, outstanding credits

Kreditwirtschaft banking industry
kreditwürdig creditable, credit worthy, reliable, solvent
Kreditwürdigkeit credit standing, credit worthiness, financial standing, rating, standing
Kreditwürdigkeit, Bonitätseinstufung credit rating
Kreditwürdigkeitsprüfung credit analysis, credit evaluation procedure, credit investigation, credit scoring, loan assessment
Kreditzins bank lending rate, lending rate
Kreditzinsen lending interest, loan interest, loan rate
Kreditzusage advised line, credit approval, credit commitment, lending commitment, loan approval, loan commitment, standby credit
Kreditzusage von Banken bank credit lines
Kreditzusagen lines of credit
Kreditzusammenbruch credit crunch
Kreditzustand state of credit
Kreisdiagramm pie chart
Kreuzwechselkurs cross rate of exchange
Kriegsanleihe war bond, war loan
Krise crisis
Krise hervorrufen precipitate a crisis
krisenfest slump-proof
Krisenfrachtzuschlag emergency freight surcharge
Krisenmanagement crisis management
Krisenstab crisis-staff
Kriterium criterion
Kritik criticism
kritisch critical
kritische Auslastung critical load factor
kritische Beschäftigung critical activity
kritische Zeit crucial period
kritischer Bereich critical region
kritischer Pfad critical path
kritischer Punkt critical point
kritischer Zinssatz critical rate of interest
kritisches Stadium critical stage
kritisieren criticize
Kuhhandel horse trading
kulant accommodating
Kulanz-Gewährleistung accommodation warranties
Kulanzentschädigung ex gratia payment
kultiviert sophisticated
kumulative Erbschaftsteuer accessions tax
kumulierte Reichweite accumulated coverage
kumulierter Jahresgewinn cumulative annual net cash savings
Kumulierungsbereich accumulation area
kündbar callable
kündbare Rente terminable annuity
kündbare Vorzugsaktien called preferred stock
Kündbarkeit terminability

Kunde client, customer
Kunden besuchen call on a client
Kunden entgegenkommen nurse an account
Kundenabrechnung customer accounting
Kundenakquisition account development
Kundenanpassung customization
Kundenanzahlung customer prepayments, customer's deposit
Kundenanzahlungen advances received
Kundenauftrag customer order
Kundenberater account representative, adviser to customers
Kundenbetreuer account executive, account manager, account representative
Kundenbetreuung account management
Kundendepot third-party securities account
Kundendichte account density, customer
Kundendienst after-sales service, service
Kundeneinlagen client deposits, customer deposits, primary deposits
Kundenfinanzierung customer financing
Kundenkonto customer account, sales-account
Kundenkreditkarte charge card
Kundenkreditkonto budget account
kundenorientierte Gliederung customer orientated classification
Kundenprofil account profile
Kundenskonto discount allowed
kundenspezifisch customized
Kundenstruktur customer structure
Kundentreue customer loyalty
Kundenüberweisung customer transfer
Kundenverhalten customer attitude
Kundenzufriedenheit customer satisfaction
kündigen bring to the notice, call, call in, give notice of termination, opt out, quit, resign
Kündigung notice, notice of dismissal, notice to quit, separation, termination
Kündigung der gesamten Anleihe absolute redemption call
Kündigung zum marktgängigen Zins at the market call
Kündigungsfrist notice period, period of notice, term of notice, withdrawal notice, withdrawal period
Kündigungsgeld deposit at notice
Kündigungsgelder deposits at notice
Kündigungsgrund cause for termination
Kündigungsklausel call provision, call-in provision, notice clause
Kündigungskonto notice account
Kündigungsrecht call privilege, cancellation privilege
Kündigungsrecht des Emittenten issuer call option
Kündigungsschutz call protection, dismissal protection, protection against dismissal

Kündigungssperrfrist noncalling period
Kündigungstermin call-in date
Kündigungsverzicht waiver of right of termination
künstlich gestützte Währung pegged currency
künstliches Hochbieten bidding up
Kunststoff plastic
Kuppelkalkulation joint-product costing
Kuppelproduktion joint-product production
Kurs price, quoted price
Kurs alter Aktien market price
Kurs am freien Markt open rate
Kurs aussetzen suspend a quotation
Kurs durch Leerverkäufe nach unten drücken hammer the market
Kurs gestrichen no dealings
Kurs im Freiverkehr wholesale price
Kurs-Gewinn-Verhältnis earnings multiple, price earnings ratio, times earnings
Kursabfall price decline
Kursabschlag markdown
Kursabschwächung easing of prices, sagging of prices
Kursänderung change of rates
Kursanomalien nutzen aberration
Kursanstieg market advance, rise in market prices, rise in price markets, upturn
Kursanzeiger teleregister
Kursausschläge price fluctuations
Kursbefestigung firming up of prices
Kursberichtigung von Wertpapieren writedown of securities portfolio
Kursbewegung movement in prices
Kursbildung price making
Kursdifferenz exchange difference
Kursdruck downward pressure on prices
Kursdurchschnittsverfahren dollar cost averaging
Kurse drücken bear stocks, raid
Kurse zurücknehmen mark down prices
Kurseinbuße loss on exchange
kursempfindliche Information price-sensitive information
Kursentwicklung movement in prices, price performance
Kursentwicklung nach Emission aftermarket performance
Kurserholung market rally, price rally, rally in prices
Kursexplosion am Aktienmarkt zooming stock prices
Kursfestsetzung rate fixing
Kursfeststellung price determination
Kursfixierung official pegging
kursfristige Verbindlichkeiten floating debt
kursfristiges Gleichgewicht short-run equilibrium

Kursgebühr tuition fee
Kursgefälle exchange rate differential, price differential
Kursgefüge security price structure, structure of market rates
kursgesichert covered forward
kursgesicherte Devisen rate-hedged foreign exchange
kursgesicherte Transaktion covered transaction
Kursgewinn exchange gain, gain, market profit, stock price gain, takeout
Kursgewinne price gains
Kurshöhe price level
Kursintervention exchange intervention, price intervention
Kursklausel exchange clause
Kurskorrektur market correction
Kurskorrektur nach unten downward price adjustment
Kurslimit price limit
Kursliste share list
Kursmakler an der Warenbörse commodities broker
Kursmanipulation market rigging
Kursniveau issue level, level of prices, price level, rate level
Kursnotierung market quotation, price quotation, quotation, quoted price, share quotation, stock exchange price
Kursnotierung für jeden Abschluss dealing by making a price
Kursnotierungssystem price reporting system
Kursnotiz market quotation, price quote
Kurspflege price management, stabilization of prices
Kurspflege-Aktionen price support operations
Kursrechnung bond valuation
Kursrisiko exchange risk, price risk
Kursrücknahme price markdown
Kursschwankungen fluctuations of the market, price swings, rate fluctuations, swings, ups and downs of the market
Kurssicherung commercial covering, covering, exchange hedging, hedge, rate hedging, rate support, tender to contract cover
Kurssicherung am Devisenmarkt forward exchange cover
Kurssicherungsgeschäft rate hedging deal
Kurssicherungskosten cost of exchange cover, hedging cost, rate hedging cost
Kurssicherungsmaßnahmen currency risk management
Kursspanne difference in quotations, exchange difference, price range, range of prices, rate
Kurssprünge jump in prices
Kursstabilisierung market stabilization, stabilization of prices

Kursstabilisierungsmaßnahmen official support
Kursstabilität stability of prices
Kurssteigerung price advance
Kurssteigerung aufweisen show an advance
Kurssturz fall, plunge, plunge in prices
Kursstützung price maintenance, price pegging, price stabilization, price support
Kursstützungskäufe price supporting purchases
Kurstabelle stock market table
Kurstafel marking board, quotation board
Kurstreiberei ballooning, share pushing
Kursunterschied margin, net change
Kursverfall price collapse
Kursverlauf price movement
Kursverlust exchange loss, loss on price, price loss
Kursverlustsicherung insurance against loss by redemption
Kurswert market value, quoted value
Kurszettel list of quotations, price list, quotations sheet
Kursziel upside target
Kurszuschlag carrying-over rate, continuation rate
Kurve konstanter Ausgaben constant outlay curve
Kurzanschrift abbreviated adress
Kurzbericht brief
kurze Abwärtsbewegung downward blip
kurze Laufzeit short maturity
kürzen abbreviate, abridge, curtail, cut back, retrench
Kurzfassung abridge, abridged version, abbreviated version, abstract
kurzfristig at short notice, in the short run, over the short term, short-range, short-run, short-term
kurzfristig ausleihen lend short term
kurzfristig fälliger Wechsel short bill
kurzfristig lieferbar available at short notice
kurzfristige Anleihe short bond
kurzfristige Ausleihungen short-term lendings
kurzfristige Effekte short-run effects
kurzfristige Einlagen deposits at short notice, short deposits, short-term deposits
kurzfristige Erwartung short-term expectation
kurzfristige Finanzanlage cash funds
kurzfristige Finanzierung short-term financing
kurzfristige Finanzplanung administrative budget, short-term financial planning
kurzfristige Geldmarktpapiere commercial paper, short-term paper
kurzfristige, hochliquide Anlagen near cash
kurzfristige Kapitalanlage short-dated investment of funds, temporary investment of funds
kurzfristige Konjunkturprognose short-term economic forecast
kurzfristige Kreditaufnahme short-term borrowing
kurzfristige Liquidität current liquidity ratio
kurzfristige Liquiditätsplanung cash budgeting
kurzfristige Liquiditätssteuerung cash management
kurzfristige Mittel short-term funds
kurzfristige Planung short-term planning
kurzfristige Regierungsanleihe short tap
kurzfristige Schuldverschreibung short note
kurzfristige Schuldverschreibungen short-dated bonds, short-term bonds
kurzfristige Staatspapiere government bills, short gilts
kurzfristige Verbindlichkeiten current liabilities
kurzfristige Vermögensgegenstände current assets
kurzfristige Zinsen short-term interest rate
kurzfristiger Angebotspreis short-period supply price
kurzfristiger Bereich short end
kurzfristiger Betriebsmittelkredit short-term operating credit
kurzfristiger Erfolgszwang pressure to make short-term profits
kurzfristiger Kredit short loan, short-term loan
kurzfristiger Kredit (zweckgebunden) transaction loan
kurzfristiger Kreditbedarf short-term borrowing requirements
kurzfristiger Planabschnitt short-range budget period
kurzfristiger Schatzwechsel anticipation warrant
kurzfristiger Schuldschein short note
kurzfristiger Währungsbeistand short-term monetary support
kurzfristiges Darlehen accommodation
kurzfristiges Fremdkapital short-term liabilities
kurzfristiges Geld money at call and short notice
kurzfristiges Geldmarktpapier short exchange
kurzfristiges Gleichgewicht short-period equilibrium
kurzlaufender britischer Staatstitel short gilt
Kurzläufer short-dated bonds
Kurzläuferrendite yield on shorts
kurzlebige Konsumgüter perishable consumer goods
kurzlebige Verbrauchsgüter soft goods
kurzlebige Wirtschaftsgüter consumer disposables

351

Kurzprospekt offering circular
Kürzung abatement, commitment, curtailment, cutback, diminution, retrenchment, scale-down, abridgement
Kürzungen von Sozialleistungen cuts in social benefits
Kurzzielbestimmung definition of short-term objectives

L

labil unstable
lächerlich gering chicken feed
Ladegebühr loading charges, railroad loading charge
Ladegeld loading charges, railroad loading charge
Ladegut cargo
Ladekosten lading charges, loading charges
Ladeliste cargo manifest
Ladenhüter cats and dogs, dud stock, nonmoving item
Ladenkasse cash box
Ladenpreis retail price
Lage location, situation
Lagebericht advices, status report
Lager store
Lager auffüllen rebuild inventory
Lager räumen close out
Lagerabbau liquidation of inventories
Lagerabgangsrate rate of usage
Lageraufnahme physical inventory
Lagerbestand firm's inventory, goods on hand, inventory
Lagerbestände resources
Lagerbestandsbilanz balance of stock
Lagerbewertung valuation of inventory
Lagerbuch stock book
Lagerdauer days of inventories
Lagerfehlbestand inventory deficiency
Lagergebühren warehouse charges
Lagergeld demurrage, warehouse charges
Lagerhalte-Darlehen warehouse loan
Lagerhaltungskosten inventory holding costs
Lagerkennzahlen inventory turnover ratios
Lagerkonto asset account, stock-account, warehouse account
Lagerkonto, Vorräte inventory account
Lagerkosten holding costs, inventory carrying cost, storage costs, storing charges, warehousing costs
Lagermiete storage rent
Lagerschein warehouse bond, warehouse receipt
Lagerspesen storing expenses
Lagerumschlag inventory turnover
Lagerzettel bin card
Landbesitz landed property
Landegebühren landing fee
Länderrating country rating
Länderrisiko sovereign risk
Länderrisikoanalyse country rating, country risk
landesweit nationwide
landwirtschaftliche Preise farmgate prices
Landzusammenlegung merger of land

längerfristiges Kreditgeschäft term lending
langfristig in the long run, long term, over the long haul, over the long term
langfristig anlegen invest long term
langfristig ausleihen lend long term
langfristige long-run
langfristige Anlage long-dated investment
langfristige Anleihe long-term bond
langfristige Ausleihung money loaned long-term
langfristige Ausleihungen long-term lendings
langfristige Beschäftigung long-term employment
langfristige Darlehen fixed loan, long-term debt
langfristige Durchschnittskosten long-run average cost
langfristige Emission long-dated issue
langfristige Erwartung long-term expectation
langfristige Finanzanlagen long-term investments
langfristige Finanzierung long-term financing
langfristige Finanzierungsmittel long-term funds
langfristige Forderungen long-term receivables
langfristige Immobilienfinanzierung take-out loan
langfristige Industrieschuldverschreibungen long-term corporates
langfristige Investitionen capital investments
langfristige Kapitalanlage fixed investment
langfristige Kreditlücke long-term credit gap
langfristige Planung long-range planning, long-term planning
langfristige Rentabilität long-term profitability
langfristige Schatzanweisungen long-tap stock
langfristige Staatspapiere treasury stock
langfristige Verbindlichkeiten deferred liability, fixed indebtedness, fixed liabilities, noncurrent liabilities
langfristige Vereinbarung long-term settlement
langfristige Verträge long term contracts
langfristiger Bereich long end
langfristiger Effekt long-run effect
langfristiger Kredit long-term loan
langfristiger Plan long-term plan
langfristiger Planabschnitt long-range budget period
langfristiger Vertrag long-term contract
langfristiger Zinssatz long-term interest rate
langfristiges Darlehen long-term loan
langfristiges Darlehen mit Höchstzinssatz cap loan
langfristiges Fremdkapital long-term liabilities

langfristiges Kreditgeschäft long-term loan business
Langläufer Rendite long-term yield on bonds
Langläuferrendite yield on longs
langlebige Wirtschaftsgüter consumer durables
langsam anziehen edge up
langsam fallen drift
langsam größer werden mount up
langwierig protracted
Langzeit-Liefervertrag take-and-pay contract
lastenfreier Erwerb acquisition free from encumbrances
Lastenheft specification sheet, tender specifications
Lastenteilung burden-sharing
lästig interfering
Lastschrift debit entry
Lastschriftanzeige advice of debit, debit advice
Lastschriftanzeige, Belastungsaufgabe debit note
Lastschriftbeleg debit voucher, direct debit slip
Lastschriftverfahren debit charge procedure, preauthorized transfer
Lastschriftverkehr direct debiting transactions
Lastschriftzettel debit slip
latente Steuern deferred taxes
Lauf der Dinge trend of events
Laufbursche running
laufend open
laufend nummerieren number consecutively
laufende Aufwendungen current expenses
laufende Beträge current income
laufende Dividende regular dividend
laufende ergänzende Kosten current supplementary cost
laufende Erträge current returns
laufende Inventur perpetual inventory method
laufende Kosten overhead capital
laufende Periode instantaneous period
laufende Verbindlichkeit floating liability
laufende Verzinsung current coupon
laufende Zuschüsse current transfers
laufender Devisenkurs exchange current
laufender Geschäftsbetrieb day-to-day business
laufendes Budget current budget
laufendes Konto checking account, continuing account, current account, running account
Laufzeit continuance, currency, length of time to maturity, life, life span, maturity, maturity period, run time, running time, time to maturity, time to run
Laufzeit eines Wechsels term of a bill, term of maturity
Laufzeitende option expiration date
Laufzeitverlängerung maturity extension
Laufzettel docket, procedure log sheet, tracer
laut according to

Leasing leasing
lebendes Inventar livestock
Lebensdauer life
Lebenserwartung life expectancy
Lebensfähigkeit viability, viable
Lebenshaltungsindex cost of living index
Lebenshaltungskosten cost of living, living cost
Lebenslauf curriculum vitae
Lebensstandard economic standard, living standard
Lebensunterhalt sustenance
Lebensunterhalt verdienen earn one's keep
Lebensversicherung auf Todesfall ordinary life insurance
Lebensversicherungspolice endowment insurance policy
lebenswichtiger Bedarf necessities of life
Lebenszyklus life cycle
Lebenszykluskonzept life cycle concept
lebhaft active
lebhaft gefragte Aktien glamour stocks
lebhaft gehandelt actively traded
lebhaft gehandelte Aktien active stocks
lebhaft gehandelte Wertpapiere active securities
lebhafte Konkurrenz active competition
lebhafte Nachfrage active demand
lebhafte Umsätze broad market
lebhafter Geldmarkt active money
lebhafter Handel active trading, broad market
leerverkaufen bear the market
Leergewicht dead weight
Leergut empties
Leerkosten idle capacity cost, negative volume variance, unabsorbed overhead
Leerkostenanalyse idle capacity cost analysis
Leerladung loading
Leerpackung empty package
Leerverkauf against the box, bear sale, sale against the box, uncovered sale
Leerverkäufe bear raiding, sell a bear, selling short
leerkaufen sell short
Leerverkäufer short seller
Leerverkaufsposition short position, short sale
leerverkaufte Aktien shorts
Leibrente annuity for life, life annuity
leicht abgeschwächt slightly lower
leicht erholt slightly higher
leicht erzielter Gewinn velvet
leicht gefallen off a bit
leicht nachgebend slightly easier
leicht verständlich easy-to-follow
leicht zurückgegangen off a bit
leichte Arbeit soft job
leichte Beschaffung von Fremdkapital ease of borrowing money
leichte Erholung slight rally

leichte Inflation moderate inflation
leichter Absatz ready sales
leichter Kursabfall downtick
leichter Kursanstieg uptick
leichter nach anfänglichen Kursgewinnen easier after early gains
leichtes Geld easy money
leichtgläubiger Käufer barefoot pilgrim
leichtverdientes Geld easy money
Leih-Pacht-Gesetz lend-lease act
Leiharbeit loan employment
Leiharbeitskraft loaned employe
Leihdevisen short-term currency borrowings
leihen borrow
Leihgebühr rental rate
Leihkapital loanable capital/funds
Leihkosten des Kapitals rental cost of capital
leihweise as a loan, on loan
leisten accomplish
Leistung achievement, efficiency, performance
Leistung Zug um Zug contemporaneous performance
Leistungsabfall drop in performance
Leistungsabweichung capacity variance
Leistungsanalyse performance analysis
Leistungsanforderung performance requirement
Leistungsanreiz inducement
Leistungsausgaben expenditure on benefits
Leistungsberechtigung eligibility for benefit
Leistungsbereitschaft willingness to achieve
Leistungsbericht performance report
Leistungsbeschreibung specification sheet
Leistungsbeurteilung merit rating, performance rating
Leistungsbewertung appraisal of results, performance evaluation, rating
leistungsbezogener Lohn efficiency wages
leistungsbezogenes Rentensystem pension system geared to contributions
Leistungsbilanzüberschuss surplus on current account
Leistungsdenken emphasis on efficiency, performance orientation
Leistungsdiagramm performance chart
Leistungsdokumentation performance documentation
Leistungseinkommen productive income
Leistungsempfänger recipient of services
Leistungsfähigkeit efficiency, efficient, potential, productivity
Leistungsgarantie maintenance bond
leistungsgerechte Entlohnung performance-based remuneration
Leistungsgesellschaft achievment-oriented society, performance-oriented society
Leistungsgrad performance level, rate of working

Leistungsgruppe performance group
Leistungskurve performance curve
Leistungslohn incentive pay, incentive wage, merit pay
Leistungsmerkmal performance attribute
Leistungsmessung performance measurement
Leistungspotenzial performance capabilities
Leistungsprämie efficiency payment, incentive bonus, merit bonus, performance bonus
Leistungsprinzip achievement principle, performance principle
Leistungsprofil performance specification
Leistungsrechnung results accounting
Leistungsstand level of performance
Leistungsstandard performance standard
Leistungssteigerung increase in efficiency
Leistungssystem competitive system
Leistungsüberprüfung performance review
Leistungsverlust loss of efficiency
Leistungsverrechnung charge resulting from services
Leistungsverweigerung withholding of performance
Leistungsverzeichnis bill of quantity
Leistungsverzug delay in performance
Leistungsvorgabe performance target
Leistungswille will to achieve
Leistungsziel performance objective
Leistungszulage efficiency bonus, incentive bonus, proficiency pay
Leitartikel editorial
Leitemission bellwether bond
leitende Angestellte executive staff
leitende Position executive position
leitender Angestellter executive
Leiter der Buchhaltung booking manager
Leiter der Finanzabteilung treasurer
Leiter der Personalabteilung personnel manager
Leiter, Revisor controller
Leitkurs central exchange rate, central rate
Leitlinien guidelines, guideposts, guiding principle
Leitstudie pilot study
Leitung administration, running
Leitungsausschuss executive committee
Leitungsgremium executive committee
Leitungsorgan administration organ of corporation
Leitungsspanne span of control
Leitungstiefe managerial depth
Leitwährung key currency, vehicle currency
Leitzins key interest rate, key lending rate, prime rate
lenken channel
Lenkungsausschuss steering committee
letzte Mahnung final reminder
letzte Rate final installment

letzte Ratenzahlung terminal payment
letzten Endes ultimately
letzter Kurs market price
letzter Termin cutoff date, last day
letzter Zahlungstermin final date of payment
letztes Gebot last bid
Letztgebot last offer
Leverage-Effekt capital gearing
liberalisieren liberalize
Liebhaberpreis fancy price
Lieferantenbuch accounts payable ledger
Lieferantenkredit supplier credit, trade credit
lieferbar ready for delivery
Lieferbedingungen terms of delivery
Lieferbereitschaft customer service level
Lieferdatum delivery date
Lieferer-Skonto discount earned
Liefererskonto discount earned
Lieferfrist time of delivery
Liefergebühr charge for delivery
Lieferkosten charge for delivery, delivery charges
Liefermenge batch
liefern deliver
Liefernachweis proof of delivery
Lieferort place of delivery
Lieferpreis price of delivery
Lieferschein bill of sale
Liefersperre refusal to sell
Liefertag delivery day
Liefertermin contract horizon, date of delivery, delivery date, time of delivery
Liefertermin einhalten meet a delivery date
Lieferung delivery
Lieferung frei Haus delivery free domicile
Lieferung gegen Nachnahme cash basis delivery
Lieferung gegen Zahlung delivery vs. payment
Lieferung und Zahlung am Abschlusstag cash delivery
Lieferungs- und Zahlungsbedingungen terms and conditions, terms of payment and delivery
Lieferverzögerung delay in delivery
Lieferverzug default of delivery
Lieferzeit period of delivery
Lieferzeitpunkt delivery date
Liegegebühr im Hafen harbor dues
Liegegeld demurrage
Liegenschaft landed property
Liegenschaften properties
Liegezeit idle time
Limit überschreiten overshoot a limit
limitierter Auftrag limited price order
limitierter Kurs limited price
limitierter Preis limited price
limitierter Verkaufsauftrag selling order at limit
Limitpreis limit price
Limitpreis-Order limit order
linear across the board

lineare Abschreibung life period method of depreciation, straight line depreciation
linearer Abschreibungssatz straight line rate
linearer Abzahlungssatz fixed installment rate
Linienfunktion line function
Linienmanagement line management
Linienorganisation line organization
Liquidation liquidation, note of fees, winding up
Liquidationsantrag petition to wind up
Liquidationsbilanz realization account, winding-up balance sheet
Liquidationsgewinn winding-up profit
Liquidationskurs settlement price in forward trading
Liquidationsmasse assets under liquidation
Liquidationstermin account day, stock exchange settlement day
Liquidationstermine settlement days
Liquidationsvergleich settlement of liquidation
Liquidationswert break-up point, breakup value, liquidating value, net asset value
liquide liquid
liquide bleiben stay solvent
liquide Mittel cash and cash items, cash assets, liquid balance, liquid funds
liquide Mittel erwirtschaften generate cash
liquider Nachlass solvent estate
liquidieren liquidate, put into liquidation, sell off
Liquidität business solvency, financial solvency, liquidity
Liquidität 1. Grades cash ratio, primary liquidity
Liquidität dritten Grades current ratio
Liquidität ersten Grades absolute liquidity ratio, acid test, acid test ratio, quick asset ratio
Liquidität im Überfluss abounding liquidity
Liquidität zweiten Grades net quick ratio, quick ratio
Liquiditätsabschöpfung absorption of excess liquidity, absorption of liquidity
Liquiditätsanspannung strain on liquidity
Liquiditätsausweitung expansion of liquidity
Liquiditätsbedarf liquidity requirements
Liquiditätsbereitstellung supply of liquidity
Liquiditätsbeschränkung liquidity constraint
Liquiditätsdecke extend of liquidity
Liquiditätsdefizit shortfall of liquidity
Liquiditätseffekt availability effect
Liquiditätsengpass liquidity bottleneck, liquidity squeeze
Liquiditätsentzug liquidity drain
Liquiditätserhaltung maintenance of liquidity
Liquiditätsfaktor cash turnover ratio
Liquiditätsfalle liquidity trap
Liquiditätsgarantie debt service guaranty
Liquiditätsgrad degree of liquidity, liquid ratio, liquidity ratio
Liquiditätskennzahl liquid asset ratio

Liquiditätsklemme cash bind, liquidity squeeze
Liquiditätsknappheit cash shortage, lack of cash
Liquiditätskoeffizient working capital ratio
Liquiditätskosten cost of liquidity
Liquiditätskrise liquidity crisis
Liquiditätslage cash position, liquidity position
Liquiditätsnachfrage demand for cash balances
Liquiditätsplanung liquidity planning
Liquiditätspolitik liquidity policy
Liquiditätsprämie liquidity premium
Liquiditätsprüfung liquidity audit
Liquiditätsquote liquidity ratio
Liquiditätsreserve liquidity reserve
Liquiditätsreservehaltung liquidity reserve management
Liquiditätsreserven liquid reserves
Liquiditätsschwierigkeiten cash pressures, cash-starved, financial hot water, financial trouble
Liquiditätssicherung maintenance of liquidity
Liquiditätsspritze cash injection
Liquiditätsstatus cash and debt position
Liquiditätssteuerung asset management, liquidity controlling
Liquiditätsüberhang monetary reserve
Liquiditätsüberschuss cash surplus, surplus cash, surplus cash resources
Liquiditätsumschichtung switch of liquidity
Liquiditätsverhältnis liquidity ratio
Liquiditätsverknappung shortage of liquidity
Liquiditätsvorliebe liquidity preference
liquiditätswirksamer Ertrag cash flow
Liste aufstellen compile a list, draw up a list
Liste der im Freiverkehr gehandelten Schuldverschreibungen yellow list
Liste hochklassiger Wertpapiere approved list
Listengrundpreis basic list price
Listenpreis list price, scale rate
Listenpreise scheduled prices
Lizenz licence
Lizenzeinnahmen income from royalties, income under license agreement
lizenzfreie Einfuhren imports on general licence
Lizenzgeber grantor of a licence, licensor
Lizenzgebühr licence fee, royalty
Lizenzgebühren royalty payments
Lizenzinhaber licence holder
Lizenznehmer licensee
Lizenzvereinbarung licence agreement
Lizenzvergabe franchising
Lizenzvertrag licence agreement
LM-Kurve liquidity-money curve
Lock-Zinsen teaser interest rates
Lockerung der Geldpolitik relaxation of monetary policy
logisch valid
Logistik logistics
Logistikkosten logistics costs

Logistiksystem logistics system
Lohn earnings, wage
Lohn-, Tarifverhandlung wage negotiation
Lohn- und Gehaltsabrechnung payroll accounting
Lohn- und Gehaltskonten retail customer accounts
Lohn- und Gehaltskonto wage and salary account
Lohn- und Gehaltsvorschüsse wage and salary advances
Lohn- und Gehaltswesen wage and salary administration
Lohnabrechnung wage statement
Lohnabschlag wage advance
Lohnabschluss pay deal
Lohnabschwächung fall in wages
Lohnabtretung assignment of wages
Lohnabzugsverfahren checkoff system
Lohnanpassung wage adjustment
Lohnarbeit contract processing
Lohnarbeit, -veredelung job processing
Lohnauftrag farming-out contract
Lohnauseinandersetzung wage dispute
Lohnausfall loss of wage
Lohnausgleich wage adjustment
Lohnauszahlungsbeleg payroll voucher
Lohnberechnung payroll computation
Lohnbestandteil wage component
Lohnbuchhalter payroll clerk, salary administrator
Lohnbuchhaltung payroll department, personnel accounting
Lohnbüro pay office, payroll department
Löhne und Gehälter wages and salaries
Lohnempfänger payroller, wage earner
lohnend worthwhile
Lohnentwicklung behavior of wages
Lohnerhöhung wage increase, wage raise
Lohnfonds wage funds
Lohnforderung wage claim, wage demand
Lohnform payment system
Lohngefälle earnings gap
Lohngemeinkosten indirect labor costs
Lohngruppe wage group
Lohnindexierung wage indexation
Lohnkonto pay account
Lohnkontrollen wage controls
Lohnkosten labor cost, wage costs
Lohnleitlinien wage guideposts
Lohnliste pay roll, pay sheet
Lohnnebenkosten payroll fringe costs, wage incidental costs
Lohnniveau wage level
Lohnpfändung garnishment of wages
Lohnpolitik pay policy, wages policy
Lohnrechnung wage bill

Lohnrückstände wage arrears
Lohnskala scale of wages
Lohnspanne wage spread
Lohnsteuer wage tax
Lohnsteuer-Richtlinien wage tax regulations
Lohnsteuerabzug wage tax withholding, withholding income tax
Lohnsteuerabzugsverfahren pay system
Lohnsteueraußenprüfung wage tax field audit
Lohnsteuerbescheinigung certificate of wage tax deduction
Lohnsteuerfreibetrag wage earners' tax allowance
Lohnsteuerkarte employe's wage tax card, wage tax card
Lohnsteuerpflicht wage tax liability
lohnsteuerpflichtige Beschäftigung employment subject to wage tax
lohnsteuerpflichtige Einkünfte income subject to wage tax
Lohnsteuerprüfung wage tax audit
Lohnsteuerrückerstattung wage tax refund
Lohnsteuertabelle wage tax table, wage tax withholding table
Lohnstopp wage freeze
Lohnsumme aggregate wages and salaries, wage bill, wage total
Lohntabelle scale of wages, wage schedule
Lohntüte pay packet
Lohnveredelung contract processing
Lohnverhandlungen wage bargaining
Lohnverschiebung earnings drift
Lohnvorschuss advance on wage
Lohnzulage additional pay, additional wage
Lohnzuschlag premium pay(ment)
Loko-Kontrakt spot contract
Lokopreis spot price

lombardfähig acceptable, acceptable
lombardierte Effekten pawned securities
lombardierte oder beliehene Darlehen collateral securities
Lombardkredit advance against security, central-bank advance against security, securities collateral loan
Lombardsatz lombard rate, minimum lending rate
Londoner Interbanken Angebotssatz (LIBOR) London Interbank Offering Rate
Londoner Interbanken-Angebotssatz Libor
Londoner Warenbörse London Commodity Exchange
löschen expunge, extinguish
Löschungskosten landing charges, unloading charges
Losgröße batch size, lot quantity, lot size
Lösung solution
Lösungsentwurf draft solution
Lösungsmodel solution model
Lösungsraum solution space
Lotsengeld pilotage fee
Lücke gap
Lücke schließen plug a gap
Lückenbüßer stopgap
Luftexpressfracht air express
Luftfrachtgeschäft air freight forwarding
Luftfrachtkosten air freight charge
Luftposttarif airmail rate
Luftverschmutzung air pollution
lukrativ lucrative, remunerate
lustlos sluggish, stale
lustloser Beginn dull start
lustloser Handel sluggish market
lustloser Markt dull market
lustloses Geschäft dull trading

M

Machbarkeitsstudie feasibility study
Macher performer
Macht clout, power
Machtbereich sphere of influence
mächtig powerful
Machtverteilung distribution of power
Mahnbrief reminder
Mahnschreiben debt collection letter, dunning letter, reminder
Mahnschreiben, Mahnbrief collection letter
Mahnung application for payment, dun
Makler broker, packager
Makler auf eigene Rechnung pit trader
Makler für Festverzinsliche active bond crowd
Maklerabrechnung broker's statement
Maklerabschluss brokered trade
Maklerfirma brokerage firm, brokerage house
Maklergebühr broker's charges, brokerage cost
Maklergeschäft brokerage
Maklerkredit broker's loan, street loan
Maklerprovision broker's commission
Maklerstand pit
Maklervertrag brokerage contract
Mammutfusion jumbo merger
Mandant mandator
Mangel absence, dearth, defect, deficiency, fault, lack, need, shortage, shortcoming
Mangel an Bargeld cash shortage
Mangel an Finanzierungsmöglichkeiten want of finance
Mängel beseitigen remedy defects
Mängelanzeige letter of complaint
mangelhaft defective, deficient
Mängelhaftung liability for defects
mangelnde Ersparnis deficiency of saving
Mängelrüge claim letter, complaint, customer complaint, letter of complaint, notice of defect, notification of defect
mangels Annahme in default of acceptance
mangels einer schriftlichen Vereinbarung absence of a written agreement
Mangelware scarce commodity, scarcity
Manipulation accounting gimmick
Manteltarifabkommen master agreement
manuelle Buchung manual posting
manuelle Fertigung hand assembly
marginale Gewinnerzielung margin convenience yield
marginale interne Ertragsquote marginal internal rate of return
marginale Refinanzierungskosten marginal cost of funds

Marketingkosten marketing costs
Markt abschöpfen skim the market
Markt für kurzfristige Mittel/Geldmarktpapiere institutional market
Markt für Kurzläufer short end
Markt für Langläufer long end of the market
Markt für Neuemissionen new issue market
Markt für öffentliche Güter political market
Markt für Staatspapiere gilt-edged market
Markt für Wertpapierpensionsgeschäfte repurchase market
Markt mit stabiler Preisentwicklung firm market
Markt mit starken Schwankungen jumpy market
Markt sättigen satiate the market
Marktangebot market offering
Marktanteil market coverage, market share
Marktbefestigung market stabilization
marktbeherrschendes Unternehmen dominant firm
Marktbeobachter market observer
Marktbeobachtung market surveillance
Marktbewegungen movements of a market
Marktbewertung market assessment
Marktelastizität market flexibility
Marktentwicklung antizipieren discount the market
Markterholung market recovery
marktfähig marketable
Marktfinanzierung external financing, raising finance from the public
marktgängiges Wertpapier open market paper
Marktkapitalisierung market capitalization
Marktlücke market niche
Marktmachtmissbrauch abuse of market power
Marktpflegekäufe market regulation purchases
Marktpflegeverkäufe market regulation sales
Marktportfolio market portfolio
Marktposition market position
Marktpreis fair market value, going price, market price, ruling price
Marktpreisbildung formation of market prices
Marktregulierung regulation of the market
Marktrenner blockbuster product
Marktsättigung saturation of market
Marktschwäche market weakness, weak market
Marktsteigerung rising market
Marktstellung market position
Marktstruktur market setup
markttechnisch bedingter Kursrückgang disappreciation
markttechnischer Kursrückgang technical decline

359

Markttransparenz perfect market knowledge
Marktüberwachung market scrutiny
marktübliche Rendite fair return
Marktverfall declining market
Marktverzerrung distortion of market
Marktvolumen size of the market
Marktwert market value
Marktzersplitterung market fragmentation
Marktzins current interest rate, loan rate
Marktzinsen market-related interest rates
Marktzinssatz market interest rate, market rate of interest
Marktzutritt entry
marodes Unternehmen moribund company
maschinelle Anlagen machinery
maschinelle Buchung machine posting
Maschinenbuchhaltung machine accounting
Maschineninstandhaltung machinery maintenance
Maschineninstandhaltungskosten machinery maintenance cost
maschinenlesbar machine-readable
Maschinenpark machinery
Maschinenstunden machine hours
Maschinenstundensatz machine hour rate
Maschinenwerte engineerings, mechanical engineering shares
Maß measurement
Masseforderung claim against a bankrupt's estate
Maßeinheit measurement
Massenentlassung mass dismissal
Massenfertigung large-scale production
Massengeschäft bottom lines, volume business
Massengläubiger unsecured creditor
Massenüberweisungen bulk credit transfers
maßgebend prevailing
Maßgeblichkeitsgrundsatz authoritative principle
mäßig moderate
mäßige Umsätze moderate trading
maßlos exorbitant
Maßnahme provision, step
Maßnahme rückgängig machen cancel a measure
Maßnahmen einstellen suspend actions
Maßnahmen ergreifen take measures
Maßnahmenplanung action planning
Maßstab scale, standard, yardstick
Maßstandard standard of measurement
Maßzahl statistic
Maßzahl einer Stichprobe sample statistic
Material- und Herstellungsfehler faulty material and workmanship
Materialaufwand und Aufwand für bezogene Leistungen cost of materials and purchased services

Materialentnahme withdrawal of material
Materialgemeinkosten materials handling overhead
Materialgemeinkostensatz materials overhead rate
Materialknappheit shortage of material
Materialkosten cost of materials
Materialkostenanteil share of materials cost
Materialkostenplan material budget
Materialliste bill of materials
Materialverbrauch consumption of material, materials usage
Materialverbrauchsplan materials usage plan
Materialzuschlag materials overhead rate
materielle Güter physical assets
materielle Lebenslage economic wellbeing
materielle Leistungen tangible benefits
materielle Vermögenswerte tangible assets
materielle Zuwendungen tangible benefits
Mauschelei skulduggery
Maut toll
maximal zulässige Kursfluktuation daily trading limits
Maximalbelastung ultimate strain
maximaler Gewinnerwartungswert maximum earning capacity value
Maximierung des Gegenwartswegs present value maximization
Maximierung unter Nebenbedingungen constraint maximization
Medio-Liquidation mid-month settlement
Medioabrechnung forthnightly settlement, mid-month settlement
Megafusion megamerger
Mehrausgaben excess expenditure, extra expense
Mehrbedarf increase demand
Mehrbelastung overcharge
Mehrbetrag excess, surplus
Mehrerlös excess sales revenue
Mehrertrag acquired surplus, extra proceeds, increment
Mehrfachbesteuerung recurrent taxation
Mehrfachstimmrecht multiple voting
Mehrgewinn additional profit
Mehrheit majority, plurality
mehrheitlich beteiligt majority-owned
Mehrheitsaktionär controlling shareholder, controlling stockholder, majority shareholder, majority stockholder
Mehrheitsanteil majority interest
Mehrheitsbeschluss majority vote
Mehrheitsbeteiligung controlling interest, controlling shareholding, key shareholding, majority holding, majority interest, majority shareholding
Mehrkosten cost overrun, extra cost
mehrschichtig multilayered

Mehrstimmrecht cumulative vote
Mehrstimmrechtsaktien management stock, multiple voting stock
mehrstufig multi-stage
mehrstufige Stichprobe nested sample
Mehrungen auf der Aktivseite additions to assets
Mehrwert surplus value
Mehrwertsteuer (MwSt) value added tax (VAT)
mehrwertsteuerbefreit zero rated
Mehrwertsteuerbefreiung zero rating
Mehrwertsteuerbeleg VAT certificate
Meinung opinion
Meinungsaustausch exchange of views
meinungsbildend opinion-forming
Meinungsbildner opinion maker
Meinungsforschung opinion research
Meinungsführer opinion leader
Meinungsumfrage opinion poll, opinion survey, poll
Meinungsverschiedenheit disagreement
meist gehandelte Werte most active issues
Meistbegünstigung conditional most-favored-nation treatment
meistbietend verkaufen sell to the highest bidder
Meistbietender best bidder, highest bidder, highest bidding
Meldebestand reordering quantity
Meldeeffekte reporting effects
melden notice
Meldepflicht duty to report
meldepflichtig notifiable, subject to reporting requirements
Meldung notification
Menge amount, batch, pile, quantity
Menge von Handlungsalternativen set of action alternatives
Mengenbegrenzung quantitative restriction
Mengenbeschränkung quantity restriction, quota restriction
Mengeneffekt volume effect
mengenmäßig by volume, in terms of volume
mengenmäßige Nachfrage physical demand
mengenmäßiger Zuwachs rise in volume terms
Mengenorientierung indirect quotation
Mengenpreis bulk price
Mengenrabatt bulk discount, mass discount, quantity discount, quantity rebate, volume discount
Mengenrabattpreis multiple prices
Mengenstaffel price break quantity
Mengensteuer quantity tax
Mengenvorgabe quantity standard
Merkmal attribute, earmark, feature
Merkmalsklasse property class
Merkposten pro memoria item
Messen measurement
Messfehler error of observation
Messlatte yardstick
Messwert datum
Messzahl datum
Messziffer index number
Metallbörse metal exchange
metallische Rohstoffe hard commodities
Metallnotierungen metal prices
Methode approach
Methode der degressiven Abschreibung accelerated method of depreciation
Miet-/ Pachtzins quit rent
Mietbüro point of hire
Miete hire charge, lease, rent, rental
Miete erhöhen raise rent
Miete mit Kaufoption lease with purchase option
Mieteinnahmen rental income
mieten charter, leasing
Mieter lessee, tenant
Mietfläche rented floor space
Mietgebühr rental fee
Mietgegenstand rental
Mietgeräte leasing equipment
Mietgrundstück tenancy property
Mietkauf lease-purchase agreement
Mietkosten rentals
Mietnebenkosten expenses for building maintenance
Mietpreisbindung rent control
Mietrecht law of tenancy
Mietrückstände rent arrears
Mietshaus tenant-occupied house
Mietverhältnis tenancy
Mietvertrag lease contract, tenancy agreement
Mietvorauszahlung rent paid in advance
Milchmädchenrechnung milkmaid's calculation
mildernde Umstände alleviating circumstances, extenuating circumstances, mitigating circumstances
Milderung mitigation
Milliarde billion
Minderausgabe shortfall in expenditure
mindere Qualität inferior quality
Mindereinnahme deficit
Mindererlös deficiency in proceeds
Minderheitsaktionär minority shareholder, minority stockholder
Minderheitsbeteiligung minority holding, minority interest, minority shareholdings
Minderheitsvotum dissenting opinion, minority vote
Minderleistung shortfall in output
mindern debase
Minderumsatz reduction in turnover
Minderung recoupment, shrinkage
minderwertig inferior
Minderwertigkeit inferiority

Mindestabschlussbetrag minimum dealing quota
Mindestanforderungen minimum standards
Mindestbearbeitungszeit minimum run time
Mindestbestand minimum inventory, reserve stock
Mindestbesteuerung minimum taxation
Mindestbeteiligung minimum holding, qualifying interest
Mindestbeteiligungshöhe minimum holding quota
Mindestbetrag minimum
Mindestbewertung belittling, minimum valuation
Mindestbietkurs minimum bidding price
Mindesteigenkapitalnorm capital standard
Mindesteinkommen minimum income
Mindesteinlage minimum contribution, minimum deposit, minimum investment, minimum deposit
Mindesteinlagen reserve balances
Mindesteinschuss minimum margin requirements
Mindestertrag minimum yield
Mindestfracht minimum freight rate
Mindestfreibetrag minimum exemption, minimum standard deduction
Mindestgebot lowest bid, knockdown rate
Mindestgewinnspanne bottom-line profit margin, minimum margin
Mindestguthaben minimum balance
Mindestkapital minimum capital
Mindestkosten marginal cost, minimum cost
Mindestkurs floor price
Mindestkursschwankung minimum price fluctuation, tick
Mindestlaufzeit minimum life
Mindestlohn minimum wage
Mindestmenge contract unit, unit of trading
Mindestnennbetrag minimum par value shares
Mindestpacht dead rent
Mindestpreis fall-back price, floor, minimum price, price floor, knockdown price
Mindestrendite minimum yield
Mindestreserve minimum cash reserve, statutory reserves
mindestreserveähnliche Einlagen special deposits
Mindestreserveeinlagen minimum reserve deposits
Mindestreserveguthaben minimum reserve balances
Mindestreserven minimum reserve requirements, required reserves, reserve requirements
Mindestreservenpolitik reserve ratio policy
Mindestreservensatz reserve assets ratio, reserve requirements ratio

Mindestreservenverbindlichkeiten managed liabilities
mindestreservepflichtige Einlagen eligible liabilities
mindestreservepflichtige Verbindlichkeiten reserve-carrying liabilities
Mindestreservepolitik minimum reserve policy
Mindestreserveprüfung minimum reserve audit
Mindestreservesatz minimum legal-reserve ratio, minimum reserve ratio
Mindestreservesoll minimum reserve requirements
Mindestreservevorschriften minimum reserve rules
Mindestsatz knockdown rate
Mindestspanne minimum margin
Mindeststundenlohn minimum time rate
Mindestumsatz minimum sales, minimum turnover
Mindestverzinsung cutoff rate, minimum rate of return, required return
Mindestverzinsungsanspruch Minimum required return rate
Mindestzins minimum lending rate
Mini-Budget shoestring budget
Minimaldauer minimum duration
minimale Renditeveränderung basis-point-value
Minimalfracht minimum freight rate
Minimalkostenkombination least-cost combination, minimum cost combination
Minimalkostenpfad minimum cost path
Minimalzeichnungsbetrag minimum subscription
Minimalzinssatz floor
minimieren minimize
Minusankündigung sharp markdown
Minusposition shortage of cover
Mischfinanzierung hybrid financing, mixed financing
Mischformen von Wertpapieren hybrid securities
Mischkalkulation compensatory pricing
Mischkonto mixed account
Mischkonzern conglomerate
Mischkonzern-Zusammenschlüsse conglomerate mergers
Mischkosten mixed costs
Mischkredit blended credit, mixed credit
Mischpreis composite price
Mischzinssatz composite interest rate
Missbilligung disapproval
Missbilligungsvotum vote of censure
Missbrauch misapplication
Missbrauch der Kreditkompetenz abuse of loan approval powers
Missbrauch eindämmen curb an abuse

missbrauchen abuse
missbräuchlich abusive
Misserfolge failings
misslingen fall through
misslungene Sanierung abortive rescue
Misstrauensvotum vote of no confidence
Missverhältnis disproportion
Missverständnis misconception
Missverteilung misallocation
Misswirtschaft mismanagement
mit 100%iger Auszahlung paid out in full
mit Akzept versehen accept a bill
mit Anmerkungen with annotations
mit dem damit verbundenen Aufwand with the attendant expenses
mit dem ganzen Vermögen haften be liable to the extend of one's property
mit Dividende cum dividend
mit einer Stellung verbundenes Gehalt salary apendant to a position
mit Genehmigung von under the authority of
mit Gewinn arbeiten in the black, operate at a profit, operate in the black
mit Gratisaktien cum bonus
mit öffentlichen Mittel unterstützen subsidize
mit Paketpost by parcel post
mit Rückgriff (Regress) with recourse
mit rückwirkender Kraft with retroactive effect
mit sich bringen entail
mit Sonderdividende cum bonus
mit unbestimmter Laufzeit contingent annuity
mit Verlust at a loss
mit Verlust abschließen close at a loss
mit Verlust arbeiten operate at a deficit, operate in the red
mit Verlust verkaufen sell at a discount
mit Vollmachten versehen vested with powers
mit weiteren Nachweisen with further references
mit zu geringem Fremdkapital ausgestattet underleveraged
Mitaktionär joint holder
Mitarbeiter assistant, associate, employe, salaried employe
mitarbeiterbezogener Führungsstil employe-oriented style of leadership
Mitarbeiterförderung personnel development
Mitarbeiterschulung personnel training
Mitarbeiterschulungskosten personnel training cost
Mitbesitz joint tenancy
Mitbesitzer joint tenant
Mitbestimmung co-determination
Mitbestimmung der Arbeitnehmer workers' participation in management
Mitbestimmungsgesetz Act concerning Co-determination of employes
Mitbestimmungsrecht co-determination right

mitbewerben compete
Mitbewerber rival
Miteigentum coownership, joint ownership
Miteigentümer joint owner, part-owner
mitfinanzieren co-finance
Mitgesellschafter co-partner
Mitgläubiger fellow creditor
Mitgliedsbank member bank
Mitgliedsbeiträge dues, membership dues
mithalten keep up
Mitpächter joint tenant
Mitspracherecht voice in the management
mitteilen advise, inform, notify, release
Mitteilung memo, notice
Mitteilung über die Börsenzulassung official listing notice
Mitteilungspflicht duty to notify
Mittel means
Mittel aufbringen put up funding, raise funds
Mittel aus Innenfinanzierung internally generated funds
Mittel beschaffen raise funds
Mittel binden lock up funds
Mittel in Anspruch nehmen soak up funds
Mittel kürzen slash funds
Mittel umschichten reallocate funds
Mittel von Kapitalsammelstellen institutional money
Mittel zur Deckung von Mehrkosten end money
Mittel zur Projektfinanzierung development finance
mittel-/langfristige Tilgungskredite term loans
Mittelabfluss outflow of funds
Mittelaufbringung raising of funds
Mittelaufnahme am Geldmarkt borrowing in the money market
Mittelaufnahme am Kapitalmarkt borrowing in the capital market
mittelbarer Schaden consequential damage, indirect damage
mittelbares Interesse indirect interest
Mittelbeschaffung borrowing, fund raising, provision of finance, resource acquisition
Mitteleinsatz funds employed
Mittelentzug withdrawal of funds
mittelfristig intermediate term, over the medium term
mittelfristige Anleihen medium-term bonds
mittelfristige Ausleihungen term lendings
mittelfristige Finanzplanung intermediate financing, medium-term fiscal planning
mittelfristige Optionsanleihe convertible notes
mittelfristige Planung medium-term planning
mittelfristige Prognose medium-term forecast
mittelfristige Schatzanweisungen medium-term treasury bonds

mittelfristige Staatspapiere medium gilts
mittelfristige Wertpapiere medium-term securities
mittelfristiger Bankkredit bank term credit
mittelfristiger Kredit medium-term loan
mittelfristiger Plan medium-term plan
mittelfristiger, variabel verzinslicher Kredit droplock loan
mittelfristiger Zinssatz medium-term rate
Mittelherkunft sources of funds
Mittelkombination policy mix
Mittelkurs market average, mean price, mean rate of exchange, middle market price
mittelmäßig fair to middling, second-rate
mittelmäßige Leistung lackluster performance
Mittelmäßigkeit mediocracy
Mittelpunkt, Zentrum center, center
Mittelrückfluss return flow of funds
Mittelsmann go-between, link
Mittelvaluta mean value date
Mittelverwendung application of funds, use of funds
Mittelwert arithmetic mean, average, mean value
Mittelwertmethode average value method
Mittelzuführung injection of funds
Mittelzuweisung apportionment of funds
mittlere prozentuale Abweichung percentage standard deviation
mittlerer Fälligkeitstermin average date, average due date, equated time
mittlerer Kapitalkoeffizient average capital output ratio
mittlerer Verfallstag mean due date
Mitverschulden comparative negligence
mitwirkend auxiliary
Mitwirkung participation
Mitwirkungspflicht duty to cooperate
mobil footloose
Mobiliar chattel
mobilisieren mobilize
Modellrechnung model calculation
Modellwechsel model changeover
moderne Fertigungstechnologie advanced manufacturing technology (AMT)
möglich feasible, potential
mögliche Konkurrenten potential entrants
möglicher Fall contingency
möglicher Produktionsausstoß potential output
Möglichkeit opportunity, scope
Möglichkeiten und Grenzen potential and limitations
möglichst utmost
möglichst bald at the earliest convenience
momentan instantaneous
monatlich per mensem
monatliche Erfolgsrechnung monthly income statement
monatliche Rechnung monthly account
monatliche Sammelrechnung monthly billing
monatliche Umsatzsteuervoranmeldung monthly VAT declaration, monthly VAT return
monatliche Zahlung cash monthly
monatlicher Kontoauszug balance-only statement
monatliches Abrechnungssystem monthly accounting system
Monatsabschluss monthly closing
Monatsbericht monthly report
Monatsbilanz monthly balance sheet
Monatsergebnis monthly result
Monatsfrist space of a month
Monatsgehalt monthly salary
Mondscheingeschäft moonlight deal
monetär monetary
monetäre Gesamtgröße monetary aggregate
monetäre Grenzproduktivität marginal revenue productivity
monetäre Kostenkurve monetary cost curve
monetärer Ansatz monetary approach
Monopolgewinn monopoly profit
Monopolpreis monopoly price
Montage assembly
Montageband assembly line
Montagekosten installation charges
Montagewerk assembly plant
Montanaktie (kux) mining share
Monteur assembler
montieren assemble
Moratorium debt deferral, moratorium, payments standstill
Motiv reason
mühsam arduous
Müll refuse
Müllanleihe junk bond
multilaterale Verrechnung multilateral compensation
multilateraler Saldenausgleich multilateral settlement
Multiplikatorwirkung leverage
Mündel ward
Mündel unter Vormundschaft ward under guardianship
mündelsichere Anlage legal placement, safe investment
mündelsichere Anlagepapiere savings securities
mündelsichere Kapitalanlage eligible investment, legal investment
mündelsichere Wertpapiere legal investment, treasury stock, trustee securities
mündlich verbal
mündliche Erklärung parol
mündlicher Vertrag verbal contract
Münz- und Barrengold gold coin and bullion
Münzen coins

Münzgeld hard cash
Münzgewinn profit from coinage
Münzprägung coinage
Münzrecht coinage
Münzregal coinage
Muster paragon, sample, specimen
Musterverteilung sampling
mutmaßlich conjectural, presumptive, putative
Muttergesellschaft parent company
Mutterschaftsversicherung maternity insurance

N

nach according to
nach Abzug der Kosten quit of charges
nach Abzug der Steuern after-tax
nach Abzug von after allowance for
nach Belieben at discretion
nach bestem Bemühen best endeavors
nach gegenwärtiger Rechtslage under current law
nach geltendem Recht under applicable law
nach geschehener Tat ex post facto
nach Gewicht on a weight basis
nach oben korrigieren scale up
nach Plan according to schedule
nach Sichtwechsel bill after sight
nach unten korrigieren scale down
nach Wahl des Käufers at buyer's option
nach Wahl des Verkäufers at seller's option
nachahmen fake
nachaktivieren revalue assets
Nacharbeitskosten cost of rework
Nachbargrundstück adjoining property
Nachbearbeitungskosten cost of rework
nachbelasten charge subsequently
Nachbelastung additional charge
Nachbesserungskosten cost of rework
Nachbörse after-hours market, street dealings
nachbörsliche Kurse after-hours prices, prices in the street, street prices
nachbörslicher Freiverkehrsmarkt kerb market
Nachbuchung supplementary entry
Nachbürge accessory surety
Nachbürgschaft collateral guaranty, secondary guaranty
nachdatieren antedate, postdate
Nachdeklaration postentry
nachdenken reflect
Nachdruck emphasis
Nachfinanzierung supplementary financing
Nachfolgegeschäft spinoff
nachfolgend hereinafter, hereunder
Nachforderung additional call, additional claim
Nachforschung investigation
Nachfrage demand, need
Nachfrage befriedigen accommodate demand
Nachfrage nach demand for
Nachfragebelebung recovery of demand, revival of demand
Nachfrageentwicklung trend of demand
Nachfrageinflation bottleneck inflation
Nachfragekonjunktur booming demand
Nachfrageprognose forecast of volume demand
Nachfragerückgang decrease in demand

Nachfrageschwäche softness in demand
Nachfrageschwankungen fluctuations in demand
Nachfragestau accumulated demand
Nachfrageverschiebung shift in demand
Nachfragewirkung demand effect
Nachfrist additional respite, extension of time limit
nachgeben back down, cave in, ease, ease off, edge down, recede, sag, shade, skid, soften, subside
Nachgeben der Kurse slide in prices
nachgebend easing, yielding
nachgebende Kurse declining market, shading prices
Nachgebühr additional charge, postage due, surcharge
nachgeholte Abschreibung backlog depreciation
nachgeordnete Marktsegmente derivative markets
nachhaltige Erholung sustained pickup
nachhaltige Gewinnzunahme secular earnings growth
nachhaltige Haushaltskonsolidierung sustainable fiscal consolidation
Nachholbedarf backlog demand
Nachkalkulation actual accounting, ex post costing, statistical cost accounting
nachkommen comply with
Nachlass asset, deduction, discount, estate of inheritance, reduction, trade allowance, trade discount
Nachlass an Kreditkartengesellschaften merchant discount
Nachlass bei Vorauszahlung prepayment discount
nachlassen ease off, slacken, subside
nachlassen, schwächer werden, abflauen abate
nachlässig negligent
Nachlässigkeit negligence, perfunctoriness
Nachlasssteuer estate duty
Nachnahmebrief c.o.d. letter
nachprüfen check upon on, verify
Nachprüfung verification
nachrangige Anleihe secondary loan
nachrangige Hypothek second mortgage
nachrangige Schuldtitel subordinated debt
nachrangige Schuldverschreibung subordinated bond
nachrangige Sicherheit junior security
nachrangige ungesicherte Anleihen subordinated unsecured loan stock

nachrangige Verbindlichkeiten subordinated debt
nachrangige Wandelanleihe convertible subordinated debenture
nachrangiges Darlehen subordinated loan
nachrangiges Pfandrecht second lien
nachschicken redirect
nachschießen remargin
Nachschuss overcall
Nachschussforderung margin call
nachschüssige Rente annuity immediate, ordinary annuity
Nachschusspflicht call for additional cover
nachschusspflichtig assessable
nachschusspflichtige Aktien assessable stock
nachschusspflichtiger Gesellschafter contributory
Nachschusszahlung additional cover, further margin
Nachsicht forbearance
Nachsichtwechsel time draft
nächster Tagesordnungspunkt next business
Nachsteuer back tax
Nachtbörse evening trade
Nachteil detriment, disadvantage, disbenefit, disutility, drawback, harm
nachteilig adverse, detrimental, disadvantageous
nachteilige Besteuerungsfolgen adverse tax consequences
nachteilige Wirkung baneful effect
Nachtrag addendum, annex, endorsement
nachträgliche Buchung postentry
nachträgliche Einkünfte income from previous activities
Nachttarif nighttime rate
Nachvaluten back values
Nachversteuerung back taxation, clawback taxation
Nachwahl by-election
Nachweis evidence
Nachweis ordnungsmäßiger Buchführung accounting evidence
nachweisen account for
Nachzahlung back payment
nachziehen play catch up
Nachzügler laggard
Nachzugsaktien deferred ordinary shares
nachzuversteuernder Betrag amount to be recaptured
Näherungsfehler approximation error
Näherungswert approximate value, approximation
Nahrangigkeit subordination
Namensaktie registered share
Namenslagerschein registered warehouse receipt
Namenspapier nonnegotiable document, registered instrument, registered security

Namenspapiere inscribed stock
Namensschuldverschreibung registered bond, registered coupon bond, registered debenture
nationale Handelsbräuche national trade usages
nationaler Geldmarkt domestic money market
Nationalprodukt national dividend
Naturallohn wage in kind
natürliche Arbeitslosenquote natural rate of unemployment
natürliche Person physical person
natürliche Wachstumsrate natural rate of growth
natürlicher Verschleiß natural wear and tear
natürlicher Zins natural interest rate
Nebenabgabe accessory charge, accessory duty
Nebenabrede accessory agreement
Nebenabsprache side deal
Nebenbedingung auxiliary condition, constraint, side condition
nebenberuflich part-time
Nebenbeschäftigung by-work, sideline employment
Nebeneffekt spinoff effect
Nebeneinkünfte pickings
Nebengebäude annex
Nebengebühren extra charge
Nebenhaushalt subsidiary budget
Nebenkasse petty cash
Nebenkosten attendant expenses, charges, extra charge, incidental expenses
Nebenkosten für Teilzahlungskredit carrying charges
Nebenkostenstelle indirect cost center
Nebenleistungen additional services
Nebenprodukt by-product, spinoff product
nebensächlich negligible
Nebenvereinbarung side letter
Nebenwahl by-election
Nebenwerte secondary stocks
Nebenwirkungen side-effects, spillover, spinoff effect
negative Leistungsbilanz negative balance on services
negativer Firmenwert bad will
negativer Leverage-Effekt negative leverage
negativer Prüfungsvermerk adverse audit opinion
negatives Kapitalkonto negative capital account
Negativklausel negative pledge clause
Negativrevers negative pledge clause
Negativzins interest penalty, penalty rate
Negotiierbarkeit negotiability
Neid envy
Nennbetrag face amount, nominal amount, par value
nennenswert appreciable
Nennwert face value, nominal par, nominal price, nominal value, par value

Nennwert von Münzen denominational value of coins
Nennwertaktie par value share
nennwertlose Aktie no par value share, no-par stock
nervöser Haussemarkt frothy market
netto Kasse net cash
netto Kasse ohne Abzug net
Netto-Auszahlung net cash investment
Netto-Bestandshaltekosten negative carry
Netto-Cashflow net cash flow
Netto-Direktinvestitionen net outgoings from direct investment
Netto-Forderungsausfall net loan chargeoffs
Netto-Fremdmittelbedarf net funding needs
Netto-Haltungskosten cost of carry
Netto-Zinsspanne net interest margin
Nettoabweichung net change
Nettoauslandsinvestition net foreign investment
Nettoauslandsverschuldung net external indebtedness
Nettoausleihungen net lendings
Nettoausschüttung net payout
Nettobestand net holdings, net position
Nettobetrag net amount
Nettobetriebsgewinn net operating profit
Nettobetriebsverlust net operating loss
Nettobuchwert depreciated cost, net book value
Nettoeigenkapital net equity
Nettoeinkaufspreis net purchase price
Nettoeinkommen earnings net of taxes, net pay
Nettoeinnahmen net receipts
Nettoergebnis net earnings
Nettoerlös net avails
Nettoertrag aus Wertpapieren net security gain
Nettoexport net export
Nettofremdkapitalquote capital gearing ratio
Nettogehalt net salary, take home pay
Nettogesamtvermögen capital employed
Nettogeschäft net price transaction
Nettogewinn positive carry
Nettohandelsbilanz net trade balance
Nettokapitalbildung net capital formation
Nettokapitalproduktivität net capital productivity
Nettokosten net cost
Nettokreditaufnahme net borrowing requirements
Nettokreditausfall net chargeoff
Nettokreditbedarf net borrowing requirements
Nettoleistung net worth
Nettoliquidität net liquid assets
Nettoliquiditätszufluss net liquidity flow
Nettolohn paycheck
Nettomieteinnahme net rental
Nettomittelzuweisung available balance

Nettonachfrage net demand
Nettoneuverschuldung net credit intake
Nettopreis net price
Nettoproduktionsziffer net production rate
Nettorealisationswert net realizable value
Nettorendite net yield
Nettosozialprodukt (NSP) net national product (NNP)
Nettoumlaufvermögen net current assets, net working capital
Nettoumsatz net sales
Nettoumsatzrendite net earnings as percentage of sales, net profit margin
Nettovermögen net assets
Nettoverschuldung net debt, net gearing, net national debt
Nettoverzinsung net return
Nettowertschöpfung net value added
Nettowohlfahrtsverlust excess burden
Nettozahler net contributor
Nettozahlung net payment
Nettozins pure interest
Nettozinsaufwand net interest paid
Nettozinsbelastung net interest burden
Nettozinsen net interests
Netzwerk network
neu aushandeln renegotiate
neu festsetzen redetermine
neu gestalten redesign
neu verhandeln renegotiate
Neuabschluss new business
Neuabschlüsse new contracts
Neuanschaffung acquisition of an unused asset
Neuanschaffungen recent accession
Neuausgabe reissue
neubewerten reappraise, revalue
Neubewertung reappraisal, reassessment, rerating, revaluation
Neubewertung des Anlagevermögens revaluation of assets
Neubewertung des Vorratsvermögens inventory revaluation
Neubewertungsreserve revaluation reserve
neue Mittel aufnehmen raise new cash
Neueinstellung new hiring
Neuemission aladin bond, new issue, new offering, primary distribution, primary offering
Neuengagements new buying
neuer Denkansatz fresh thinking
neuer Konkurrent entrant
Neuerungen vornehmen innovate
neues Kapital zuführen inject fresh capital
neuester Stand state of the art
Neufestsetzung eines Preises redetermination of price
Neufestsetzung von Quoten redetermination of quotas

Neufinanzierung original financing, recapitalization
Neugeschäft new business, new lendings
Neuinvestition new investment
Neukalkulation vornehmen revise estimates
Neukredit new facility
Neukredite new credits
Neuling im Börsenhandel newcomer
Neuordnung rearrangement, streamlining operations
Neuorganisation restructuring, streamlining operations
Neuterminierung rescheduling
neutraler Zinsfuß neutral rate of interest
neutrales Ergebnis non-operating results
neutrales Geld neutral money
neutrales Gut neutral good
Neutralität des Geldes neutrality of money
Neuveranlagung reassessment
Neuverhandlung renegotiation
Neuverschuldung new borrowing
Neuwert value when new
Neuzugang new business
Neuzuteilung von Einfuhrkontingenten reallocation of import quotas
nicht abgehobene Dividende unclaimed dividends
nicht abgehobene Guthaben unclaimed balances
nicht abgeholt unclaimed
nicht abgeschriebenes Agio unamortized premium
nicht abgeschriebenes Damnum unamortized bond discount
nicht abgeschriebenes Disagio unamortized bond discount, unamortized debt discount
nicht abgesicherte Option naked option
nicht abtrennbarer Optionsschein nondetachable warrant
nicht aktivierbar non-capitalizable
nicht aktivierungsfähige Aufwendungen non-capitalizable expenditures
nicht akzeptieren dishonor
nicht akzeptierter Wechsel unaccepted bill
nicht annehmen abandon
nicht anwesende Aktionäre absentee shareholders
nicht aufgeschlüsselte Zahlen crude figures
nicht aufteilbare Fixkosten joint fixed costs
nicht ausgegebenes Aktienkapital unissued stock
nicht ausgegebenes Kapital unissued capital
nicht ausgeglichen out-of-balance
nicht ausgeschüttet undistributed
nicht ausgeschüttete Dividende accumulated dividend
nicht ausgewiesene Gewinne undisclosed profits
nicht ausgewiesene Rücklage undisclosed reserve

nicht ausgezahlt undisbursed
nicht ausreichend insufficient
nicht ausschütten plow back
nicht beansprucht unclaimed
nicht berechnete Sendung unbilled consignment
nicht besteuert unfranked
nicht bevollmächtigt unauthorized
nicht bewusst unaware
nicht diskontfähiger Wechsel unbankable paper
nicht eingefordert uncalled
nicht eingefordertes Kapital uncalled capital
nicht eingelöster Scheck dishonored check, unclaimed check, unpaid check
nicht eingezahlte Einnahmen undeposited receipts
nicht einverstanden disagree
nicht erarbeitet unearned
nicht erfüllen flunk
nicht ermächtigt unauthorized
nicht freigemacht absence of postage
nicht gebraucht unappropriated
nicht gebunden uncommitted
nicht gedeckter Kredit uncovered loan
nicht geordnet unclassified
nicht gestützt unpegged
nicht handelbare Option non-traded option
nicht in Anspruch genommen uncalled, undrawn, unutilized
nicht in Anspruch genommene Nachlässe discount lost, missed discounts
nicht in Anspruch genommene Zusage unused bank line
nicht konvertierbar inconvertible
nicht Kosten deckend submargin
nicht lebensfähiges Unternehmen lame duck
nicht liquide sein strapped for funds
nicht messbarer Nutzen intangible benefits
nicht nachschusspflichtige Aktien nonassessable stock
nicht notierter Wert nonlisted security
nicht quittierte Rechnung unreceipted invoice
nicht realisierte Gewinne unrealized gains
nicht realisierter Gewinn contingent profit
nicht realisierter Kursgewinn paper gain, paper profit
nicht realisierter Kursverlust paper loss
nicht realisierter Verlust unrealized loss
nicht rechtsfähig without legal capacity
nicht saldiert unbalanced
nicht schlüssig inconclusive
nicht stimmberechtigt voiceless
nicht streuungsfähiges Risiko nondiversible risk
nicht testierter Abschluss unaudited accounts
nicht übereinstimmend out-of-balance
nicht überprüft unattested
nicht übertragbar unassignable, untransferable
nicht übertragbare Aktie unassignable share

nicht umtauschbar non-returnable
nicht verfügbar unavailable
nicht versichert uninsured
nicht verwerfen accept
nicht verzeichnet unlisted
nicht voll genutzt underutilized
nicht vorhersagbar unpredictable
nicht wandelbare Anleihe unconvertible bonds
nicht zugeteilt unappropriated
nicht zweckgebundene Ausleihungen uncommitted lendings
nicht zweckgebundenes Kapital nonspecific capital
Nichtanerkennung repudiation
Nichtannahme nonacceptance
Nichtausschüttung retention of earnings
Nichtausübung einer Option abandonment of an option
Nichtausübungsklausel no-action clause
Nichtbankeneinlagen nonbank deposits
Nichtbesteuerung zero taxation
Nichteinlösung nonpayment
Nichterfüllung nonperformance
Nichterfüllung eines Kaufvertrages nonperformance of a contract of sale
nichtfest verzinsliches Wertpapier nonfixed interest security
nichtig void, voided
Nichtigkeit nullity, voidness
Nichtigkeitserklärung avoidance, nullification
Nichtigkeitsklage action for annulment
nichtkonvertible Währung blocked currency
nichtkumulative Aktie noncumulative share
Nichtkündbarkeitsklausel noncall provision
Nichtlieferung nondelivery
nichts nil
nichts unversucht lassen fight tooth and nail
Nichtübereinstimmung nonconformance
nichtverbundene Unternehmen nonrelated enterprises
Nichtzahlung nonpayment
Nichtzahlung bei Fälligkeit delinquency
Niederlassung establishment
Niederschrift anfertigen take minutes
Niederstwertprinzip lower-of-cost-or-market principle, principle of the lower of cost or market
niedrig bewertete Aktien low-priced shares
niedrig verzinsliche Wertpapiere low-yield securities
niedrig-verzinslich low-interest yielding
niedrige Gewinnspanne slim margin
niedrige Kosten flat expenses
niedriger einstufen downgrade
niedriger Preis soft price
niedriger Stand depressed level
niedrigerer Aktienkurs als Vorkurs zero-minus tick

Niedriglohngruppe bottom wage group
Niedrigpreis thrift price
Niedrigpreisstrategie low-price strategy
Niedrigpreiswaren bargain goods
niedrigster Preis bottom price, lowest price, price floor
Niedrigsteuerland low-tax country
niedrigverzinsliches Sparkonto ordinary account
Niedrigzinspolitik easy money policy
Nießbrauch beneficial enjoyment, usufruct
noch nicht fällige Verbindlichkeit undue debt
noch nicht realisierte Gewinne gains pending realization
noch nicht verbuchte Einzahlung deposit in transit
nominale Lohnstückkosten nominal unit labor costs
Nominaleinkommen nominal income
Nominalertragsrate des Eigenkapitals nominal yield on equities
Nominalkapital nominal capital
Nominallohnsatz money wage rate, nominal wage rate
Nominalverzinsung bond rate, nominal interest rate, nominal yield, yield
Nominalverzinsung von Schuldverschreibungen bond rate
Nominalwert face value, principal
Nominalwertrechnung par value accounting
Nominalzinssatz nominal interest rate
Nominalzoll nominal tariff
nominell in money terms
nominelle Entschädigung token amount of indemnity
nominelle Kapitalerhaltung nominal maintenance of capital
nomineller Wechselkurs nominal exchange rate
Norm standard
normalerweise ordinarily
normales Offenmarktgeschäft output transaction
Normalgewinn normal profit
Normalkostenrechnung normal costing
Normalrendite normal return
Normalsatz standard rate
Normaltarif standard rate
normieren standardize
normiert adjusted
Normierung standardization
Normkosten ideal standard cost
Nostro-Abstimmung nostro reconciliation
Nostro-Auszug nostro statement
Nostrokonto nostro account
Not hardship
Notadresse address in case of need
Notakzept acceptance in case of need

Notar notary
Notariatskosten notarial charges
notarielle Protesturkunde notarial protest certificate
Note note
Notenbank bank of issue, note-issuing bank
Notenbankausweis central bank return
Notenbankguthaben central bank balances
Notenbankprivileg note-issuing privilege
Notenstückelung denomination of notes
Notgeld money of necessity, token
notieren quote
notiert mit quoted at
notierte Aktien quoted equities
notierte Währung currency quoted
Notierung price
Notierung an mehreren Börsen general listing, multiple listing
Notierung im Freiverkehr off-board quotation, over-the-counter quotation
Notierungsbereich area of quotation
Notierungsmethode quotation technique
Notiz ohne Umsätze nominal quotation
Notizen machen take notes
Notlage calamity, distress, emergency
notleidende Aktiva nonperforming assets
notleidende Branche ailing industry
notleidende Forderung doubtful receivable
notleidende Kredite loan delinquencies
notleidender Kredit bad loan, delinquent loan, nonperforming loan
notleidender Wechsel bill in distress, dishonored bill
notleidendes Darlehen sour loan
notleidendes Unternehmen ailing company
Notlösung stopgap
Notmaßnahme austerity measure
Notrücklagen rainy-day reserves
Notverkauf distress sale, emergency sale, fire sale, panic sale
Notverkäufe distress selling, forced liquidation
notwendig required
notwendige Bedingung necessary condition
null nil, zero
null und nichtig null and void
Null-Gewichtung zero weighting
Null-Guthaben zero funds
Null-Lücke zero gap
Null-Prozentanrechnung zero weighting
Null-Risiko zero exposure, zero risk
Null-Saldenkonto zero balance account
Nullbasisbudgetierung zero-based budgeting
Nullkupon-Anleihe zero bonds
Nullkupon-Emission zero bond issue
Nullnorm zero norm
Nullprozenter zero bonds
Nullrunde zero-wage round
Nullsaldo zero balance account
Nullsatz zero rated
Nullserie pilot lot
Nullsummenspiel zero sum game
Nullwachstum zero growth
Nullwert zero value
numerisch numerical
Nummerierung numbering, numeration
Nummernkonto number account
nur gegen bar cash only
nur zur Verrechnung account payee only, for deposit only
Nutzen benefit, capitalize on, gain, profit, returns, utility, value
Nutzen abwerfen yield a return
Nutzen ziehen reap benefits
Nutzen-Kosten-Analyse benefit-cost analysis
Nutzeneinheit util
Nutzenmaximierung satisfaction maximization
Nutzenmaximum maximum utility
Nutzenpreis price of benefit
Nutzenprofil profile of benefit
Nutzkosten used-capacity cost
Nutzlast payload
Nutzleistung effective output
Nützlichkeit usefulness
Nutznießer beneficiary
Nutznießung enjoyment
Nutznießungsrecht beneficial enjoyment
Nutzung enjoyment
nutzungsbedingte Abschreibung wear-and-tear depreciation
Nutzungsberechtigter beneficial owner
Nutzungsdauer effective life, operating life, service life
Nutzungskosten used-capacity cost
Nutzungsperiode period of use
Nutzungsrecht usufruct
Nutzungszeit operating time
Nutzwert verlieren depreciate
Nutzwertanalyse benefit analysis
NZD (Neuseelanddollar) Kiwi

O

oben erwähnt above-mentioned
obere Preisklasse high end
oberer Preis upper price
oberflächlich verbessern vamp up
Obergesellschaft controlling company
Obergrenze cap, ceiling
Obergrenze von Zinssätzen cap
oberst paramount
oberste Steuerbehörde board of inland revenue
oberste Wachstumsgrenze ceiling growth rate
oberster Grundsatz leading principle
objektgebundene Kreditgewährung earmarked lending
objektiv dispassionate
Objektivität dispassion
obliegend prevail
Obligation debenture, obligation
Obligationär debenture holder
Obligationen mit allmählich ansteigender Verzinsung deferred bonds
Obligationen mit aufgeschobener Zinszahlung deferred bonds
Obligationen ohne Wandelrechte nonconvertible corporate bonds
Obligationenschulden bond debts
Obligationsanleihe bond loan, debenture loan
Obligationskapital debenture capital
obligatorisch compulsory, mandatory, obligatory
obligatorische Zahlungen mandatory outlays
obskur obscure
Obsoleszenz obsolescence
obsolet obsolete
obwaltend prevailing
Oder-Rückkopplung or-loop
Oder-Verknüpfung or-merge
Oder-Verzweigung or-branch
offen open
offen stehend outstanding, unliquidated
Offenbarung revelation
Offenbarungsverfahren revelation mechanism
offene Fragen matters still in dispute
offene Handelsgesellschaft (OHG) general partnership, ordinary partnership
offene Investmentgesellschaft open-end investment company
offene Kreditlinie open credit line, unutilized credit line
offene oder laufende Rechnung open-book account
offene oder ungedeckte Kreditlinie open line of credit

offene Position unbalanced position
offene Positionen open commitments
offene Rechnung uncleared invoice
offene Rechnung, Kontokorrent open account
offene Reserven open reserves, visible reserves
offene Salden outstanding balances
offene Terminposition open forward position
offener Buchkredit advance account
offener Fonds open-end fund
offener Immobilienfonds open-ended real estate fund
offener Investmentfonds industry fund, open fund, open mutual fund, open-ended fund, unit trust
offener Markt open market
offener Posten open item
offener Saldo balance due
offener Wechselkredit paper credit
offener Zuruf auf dem Börsenparkett open outcry
offenes Faktoring disclosed factoring
offenes Leasing open-end lease
offenkundige Mängel apparent defects
Offenlegung disclosure
Offenmarktausschuss open market committee
Offenmarktgeschäfte open market operations
Offenmarktkauf open market purchase
Offenmarktkredit open market loan
Offenmarktoperationen open market operations
Offenmarktpolitik open market policy
Offenmarktsätze open market rates
offensichtlich evident
öffentlich bekannt machen advertize
öffentlich-rechtliche Körperschaft public body
öffentliche Anleihe civil bond, public bond, public loan
öffentliche Anleihen government securities
öffentliche Ausgaben public expenditure
öffentliche Ausschreibung advertized bidding, call for bids
öffentliche Bekanntgabe advertizement
öffentliche Emission public issue by prospectus
öffentliche Finanzwirtschaft public finance
öffentliche Gesellschaft open corporation
öffentliche Güter public goods
öffentliche Hand public authorities
öffentliche Hand als Darlehensnehmer sovereign borrower
öffentliche Meinung public opinion
öffentliche Nachfrage public demand
öffentliche Obligationen stocks

373

öffentliche Platzierung market floatation, public placement
öffentliche Schuld public debt
öffentliche Schuldenquote public debt ratio
öffentliche Versteigerung sale by public auction
öffentliche Zeichnung general subscription
öffentliches Recht public law
Offerte bid, bid price, offer
offizielle Reservetransaktionen official reserve transactions
offizieller Kurs, Wert central rate
öffnen undo
Offshore-Bankgeschäft offshore banking
Offshore-Finanzierung offshore financing
Offshore-Zentrum shell branch
Offshore-Zweigstelle shell branch
ohne exclusive of
ohne Abschreibung ex depreciation
ohne Ankündigung unannounced
ohne Aufsicht unattended
ohne Bedeutung of no account
ohne Belang irrelevant
ohne Belastung der Bilanzstruktur off balance sheet
ohne besondere Eigenschaften plain vanilla
ohne Bezugnahme auf without reference to
ohne Fremdmittel ungeared
ohne Geschäftsbereich without portfolio
ohne Kredit creditless
ohne Laufzeitbegrenzung undated
ohne Stückzinsen ex interest
ohne Umsatz no sales
ohne Umstände without formalities
ohne Verlust arbeiten break even
ohne Zinsen ex interest
ohne Zinsen notiert quoted flat
Okkupation occupation
Ökologie ecology
ökologische Sorglosigkeit ecological unconcern
Ökosteuer green tax
operative Planung operational planning
operativer Plan operational plan
operativer Rahmenplan operating budget
operatives Ziel operative goal
Opfer sacrifice
Opportunitätskosten alternative cost, opportunity cost
optimal optimum
optimale Bestellmenge economic order quantity
optimale Betriebsgröße optimum scale of plant
optimale Einkommensverteilung optimum income distribution
optimale Kapitalstruktur optimum financing mix
optimale Losgröße economic batch size, economic lot size

optimale Nutzungsdauer optimum economic life
optimale Ressourcenallokation optimum allocation of resources
Optimalentscheidung optimal choice
optimaler Währungsraum optimum currency area
optimales Wachstum optimum growth
Optimalkapazität practical plant capacity
Optimallösung optimal solution
Optimalpunkt optimal point
Optimalwert optimum, optimum value
optimieren optimize
Optimierung optimization
Optimierungsverfahren optimization method
Option option, option contract
Option auf einen Terminkontrakt futures option
Option ausstellen issue an option
Option ausüben exercise an option, take up an option
Option ausüben oder verzichten fill or kill
Option erwerben acquire an option
Option für Ausübung zu einem bestimmten Zeitpunkt window warrant
Option mit Basis-Kurspreis-Parität at-the-money-option
Option mit innerem Wert in-the-money option
Option ohne inneren Wert out-of-the-money option
Option verfallen lassen allow an option to lapse
optional optional
Optionen auf Terminkontrakte options on futures contracts
Optionsanleihe bond cum warrants, bond with warrants attached, callable bond, convertible debenture stock, optional bond, warrant bond, warrant issue
Optionsaufgabe abandonment
Optionsberechtigter option holder
Optionsbewertungsmodell option value model
Optionsempfänger grantee of an option
Optionsfrist life of an option, option period
Optionsgeschäft dealing in options, option contract, option dealings, options trading
Optionsgeschäft mit Futures option forward
Optionshandel dealing in options, option dealings, options trading, trading in options
Optionshändler option dealer, option trader
Optionskontrakt option contract
Optionslaufzeit life of an option, option period
Optionsmakler privilege broker
Optionsprämie option premium
Optionspreis option price, price of an option, warrant exercise price
Optionsrecht option right, purchase warrant
Optionsrecht erwerben acquire an option

Optionsschein deferred warrant, option warrant, stock purchase warrant
Optionsschein auf Dollaranleihe dollar bond warrant
Optionsschein mit Reinvestitionsmöglichkeit reinvestment warrant
Optionsscheine auf US-Staatsanleihen warrants into negotiable Government securities/wings
Optionsschreiber option writer
Optionsschuldverschreibung warrant bond
Optionsverkauf write an option
Optionsverzicht abandonment of an option
ordentliche Hauptversammlung der Aktionäre meeting of shareholders
Orderkonnossement order bill of lading
Orderlagerschein delivery order
Ordermangel shortage of buying orders
Orderpapier instrument to order, mercantile paper, order bill, order instrument, order paper
Orderscheck order check
Orderschuldverschreibung order bond, registered bond made out to order
Ordinate axis of ordinates
ordnen indexing, regulate
ordnungsgemäß duly
ordnungsgemäße Buchführung adequate and orderly accounting
ordnungspolitische Aufgabe regulatory function
Ordnungsruf call to order
Organigramm organization chart, organizational chart
Organisation organization
Organisation nach Profitcentern profit center organization
Organisationseinheit entity, organizational unit
Organisationskosten preliminary costs
Organisationsspielraum organizing scope
organisatorische Gestaltung organizational design
organisatorische Umstellung organizational shakeup
Organschaft group relief
Orientierung alignment
Orientierungspreis informative price, introductory price
Orientieung benchmark
originäre Aufwendungen original expenses
originäre Kostenarten primary cost categories
Ort der Eintragung registry
Ortszuschlag residence allowance

P

Pacht lease, rent, tenancy
Pacht auf Lebenszeit lease of life
Pachtbesitz leasehold
Pachtdauer tenancy
Pächter leaseholder, tenant
Pachtgrundstück leasehold
Pachtvertrag lease contract, tenancy agreement
Pachtwert rental value
Paketabschlag blockage discount, share block discount
Paketfinanzierung multiple component facilities
Pakethandel big block trading, large-lot dealing
Paketlösung package solution
Paketzuschlag share block premium
Panik an der Börse scare
Papiergeld folding money, paper currency, soft money
Papiergeldwährung fiat money
Papierstreifen des Börsentickers tickertape
Paradigma paradigm
Parallelanleihe parallel bond
Parallelanleihen parallel loans
Parallelkurs parallel rate
Parallelverschiebung parallel shift
Parallelwährung parallel currency, parallel standard
pari par
pari stehen stand at parity
Pari-Emission issue at par, par issue
Parikurs par price
Parikurs, Paritätspreis parity off-price/rate
Parität equality, par value, parity
Paritätenraster parity grid
Paritätsprüfung oddeven check
Parteilichkeit partiality
partiell partial
partielle Ableitung partial derivative
Partizipationsschein participating receipt
Partnerschaft partnership
passend opportune
Passiva liability
passive Handelsbilanz adverse balance of trade, adverse trade balance
passive Zahlungsbilanz adverse balance of payments
passivieren carry as liabilities
passivierte Verpflichtungen laufendes Geschäft liabilities from current business
Passivierung pushing into deficit
Passivierungspflicht mandatory accrual
Passivierungswahlrecht option to accrue
Passivkonto liability account

Passivsaldo adverse balance, debit balance
Passivstruktur structure of liabilities
Passivswap liability swap
Passivtausch accounting exchange on the liabilities side
Patentgebühr royalty
Pattsituation deadlock, stalemate situation
pauschal across the board
Pauschalabzug lump sum deduction
Pauschalangebot package deal
Pauschalbesteuerung taxation at a flat rate
Pauschalbetrag lump sum
Pauschalbezugspreis bulk order price
Pauschaldeckung blanket coverage
Pauschale lump sum
pauschale Bemessungsgrundlage general basis of assessment
pauschale Kostenangabe blanket
pauschale Kürzung meat-axe reduction, overall cut
pauschale Lohnerhöhung package wage increase
Pauschalentschädigung lump-sum compensation
Pauschalfreibetrag standard tax deduction
Pauschalgebühr flat charge, flat rate
Pauschalhonorar flat-rate fee
pauschalierte Kosten bunched cost
Pauschalpolice open policy
Pauschalprämie all-inclusive premium
Pauschalpreis all-inclusive price, all-round price, flat-rate price, lump-sum price
Pauschalregulierung lump sum settlement
Pauschalsatz all-in rate
Pauschalsteuer lump sum tax
Pauschaltarif all-in rate, flat rate
Pauschalwertberichtigung general bad-debt provision, general provision
Pauschbetrag blanket amount, blanket deduction
Pauschfestsetzung blanket assessment
Penetrationspreispolitik penetration pricing
Pension pension, retirement pension
Pensionär old-age pensioner
Pensionsanwartschaft pension expectancy
Pensionsbezüge retirement benefits
Pensionseinkommen retirement income
Pensionsfonds retirement fund, superannuation fund, pension fund
Pensionskasse pension fund
Pensionsrückstellungen company pension reserves
Pensionsverpflichtung pension obligation

Pensionszuschuss pension contribution, retirement allowance
per Bahn by rail
per Kasse cash
per Kasse kaufen buy spot
per Kasse verkaufen sell spot
per Luftfracht by ait freight
per Nachnahme collect on delivery
per Prokura per pro
per Termin kaufen buy forward
Performance-Messung performance measure
Periodenabgrenzung matching of revenue and cost
Periodenanalyse period analysis
periodenbezogene Verzinsung des eingesetzten Kapitals return on capital employed for the period
Periodenerfolg net income of a given period
Periodenertrag current income
periodenfremd unrelated to accounting period
periodenfremde Aufwände und Erträge below-the-line items
periodengerecht on an accrual basis
periodengerechte Abgrenzung accrual method
periodengerechte Rechnungslegung accounting on an accrual basis, accrual basis of accounting
Periodengewinn accounting income
Periodeninventur cyclical inventory count
Periodenkosten time cost
Periodenkostenvergleich period cost comparison
Periodenleistung period output
Periodenrechnung accrual accounting
Periodenvergleich period-to-period comparison
periodische Abschreibung periodic depreciation
periodische Bestandsaufnahme cycle account
periodische Frachtzahlung gale
periodische Prüfung repeating audit
periodische Rückzahlung von Schulden periodic repayment of debt
Person des öffentlichen Rechts legal entity under public law
Personal personnel, staff
Personal- und Sachausgaben des Staates non-transfer expenditures
Personal-Iststand actual number of personnel
Personal-Sollbestand budgeted manpower
Personalabbau cut in employment, manpower reduction, personnel reduction, staff reduction
Personalabteilung personnel department, staff department
Personalakte personnel file
Personalaufwand staff costs
Personalauswahl employe selection
Personalbedarf personnel requirements
Personalbedarfsplanung manpower planning, personnel requirements planning
Personalbemessung personnel assessment

Personalberichtswesen personnel reporting
Personalbeschaffung personnel procurement, personnel recruitment, staff hiring
Personalbestand number of persons employed
Personalbeurteilung performance appraisal
Personalbogen personnel record sheet
Personalbuchhaltung personnel accounting
Personalbudget personnel budget
Personalchef personnel manager
Personaleinsatz personnel placement
Personalentwicklung personnel development
Personalfluktuation personnel turnover
Personalfortbildung personnel training
Personalfortbildungskosten personnel training cost
Personalfreisetzung personnel layoff
Personalfreistellung personnel layoff
Personalführung personnel management
Personalgemeinkosten employment overhead
Personalgesellschaft company with unlimited liability, partnership
Personalinformationssystem personnel information system
personalintensiv requiring large numbers of staff
Personalknappheit shortage of manpower
Personalkosten personnel cost
Personalkosten der Lagerverwaltung cost of storekeeping personnel
Personalkostensteigerung increase in employment costs
Personalkredit personal credit, personal loan
Personalmangel shortage of personnel
Personalnebenkosten incidental personal cost
Personalplanung personnel planning
Personalpolitik personnel policy
Personalrat personnel committee, staff council
Personalreduzierung staff cut
Personalsachbearbeiter personnel officer
Personalsektor personnel function
Personalsteuern personal taxes
Personalvertretungsgesetz personnel representation law
Personalverwaltung personnel management
Personalvorschüsse advances to personnel
Personalwesen personnel management
personelle Einkommensverteilung personal income distribution
personenbezogene Kapitalgesellschaft private company
Personengesellschaft ordinary partnership
Personenrechte personal rights
Personenschaden personal injury
Personensteuer tax deemed to be imposed on a person
Personenversicherung personal insurance
persönlich haftbar accountable personally
persönliche Bedienung personalized service

persönliche Beteiligung personal investment
persönliche Einrede personal defense
persönliche Verhandlungen face-to-face negotiations
persönlicher Freibetrag personal allowance
persönlicher Kredit personal loan
persönliches Zeitmanagement personal time management
petty cash imprest fund
Pfad path
Pfand collateral, pawn
pfändbar mortgageable
Pfändbarkeit attachability
Pfandbesteller pledger, pledgor
Pfandbrief mortgage deed, mortgage-backed bond
pfänden put a writ on
Pfandgeber pledger, pledgor
Pfandgegenstand pledge
Pfandgeld pledge deposit
pfandgesicherte Forderung claim secured by pledges
Pfandgläubiger lienholder, lienor, pledgee
Pfandhaus spout
Pfandindossament pledging endorsement
Pfandinhaber pawnee, pledgee
Pfandleiher pawn broker
Pfandnehmer pledgee
Pfandrecht security interest
Pfandrecht bestellen create a pledge
Pfandsache pledge
Pfandschuldner pawner, pledger, pledgor
Pfändung attachment, levy
Pfändungsbeschluss writ of attachment
Pfandzinsen chattel interest
pflegen service
Pflicht duty, obligation
Pflichtaktien qualifying shares
Pflichtenheft specification sheet
Pflichterfüllung performance of duty
Pflichtmitgliedschaft compulsory membership
Pflichtreserve der Geschäftsbanken minimum reserve asset ratio
Pflichtreservesatz statutory reserve ratio
Pflichtverletzung violation of duties
Pilotprojekt pilot project
Pioniergewinn innovational profit
Plafond asset ceiling
Plan intention, plan, project, scheme
Plan durchsetzen push a plan
Plan-Ist-Abweichung out-of-line situation
Planabweichung planning deviation
Planbereich plan sector
Planbudget forecast budget
Plandurchführung plan implementation
planen chalk out, figure ahead, plot, schedule
Planerfüllung plan fulfillment

Plangröße planned magnitude
Plankalkulationssatz plan-rated scale
Plankontrolle budget control
Plankosten budget costs, predetermined target costs, predicted costs, standard cost
Plankostenrechnung budget accounting, standard costing
Plankostenrechnungsbogen budget cost estimate sheet
planmäßig according to schedule
planmäßige Abschreibung regular depreciation
planmäßige Tilgungen scheduled repayments
planmäßige Zahlungen scheduled payments
Planperiode plan period
Planspieldurchführung business gaming
Planung planning
Planung optimaler Kassenhaltung cash projection
Planung und Steuerung controlling
Planungs- und Steuerungsabteilung controlling department
Planungsabweichung planning variance
Planungsansatz planning approach
Planungsforschung operations research
Planungsgrundsätze planning principles
Planungsgruppe task force
Planungshorizont planning horizon
Planungskosten planning costs
Planungsmethodik methodology of planning
Planungsperiode planning period
Planungsphase planning stage
Planungsstadium planning stage
Planungstechnik operations engineering
Planungswiderstand antiplanning bias
Planungszeitraum planning horizon, planning period
Planungsziel planning goal
Planungszyklus planning cycle
Planverträge plan contracts
Planvorgabe preliminary plan
Planwirtschaft managed economy, planned economy
Planziel plan target, target
platzen bounce
platzieren place
Platzierung placement
Platzierung von Schuldtiteln note distribution
Platzierungs-Prospekt placement memorandum
Platzierungsinstitut placing agent
Platzierungskonsortium issuing group, selling group
Platzierungskurs placing price
Platzierungspotenzial placing power
Platzierungsprovision selling commission
Platzierungsvertrag placing agreement
Platzierungsvertrag mit Lieferfrist delayed delivery agreement

Platzkurs spot rate
pleite belly up, broke, flop
Pleite gehen bust, cave in, go broke, go bust
Pleite machen fall by the wayside, go down the tubes, go to the wall
Plombe seal
plombieren seal
plötzlich abrupt
plötzlich ansteigen spurt
plötzliche Kursschwäche air pocket
plötzlicher Kursrückgang down reversal
plötzlicher Kurssprung spurt
plötzlicher Kursverfall smash
plündernd predatory
Plünderung pillage
plus Stückzinsen and interest
Police ausstellen issue a policy
Politik policies, policy
Politik des billigen Geldes loose money policy
Politikankündigung policy pronouncement
Politikregel policy rule
Polster cushion
polypolistische Konkurrenz atomistic competition
Poolbildung pooling
Portefeuille asset portfolio
Portefeuille-Bewertung portfolio valuation
Portefeuille-Strukturierung asset allocation
Portefeuille-Umschichtung investment shift
Portfolioanalyse portfolio analysis
Portfolioentscheidung portfolio decision
Portfolioinvestition portfolio investment
Portfoliotheorie theory of portfolio selection
Portfolioumschichtung portfolio switch
Portfolioversicherung portfolio insurance
Porto postage
Portokasse petty cash
Position glattstellen liquidate a position
Positionen glattstellen square positions
Positionsbereinigung position squaring
Positionspapier position paper
positive Antwort, Zusage affirmative response
Post mail
Postanweisung postal order
Posten item, matured items
Postengebühr entry fee, item-per-item charge
Postgebühren mailing charges, postage charges, postage rates, postal charges
Postgiroamt national giro center
Postgirokonto giro account, national giro account
Postgiroscheck national giro transfer form
Postkosten postal expense
Postlaufkredit mail credit
Postleitzahl zip code
Postscheckkonto giro account
Poststempel date stamp
Postüberweisung mail transfer

Postversand postal dispatch
postwendend by return
Postzustellbezirk zone
Potenzial potential
Potenzialanalyse capacity analysis, potential analysis
Potenzialfaktoren potential factors of production
potenziell potential
potenzielle Geldgeber prospective lender
potenzieller Abnehmer potential user
potenzieller Benutzer potential user
potenzieller Kreditgeber potential lender
Präambel preamble
praenumerando in advance
Präferenzbereich zone of preference
Präferenzzollsatz preferential rate of duty
Präjudiz precedent
praktisch virtually
praktischer Wert practical value
Prämie bonus, bounty, premium
Prämienabrechnung premium statement
Prämienänderung rate change
Prämienaufkommen premium income
Prämienaufschlag loading
Prämienerklärung declaration of options
Prämienerklärungstag making up day
Prämiengeschäft optional bargain, premium deal
Prämienlohnsystem piece rate system
Prämienrate premium rate
Prämienregelung bonus based scheme
Prämiensatz option rate, rate of premium
Prämienstorno cancellation of premium
Prämiensystem bonus plan
Prämienzahler giver of the rate
Prämienzuschlag additional premium
Prämisse assumption, premise
Prämissenkontrolle premise control
Präsentation presentation
Praxis nuts and bolts
Präzedenzfall precedent case
Präzedenzrecht case law
Präzision precision
Preis ante, closing price, price, settlement price
Preis ab Werk ex factory price, factory gate price, price ex factory
Preis bei Anlieferung landed price
Preis bei Ratenzahlung deferred payment price
Preis drücken drive down a price
Preis festsetzen cost a price
Preis frei Bestimmungshafen landed price
Preis frei Haus delivered price
Preis nennen quote a price
Preis pro Einheit price per unit
Preis stützen valorize
Preis- und Kursschwankungen fluctuation
Preis zurücknehmen pull back a price
Preis-Gewinn-Verhältnis price-earnings ratio

Preis-Kosten-Schere cost price squeeze, price-cost gap
Preis-Leistungsverhältnis value for money
Preis-Limit-Auftrag price limit order
Preisabrufverfahren price look-up procedure
Preisabsprache bid rigging, common pricing, price agreement
Preisabstriche machen shave a price
Preisabweichung price variance
Preisänderung price alteration
Preisanfrage price inquiry
Preisangabe price quotation, quotation
Preisangabeverordnung pricing ordinance
Preisangebot machen quote a price
Preisangebot unterbreiten submit a quotation
Preisangleichung price adjustment
Preisangleichungsklausel price adjustment clause
Preisanstieg advance, price advance, price climb, spurt
Preisaufschlag markon/markup, surcharge
Preisauszeichnung price labeling, price mark, price marking, price out
Preisbasis basis of quotation
Preisbereich region of prices
Preisberichtigung revision of prices
Preisbewegung movement in prices, price movement, price tendency
preisbewusstes Einkaufen cherry picking
Preisbildung price formation, price making
Preisbildungsfaktoren price determinants
Preisbindung control of prices, price fixing, price maintenance
Preisbindungs-Regelung price maintenance scheme
Preisdifferenz price difference
Preisdifferenzierung price differentiation
Preisdiskriminierung discriminatory pricing, price discrimination, rate discrimination
Preisdruck downward pressure on prices, pricing pressure
Preise drücken pull down prices, shave prices
Preise herabsetzen sink prices
Preise heruntersetzen mark down
Preise hochtreiben drive up prices
Preiseinbruch break in prices, break in the market
preiselastisch price sensitive
Preiselastizität price elasticity
Preisempfehlung price recommendation
preisempfindlich price sensitive
Preisentwicklung price differentiation
Preiserhöhung price increase, price run-up
Preiserhöhungsspielraum money-goods gap
Preiserhöhungsstrategie trading up
Preiserholung price recovery
Preisfestsetzung business controlled pricing, price making
Preisfestsetzung durch verhandeln negotiated pricing
Preisfeststellung price determination
preisfixierte Kauforder stop-buy-order
preisfixierte Verkaufsorder stop-sell-order
preisfixiertes Ordergeschäft market-if-touched order
Preisfixierung price setting
Preisforderung asked price
Preisführer price leader
Preisgabe abandonment
Preisgefälle price differential
Preisgefüge pricing structure
Preisgleitklausel price adjustment clause, price escalator clause, price redetermination clause, rise-or-fall clause
Preisgrenze limit price, price limit
Preisgrenze für Aktienverkauf stop-loss-limit
preisgünstig low-priced
Preisindex price index
preisindexangepasste Anleihe indexed coupon bond
Preiskalkulation pricing
Preiskartell price fixing cartel
Preisklasse price bracket
Preisklausel price clause
Preiskonjunktur price led boom
Preiskontrolle price control
Preiskrieg price cutting war
Preislage price range
Preisleitlinien price guideposts
preisliche Wettbewerbsfähigkeit price competitiveness
Preisliste price list, price schedule, scale of charges
Preismaßstäbe price-performance standards
Preisnachlass price deduction, rebate, sales allowance
Preisniveau level of prices, price level
Preisobergrenze ceiling price, price capping level
Preisprüfung price auditing
preisreagibel price sensitive
Preisreduzierung price reduction
Preisrisiko price risk
Preisrückgang drop in prices, fall in prices
Preisschere price gap
Preisschwankung price fluctuation, volatility
Preissenkung lower price, markdown, price markdown, price cut, price markdown, price reduction
Preissetzung price setting, pricing
Preissetzungspolitik pricing policy
Preisspanne differential price, price margin, price range
Preisspanne im Terminhandel cash and carry-arbitrage
Preisspielraum price discretion
Preisstabilisierung price stabilization, stabilization of prices

Preisstabilität price stability, stability of prices
Preissteigerung mounting prices, price boost
Preissteigerungen price gains
Preissteigerungseffekt price increase effect
Preissteigerungswelle wave of price increases
Preisstellung frei Haus delivered pricing
Preisstopp price freeze
Preissturz collapse of prices, drop-off in prices, plunge in prices, slump in prices
Preisstützung pegging, price support
Preistendenz market trend
Preistreiber booster
Preisüberprüfung revision of prices
Preisüberwachung price surveillance
Preisunterbieter price cutter
Preisunterbietung price cutting, undercutting
Preisuntergrenze lowest price limit, lowest-price limit
Preisunterschied price difference
Preisverfall decline in prices, precipitous fall in prices, price collapse, smash
Preisvergleich price comparison
Preisverhalten tone of the market
Preisverzerrung price distortion
Preisvorteil price advantage
preiswert low cost, low-priced
Preiszugeständnis price concession
Preiszurückhaltung price restraint
prekäre Situation touch-and-go
primär primary
Primäraufwand primary input
Primärdaten base data
primäre Einkommensverteilung primary income distribution
primäre ergänzende Kosten basic supplementary cost
primäres Eigenkapital primary capital
Primärhaushalt primary budget
Primärkosten primary costs
Primärmarkt new issue market, primary market
Primärnachfrage primary demand
Primärverbindlichkeit primary liability
Primawechsel first of exchange, original bill
Prinzip principle
Prinzip der Periodenabgrenzung accrual basis / concept, accrual basis principle of accounting, accrual concept
Prinzipien principles
Priorität priority
Prioritätsanalyse precedence analysis
Prioritätsanleihe preference loan
Prioritätsobligation preference bond
privat unterbringen place privately
Privatanleger private investor
Privatbuchführung individual records
Privatdiskontmarkt prime acceptance market
Privatdiskontsatz prime acceptance rate

private Grenzkosten marginal private cost
private Kreditnachfrage private sector loan demand
private Platzierung private placement
private Rentenversicherung pension scheme
Privatentnahme personal drawing, private drawing, private withdrawals
Privatentnahmen entrepreneurial withdrawals
privater Festpreisvertrag commercial fixed-price contract
privates Grundstück private plot
Privatgläubiger private creditor
Privatisierung privatization
Privatkonto personal account
Privatkundengeschäft retail lending operations
Privatkundenkonto retail account
Privatkundenkredit retail credit, retail loan
privatrechtliche Körperschaft private law corporation
Privatschulden personal debts
Privatunternehmen private firm
Privatvermögen individual assets, private assets
Privatversicherer private insurer
Privatversicherung private insurance
Privatwirtschaft private sector of the economy
privatwirtschaftliche Lösung private enterprise solution
Privileg privilege
Pro-Kopf-Bedarf per capita demand
Pro-Kopf-Einkommen per capita income
Pro-Kopf-Kosten costs per capita, per capita costs
Pro-Kopf-Leistung per capita output
Pro-Kopf-Materialverbrauch per capita material consumption
Pro-Kopf-Nachfrage per capita demand
Pro-Kopf-Verbrauch per capita consumption
Pro-Kopf-Wertschöpfung per capita real net output
Probeauftrag trial order
Probebilanz rough balance
Probeerhebung pilot survey
Problem issue
Problemdarlehen problem loan
Problemkredit troubled loan
Problemkreis problem cluster
Produkt product
Produkt einführen launch a product
Produktanalyse product analysis
Produkteigenschaften product characteristics
Produktenbörse mercantile exchange, produce exchange
Produktenmakler merchandise broker, produce broker
Produktgliederung product orientated classification
Produkthaftung product liability
Produktion production

Produktions-/Ertragsgebirge production surface
Produktionsanstieg increase in production
Produktionsausbringung production output
Produktionsausfall loss of production
Produktionsbeschränkung output constraint
Produktionseinheit unit of output
Produktionseinschränkung curtailing of production
Produktionselastizität elasticity of output
Produktionsfähigkeit capacity of production
Produktionsfaktor factor of production
Produktionsfaktoreinkommen factor earnings
Produktionsfaktorkosten factor costs
Produktionsfaktornachfrage factor demand
Produktionsfehler production bug
Produktionsform production mode
Produktionsglättung production smoothing
Produktionsgüter productive resources
Produktionshöhe rate of production
Produktionskapazität capacity of production, production capacity
Produktionskapital instrumental capital, productive capital
Produktionskosten cost of output, production costs
Produktionsleistung je Arbeitsstunde man hour output
Produktionslücke output gap
Produktionsmittel means of production
Produktionsniveau scale of operations
Produktionsplan production plan
Produktionsplanung budgeted production
Produktionsplanung und Steuerung (PPS) production planning and scheduling (PPS)
Produktionsprogramm ausweiten broaden the line of products
Produktionsprogrammplan production program planning
Produktionsreihenfolge production schedule
Produktionsrückgang production decline
Produktionsstatistik census of production
Produktionsstätte einrichten set up production
Produktionssteigerungen output gains production advances
Produktionssteuer gross receipts tax
Produktionsstilllegung shutdown in production
Produktionsstruktur pattern of production
Produktionsumstellung production change-over
Produktionsverfahren method of production
Produktionsverzögerung production delay
Produktionsvolumen volume of output
Produktionszahlen output figures
produktiv productive
produktive active
produktive Arbeitszeit productive time
Produktivität productivity
Produktivitätskennzahl productivity ratio

Produktivitätssteigerung gain in productivity, productivity gain, productivity improvement
Produktivitätsvorsprung edge in productivity
Produktivitätszuwachsrate rate of gain in productivity
Produktlebensdauer product life
Produktlebenszyklus product life cycle
Produktprogramm product programme
Produktverbesserung product improvement
Produktverschleiß product wastage
Produktwechsel product change
Produzentenhaftung manufacturers liability
Produzentenpreisindex producer-price-index (PPI)
Produzentenrente producer's surplus
Produzentenrisiko producer's risk
produzieren produce
Profit profit
Proforma-Rechnung interim invoice
Proformarechnung proforma invoice
Prognose forecast, projection
Prognose der Einnahmen cash forecast
Prognosefehler forecasting error
Prognosegüte accuracy of a forecast
Prognosekostenmethode standard costing
Prognoseverfahren prediction method
Programm schedule, scheme
Programmablaufplan program sequence plan
programmgesteuert program-controlled
Programmplanung program planning
Progressionseffekt progressive effect
Progressionssatz rate of progression
Progressionssteuer progressive tax
progressiv progressive
progressive Abschreibung increasing balance method of depreciation, progressive depreciation
progressive Kalkulation progressive cost estimate
progressive Kosten progressive costs
progressive Leistungsprämie accelerated premium pay
progressiver Leistungslohn accelerated incentive
progresssive Planung bottom-up planning
Prohibitivpreis prohibitive price
Projekt project, scheme
Projekt finanzieren fund a project
Projekt-Kreditlinie project line
Projekt-Lagebericht project status report
Projektauftrag project assignment, project request
Projektbeteiligte project participants
Projektbewertung capital project evaluation
Projektbindung project tying
Projektdokumentation project documentation
Projekteinführung project implementation

Projektfinanzierung production payment financing, project finance, project financing, project funding
projektgebundene Investitionsfinanzierung project-tied investment funding
projektgebundenes Darlehen nonrecourse loan
Projektgruppe project team, task force
Projektinformation project information
Projektion projection
Projektkontrolle project control
Projektleiter project manager
Projektleitung project management
Projektmittel project funds
Projektorganisation project organization, project structure
Projektphasen project phase
Projektplanung project planning, project scheduling
Projektsteuerung project steering
Projektstrukturplan project structure chart
Projektstudie feasibility study
Projektträger sponsor
Projektüberprüfung project auditing
Projektüberwachung project monitoring
Projektzeitplan project time schedule
Prolongation continuation, extension, prolongation, renewal, rolling forward
Prolongationsabkommen extension agreement
Prolongationsgebühr contango rate, renewal charge
Prolongationsgeschäft carrying-over business, contango business
Prolongationssatz renewal rate
Prolongationstag carrying-over day, carryover
Prolongationswechsel renewal bill
prolongieren carry over
prompte Zahlung prompt cash, prompt payment
Propaganda boomlet
Proportion proportion
proportional proportional
proportionale Kosten proportional costs
Proportionalkostenrechnung proportional costing
Protest einlegen lodge a protest
Protest mangels Annahme protest for nonacceptance
Protest mangels Zahlung protest for nonpayment
Protestanzeige mandate of protest
Protestgebühr protest fee
protestieren gegen object to
Protestkosten protest charges
Protesturkunde certificate of dishonor, protest certificate
Protestverzicht waiver of protest
Protestwechsel bill protested, protest bill

Protokoll führen take minutes
Provision brokerage, kick back, percentage, rake off
Provision für Swap-Geschäft arrangement fee
Provision pro Pfund poundage
Provisionsbasis commission basis
Provisionsforderungen accrued provisions
Provisionssatz rate of commission
Prozentnotierung quotation in percentage
Prozentsatz percentage
Prozentspanne percentage margin
prozentuale Kursänderung percentage change in price
prozentuale Mengenänderung percentage change in quantity
prozentuale Preisänderung percentage change in price
prozentualer Anteile der Dividende dividend payment ratio
Prozentzeichen percent sign
Prozess process
Prozessberatung process consulting
Prozesskosten cost of litigation, litigation costs, litigation expenses
Prozessmissbrauch abuse of process
Prozesssteuerung task management
Prozessvollmacht warrant of attorney
prüfen audit, check, inspect, survey, validate
Prüfer der Bankenaufsichtsbehörde bank examiner
Prüfliste check list
Prüfung going-over, inspection, proof, scrutiny
Prüfungsauftrag audit engagement
Prüfungsbericht audit certificate
Prüfungsbericht, Revisionsbericht/-vermerk accountants report
Prüfungsbescheinigung accountants certificate
Prüfungsergebnis audit result
Prüfungsgebühr survey fee
Prüfungsgebühren audit fee
Prüfungsgrundsätze audit standards
Prüfungskosten auditing costs
Prüfungspfad audit target
Prüfungsumfang audit scope
Prüfungsziel audit target
Prüfzahl check figure
Publikumsfonds investment fund open to the general public
Publikumskäufe public buying
Puffer buffer
Pufferzeit float time
Punkt item
pünktlich bezahlen pay on time, pay promptly
pünktlich liefern deliver on time
Punktschätzung point estimate

Q

Qualifikation qualification
Qualifikationsmerkmal performance ability
Qualifikationsprofil qualification profile
Qualifikationsstruktur qualification pattern
qualifizieren qualify
qualifizierte Arbeitskraft qualified employe
qualifizierte Mehrheit qualified majority
qualifizierte Minderheit qualified minority
qualifiziertes Inhaberpapier restricted bearer instrument
Qualität quality
qualitative Daten qualitative data
qualitative Untersuchung qualitative analysis
Qualitätsabweichung variation in quality
Qualitätsbewusstsein quality awareness
Qualitätserzeugnis high quality product
Qualitätskonkurrenz quality competition
Qualitätskontrolle process control, quality control
Qualitätskosten quality costs
Qualitätssicherung quality protection
Qualitätssteuerung quality control
Qualitätsveränderungen quality changes
Qualitätsverbesserung quality improvement
Qualitätswettbewerb quality competition
Qualitätszeugnis certificate of quality
Qualitätszirkel quality circle

quantitative Bewertung quantitative evaluation
quantitative Daten quantitative data
Quartalsbericht quarter report
Quartalsergebnis quarter result
Quartalsgewinn quarter profit
Quartalsverlust quarter loss
Quartalszahlen quarter figures
Quasigeld near money
Quelle source
Quellenabzug deduction at source
Quellensteuer withholding tax
Quellensteuer für Zinseinkünfte interest income tax deducted at source
Quellensteuer-Abzugsbescheinigung certificate of deduction of withholding tax
Quellensteuerabzug tax deducted at source
Quellensteuerbefreiung withholding exemption
Querschnitt sample
Querschnittsanalyse cross section analysis
querschreiben accept a bill
quittieren acknowledge
quittierte Rechnung receipted invoice
Quittung receipt, voucher
Quote quota
Quotenaktie fractional share certificate, no-par stock, no-par-value stock

R

Rabatt deduction, discount, rebate, trade allowance
Rabatt gewähren allow a discount
Rabattsatz discount rate
Rabattstaffel discount schedule
Raffinesse refinement
Rahmen framework
Rahmenabkommen skeleton agreement, umbrella agreement
Rahmenbedingung general setting
Rahmenbedingungen parameters
Rahmenbedingungen am Kapitalmarkt capital market parameters
Rahmenbestellung blanket purchase order
Rahmendaten key data
Rahmenkredit framework credit, global credit
Rahmenprogramm umbrella program
Rahmenvertrag framework agreement, outline agreement
Rand border
Randbedingung boundary condition
Randbemerkung postil
Randentscheidung boundary choice
randomisieren randomizee
Randverteilung boundary distribution
Rang standing
Range-Forward-Kontrakt range forward contract
Rangfolge ranking order
rasch rapid
rasch Geld beschaffen raise the wind
rasch steigen balloon
rascher Kursanstieg bulge
Rate installment
Ratengeschäft tally business
Ratenverkauf hire purchase sales
Ratenvertrag installment contract
Ratenwechsel multi-maturity bill of exchange
Ratenzahlung deferred payment, hire purchase payment, part-payment, payment by installments, time payment
Ratenzahlungsgeschäft hire purchase business
Ratenzahlungsvertrag deferred payment agreement
rationale Erwartungen rational expectations
Rationalisierung rationalization
Rationalisierungsinvestition investment of increased efficiency, rationalization investment
Rationalisierungsmaßnahme rationalization measure
Rationalisierungsmethoden rationalization methods

Rationalisierungspotenzial/-reserve potential for rationalization
Rationalisierungsvorteil rationalization advantage
Rationalität rationality
rationell efficient
rationelle Ausnutzung effective utilization
ratsam advisable
räuberisch predatory
Raubkopie bootleg
Raum space
räumlich spatial
räumliche Strukturierung spatial patterning
räumlicher Nutzen place utility
Räumlichkeiten premises
Reaktion response
Reaktionsgeschwindigkeit speed of response
real in real terms, in terms of real value
reale Einkommenseinbußen real income losses
reale Kapitalerhaltung maintenance of equity
reale Kassenhaltung real cash balance
reale Nettorendite nach Steuern after-tax real rate of return
reale Produktivkräfte real resources
reale Verbrauchsausgaben real consumer spending
Realeinkommen real earnings, real income
Realeinkommensvergleich real income comparison
realer Außenhandelsüberschuss real trade surplus
realer Einkommensverlust real wage cut
realer Kasseneffekt real balance effect
realer Zinsfuß real rate of interest
realer Zinssatz real interest rate
reales Austauschverhältnis barter terms of trade
reales Volkseinkommen real national income
reales Wachstum net growth, real growth
Realgüter real assets
Realinvestition fixed investment
Realisationsaufgabe realization task
Realisierbarkeit feasibility, viability
realisieren realize
realisierte Gewinne realized prize gains
realisierte Wertsteigerung realized appreciation
realisierter Gewinn earned income, income earned
realisierter Gewinn oder Verlust realized gain or loss
Realisierung accomplishment, implementation
Realisierungsprinzip realization rule
Realkapital real capital

Realkasseneffekt wealth effect
Realkredit real estate loan
Reallohn actual wages, real wage
Realrendite real return
Realsteuer impersonal tax
Realsteuerbescheid municipal assessment notice
Realvermögen fixed capital, real wealth
Realverzinsung real yield
Realwert real value
Rechenbrett abacus
Rechenfehler miscount
Rechenschaft account
Rechenschaft ablegen account for, give an accounting
Rechenschaftsbericht account of proceedings, statement of account
Rechenschaftspflicht accountability, duty of accounting
rechenschaftspflichtig accountable
rechnen mit expect
rechnerisch algebraical
rechnerische Rendite accountants return, accounting rate of return, book rate of return, calculated yield
rechnerischer Aktienwert accounting par value of shares
rechnerischer Gewinn book profit
Rechnung account, bill, invoice, tally
Rechnung ausstellen bill, invoice
Rechnung begleichen foot a bill, settle an invoice
Rechnung bezahlen clear an account
Rechnung legen render account
Rechnung legen, abrechnen render account
Rechnung über account of
Rechnung verlangen call for the bill
Rechnung von account of
Rechnungsabgrenzung accrual and deferral, deferral
Rechnungsabgrenzungsposten accrued items, end-of-year adjustment, prepaid and deferred items
Rechnungsabteilung billing department
Rechnungsbegleichung settlement of an account
Rechnungsdatei billing file
Rechnungsdatum billing date, date of invoice
Rechnungsdoppel duplicate invoice
Rechnungseinheit unit of account (U/A)
Rechnungsformular billhead
Rechnungsgeld money of account
Rechnungsjahr accounting year
Rechnungslegung account rendering, reporting system
Rechnungslegung der öffentlichen Hand governmental accounting
Rechnungslegungsmethode accounting method
Rechnungslegungsverordnung accounting directive, accounting ordinance

Rechnungslegungsvorschriften accounting rules, accounting standards
Rechnungsperiode accounting period
Rechnungspreis invoice cost, invoice price
Rechnungsprüfer auditor
Rechnungsprüfung audit
Rechnungsprüfung, Revision accounting control
Rechnungssaldo balance of invoice
Rechnungsschreiben billing
Rechnungsüberschuss accounting surplus
Rechnungsunterlagen accounting records
Rechnungsvordruck billhead
Rechnungswesen accountancy, accounting
Rechnungswesen der Unternehmung business accounting
Recht power
Recht auf Sonderkündigung special call right
Recht auf vorzeitige Fälligstellung acceleration right
Recht auf vorzeitige Tilgung prior redemption privilege
Recht geltend machen claim a right
Recht übertragen confer a right
recht und billig fair and equitable, fair and proper, fair and reasonable, just an equitable
Recht verletzen infringe upon a right
Recht verlieren lose a right
Recht verwirken forfeit a right
Recht vorbehalten reserve a right, reserve the right
Recht wiederherstellen restore a right
Rechte Dritter third-party rights
Rechte und Pflichten rights and duties
rechtfertigen justify
rechtlich vertretbar legally justifiable
rechtmäßig rightful
Rechtmäßigkeit legitimacy
Rechts- und Beratungskosten legal and consulting fees
Rechtsanwalt advocate, solicitor
Rechtsanwaltskammer bar council
Rechtsberater legal advisor
Rechtsberatungskosten legal expenses
Rechtschaffenheit probity
Rechtserwerb acquisition of title
Rechtsform legal form
Rechtsform der Unternehmung legal form of business organization
Rechtshilfe legal aid
Rechtsirrtum error in law
Rechtskraft legal force, validity
Rechtskraft (Bestandskraft) unappealability
rechtskräftig valid
rechtskräftig werden become valid
Rechtsmangel defect as to title, infirmity
Rechtsmissbrauch abuse a law, abuse of right

Rechtsmittel administrative remedy, appeal, remedy
Rechtsnachfolger assignee
Rechtsordnung legal framework, legal system, state law
Rechtspersönlichkeit entity
Rechtsschutz prepaid legal services
Rechtsstaatsprinzip principle of the rule of law
Rechtsstellung status
rechtsunfähig legally unable to hold rights
Rechtsunfähigkeit legal incapacity
rechtsunwirksam legally inoperative
rechtsverbindlich authorized, with binding effect in legal terms
rechtsverbindliche Fassung legally binding formula
Rechtsverbindlichkeit binding effect, binding force
Rechtsverdrehung pettifoggery
Rechtsverhältnis legal relationship
Rechtsverzicht disclaimer of right, waiver of rights
Rechtsvorschrift legal provision
rechtswidrige Handlung wrong
Rechtswirksamkeit legal validity
rechtzeitig in due time
rechtzeitige Leistung punctual performance
Rediskont rediscount
Rediskontabschnitte rediscounts
rediskontfähig eligible for rediscount
rediskontfähige Wertpapiere eligible paper
rediskontfähiger Wechsel bill eligible for rediscount, eligible bank bill, eligible bill
rediskontieren rediscount
Rediskontkontingent rediscount line
Rediskontlinie rediscount line
Rediskontrahmen rediscount line
Rediskontsatz rediscount rate
Redlichkeit integrity
reduzierbar reducible
reduzierte Kreditwürdigkeit impaired credit
Referenzbank reference bank
Referenzperiode reference period
Referenzpreis reference price, yardstick
Referenzwährung reference currency
Referenzzeitraum reference period
Referenzzinssatz reference rate
refinanzieren fund, refinance
Refinanzierung funding, refinancing
Refinanzierung am freien Markt funding in the open market
Refinanzierungsaktionen refinancings
Refinanzierungsanleihe refunding bond issue
Refinanzierungsbasis refinancing potential
Refinanzierungsbedarf refinancing requirements
Refinanzierungskosten interbank cost of money
Refinanzierungskredit refinance credit

Refinanzierungsmittel refinancing funds
Refinanzierungsplafond refinancing line
Refinanzierungspolitik refinancing policy
Refinanzierungswechsel refinance bill
Refinanzierungszins interbank rate
Refinanzierungszusage refunding commitment
Refundierungsanleihe refunding loan
rege Nachfrage rush of orders
Regel guideline, rule
regelgebunden rulebent
regelgebundene Ausgaben entitlement spending
regeln determine, regulate
Regeln versus freies Ermessen rules versus discretion
Regelverstoß infringement
Regelwerke rules
regenerieren recycle
Regierungsanleihe tap stock
regionale Entwicklung regional development
regionale Preisdifferenzierung zone pricing
Regionalförderung regional aid
Register book of record, register
Registerrichter registrar
Registratur file system
Registraturarbeiten filing
registrieren indexing, record, register
Registrierkasse cash register
Regler regulator
Regress recourse, regress
Regress nehmen take recourse
Regression regression
Regressionsgrade der Stichprobe sample regression line
regressive Kosten regressive costs
Regressklage action for recourse
regresslose Exportfinanzierung nonrecourse export financing
regresspflichtig liable to recourse
Regressverzicht waiver of recourse
regulär across the counter
reguläre Bankgeschäfte standard banking operations
regulierbar adjustable
regulieren regulate
regulierte Preisinflation administered price inflation
regulierter Preis administered price
regulierter Wettbewerb administered competition
regulierter Zinssatz administered rate of interest
Regulierung regulation
reich abundant
reichlich versehen abundant
Reichtum affluence
Reichweite reach, scope
Reichweite, Versicherungsumfang coverage
Reifephase maturity stage, period of maturity
Reihe sequence, series

Reihenfolgesystem sequencing system
Reindividende net dividend
reiner Wechsel clean bill of exchange, clean draft
reiner Zahlungsverkehr clean payment
reiner Zins pure interest
reiner Zufallsfehler unbiased error
Reinerlös net revenue
reines Termingeschäft output transaction
Reinfall fizzle, flop
Reingewinn cash earnings, earned surplus, net margin
Reingewinn je Aktie net earnings per share, net per share
Reingewinn nach Steuern net profit
Reingewinnbeteiligung participation in earnings
Reingewinnzuschlag net profit markup
Reinvermögen capital, net assets
reinvestieren plow back, reinvest
Reinvestition plowback, reinvestment, replacement investment
Reinvestitionsrücklage reserve for reinvestment
Reiseausgaben travel expenses
Reisekosten traveling expenses
Reisekosten-Pauschbetrag blanket amount for traveling expenses
Reisekostenabrechnung travel expense report
Reisekostenzuschuss traveling allowance
Reisekreditbrief traveler's letter of credit
Reisescheck circular check, traveler's check
Reisespesen travel allowance, travel expenses
reißenden Absatz finden walk off the shelves
Reizthema touchy topic
reizvoll appealing
Reklamation complaint
Reklamationsabteilung claim department
Reklame boost
Rekordhöhe all-time high
Rektaindossament restrictive endorsement
Rektapapier nonnegotiable document, registered instrument, registered security
Rekursionsverfahren roll-back method
relativ comparative
relative Bedeutung weight
relative Häufigkeit relative class frequency
relative Kursstärke relative price strength
relevanter Bereich relevant range
Remboursbank reimbursing bank
Rembourskredit accept credit, acceptance credit, documentary acceptance credit
Rembourslinie acceptance credit line
Remboursregress reimbursement recourse
Rembourswechsel documentary draft, secured bills
Remittent payee of a bill
Rendite income return, rate of return, yield
Rendite auf durchschnittliche Laufzeit yield to average life
Rendite auf Endfälligkeit yield to final date
Rendite auf früheste Kündigung yield to early call
Rendite auf Kündigung yield to call
Rendite auf Kündigungstermin yield to call date
Rendite bei Langläufern yield on longs
Rendite bei Wiederanlage reinvestment yield
Rendite einer Anlage yield on an investment
Rendite entsprechend der Laufzeit yield to equivalent life
Rendite langfristiger Staatspapiere long gilt yield
Rendite nach Steuern after-tax yield, post-tax yield, yield net of taxation
Rendite vor Steuern yield before taxes
Rendite-Kennziffer profit-level indicator
Renditeabhängigkeit des Anleihekurses dollar duration
Renditeabweichung yield upon variance
Renditeangleichung yield adjustment
Renditeanstieg yield increase, yield pick-up
Renditeäquivalenz yield equivalence
Renditeaufbesserung yield improvement
Renditeaufschlag yield mark-up
Renditeaussichten yield prospects
Renditeberechnungsformel yield computation
Renditebewusstsein yield awareness
Renditedifferenz yield differential
Renditeermittlung yield calculation
Renditeerwartung yield expectation
Renditefächer yield range
Renditegefälle yield gap
Renditegefüge yield on pattern
Renditehäufigkeit yield frequency
Renditekalkulation yield calculation, yield computation
Renditekontrollrechnung yield measurement
Renditemaßstab yield benchmark
Renditemaximierung yield maximization
Renditemessung yield measurement
Renditeniveau yield level
Renditeobjekt income property
Renditeprognose yield forecast
Renditeschätzung yield estimate
Renditeschwankungen yield fluctuations
Renditesicherung yield hedging
Renditespanne yield spread
Renditestruktur yield structure
Renditeuntergrenze yield floor
Renditevergleich yield comparison
Renditevorteil, Renditevorsprung yield advantage
Renditeziel yield target
renommiert seasoned
Renovierungskosten cost of renovation
rentabel profitable

Rentabilität primary return, productivity, profitability, rate of return, return on investment (ROI), viability
Rentabilitäts-Vergleichsrechnung rate of return method of evaluation
Rentabilitätsanalyse profitability analysis
Rentabilitätsberechnung calculation of earning power, profitability calculation
Rentabilitätsgesichtspunkte profitability aspects
Rentabilitätsgrenze margin of productivity
Rentabilitätsindex profitability index
Rentabilitätslücke profitability gap
Rentabilitätsrechnung capital budget, return on investment method
Rentabilitätsschwelle marginal profit
Rentabilitätsvergleichsmethode accounting method
Rentabilitätsvergleichsrechnung average return method
Rentabilitätsziel target rate-of-return goal
rentable Anlage smart money
rentables Geschäft paying business
Rente rent
Rentefaktor rent factor
Rentenablösung commutation of annuity
Rentenalter pensionable age
Rentenanleihe annuity bond
Rentenanleihen perpetual bonds
Rentenanspruch pension claim
Rentenaufwand annuity cost
Rentenbarwert present value of annuity
Rentenbestand bond holdings
Rentendauer term of annuity
Rentenendwert accumulated amount of annuity, accumulation of annuity, amount of annuity, final value of annuity
Rentenflaute sluggish bond market
Rentenfolge annuity series
Rentenfonds annuity fund, bond fund, fixed-income fund
Rentenhandel bond dealings, bond trading
Rentenhausse upsurge in bonds prices
Rentenmarkt bond market, corporate bond market, fixed-rate bond market
Rentenmarkt in Anspruch nehmen tap the bond market
Rentennotierungen bond prices
Rentenpapiere bonds and debentures
Rentenplan mit variablen Auszahlungsbeträgen variable annuity
Rentenrate pro Jahr annual rent of annuity, annuity payment
Rentenreihe annuity series
Rentenversicherung retirement insurance
Rentenvertrag annuity agreement
Rentenwerte bonds, loan stock
Rentenwertindex fixed securities index

Rentner pensioner
Reorganisation organizational reshuffle, reorganization
Reorganisationsphase reorder period
reorganisieren reorganize
Reparaturrückstellungen provision for deferred repairs
repräsentative Stichprobe representative sample
repräsentativer Durchschnitt, Querschnitt cross section
Repräsentativstichprobe sample survey
Reproduktionswert reproduction value
reproduzieren process
Reserve-Einlagen-Relation reserve-deposit ratio
Reservefonds surplus fund
Reserveguthaben der Geschäftsbanken eligible reserve assets
Reservehaltung von Wertpapieren compulsory reserves in securities
Reserven ansammeln build up reserves
Reserven bilden set aside
Reservetransaktion reserve transaction
Reserveverluste reserve losses
Reservewährung reserve currency
reservieren reserve
Reservierungskosten reservation cost
Reservierungspreis reservation price
Ressourcen resources
Ressourcen erschließen tap resources
Rest balance, residual
Restanlagewert residual cost
Restbestand remaining stock
Restbetrag remainder
Restbuchwert amortized cost, residual book value
Restkapital principal outstanding
Restkaufpreis-Hypothek purchase money mortgage
Restkosten remainder of costs
Restlaufzeit remainder of the term, remaining life, time to maturity, unexpired time, years to maturity
Restlebensdauer unexpired life
restlos zurückgezahltes Geld money refunded in full
Restposten odd lot
Restposten der Zahlungsbilanz balance of unclassifiable transactions
Restrate final installment
Restriktion constraint
restriktive Geldpolitik monetary stringency, tight monetary policy
restriktive Kreditpolitik tight credit policy
restriktive Wirtschaftspolitik deflate policy
Restrisiko residual exposure
Restschuld balance due, remainder of a debt, residual debt, unpaid balance in account

Restwert recovery value, residual value, written-down value
Restwertrechnung residual value costing
Restzahlung residual discharge
Retentionsrecht right of retention
Retouren returns
retournieren bounce
Retourscheck returned check
retrograde Methode inverse method
retten vor salvage from
Rettungsaktion rescue operation
revidieren revise
Revision accounting control, appeal on law, review, revision
Revisionsabteilung auditing department
Revisionsbericht accountants report
Revisionsgebühren audit fee
Revisionsjahr year under revision
Revisionsvermerk accountants report
revolvierende Planung revolving planning
revolvierender Fonds revolving fund
revolvierender Kredit continuous credit
revolvierendes Akkreditiv revolving letter of credit
Revolving-Kredit open-ended credit, revolving loan
Rezept prescription
Rezeption reception
Rezession recession
rezessionsbedingter Nachfragerückgang recession-led slump in demand
richtig duly
Richtigstellung amendment
Richtlinie guideline
Richtlinien guidelines
Richtlinienbestimmung policy-making
Richtpreis leading price, recommended price
Richtung tendency, trend
Richtwert benchmark, guideline value
riesige Gewinne huge profits
Rimesse remittance
Risiken abwälzen pass off risks
Risiken tragen bear risks
Risikenzerlegung unbundling of risks
Risiko exposure, jeopardy, risk, venture
Risiko abdecken hedge a risk
Risiko aus offenen Positionen in Futures option exposure
Risiko aus Terminkontrakt-Positionen futures exposure
Risiko übernehmen assume a risk
Risiko unehrlicher Angaben moral hazard
Risiko versichern place a risk
Risiko-Chancen-Kalkül risk-chance-analysis
Risiko-Klassifikation basic rating
Risikoabdeckung covering
Risikoanalyse risk analysis

Risikoanlagen risk assets
Risikoanpassung risk adjustment
Risikoausschluss policy exception/exclusion
Risikoausschlussklausel account and risk clause
risikobehaftet fraught with risk
risikobehaftete Aktiva risk-related assets
Risikobewertung risk assessment
Risikodeckung risk cover
risikofrei risk free
risikofreier Ertrag basic yield
risikofreudig venturesome
Risikokapital venture capital
Risikokapitalgeber venture capital backer
Risikokosten risk costs
Risikolebensversicherung term insurance
risikolos zero risk, riskless
risikoloses Geschäft good trader
Risikomanagement exposure management, risk management
Risikopräferenzfunktion risk-preference function
Risikoprämie bonus for special risk, hazard bonus
risikoreiche Adresse high-risk borrower
risikoreiche Anlage businessman's investment
risikoreiche Transaktion highly leveraged transaction
risikoreicher Kredit flake
risikoreiches Darlehen dicey loan
risikoreiches Engagement high-risk exposure
Risikoscheue risk aversion
Risikosteigerung increase in hazard
Risikostreuung pooling of risks, risk spreading, spreading of risks
Risikotransformation shift in risk spreading
Risikovermeidung risk aversion
Risikoverteilung distribution of risk, pooling of risks
Risikozuschlag risk markup
riskant chancy, hazardous
riskanter Vermögenswert risky asset
riskieren risk, venture
Roh-, Hilfs- und Betriebsstoffe raw materials and supplies
Rohbilanz preliminary balance sheet
Rohgewinn gross margin, gross profit
Rohmaterial raw material
Rohstoffbestände raw materials inventory
Rohstoffe basic commodities, primary goods, raw material
Rohstoffknappheit raw materials scarcity
Rohstoffmarkt raw commodity market
Rohstoffpreisindex commodity price index
Rohstoffproduzent primary producer
ROI berücksichtigt Rücklagen CFROI, cash flow return on investment
rollende Renditekurve rolling yield curve

rollender Finanzplan moving budget
rollendes Budget perpetual budget
rollendes Material rolling stock
Rollgeld carriage, cartage, drayage, truckage
rollierende Planung rolling planning
rollierende Vorschau rolling forecast
rote Zahlen operate in the red, red figures
rote Zahlen schreiben go into the red
Routine-Emission plain vanilla issue
Routineemission vanilla issue
Routinetätigkeiten daily dozen
Rubrik column
Rückbelastung billback, chargeback
rückbezüglich reflexive
rückdatieren backdate
Rückdelegation redelegation
rückerstatten reimburse
Rückerstattung refund, restoration
Rückerstattungsgarantie money back guarantee
Rückfluss aus investiertem Kapital return on capital
Rückfracht back freight
Rückfrage query
Rückführung der Ausgabenquote bringing down expenditure ratios
Rückführung des Kontostandes auf Null zero balancing
Rückgaberecht return privilege
Rückgang decline, decrease, drop, falloff, slump
Rückgang auf breiter Front widespread decline in prices
rückgängig machen rescind, reverse course, undo
Rückgewinnung des investierten Kapitals cost recovery, investment recovery
Rückgriff recourse
Rückgriff mangels Annahme recourse of nonacceptance
Rückgut returns
Rückkauf buy-back, cash-in, rebuy, repurchase
Rückkauf des eigenen Aktienkapitals equity redemption
Rückkauf-Prämie call premium
Rückkaufklausel call provision
Rückkaufkurs call price, retirement price
Rückkaufoption call option
Rückkaufpreis redemption price
Rückkaufsrecht option of repurchase, right of redemption
Rückkaufswert cash surrender value
Rückkaufübereinkommen repurchase agreement
Rückkaufwert cash-in value, surrender value
Rückkehr regress
Rückladung backload
Rücklage appropriated retained earnings, nest egg, reserve
Rücklage auflösen liquidate a reserve

Rücklagen angreifen eat into reserves
Rücklagen bilden create reserves
Rücklagen dotieren add to reserves
Rücklagen stärken strengthen reserves
Rücklagentilgung sinking fund method
Rücklagenzuführung appropriation to reserves, charge to reserves
Rücklagenzuweisung allocation to reserves
rückläufige Defizitquoten reduction in deficit ratios
rückläufige Marktentwicklung declining market
rückläufige Tendenz declining trend
rückläufiger Aktienmarkt receding market
Rücklaufquote number of responses
Rücknahmegarantie repurchase guaranty
Rücknahmegebühr performance fee
Rücknahmekurs repurchase price, unit redemption price
Rücknahmepreis redemption price
Rücknahmewert bid value
Rückprämie premium for the put
Rückruf callback
Rückrufaktion call-back, recall action
Rückrufanzeige recall notice
rückrufen call in
Rückschlag setback, swing back
Rückschleusung von Geldern recycling of funds
Rücksendungen sales returns
rücksichtslose Preissetzung predatory pricing
rücksichtslose Wettbewerbsmethoden predatory practices
rücksichtsloser Preiskrieg vicious price war
Rückspesen back charges
Rückstand arrears, backlog, lag
rückständig delinquent
rückständige Dividende dividend in arrears, passed dividend
rückständige Miete back rent
rückständige Rate back installment
rückständige Steuern back taxes, delinquent taxes
rückständige Tilgungszahlungen redemption arrears
Rückstellung allowance, liability reserve, loan loss allowance, operating reserve, provision, reserve
Rückstellung auflösen dissolve a liability reserve
Rückstellung bilden form a provision
Rückstellung für accrual for
Rückstellung für Ertragsteuern accrued income taxes
Rückstellung für Gewährleistungen provision for warranties
Rückstellung für notleidende Kredite bad debt provision, bad loan provision
Rückstellung für Pensionen accrual for pensions

Rückstellungen accruals, accrued liabilities, withheld accounts
Rückstellungen für latente Steuern accruals for deferred taxes
Rückstellungen für Pensionen und ähnliche Verpflichtungen accruals for pensions and similar obligations
Rückstellungen für Wertberichtigungen revaluation reserves
Rückstellungsfehlbetrag under-accrual
Rückstellungsveränderungen changes to provision
Rückstellungsverbrauch utilization of provisions
rückstufen downgrade
Rücktritt vom Vertrag withdrawal from a contract
Rücktrittsklausel cancellation clause, market-out clause
Rücktrittsrecht cancellation right
Rückübertragung retransfer
Rückvalutierung backvaluation
rückvergüten refund, reimburse
Rückversicherung reassurance
rückwärtsblättern roll back
Rückwärtspfeil arc reverse
Rückwärtsterminierung back scheduling, backward scheduling
Rückwechsel redraft
rückwirkend reflexive
rückwirkende Bezahlung retrospective payment
Rückwirkung repercussion
Rückwirkungseffekt repercussion effect
rückzahlbar redeemable, repayable, returnable
rückzahlbare Vorzugsaktie callable preferred stock, redeemable preferred stock, refundable

Rückzahlung become payable, cleanup, repayment
Rückzahlung bei Endfälligkeit redemption at term, final redemption
Rückzahlung des Anleihekapitals capital repayment
Rückzahlung des Kapitals repayment of principal
Rückzahlung einer Anleihe repayment of a loan, retirement of a loan
Rückzahlung vor Fälligkeit redemption date redemption before due date
Rückzahlung zum Nennwert redemption at par
Rückzahlungsagio redemption premium
Rückzahlungsantrag repayment claim
Rückzahlungsbetrag amount repayable
Rückzahlungsgarantie repayment guaranty
Rückzahlungskurs rate of redemption
Rückzahlungsoption option of repayment
Rückzahlungsprovision redemption commission
Rückzahlungsrendite yield to maturity, yield to redemption
Rückzahlungstermin date of repayment, deadline for repaying
Rückzahlungswert redemption value
Ruf reputation, standing
ruhen lassen hold in abeyance, keep in abeyance
ruhender Rechtsanspruch abeyance
ruhendes Konto broken account, sleeping account
ruhiger Verlauf calm trading, quiet trading
ruhiges Geschäft slack business
Ruin, Zusammenbruch crash
ruiniert bankrupt, smashed
ruinöse Konkurrenz cut-throat competition
runterdrücken push down
Rüstzeit changeover time, pre-assembly time

S

Sabotage sabotage
Sachanlage capital assets
Sachanlagen fixed assets, tangible assets
Sachanlagevermögen physical capital
Sachausschüttung distribution of assets, dividend in kind
Sachbearbeiter clerk
Sachbearbeitungsaufgabe clerical task
sachdienlich pertinent
Sachdienlichkeit relevance, relevant
Sachdividende asset dividend, dividend in kind, property dividend
Sacheinkommen income-in-kind
Sacheinlage capital paid in property, contribution in kind, contribution of property
Sacheinlageaktie noncash share
Sacheinlagen capital subscribed in kind
Sachinvestition spending on fixed assets
Sachkapital capital equipment
Sachkonto impersonal account, nonpersonal account
Sachleistung benefit in kind, payment in kind
Sachleistungen in-kind benefits
sachlich dispassionate, unbiased
Sachmangel defect as to quality, fault
Sachmittel equipment, physical resources
Sachregister subject index
Sachschäden injury to property
Sachvermögen fixed capital
Sachverstand analytic expertize, competence, expertize
Sachverständigen hinzuziehen call in an expert
Sachverständigenausschuss expert committee
Sachverständiger appraiser
Sachwertdividende property dividend
Sachwissen expertize
Sachziele substantive goals
Sachzwang factual constraint, inherent necessity
Sackgasse deadlock
saftiger Preis fishy price
saisonale Schwankung seasonal variation
saisonbedingter Aufschwung seasonal recovery/upswing
saisonbereinigt seasonally adjusted
Saisonkredit seasonal credit, seasonal loan
Saisonverlauf seasonal movement
Saldenabstimmung balance reconciliation
Saldenaufstellung balance-of-account statement
Saldenberichtigung adjustment of account
Saldenbestätigung confirmation of balances
saldenloses Konto zero balance account
Saldenspalte balance column

Saldenverrechnung balance set-off
saldieren balance out, balancing, liquidate, netting out
Saldo balance
Saldo per Jahresende year-end balance
Saldo vortragen carry over a balance
Saldo zu unseren Gunsten balance in our favor
Saldovortrag balance carried forward
Saldovortrag, Übertrag balance brought/carried forward
Sammelabschreibung group depreciation
Sammelbestand collective security holding
Sammelbewertungsverfahren group valuation method
Sammelbuchung collective entry, compound entry
Sammeldepot bulk segregation
Sammeldepotkonto collective deposit amount
Sammeleinkauf basket buy
Sammelgeschäft block discounting
Sammelinkasso centralized collection
Sammelkonto absorption account, assembly account, collective account, concentration account, omnibus account
Sammelladung mixed consignment
Sammelposten collective item
Sammelsurium mixed bag, omnium gatherum
Sammelüberweisung combined bank transfer, one-check payroll system
Sammelverwahrung bulk segregation, general deposit, unallocated storage
Sammelwertberichtigung allowance method, global value adjustment
Samt velvet
sanieren put new life into, refloat, reforge
Sanierung bail-out, corporate adjustment, corporate reconstruction, financial rehabilitation, financial reorganization, financial rescue, financial restructuring, redevelopment, rescue operation
Sanierungsaktion bail-out
Sanierungsdarlehen reorganization loan
Sanierungsgebiet redevelopment area
Sanierungsgewinne recapitalization gains
Sanierungskonsortium backing syndicate, reconstruction syndicate
Sanierungskonzept recovery strategy, rescue strategy
Sanierungsmaßnahme austerity measure
Sanierungsprogramm reorganization scheme
satte Gewinne bumper profits
Sattel saddle

Sattelpunkt saddle point
Sättigung satiation, saturation
Sättigungspunkt absorption point, rate of public acceptance, saturation point
Satz rate
Satz für tägliches Geld overnight rate
Satzung by-law, charter, company memorandum, corporate articles, statute
satzungsgemäß statutory
satzungsmäßige Dividende statutory dividend
Säulendiagramm column diagram
säumig in default
säumige Partei defaulting party
säumiger Schuldner debtor in arrears, defaulting debtor, delinquent debtor
säumiger Zahler tardy payer
Säumniszuschlag late payment penalty, overcharge for arrears
Schachtelbeteiligung intercorporate stockholding
Schachtelgesellschaft consolidated corporation
Schachtelprinzip intercompany consolidation principle
Schaden damage, detriment, harm
Schaden beheben rectify a defect
Schaden melden notify a claim
Schadenersatz compensation for damages, damages, indemnification, indemnity, reimbursement, vindictive damages
Schadenersatz leisten pay damages
Schadenersatzklage action for damages, damage suit
Schadenersatzrecht law of torts
Schadenersatzzahlung reparation
Schadenfreiheitsrabatt no-claims bonus/discount
Schadenmaximum loss limit
Schadensbericht damage report
Schadensersatzanspruch damage claim
Schadensersatzlimit aggregate limit
Schadensfall occurence of risk
Schadenshäufigkeit incidence of loss
Schadensmeldung notice of damage
Schadensminderung mitigation of damage
Schadensquote incurred loss ratio
Schadensregulierer claim adjuster
Schadensreserve underwriting reserve
Schadenssachverständiger adjuster
Schadensumschichtung redistribution of losses
Schadensversicherung indemnity insurance
schädlich harmful
schädliche Güter discommodities
Schalter paybox
Schalterprovision selling commission
Schalterstunden banking hours
scharfe Rezession severe recession
Schattenhaushalt shadow budget

Schattenpreis accounting price, shadow price
Schattenwirtschaft irregular economy
Schatzamt treasury
Schatzanweisung Exchequer bond, treasury bill, Treasury note
schätzbar valuable
schätzen appraise, valuate
Schätzer appraiser, evaluator
Schätzkurs subject market
Schatzmeister treasurer
Schatzobligation Treasury bond
Schätzung appraisal, appraisement, estimate, estimation, valuation
Schätzverfahren method of estimation
Schatzwechsel Exchequer bill
Schätzwert appraised value, estimated value
Schaufensterdekoration window dressing
Scheck check, check
Scheck annehmen cash a check
Scheck einlösen cash a check, draw a check, encash a check
Scheck einreichen present a check
Scheck nicht einlösen dishonor a check
Scheck unterschreiben sign a check
Scheckabrechnungsverkehr clearance of checks
Scheckausgangsbuch check register
Scheckaussteller issuer of a check
Scheckbestätigung certification of a check
Scheckbetrug check fraud, paperhanging
Scheckbetrüger paperhanger
Scheckeinlösegebühr check encashment charge
Scheckeinzug check collection
Scheckformular check form
Scheckheft check book
Scheckinkasso check collection
Scheckkarte banker's card
Scheckkredit check credit
Scheckprüfung check verification
Schecks abrechnen clear checks
Schecksperre stop order
Schecksperrung countermand
Scheckverrechnung check clearing
Scheckverrechnungsstelle check processing center
Scheinfirma cowboy contractor, dummy corporation, street name
Scheingebot sham bid
Scheingeschäft wash trade
Scheingesellschaft ostensible company
Scheingesellschafter holding-out partner, nominal partner
Scheingewinn fictitious profit, paper profit, phantom profit
Scheingewinne illusory earnings
Scheinkorrelation spurious correlation
Scheinvertrag feigned contract
scheitern break down, fall flat, fall through

Scheitern der Verhandlungen break down of negotiations
Schema formula
Schenkung bestowal, donation, gift
Schenkungsteuer accessions tax, gift tax
Schicht shift
Schieber trafficker
Schiebungen racketeering
Schiedsamt board of conciliation
Schiedsausschuss arbitration committee
Schiedsgericht arbitrage, mediation board
Schiedsgerichtshof board of referees
Schiedsklausel arbitration clause
Schiedsrichter arbitrator
schiedsrichterlich entscheiden arbitrate
Schiedsspruch arbitrament, arbitration award, award, judgement
Schiedsspruch, Schlichtung arbitration
Schiedsstelle arbitrative board
Schiedsverfahren arbitration proceedings
Schiedswert arbitration value
schief gehen go awry
Schiefe skewness
Schiffsladung cargo
schikanieren pettifog
Schlagwort subject heading
schlechte Behandlung raw deal
schlechter Kauf bad bargain
schlechtester Fall worst case
schleichende Inflation creeping inflation
schleichende/heimliche Steuererhöhung bracket creep
schleppende Nachfrage sagging demand
schleppendes Geschäft depressed business
Schleuderpreis cut-throat price
schlichten arbitrate, mediate, reconcile
Schlichter mediator
Schlichtung arbitration, conciliation, reconciliation, settlement
Schlichtungsausschuss board of arbitration, conciliation board, mediation committee
schließen close books
Schließfach safe deposit box
Schließfachmiete safe deposit box rental
schließlich ultimately
Schließung/Stilllegung eines Betriebes closure
schludrig arbeiten skimp
Schlussabrechnung final account, final billing
Schlussabstimmung final vote
Schlussbestand closing inventory, closing stock, ending inventory
Schlussbestimmung concluding clause
Schlussbilanz closing balance sheet, final balance sheet
Schlussbrief fixing letter
Schlussdividende final dividend
Schlüssel zum Erfolg key to success
Schlüsselbeteiligung golden share
Schlüsselindustrie bellwether industry, pivotal industry
Schlüsselposition key position
Schlüsselstellung pivotal position
Schlusserörterung peroration
Schlussfolgerung conclusion, inference, reasoning
Schlusskurs close, closing price, final quotation
Schlusskurs des Vortages previous quotation
Schlussnote bought note, broker's bought note, purchase and sale memorandum, sale note
Schlussnotierung closing price, final quotation, last quotation, late quotation
Schlussphasenorder market-on-close order
Schlusspunkt switch-off point
Schlussrechnung final account, final invoice
Schlussschein bought note, broker's bought note, deal slip, purchase and sale memorandum
Schlusstag trade date
Schlusstendenz final tone
Schlusstermin closing date
Schlusswert closing price, settlement price
Schlusszahlung final payment, pickup payment, terminal payment
schmal narrow
schmälern curtail
Schmälerung curtailment, impairment
Schmiergeld boodle, bribe money, kick back, palm-grease, slush money
Schmiergelder corporate payoff
schmuggeln bootleg
schnell rapid, speedy
Schnellbericht flash report
Schnelldreher money spinner
schneller Absatz ready sale
schneller Umsatz quick returns/turnover
Schnellzugriff immediate access
Schnittpunkt intersection
Schnittstelle interface
schonungslos severe
Schönwetter-Finanzierung fair-weather finance
Schranke barrier
Schreiben ohne Datum undated letter
Schreibfehler clerical error
Schriftform written form
schriftlich bestätigen confirm in writing
schriftlich festhalten record
schriftlich niederlegen set down
schriftlicher Vertrag written agreement
schriftliches Einverständnis written consent
Schritt step
Schritt halten mit stay in step with
Schrott scrap iron/metal
Schrottverkauf sale of scrap
Schrottwert junk value, scrap value
schrumpfen eat away

schrumpfender Auftragsbestand falling orders
Schubladenplan contingency plan
Schubladenplanung contingency planning
Schuld begleichen clear obligation
Schuld tilgen sink a debt
Schuldanerkenntnis acknowledgement of debt, acknowledgement of indebtness
Schuldbefreiungsurkunde acquittance
Schuldbeitritt collateral promise
schulden be indebted, owe
Schulden arrears, debit, debt, owe
Schulden bedienen service debt
Schulden begleichen cover, discharge debts
Schulden bezahlen acquit
Schulden erfüllen honor debts
Schulden erlassen waive debt payment
Schulden machen incur debts
Schulden machen, Verpflichtungen eingehen contract debts
Schulden mit kurzer Restlaufzeit short-term residual maturity
Schuldenabbau deleveraging
Schuldenberg mountain of debt
Schuldendienst debt fatigue, debt service, servicing burden
Schuldendienstfähigkeit ability to service debt
Schuldendienstquote debt service ratio
Schuldendienstzahlungen debt service payments
Schuldenerlass acquittal, cancellation of a debt, debt relief, forgiveness of debt
Schuldenerleichterung, Schuldenerlass debt alleviation
Schuldenfinanzierung debt financing
schuldenfrei afloat, clear, free and clear, free from debt, free from encumbrances, free of debt
schuldenfrei machen free from debt
schuldengeplagt debt-distressed
Schuldenhandel debt equity swap
Schuldenkonsolidierung consolidation of debt
Schuldenkrise debt crisis
Schuldenlast burden of debt, debt burden
Schuldenmanagement debt management
Schuldenmoratorium deferral of debt repayment
Schuldenquote des Staates ratio of general government debt
Schuldenrückzahlung debt redemption, debt retirement
Schuldenstand debt level, debt position
Schuldenstand im Verhältnis zum BIP debt-to-GDP-ratio
Schuldenstandsquote level-of-debt ratio
Schuldentilgung debt redemption, extinction of debts
Schuldentilgungsfähigkeit debt repaying capability
Schuldentilgungsfonds sinking fund
Schulderfüllung acquittance

Schuldner borrower, debtor, obligor
Schuldnerbank debtor bank
Schuldnerkündigungsrecht call option
Schuldnerrisiko borrower's risk
Schuldnerverzug debtor's delay
Schuldnerwechsel debtor exchange
schuldrechtliche Wertpapiere debt securities
Schuldsalden debtor balances
Schuldschein acceleration note, bond of indebtedness, capital note, certificate of indebtedness, promissory note, single-name paper
Schuldschein ausstellen sign a bond
Schuldscheindarlehen loan against borrowers notes
Schuldscheine corporate paper
Schuldscheinforderungen notes receivables
Schuldscheinverbindlichkeiten notes payable
Schuldtitel mit Eigenkapitalcharakter equity contract note
Schuldtitel ohne Laufzeitbegrenzung perpetuals
Schuldtitel staatlicher Kreditnehmer sovereign debt
Schuldübernahme assumption of a liability, assumption of indebtedness
Schuldumwandlung conversion of debt
Schuldurkunde debt instrument
Schuldverschreibung bond, debt security, security, treasury bill
Schuldverschreibung mit variablem Ertrag variable yield bond
Schuldverschreibung ohne Wandlungsrechte simple debenture
Schuldverschreibungen loan stock, stock
Schuldzinsen debt interest, interest on debt
Schulgebühr tuition fee
Schulung instruction
Schutz custody, hedge, protection
schützen protect, safeguard
Schutzgebühr nominal fee, protection money
Schutzgeld protection money
Schutzklausel safeguard clause
Schutzzoll protection
Schutzzoll protective duty
schwache Nachfrage sluggish demand
schwache Präferenz weak preference
schwache Produkte weak products
schwächen degrade
Schwächeperiode period of weakness
schwächer tendieren edge down
schwächer werden weaken, weakness
schwaches Ergebnis lackluster performance
Schwachpunkt weak point
Schwachstelle danger spot, potential trouble spot, soft spot
schwanken von/bis vary from to
schwanken zwischen oscillate between, vary between

schwankend unstable
schwankende Preise varying prices
schwankender Markt sensitive market
schwankender Wechselkurs fluctuating exchange rate
schwankender Zins floating interest rate, fluctuate
Schwankung oscillation
Schwankungsanfälligkeit implied volatility
Schwankungsbreite band of fluctuations
Schwankungswerte variable price securities
Schwarzarbeiter moonlighter
schwarze Liste black book, denied list
schwarze Zahlen black figures, operate in the black
schwarze Zahlen schreiben edge into the black
Schwarzhandel black bourse
schwebend pending
schwebende Geschäfte pending business
schwebende Projekte pending projects
schwebende Schuld floating debt
schwebender Kredit floating credit
Schwellenpreis threshold price
schwer absetzbare Wertpapiere deadweights
schwer draufzahlen pay through the nose
schwer verdient hard-earned
schwer verkäuflich sein sell hard
schwer vermittelbar hard to place
schwerer Kursverlust falling out of bed
Schwergewicht emphasis
Schwergut dead weight
Schwerpunktverlagerung shift of emphasis
schwerwiegend severe
schwierig arduous, challenging
Schwierigkeit complexity
schwimmend afloat
Schwindel fraud, phony
Schwindelfirma bogus company, long firm
Schwindelgeschäft fraudulent transaction
schwinden tail off
Schwindler shuffler
Schwingung oscillation
Schwund leakage, shrinkage, ullage, wastage
Seefracht cargo, sea cargo
Seefrachtbrief bill of lading, ocean bill of lading
Seegüterversicherung marine cargo insurance
Seekargoversicherung marine cargo insurance
Seetransportversicherung marine insurance
Segmentierung segmentation
sehr liquide sein flush with cash
sehr niedriger Preis bargain price
sein Bestes tun put one's best foot forward
seine Arbeit vernachlässigen shuffle through one's work
sektorale Inflation sectoral inflation
sekundäre Kennziffer advanced ratio
Sekundärkosten secondary cost

Sekundärmarkt secondary market
Sekundawechsel second exchange
selbständig free-lance, self-contained
selbständige Erwerbstätigkeit self-employment
Selbständiger self-employed person
Selbständigkeit autonomy
Selbstaufschreibung self-listing
Selbstaufschrieb self-report
Selbstbeschränkungsabkommen orderly market agreement
Selbstbeteiligung retention
Selbsteintritt dealing for own account, trading for own account
selbsterwirtschaftete Mittel internal equity
Selbstfinanzierung financing out of retained earnings, internal financing, internal generation of funds, self-financing
Selbstfinanzierungsquote earnings retention, internal financing ratio, self-generated financing ratio
Selbstkontrolle self-control
Selbstkosten original cost, prime cost, total production cost
Selbstkostenpreis cost price, original cost standard
Selbstkostenrechnung calculation of cost
Selbstprüfung built-in check
selbstregulierend self-adjusting
selbstschuldnerische Bürgschaft absolute guaranty, absolute suretyship
selbsttragender Aufschwung self-feeding recovery, self-sustaining recovery
Selbstversorger self-supporter
Selbstversorgung self-sufficiency
selektiv selective
selektive Kreditpolitik selective credit policy
selten scarce
seltsam unaccountable
Sendung consignment
Senke silk
senken bring down, decrease, ease back, lower, peg at a lower level, reduce, retrench, roll back, scale down
Senkung retrenchment
sensibel sensible
Sensitivitätsanalyse sensitivity analysis
separieren separate
Sequenz sequence
sequenziell sequential
Serie sequence, series
Serienanleihe class bond, term bond
Serienfertigung large-scale manufacture
Serienleihe serial bonds issue
Seriennummer serial number
Service service
Serviceeinrichtungen service facilities
Shell Zweigstelle shell branch

sich abschwächen ease off, weaken
sich an die Regeln halten play by the rules
sich aneignen assimilate
sich anpassen an adapt oneself to
sich auf dem laufenden halten abreast
sich ausgleichen balance out
sich auszahlen pay off
sich befassen attend
sich belaufen amount to
sich belaufen auf total
sich bemühen endeavor
sich bemühen um be after
sich beteiligen take a share, take a stake
sich beteiligen an acquire an interest, take an equity stake in
sich bewähren prove
sich bewegen um oscillate about/around
sich bezahlt machen pay one's way
sich eignen qualify
sich eindecken buy ahead, load up
sich einigen über agree on/upon
sich einschalten interpose
sich entgehen lassen pass up
sich enthalten abstain
sich entscheiden für opt for
sich erholen back up, rally
sich halten an abide by
sich häufen pile up
sich hinziehen drag on, tail
sich konzentrieren auf focus on, zero in on
sich kümmerlich durchschlagen eke out a living
sich schwer verkaufen sell hard
sich stauen back up
sich treuwidrig verhalten act disloyally
sich überzeugen satisfy of
sich umstellen auf adjust oneself to
sich verbürgen vouch
sich verrechnen miscount
sich verschulden become indebted, incur debts, take on a load of debt
sich vorstellen envisage
sich vorstellen können conceive
sich widersetzen withstand
sich zunutze machen capitalize on
sich zurückhalten move to the sidelines, stay on the sidelines
sich zurückziehen backtrack
sich zusammenschließen ally, amalgamate, join forces
sich zusammentun team up
sich zuwenden address oneself to
sicher safe, secure
sichere Anlage sound investment
sichere Vorräte proven reserves
sicheres Ereignis certain event
Sicherheit safety, security
Sicherheit beistellen collateralize

Sicherheit leisten pledge, provide security
Sicherheit leisten für give security for
Sicherheitsausschuss vigilance committee
Sicherheitsbeauftragter safety representative
Sicherheitsbedürfnis safety need
Sicherheitsfaktor cushion
Sicherheitsgrad safety level
Sicherheitskode redundant code
Sicherheitsleistung bond for costs, collateral security, lodging of security
Sicherheitszahlung bei Termingeschäften margin
Sicherheitszuschlag margin of safety, safety loading
sichern safeguard
sichern gegen cover against
sicherstehender Betrag safe sum in hand
sicherstellen ensure, indemnify
Sicherung safeguard
Sicherungsabtretung assignment for security
Sicherungsgelder funds pledged as security
Sicherungsgeschäft hedge, hedge transaction
Sicherungsgeschäft am Terminmarkt hedging
Sicherungsinstrument hedging tool
Sicherungskäufe hedge buying
Sicherungsklausel safeguarding clause
Sicherungskopie backup copy, data backup
Sicherungspfändung prejudgement attachment
Sicherungsrecht factor's lien
Sichtakkreditiv sight credit
sichtbarer Handel visible trade
Sichteinlagen bank demand deposits, bank money, checkable deposits, checkbook money, checking accounts, demand deposits, deposits at call, sight deposits
Sichtguthaben call deposit, demand balances
Sichtkurs demand rate
Sichttratte demand draft, draft at sight
Sichtverbindlichkeiten sight liabilities
Sichtwechsel bill at sight, bill on demand, demand bill, presentation bill
Sichtwechsel/-tratte sight bill/draft
Sickerverlust withdrawal
Siegel seal
Silberfaden in Banknoten thread mark
Silvesteranleihe New Year's Eve bond issue
sinken decline, de-escalate, fall away, recede
sinkende Kurse sagging prices
sinkender Skalenertrag decreasing returns to scale
Situation situation
Sitzung meeting, proceeding
Sitzung anberaumen schedule a meeting
Sitzung einberufen call a meeting, convent a meeting
Sitzung vertagen recess a meeting
Sitzungsgeld meeting attendance fee

Sitzungsperiode negotiating session
Sitzungsprotokoll minutes of a meeting
Sitzungsunterlagen meeting documents
Skalenerträge returns to scale
skalieren scale
skizzieren chalk out
Skonto cash discount, discount
Skonto in Anspruch nehmen take a cash discount
Skontoaufwendungen cash discount paid
Skontoerträge cash discount received
Skontofrist discount period
Skontoprozentsatz cash discount percentage
Skontrationsmethode perpetual inventory method
so schnell wie möglich as fast as can
sofort instant, prompt
sofort abschreiben expense as incurred
sofort fällige Rente immediate annuity
sofort verfügbar actuals, at call
sofort verfügbare Gelder immediately available funds
sofort verfügbare Mittel good funds
sofort zu erfüllende Order fill-or-kill-order
Sofortabbuchung online debiting
Sofortabschreibung immediate write-off, write off as incurred, writeoff in full
Soforthilfe emergency aid
sofortige Barzahlung bei Kaufabschluss spot cash
sofortige Bezahlung spot cash
sofortige Zahlung immediate payment
Sofortkasse prompt cash
Sofortliquidität spot cash
Sofortprogramm crash program
Sofortreaktion crash reaction
Solawechsel finance paper, straight paper
Solidaritätsabgabe solidarity tax
Solidarschuldner fellow debtor
solide sound
Solidität solidity, soundness, thoroughness, trustworthiness
Soll target
Soll-Ist-Vergleich actual versus target comparison, target-performance comparison
Soll-Kapazität rated capacity
Soll-Leistung rated output
Soll-Zinssatz borrowing rate
Sollarbeitsstunden nominal manhours
Sollkonzept target concept
Sollkosten attainable standard cost, budget costs, ideal standard cost, target cost
Sollkostenrechnung budget accounting
Sollposten debit item
Sollsaldo adverse balance, balance due, debit balance
Sollseite debit side

Sollseite eines Kontos debit side of an account
Sollzahlen target figures
Sollzins debit rate, debtor interest
Sollzinsen interest expenses
Sollzinssatz debtor interest rate
solvent solvent
Solvenz ability to pay, business solvency, capacity to pay, financial solvency, solvency
somit hence
Sonder-Schatzwechsel special bill
Sonderabgabe special tax
Sonderabschreibung accelerated depreciation, special depreciation allowance
Sonderangebot featured article, flash item, premium offer
Sonderausgaben special expenditure
sonderbar odd
Sonderdividende bonus, extra, extra dividend, special dividend
Sondergebühr praecipuum
Sondergewinnsteuer windfall tax
Sonderkonditionen special terms
Sonderkonto special account
Sonderkosten special expenses
Sonderkredit special credit
Sondernachlass special allowance
Sonderposten off-the-line item, special item
Sonderposten mit Rücklagenanteil special item with accrual character / an equity portion
Sonderpreis deal price, exceptional price, preferential price
Sonderprivilegien vested rights
Sonderrabatt special discount
Sonderrücklage special purpose reserve
Sondervereinbarung special covenant
Sondervermögen special assets, special property
Sonderverwahrung segregation
Sondervorschrift special provision
Sonderzahlung bounce
Sonderziehungsrecht special drawing right (SDR)
Sonderzulage special bonus
sondieren explore
Sondierungsgespräche exploratory talks
sonstige Aufwendungen other expenses
sonstige Forderungen other receivables
sonstige Forderungen und Verbindlichkeiten miscellaneous debtors and creditors
sonstige Wagnisse miscellaneous risks
sonstige Wertpapiere other securities
Sonstiges, Gemeinkostenmaterial miscellaneous
Sorgfalt diligence, thoroughness, vigilance
Sorgfalt eines ordentlichen Kaufmanns due care and diligence of a prudent businessman
sorgfältig thorough
Sorgfaltspflicht duty of care

sorgfaltswidrig careless
Sorten foreign coins and notes
Sortenankaufskurs currency buying rate
sortieren grade
Sortierfach pigeonhole
sortiert assorted
Sortiment assortment
Sozialabgaben social security tax
Sozialaufwand welfare spending
Sozialbilanz corporate socio-economic accounting, social policy report
soziale Auswirkung social impact
soziale Einrichtungen welfare facilities
soziale Grundrisiken basic social risks
soziale Kosten social costs
soziale Lasten social charges
soziale Zusatzkosten uncompensated costs
Sozialhilfe in-kind benefits, social security benefits, supplementary benefits, welfare benefits
Sozialhilfeleistung welfare payment
Sozialinvestitionen social capital investments
Sozialleistungen in Anspruch nehmen claim one's benefits and allowances
Sozialleistungsquote social expenditure ratio
Soziallohn social wage
Sozialprodukt aggregate output
Sozialprodukt ohne Budgeteinfluss pure cycle income
Sozialversicherung national insurance, social insurance, state insurance
Sozialversicherungsanteil employment tax
Sozialversicherungsbeiträge contributions for social insurance, social insurance contributions, social security contributions
Sozialversicherungsleistungen social security benefits
sozialversicherungspflichtig liable to social insurance
Sozialversorgung social service
Spalte column
Spalten-Zeilen-Kombination column-row combination
Spanne accumulation, spread
Spanne zwischen Ausgabe- und Rücknahmekurs bid-offer spread
Spanne zwischen höchstem und niedrigstem Tageskurs day's spread
spannende Angelegenheit cliffhanger
Spannweite range
Spar- und Kreditinstitut savings and loan association/institution
Sparabteilung savings department
Sparaktien savings shares
Sparanreiz incentive to save
Sparbeschlüsse cost-cutting decisions
Sparbrief savings certificate
Sparbriefe national savings securities

Sparbuch bank book, deposit book, savings account passbook, savings book
Spareinlage thrift deposit
Spareinlagen savings, savings deposits, thrift deposits
Spareinleger savings depositor
sparen economize, put aside, salt away, squirrel away
Sparer saver
Sparfunktion savings function
Spargeld thrift deposit
Spargelder savings deposits, savings funds
Sparkapital savings capital
Sparkasse savings bank, thrift institution
Sparkassenbuch savings passbook
Sparkassenobligationen savings bonds
Sparkonto savings account, special interest account, thrift account, thrift deposit, time deposit account
Sparkundenabteilung thrift department
Sparkurs retrenchment policy
Sparmaßnahme economy drive, savings measure
Sparmaßnahmen belt-tightening measures
Sparneigung propensity to save, savings propensity
Sparpaket retrenchment package
Sparplan eines Investmentfonds accumulation plan
Sparpolitik belt-tightening policies
Sparprogramm thrift programme
Sparquote propensity to save, savings rate, savings turnover ratio
Sparquote der privaten Haushalte personal savings ratio
sparsam economical, thrifty
sparsam verteilen dole out
sparsam wirtschaften economize
sparsame Bewirtschaftung economy
Sparsamkeit economy, frugality, thrift
Sparschuldverschreibungen savings bonds
Spartätigkeit savings, savings activity
Sparte line of business
Sparumschlag savings turnover ratio
Sparverein savings association
Sparverhalten saving behavior
Sparvertrag savings plan
spätere Lieferung forward delivery
spätest möglicher Endzeitpunkt latest completion time
Spediteur cartage contractor
Spediteurhaftung carrier liability
Spediteurrechnung cartage note
Speditionskosten carrying charges
Speditionsprovision forwarding commission
Speditionsrechnung bill of conveyance
speichern store
Spekulant position trader, punter

Spekulation speculation
Spekulationsaktien speculative shares
Spekulationsgebiet venture capital field
Spekulationsgelder speculative funds
Spekulationsgeschäft speculative bargain
Spekulationsgewinn speculative profit
Spekulationsgewinne speculative gains
Spekulationskapital venture capital
Spekulationskasse idle balances
Spekulationsmotiv speculative motive
Spekulationspapiere cats and dogs, speculative investments, speculative securities
Spekulationswert speculative value
Spekulationswerte hot issues
spekulativ speculative
spekulative Blase financial bubble
spekulative Nachfrage speculative demand
spekulative Zinsarbitrage uncovered arbitrage
spekulatives Warengeschäft adventure
Spenden für mildtätige Zwecke donations to charity
Spender donor
Sperrfrist blocking period, qualifying period, waiting period
Sperrfunktion barrier function
Sperrguthaben blocked deposit
Sperrkonto blocked account
Sperrminorität blocking minority, vetoing stock
Sperrung eines Kontos blocking of an account
Sperrvermerk nonnegotiability clause
Spesen expenses, fee, out-of-pocket cost/expenses
Spesenabrechnung expense report
Spesenaufgliederung breakdown of expenses
spesenfrei free of expenses
Spesenkonto expense account
Spesenpauschale expense allowance
Spesensatz daily expense allowance
Spezialbank für Konsumentenkredite consumer finance company
Spezialfall special case
Spezialkreditinstitut special lending agency, specialized bank
Speziallasten social welfare expenditure
Spezialwert special stock
spezifisch particular, specific
spezifischer Bedarf selective demand
spezifischer Deckungsbeitrag marginal income per scarce factor
spezifizieren itemize, specify
Spezifizierung specification
Spielraum range
Spielraum verlieren run out of scope
Spielregeln rules of the game
Spielschulden gambling debt, gaming debt
Spitzenanlage first-class investment
Spitzenausgleich evening up of peaks
Spitzenbedarf peak capacity, peak demand
Spitzenbetrag fractional amount
Spitzengehalt peak earning
Spitzenkennzahl key ratio
Spitzenorganisation umbrella organization
Spitzenpreis peak price, top price
Spitzenregulierung settlement of fractions
Spitzenrendite top yield
Spitzentarif peak rate
Spitzentechnologie advanced technology
Spitzenunternehmen highfly, leading edge company
Spitzenwerte leaders, leading shares
Splitting splitup
Sponsor backer, sponsor
spontan voluntary
spottbillig dirt cheap
spottbillige Ware dead bargain
sprungartiger Umsatzanstieg sales jump
sprungfixe Kosten stepped cost
sprunghaft volatile
sprunghaft ansteigen zoom
staatlich finanziert state-run
staatlich unterhalten state-run
staatliche Bank state-owned bank
staatliche Beteiligung government shareholding
staatliche Enteignung government expropriation
staatliche Kreditbürgschaft state loan guaranty
staatliche Kreditkontrolle credit control
staatliche Schuldtitel agency debt
staatliche Subvention governmental subsidy
staatlicher Betrieb public enterprise
staatliches Budgetdefizit government budget deficit
Staatsanleihen government bonds, government funds, government stock, public funds, public loan
Staatsausgaben government expenditures, government spending
Staatsausgabenquote public spending ratio
Staatsbankrott national bankruptcy
Staatsbesitz state-ownership
Staatseinnahmen government revenues
Staatshandelsland state-trading country
Staatshaushalt budget
Staatsnachfrage official demand
Staatspapiere federal securities, gilt-edged securities, gilts, government funds, government securities, public securities, stocks
Staatstitel government securities, governments
Staatsversagen government failures
Staatsverschuldung deficit financing
stabil steady
stabil bleiben hold steady
stabile Währung stable currency
stabile Wirtschaftsbeziehungen stable economic relations

stabiles Gleichgewicht stable equilibrium
stabiles Preisniveau stable price level
stabilisieren stabilize
Stabilisierung stabilization
Stabilisierung der Märkte stabilization of markets
Stabilisierungsphase stabilization phase
Stabilität stability
Stabilitätsanleihe stabilization loan
Stabilitätsbedingung convergence condition
Stabilitätspolitik stabilization policy
Stabilitätsprogramm deflationary program
Stablinienorganisation line-staff organization structure
Stabsfunktion staff function
Stadtverwaltung municipality
Staffelanleihe graduated rate coupon bond
staffeln stagger
Staffeln der Laufzeiten spacing out terms to maturity
Staffelpreis graduated price
Staffelpreise staggered prices
Staffeltarif graduated tariff, sliding-scale tariff
Staffelzins sliding rate of interest
Staffelzinsen graduated interest
Stagnation stagnancy, stagnation
Stahlkammer safe deposit, safe deposit vault, vault
Stahlkassette strong box
Stammabschnitt check voucher
Stammaktie junior share, ordinary share/stock, original share
Stammaktien common stock, equities, restricted shares, shares of common stock
Stammaktien mit festgesetztem Nennwert par-value stock
Stammaktionär common stockholder, ordinary shareholder
Stammbelegschaft core workers
Stammdaten master files
Stammdividende common stock dividend, ordinary dividend
Stämme shares of common stock
Stammkapital share capital
Stammpersonal cadre of personnel
Standardabweichung standard deviation
Standardausrüstung regular equipment
Standardfehler standard error
Standardfinanzierung ready-to-wear financial pattern
standardisieren standardize
standardisierte Optionsrechte standardized options
Standardisierung standardization
Standardkosten cost standard, standard cost
Standardwert blue chip
Standesbeamter registrar

standhalten sustain
ständig ordinary
ständiger Beirat permanent advisory board
ständiges Einkommen permanent income
ständiges Einschusskonto standing margin account
ständiges Mitglied ordinary member
Standort location
Standortentscheidung location decision
Standortfaktor location factor
standortgebundene Subvention location specific subsidy
Standortnachteil location disadvantage
Standortqualität locational quality
Standortvorteil location advantage
Standortwahl location choice, site selection
Standpunkt point of view, viewpoint
Stapel batch, pile
Stapelverarbeitung batch processing
stark abgezinste Schuldverschreibungen deep discount bonds
stark abgezinste Wertpapiere deep discount securities
stark schrumpfen lassen decimate
Stärke clout
starke Erhöhung proliferation
starke Kursausschläge wild fluctuations
Stärken-Schwächen-Chancen-Risiken-Analyse strengths-weaknesses-opportunities-threats-analysis, SWOT-analysis
starkes Interesse keen demand
starre Löhne sticky wages
starre Plankostenrechnung fixed budget cost accounting
starre Preise inflexible prices
starrer Wechselkurs stable exchange rate
Start blast-off
starten blast off
Startereignis start event
Startgehalt entrance salary
Starthilfe launch aid
Startkapital seed capital
stationär stationary
Statistik statistics
stattgeben accede to
statuarischer Sitz registered office
Statusgüter positional goods
Statut charter, statute
Stau backlog
Staugebühr stowage
Staugeld stowage
Stechkarte clock card
stecken bleiben bog down
steigen edge ahead, increase, mount, move up, move upwards
Steigen der Aktienkurse im allgemeinen broad equity advance

steigen gegenüber increase from
steigende Tendenz bullish proclivities, uptrend, upward tendency
steigender Wert advancer
steigern enhance, intensify, jack up, raise
Steigerung ascent, increase, progression
Steigerungsrate rate of escalation
steil steep
steiler Aufstieg upsurge, zoom
steilster Anstieg steepest ascent
Stelle position
Stellenbeschreibung position guide
Stellenplan position chart
Stellenvermittlung placement
Stellung position, standing
Stellungnahme approach, statement
Stellungnahme verweigern decline comment
stellvertretend acting, vice
stellvertretender Direktor deputy director
Stellvertreter deputy, proxy
Stempelgebühr stamp duty
Stempelgeld dole
Sterbegeld death benefit
Sterblichkeitsberechnungen actuarial projections
stetig consistent, continuous, steady
stetiges Wachstum sustained growth
Stetigkeitsgrundsatz convention of consistency
Steuer tax
Steuer auf Veräußerungsgewinne capital gains tax
Steuer aufheben awareness
Steuer erheben levy a tax
Steuerabkommen tax agreement
Steuerabwälzung tax burden transfer clause
Steuerabzug tax deduction
Steuerabzug von Kapitalertrag withholding tax on capital yields
Steuerabzugsbescheinigung withholding tax certificate
Steuerabzugsbetrag amount of withholding tax
Steueranrechnungsverfahren tax credit procedure
Steueranreiz tax incentive
Steueranreizpläne tax incentive plans
Steueranreizpolitik tax incentive policy
Steueranwalt tax lawyer
Steuerarrest attachment for tax debts
Steueraufkommen revenue, tax receipts, tax revenue
steuerbare Umsätze qualifying turnovers
steuerbefreite Kasse exempt fund
steuerbefreite Wirtschaftsgüter tax-exempt assets
Steuerbefreiung tax concession, tax exemption
Steuerbefreiung bei der Einfuhr exemption from import tax

steuerbegünstigt tax favored
steuerbegünstigter Pfandbrief qualified mortgage bond
steuerbegünstigtes Darlehen tax-supported loan
steuerbegünstigtes Sparen tax-favored saving
Steuerbehörde beard of assessment, revenue authority, tax authorities
Steuerbehörden fiscal authorities
Steuerbelastung tax burden
Steuerbemessungsgrundlage tax base
Steuerberater tax advizer, tax consultant
Steuerberechnung computation of a tax
Steuerberichtigung taxation adjustment
Steuerbescheid assessment notice, bill of taxes, tax assessment note
Steuerbilanz balance sheet for tax purposes, tax balance, tax balance sheet
Steuerbuchhaltung tax accounting
Steuerdelikt tax offense
Steuerdruck pressure of taxation
Steuereinheit taxable object
Steuereinnahmen inland revenue, tax receipts, tax revenue
Steuereinziehung tax collection
Steuerentlastung tax relief
Steuererhebung imposition of taxes
Steuererhebung an der Quelle collection at source
Steuererhöhung tax increase
Steuererklärung tax return
Steuererklärung abgeben file a tax return
Steuererklärungsfrist due date for annual income tax return
Steuererlass abandon a tax, abatement of tax, forgiveness of a tax, remission of taxes
Steuererleichterung tax benefit, tax reduction
Steuerermäßigung tax abatement
Steuerersparnis tax savings
Steuererstattung tax refund
Steuerertrag proceeds of a tax, tax revenue
Steuerfahndung tax search
Steuerfestsetzung assessment of tax
Steuerflexibilität elasticity of tax revenue
steuerfrei exempt from taxation, untaxed
Steuerfreibetrag basic abatement, tax-free amount
steuerfreie Rücklage untaxed reserve
steuerfreie Rücklagen accruals - non taxable
Steuerfreiheit chartered exemption, immunity from taxation, tax exemption
Steuergesetz taxation law
Steuerhinterzieher tax dodger
Steuerhinterziehung tax evasion
Steuerhöchstsatz maximum tax rate
Steuerhoheit jurisdiction to tax
Steuerjahr tax year
Steuerklasse bracket, tax bracket, tax class, withholding category

Steuerkonto tax account
Steuerlast burden of taxation
Steuerlastminimierung tax burden minimization
Steuerlehre tax management, theory of taxation
steuerlich fiscal
steuerlich absetzbar allowable against tax
steuerlich geltend machen claim a tax deduction
steuerlich gleichgestellt having equal tax status
steuerliche Abschreibung tax writeoff
steuerliche Behandlung von Zinszahlungen tax treatment of interest payments
steuerlicher Grundstückswert assessable real property value
Steuerliste list of tax assessment
Steuerlücke tax loophole
steuern navigate
Steuern eintreiben collect taxes
Steuern hinterziehen defraud the revenue, evade taxes
Steuernachforderung additional tax assessment, claim for back taxes
Steueroase tax haven
Steuerobjekt taxable object
Steuerorgane controls
steuerorientierter Investmentfonds tax-managed mutual fund
Steuerpfändung tax foreclosure
Steuerpflicht unterliegen liable to tax
steuerpflichtig liable for tax, taxable
steuerpflichtiger Gewinn taxable income
steuerpflichtiger Grundbesitz ratable property
steuerpflichtiges Einkommen taxable income
Steuerpolitik fiscal policy, policy of taxation
Steuerpositionen fiscal items
Steuerposten tax item
Steuerrate tax rate
Steuerrecht law of taxation
Steuersatz rate of taxation
Steuerschulden accrued taxes
Steuersenkung tax cut
Steuersystem fiscal system
Steuertabelle basic tax table
Steuerumgehung tax avoidance
Steuerung monitoring
Steuerungsgrößen controlling figures
Steuerungsinstrument control instrument
Steuerungsprozess control process
Steuerveranlagung taxation
Steuervergünstigung tax break, tax concession, tax relief
Steuervorauszahlung tax prepayment
Steuerwirkung tax impact
Steuerzahler taxpayer
Steuerzuschlag surtax
stichhaltig valid
Stichprobe sample
Stichprobe hochrechnen extrapolate a sample, raise a sample
Stichprobeneinheit unit of sampling
Stichprobenentnahme sampling
Stichprobenerhebung random sample
Stichprobenhäufigkeit sample frequency
Stichprobenhäufigkeitsfunktion sample frequency function
Stichprobenmethode sampling method
Stichprobenmittelwert sample mean
Stichprobenrahmen sampling frame
Stichprobenraum sample space
Stichprobenstatistik sample statistic
Stichprobenumfang size of sample
Stichprobenuntersuchung accidental sampling
Stichprobenverfahren random sample method
Stichprobenverteilung sampling distribution
Stichprobenwerte sample values
Stichtag call date, effective date, key date, qualifying date, reference date, relevant date, target date
Stichtag (letzter Termin) deadline
Stichtaginventur end-of period inventory
stiften endow
Stifter founder
Stiftung foundation
Stiftungskapital endowment
stille Gesellschaft dormant partnership, secret partnership, silent partnership
stille Reserven built-in gains, hidden reserves, latent reserves, undisclosed appreciation in value, undisclosed reserves
stille Rücklagen secret services
stiller Gesellschafter dormant partner, silent partner, sleeping partner
stilles Faktoring confidential factoring
stillgelegt laid up
Stillhalteabkommen blocking arrangement, moratorium, standstill agreement
Stillhaltekredit standstill credit
Stillhalter option writer
Stilllegung tie up
stillschweigende Bedingung implied condition
stillschweigende Einwilligung acquiescence
stillschweigende Übereinkunft implicit understanding
stillschweigende Vertretungsmacht implied authority
Stillstand stagnancy, tie up
Stillstandszeit downperiod, idle time
stimmberechtigte Aktien shares of voting stock
stimmberechtigte Stammaktien ordinary voting shares
stimmberechtigter Aktionär voting stockholder
stimmberechtigtes Kapital voting capital
Stimmberechtigungsschein voting-trust certificate

Stimme nicht abgeben abstain from voting
Stimmengleichheit parity of votes
Stimmenmehrheit plurality
Stimmenthaltungen abstentions
Stimmrecht right of vote, voting right
Stimmrechte voting control
Stimmrechts-Übertragung transfer of voting right
Stimmrechtsaktien voting shares/stock
Stimmrechtsanteil voting right percentage
Stimmrechtsanweisungen voting instructions
Stimmrechtsausübung durch Vertreter voting by proxy
Stimmrechtsbevollmächtigter proxy
stimmrechtslose Aktie voteless share
stimmrechtslose Vorzugsaktie bearer participation certificate, nonvoting preference share, nonvoting preferred stock
Stimmrechtsübertragung transfer of right to vote
Stimmrechtsvollmacht proxy statement, proxy voting power, stockholder proxy, voting proxy
Stimmungsumschwung shift in sentiment
stochastischer Prozess random process
stocken slacken
Stockung interruption, stagnation
Stoffwert einer Münze intrinsic value of a coin
Stop-loss-Order stop-loss order
Stopp-Limit-Order stop-limit order
stören disrupt, interfere
störend interfering
Störgröße interference value
stornieren cancel, rescind, reverse
Stornierung cancellation
Störung interruption
Störungsbericht failure
störungsfreies Wachstum disturbance-free growth
Störungsrate rate of failure
Stoß batch
Strafe penalty
Straffunktion penalty function
Strafzins interest penalty, negative interest, penalty rate, penalty rate of interest
strapazierfähig serviceable
Strategie einschlagen embark on a strategy
Strategie entwickeln lay out a strategy
Strategieentscheidung choice of strategy
strategisch strategic
strategisch handelnder Börsenhändler position trade
strategische Geschäftseinheit strategic business unit (SBU)
strategische Kursniveausicherung long-hedge
strategische Zielrendite strategic target return
strategisches Geschäftsfeld strategic business area
streben endeavor

Streichung abatement, abolishment
Streifband postal wrapper
Streifbanddepot individual deposit, segregation
Streifbandverwahrung jacket custody
Streik abbrechen call off a strike
Streik ausrufen call a strike
Streik brechen break a strike
Streikgeld dispute benefit
streiten argue
Streitfrage contentious issue
Streitpunkt bone of contention
Streitwert value being litigated, value of the matter in dispute
streng severe
streng logische Gedankenführung coherent thinking
streng vertraulich strictly confidential
strengen Bestimmungen unterliegen subject to strict regulations
Streudiagramm scatter diagram
streuen spread
Streukosten space charge
Streuung dispersion, diversification
Streuung von Anlagen spreading of investments
streuungsfähiges Risiko diversifiable risk
Strichkode bar code
Strichkodeleser bar code scanner
Strichliste tally chart
strittig debatable
strittige Frage point of issue
Strohmann front man, man of straw, nominee
Strom power
Stromgröße rate of flow
Stromkosten electricity costs
Strompreis power rate
Stromrechnung electricity bill
Stromversorgung electricity supply
strukturelle Ausrichtung der Fiskalpolitik structural stance of fiscal policy
Strukturhilfe restructuring aid
Strukturpolitik adjustment policy
Strukturveränderungen changing patterns
Stückelung division into shares
Stückelung angeben denominate, denomination, denominations
Stückelung von Banknoten note denomination
Stückelung von Schuldtiteln note denomination
Stückelungen denominations
Stückgebühr charge per item
Stückkosten costs imputable to units of output, imputable costs to unit, unit costs
Stückkostenfunktion unit cost function
Stückkostenkalkulation cost unit accounting, product costing

Stückkurs unit quotation
Stückliste parts list
Stücklohn piece rate (earnings), unit wages
Stücknotierung unit quotation
Stücknotiz unit quotation
Stückpreis unit price
Stückzinsen accrued interest, interest accrued, running interest
Stückzinsenberechnung calculation of accrued interest
Stückzinstage accrual days
Stufe degree
Stufenplan multi-stage plan
stufenweise Abwägung weighing by stage
stufenweise Finanzierung drip feed
stufenweise Gewichtung weighing by stage
stufenweise Planung level-by-level planning
stunden grant a respite
Stundenlohn wage per hour
Stundensatz hourly rate
Stundung deferment, extension of time for payment, forbearance, moratorium, respite
Stundung von Forderungen prolongation of debt
Stundungsfrist period of deferral
stützen peg, predict, sustain
Stützkurs supported price
Stützpreis supported price
Stützung des Geldmarktes backdoor operation
Stützungsfazilität backup facility
Stützungsfonds support fund
Stützungskäufe backing, official buying-in, support purchases, supporting purchases
Stützungskredit emergency credit
Stützungslinie backup line
Stützungspreis support price
Submission invitation to bid, request for bids
Submissionsvergabe award of contract
Submissionsvertrag tender agreement
Subsidiaritätsprinzip principle of subsidiarity
Subskriptionspreis prepublication price
Substanz assets
Substanzauszehrung erosion of assets in real terms
Substanzbesteuerung capital-based taxation
Substanzerhaltung recovery of replacement cost
Substanzerhaltungsrücklage inflation reserve
Substanzerhöhung capital-growth

substanzielle Kapitalerhaltung maintenance of entity
Substanzsteuer substance tax
Substanzverringerung depletion
Substanzverzehr asset erosion
Substanzwert intrinsic value, net asset value
Substitutionsrate rate of substitution
Subunternehmer subcontractor
Subvention bounty, subsidy
Subvention zum Ausgleich der Betriebskosten operating-differential subsidy
subventionieren subsidize
subventionierte Industriezweige sheltered industries
subventionierter Preis pegged price
Subventionserschleichung double dipping
Subventionsfinanzierung subsidy financing
Suchbegriff search word
Suche nach preisgünstigen Aktien bottom-fishing
suchen seek
Suchplan search plan
Suchverfahren search method
Suchzettel tracer
Suggestivfrage leading question, loaded question
Sukzessivplanung multi-stage planning
summarische Zuschlagskalkulation summary job costing
Summe amount, sum
Summe aller Stamm- und Vorzugsaktien equity pie
Summe der ausgegebenen Aktien issued capital stock
Sündenbock scapegoat
suspendieren suspend
Suspendierung von Zahlungen freeze on payments
Swap Abkommen swap arrangement
Swap-Finanzierung swap financing
Swapgeschäft swap
Swapsatz forward margin
Switchgeschäft switch
Symbol icon
syndizierte Anleihe syndicated loan
System framework
systematischer Fehler bias, inherent bias
Szenarienentwurf scenario painting
Szenarium scenario

T

T-Konto t-account
Tabaksteuer tobacco tax
Tabelle aufstellen compile a table
Tabelle zur Verteilung des Disagios auf die Laufzeit accumulation plan
Tabellenkalkulation spreadsheet analysis
tabellieren tally
Tafelgeschäft over-the-counter selling
Tage nach Sicht day's sight
Tagegeld daily allowance, federal funds rate
Tagegeldversicherung daily benefit insurance
Tages-Überziehungen daylight overdraft
tagesaktuelles Geschäft day-to-day business, nuts and bolts operations
Tagesauftrag day order
Tagesauszug daily statement
Tagesbericht daily report
Tagesdurchsatz daily throughput
Tagesdurchschnitt average per day, daily throughput
Tageseinnahmen daily cash receipts
Tagesendliste end of day report
Tagesgeld call money, clearance loan, day loan, day money, money at call, morning credit
Tagesgeld unter Banken interbank call money
Tagesgeldmarkt call money market
Tagesgeldsatz bankers call rate, call money rate, call rate, overnight rate
Tageshöchststand daily high
Tageskasse daily cash receipts
Tageskurs current market value, daily rate, day's price, going price, day release course
Tageskurs, Einheitskurs daily quotation
Tagesnotierung daily quotation, day rate, quotation of the day
Tagesordnung agenda, agenda paper
Tagespreis current market value, current price, going price, ruling price
Tagessatz per diem rate
Tagesschwankungen intra-day fluctuations
Tagesspekulant day trader
Tagesspesen per diem charges
Tagestiefststand daily low
Tagesumsatz daily sales, daily turnover
Tagesumsätze daily volume
Tageswert current value
Tageszinsen interest on daily balances
tageweise Verzinsung continuous compounding
taggleiche Abrechnung same-day settlement
täglich abrufbare Darlehen debts at call
täglich fällig due at call
täglich fällige Gelder deposits at call

täglich fällige Verbindlichkeiten liabilities payable on demand
täglich kündbar subject to call
täglich kündbares Darlehen call loan, callable loan, day-to-day loan, demand loan
tägliche Abrechnung daily clearing
tägliche Aufzeichnungen daily record keeping
tägliche Guthaben daily balances
tägliche Preisobergrenze daily price limit
täglicher Kassenbericht daily cash report
tägliches Geld call money, daily money, day-to-day money
Tagschicht day shift
Tagung conference
Tagungsort meeting place
Tagwechsel day bill, term bill
Talent ability, aptitude
Talon certificate of renewal, renewal coupon, talon
Talsohle pit of slump, valley bottom
Tarif rate, tariff
Tarifabschluss bargaining, wage settlement
Tarifforderungen bargaining demand
Tariffrachten tariff rates
Tarifgespräch wage talk
Tarifgestaltung rate setting
Tariflohn standard wage, union wage rate
Tariflöhne negotiated rates
Tarifsatz tariff rate
Tarifverhandlungen contract talks
Tarifverhandlungen führen bargain collectively
Tarifvertrag labor agreement, union agreement, union contract, wage agreement, wage contract
tarnen disguise
tätiger Teilhaber acting partner, active partner
Tätigkeit action, activity, operation
Tätigkeit des öffentlich bestellten Buchprüfers accounting practice
Tatsachendokument factsheet
tatsächlich virtual
tatsächliche Bezahlung pocket out
tatsächliche Kosten true cost
tatsächliche Nachfrage effective demand
tatsächliche Nutzungsdauer actual life
tatsächlicher Marktwert actual market value
tatsächlicher Steuersatz effective tax rate
tatsächlicher Verbrauch real consumption
Tausch barter, exchange
Tausch stimmberechtigter Aktien exchange of voting stock
tauschen exchange, swap, trade off
Tauschgeschäft barter transaction

Tauschgewinn gains from exchange
Tauschhandel barter trade, swap
Tauschmittel medium of exchange
Tauschmittelfunktion des Geldes exchange function of money
Tauschverhältnis rate of exchange
Tauschwert exchange value, value in exchange
Tauschwirtschaft barter economy
Taxator appraiser, evaluator
taxieren appraise, valuate
taxiert valued
Taxierung appraisement
Taxwert appraised value
Teamwork team work
Technik der schrittweisen Verbesserung policy improvement technique
technisch ausgereift sophisticated
technische Abteilung engineering department
technische Aktientrendanalyse technical analysis of stock trends
technische Daten engineering data
technische Lieferbedingungen engineering specifications
technische Nutzungsdauer physical life
technischer Fortschritt engineering progress
technischer Kundendienst engineering support
technisches Angebot engineering proposal
Technologie-Werte technology equities
Technologiewerte technology stock
Teil component, fraction
Teil des Eigenkapitals portion of equity
Teilabrechnung partial billing
Teilabschreibung write-down
Teilakzept partial acceptance
Teilamortisation partial amortization
Teilamortisationsvertrag nonfull-payout leasing contract
teilbar divisible
teilbares Akkreditiv divisible credit
Teilbetrag partial amount
Teilbetriebsergebnis partial operating profit
Teilemission partial issue
teilen separate
Teilerhebung incomplete census, partial survey
Teilfinanzierung part funding
teilhaben participate, share
Teilhaber parttaker, participator, partner, shareholder
Teilhaberschaft participation, partnership
Teilindossament partial endorsement
Teilkonzern subgroup
Teilkonzernabschluss partially consolidated financial statement
Teilkosten portion of overall costs
Teilkostenrechnung direct costing, variable costing

Teillieferung part-shipment
Teilliquidation partial settlement, partial withdrawal
Teilmarkt sectional market, submarket
Teilnahme attendance
teilnehmen attend, participate
teilnehmend participating
Teilnehmer parttaker, participant, participator
Teilnehmerkreis range of participants
Teilnehmerverzeichnis attendance register
Teilprojekt part-project
teilproportionale Kosten semi-variable costs
Teilschuldschein partial bond
Teilschuldverschreibung fractional bond
Teilstrategie partial strategy
Teilsysteme partial systems
Teilumstellung partial changeover
Teilung severance
Teilungsklage action for partition
teilweise partial
Teilzahlung installment, intermediate payment, part payment, partial payment
Teilzahlungen calls
Teilzahlungs-Kreditinstitut acceptance corporation
Teilzahlungsfinanzierung installment financing
Teilzahlungsgeschäft hire purchase business, installment sale
Teilzahlungskauf budget payment, deferred payment sale
Teilzahlungskredit add-on installment loan, add-to installment loan, hire purchase credit, installment credit
Teilzahlungskredit plus Zinsen add-on loan
Teilzahlungskreditgeschäft fringe banking
Teilzahlungskreditinstitut hire purchase finance company, personal finance company
Teilzahlungsplan installment plan
Teilzahlungssystem hire purchase system, tally system
Teilzeit part-time
Teilzeitarbeit part-time job/work
Teilzeitbeschäftigung part-time employment
Telefax facsimile
Telefongebühren telephone charges
Telefongrundgebühr telephone subscription
Telefonkonferenz conference call
Telefonrechnung telephone bill
telegrafieren cable
telegrafisch by wire
telegrafisch überweisen cable
telegrafische Auszahlung cable transfer
Telegrammanschrift cable address
Tempo angeben set the pace
Tendenz tendency, trend
tendenziös biased
Termin deadline, scheduled date

Termin festlegen fix a deadline, put a time limit on
Termin festsetzen für place a deadline on
Termin nicht einhalten miss a deadline
Termin überschreiten miss a deadline
Termin- und langfristige Verbindlichkeiten deposit liabilities
Termin (vereinbarter Termin) appointed day
Terminabschlag forward discount
Terminaufgeld forward premium
Terminauftrag forward order
Terminbestand forward material
Terminbörse futures exchange
Termindevisen foreign exchange futures, forward exchange
Termineinlagen deposit accounts, time deposit
Terminengagements position in futures
Termingeld term money, time money
Termingeldaufnahmen term borrowings
Termingeldkonto fixed account
Termingeldsatz time deposit rate, time limit
Termingeschäft bargain for account, dealings in futures, forward deal, forward transaction, time bargain
Termingeschäfte dealing in futures, futures
Terminhandel forward sale, futures business
terminiertes Tagesgeld term federal funds
Terminjäger accelerator, progress chaser
Terminkalender diary
Terminkauf buying forward, forward buying, forward purchase, purchase for future delivery, time purchase
Terminkontrakt bond futures contract, contract for future delivery, contract of futures, forward contract
Terminkontrakt auf Aktienindizes stock index futures contract
Terminkontrakt kurz vor Fälligkeit nearby contract
Terminkontrakt liquidieren liquidate a futures contract
Terminkontrakt mit längster Restlaufzeit back contract
Terminkontrakte futures, stock index futures
Terminkontraktmarkt futures market
Terminkontraktpreis futures price
Terminkurs forward rate
Terminmarkt forward market
Terminmarktsicherungsgeschäft cross hedge
Terminnotierung forward quotation, futures quotation, quotation for forward delivery
terminoffene Anleihe american option
Terminoption forward option
Terminpapiere forward securities
Terminplan due date schedule, time schedule
Terminplanung time scheduling
Terminpositionen forward commitments
Terminpuffer time buffer
Terminsicherung forward cover, futures hedging
Terminspekulation speculation in futures
Terminüberwachung expediting, progress control, tracing of maturities
Terminüberwachungsliste deadline control list, maturities control list
Terminverbindlichkeiten time liabilities
Terminverkauf forward sale, sale for settlement
Terminverkäufer forward seller
Terminvorgabe scheduled date
Terminvorschau schedule outlook report
Terminware forward commodity, future commodity
Test trial
testierter Abschluss audited accounts
teuer costly, dear, expensive, high priced, pricey, pricy
Teuerungszulage cost of living allowance
teures Geld dear money
Theorie des Rechnungswesens accountancy theory
thesaurierte Gewinne retained earnings
Thesaurierung earnings retention, income retention, profit retention
Thesaurierung von Gewinnen retention of earnings
Thesaurierungsfonds cumulative fund, no-dividend fund
tief in den roten Zahlen awash with red ink, deep in the red
Tiefpunkt zero
Tiefpunkt des Konjunkturzyklus bottom of business cycle
Tiefstand bottom, low
Tiefstand erreichen hit a low
Tiefstand überschreiten bottom out
tiefster Stand bottom out
Tiefstkurs all-time low, low, lowest price
Tiefstkurs, Tiefstpreis bottom price
Tiefststand all-time low
tilgbar amortizable
tilgen amortize, clear, extinguish, liquidate, redeem, sink, wipe out, wipe up
Tilgung acquittance, amortization, clearance, extinction, liquidation, redemption, repayment
Tilgung durch jährliche Auslosungen redemption by annual drawings
Tilgung einer Hypothek repayment of a mortgage
Tilgung in gleichen Raten straight-line redemption
Tilgung von Verbindlichkeiten payment of debts, repayment of debt
Tilgungs- und Zinslast debt servicing burden
Tilgungsanleihe callable bond, redeemable bond, redemption loan, sinking fund bonds

Tilgungsanteil amortization component
Tilgungsanzeige notice of redemption, sinking fund redemption notice
Tilgungsaufforderung call for redemption
Tilgungsaufschub deferral of redemption payments, redemption deferral
Tilgungsaussetzung suspension of redemption payments
Tilgungsbedingungen amortization terms, terms of amortization
Tilgungsdarlehen redeemable loan
Tilgungsdauer redemption period
Tilgungsdienst redemption service
Tilgungsdisagio redemption discount
Tilgungserfordernisse amortization requirements
Tilgungserlös redemption yield
Tilgungsfonds amortization fund, capital redemption reserve fund, redemption fund
tilgungsfreie Jahre redemption-free period, repayment holiday, years of grace
tilgungsfreie Zeit grace period
tilgungsfreies Darlehen balloon loan
Tilgungsfrist period of repayment
Tilgungsgewinn gain on redemption
Tilgungshypothek direct reduction mortgage, level-payment mortgage, redemption mortgage
Tilgungsmittel redemption funds
Tilgungsmodalitäten repayment terms, terms of redemption
Tilgungsplan call schedule, redemption schedule, repayment schedule, schedule of maturities, schedule of redemption, sinking fund table
Tilgungsrate amortization installment, annuity rental, mortgage amortization payment, redemption installment, repayment rate, sinking fund installment
Tilgungsrecht call right
Tilgungsrücklage amortization reserve, redemption reserve, reserve for sinking fund
Tilgungsstreckung repayment deferral
Tilgungstermin redemption date, repayment date
Tilgungsvereinbarung redemption agreement
Tilgungsverpflichtungen redemption commitments, sinking fund requirements
Tilgungsvolumen total redemption
Tilgungswert amortization value
Tilgungszahlung redemption payment
Titel title
Tochtergesellschaft affiliated company, daughter company
Tochtergesellschaft im Mehrheitsbesitz majority-owned subsidiary
Tochterinstitut der Bank banking subsidiary
Tortendiagramm pie diagram
Totalerhebung census
Totalverlust dead loss

totes Kapital barren money, idle funds
totes Konto sleeping account
totes Papier inactive security
traditionelles Rechnungswesen responsibility accounting
Traditionspapier document of title
Tragbarkeit von Risiken acceptability of risks
Tragfähigkeit dead weight
Trägheit inerta
Tranche tranche
Tranche einer Anleihe slice of a loan, tranche of a bond issue
Transaktionskasse transactions balance
Transaktionskosten transaction costs
Transaktionswährung trading currency, transaction
Transferbefehl transfer instruction
Transfereinkommen nonfactor income, transfer income
Transfergeschwindigkeit data transfer rate
Transferzahlung transfer payment
Transformation transformation
transitorische Aktiva prepaid expense
transitorische Passiva deferred assets
transitorischer Posten deferral items
transitorisches Konto suspended account, suspense account
Transparenz transparency
Transport carriage, truckage
Transport von Rückfracht backhauling
transportieren carry
Transportkosten carriage, carriage expense, carrying cost, cost of transport, transport expenses, transportation costs
Transportkosten bezahlt carriage paid, C/P
Transportrisiko peril of transportation
Transportschaden damage in transit
Transportversicherung transportation insurance
Transportvertrag contract of carriage
Trassant drawer
Trassat drawee
Trassierungskredit draft credit, reimbursement credit
Tratte bill of exchange, draft
Tratte mit Zinsvermerk interest bearing draft
Treasury bonds bonds
Treibstoffpreis fuel price
Trend trend
Trend des Wachstumpfades path of trend growth
Trendanalyse trend analysis
Trendwende trend reversal, turnaround
Trennung separation, severance
Trennung einer Anleihe in Mantel und Koupon bond stripping
Tresor safe deposit, safe deposit vault, vault
Tresorgeld vault cash
Treu und Glauben good faith

Treuepflicht duty of loyality
Treuerabatt fidelity rebate, loyalty rebate
Treuhand trust
Treuhänder depositary, fiduciary agent, trustee
treuhänderisch fiduciary, in trust
treuhänderisch halten hold in escrow
treuhänderisch verwaltetes Konto managed account
Treuhänderschaft trusteeship
Treuhandgelder trust deposits
Treuhandgeschäft fiduciary transaction
Treuhandgesellschaft trust company, trust institution
Treuhandkonto account in trust, custodial account, trustee account
Treuhandkonto, Anderkonto escrow account
Treuhandurkunde debenture trust deed
Treuhandvermögen assets held in trust
Treuhandvertrag deed of trust
Treunehmer fiduciary debtor
Trick shuffle
Trinkgeld gratuity, tip
Trugschluss fallacy
Trugschluss der Zweitbestlösung second-best fallacy
tüchtig efficient
Tumult turmoil
turbulente Woche mixed and crazy week
Typenmuster sample
Typisierung standardization

U

üben exercise
über dem aktuellen Marktwert liegender Kurs above-market price
über dem Nennwert above par
über finanzielle Mittel verfügen command funds
über Nennwert above par
über pari above par, at a premium
über Wasser halten tide over
überall all about
überalterte Fabrik dead plant
Überalterung obsolescence
Überangebot excess supply
Überanstrengung strain
Überarbeitung revision
überbewerten overstate, overvalue
überbewertet top heavy
überbewertete Aktien top-heavy shares
Überbewertung overvaluation
überbezahlen overpay
überbieten outbid
Überblick insight, survey
überblicken overlook, survey
Überbringer bearer
Überbringerklausel bearer clause
Überbringerscheck counter check
Überbrückungsdarlehen bridging loan, interim credit
Überbrückungsfinanzierung interim financing
Überbrückungskredit accommodating credit, accommodation, adjustment credit, bridge loan, bridging loan, interim loan, overcertification, overnight loan, tide-over credit
Überdeckung excess cover, overabsorption
überdenken reconsider
überdurchschnittlich better than average
überdurchschnittliche Kursentwicklung above-average price performance
überdurchschnittliches Wachstum above-average growth
Übereignungsvertrag bill of sale, fiduciary contract
Übereinkunft accord, stipulation, understanding
übereinstimmen accord
übereinstimmen mit accord with, tally with
übereinstimmend coincidental
übereinstimmend, gemäß congruent
Übereinstimmung accordance, agreement, coincidence, conformity, consistency, correspondence
überfällig delinquent, overdue, past due
überfällige Forderung claims past due
überfällige Forderungen delinquent accounts receivable, stretched-out-receivables
überfälliger Betrag amount overdue
überfälliges Wertpapier accelerated paper
überfinanzieren overfund
Überfinanzierung overfund
Überfluss abundance
überflüssig redundant, surplus to requirement
Überflüssigkeit redundancy
überflutet awash
Überfremdung excessive foreign control
Überfülle profusion
überfüllt awash
Übergabe surrender
Übergabebilanz premerger balance sheet
Übergang crossing, transition
Übergang des Eigentums passage of ownership
Übergangsbestimmungen transitional provisions
Übergangsbudget transitional budget
Übergangsdauer transitional period
Übergangskonto suspense account
Übergangsperiode intervening period
Übergangsposten transitory item
Übergangsverbindlichkeiten deferred availability items
Übergangsverpflichtung transitivity
Übergangszeit period of transition, transitional period
übergeben hand over, surrender
übergehen auf vest
übergehen zu proceed to
Überhangbetrag excess amount
überhöhte Steuerrückstellung tax overprovided
überhöhter Preis excessive price, heavy price
überholen overhaul
überholt dated, obsolete
Überkapazität excess capacity, overcapacity
überkapitalisieren overcapitalize
überkapitalisiert overcapitalized, top heavy
Überkapitalisierung overcapitalization
überladen overload
Überlagerungseffekt carry over effect
überlappen override
überlassen commit, refer
überlasten overload
Überlastung congestion
Überlauf spillover
überlaufende Konjunktur runaway boom
überlegen reconsider, reflect
Überlegenheit advantage
Überlegung deliberation

415

Überliegezeit demurrage, extra lay days
Überliquidität excess liquidity
Übermaß excess
übermäßig excessive
Übernachfrage exaggerated demand
Übernahme absorption, acquisition, defrayal, take-over
Übernahme des Ausfallrisikos assumption of credit risk
Übernahme durch Barabfindung cash buyout
Übernahme eines Unternehmens acquisition of assets
Übernahme inszenieren mount a takeover
Übernahmeabwehrklausel shark repellant
Übernahmeangebot corporate takeover proposal, take-over bid
Übernahmeangebot abwehren fight off a takeover bid
Übernahmeangebot mit Aktienumtausch all-paper tender offer
Übernahmeangebot ohne Vorverhandlung bear hug
Übernahmebedingungen takeover terms
Übernahmegarantie underwriting guaranty
Übernahmegerüchte acquisition rumors, takeover rumors
Übernahmegeschäft bid arena
Übernahmegewinn gain on takeover
Übernahmekandidat takeover candidate, takeover target
Übernahmekonditionen takeover terms
Übernahmekonsortium underwriting group
Übernahmekriterien acquisition criteria
Übernahmekurs takeover price, underwriting price
Übernahmepolitik acquisition policy
Übernahmepreis takeover price
Übernahmeprofil acquisition profile
Übernahmeprovision underwriting commission
Übernahmeschlacht bid battle, bidding war, merger contest, takeover battle
Übernahmestrategie acquisition strategy
Übernahmestreit takeover tussle
Übernahmeverhandlungen takeover negotiations
Übernahmeverlust loss on takeover
Übernahmeverpflichtung backstop facility, underwriting commitment
Übernahmevertrag acquisition agreement, takeover agreement, underwriting agreement
Übernahmezeitpunkt date of acquisition
übernehmen adopt, take-over
übernehmende Gesellschaft absorbing company, acquiring company
übernommene Gesellschaft acquired company
übernommene Schuldverschreibungen assumed bonds

Überpari-Emission issue at a premium
Überpariemission capital in excess of par value
Überprüfen overhaul, review
Überprüfung review, revision
Überprüfung der Leistungsfähigkeit efficiency scrutiny
Überprüfungsstadium due diligence
Überraschungsgewinne windfall gains, windfall profit
Überraschungskauf dawn raid
Überraschungsverluste windfall losses
überreden argue, entice to
Übersättigung satiation
überschießender Wechselkurs exchange rate overshooting
überschlägige Rechnung back-of-the-envelope calculation
Überschlagsrechnung computation
überschneiden overlap
überschreiten exceed, overshoot
Überschreitung excess
überschuldet encumbered
Überschuldung absolute insolvency, debt overload, excessive indebtedness, insolvency, overindebtedness, over-leverage
Überschuss excess, surplus
Überschuss des Börsenwertes über Verbindlichkeiten equity
Überschuss des Kaufpreises acquisition excess
Überschussfinanzierung cash flow financing
Überschussfonds surplus fund
Überschussgewinn excess return
überschüssige gesetzliche Rücklagen excess primary reserves
überschüssiger Gewinn surplus
Überschusskasse liquidity of a bank
Überschussnachfrage excess demand
Überschussrechnung cash basis of accounting
Überschussreserve excess reserve, surplus fund
Überschussreserven free reserves, idle money
übersehen overlook
Übersicht overview, summary
übersichtlich easy-to-follow
Überspekulation overtrading
überspringen skip
überstehen sail through
übersteigen exceed
überstimmen vote down
Überstunde extra hour
Überstunden overtime
Überstunden machen put in overtime, work overtime
Überstunden-/Mehrarbeitszuschlag overtime rate/premium
Überstundenlohn overtime pay
Überstundenzuschlag premium rate
Überteuerung overcharge

Übertrag amount carried forward, carry forward, carryover, transfer
Übertrag auf neue Rechnung brought forward to new account
übertragbar assignable, negotiable, transferable
übertragbares Wertpapier assignable instrument, transferable instrument
Übertragbarkeit assignability, transferability
übertragen alienate, assign, carry over, commit, negotiate
übertragende Gesellschaft predecessor company
Übertragung assignation
Übertragung von Stimmrechten enfranchisement
Übertragungsbescheinigung transfer certificate
Übertragungsfunktion admittance function
Übertragungsort place of transfer
übertreffen overrun
übertreiben enhance, exaggerate
übertrieben excessive, exorbitant, undue
überwachen monitor
Überwachung surveillance
überwälzen shift on to
überwälzen auf pass on to
überweisen remit
Überweisung referral, remittance, transfer
Überweisungsabteilung giro department
Überweisungsanzeige remittance advice
Überweisungsauftrag bank giro credit, credit transfer order, transfer instruction
Überweisungsbeleg original credit transfer order
Überweisungsempfänger credit transfer remittee, remittee
Überweisungsformular credit transfer slip
Überweisungsgebühren transfer charges, remittance fees
Überweisungssystem money transfer system
Überweisungsträger credit transfer slip
Überweisungsverkehr bank transfer payments, credit transfer, giro credit transfers, money transmission service
überwiegend predominant
überwiegend schwächer predominantly lower
überwiegende Mehrheit vast majority
überzeichnen oversubscribe
Überzeichnung oversubscription
überzeugen argue
überzeugende Strategie knockdown strategy
Überzeugungskraft persuasiveness
überziehen overdraw
Überziehung overdraft
Überziehungsgebühr charge for overcraft
Überziehungskonto overdraft checking account
Überziehungskredit advance on current account, bank overdraft, check credit plan, command credit, overdraft facility

Überziehungsprovision overdraft commission, overdraft fee
überzogenes Konto overdrawn account
üblich customary, ordinary
übrig bleiben residual
Ultimoausgleich year-end adjustment
Ultimoausschläge end-of-month fluctuations
Ultimogeld end-of-month settlement loan
Ultimogeschäft last-day business
um eine Stelle bewerben apply for a job
um Zahlungsaufschub bitten ask for payment extension
umändern alter
umändern, umrechnen convert
umbasieren rebase
Umbewertung reclassification, transvaluation
Umbuchung virement
Umfang extent, magnitude, range, scale
Umfang zugelassener Bankgeschäfte banking power
umfangreich extensive
umfassen embrace
umfassend comprehensive, extensive
umfassende Erfahrung broadly-based experience
umfinanzieren refinance
Umfinanzierung refunding, switch-type financing
Umgebung environment
umgehen avoid
umgehend by return
umgekehrt vice-versa
umgekehrte Beweislast burden of reversed proof
umgelegte Gebühren assessed charges
umgruppieren reclassify
Umlage allocation, assessment
Umlagemaßstab apportionment key
Umlageschlüssel allocation formula, allocation key
umlaufende Aktien shares outstanding
Umlaufgeschwindigkeit des Geldes transactions velocity, velocity of money movement
Umlaufkosten circulation costs
Umlaufmittel cash assets
Umlaufrendite flat yield, running yield, yields on bonds outstanding
Umlaufvermögen circulation assets, current assets, floating assets, fluid assets
umlegen allocate, apportion
umordnen rearrange
Umorganisation streamlining operations
Umrechnungsfaktor conversion factor, price factor
Umrechnungskurs conversion price, conversion rate, exchange rate, parity, rate of exchange
Umrechnungssatz basis of exchange, rate of conversion
Umrechnungstabelle table of exchange rates

417

Umrechnungsverhältnis exchange ratio
Umrüstkosten changeover costs
Umsatz billings, revenue, sales, turnover, volume of sales
Umsatz bringen pull in sales
Umsatz je Mitarbeiter sales per employe
Umsatz machen pick up business
Umsatz steigern expand in sales
Umsatz-Gewinnschwellenbereich operating breakeven sales
Umsatzaufwendungen, Umsatzkosten cost of goods sold
Umsatzbesteuerung value added taxation
umsatzbezogene Kapitalrentabilität sales-related return on investment
Umsätze am Aktienmarkt activity in the equity market
Umsätze in Kurzläufern dealings in shorts
Umsatzeinbuße drop in sales
Umsatzentwicklung sales pattern, sales trend
Umsatzergebnis sales result
Umsatzerlös revenue
Umsatzerlöse sales
Umsatzexplosion sales take-off
Umsatzfrühwarnung early sales warning
Umsatzgarantie sales guaranty
Umsatzgeschwindigkeit rate of turnover, sales frequency
Umsatzgewinne sales gains
Umsatzgewinnrate percentage return on sales
Umsatzgrenze sales limit
Umsatzkennziffer turnover ratio
Umsatzkonto sales-account
Umsatzkosten, Vertriebskosten cost of sales
Umsatzkostenverfahren cost sales style of presentation
Umsatzliste diary list
umsatzloses Konto dormant account
umsatzloses Wertpapier dead security
Umsatzniveau turnover level
Umsatzplanung sales planning
Umsatzprämie sales premium
Umsatzprovision account turnover fee
Umsatzrendite net income percentage of sales, net operating margin, percentage return on sales, profit margin, profit on sales, profit percentage, profit-turnover ratio
Umsatzrentabilität percentage return on sales
Umsatzrückgang decline in sales, decrease in sales, drop in sales, sales dip
Umsatzschätzung sales estimate
umsatzschwache Geschäftszeit dead hours
Umsatzschwankungen sales fluctuations
Umsatzstatistik sales statistics
Umsatzsteigerung turnover growth
Umsatzsteuer excise tax, sale tax, sales tax, turnover tax

Umsatzsteuerbefreiung VAT exemption
Umsatzsteuergesetz VAT Act
Umsatzsteuerprüfung VAT audit
Umsatzsteuerrecht VAT law
Umsatzsteuerrückvergütung VAT refund
Umsatzsteuersatz VAT rate
Umsatzsteuerschuld VAT liability
Umsatzsteuervoranmeldung VAT declaration on a monthly/quarterly basis
Umsatzstruktur sales pattern
Umsatzverlust loss in business volume
Umsatzvolumen trading volume
Umsatzzahlen sales figures
Umsatzziel sales objective
Umschichten von Wertpapieren switching of securities
Umschichtung shifting
Umschichtung des Portefeuilles bei Kursschwankungen anomaly switching
Umschichtung von Verbindlichkeiten liability management
Umschlag envelope, turnover
Umschlaggebühren port charges
Umschlagplatz place of transshipment
Umschlagsgeschwindigkeit speed of turnover
Umschlagsgeschwindigkeit des Geldes rate of money turnover
Umschlagshäufigkeit turnover rate
Umschlagshäufigkeit des Gesamtkapitals rate of total capital turnover
Umschlagshäufigkeit des Kapitals rate of equity turnover
Umschlagshäufigkeit des Warenbestands rate of merchandise turnover
Umschlagskapazität handling capacity
Umschlagskennziffer turnover ratio
Umschlagsziffer rate of turnover
Umschlagszyklus accounting cycle
umschließen embrace
umschulden reschedule debt, restructure debt, roll over debt
Umschuldung debt conversion, debt refunding, debt rescheduling, debt restructuring, refinancing, rescheduling
Umschuldung von Konsortialkrediten rescheduling of syndicated credits
Umschuldungs-Gebühren rescheduling fees
Umschuldungsabkommen debt restructuring agreement
Umschuldungsaktion funding operation, rescheduling operation
Umschuldungsanleihe funding bond, redemption bonds, refunding bond issue
Umschuldungskredit refunding credit, rescheduling loan
Umschwung about-turn, rebound, reversal, swing back

Umsicht vigilance
umsonst gratuitous
umsteigen switch
Umstellkosten changeover costs
Umstellung changeover, switch, transition
umstrukturieren reorganize, shake down
Umstrukturierung corporate surgery, reorganization, reshuffle, restructuring, shakedown, shake-out
Umstrukturierung der Kredite reorganization of loans
Umstrukturierungsplan restructuring scheme
umstufen reclassify
Umtausch exchange
Umtauschaktion swap transaction
Umtauschangebot conversion offer, exchange offer
umtauschbare Wertpapiere convertible securities
umtauschen exchange
umtauschfähig exchangeable
Umtauschobligation refunding bond
Umtauschoperationen repurchase operations
Umtauschquittung refund check
Umtauschrecht conversion right, exchange privilege, option to convert, right of exchange
Umtauschverhältnis exchange ratio, ratio of conversion
Umverteilung redistribution
Umverteilung in Sachleistungen in-kind redistribution
Umverteilungswirkungen redistribution consequences
Umwälzungsspielraum shifting potential
umwandeln reorganize
Umwandlung transformation
Umwandlung in Aktienkapital equity conversion
Umwandlungsbilanz balance sheet as of the effective date of conversion, conversion balance sheet
Umwandlungsgewinn reorganization gain
Umwandlungsrecht commutation right, right of conversion
Umwegproduktion indirect production
Umwelt environment
Umweltabgabe environmental levy
Umweltaspekte environmental considerations
Umweltaudit environmental audit
Umweltbedingungen environmental conditions
umweltbewusst ecology minded, eco-sensitive, environment conscious
umweltbewusstes Denken environmental thinking
Umweltbewusstsein environmental awareness
Umweltbundesamt federal environmental authority

Umwelteinflüsse environmental influences
Umwelterhaltung environmental sustainability
umweltfeindlich ecologically harmful
Umweltforschung environmental research
Umweltfrage environmental issue
umweltfreundlich ecologically beneficial, eco-friendly, ecologically acceptable, environmentally friendly
Umweltkommission environmental health commission
Umweltkontrolle environmental control
Umweltlizenz environmental permit
Umweltplanung environmental planning
Umweltpolitik environmental policy, policy on the environment
Umweltproblem green issue
Umweltprobleme environmental issues, environmental problems
Umweltprognose environmental forecast
Umweltqualität environmental quality
Umweltschaden environmental damage
umweltschädlich environmentally hazardous
Umweltschutz environmental protection, protection of the environment
Umweltschutzabteilung environmental department
Umweltschutzbehörde environmental protection agency
Umweltschutzgesetz environmental criminal act, environmental policy act
Umweltschutznormen environmental standards
Umweltüberwachungskosten environmental control costs
Umweltüberwachungssystem environment surveillance system
Umweltverhalten environmental performance
umweltverschmutzend pollution-prone
Umweltverschmutzung environmental pollution, pollution of environment
Umweltverträglichkeit environmental acceptability
Umweltverträglichkeitsprüfung environmental impact analysis
Umweltvorschriften environmental regulations
Umweltwirkung environmental effect, environmental impact
Umweltzerstörung environmental destruction
Umweltzertifikat environmental permit
Umweltzustand environmental constellation
Umwertung revaluation
Umzugskosten moving expenses, relocation expenses
unabhängig self-contained
unabhängiger Berater outside consultant
unabhängiger Börsenhändler floor broker
unabhängiger Sachverständiger outside expert

unabhängiges Bankwesen independent banking system
Unabhängigkeit self-dependence
Unachtsamkeit negligence
unanfechtbar incontestable, unavoidable, unimpeachable
unanfechtbarer Steuerbescheid uncontestable tax assessment notice
Unanfechtbarkeit incontestability
unangefochten unchallenged
unangenehm disagreeable
unannehmbar unacceptable
Unannehmlichkeit inconvenience
unausgeglichen disequilibrated, unbalanced
unausgeglichene Zahlungsbilanz imbalance in payments
unausgeglichener Haushalt unbalanced budget
unausgeglichenes Konto unbalanced account
unausweichliche Schlussfolgerung inescapable conclusion
unbeabsichtigt accidental
unbebaute Grundstücke land not built upon, undeveloped land, undeveloped real estate, unimproved properties, vacant land
Unbedenklichkeitsbescheinigung certificate of nonobjection
unbedeutend immaterial, insignificant, negligible
unbedingtes Indossament absolute endorsement
unbeeinflusst unbiased
unbefristet perpetual, unlimited
unbefugt unauthorized
unbeglichen unliquidated
unbegrenzt unlimited
unbegründet unfounded, without grounds
unbelastet unencumbered
unbelastetes Eigentum unencumbered title
unbequeme Zinsfüße odd interest rates
Unbequemlichkeit inconvenience
unbereinigt unadjusted
unberichtigte Kurse unadjusted market price
Unbescholtenheit integrity
unbeschränkt haftbar absolutely liable
unbeschränkt haftender Gesellschafter general partner, partner with unlimited liability
unbeschränkte Haftpflicht unlimited liability
unbeständig volatile
Unbeständigkeit uncertainty, volatility
unbestätigtes Akkreditiv unconfirmed letter of credit
unbestätigtes unwiderrufliches Akkreditiv inconfirmed irrevocable letter of credit
unbestechlich unbribable
Unbestimmtheit vagueness
unbestreitbar incontestable, unanswerable, undeniable
unbestritten unchallenged, undoubted
unbezahlt nil paid, unliquidated, unpaid

unbezahlte Rechnungen unpaid bills
unbezahlte Steuern unpaid tax
unbezahlter Urlaub leave without pay, unpaid leave
unbillige Härte undue hardship
Unbrauchbarkeit obsolescence
Und-Verknüpfung and-merge
Und-Verzweigung and-branch
undatiert dateless
unecht spurious
uneinbringbare Forderungen/Außenstände bad debts
uneinbringliche Forderung irrecoverable debt, uncollectibles
uneinbringliche Forderungen uncollectible accounts, uncollectible receivables
uneinbringliches Darlehen bad loan
uneingeschränkt without restrictions
uneingeschränkte Garantie unqualified guaranty
uneingeschränkte Zulassung full listing
uneingeschränkter Bestätigungsvermerk clean opinion, unqualified audit opinion
uneingeschränkter Handel unhampered trade
uneingeschränktes Akzept clean acceptance, general acceptance, unconditional acceptance, unqualified acceptance
uneingeschränktes Eigentum absolute interest
uneingeschränktes Indossament unqualified endorsement
uneingeschränktes Recht absolute right
unendlich infinite
unentbehrlich essential
unentgeltlich gratuitous, uncompensated
unentgeltliche Arbeit pro bono work
unentgeltliche Einfuhren imports free of payment
unentschieden abeyant
unerheblich irrelevant
unerklärlich unaccountable
unerlaubte Gewinne sordid gains
unerledigt outstanding
unerledigte Aufträge active backlog of orders, backlogged orders
unerledigte Tagesordnungspunkte unfinished business
unerledigter Auftrag back order, open order, outstanding order, unfilled order
unerledigtes Programm unfinished business
unerschlossene Grundstücke raw land, undeveloped land
unerschwinglicher Preis prohibitive price
unerwartet abrupt
unerwartet hoher Verlust shock loss
unerwartete Risiken unexperienced risks, unforeseen
unerwarteter Gewinn velvet, windfall profit

Unfähigkeit inability
Unfallrente accident benefit
unfertig in progress, unfinished
unfertige Erzeugnisse in-process items, unfinished goods, wop, work in process
unfertige Leistungen unfinished goods or services
unfrei carriage forward, postage not prepaid
unfundierte Schulden unconsolidated debt
ungebunden uncommitted
ungebundenes Kapital untied capital
ungedeckt unsecured
ungedeckte Zinsarbitrage uncovered interest arbitrage
ungedeckter Scheck bad check, bum check, check without sufficient funds, false check, uncovered check
ungedeckter Wechsel uncovered bill of exchange
ungedecktes Akzept uncovered acceptance
ungedecktes Risiko uncovered exposure
ungeeignet unsuitable
ungefährer Preis ballpark price
ungelernt unskilled
Ungenauigkeit inaccuracy
ungenügende Auswertung underutilization
ungenügende Nutzung underutilization
ungenutzt idle
ungeplante Desinvestition unintended disinvestment
ungeplanter Gewinn windfall profit
ungeplantes Entsparen unintended dissaving
ungeprüft unaudited
ungerade odd
ungerechtfertigt unwarranted
Ungerechtigkeit inequality
ungeregelter Freiverkehr off-board market, off-floor trading, outside market, street market, unofficial dealing, unofficial market
ungesichert unhedged, unsecured
ungesicherte Anleihe debenture bonds, plain bond issue, unsecured bond issue
ungesicherte Anleihen plain bonds
ungesicherte Forderung unsecured debt
ungesicherte, langfristige Verbindlichkeiten debenture
ungesicherte long- und Short-Position naked position
ungesicherte Schuldverschreibung free bonds, naked debenture, simple debenture, unsecured bond, unsecured debenture
ungesicherte Verbindlichkeit floating charge, unsecured liability
ungesicherter Gläubiger unsecured creditor
ungesicherter Kredit unsecured credit
ungesicherter Schuldschein bill of credit, straight note
ungesicherter Wechsel clean draft

ungesichertes Darlehen fiduciary loan, straight loan, unsecured loan
ungesichertes Papier straight paper
ungetilgte Obligationen outstanding bonds
ungewaschenes Geld dirty cash
ungewiss uncertain
ungewisse Schulden contingent debt
ungewisses künftiges Ereignis contingency
Ungewissheit uncertainty
Ungewissheitsgrad state of ignorance
ungewöhnlich extreme
ungewöhnlich hoher Nachlass abnormal discount
ungewöhnlich hoher Preisnachlass abnormal discount
ungezügelte Kreditaufnahme borrowing binge
Ungleichgewicht disequilibrium
ungleichgewichtiges Wachstum unbalanced growth
Ungleichheit disparity, inequality
Unglück calamity
ungültig canceled, expired, void
ungültig machen invalidate
ungültiger Vertrag naked contract
ungünstig adverse, detrimental
Universalbank full service bank, universal bank
Universalbanksystem multiple banking
unklar obscure
Unkostenaufstellung cost account
unkündbar perpetual, uncallable, unterminable
unkündbare Anleihe irredeemable bond, non-callable bond
unleugbar undeniable
unlimitierte Aufträge orders at best
unlimitierter Auftrag market order, no-limit order, order at best
Unmäßigkeit exorbitance
unmittelbar instant, proximate
unmittelbare Folge proximate consequence
unmittelbare Kreditvergabe straight lending
unmittelbarer Arbeitsaufwand direct labour
unmittelbarer Bestimmungsgrund proximate determinant
Unnachgiebigkeit intransigence, rigor
unpfändbar judgement proof, unsizeable, void of sizeable property
unpfändbarer Lohn wage exempt from garnishment
unplanmäßige Tilgung unscheduled redemption
unproduktiv idle
unproduktive Aktiva dead assets
unrealisierter Ertrag unrealized revenue
Unregelmäßigkeit inequality, irregularity
unrentabel loss-making, uneconomical, unprofitable
Unrichtigkeit inaccuracy
Unruhe turmoil

unscharf fuzzy
unscharfe Menge fuzzy set
unselbständige Arbeit dependent personal services
unsicher chancy, precarious, uncertain
unsichere Sache iffy proposition
unsichere Spekulationspapiere fancy stocks
unsicheres Darlehen iffy loan
Unsicherheit uncertainty
unstetig volatile
Untätigkeit inerta
untauglich insufficient, uneffective
unteilbar indivisible
Unteilbarkeit von Gütern indivisibility of goods
unter Dach und Fach bringen nail down
unter dem Strich below the line
unter dem Vorbehalt, dass with the reservation that
unter Kassakurs under spot
unter keinen Umständen, keinesfalls, auf keinen Fall on no account
unter Nennwert at a discount, below par
unter pari at a discount, below par
unter Wert under value
unter Wert verkaufen sell below value
Unterabschreibung underdepreciation
unterbeschäftigt underutilized
Unterbeschäftigung operating below capacity
Unterbeschäftigungskosten unabsorbed overhead
Unterbeteiligung subparticipation
unterbewerten underprice, underrate, understate
unterbewertet undervalued
unterbewertete Währung undervalued currency
Unterbewertung short entry, underpricing, understatement, undervaluation
unterbezahlt sweated
unterbieten underbid, undercut, undersell
Unterbietung bei Ausschreibungen buying in
Unterbilanz adverse balance
unterbrechen discontinue, disrupt, intercept, suspend
Unterbrechung disruption, interruption
Unterbringung accommodation
unterbrochen intermittent
unterbrochene Fälligkeit noncontinuous annuity
unterdurchschnittlich below average
Untergang ruin
untergeordnet ancillary
Untergesellschaft controlled company
Untergruppe subgroup
Unterhaltsaufwendungen alimony
Unterhaltung service
Unterhaltung eines Bestandes keeping a position
Unterhändler mediator, negotiator, negotiator
Unterkapitalisierung undercapitalization

Unterkonto auxiliary account
Unterlagen datum, documentation
unterlassen eschew
unterlassene Instandhaltung deferred maintenance
Unterlassung failure, omission
unterlegt durch Dokument supported by documents
unterliegend subject to
Untermakler intermediate broker
Unternachfrage shortfall in demand
Unternehmen firm, operation
Unternehmen auflösen fold up
Unternehmen der öffentlichen Hand public owned undertakings
Unternehmen hochpäppeln nurse a business
unternehmend speculative
Unternehmensauskauf durch Arbeitnehmer employe buy-out
Unternehmensberichte company comments
Unternehmensbesteuerung business taxation
Unternehmensbewertung valuation of a company as a whole
Unternehmensbilanz balance sheet of business
Unternehmensergebnis overall company result
Unternehmensfinanzierung business finance, company finance, company funding, corporate finance, corporation finance, enterprise finance, managerial finance
Unternehmensführung corporate governance
Unternehmensfusion amalgamation
Unternehmensfusionen und -aufkäufe mergers and acquisitions
Unternehmensgewinn business profit, corporate profit
Unternehmensgröße plant size, scale of plant
Unternehmensgründung business start-up
Unternehmenshai raider
Unternehmensimage corporate image
Unternehmenskapital company equity
Unternehmenskauf mergers and acquisitions
Unternehmenskaufvertrag acquisition agreement
Unternehmenskennzahlen key business data
Unternehmenskonzentration corporate concentration
Unternehmenskultur corporate culture
Unternehmenskultur, -identität corporate identity
Unternehmensleitung corporate governance
Unternehmensliquidität corporate liquidity
Unternehmensorganisation corporate organization
Unternehmensplan corporate plan
Unternehmensplanung business planning
Unternehmenspolitik corporate policy
Unternehmensrentabilität overall return

Unternehmenssitz place of business
unternehmensspezifischer Wert value to business
Unternehmensspitze corporate summit
Unternehmensstrategie corporate strategy
Unternehmensteile abstoßen spin off operations
Unternehmensteuer corporate tax
Unternehmensüberwachung corporate governance
Unternehmensumwelt corporate ecosystem/environment
Unternehmensverbindungen interlocking relationship
Unternehmensverluste company losses
Unternehmensziel corporate goal, corporate objective, objective
Unternehmensziele enterprise goals
Unternehmenszusammenschluss merger
Unternehmer businessman, entrepreneur
Unternehmergeist entrepreneurial spirit
unternehmerisch entrepreneurial
Unternehmerkredit contractor loan
Unternehmerlohn earnings of management, entrepreneurial income, proprietor's income, wages of entrepreneurship
Unternehmerrisiko entrepreneurial risk
Unternehmung business, firm
Unterpari-Emission issue below par
Unterredung meeting
untersagen debar from
unterschätzen underestimate
unterscheiden distinguish
Unterscheidung distinction
Unterscheidungsmerkmal distinctive feature
Unterschied disparity, distinction, variance
Unterschiede differences
unterschlagen defraud, embezzle
Unterschlagung defalcation, embezzlement, misapplication
unterschreiben add one's name to, sign
Unterschrift signature
Unterschriftenprüfung signature verification
Unterschriftsberechtigung signing authority
Unterschriftsvollmacht signing authority
unterstellen assume
unterstellte Kündigung constructive dismissal
unterstützen back up, bolster up, encourage, support
Unterstützung backing, relief
Unterstützungsberechtigung eligibility for relief, encouragement
Unterstützungslinie support line
Unterstützungszahlungen benefit payments, grants, maintenance payments
untersuchen examine, investigate, scrutinize
Untersuchung examination, exploration, going-over, hearing, inspection, investigation, scrutiny

Untersuchungsausschuss board of inquiry, tribunal
Untersuchungsgebiet area under investigation
Untersuchungsgericht court of inquiry
unterteilen classify, subclassify, subdivide
Untertreibung understatement
Untervergabe farming out
unterwegs in transit
unterweisen instruct
unterwertige Münze base coin, minor coin
unterzeichnen endorse
Unterzeichner signatory, signer
untilgbare Schuldverschreibung perpetual debenture
untrennbar indivisible
unumstößliche Garantie cast iron guaranty
ununterbrochen continuous
unverändert fairly stable, unaltered, unchanged
unverändert bleiben remain stationary
unverändert fest continued firm
unverarbeitete Rohstoffe primary commodities
unveräußerlicher Besitz mortmain
unverbindlich without engagement, without obligation
unverbindliche Antwort non-committal reply
unverbindliche Preisempfehlung nonbinding price recommendation
Unvereinbarkeit disparity, incompatibility
Unverfallbarkeit nonforfeitability
unverfälscht genuine
unverhältnismäßig disproportionate
unverhältnismäßige Kosten unreasonable expense
unverkäuflich nonsaleable, unsalable
unverkäufliche Aktien sour stock
unverkäufliche Bestände dead stock
unverkürzte G.- und V.-Rechnung uncondensed profit and loss statement
unvermeidbares Risiko nondiversible risk
unvermeidlich unavoidable
Unvermeidlichkeit inevitability, inevitable
Unvermögen inability
unversicherbares Risiko prohibited risk
unverständlich obscure
unversteuert untaxed
unverteilte Gewinne undistributed profits
unverträglich incompatible, inconsistent
Unverträglichkeit incompatibility
Unverträglichkeit von Zielen inconsistency of goals
unverzinslich noninterest-bearing
unverzinsliche Guthaben nonearning balances
unverzinsliche Schuldverschreibungen interest-free bonds, passive bonds
unverzinsliches Wertpapier dead weight
unverzollte Waren uncleared goods, uncustomed goods

unverzollter Wert bonded value
unverzüglich instantaneous, prompt, without delay
unvollkommen imperfect, inchoate
unvollkommene Verbindlichkeiten imperfect obligations
unvorhergesehene Ausgaben contingencies
unvorhergesehener/ungeplanter Bedarf unforeseen requirements
unvorhersehbar unforeseeable, unpredictable
unwesentlich immaterial
unwesentliche Beteiligung immaterial holding
unwesentliche Vertragsbestimmung warranty
unwiderleglich unanswerable
unwiderruflich irreversible
unwiderrufliche Wechselkurse irrevocable parities
unwiderrufliches Abkommen binding agreement
unwiderrufliches Akkreditiv irrevocable letter of credit
unwirksam ineffective
unwirtschaftlich inefficient, uneconomical
Unwirtschaftlichkeit diseconomies, inefficiency
unzulänglich insufficient, inadequate
Unzulänglichkeit inadequacy, insufficiency
unzulässig undue
unzulässige Beeinflussung undue influence
unzureichend deficient, half-cocked, inadequate
unzureichend kapitalisiert undercapitalized, underfunded
unzureichend vorbereitet half-cocked
unzureichende Deckung thin margin
unzureichende Finanzierung shoestring financing
unzureichende Spanne shoestring margin
unzustellbarer Brief dead letter
unzuverlässig dubious
Unzuverlässigkeit unreliability, unreliable
unzweideutig unambiguous
Urdaten base data
Urheber originator
Urkunde certificate, deed, document
urkundlich belegen vouch
Urkundsbeamter registrar
Urlaubsgeld vacation bonus, vacation pay
Urlaubsrückstellungen vacation provisions
Urmaterial primary data
Ursache account, causative factor, reason
Ursache haben in originate in
Ursache-Wirkungs-Analyse cause and effect analysis
Ursachen des Wachstums sources of growth
Ursachenanalyse analysis of causes
ursächlich, kausal causal
Ursprung derivation, source
ursprüngliche Anschaffungskosten historical cost
ursprüngliche Preisforderung asking price
ursprünglicher Kapitaleinsatz initial investment
Ursprungsangabe statement of origin
Ursprungsbezeichnung mark of origin
Ursprungsnachweis documentary evidence of origin
Ursprungszeugnis certificate of origin
Urteil award, judgement
urteilen adjudicate
Urteilsschuld judgement debt
US-Aktien dollar stock
US-Anleihemarkt für ausländische Emittenten yankee bond market
US-Bundesamt für Finanzen federal tax agency
Usancen rules and regulations

V

Validität validity
valorisieren valorize
Valuta currency, loan proceeds, value
Valuta-Exporttratte export draft in foreign currency
Valutageschäft foreign currency transaction
Valutaklausel currency clause, foreign currency clause
Valutarisiko venture of exchange
Valutatag value date
Valutatrassierungskredit foreign currency acceptance credit
Valuten foreign currencies
Valutierungsgewinn float
variabel verzinsliche Anleihe floater, floating rate bond
variabel verzinsliche Anleihen variable rate bonds
variabel verzinsliche Hypothek adjustable rate mortgage, variable rate mortgage
variabel verzinslicher Bankkredit variable rate bank loan
variabel verzinslicher Kredit variable interest loan
variable Abgabe variable levy
variable Ausgaben variable expenses
variable Durchschnittskosten average variable costs
variable Kosten variable cost
variable Nachschusszahlung variation margin
variable Notierung floating quotation
variabler Einschuss variation margin
variabler Handel variable-price trading
variabler Kurs variable rate
variabler Mindestreservesatz special deposits rate
variabler Zins floating rate
variabler Zinssatz variable interest rate
variables Kapitalkonto variable capital account
Varianz variance
Varianzanalyse variance analysis
variieren vary
verabreden, verschwören conspire
verallgemeinern generalize
Verallgemeinerung generalization
veraltet obsolete
veränderlich fluctuating
veränderlicher Zinssatz floating interest rate
veränderte Umfeldbedingungen changed environment
Veränderung alteration, change, shift
Veränderung der Rücklagen change in reserves

veranlagen assess
veranlagte Einkommensteuer assessed income tax
Veranlagungsbescheid tax assessment note
Veranlagungsgrundlage basis of assessment
Veranlagungsjahr assessment year, year of assessment
Veranlagungsreserve tax reserve
Veranlagungszeitpunkt assessment date
veranlassen assess
veranschlagt valued
Veranstalter entrepreneur
verantwortlich accountable, in charge
verantwortlicher Außenprüfer accountant in charge
Verantwortlichkeit accountability
Verantwortungsbereich area of responsibility
verarbeiten process
veräußern alienate, float off, realize
Veräußerung alienation, disposal, divestiture
Veräußerung von Beteiligungen sale of shareholdings
Veräußerungserlös proceeds on disposal
Veräußerungsgenehmigung sales permit
Veräußerungsgewinn disposition gain, gain on disposal
Veräußerungsverbot sales prohibition
Veräußerungsverlust capital loss
Veräußerungswert disposal value, exit value, realizable value, realization
verbergen conceal, disguise
verbessern amend, improve, rally, upgrade
Verbesserung betterment, refinement
Verbesserungsinvestition capital deepening, deepening investment
verbindlich binding, obliging
verbindliche Auskunft verlangen query
verbindliche Zusage definite undertaking
verbindliches Angebot binding offer, firm offer
Verbindlichkeit commitment, debt, indebtedness, liability, negative asset, obligation
Verbindlichkeit eingehen incur a liability
Verbindlichkeit mit kurzer Restlaufzeit maturing liability
Verbindlichkeiten accounts payable, creditor's equity, liabilities, debts
Verbindlichkeiten aus Gewährleistungen liabilities under warranties
Verbindlichkeiten erfüllen discharge liabilities, honor liabilities
Verbindlichkeiten mit unbestimmter Fälligkeit indeterminate-term liabilities

Verbindung alliance, attachment, link
verborgener Mangel hidden defect
Verbot ban, prohibition
Verbotsprinzip rule of per se illegality
Verbrauch consumption, expenditure
verbrauchbar consumable
verbrauchen clean out, consume, waste
Verbraucher user
Verbrauchereinheit spending unit
Verbrauchereinkommen consumer income
Verbraucherpreis consumer price, price to consumer, retail price
Verbraucherschutzrecht consumer legislation
Verbrauchsabgabe excise tax
Verbrauchsabweichung expense variance
Verbrauchsanalyse budget analysis
Verbrauchsartikel consumable
verbrauchsbedingte Abschreibung production method of depreciation
verbrauchsgebunden usage-based
Verbrauchsgut nondurable good
Verbrauchsgüter consumption goods, nonfoods, perishable commodities
Verbrauchsgüter, Konsumgüter consumer goods
Verbrauchskapital consumption capital
Verbrauchskauf consumer purchase
Verbrauchsmenge consumed quantity
Verbrauchsort place of consumption
Verbrauchsrückgang decrease in consumption
Verbrauchsstoffe consumables
Verbrauchsteuer consumer tax, consumption tax, excise duty
Verbrauchstruktur pattern of consumption
Verbrauchswert consumption value
Verbreitung advancement
verbriefen embody, evidence
verbrieft, konzessioniert chartered
verbriefte Rechte chartered rights
Verbriefung von Krediten in Wertpapierform securitization
verbuchen book
Verbuchung accounting treatment
Verbuchung per Valutatag value date accounting
Verbundanalyse conjoint analysis
verbunden mit affiliated to
verbunden sein mit be through to
verbundene Unternehmen related enterprises
verbundenes Unternehmen associated company, associated undertaking, constituent company, related company
Verbundgeschäft linked deal
verdeckte Einlage constructive equity contribution, informal contribution
verdeckte Gewinnausschüttung constructive dividend, deemed profit distribution, disguised profit distribution, hidden distribution of profits

verdeckte Inflation camouflaged inflation
verdienen earn, gain, pull in, sack up
Verdienst earning, earnings, merit
Verdienstausfall lost earnings
verdiente Abschreibung realized depreciation
verdrängen supersede, drive out, freeze out, oust, put out of, put out of business
Verdrängungseffekt crowding out effect
Verdrängungswettbewerb crowding out, elimination of competitors, predatory competition
vereidigter Makler sworn broker
vereinbaren reconcile, stipulate
Vereinbarkeit compatible, compatibility, consistency
vereinbarte Kündigungsfrist agreed period of notice
vereinbarter Preis price agreed upon
vereinbarter Zinssatz contract interest
Vereinbarung accord, agreement, understanding
vereinigen merge
vereinigt, verbunden conjoint
Vereinigung integration, pool
vereinzelte Kursgewinne scattered gains
vereiteln blast, zap
Verengung neck
Verengung des Geldmarktes tight money market
Verfahren procedure, proceeding
Verfahrenstechnik process engineering
Verfahrensweise policy
Verfall decline, expiration, expiry, ruin
Verfalldatum show off date
verfallen expire, fall away
verfallene Mittel lapsed funds
verfallener Scheck stale check
Verfallklausel expiration clause
Verfallmonat expiration month
Verfallsdatum expiration date, expiring date, expiry date, option expiration date
Verfallsklausel acceleration clause
Verfallstag due date, option day
Verfallstermin expiration day, expiry date, option day
Verfallszeit maturity, time of expiration
Verfalltag cutoff date, date of expiration
Verfälschung adulteration
Verfechter proponent
verfehlen fail of
Verfeinerung refinement
verflechten interlace, interlink, interlock, interpenetrate
Verflechtung interdependence, interlinking, linkage
Verflechtungsbilanz interlacing balance
Verflüssigung des Geldmarktes easing of the money market
Verflüssigung von Vermögenswerten liquidation of assets

verfolgbar actionable
verfolgen monitoring
Verfrachtung consignment
Verfremdungseffekt estrangement effect
verfügbar available, forthcoming
verfügbare Mittel available cash, available funds, disposable funds
verfügbarer Saldo available balance
verfügbares Einkommen disposable income
verfügbares Realeinkommen real disposable income
Verfügbarkeit availability
Verfügbarkeitsklausel availability clause
Verfügungsbetrag payout amount
Verfügungsermächtigung drawing authorization
Verfügungsrahmen account limit
Verfügungsrecht disposal
Vergabe im Submissionswege allocation by tender
Vergabeverfahren bidding procedure
vergangene Entwicklung antecedents
vergebliche Pfändung futile distraint
Vergebung remission
vergesellschaften incorporate
vergeuden trifle away
Vergleich accord
Vergleichbarkeit comparability
vergleichend comparative
vergleichende Studie comparative study
Vergleichs- und Schiedsordnung Rules of Conciliation and Arbitration
Vergleichsantrag petition for reorganization
Vergleichsbasis base-line comparison
Vergleichsbasis ändern rebase
Vergleichsdaten comparative data
Vergleichskostenmethode historical costing
Vergleichspreis reference price
Vergleichsquote dividend in composition
Vergleichsrechnung comparative calculation, comparative cost accounting
Vergleichsrecht law of bankruptcy
Vergleichsübersicht comparative statement
Vergleichsvorschlag scheme of composition
vergleichsweise Erfüllung accord
Vergleichswert base value
Vergleichszahl benchmark figure
Vergleichszahlen benchmark figures, comparative figures
Vergnügungsteuer amusement tax, entertainment tax
vergrößern amplify, enhance, enlarge, extend
Vergrößerung enlargement
Vergünstigung benefit, facility, kicker
vergüten allow, compensate
Vergütung compensation, emolument, recompense, remuneration, reward
Verhalten, Benehmen, Verlauf behavior

Verhaltensforschung behavior observation
Verhaltensmuster behavior pattern
Verhaltensregeln policies
Verhaltenstraining assertion training
Verhältnis proportion, ratio, relation, relationship
Verhältnis Dividende zu Kurs dividend-price ratio
Verhältnis fixe Kosten Gewinn zu Umsatz earnings value ratio
Verhältnis Fremd- zu Eigenmittel loan-to-capital ratio
Verhältnis Gewinn zu Steuer earnings-dividend ratio
Verhältnis Gewinn/Dividende dividend cover
Verhältnis Reingewinn Zinsaufwand all capitals earnings rate
Verhältnis unversteuerter Gewinn zu Umsatz earnings to sales ratio
Verhältnis von Einlagen zu Eigenkapital deposit-capital ratio
Verhältnis von Reingewinn zu Nettoerlös net profit ratio
Verhältnis von Verbindlichkeiten zu Sichteinlagen deposit turnover
Verhältnisgröße ratio variable
verhältnismäßig proportional
verhältnismäßiger Anteil proportional share
verhandeln negotiate
Verhandlung negotiation, proceeding
Verhandlungen negotiations
Verhandlungen abbrechen break off negotiations
Verhandlungsangebot bargaining offer, offer to negotiate
Verhandlungsauftrag negotiating mandate
Verhandlungsführer negotiator
Verhandlungsgrundlage negotiating platform
Verhandlungsmandat authority to negotiate
Verhandlungsobjekt bid for bartering
Verhandlungspaket package deal
Verhandlungspartner negotiating party
Verhandlungspfand bargaining chip
Verhandlungsposition bargaining position, negotiating position
Verhandlungsrunde round of negotiations
Verhandlungsspielraum bargaining room, negotiating range, room to negotiate
Verhandlungsstärke bargaining power, negotiating strength
Verhandlungsstruktur bargaining structure
Verhandlungsteam negotiating team
Verhandlungstechnik negotiating technique, negotiation technique
Verhandlungstisch negotiating table
verharmlosen belittle
verheimlichen conceal
Verheimlichung concealment

verhindern debar, hamper, prevent
verifizieren validate, verify
verjähren become prescribed, become statute-barred, rescribe
verjährt barred by limitations
verjährte Schuld barred debt
Verjährung limitation of liability in time, statute of limitations, statutory limitation
Verjährungsfrist statute of limitations
Verkauf auf Abruf buyer's call
Verkauf auf Rechnung sale on account
Verkauf bei gleichzeitiger Rückmiete sale and leaseback
Verkauf beweglicher Sachen sale of chattels
Verkauf durch Ausschreibung sale by tender
Verkauf mit dem Ziel der Gewinnmitnahme profit-taking sale
Verkauf mit gleichzeitiger Rückmiete leaseback
Verkauf mit Rückkaufsrecht sale with option to repurchase
Verkauf mit Verlust slaughtering
Verkauf unter Eigentumsvorbehalt bailment lease
Verkauf unter Wert product loss
Verkauf von Aktienpaketen block distribution
Verkauf von Anteilen sale of shares
Verkauf von Grundbesitz sale of real property
Verkauf von Wirtschaftsgütern sale of assets
Verkauf wegen Geschäftsaufgabe winding-up sale
verkaufen cash out, realize, sell off
verkäuflich marketable, negotiable
Verkaufsabrechnung account of sales, account sales, sales accounting
Verkaufsabschluss sales contract, sales report
Verkaufsagent selling agent
Verkaufsanreiz selling appeal
Verkaufsanstrengungen sales push
Verkaufsaufschlag sales markup
Verkaufsauftrag on bid, order to sell, sell order, selling order
Verkaufsauftrag bestens sell order at market
Verkaufsaufwand selling expenditure
Verkaufsaussichten sales outlook
Verkaufsbedingungen selling conditions, terms and conditions of sale and delivery
Verkaufsbescheinigung sales sheet
Verkaufsbudget sales budget
Verkaufseinnahmen sale proceeds
Verkaufserlös sales proceeds, sales profit, sales revenue
Verkaufserlöse sales returns
Verkaufsförderungsetat sales promotion budget
Verkaufsförderungsmaßnahme sales promotion measure
Verkaufsgemeinschaft sales group
Verkaufsgrundlage sales base

Verkaufsgruppe issuing group, selling group
Verkaufsjahr sales year
Verkaufskonzeption selling concept
Verkaufskurs left-hand side
Verkaufsmethode sales approach
Verkaufsnote sold note
Verkaufsofferte sales offer
Verkaufsoption put, selling option
Verkaufsprämie push money
Verkaufspreis offer price, sales price, selling price
Verkaufspreis plus Zuschläge cost-plus pricing
Verkaufspreisniveau selling price level
Verkaufsprospekt offering prospectus
Verkaufsprovision sales commission, selling commission
Verkaufspunkt point of sale
Verkaufsrabatt sales discount
Verkaufsrechnung sales invoice
Verkaufsspanne sales margin
Verkaufsspesen sales load, selling expenses
Verkaufsstornierung sales cancellation
Verkaufsstrategie sales approach
Verkaufstätigkeit sales performance
Verkaufsverbot sales ban
Verkaufsvertrag selling agreement
Verkaufsvolumen sales volume
Verkaufswert sale value
verkauft werden für go for
Verkehrsangebot service
Verkehrswert fair and reasonable value, fair market value
verknüpfen tie
verkündigen portend
verkürzen abbreviate
verkürzte Fassung abbreviated version
Verkürzung abridgement
Verlagerung displacement
verlangen ask, be down on, charge for, request
verlängerbarer Swap extendable swap
Verlängerung allonge, extension, filing extension, prolongation
Verlängerung des Zahlungsziels durch Vordatieren dated billing
Verlängerungsgebühr extension fee
Verlängerungsklausel evergreen clause
Verlängerungsvereinbarung extension agreement
Verlass reliance
verlassen abandon
Verlässlichkeit dependability
Verlauf path, progress
Verlaufsziel year-on-year target
verleihbar loanable
verleihen lend out
Verleiher lender
Verleihgeschäft lending trade

Verleihung bestowal
verletzen violate
Verletzung infringement, violation
verlieren lose out
verlieren an decrease in
Verlust deficit, forfeiture, leakage, loss, wastage
Verlust aufweisen show a loss
Verlust ausgleichen recoup a loss
Verlust eines Anspruchs forfeit
Verlust erleiden incur a loss, sustain a loss
Verlust von Barmitteln loss of cash
Verlust vortragen bear a loss
Verlustabzugsverbot ban on loss deduction
Verlustausgleich loss set-off
Verluste hinnehmen müssen lose out
Verlustgeschäft losing bargain, loss maker, money-losing deal
Verlustkonto loss account
Verlustquote charge off rate
Verlustrückstellungen provisions for loan losses
Verlustspanne deficit margin
Verlustübernahmevertrag loss-sharing agreement
Verlustübertragung loss surrender
Verlustumschichtung redistribution of losses
Verlustverrechnung loss offsetting
Verlustverrechnungsverbot ban on loss offsetting
Verlustvortrag accumulated losses brought forward, loss brought forward, loss carry forward, loss carryover
Verlustzeit idle time
Verlustzone losses wedge
Verlustzuweisung loss allocation
vermachen deed over
Vermächtnis bequest
vermeidbares Risiko diversifiable risk
vermeiden avoid, eschew
Vermeidung aversion
vermeintlich putative
Vermesserung amendment
Vermieter landlord, lessor
vermietete Erzeugnisse equipment leased to customers
vermietete Gegenstände equipment on operating leases
Vermietung vollständiger Betriebsanlagen plant leasing
vermindern impair, run down
Verminderung diminution
vermischen interlace
vermitteln go between, mediate, use one's good offices
Vermittler finder, intermediary
Vermittlung exchange, intervention, procurement
Vermittlungsausschuss mediating committee
Vermittlungsbemühungen placement efforts

Vermittlungsgebühr finders fee, introduction charges, procuration fee, service charge
Vermögen assets, estate, means, wealth
vermögend moneyed
Vermögensabgabe capital levy
Vermögensanlage bearing asset, investment
Vermögensanlagen trade investments
Vermögensanteil share in property
Vermögensaufstellung financial statement, schedule of property
Vermögensbedingung wealth budget constraint
Vermögensberater asset consultant
Vermögensberatung investment counseling
Vermögensbeschränkung wealth budget constraint
Vermögensbestand asset base
Vermögensbilanz property balance
Vermögensbildung accumulation of property, capital formation, formation of wealth, wealth creation, wealth formation
Vermögensendbewertung final asset value method
Vermögensertrag yield on assets employed
Vermögensgegenstand asset, asset item, item of property
vermögensgestützt asset-backed
Vermögenslage financial condition, financial situation/standing, net worth position
Vermögensnachweis funds statement
Vermögenspositionen asset items
Vermögensrecht proprietary right
Vermögensrisiko property risk
Vermögensschaden economic loss, financial loss
Vermögenssperre blocking of property
Vermögensstruktur assets and liabilities structure, property structure
Vermögenssubstanz total assets, total estate
Vermögensteuer capital stock tax, capital tax, net worth tax, property tax, wealth tax
Vermögensteuerdurchführungsverordnung ordinance regulating the net worth tax
Vermögensteuererklärung net worth tax return
Vermögensteuergesetz net worth tax law
Vermögensteuerpflicht liability to pay net worth tax
Vermögensübertragung asset transfer
Vermögensumschichtung redeployment of assets, restructuring of assets
Vermögensumverteilung redistribution of wealth
Vermögensverhältnisse financial circumstances
Vermögensverwalter investment manager, portfolio manager, receiver, trustee
Vermögensverwaltung asset management, investment management, property management
Vermögensverwaltungsgesellschaft property management company
Vermögenswert asset, asset item

Vermögenswerte der Bank bank assets
Vermögenswertzusammensetzung asset mix
vermögenswirksame Ausgaben asset-creating expenditure
Vermögenszuwachs capital appreciation
Vermutung guess, presumption
Verneinung negation
vernichten wipe up
Vernichtung extinction
Vernunft rationality
vernünftig reasonable, sensible
Verordnung administrative order, administrative regulation, by-law, ordinance, prescription
verpachten rent
Verpächter landlord
Verpachtung farming out
Verpackungskosten packing charges
verpfändbar pledgeable
verpfänden collateralize, hock
verpfändete Forderung assigned account, pledged account receivable
Verpfändung pawn
Verpfändungsvertrag pledge
verpflichten commit, oblige
verpflichtend binding
verpflichtet under duty
verpflichtet sein be bound, be obliged
Verpflichtung commitment, covenant, engagement, indebtedness, obligation
Verpflichtung eingehen assume obligation
Verpflichtung übernehmen assume obligation
Verpflichtung unternehmen undertake an obligation
Verpflichtungen erfüllen honor obligations
Verpflichtungsermächtigung commitment authorization
verprassen squander
Verrat double crossing
verraten double cross
verrechnen clear, record, set off
verrechnen mit net with
verrechnete Gemeinkosten absorbed overhead
verrechnete Kosten allocated cost, applied cost
Verrechnung offset
Verrechnung auf Kontensalden account netting
Verrechnung gleicher Posten pairing
Verrechnungs-Guthaben clearing assets
Verrechnungsabkommen clearing agreement
Verrechnungsbank clearing bank
Verrechnungskonto clearing account, offset account, variance account
Verrechnungsrate clearing rate
Verrechnungsscheck check for deposit only, check with restrictive endorsement, crossed check, voucher check
Verrechnungsstelle clearing office

Verrechnungstage clearing days
Verrechnungsvereinbarung offset agreement
Verrechnungsverfahren clearing procedure
Verrechnungsverkehr clearing
Verrechnungswährung clearing currency
verrichten accomplish
Verrichtung performance
verringen, reduzieren decrease
verringern reduce, roll back
Verringerung debasement, reduction
versagen fail, fall down on a job
Versammlung assembly
Versand consignment, dispatch
Versandabteilung dispatch department
Versandanzeige advice of dispatch
Versandauftrag dispatch order
Versandbereitstellungskredit anticipatory credit, packing credit
Versandkosten delivery cost, dispatch costs, forwarding charges, forwarding costs, shipping cost, shipping expense
Versandtag date of shipment
Versandtasche envelope
Versandtermin date of shipment
Versandwert value of shipment
Versandzeitpunkt time of dispatch
versäumen fail
Versäumnis failure
Verschachtelung grandfathering
verschärfen aggravate, exacerbate
verschärfte Prüfung tightened inspection
Verschärfung exacerbation
verschieben postpone, shift
Verschiebung displacement, postponement
verschiedenes miscellaneous, miscellany
verschlechtern downgrade, impair
Verschleiß wastage, wear and tear
verschleudern dump
verschlimmern exacerbate
verschlossenes Angebot sealed bid
Verschmelzungsmehrwert merger surplus
Verschmutzungsvermeidung pollution abatement
verschrotten scrap
verschulden borrow, fault
Verschuldensneigung propensity to incur debts
verschuldet debt-strapped, encumbered, stuffed with debt
Verschuldung contraction of debts, debt assumption, indebtedness
Verschuldung der privaten Haushalte accumulation of debt by private households
Verschuldung des Bundes national debt
Verschuldungsbereitschaft propensity to take up credits
Verschuldungsgrad debt equity ratio, debt-to-equity ratio, equity gearing, gearing, level of

debt, level of indebtedness, leverage, ratio of debt to net worth
Verschuldungsgrenze borrowing allocation, debt ceiling, debt limit
Verschuldungsspielraum debt margin
verschweigen conceal
verschwenderisch thriftless
Verschwendung profusion, waste
Verschwendungssucht profligacy
Versehen error
versenden dispatch
Versender consigner
Versendungsverkauf sales shipment
versicherbar insurable
versicherbares Risiko insurable risk
Versicherer assurer
versichern assure, insure
versicherte Einlagen insured deposits
versichertes Kapital capital assured
Versicherung assurance, insurance
Versicherung abschließen take out an insurance
Versicherung auf Gegenseitigkeit mutual insurance
Versicherung mit Gewinnbeteiligung with profits policy
Versicherungsaktien insurance stocks
Versicherungsanspruch insurance claim
Versicherungsausgaben insurance expenses
Versicherungsberechtigter beneficiary of insurance
Versicherungsbetrag covered value
Versicherungsbetrug insurance fraud
Versicherungsdarlehen actuarial loan
Versicherungsdauer policy life
versicherungsfähig insurable
Versicherungsfähigkeit insurability
Versicherungskosten cost of insurance, insurance charges
Versicherungsleistung benefits
Versicherungsmathematik actuarial theory
Versicherungsnehmer policy holder
versicherungspflichtig insurable
Versicherungspolice insurance policy
Versicherungsprämie insurance premium
Versicherungsschein insurance certificate, policy
Versicherungsschutz insurance cover/coverage
versicherungsstatistisch actuarial
Versicherungssumme insured value
Versicherungssumme auszahlen lassen cash the policy
Versicherungsteuer insurance tax
Versicherungsvertrag coverage contract
Versicherungswert actual cash value, insurable value, insured value, value insured
versiegeln seal
versilbern convert into cash
Version version

Versorgungsengpass bottleneck in supplies
Versorgungsgrad level of satisfaction/utility, satisfaction level
Versorgungswerte utilities
verspätet out of time
verspätete Lieferung delayed delivery
Verspätung delay
versperren obstruct
Versprechen promise
verstaatlichen nationalize
Verstaatlichung nationalization
verständlich comprehensible
Verständlichkeit comprehensible, consistency
verstärken fortify, intensify
Verstärkung amplification
versteckte Arbeitslosigkeit disguised unemployment, hidden unemployment
versteckte Aufwertung shadow revaluation
versteckte Reserven hidden reserves
versteckte Subvention hidden subsidy
Versteifung des Geldmarktes tightening of the money market
Versteigerer auctioneer
versteigern auction off, sell by public auction, sell off
versteigert werden go under the hammer
Versteigerung auction
Verstoß gegen die Geschäftsordnung breach of order
verstrichener Fälligkeitstermin past due date
verstricken hamper
Versuch trial
Versuch und Irrtum trial and error
versuchen endeavor
vertagen adjourn
Vertagung adjournment
verteilbar distributable
verteilen allocate, distribute, hand out, pass out, share out
Verteilernetz network
Verteilerschlüssel share-out key
Verteilung allocation, apportionment, distribution
Verteilungsgewichte distributional weights
Verteilungsquote distributive share
Verteilungsschlüssel allocation base, allocation formula, basis of allocation
Verteilungsspielraum distributive margin
Verteilungsverschiebung distributional shift
Verteilungsweg channel of distribution
Verteilungswirkung distributional consequence, distributional effect
vertikale Finanzierungsregeln vertical rules for structuring debt capital
vertikale Preisbindung vertical price fixing
vertikale Zusammenschlüsse vertical mergers
vertikaler Zusammenschluss vertical integration
Vertrag treaty

Vertrag abschließen conclude a contract
Vertrag auf der Grundlage von Istkosten cost plus contract
Vertrag auf der Grundlage von Istkostenzuschlag cost-plus-fixed-fee contract
Vertrag auslegen construe the terms of a contract
Vertrag erfüllen fulfil a contract, perform a contract
Vertrag für Zahlung bei Lieferung take-and-pay contract
Vertrag ohne Abschlussgebühr no-load contract
Vertrag über Projektfinanzierung project financing agreement
Vertrag unterzeichnen sign an agreement
vertraglich besicherte Projektfinanzierung contract financing
vertraglich festgesetzte Gebühren contract rates
vertraglich, vertragsgemäß contractual
vertragliche Haftung contractual liability
vertragliche Vereinbarung contractual agreement
vertragliche Zinsen contractual interest
vertraglicher Anspruch contractual claim
vertraglicher Zinssatz contract rate of interest
Vertragsablauf expiration of contract
Vertragsabschluss conclusion of an agreement, formation of a contract
Vertragsannahme acceptance of contractual offer
Vertragsbedingungen contractual terms, terms of contract
Vertragsbruch breach of contract, custody ledger
Vertragsbruch begehen break a contract
Vertragsentwurf tentative agreement
Vertragserfüllung consummation of a contract
Vertragsfähigkeit capability to contract
vertragsgemäß according to contract
Vertragsgrundlage basis of agreement
Vertragsparteien contracting parties
Vertragspartner signatory
Vertragspreis contract price, cost price
Vertragsrecht law of contracts
Vertragsrücktritt cancellation of a contract
Vertragssparen contractual saving
Vertragsstrafe penal sum
Vertragsunterzeichnung signing of a contract
Vertragsverletzung violation of a contract
Vertragsverpflichtung contractual obligation
Vertragsvorbereitung preapproach
Vertragswidrigkeit default
Vertrauen reliance, trust
Vertrauen, Zutrauen confidence
Vertrauensgrenze confidence limit
Vertrauensschaden damage caused by breach of trust
Vertrauensvotum vote of confidence
Vertrauenswürdigkeit reliability

Vertrauenszustand state of confidence
vertraulich, geheim confidential
vertrauliche Mitteilung privileged communication
vertraulicher Bericht confidential report
vertreiben distribute
vertretbare Waren merchantable goods
vertreten act for, act in place of, deputize for
Vertreter, Handelsvertreter agent
Vertreterbericht call slip
Vertreterkosten agency expenses
Vertreterprovision agency fee, agent's commission
Vertretung point of hire
Vertretungsmacht power of representation
Vertrieb sales
Vertrieb von Aktien sale of shares
Vertriebskennzahlen distribution index
Vertriebskosten distribution expenses, sales expenses, selling costs, selling expenses
Vertriebskostenrechnung distributive costing
Vertriebsstelle sales outlet
verunglückte Börseneinführung abortive stock market flotation
veruntreuen embezzle
Veruntreuung defalcation, peculation
verursachen cause
Verursacherprinzip polluter principle, polluter-pays principle, principle of causation
vervielfältigen duplicate
verwahren hold in custody, keep in custody
verwahrende Bank custodian bank
Verwahrer depositary
Verwahrung bailment, safe custody, safekeeping
Verwahrungsgebühr custody fee
Verwahrungsgeschäft custody transactions
verwalten administer
verwaltetes Vermögen agency fund
Verwaltung administration
Verwaltungsaktien management shares
Verwaltungsarbeit administrative work
Verwaltungsaufgabe administrative task
Verwaltungsgebäude administrative building
Verwaltungsgebühr administration fee, administrative fee, service charge
Verwaltungsgemeinkosten general burden
Verwaltungshaushalt administrative budget
Verwaltungskosten administration cost, administration expenses
Verwaltungsrat board of directors
Verwaltungsrecht administrative law
Verwaltungsrichtlinie administrative regulation
Verwaltungsverfahren administrative procedural practice
Verwaltungsvertrag investment contract
verwässern dilute
verwässertes Grundkapital diluted capital

Verwässerung des Aktienkapitals dilution of equity
Verweildauer length of stay
verweisen refer
verwendbar employable, usable
verwendbares Eigenkapital distributable equity capital
verwenden use, utilize
Verwendung use, utilization
Verwendung des Reingewinns appropriation of net income
Verwendungsfähigkeit employability
Verwendungszwang mandatory use, mixing and tying requirements
verwerten exploit, utilize
Verwertung exploitation, liquidation, utilization
verwickeln complicate, hamper
Verwicklung complexity, complication
verwirklichen accomplish, achieve
Verwundbarkeit vulnerability
Verzeichnis register, schedule
verzerrende Besteuerung distortionary taxation
verzerrt biased, distorted
Verzerrung bias, distortion
Verzicht abandonment, renunciation, sacrifice, waiver
Verzicht auf Rechte quit claim
Verzicht auf Steuerbefreiung waiver of exemption
verzichten abandon, forgo, quit, waive
verzichten auf pass up, trade off
Verzichterklärung waiver
verzinsen yield interest
verzinslich interest bearing
verzinslich angelegter Betrag amount at interest
verzinsliche Mindestreserven banker's special deposits
verzinsliche Schuldverschreibungen active bonds
verzinsliches Darlehen interest-bearing loan
verzinsliches Guthaben money drawing interest
verzinsliches Scheckkonto total control account
Verzinsungsverbot ban on interest payments
verzögern delay
verzögerte Anpassung lagged adjustment
verzögerte Auszahlung deferred payment
Verzögerung deceleration, delay, lag
Verzögerungstaktik delaying tactics
verzollt duty paid
Verzollung am Bestimmungsort bonded to destination
Verzollung, Zollabfertigung customs clearance
Verzollungsvorschrift bonding requirement
Verzug default
Verzugskosten demurrage
Verzugsschaden damage caused by default, damage caused by delay
Verzugszinsen interest on arrears, late charge, penal interest
Verzweigung ramification
Veto veto
Vielfalt complexity, versatility
vielseitig miscellaneous, versatile
Vielseitigkeit versatility
Vierteljahresbericht quarterly report
Vierteljahresdividende quarterly dividend
Vierteljahreszahlung quarterage
vierteljährliche Dividendenzahlungen quarterly disbursements
vierzehntägig biweekly
vinkulierte Namensaktie registered share not freely transferable
Vinkulierung von Aktien restricted transferability of shares
Visitenkarte business card
Volatilität volatility
Volkseinkommen aggregate income, national income
Volkseinkommensrechnung national income accounting
Volkskapitalismus popular capitalism
Volksvermögen national wealth
volkswirtschaftliche Erträge social returns
volkswirtschaftliche Gesamtrechnung macroeconomic accounting, national accounting
volkswirtschaftliches Gleichgewicht balanced economy
volkswirtschaftliche Kosten social costs
volkswirtschaftliche Sparquote aggregate savings ratio
volkswirtschaftliche Wertschöpfung aggregate value added
voll abzugsfähig fully deductible
voll bezahlt full paid capital stock
voll bezahlter Urlaub full pay leave
voll eingezahlt paid up
voll eingezahlte Aktie fully paid share, paid-up stock
voll eingezahlte Aktien full paid capital stock
voll eingezahltes Kapital dully paid-up capital
voll finanziert fully funded
voll überwälzen pass on fully
Vollamortisation full amortization
Vollamortisationsvertrag full payout leasing contract
vollbringen accomplish
volle Ausnutzung der Betriebskapazität full utilization of plant
Volleindeckung unqualified cover
vollenden accomplish
Vollendung completion, thoroughness
Vollfinanzierung mortgaging out
völlig utter
völlig neu brand-new

Vollindossament endorsement in full, full endorsement
Vollinvestition full investment
vollkommener Markt perfect market
vollkommener Wettbewerb perfect competition
Vollkosten full cost
Vollkostenbasis absorbed basis, full cost basis
Vollkostenprinzip full cost principle
Vollkostenrechnung absorption costing, full costing
Vollmacht authority, power, power of attorney, powers, warrant
Vollmacht widerrufen cancel a power of attorney
Vollmachtgeber mandator
Vollmachtsaktionär proxy shareholder
Vollmachtsformular form of proxy, proxy form, proxy statement
Vollmachtsindossament collection endorsement
Vollmachtsinhaber bearer
Vollmachtsstimmrecht proxy voting power
vollständig ausgezahlter Kredit fully paid-out loan
vollständig gezeichnete Anleihe fully subscribed loan
vollständige Kapitalmobilität perfect capital mobility
vollständige Konkurrenz perfect competition
vollständiger Bericht full report
Vollständigkeit complement, completeness, totality
vollstreckbar enforceable
vollstreckbare Forderung judgement debt
Vollzähligkeit complement
Vollziehung execution
Vollzug implementation
Volumen size
Volumen der Neuemissionen new-issue volume
vom Markt verdrängen drive out of the market
von geringerer Qualität off-grade
von hohem Rang top ranking
von jedweder Haftung freistellen absolve from any liability
von Maklern vermittelte Einlagen brokered deposits
von vorn beginnen build up from scratch
von vornherein verpflichten precommit
vor allem primarily
vor Fälligkeit before due date, prior to maturity
vor Fälligkeit eingelöstes Akzept anticipated acceptance
vor kurzem recent
Vor- und Nachteile assets and drawbacks
vorab ex ante
Vorabbericht flash report
Vorabverfahren preprocessing
Vorabzug advance deduction
vorangehen precede

Voranmeldung previous application
Voranschlag calculation, estimate, preliminary budget
Voranzeige advance notice
Vorausbelastung advance debit
Vorausbestellung advance order
Vorausbewilligung advance appropriation
vorausbezahlen pay beforehand, prepay
vorausbezahlt prepaid
Vorausdepot advance deposit
Vorausentwicklung advance development
vorausgesetzt assumed
Vorausinformation advance feedback
Vorausleistung advance performance
Vorausplatzierung advance selling
Vorausrechnung advance invoice
Voraussage forecast
voraussagend prognostic
voraussehen anticipate
voraussetzen assume
Voraussetzung assumption, prerequisite, qualification, requirement
Voraussetzungen erfüllen satisfy criteria
Voraussicht anticipation
voraussichtlich likely, prospective
voraussichtliche Ausfälle contingent losses
voraussichtliche Entwicklung anticipated development
voraussichtliche Lebensdauer expected life
voraussichtlicher Bedarf anticipated requirements
voraussichtlicher Gewinn prospective yield
Vorausveranlagung advance assessment
Vorausverpflichtung advance commitment
Vorauswahl preselection
Vorauswertung initial evaluation
vorauszahlen advance
Vorauszahlung advance deposit, advance payment, payment in advance, prepayment, upfront payment
Vorauszahlungsrabatt anticipation rebate
Vorbedingung prerequisite
Vorbehalt reservation
vorbehaltlich provided that, subject to
vorbehaltslos unconditional
Vorbestellung advance booking, reservation
Vorbild paragon
Vorbildung background
Vorbörse beforehour dealings, pre-bourse session
vorbörslich premarket
vorbörslicher Kurs premarket price
vordatieren date forward
vordatierter Scheck forward dated check, memorandum check
Vordruck blank, printed form
Voreingenommenheit partiality
vorenthalten withhold

Vorentwurf draft version, preliminary draft
Vorfakturierung prebilling
Vorfälligkeitsklausel acceleration clause
vorfertigen prefabricate
Vorfinanzierung advance financing, preliminary financing
Vorfinanzierungszusage assurance of interim credit, promise to grant preliminary credit
vorführen demonstrate
Vorführung demonstration
Vorgabekosten attainable standard cost
Vorgabeplanung planning of standard time
Vorgabewerte standard value
Vorgabezeit allowed time, standard time
Vorgang process
vorgehen precede, procedure
Vorgehensmodell action model
vorgenannt hereinabove
vorgerückt advanced
vorgeschoben ostensible
vorgeschobener Aktionär nominee shareholder
vorgesehen scheduled
vorgesehen für provided for
Vorgespräche advance talks
vorgezogener Aufwand accelerated deductions
Vorhaben plan, project, proposed transaction
vorhanden sein be about/around
vorhergehend preceding, previous
vorherrschen prevail
vorherrschend predominant, prevailing, ruling
Vorhersagbarkeit predictability
Vorhersage prognostication
Vorhersageintervall forecast interval
vorhersagen portend, predict, prediction
Vorhersehbarkeit foreseeability
Vorjahr previous year
Vorjahresergebnis prior year results
Vorjahresniveau prior-year level
Vorkalkulation cost estimation, estimated costs, preliminary costing
vorkalkulierte Kosten estimated cost, predetermined cost
Vorkasse cash in advance
Vorkaufsrecht first refusal, option, option of purchase, right of preemption
Vorkehrung precaution, provision
Vorkehrungen treffen make provisions
Vorkommen appearance, occurence
Vorladung writ
Vorlage presentment
Vorlage des Abschlusses accounts presentation
Vorlage des Rechenschaftsberichts account rendering
Vorlage zum Akzept presentation for acceptance
Vorlage zum Inkasso presentation for collection
Vorlage zur Zahlung presentation for payment
vorlaufende Prüfung preposterior evaluation

vorläufig preliminary, provisional, tentative
vorläufige Haushaltsführung interim management of the budget
vorläufige Quittung temporary receipt
vorläufige Rechnung dummy invoice
vorläufige Schätzung provisional estimate
vorläufige Schuldverschreibungsurkunden temporary bonds
vorläufiger Emissionsprospekt red herring prospectus
vorläufiger Plan outline
vorläufiger Prospekt preliminary prospectus
vorläufiges Zertifikat scrip certificate
Vorlaufkosten reproduction cost
Vorlaufphase preliminary phase
vorlegen file, present, put forward, surrender
Vorleistung advance contribution
Vormann prior endorser
Vormodell pilot model
vornehmlich primarily
Vorprämie premium for the call
Vorprojektierung preliminary study
Vorprüfung preaudit, preliminary examination
Vorrang precedence, priority
vorrangige Bankfinanzierung senior debt
vorrangige Forderung preferred debt
vorrangige Hypothek underlaying mortgage
vorrangige Verbindlichkeiten antecedent debt, senior debt
vorrangige Vorzugsaktien prior preference stock
vorrangige Wertpapiere senior securities
Vorrat inventory
Vorräte inventories
vorrätig available
Vorratsabbau destocking
Vorratsaktien treasury stock
Vorratsbewertung inventory valuation
Vorratsfinanzierung stock financing
Vorrecht exemption, priority, privilege
vorreitend pathfinding
Vorrichtung device
Vorruhestandsregelung early retirement scheme, scheme of early retirement
vorsätzlich willfully, with intent
Vorschaltdarlehen advance loan
Vorschaubilanz projected balance sheet
Vorschauergebnisrechnung projected income statement
Vorschlag proposal
Vorschlag machen put forward a proposal
Vorschlag unterbreiten put forward a proposal
vorschlagen nominate, propose, put forward
Vorschlagsentwurf draft proposal
vorschreiben prescribe
vorschreibend mandatory
Vorschrift directive, formula, regulation
Vorschriften beachten keep the rules

Vorschuss advance
Vorschussakkreditiv packing credit, red clause letter of credit
vorschüssige Rente annuity due
Vorsicht precaution, prudence
vorsichtige Bewertung conservative valuation
vorsichtiger Kostenansatz conservative cost estimate
Vorsichtskäufe precautionary buying
Vorsichtsmaßnahme precautionary measure, safeguard
Vorsichtsprinzip principle of caution, prudence concept
Vorsitz presidency
Vorsitz führen act as a chairman, be in the chair
Vorsitzender chairmanship, principal
Vorsitzender, Präsident chairman
Vorsprung advance, edge
Vorstand board
Vorstandsmitglied board member
Vorstandssitzung board meeting
Vorstandsvorsitzender board chairman
Vorsteuer input tax, prior tax
Vorsteuerverfahren prior turnover tax method
Vorsteuervergütung input tax refund
Vorstudie feasibility study, pre-feasibility study, preliminary study, prestudy, rough study
Vorteil advantage, benefit, edge
Vorteil verschaffen give an edge
Vorteile der Massenproduktion economies of mass production
vorteilhaft advantageous
vorteilhafte Investition profitable investment
vorteilhaftes Geschäft abschließen drive a bargain
Vorteilhaftigkeit profitability
Vorteilskriterium yardstick of profitability
Vortrag presentation
Vortrag auf neue Rechnung account carried forward, balance brought forward to new account, balance carried forward to new account
vortragen carry forward
Vortritt precedence
vorübergehend transitory
vorübergehende Kapitalanlage temporary investment
vorübergehende Schließung einer Bank suspension
vorübergehende Schwäche sag
Vorumsatz prior turnover
Vorumsatzverfahren prior turnover method
Voruntersuchung pretest
vorurteilslos unbiased
Vorverhandlungen preliminary negotiations
vorverlegbar retractable
vorverlegen der Fälligkeit acceleration of maturity

Vorvertrag letter of understanding, preliminary agreement, preliminary contract
Vorwahl dialing code
Vorwand false pretenses
Vorwärtspfeil arc forward
Vorwärtsrechnung forward calculation
Vorwegkauf advance purchase
Vorwegnahme anticipation
vorwegnehmen anticipate
vorzeigen exhibit
vorzeitig tilgbar repayable in advance
vorzeitig zurückzahlen pay off ahead of time, repay ahead of schedule
vorzeitige Abwicklung advance termination
vorzeitige Beendigung premature termination
vorzeitige Fälligkeit accelerated maturity
vorzeitige Kündigung early call, permature termination
vorzeitige Rückzahlung advance redemption/repayment, early retirement
vorzeitige Tilgung anticipated redemption, early redemption, premature retirement, prior redemption
vorzeitige Zahlung early payment
vorzeitiger Rückkauf repurchase prior to maturity
vorzeitiger Ruhestand early retirement
vorzeitiges Kündigungsrecht right to call a loan prior to maturity
Vorzug merit, preference
vorzüglich exquisite, prime
Vorzugsaktie adjustable preferred stock, convertible preference share, debenture stock, preference share/stock, preference stock, preferred share, priority share
Vorzugsaktie mit Gewinnbeteiligung participating preferred stock
Vorzugsaktie mit variabler Dividende adjustable rate preferred stock
Vorzugsaktie ohne Rückkaufmöglichkeit irredeemable preferred stock
Vorzugsaktien preferred stocks
Vorzugsaktionär preference shareholder, preferred stockholder
Vorzugsangebot preference offer, preferential offer
Vorzugsbedingungen preferential terms
Vorzugsbehandlung preferential arrangements, preferential treatment
Vorzugsdividende dividend on preferred stock, preference dividend, preferred dividend
Vorzugskauf accommodation purchase
Vorzugskurs preferential price
Vorzugsobligationen priority bonds, privileged bonds
Vorzugspreis special price
Vorzugsrabatt preferential discount

Vorzugsrecht prior right, priority
Vorzugsrechte rights of priority
Vorzugssätze preferential rates
Vorzugsstammaktien preferred ordinary shares
Vorzugszeichnungsrecht preferential right of subscription
Vorzugszins preferential interest rate
Vorzugszoll preferential duty

W

wachsen expand
Wachstum advancement, proliferation
Wachstumsanleihe premium-carrying loan
Wachstumsfonds cumulative trust, no-dividend fund
Wachstumsgrenzen limits of growth
Wachstumsprognose forecast of growth
Wachstumsrate growth rate, increase rate, rate of growth/increase
Wachstumsschranken barriers to growth
Wachstumsstrategie growth strategy
Wachstumsverlangsamung easing the pace of expansion
Wachstumsziel growth rate target
wagen risk, venture
Wagengeld truckage
Wagnis venture
Wagnisfinanzierung venture financing
Wagniskapital venture capital
Wagniskapital-Beteiligungsgesellschaft venture capital company
Wagniskapitalfonds venture capital fund
Wagnisverluste encountered risks
Wagniszuschlag risk premium
Wahl election, option, poll, selection, vote
wählen dial, elect, vote in
wählerisch selective
wählerisches Einkaufen cherry picking
wahlfreie Dividende optional dividend
Wahlmöglichkeit option
Wahlmöglichkeiten choices
Wahlrecht right of election
wahlweise optional
wahrnehmen discern
Wahrnehmung perception
Wahrnehmungstest perception test
Wahrscheinlichkeit likelihood, probability
Wahrscheinlichkeitsrechnung calculation of probabilities
Währung currency
Währungsabsprache currency deal
Währungsabstimmung currency coordination
Währungsabwertung currency depreciation, devaluate a currency, exchange depreciation
Währungsänderungsklausel multi-currency clause
Währungsanleihe foreign currency loan
Währungsaufwertung currency upvaluation
Währungsbehörden monetary authorities
Währungseinheit unit of currency
Währungsexperte expert of foreign exchange markets

Währungsgeschäft currency transaction
Währungsgewinn exchange gain, foreign exchange earnings
Währungsgewinne currency gains
Währungsinflation beseitigen deflate
Währungsklausel currency clause
Währungskonto currency account
Währungskorb basket of currencies
Währungskrise exchange crisis
Währungslage monetary situation
Währungsoptionsscheine currency warrants
Währungspolitik monetary policy
Währungsreform currency reform, monetary reform
Währungsrisiko currency exposure, currency risk, foreign exchange risk, transaction exposure
Währungsschlange currency snake
Währungsschwankung currency fluctuation
Währungsschwankungen fluctuations of currencies
Währungsspekulation currency speculation
Währungssystem monetary system
Währungsumstellung currency reform
Währungsunion currency union, monetary union
Währungsverluste currency losses
Währungsverschlechterung debasement of currency
Währungszuschlag exchange markup
Wandelanleihe, Wandelobligation convertible bond
wandelbar convertible
wandelbare Vorzugsaktien convertible preferred stock
wandelbare Wertpapiere dilutive convertible securities
Wandeloption conversion option
Wandelprämie conversion premium
Wandelrecht right of conversion
Wandelschuldverschreibungen bonds with warrants attached, convertibles, convertible debentures
Wandlungsbedingungen conversion terms
Wandlungskurs conversion price
Wandlungsrecht conversion privilege, right of conversion
Wandlungsverhältnis conversion ratio
Ware product
Waren eintauschen transact goods
Waren unter Zollverschluss bonded goods
Waren-Rembourskredit commercial acceptance credit

Warenangebot consumer level
Warenannahme receipt of goods
Warenausgangskonto sales account
Warenaustausch visible trade
Warenbegleitschein docket
Wareneingangsliste receiving apron
Wareneinkaufskonto purchase account
Warenfluss flow of goods
Warengruppenspanne profit margin of commodity group
Warenidentifizierung product identification
Warenkonto goods account
Warenkorb basket of commodities, basket of goods, batch of commodities
Warenkredit commercial credit, trade credit
Warenkreditversicherung accounts insurance, trade indemnity insurance
Warenlombard advance on goods
Warenprobe sample
Warensteuer excise duty
Warenterminhandel trade-based futures business
Warenterminoptionen commodity options
Warenverkaufskonto sales-account
Warenverkaufskonto, Umsatzkonto, Kundenkonto sales-account
Warenwechsel mercantile bill
Warenwert invoiced value of goods
Warenzeichenrecht law of trademarks
warnend prognostic
Wartekosten cost of waiting time
Warteliste waiting-list
warten maintain, service
Warteschlange waiting line
Wartestellung sidelines
Wartezeit cooling period, detention time, standby time, waiting-time
Wartezeitproblem congestion problem
Wartung maintenance
Wartung maintenance, service, servicing
Wartungsetat maintenance budget
Wartungskosten maintenance cost
Wartungsrückstellung maintenance reserve
Wartungsvereinbarung maintenance agreement
Wartungsvertrag maintenance agreement, maintenance contract, service agreement
Wasserabgabe water rate
Wassergeld water rate
Wechsel bill, bill of exchange, draft, promissory note
Wechsel annehmen accept a bill
Wechsel begeben negotiate a bill
Wechsel einlösen discharge a bill, meet a bill, take up a bill
Wechsel mit Sicht versehen sight a bill
Wechsel nicht einlösen dishonor a bill
Wechsel rediskontieren rediscount a bill

Wechsel, Zahlbar in US-Dollar dollar exchange
Wechsel ziehen draw a bill
Wechsel zu Protest gehen lassen have a bill protested
Wechsel zum Diskont einreichen present a bill for discount
Wechsel zur Annahme bill for acceptance, draft for acceptance
Wechsel zur Zahlung bill for payment
Wechselannahme acceptance of a bill
Wechselbestand bill holdings
Wechselblankett skeleton bill
Wechselbürgschaft bill guaranty
Wechselcourtage bill commission
Wechseldeckung bill cover
Wechseldiskont bank discount, bill discount
Wechseldiskontlinie discount line
Wechseldiskontsatz bill discount rate
Wechseldomizil domicile of a bill
Wechseleinlösung payment of a bill
Wechseleinzug collection of a bill
Wechseleinzugsspesen bill collection charges
Wechselfälligkeit maturity of a bill
Wechselfälschung counterfeit of a bill
Wechselfrist usance
Wechselgeld change fund, small change
Wechselgeschäft bill business
Wechselhandel bill brokerage
Wechselinhaber bearer of a bill, holder of a bill, note holder
Wechselinkasso bill collection, collection of a bill
Wechselklage action of dishonored bill
Wechselkonto acceptance account
Wechselkredit accept credit
Wechselkreditlinie acceptance credit line
Wechselkurs currency rate, exchange rate, foreign exchange rate, rate of exchange
Wechselkursänderung parity change
Wechselkursanpassung exchange adjustment, exchange rate realignment, realignement of exchange rates
Wechselkursarbitrage currency arbitrage
Wechselkursberichtigung exchange rate rearrangement
Wechselkurserwartung exchange rate expectations
Wechselkursgewinne gains on currency transactions
Wechselkurskorrektur exchange rate adjustment
Wechselkurskriterium exchange rate criterion
Wechselkursnotierung exchange rate quotation
Wechselkursparität parity of exchange
Wechselkurspolitik exchange rate policy
Wechselkursrisiko exchange rate exposure, exchange rate risk, exchange risk

Wechselkursschwankungen exchange rate fluctuations
Wechselkurssicherung exchange rate hedging
Wechselkursstabilität exchange stability
Wechselkursverschlechterung exchange rate fall
Wechselkurszielzone exchange-rate target zone
Wechsellaufzeit term of acceptance, usance
Wechselmakler bill broker, discount broker, note broker
wechseln exchange
Wechselobligo acceptance liability, bill commitments, bills accepted, bills discounted, notes payable
Wechselparität par of exchange
Wechselphase state of flux
Wechselprolongation renewal of a bill
Wechselprotest act of protest
Wechselprovision bill brokerage
Wechselrefinanzierung rediscounting of bills of exchange
Wechselreiterei bill jobbing, kite flying
Wechselschicht rotating shift
Wechselschulden bills payable
Wechselschuldner debtor on a bill
wechselseitig mutual, reciprocal
wechselseitige Beteiligungen cross shareholdings
wechselseitige Lieferbeziehung reciprocal buying
wechselseitiger Kredit back-to-back credit
Wechselspesen bill charges
Wechselstadium state of flux
Wechselsteuer bill of exchange tax
Wechselstube foreign exchange office
Wechselverbindlichkeiten acceptance commitments, bills accepted
Wechselverpflichtungen bills payable
Wechselwirkung interaction
wegen owing to
wegen, à Konto von on account of
Wegfall abolishment
weglassen omit
wegziehen move away
weiche Budgetbeschränkung soft budget constraint
weiche Währung soft currency
Weihnachtsgeld cash bonus at Christmas, Christmas bonus
weise Finanzpolitik financial prudence
Weisung directive
Weisungsbeziehungen managerial relationships
weit gestreut widely dispersed
weit verbreitet prevalent
weiter Geltungsbereich extensive coverage
Weiterbegebung renegotiation
weiterbelasten on-charge

Weiterbildung off-the-job training
Weiterbildungskosten education expenses
Weiterentwicklung progression
Weiterführung continuation
weitergehen proceed
weiterkommen progress
weiterleiten on-lend money, pass on, redirect, remit
weiterleiten an forward to
Weiterverkauf resale
weitgehend stabil fairly stable
weitläufig extensive
Weltabschluss worldwide accounts
Weltbilanz worldwide balance sheet
Weltfinanzmarkt global finance market
Weltkonzernbilanz worldwide consolidated balance
Weltmarktpreis world market price
Weltumsatz sales worldwide
Weltwährungsfonds International Monetary Fund (IMF)
weltweiter Börsenhandel global trading
Weltwirtschaft world economy
Weltzinssatz world interest rate
Wende reversal
Wendepunkt hinge
weniger gute Adresse borrower of lesser standing
Werbe-Etat ad budget
Werbeaufwand ad spending, advertizing expense
Werbeerfolg advertizing effectiveness
Werbeetat advertizing budget
Werbegeschenk advertizing speciality
Werbekosten advertizing cost
Werbemaßnahmen advertizing efforts
werbende Aktiva interest-bearing assets
werbendes Kapital reproductive capital
werbendes Vermögen earning assets
Werbesteuer advertizing tax
Werbestückkosten unit advertizing cost
Werbeträger advertizing vehicle
Werbewirksamkeit advertizing effectiveness
Werbungskosten income-connected expenses, income-related expenses
Werksferien plant holidays
Werksgelände factory site
Werkskosten in-plant costs
Werksnormen plant-developed standards
Werksrabatt factory discount, factory rebate
Werksstillegung plant shutdown
Werkstattfertigung job shop operation
Werkvertrag bailment for repair
Werkzeugkosten cost of tools
Wert merit, valuation, value
Wert der Endprodukte value of current production
Wert einer Sicherheit carrying value
Wert erhalten value received

Wert in Rechnung value received
Wertabweichung value variance
Wertanalyse value analysis
Wertansatz amount stated, assigned value
Wertaufbewahrungsmittel store of value
Wertberichtigung accounting adjustment, allowance for loss in value, del credere, indirect write-down, provision, valuation adjustment, value adjustment
Wertberichtigung auf allowance for
Wertberichtigung auf Anlagevermögen valuation allowance for fixed assets
Wertberichtigung auf Beteiligungen valuation allowance for investments
Wertberichtigung auf das Sachanlagevermögen accumulated depreciation
Wertberichtigung auf Forderungen allowance for uncollectible accounts, uncollectible accounts allowed, valuation allowance for accounts receivable
Wertberichtigung auf Umlaufvermögen valuation allowance for current assets
Wertberichtigung auf uneinbringliche Forderungen allowance for uncollectible accounts
Wertberichtigung auf Wertpapiere valuation allowance
Wertberichtigung auf zweifelhafte Forderungen allowance for doubtful accounts
Wertberichtigung einer Obligation bond valuation
Wertberichtigungskonto absorption account, contra account, valuation account
Wertberichtigungspositionen zu betrieblichen Aktiva valuation reserve items for operating assets
Wertberichtigungsrückstellung del credere reserve
Wertberichtigungsvolumen aggregated bad debt charge
Werteinheit unit of value
wertentsprechend ad valorem
wertentsprechende Gebühr ad valorem tariff
wertentsprechende Menge ad valorem equivalent
Werterhaltung preservation of capital
Werterhöhung appreciation, rise in value
Wertewandel change in values
Wertgegenstände valuables
Wertklausel valuation clause
Wertkorrektur value adjustment
wertlose Sicherheit dead security
wertlose Wertpapiere blue-sky securitees
wertloser Scheck fly back
wertloses Wertpapier gold brick
wertmäßig by value, in terms of value, in value
wertmäßige Konsolidierung consolidation in terms of value

Wertmaßstab measure of value, standard of value, unit of value
Wertminderung decline in value, decrease in value, depreciation, diminution in value, impairment of value, loss in value, loss of serviceability
Wertminderung durch Schwund shrinkage loss
Wertminderung durch Verschleiß wear and tear
Wertnachweis evidence of value
wertorientierte Unternehmensführung value based management
Wertpapier bond, investment, stock
Wertpapier bei Umwandlung in Stammaktie antidilutive security
Wertpapier mit drei Beteiligten three-party paper
Wertpapier mit langer Laufzeit long-dated stock
Wertpapier mit mittlerer Laufzeit medium-dated stock
Wertpapier- und Anlageberatung investment advisory services
Wertpapier- und Emissionsgeschäft investment banking
Wertpapier-Kurzläufer short-dated securities
Wertpapier-Pensionsgeschäft matched sales
Wertpapier-Verkaufsabrechnung sold note
Wertpapieranalyse investment analysis, security analysis
Wertpapieranalytiker, -experte security analyst
Wertpapieranlage investment in securities
Wertpapierarbitrage arbitrage in securities
Wertpapierbank securities house
Wertpapierberater investment adviser
Wertpapierbestand investment portfolio, portfolio, securities holdings, securities portfolio, security holdings
Wertpapierbestand bereinigen clean house
Wertpapierbetrug securities fraud
Wertpapierbezeichnung securities description
Wertpapierbörse securities exchange, stock exchange
Wertpapierdepot securities portfolio
Wertpapiere carry, funds, marketable securities, securities
Wertpapiere aufkaufen load up
Wertpapiere aus einer Sanierung adjustment securities
Wertpapiere der öffentlichen Hand government securities
Wertpapiere der Telefonindustrie telephone securities
Wertpapiere des Anlagevermögens investment securities, permanent investments
Wertpapiere einziehen redeem securities
Wertpapiere im Besitz von Investoren digested securities

Wertpapiere kaufen go long
Wertpapiere leer verkaufen go short
Wertpapiere mit Anpassung adjustment securities
Wertpapiere mit Dividendengarantie guarantee securities
Wertpapiere mit festem Ertrag fixed-income investment
Wertpapiere mit festen Rückzahlungsterminen dated securities
Wertpapiere mit kurzer Laufzeit short-dated stock
Wertpapiere mit laufenden Zinszahlungen pass-through securities
Wertpapiere ohne Fälligkeitstermin undated securities
Wertpapiere übernehmen take up securities
Wertpapiereinstufung rating, securities ratings
Wertpapieremission adventure, issue of securities, securities issue, security issue
Wertpapieremissionen placings
Wertpapiererträge securities income
Wertpapiergattungsaufnahme securities listing by categories
Wertpapiergeschäft investment business, new time dealing, security business, security transaction
Wertpapierhandel dealing in stock, securities trading, security trading
Wertpapierhändler approved primary dealer, dealer in securities, investment dealer, securities dealer, trader in securities
Wertpapierinformationssystem securities information system
Wertpapierinhaber security holder
Wertpapierkredit advance on securities
Wertpapierkurs security price
Wertpapierleihe security lending
Wertpapierlieferung delivery of securities
Wertpapiermakler broker's broker, stock broker
Wertpapiermarkt securities market
Wertpapiermarktlinie security market line
wertpapiermäßig unterlegen securitize
wertpapiermäßige Unterlegung von Verbindlichkeiten securitization
Wertpapierpaket block
Wertpapierpensionsgeschäft repurchase agreement, sale and repurchase scheme
Wertpapierpensionssatz repo rate
Wertpapierportfolio security holdings
Wertpapierrecht law of negotiable instruments, securities law
Wertpapierrendite yield on securities
Wertpapierrückkauf repurchase of securities
Wertpapierscheck securities transfer order
Wertpapierstückelung security denomination
Wertpapierübertragung transfer of securities

Wertpapierverkauf sale of securities, security sale
Wertpapierverwaltung securities administration
Wertpapierzinsen bond rate
wertschaffend productive
Wertschöpfung added value, real net output, value added
Wertschöpfungskette value chain
Wertschöpfungsstruktur value added pattern
Wertschwankung fluctuation in value
Wertsicherungsklausel index clause, stable-value clause
Wertsteigerung accretion, appreciation in value, increase in value
Wertstellung value, value date
Wertstellungsgewinn float
Wertsteuer value tax
Werturteil value judgement
Wertveränderungen additions and improvements
Wertverlust depreciation
wertvoll precious, valuable
Wertzollsteuer ad valorem tax
Wertzolltarif ad valorem tariff
Wertzuschlagskalkulation value added costing
Wertzuwachs accretion, betterment, gain, increment, incremental value
Wertzuwachs, Zugang accession
Wertzuwachssteuer betterment tax
wesentlich essential, intrinsic, primary, substantial
wesentliche Beteiligung material interest, substantial investment
wesentliche Defizite primary deficits
wesentliche Gesichtspunkte merits
Wettbewerb competition
Wettbewerb regeln regulate competition
Wettbewerbsanalyse competition analysis
Wettbewerbsbedingungen terms of competition
Wettbewerbsbeschränkungen barriers to competition, restraining clauses
wettbewerbsbeschränkende Abrede conspiracy in restraint of trade
Wettbewerbsdruck pressure of competition
wettbewerbsfähig competitive
wettbewerbsfähig bleiben stay competitive
wettbewerbsfähiger Preis competitive price
Wettbewerbsfähigkeit capacity to compete, competitive strength
Wettbewerbsfähigkeit verbessern sharpen competitive edge
Wettbewerbsfaktor competition factor
wettbewerbsfeindliches Verhalten anticompetitive behavior
Wettbewerbsniveau competitive level
Wettbewerbspreis free price
Wettbewerbsrahmen competitive framework

Wettbewerbsrecht competition law
Wettbewerbsstruktur pattern of competition
Wettbewerbsverhalten competitive behavior
Wettbewerbsverschiebung shift in comparative strength
Wettbewerbsverzerrung competitive distortion, distortion of competition, falsification of competition
Wettbewerbsvorteil competitive advantage
Wettbewerbswirkung competitive impact
wettmachen offset, recup
wichtig essential, relevant, vital
wichtige Daten vital details
wichtiger Grund grave cause
Wichtigkeit significance
wichtigst prime
widerlegen falsify, rebut
Widerlegung falsification, rebuttal, refutation
widerrechtlich unlawful
Widerruf abrogation, recall, repeal, revocation
widerrufen annul, call back, cancel, recall, revoke, withdraw
widerruflich revocable
widerrufliches Akkreditiv revocable letter of credit
Widerrufsklausel revocation clause
Widerrufung withdrawal
widersetzen oppose
widerspiegeln reflect
widersprechen contradict, oppose
widersprüchlich inconsistent
Widersprüchlichkeit inconsistency
widerstehen withstand
wie besichtigt as is
wieder ansteigen rebound
wieder aufnehmen resume
wieder einstellen rehire
wieder fallen relapse
wieder flott machen reforge
wieder versichern reassure
Wiederanlage reinvestment
Wiederanlage der Erlöse reinvestment of proceeds
Wiederanlagesatz reinvestment rate
Wiederaufleben der Inflation resurgence of inflation
wiederbekommen retrieve
Wiederbelebung recovery
Wiederbeschaffungskosten current cost, recovery cost, replacement cost
Wiederbeschaffungskosten, -Wert cost of replacement
Wiederbeschaffungspreis replacement price
Wiederbeschaffungsrücklage renewal fund
Wiederbeschaffungswert replacement value
Wiederbeschaffungszeit replacement time
Wiederbeschaffungszyklus reorder cycle

Wiedereindeckungsrisiko replacement risk
Wiedereinfuhr reimport
Wiedereingliederung resettlement
Wiedereinstellung reappointment, rehiring
wiederfinden retrieve
wiedergewinnen recover
Wiedergewinnungsteuer recapture tax
Wiedergewinnungszeit payout time, recovery time
Wiedergutmachung retrieval
Wiederherstellung restoration
wiederholend iterative, recurrent
Wiederholung iteration
Wiederholungskauf repurchase
Wiederinbesitznahme repossession
Wiederkauf rebuy
Wiederkehr recurrence
wiederkehren recur
wiederkehrend recurrent
Wiederverkäufer dealer's buyer
Wiederverkaufspreis dealer's price, resale price
Wiederverkaufsrecht right of resale
Wiederverkaufswert resale value
Wiederverwendbarkeit reusability
wiederverwenden recycle
wiederverwertbar reusable
Wiederverwertung recycling
Willensbildung forming opinions
Windhandel short sale
Windhundverfahren first-come-first-served basis
Wink tip
wirksam effective
wirksam werden become effective
Wirksamkeit effectiveness, efficiency
Wirksamkeitsprüfung impact test
Wirkung implication
Wirkungsbereich sphere of action
Wirkungskreis scope
Wirkungsverzögerung operational lag, time lag
wirkungsvoll effective
wirtschaftlich efficient, thrifty
wirtschaftlich benachteiligt economically disadvantaged
wirtschaftliche Betrachtungsweise economic approach
wirtschaftliche Blütezeiten boom years
wirtschaftliche Eingliederung economic integration
wirtschaftliche Gründe commercial reasons
wirtschaftliche Leistung economic performance
wirtschaftliche Nutzungsdauer economic life, economic useful life
wirtschaftliche Unabhängigkeit self-sufficiency
wirtschaftliche Zusammenarbeit business tie-up
wirtschaftlicher Aufschwung economic revival
wirtschaftlicher Aufstieg take-off

wirtschaftlicher Eigentümer equitable owner
wirtschaftlicher Engpass squeeze
wirtschaftlicher Erfolg successful economic performance
wirtschaftliches Eigentum beneficial ownership
wirtschaftliches Ergebnis economic performance
wirtschaftliches Interesse economic interest
wirtschaftliches Intrigenspiel peanut economies
wirtschaftliches Klima economic climate
wirtschaftliches Ungleichgewicht economic disequilibrium
Wirtschaftlichkeit economy, efficiency, thrift
Wirtschaftlichkeitsanalyse economic feasibility study
Wirtschaftlichkeitsberechnung calculation of profitability
Wirtschaftlichkeitskontrolle control of economic efficiency
Wirtschaftlichkeitsrechnung capital budget, capital budgeting, cost benefit analysis, efficiency calculation, feasibility study
Wirtschaftsabkommen trade convention
Wirtschaftsberater economic adviser
Wirtschaftsberatungs-Unternehmen economic consultancy
Wirtschaftsbeziehungen economic relations
Wirtschaftsdaten economic data
Wirtschaftseinheit business entity, economic unit
Wirtschaftsentwicklung economic development
wirtschaftsfeindlich antibusiness
Wirtschaftsflüchtling economic migrant
Wirtschaftsführer business leader
Wirtschaftsgeographie economic geography
Wirtschaftsgut economic asset
Wirtschaftsgüter business goods
Wirtschaftsjahr fiscal year
Wirtschaftskrise economic crisis, recession
Wirtschaftslage state of economy
Wirtschaftsministerium board of trade, Department of Commerce, Department of Trade and Industry
Wirtschaftsnachrichten business news
Wirtschaftsordnung economic system
wirtschaftspolitische Betrachtung economic counseling
Wirtschaftsprüfer auditor, certified public accountant, chartered accountant, public accountant
Wirtschaftssanktionen economic reprisals, trade sanctions
Wirtschaftsschwierigkeiten economic woes
Wirtschaftsstörungen economic disturbances
Wirtschaftsverbrechen white-collar crime
Wirtschaftszentrum center of trade
Wirtschaftszweig sector of industry, branch of industry
wissenschaftlich academic
wissentlich knowingly
wissentlich genehmigt knowingly and wilfully permitted
wöchentliche Zahlung cash weekly
wohl ausgewogen well-balanced
wohl überlegt well-advised
wohlerworbene Rechte acquired rights, vested rights
Wohlfahrtserträge welfare returns
Wohlfahrtsgewinne welfare gains
Wohlfahrtskosten deadweight costs
Wohlfahrtsverluste welfare losses
Wohlstand prosperity, wealth
Wohltätigkeitsorganisation do-good organization, voluntary organization
wohlwollend benign
Wohnsitz domicile
Wohnungsbaufinanzierung housing finance
Wohnungsbauinvestitionen residential investment
Wörterbuch dictionary
Wortlaut eines Dokumentes face
Wucher exorbitance
Wucherdarlehen usurious loan
Wucherer usurer
Wuchergewinne profiteering
Wuchermiete rackrent
wuchern exorbitant
Wucherpreis exorbitant price
Wucherung proliferation
Wuchervertrag usurious contract, usury
Wucherzinsen extortionate interest rates, loan share rates
wünschenswert advisable
würdigen appreciate

Y/Z

Yen-Auslandsanleihen Samurai bonds

Zahl number
Zahl der Konkurse failure rate
zahlbar payable
zahlbar bei Sicht payable at sight
zahlbar stellen domiciliate
Zahlbarstellung domiciliation
zahlen ante up, make payment, pay, pick up the tab, plunk down, shell out
zahlen manipulieren cook the numbers
Zahlen verfälschen cook the numbers
Zähler numerator
Zahlgrenze fare stage
Zahllast net amount payable
zahlreich numerous
Zahlstelle appointed paying agent, domicile
Zahltag account day, pay day
Zählung census
Zahlung auf erstes Anfordern payment upon first demand
Zahlung aufschieben defer payment
Zahlung bei Fälligkeit payment in due course
Zahlung bei Verschiffung cash on shipment
Zahlung bei Vorlage payment of presentation
Zahlung durch Dauerauftrag automatic bill paying
Zahlung gegen Dokumente cash against documents, c.a.d.
Zahlung gegen einfache Rechnung clean payment
Zahlung leisten effect a payment/settlement, make payment, remit
Zahlung von Verbindlichkeiten verzögern stretch out payables
Zahlung vorenthalten withhold payment
Zahlungen anmahnen dun
Zahlungen aufrechterhalten keep up payments
Zahlungen einstellen suspend payments, stop payments
Zahlungen für das Außerdienststellen decommissioning payment
Zahlungsabkommen payment agreement
Zahlungsabwicklung handling of payments
Zahlungsanweisung instruction to pay, money order, order to pay, precept
Zahlungsanzeige advice of payment
Zahlungsaufforderung demand note, dunning notice, request for payment
Zahlungsaufschub forbearance, respite
Zahlungsaufschub bewilligen grant deferred payment

Zahlungsaufschub gewähren indulge
Zahlungsbedingungen terms, terms of payment
Zahlungsbilanz balance of payments
Zahlungsbilanzdefizit payments deficit
Zahlungsbilanzkrise/-problem balance-of-payment crisis
Zahlungseingang receipt of payment
Zahlungseinstellung suspension of payments
Zahlungsempfänger payee, remittee
Zahlungserinnerung application for payment, prompt note, reminder of payment
Zahlungserleichterung facilitation of payments
zahlungsfähig solvent
Zahlungsfähigkeit ability to pay, debt paying ability, solvency, viability
Zahlungsfähigkeit, Solvenz capacity to pay, responsibility
Zahlungsfrist grace
Zahlungsgewohnheiten prior payment pattern
Zahlungsmittel cash, means of payment, medium of exchange, money
Zahlungsmittelbestand stock of money
Zahlungsmittelumlauf einschränken deflate a currency
Zahlungsmodalitäten payment terms
Zahlungsmoral record in buying debts
Zahlungspflicht obligation to pay
Zahlungsreihe expenditure-receipts column, series of payments
Zahlungsrückstände backlog of payments, payments in arrears
Zahlungsstockung liquidity crunch
Zahlungssystem payments system
Zahlungstermin date of payment
zahlungsunfähig bankrupt, illiquid, unable to comply with one's bargains, unable to pay
zahlungsunfähig erklären declare bankrupt
zahlungsunfähige Firma failed firm
Zahlungsunfähiger insolvent
zahlungsunfähiger Schuldner bad debtor
zahlungsunfähiges Unternehmen insolvent company
Zahlungsunfähigkeit default, financial insolvency, inability to pay, insolvency
Zahlungsverkehr monetary transaction, payments system
Zahlungsverkehr mit dem Ausland external payments
Zahlungsverpflichtung payment commitment
Zahlungsversprechen payment undertaking, promise to pay

Zahlungsverweigerung dishonor for nonpayment, repudiation
Zahlungsverzug default in payment, delay in payment, delayed payment
Zahlungsweise manner of payment, method of payment, mode of payment
Zahlungsziel credit, date of required payment, period of payment, time for payment
Zahlungsziel einräumen allow time for payment
Zahlungszuschlag premium pay(ment)
Zedent assignor
zehnfach tenfold
Zeichen sign
Zeichenfolge bit string
Zeichengeld token money
zeichnen sign
Zeichner von Aktien subscriber to shares
Zeichnungsagio subscription premium
Zeichnungsangebot invitation to subscribe, offer for sale
Zeichnungsantrag subscription application
Zeichnungsberechtigter signatory, signing officer
Zeichnungsbetrag amount subscribed, share application money
Zeichnungsbevollmächtigter duly authorized signatory
Zeichnungsformular subscription blank
Zeichnungsfrist offering period, subscription period
Zeichnungsgebühr subscription charges
Zeichnungsgebühren application charges
Zeichnungskurs coming-out price, subscription rate
Zeichnungspreis subscription price
Zeichnungsprospekt issue prospectus
Zeichnungsrendite yield on subscription, yield upon subscription
Zeichnungsstelle subscription agent
Zeichnungsunterlagen offer document
Zeichnungsurkunde letter of subscription
Zeichnungsvertrag stock subscription agreement
Zeichnungsvollmacht authority to sign
zeigen demonstrate
Zeit time
Zeit-Rendite-Veränderungsmaß convexity
Zeitablauf lapse of time
Zeitabschnitt spell of time
Zeitanalyse time analysis
zeitanteilig pro rata temporis
Zeitaufwand time
Zeitbasis base period
Zeitcharter period time charter
Zeitdauer length of time
Zeitdiskontierungsrate rate of time-discounting
Zeitfenster time window
zeitlich strecken spread out the timing
zeitliche Beschränkung limitation in time
Zeitlohn timework rate
Zeitlohnarbeiter dayman
zeitlos dateless
Zeitplan schedule
Zeitplanung scheduling
Zeitpunkt date
Zeitrahmen time frame
Zeitraum von drei Jahren triennium
Zeitrente annuity, annuity certain, temporary annuity, terminable annuity
Zeitvertrag fixed term contract
Zeitverzögerung time delay, time lag
zeitweilig pro tem, temporary
Zeitwert present value, time premium, time value
Zensor licensor
Zentralbank central bank, Federal reserve bank
zentralbankfähige Aktiva eligible assets
zentralbankfähige Wechsel eligible paper
Zentralbankguthaben banker's deposits
Zentralbankintervention central bank intervention
Zentralbankreserven central bank reserves
zentrale Abrechnungsstelle accounting center
zentraler Grenzwertsatz central limit theorem
Zentralmarktausschuss central market committee
Zentralspeichereinheiten core memories
zerlegen break down, decompose, dismantle, unbundle
Zerlegung breaking down, fragmentation
Zero Bonds zero bonds
zerrüttete Finanzen shattered finances
zersetzend disruptive
zerstören blast
Zertifikat investment fund share
Zertifikat über die Hinterlegung ausländischer Aktien American Depository Receipt (ADR)
Zession assignation
Zessionar assignee
Zessionskredit accounts loan, advance on receivables, assignment credit
Zettel slip
Zeugnis certificate, letter of reference
ziehen draw
Ziehungsavis draft advice
Ziehungsermächtigung authority to draw
Ziel goal, mission, target
Ziel eines Projektes name of the game
Zielanpassung goal adjustment
Zielanpassungsgrad degree of goal adaption
Zielbeziehungen goal relationships, relations between goals
Zielbildung goal setting
Zielbildungsprozess goal setting process
Ziele policies
Ziele überschreiten overshoot targets

zielen target
Zielereignis target event
Zielerfüllungsgrad degree of goal performance
Zielerreichung goal achievement
Zielerreichungsgrad degree of goal accomplishment/achievment
Zielertrag goal production
Zielfindung goal finding
Zielfunktion objective function, target function
Zielgewichtung goal weighing
Zielgrößen target figures
Zielgruppe audience, target group
Zielindifferenz neutrality of goals
Zielinhalt goal content
Zielkauf purchase on credit
Zielkompatibilität conflicting goals
Zielkonflikt conflicting goals, goal conflict
Zielkonflikte inconsistency of goals
Zielkonkurrenz conflicting goals
Zielkostenmanagement target costing
Ziellücke goal gap
Zielmarkt target market
Zielmaßstab goal standard
Zielobjekt objective-setting process
zielorientiert decisive
zielorientierte Weiterentwicklung target-oriented development
Zielplanungsprozess goal formation process
Zielpunkt arrival point
Zielrealisierung accomplishment of goals
Zielrichtung goal direction
Zielsetzung goal setting
Zielstruktur goal structure
Zielsystem goal system
Zielvorgaben defined goals and objectives
Zielvorstellung policy goal
Zielwechsel time bill
Ziffer number, numeral
Zins rate
Zins für Ausleihungen lending rate
Zins für kurzfristige Schuldverschreibungen short rate
Zins für Neukredit incremental borrowing rate
Zins- und Währungsaustauschvereinbarung interest and currency swap
Zins-Erneuerungsschein renewal coupon
Zins-Swap interest rate swap
Zinsabgabenquote interest expenditure ratio
Zinsabgrenzung deferred interest
Zinsanfall accrual of interest
Zinsanpassung interest rate adjustment, rate adjustment
Zinsansammlung, Zinsanfall accumulation of interest
Zinsanstieg upstick in interest rates
Zinsanteil interest component, interest element

Zinsarbitrage interest arbitration, interest rate arbitrage
Zinsaufschlag interest premium
Zinsauftrieb surge in interest rates
Zinsaufwand interest expense
Zinsausfallrisiko interest loss risk
Zinsausgleich interest adjustment
Zinsausgleichsprogramm interest rate equalization program
Zinsbelastung carrying cost, interest burden, interest load
Zinsbelastung der Gewinne income gearing
Zinsbelastungsquote interest burden ratio
Zinsberechnungsmethode day-count convention
zinsbereinigtes Defizit noninterest deficit
Zinsbewusstsein interest-mindedness
Zinsbogen, Kouponbogen coupon sheet
zinsbringend active, interest bearing
Zinsdeckungsverhältnis interest coverage ratio
Zinsdifferenz interest differential
Zinsdruck interest rate pressure
Zinselastizität interest elasticity, interest rate elasticity
Zinsempfindlichkeit interest sensitivity
Zinsen carrying charges, interest, rental cost of capital
Zinsen abwerfen bring in interest
Zinsen bezogen auf 365 Tage exact interest
Zinsen bringen bear interest
Zinsen erhöhen lift interest rates
Zinsen für Bankkredite bank loan rate
Zinsen tragen yield
Zinsendienst interest service
Zinsergebnis net interest income
Zinsertrag yield on capital employed
Zinserträge interest earned, interest income
Zinserträge aus Wertpapieren interest on securities
Zinsertragsbilanz interest income statement
Zinserwartungen interest rate expectations
Zinseszins compound interest
Zinseszinsperiode accumulation period, conversion period
Zinseszinstabelle compound interest table
Zinsfälligkeitstermin interest due date
Zinsforderungen interest receivable
zinsfreies Darlehen interest-free loan, non-interest-bearing loan
zinsfreies Darlehen gewähren lend money interest-free
Zinsfuß interest rate
Zinsgarantie interest payment guaranty
zinsgebundener Kredit fixed-rate loan
Zinsgefälle interest differential, interest rate differential, rate differential
Zinsgefüge structure of interest rates
Zinsgipfel interest peak

zinsgleich at identical rates
Zinsgleitklausel interest escalation clause
zinsgünstige Finanzierung reduced interest financing
zinsgünstiger Festkredit low-fixed-rate loan
zinsgünstiger Kredit soft loan
Zinsgutschrift credit for accrued interest
Zinshöhe interest rate level
Zinsinstrument interest rate tool
Zinskonditionen interest terms
Zinskontrakte futures in interest rates, interest rate futures contracts
Zinskosten interest cost
Zinskosten für Finanzierung carry
Zinskrieg interest rate war
Zinslast interest load
Zinsleiste certificate of renewal
zinslos free of interest
zinsloses Darlehen flat credit, gift credit, zero-interest loan
zinsloses Guthaben free balance
Zinsmehraufwand additional interest cost
Zinsmehrertrag additional interest income
Zinsniveau level of interest rates
Zinsobergrenze ceiling rate, delayed cap, interest ceiling, interest rate cap, rate ceiling
Zinsoption interest rate option
Zinsparität interest rate parity
Zinsperiode interest period
Zinspolitik interest rate policy
zinsreagibel interest-sensitive
Zinsrechnung computation of interest
Zinsrisiko interest rate exposure, interest rate risk, rate risk
Zinsrückstände outstanding interest
Zinssaldo balance of interest
Zinssatz interest rate, rate of interest
Zinssatz für bis zu 3-Monatskrediten short-term rate
Zinssatz für kurzfristige Einlagen banker's deposit rate
Zinssätze für Langläufer long rates
Zinssatzziel interest rate target
Zinsschein interest coupon, interest warrant
Zinsschwankungen interest rate volatility
Zinssenkung reduction of the interest rate
Zinsspanne interest margin, interest rate spread, interest spread, rate spread
Zinsspanne im Inlandsgeschäft domestic margin
Zinsspannenrechnung margin costing
Zinsspiegel interest rate level
Zinsspirale spital of rising interest rates
Zinssteigerung run-up in interest rates
Zinsstopp interest freeze
Zinsströme interest flows
Zinsstruktur structure of interest rates, term-structure of interest rates

Zinsstrukturkurve yield curve
Zinssubvention interest subsidy
Zinsswap interest rate swap
Zinstermin coupon date, due date for interest payment, interest due date
Zinsterminhandel interest rate futures trading
Zinsterminkontrakt future rate agreement
Zinsterminkontrakte interest futures, interest rate futures
Zinsterminmarkt interest rate futures market
zinstragendes Papier active paper
Zinsüberschuss net interest received, net interest received/revenue, surplus on interest earnings
Zinsumschwung interest rebound
zinsunabhängige Geschäfte noninterest business
zinsunelastisch interest inelastic
Zinsunter- und -Obergrenze interest rate collar
Zinsuntergrenze interest floor
Zinsvariable Emission mit Höchst- und Mindestsatz collar issue
zinsvariable Hypothek floating-rate mortgage
zinsvariabler Dollarschuldtitel dollar floater
zinsvariabler Schuldtitel count-down floating rate note
zinsvariables Hypothekendarlehen adjustable rate mortgage loan
zinsverbilligter Kredit subsidized loan
Zinsverbilligung subsidizing interest rates
Zinsverbindlichkeiten interest payable
Zinsverzicht interest forgiveness, interest waver, waiver of interest
Zinswende turnaround in interest rate movements
Zinswettbewerb interest rate competition, interest rate war
Zinswucher usurious interest
Zinszahlung interest payment
Zinszertifikat deferred interest certificate
Zinszuwachs accretion of interest
Zirkakurs approximate price
Zivilkammer Chamber for Civil Matters
zögern lag behind
zögernd tentative
zögernde Erholung fledgling recovery
Zoll duty, tariff
Zoll zu Ihren Lasten duty forward
Zollabfertigungsschein bill of clearance
Zollabgabe customs duty
Zollabschaffung abolition of tariffs, review
zollamtlich abfertigen clear through the customs
Zollaufhebung elimination of customs duties
Zollbegleitschein bond note
Zollbeschränkung customs restriction
Zollbewertung valuation for customs purposes
Zölle customs
Zolleinfuhrschein bill of entry
Zolleinnahmen customs revenue, tariff revenue
Zollermittlung duty assessment

Zollfahndung customs investigation division
Zollfaktura customs invoice
Zollfestsetzung assessment of duty, duty assessment
zollfrei customs exempt, dutyfree, exempt from customs
zollfrei geliefert delivered duty paid
zollfreie Ware free goods
Zollgebühr toll
Zollgebühren clearing expenses
Zollhinterziehung customs fraud, evasion of customs duties
Zollhoheit customs jurisdiction
Zollkontrolle customs control
zollmäßig abfertigen clear
Zollpapiere customs documents
zollpflichtig declarable
Zollpflichtigkeit dutiability, dutiable
Zollpolitik tariff policy
Zollpräferenzen tariff preferences
zollrechtliche Behandlung von Waren customs treatment applicable of goods
Zollsatz tariff rate
Zollschranke tariff wall
Zollsenkung tariff cut, tariff reduction
Zollsenkungsrunde round of tariff reductions
Zollsicherheit customs security
Zollspeicher bond warehouse
Zollstrafe customs penalty
Zolltarifrecht tariff laws
Zollverkehr customs procedure
Zollverwaltung, Zollbehörde customs administration/authorities
Zone zone
Zonengebührensystem cordon pricing system
Zonenpreissystem zone-delivered pricing
Zonentarif zone rates
zu Anschaffungs- oder Herstellkosten at cost
zu bezahlende Frachtkosten freight to collect
zu Buche stehen mit capitalized at
zu den Akten on file
zu festen Preisen at constant prices
zu Geld machen convert into cash
zu geringes Kapital shoestring
zu hoch berechnet overcharged
zu hohe Kreditengagements overexposure in lending
zu hohe Kreditgewährung over-extension
zu hohe Kreditinanspruchnahme over-extension
zu jeweiligen Preisen at current prices, in money terms
zu niedrig ausweisen underreport
zu niedrig bewertete Aktie underpriced share
zu niedrig veranschlagen underrate
zu pari at par
zu Stande bringen accomplish, achieve

zu viel ausgeben overspend
zu viel berechnen overcharge
zu viel gezahlter Betrag excess payment
Zubehörsatz attachment set
zuerst initially
Zufall coincidence, random
zufällig accidental, aleatory, at random, coincidental
zufälliger Untergang accidental perishing
Zufallsbeobachtung random observation
Zufallsereignis random event
Zufallsexperiment random experiment
Zufallsfehler random error
Zufallsgewinn windfall profit
Zufallsstichprobe random sample
Zufallsvariable aleatory variable, random variable, variate
Zufallszahlen random numbering
zufrieden stellen satisfy
zufrieden stellend satisfactory
zufrieden stellend arbeiten perform up to snuff
Zufuhr influx
Zuführung von Finanzmitteln provision of finance
Zugabe addition, bonus
Zugang access
Zugang zum Anlagevermögen addition to fixed assets
Zugang zum Kapitalmarkt access to the capital market
Zugänge additions
Zugänge im Geschäftsjahr additions during the year
zugänglich accessible
Zugänglichkeit accessibility
Zugangshindernisse access barriers
Zugangsjahr year of acquisition
Zugangsvoraussetzung entry requirement
Zugangswert value of additions
zugeben admit to
zugehörig attendant
zugelassene Depotstelle authorized depository
zugelassener Anleger accredited investor
zugelassener Händler accredited dealer
zugesicherte Eigenschaft warranted quality
zugesicherte Mindestauflage rate base
Zugeständnis shading
zugestehen concede
zugeteilte Aktie allotted share
zugewiesener Verlust allocated loss
Zugewinn accrued gain
Zugewinnausgleich equalization of accrued gains
zügig speedy
Zugriff access
Zugriff auf die Sicherheit bei Zahlungsverzug access to the collateral in the event of a default
Zugriffsberechtigung access authority

Zugriffskode access code
zugunsten von credited to
Zuhilfenahme recurrence
zukünftig prospective
Zukunftserfolgswert present value of future profits
zulassen accredit, admit of, allow of, certificate, permit
zulässig authorized, permissive
zulässig als Beweismittel admissible in evidence
zulässige Basislösung admissible basic solution
zulässiges Schwankungslimit daily trading limits
Zulässigkeit feasibility
Zulassung accreditation, admission, admittance
Zulassung zur Börseneinführung admission to official listing
Zulassungsausschuss listing committee
Zulassungsbedingungen admission requirements
Zulassungsbescheid listing notice
Zulassungsstelle admission office, listing board
Zulassungsverfahren admittance process, approval procedure, listing procedure, qualification procedure
Zulassungsvorschriften listing requirements
zulegen move ahead
Zulieferbetrieb ancillary industry
Zulieferer component supplier
Zulieferindustrie related industry
zum Akzept vorgelegter Wechsel acceptance bill
zum Akzept vorlegen present for acceptance
zum angegebenen Kurs oder besser at or better
zum Ausgleich für in compensation for
zum Diskont einreichen present for discount
zum Einzug for collection
zum Handel zugelassen admitted to dealings
zum Inkasso for collection
zum letzten Börsenkurs bewertet marked to market
zum Nennwert at par
zum Schaden von at the expense of
zum Verkauf stehen be up for sale
zum Vorschein kommen emerge
Zunahme increase, increment
Zunahme der Geldmenge run-up in the money supply
zunehmen increase
zunehmende Ausfallrate increasing failure rate
zunehmende Skalenerträge increasing returns in scale
zunehmender Grenznutzen increasing marginal utility
zunehmender Wettbewerb mounting competition
zuordnen identify
Zuordnungsproblem allocation problem

zur Ansicht on approval
zur Beförderung übernommen received for shipment
zur Einführung by way of introduction
zur Einkommensteuer veranlagt werden be assessed for income taxes
zur Folge haben entail
zur Rechenschaft ziehen hold to account
zur Rückzahlung fällig due for repayment
zur Sicherheit collateral
zur Sprache bringen bring up
zur Tagesordnung übergehen pass the order of the day
zur Tilgung aufgerufen called for redemption
zur Zahlung vorlegen present for payment
zur Zeichnung aufgelegt open for subscription
zur Zeichnung auflegen invite subscriptions, offer for subscription
zurechenbar attributable, imputable
zurechnen allocate
Zurechnung imputation
Zurechnungsproblem allocation problem
Zurückbehaltungsrecht right of retention
zurückbekommen recover
zurückbleiben lag behind, residual, stay behind
zurückerstatten refund, repay
zurückfallen lag behind
zurückfordern claim back
zurückgehen come down, decline, fall off, recede
zurückgestaute Inflation repressed inflation, suppressed inflation
zurückgewinnen recoup
zurückgreifen recur, regress
zurückgreifen auf fall back on
zurückhalten retain
Zurückhaltung wait-and-see attitude
Zurückhaltung der Anleger investor restraint
zurücklegen put aside, put by, salt away
Zurücknahme revocation
Zurücknahme von Preisen rollback
zurücknehmen back down, scale back
zurückrufen call back
zurückschrauben rollback, scale back
zurückstellen defer, pigeonhole, postpone, put off
Zurückstellung deferment, grace
zurücktreten rescind, withdraw
zurücktreten von back out of/from
zurückweisen reject
Zurückweisung rejection, renunciation, repudiation
zurückwerfen set back
zurückzahlbar amortizable
zurückzahlen redeem, repay
Zurückziehung withdrawal
Zusage acceptance, commitment, promise
Zusageprovision commitment commission/fee

Zusammenarbeit collaboration
Zusammenarbeiten act in concert, act jointly, band together, join forces, pull together, team up
Zusammenballung conglomerate
zusammenbauen assemble
Zusammenbruch collapse
zusammenfallen coincide
zusammenfassen mold into, recap
Zusammenfassung abstract
zusammengefasste Bilanz balance sheet in condensed form
zusammengefasste Buchung compound bookkeeping entry
zusammengesetzt compound
zusammengestellt assorted
Zusammenhang context, link
zusammenhängend coherent
zusammenkaufen snap up
Zusammenlegung von Bilanzen amalgamation of balance sheets
zusammenschließen band together, incorporate, join up, merge
Zusammenschluss alliance, amalgamation, integration
Zusammenschluss gleichrangiger Partner merger of equals
zusammensetzen assemble, compose
zusammenstellen compile
zusammenstreichen slash
Zusatz addendum, addition, add-on, rider
Zusatzbetrag add-on
Zusatzbewilligung von Geldern additional appropriation
Zusatzdividende participating dividend
Zusatzeinheit extra unit
Zusatzfinanzierung front-end finance, supplementary financing
Zusatzgebühr kicker
Zusatzgeschäft spinoff
Zusatzinformation ancillary information
Zusatzkapital additional capital
Zusatzklausel additional clause
Zusatzkonto auxiliary
Zusatzkosten additional cost, extra cost
Zusatzleistung additional benefit, additional contribution
Zusatzleistungen fringe packet
zusätzlich additional, ancillary
zusätzlich belasten surcharge
zusätzlich fordern surcharge
zusätzlich sparen add to one's nest egg
zusätzliche Darlehensvergütung kicker
zusätzliche Kosten incremental cost
zusätzliche Sicherheit additional security
zusätzliche Verpflichtung accessory obligation
zusätzlicher Aufschlag additional markon

zusätzlicher Einschuss additional margin
zusätzlicher Gewinn je Aktie supplementary earnings per share
zusätzlicher Skontoabzug anticipation rate
Zusatzprüfung penalty test
Zusatzservice extension services
Zusatzsteuer add-on tax
Zusatzvergütung extra pay
Zusatzversicherung gap filler insurance
Zusatzvertrag accessory agreement
Zuscheibung appreciation in value
Zuschlag award, extra charge, surcharge
Zuschlag erhalten be awarded a contract, bid award, bid off, obtain a contract
Zuschlag erteilen accept a bid, acceptance, acceptance of bid, award a contract, let a contract
Zuschlagskalkulation job costing, order cost system, production-order accounting
Zuschlagsprozentsätze percentage overhead rates
Zuschlagsrechnung cost plus approach
Zuschlagssatz indirect manufacturing rate
zuschreiben accredit, attribute
Zuschreibungen im Anlagevermögen write-up of fixed assets
Zuschuss additional allowance
zusichern assure, warrant
Zusicherung assurance, promise
Zusicherung einer Eigenschaft warranty of quality
Zustand situation, status
zustande bringen negotiate
Zustandekommen eines Vertrages completion of a contract
zuständig competent
zuständig sein für be in charge of
Zuständigkeit competence
Zuständigkeitsbereich area of discretion
Zustandsabfrage status inquiry
Zustandsbericht situation report
zustellen distribute
Zustellgebühr delivery charge, terminal charge
Zustellungsurkunde affidavit of service, certificate of service
zustimmen agree to, agree with, fall in with
zustimmen, einwilligen accede
Zustimmung acceptance, affirmative vote, approval
zuteilen allocate, assign
Zuteilung apportionment, appropriation, rationing, scale-down
Zuteilung von Wertpapieren scaling down
Zuteilungsanzeige allotment letter
Zuteilungsbetrag allotment money
Zuteilungsgarantie protection position
Zuteilungskurs allotment price
Zuteilungsquote ratio of allotment
Zuteilungsschein certificate of allotment

453

Zuteilungsschlüssel allotment formula
zutreffend accurate
Zutritt admission
Zutrittsschranken barriers to entry
zuverlässig reliable, safe
Zuverlässigkeit dependability, reliability
zuvorkommen scoop
zuvorkommend proactive
Zuwachs accrual, accumulation, addition, increment
Zuwachs eines Rechtes accrual of a right
zuwachsen accrete
Zuwachsrate growth rate
zuweisen allocate, allot, reallocate, segregate
Zuweisung assignation, segregation
Zuweisung von Geldmitteln allocation of money
Zuweisung von Mitteln appropriation of funds
Zuwendung aus Reingewinn allocation from profits
Zuzahlungsbetrag additional payment
zuzüglich plus
zuzurechnendes Einkommen attributable income
Zwang constraint
Zwangsanleihe forced loan
zwangsläufig inevitable
Zwangsliquidation involuntary liquidation
Zwangspensionierung compulsory retirement, enforced retirement
Zwangssparen forced saving
Zwangsverfahren enforcement procedure
Zwangsvergleich composition in bankruptcy, enforced liquidation, legal settlement in bankruptcy
Zwangsverkauf divestiture, hammer, judicial sale
Zwangsversicherung compulsory insurance
zwangsversteigern sell by public auction
Zwangsversteigerung compulsory auction
Zwangsverwaltung administration by a receiver, forced administration of property
Zwangsverwertung execution proceedings
Zwangsvollstreckung compulsory execution
zwangsweise enforced
zwangsweise Übernahme compulsory acquisition
Zweck goal, objective
Zweck erreichen accomplish
Zweckbindung earmarking
zweckentfremdete Mittel diverted funds
zweckgebundene Einnahmen restricted receipts
zweckgebundene Mittel appropriated funds, earmarked funds
zweckgebundene Rücklage surplus reserve
zweckgebundene Rücklagen appropriated reserves

zweckgebundener Liquiditätsüberschuss reserve fund
Zweckmäßigkeit expediency, usefulness
zwei Mal wöchentlich semi-weekly
zweifach twofold
Zweifel misgiving
zweifelhafte Darlehen slow loans
zweifelhafte Forderung doubtful debt
zweifelhafte Forderungen doubtful accounts receivable
zweifellos undoubtedly
Zweigniederlassung agency bank, branch establishment
Zweigstelle branch
Zweigstellenleiter branch manager
zweiseitiges Zahlungsabkommen bipartite clearing
zweistufiges System two-tier system
Zweitausfertigung duplicate
zweitbeauftragte Bank intermediate bank
Zweitbeschäftigung secondary employment
zweitbeste second-best
zweite Hypothek second mortgage
zweite Wahl second-class quality
zweiteilige Emission two-tranche deal
zweitklassig second-rate
zweitklassige Wertpapiere second-class papers
Zweitschrift duplicate
zwingen oblige
zwingen, nötigen, drängen constrain
zwingende Notwendigkeit extreme necessity
zwingender Beweis compelling evidence
zwingender Grund compelling reason
zwingendes Recht binding law
Zwischenabschluss interim accounts
Zwischenbericht interim report
zwischenbetrieblich interplant
zwischenbetrieblicher Vergleich comparative external analysis
zwischenbetriebliche Vernetzung interplant network
zwischenbetriebliche Zusammenarbeit interplant cooperation
Zwischenbilanz interim assessment, interim balance
Zwischendividende fractional dividend, interim dividend, quarter dividend
Zwischenergebnisse interim results
Zwischenerzeugnisse bridgings
Zwischenfinanzierung bridging finance, interim financing, intermediate financing
zwischengeschaltete Gesellschaft interposed company
Zwischenhändler intermediate dealer
Zwischenholding intermediate holding company
Zwischenkredit interim loan, intermediate credit, intermediate loan, temporary credit

Zwischenlösung interim arrangement
Zwischenmakler, Untermakler intermediate broker
Zwischenschein interim certificate, script
Zwischensumme subtotal
Zwischentermin broken date, cock date, intermediate maturity, provisional deadline
Zwischenverkauf vorbehalten subject to prior sale
Zwischenziel intermediate target

Der Fachwortschatz der Logistik:

Hessenberger
Fachwörterbuch Logistik
Von Prof. Dr. Manfred Hessenberger
1998. VII, 437 Seiten.
Gebunden € 50,–
ISBN 3-8006-2300-5

Das Fachwörterbuch Logistik umfasst jeweils etwa 20.000 Stichwörter. Der Wortschatz basiert dabei auf einer umfassenden Betrachtung aller Geschäftsprozesse in einem Unternehmen, sowohl für den Informations- als auch für den Materialfluss und behandelt damit die Terminologie der Logistik, der Verkehrswirtschaft und der logistischen Dienstleister. Dabei deckt es die gesamte Prozesspalette ab, enthält also auch technische Bezeichnungen, etwa für Ladungsträger und Produktionsteile sowie Außenhandelsbegriffe.

Das Buch ist interessant für Betriebswirte und Wirtschaftsingenieure in international tätigen Unternehmen aller Branchen sowie für Mitarbeiter bei Anbietern von Logistiksystemen und -dienstleistungen, Fachverbände und Unternehmensberatungen.

Prof. Dr. Manfred Hessenberger war viele Jahre in maßgeblichen Positionen im Logistikbereich eines weltweit agierenden Produktionsunternehmens tätig, zuletzt als Leiter Strategische Logistikprojekte. Er ist Honorarprofessor an der Universität Erlangen-Nürnberg am Lehrstuhl für Fertigungstechnologie, Visiting Professor an der Harvard Business School, Boston (USA), an der University of East London und an der Kasetsarn University, Bangkok (Thailand).

VERLAG VAHLEN
80791 MÜNCHEN
Fax: (089) 3 81 89-402
Internet: www.vahlen.de
E-Mail: bestellung@vahlen.de